Nicole Enders

Collaboration mit Microsoft 365

Konzepte, Werkzeuge, Lösungen

Liebe Leserin, lieber Leser,

Microsoft 365 ist derzeit in aller Munde. Kein Wunder, hilft es doch, effizient zusammenzuarbeiten, ohne regelmäßig an einem Ort zu sein, unter anderem durch den beliebten Dienst Teams.

Die Collaboration-Software bietet Ihnen aber weit mehr. Ganz unabhängig von Orten und sogar Zeitzonen, ob es um Formales oder Spontanes geht, um Konferenzen oder Office-Dokumente – mit Microsoft 365 nehmen Sie in Angriff, was den Modern Workplace ausmacht: die Zusammenarbeit in Ihrer Organisation durch IT wirkungsvoll zu unterstützen.

Das Softwarepaket stellt eine große Palette von Diensten und Tools bereit. Sie spielen ihre Stärken in verschiedenen Szenarios aus. Manchmal überschneiden sich ihre Funktionen, weswegen schon eine gute Auswahl komplex sein kann

Dann bietet sich dieses Buch als »Dschungelführer« an. Erwägen Sie eine Lösung On-Premises, in der Cloud oder hybrid? Kommt es darauf an, dass die Server in Europa stehen, und welche Rolle spielt Ihre Firewall?

Vor allem aber ist es mit technischen Fragen allein nicht getan. Wenn Sie eine Collaboration-Plattform einrichten und nutzen, dann nehmen Sie auch Ihre Arbeitskultur in den Blick und sind bereit, sie zu verändern.

Indem sie Schritt für Schritt durch die Prozesse führt, lässt Nicole Enders Sie von ihrer langjährigen Beratungspraxis in Collaboration-Projekten profitieren.

Zuletzt noch ein Hinweis in eigener Sache: Dieses Buch wurde mit großer Sorgfalt geschrieben, geprüft und produziert. Sollten Sie dennoch auf etwas stoßen, das nicht so funktioniert wie erwartet, oder eine Anregung für uns haben, freuen wir uns über konstruktives Feedback!

Viel Erfolg mit Microsoft 365 wünscht Ihnen

Ihre Almut Poll
Lektorat Rheinwerk Computing

almut.poll@rheinwerk-verlag.de
www.rheinwerk-verlag.de
Rheinwerk Verlag · Rheinwerkallee 4 · 53227 Bonn

Auf einen Blick

TEIL I Grundlagen des modernen Arbeitsplatzes

1	Collaboration im Arbeitsalltag	21
2	Wie finde ich durch den Dschungel an Collaboration-Tools?	45

TEIL II Verschiedene Formen der Zusammenarbeit in Teams

3	Mit Teamarbeitsräumen die Zusammenarbeit verbessern	99
4	Projekte optimal unterstützen	161
5	Communities im Unternehmen etablieren	205

TEIL III Collaboration auf Unternehmensebene

6	Collaboration meets Social Intranet	235
7	Ausgewählte Unternehmensprozesse unterstützen	287
8	»Mobile first« – Zusammenarbeit auch von unterwegs	371
9	Verwalten und Sichern von Informationen	389

TEIL IV Weiterführende Informationen

10	Möglichkeiten des Customizings	449
11	Hybride Einsatzmöglichkeiten von Microsoft 365 und SharePoint On-Premises	479
12	Migration von Arbeitsräumen	487

Impressum

Wir hoffen, dass Sie Freude an diesem Buch haben und sich Ihre Erwartungen erfüllen. Ihre Anregungen und Kommentare sind uns jederzeit willkommen. Bitte bewerten Sie doch das Buch auf unserer Website unter **www.rheinwerk-verlag.de/feedback**.

An diesem Buch haben viele mitgewirkt, insbesondere:

Lektorat Almut Poll, Erik Lipperts
Fachgutachten Lars Heiermann
Korrektorat Doris Weißgerber, Frankfurt a. M.
Herstellung Melanie Zinsler
Typografie und Layout Vera Brauner
Einbandgestaltung Bastian Illerhaus
Coverbild iStock: 846520876 © gaisonok, 61876188 © alvarez
Satz Typographie & Computer, Krefeld
Druck Beltz Grafische Betriebe, Bad Langensalza

Dieses Buch wurde gesetzt aus der TheAntiquaB (9,35/13,7 pt) in FrameMaker.
Gedruckt wurde es auf chlorfrei gebleichtem Offsetpapier (90 g/m²).
Hergestellt in Deutschland.

Das vorliegende Werk ist in all seinen Teilen urheberrechtlich geschützt. Alle Rechte vorbehalten, insbesondere das Recht der Übersetzung, des Vortrags, der Reproduktion, der Vervielfältigung auf fotomechanischen oder anderen Wegen und der Speicherung in elektronischen Medien.

Ungeachtet der Sorgfalt, die auf die Erstellung von Text, Abbildungen und Programmen verwendet wurde, können weder Verlag noch Autor, Herausgeber oder Übersetzer für mögliche Fehler und deren Folgen eine juristische Verantwortung oder irgendeine Haftung übernehmen.

Die in diesem Werk wiedergegebenen Gebrauchsnamen, Handelsnamen, Warenbezeichnungen usw. können auch ohne besondere Kennzeichnung Marken sein und als solche den gesetzlichen Bestimmungen unterliegen.

Bibliografische Information der Deutschen Nationalbibliothek:
Die Deutsche Nationalbibliothek verzeichnet diese Publikation in der Deutschen Nationalbibliografie; detaillierte bibliografische Daten sind im Internet über *http://dnb.d-nb.de* abrufbar.

ISBN 978-3-8362-7967-3

2., aktualisierte Auflage 2020
© Rheinwerk Verlag, Bonn 2020

Informationen zu unserem Verlag und Kontaktmöglichkeiten finden Sie auf unserer Verlagswebsite **www.rheinwerk-verlag.de**. Dort können Sie sich auch umfassend über unser aktuelles Programm informieren und unsere Bücher und E-Books bestellen.

Inhalt

Materialien zum Buch 12
Geleitwort 13
Vorwort 15

TEIL I Grundlagen des modernen Arbeitsplatzes

1 Collaboration im Arbeitsalltag 21

1.1	Ziel dieses Buches	23
1.2	Anforderungen an moderne Teamarbeit	28
	1.2.1 Status Quo in vielen Unternehmen	28
	1.2.2 Was verstehen wir unter Teamwork?	29
	1.2.3 Welche Voraussetzungen müssen wir für ein erfolgreiches Teamwork erfüllen?	29
	1.2.4 Warum ist Teamwork wichtig?	31
1.3	Was bedeutet Collaboration im Vergleich zu Teamwork?	34
1.4	Digitalisierung als Motor von Collaboration	35
	1.4.1 Beispiel für einen zu digitalisierenden Prozess	36
	1.4.2 Digitalisierung des Bewerbungsprozesses	40
	1.4.3 Digitalisierung vs. Collaboration	43

2 Wie finde ich durch den Dschungel an Collaboration-Tools? 45

2.1	Wichtige Bereiche der Zusammenarbeit	46
	2.1.1 Dokumente zusammen bearbeiten	46
	2.1.2 Informationen untereinander austauschen	48
	2.1.3 Aufgaben gemeinsam bearbeiten	54
	2.1.4 Prozesse unterstützen	65
2.2	Einflussfaktoren	66
	2.2.1 Teamkonstellationen und Teamgrößen	66
	2.2.2 Teamzusammensetzung (verteilte Teams)	70

	2.2.3	Unternehmensrichtlinien	71
	2.2.4	Informationssicherheit	74
2.3	**Collaboration-Tools in Microsoft 365**	75
	2.3.1	Dokumentenmanagement mit Teams, SharePoint oder OneDrive	75
	2.3.2	Informationsaustausch mit Teams, SharePoint oder Yammer	76
	2.3.3	Aufgabenmanagement mit Planner oder SharePoint	78
	2.3.4	Wissensmanagement mit Teams, SharePoint, Delve, Stream oder Forms	79
	2.3.5	Prozessunterstützung mit der Power Platform, künstlicher Intelligenz und Dynamics 365	80
	2.3.6	Beispiele für Anwendungsszenarien	82
2.4	**Verschiedene Cloud-Angebote**	83
	2.4.1	Cloud versus On-Premises	84
	2.4.2	US-Cloud	86
	2.4.3	Europäische Cloud	88
	2.4.4	Deutsche Cloud	89
	2.4.5	Private Cloud	90
	2.4.6	Kauf eines Microsoft-365-Plans	90
2.5	**Checkliste für die Auswahl Ihrer Collaboration-Tools**	91
	2.5.1	Welche Ziele möchten Sie mit einem Collaboration-Portal erreichen?	91
	2.5.2	Ist es sinnvoll, Tools von verschiedenen Anbietern einzusetzen?	91
	2.5.3	Wie viele unterschiedliche Tools möchten Sie einsetzen?	92
	2.5.4	Welche Tools sind die richtigen für das jeweilige Anwendungsgebiet?	93

TEIL II Verschiedene Formen der Zusammenarbeit in Teams

3   Mit Teamarbeitsräumen die Zusammenarbeit verbessern   99

3.1	**Teamarbeitsräume in 5 Minuten einrichten**	99
	3.1.1	Konzept der Office Groups	100
	3.1.2	Anwendungsfall aus dem Arbeitsalltag	102
	3.1.3	Ein Team in Microsoft Teams erstellen	103
	3.1.4	Mitglieder einladen (interne und externe)	109

	3.1.5	Informationen untereinander austauschen	112
	3.1.6	Die erste Besprechung durchführen	120
3.2	**Wie gehe ich damit um, wenn mein Team wächst?**	123
	3.2.1	Was ist ein Kanal?	123
	3.2.2	Einen neuen Kanal erstellen	125
	3.2.3	Kommunikationswege verwalten	128
3.3	**Anpassungen zur Unterstützung geografisch verteilter Teams vornehmen**	134
	3.3.1	Besprechungen online durchführen	134
	3.3.2	Strukturierung des Teams nach standortspezifischen Themen	137
	3.3.3	Wie sieht es mit mehrsprachigen Teams aus?	137
3.4	**Unterstützung von Methoden wie Scrum und Kanban**	138
	3.4.1	Erstellung eines Aufgaben-Boards	138
	3.4.2	Konfiguration des Aufgaben-Boards	141
	3.4.3	Erfassung und Bearbeitung von Aufgaben	142
	3.4.4	Auswertungs- und Planungsmöglichkeiten für das Team	142
3.5	**Erweiterungsmöglichkeiten**	145
	3.5.1	Registerkarten für weitere Funktionen in einem Kanal	145
	3.5.2	Bots zur Unterstützung der Kommunikation	148
	3.5.3	Konnektoren zur Integration externer Tools und Prozesse	154
	3.5.4	Individuelle Erweiterungen	155
3.6	**Was kann ich tun, wenn ich nicht in die Cloud gehen möchte?**	155
	3.6.1	Überblick über Teamräume und Nachrichten	156
	3.6.2	Teamwebsites zur Unterstützung der Zusammenarbeit	156
	3.6.3	Wesentliche Unterschiede zu Microsoft Teams	158

4 Projekte optimal unterstützen 161

4.1	**Angebote und Leads verwalten**	161
	4.1.1	Inhaltstypen für Leads und Angebote vorbereiten	164
	4.1.2	Verwaltung von Leads und Angeboten in SharePoint ermöglichen	167
	4.1.3	Genehmigungsprozess für Angebote unterstützen	171
	4.1.4	Integration in Microsoft Teams	176
4.2	**Der Auftrag ist da und das Projekt kann starten**	177
4.3	**Projektplanung und -management**	181
4.4	**Aufgaben bearbeiten und überwachen**	186
4.5	**Mit Kunden, externen Mitarbeitern und Partnern zusammenarbeiten**	188

4.5.1	SharePoint Online zur Unterstützung der Kundenkommunikation ...	189
4.5.2	Für Fortgeschrittene: Erstellen einer Vorlage für den Arbeitsraum ...	190
4.5.3	Einrichten eines Arbeitsraums mit Ihrer Vorlage	194
4.5.4	Weitere Einsatzmöglichkeiten von Vorlagen	198
4.5.5	Externe Teilnehmer für den Arbeitsraum berechtigen	200

5 Communities im Unternehmen etablieren   205

5.1	Netzwerke zwischen Kollegen aufbauen	206
5.2	Eine Community gründen und Kollegen einladen	207
	5.2.1 Erste Schritte mit Ihrer neuen Yammer-Gruppe	209
	5.2.2 Interaktion von Yammer mit anderen Microsoft-365-Diensten	215
	5.2.3 Ihre Yammer-Gruppe konfigurieren	217
5.3	Überblick über die Communities im Unternehmen	218
5.4	Wie aktiv ist Ihr Netzwerk?	221
5.5	Communities teilen Ihr Wissen mithilfe von Videos	223
	5.5.1 Eine Gruppe erstellen oder eine bestehende Gruppe nutzen	225
	5.5.2 Kanäle zur Strukturierung nutzen	226
	5.5.3 Videos verwalten	227
	5.5.4 Videos miteinander teilen	229
	5.5.5 Weitere Funktionen	231

TEIL III   Collaboration auf Unternehmensebene

6 Collaboration meets Social Intranet   235

6.1	Aufbau eines Social Intranets und Kombination mit dem Collaboration-Bereich	235
	6.1.1 Zentraler Hub als Einstiegspunkt für unternehmensweite Informationen	237
	6.1.2 Kommunikationswebsites für die zentralen Informationsgeber	241
	6.1.3 Gestaltung der Startseite Ihres Social Intranets	246
6.2	Umfragen und Quiz zur Einbindung der Mitarbeiter	255
	6.2.1 Erstellen einer Umfrage	255
	6.2.2 Erstellen eines Quiz	261

	6.2.3	Umfragen oder Quiz bereitstellen	263
	6.2.4	Auswertungen	266
6.3	Ihre persönlichen Informationen verwalten		267
	6.3.1	Ihre Profilinformationen in Delve	268
	6.3.2	Verwaltung persönlicher Dokumente	271
6.4	Exkurs: Eine alternative Form von Präsentationen		278

7   Ausgewählte Unternehmensprozesse unterstützen   287

7.1	Standard, Low-Code-Solution oder Individuallösung		287
7.2	Einsatz- und Schichtplanung mit Microsoft Teams		289
	7.2.1	Neue offene Schicht hinzufügen	291
	7.2.2	Schichten direkt einer Person zuweisen oder Abwesenheitszeiten für eine Person erfassen	293
	7.2.3	Kollegen zur Schichtplanung hinzufügen	295
	7.2.4	Eine offene Schicht zuweisen	297
	7.2.5	Schichtplan veröffentlichen	298
	7.2.6	Anträge erstellen und verwalten	301
	7.2.7	Einschätzung der Standardlösung	305
7.3	Lagerverwaltung mithilfe einer mobilen App		306
	7.3.1	Erfassen der Lagerentnahme im Projektarbeitsraum	307
	7.3.2	Mobilen Zugriff auf die Liste zur Lagerentnahme einrichten	312
	7.3.3	Mobile App nutzen	325
	7.3.4	Lagerentnahmen verwalten	327
7.4	Unternehmensweite Prozesse mit Dynamics 365		329
	7.4.1	Kurzvorstellung: Customer-Relationship-Management, Vertrieb und Marketing	332
	7.4.2	Kurzvorstellung: Kundenservice und Projektabwicklung	350
	7.4.3	Kurzvorstellung: Finanzwesen, Fertigung und Supply Chain Management	361
	7.4.4	Kurzvorstellung: Rekrutierung und Onboarding neuer Mitarbeiter	362
	7.4.5	Anpassungsmöglichkeiten – Ihre individuellen Prozesse	365

8 »Mobile first« – Zusammenarbeit auch von unterwegs — 371

8.1	E-Mail-Kommunikation und Terminverwaltung mit Outlook	371
8.2	Microsoft Teams	372
8.3	Community-Arbeit mit Yammer	375
8.4	Aufgabenmanagement mit Planner	377
8.5	Unternehmensweite Informationen in SharePoint	378
8.6	Dateien mit OneDrive verwalten	380
8.7	Word, PowerPoint, Excel & Co.	383
8.8	Videos für das Wissensmanagement mit Stream	384
8.9	Prozessunterstützung mit Power Apps und Power Automate	386
8.10	Einsatz von mobilen Endgeräten	387

9 Verwalten und Sichern von Informationen — 389

9.1	Suche und Untersuchung von Informationen		389
	9.1.1	Suche im Collaboration-Portal	390
	9.1.2	eDiscovery	398
9.2	Klassifizierung von Informationen		415
	9.2.1	Bezeichnungen verwalten	415
	9.2.2	Bezeichnungsrichtlinien	424
	9.2.3	Verhinderung von Datenverlust	429
9.3	Aufbewahrungs- und Löschrichtlinien		436
9.4	Datenschutz nach der DSGVO		440
9.5	Weitere Möglichkeiten zur Sicherung von Informationen		444

TEIL IV Weiterführende Informationen

10 Möglichkeiten des Customizings — 449

10.1	Design- und Layoutanpassungen		449
	10.1.1	Designänderungen in Microsoft Teams	450
	10.1.2	Aussehen einer SharePoint-Website ändern	451

	10.1.3	Listenansichten mithilfe von Spaltenformatierungen aufwerten 458
	10.1.4	Formular mit Power Apps anpassen 467
	10.1.5	Ein eigenes Site-Design bereitstellen 469
10.2	**Neue Funktionen bereitstellen** 472
	10.2.1	SharePoint Framework (SPFx) 472
	10.2.2	Optische Integration von Erweiterungen in die Standardprodukte ... 475
	10.2.3	Von Community-Projekten profitieren 477

11 Hybride Einsatzmöglichkeiten von Microsoft 365 und SharePoint On-Premises — 479

11.1	SharePoint On-Premises vs. Microsoft 365 479
11.2	Einrichtung einer hybriden Umgebung 480
11.3	Inhalte in einer hybriden Umgebung suchen 483
11.4	Entscheidungshilfe: Welche Inhalte kommen auf welche Plattform? 484

12 Migration von Arbeitsräumen — 487

12.1	**Einzelne Informationen übertragen** 487
	12.1.1	Listen zur schnellen Bearbeitung öffnen 487
	12.1.2	Dokumente kopieren oder verschieben 489
	12.1.3	Achtung bei der Übertragung von Metadaten 491
12.2	**Drittanbietertools zur Unterstützung der Migration** 491
	12.2.1	Sharegate 492
	12.2.2	Content Matrix 500
	12.2.3	Entscheidung für eine Migrationslösung 501

Kommen Sie gut durch den Dschungel! 503
Index 505

Materialien zum Buch

Auf der Webseite zu diesem Buch stehen folgende Materialien für Sie zum Download bereit:

- Checklisten
- Entscheidungshilfen

Gehen Sie auf *www.rheinwerk-verlag.de/5213*. Klicken Sie auf den Reiter MATERIALIEN ZUM BUCH. Sie sehen die herunterladbaren Dateien samt einer Kurzbeschreibung des Dateiinhalts. Klicken Sie auf den Button HERUNTERLADEN, um den Download zu starten. Je nach Größe der Datei (und Ihrer Internetverbindung) kann es einige Zeit dauern, bis der Download abgeschlossen ist.

Geleitwort

»Die Welt ist im Wandel ...«, so beginnt die Verfilmung der Trilogie des *Herrn der Ringe*. Dies trifft im besonderen Maße auch auf die heutige Arbeitswelt zu. Insbesondere die Art, wie Teams innerhalb von Firmen in der immer stärker digitalisierten Welt zusammenarbeiten, hat sich in den letzten Jahren stark verändert.

Durch die Verfügbarkeit von Notebooks und Smartphones wird in vielen Fällen die Bindung an einen festen Arbeitsplatz aufgehoben. Es ist möglich, von fast allen Orten aus zu arbeiten. Gerade junge Menschen sind diese Art zu arbeiten aus ihrem privaten Umfeld, insbesondere der Uni, gewohnt.

Daneben gibt es aber auch eine Weiterentwicklung in der Zusammenarbeit und der Führung von Mitarbeitern. Sich selbst organisierende Teams, die nach agilen Arbeitsweisen miteinander arbeiten, erfordern eine neue Art von Führung und von Rahmenbedingungen.

Damit dieser Wandel erfolgreich gestaltet werden kann, Arbeitsergebnisse und Informationen effizient erarbeitet und geteilt werden können, sind auch neue technische Tools zur Unterstützung notwendig.

Dieses Buch schlägt den Bogen zwischen den notwendigen organisatorischen und kulturellen Entwicklungen innerhalb einer Firma und den Tools, die die Arbeit von Teams optimal unterstützen.

Nicole Enders wirft einen intensiven Blick auf die technische Unterstützung von agilen und leichtgewichtigen Arbeitsweisen. Daneben betrachtet sie verschiedene typische Einsatz- und Anwendungsszenarien und setzt sie praxisnah auf Basis der Microsoft-365-Umgebung um.

Ich wünsche Ihnen viel Spaß beim Lesen des Buches und hoffe, dass Sie viele Anregungen für Ihr Arbeitsumfeld mitnehmen können.

Lars Heiermann
Leiter Digital Workplace Engineering
CONET Solutions GmbH

Vorwort

Die Themen Collaboration, Teamwork und digitaler Arbeitsplatz der Zukunft sind sehr wichtige Themen in unserem heutigen Arbeitsleben. Microsoft bietet mit seinem Cloud-Angebot *Microsoft 365* vielfältige Möglichkeiten, um die Zusammenarbeit in Teams sowie im gesamten Unternehmen zu unterstützen. Aber gerade in der angebotenen Vielfalt liegt auch die Komplexität. Welche Tools stehen insgesamt zur Verfügung und wofür sollten sie am besten eingesetzt werden? Welche Lösungen bietet die Konkurrenz von Microsoft an und worin unterscheiden sich die Angebote? Welches sind die Einflussfaktoren für einen effektiven Einsatz von Collaboration-Tools und wofür sollten sie nicht eingesetzt werden?

Diese Fragen beschäftigen mich und mein Team *Cloud Workplace Solutions* jeden Tag, um den maßgeschneiderten modernen Arbeitsplatz für unsere Kunden zu schaffen. In diesem Werk möchte ich meine Erfahrungen in diesem Bereich mit Ihnen teilen und gebe Antworten auf eben diese Fragen. Anhand vieler Beispiele aus der Praxis erfahren Sie, wie Sie Tools wie *Teams, Yammer, SharePoint* & Co. optimal einsetzen und miteinander kombinieren können, um eine auf Ihr Unternehmen zugeschnittene Collaboration-Plattform aufzubauen.

Gerade der Einstieg in das Thema ist schwierig, weil Sie kein Buch finden, in dem für Anwender genau die passenden Informationen zur Verfügung gestellt werden. Worum handelt es sich bei Microsoft 365 und welche Möglichkeiten werden Ihnen damit angeboten? Wie bauen Sie am besten ein Collaboration-Portal mit Microsoft 365 auf und was sollten Sie bei der Einführung beachten?

Um diese Fragen zu beantworten, müssen Sie in der Regel Informationen aus vielen unterschiedlichen Quellen zusammentragen. Ihnen fehlt also ein einzelnes Nachschlagewerk, das Ihnen die wichtigsten Informationen vermittelt; wobei meiner Erfahrung nach konkrete Beispiele für die Nutzung der einzelnen Funktionen leichter zu verstehen sind als eine abstrakte Funktionsbeschreibung.

Ich möchte Sie mit diesem Buch dazu motivieren, die in Ihrem Unternehmen eingeführte oder geplante Collaboration-Plattform auf Basis von Microsoft 365 selbstständig zu erkunden oder mit aufzubauen und weiterzuentwickeln. Sie können viele der exemplarischen Anwendungsszenarien ohne technisches Hintergrundwissen nachvollziehen, wobei es natürlich nicht schadet, wenn Sie bereits ein wenig über Microsoft 365 wissen. Sehen Sie dieses Buch als Ihr Nachschlagewerk und Ihre erste Anlaufstelle bei Fragen in der praktischen Nutzung von Microsoft 365 an. Erstellen Sie anhand der verschiedenen Beispiele direkt einsatzbereite Lösungen für Ihr Unternehmen oder verwenden Sie diese als Basis bzw. Anregung für Ihre eigenen Ideen.

Ich habe die fachlichen Begriffe so beschrieben, dass Sie die jeweiligen Kapitel sicher ohne große Schwierigkeiten verstehen werden und Ihre persönlichen Lösungen realisieren können. Ich möchte Sie auch einladen, den CONET Technologie-Blog unter *www.conet-blog.de* zu besuchen, in dem ich regelmäßig über weitere Neuigkeiten im Bereich Microsoft 365 und SharePoint berichte.

Sollten Sie weiterführende Fragen haben, die in diesem Buch vielleicht nicht zu Ihrer Zufriedenheit beantwortet werden, so freue ich mich natürlich auch über Ihre E-Mail an: *collaboration-m365@conet.de*

Ich wünsche Ihnen viel Erfolg und vor allem viel Spaß beim Lesen dieses Buches und hoffe, dass es Ihnen in Ihrem Arbeitsalltag weiterhilft.

Für wen ist dieses Buch gedacht und welche Vorkenntnisse benötige ich?

Dieses Buch richtet sich an jeden, der mithilfe von Microsoft 365 die Zusammenarbeit und die Kommunikation in einem Unternehmen unterstützen möchte. Planen Sie zum Beispiel die Einführung einer Collaboration-Plattform? Oder möchten Sie lernen, wie Sie die einzelnen Tools voneinander abgrenzen können?

In diesem Buch werden Sie diese Thematik im Wesentlichen aus zwei verschiedenen Perspektiven betrachten. Auf der einen Seite werden Sie lernen, wie Sie die einzelnen Funktionen des in dem jeweiligen Abschnitt betrachteten Tools nutzen können. Auf der anderen Seite werden wir auch beleuchten, wann der Einsatz des entsprechenden Tools sinnvoll ist und wann sich eine Alternative anbietet. Aus diesen Informationen können Sie Ihre individuelle Einführungsstrategie ableiten.

Haben Sie keine Angst, wenn Sie über kein technisches Hintergrundwissen verfügen. Sie werden in diesem Buch Schritt für Schritt das Handwerkszeug kennenlernen, das Microsoft 365 Ihnen zur Verfügung stellt. Sie werden nach den einzelnen Abschnitten selbst überrascht sein, wie viel Sie über das jeweilige Tool gelernt haben und wie sicher Sie mittlerweile in der Bedienung der grundlegenden Funktionen geworden sind.

Wie soll ich das Buch durchlesen?

Ich empfehle Ihnen, das Buch im Hinblick auf die aufzubauende Gesamtlösung in Form eines exemplarischen Collaboration-Portals zwar grundsätzlich von vorne nach hinten durchzuarbeiten, weiß aber von mir selbst genau, dass man ein Fachbuch nicht an einem Stück liest und wahrscheinlich doch an die ein oder andere interessante Stelle springt. Das Buch ist daher so aufgebaut, dass Sie es je nach Kenntnisstand ebenso als Nachschlagewerk nutzen können.

Welche technischen Voraussetzungen sollten erfüllt sein?

Sie benötigen zur Durchführung der verschiedenen Übungen eine Microsoft-365-Umgebung. Am Ende von Abschnitt 1.1, »Ziel dieses Buches«, werden Sie die wichtigsten Informationen erhalten, um sich für eine Microsoft-365-Umgebung zu registrieren, falls Ihnen in Ihrem Unternehmen keine Umgebung zur Verfügung steht.

Zusätzliche Materialien zum Herunterladen

Alle Codebeispiele in diesem Buch können Sie unter *www.rheinwerk-verlag.de/5213* herunterladen. Dort finden Sie den Kasten MATERIALIEN ZUM BUCH. Durch einen Klick auf HERUNTERLADEN startet der Download.

Danksagung

Ich möchte mich bei den vielen Lesern bedanken, die mir ihre beim Lesen des Buches »SharePoint für Anwender« aufgetretenen Fragen und Anregungen zugesendet haben. Sie haben mich inspiriert, über SharePoint hinaus ein Buch zu dem Cloud-Angebot von Microsoft mit Fokus auf das Thema *Collaboration* zu verfassen.

Ich bedanke mich auch bei meinen Kollegen bei CONET und insbesondere bei Birgit, die mir mit Rat und Tat zur Seite standen, für verschiedene Szenarien als Testpersonen zur Verfügung standen und vor allem in den letzten Wochen den Fortschritt des Buches mit Interesse verfolgt haben.

Mein besonderer Dank gilt meinem Vorgesetzten und guten Freund, Lars Heiermann, der bereitwillig auch für dieses Buch das Fachlektorat übernommen hat. Danke für die vielen Gespräche, in denen wir über den Sinn und die inhaltliche Ausgestaltung der von mir ausgesuchten Anwendungsszenarien diskutiert und dabei neue Ideen gewonnen haben. Deine Ideen und Anmerkungen haben mir geholfen, die Informationen noch besser auf die Zielgruppe der Anwender und Berater zuzuschneiden. Danke auch für Deinen unermüdlichen und teilweise recht kurzfristig nötigen Einsatz, der mich vor allem in den letzten Wochen weiter motiviert hat, durchzuhalten und das Buchprojekt erfolgreich abzuschließen. Dein stetiger Zuspruch und Dein Vertrauen in mich und das Projekt haben mir sehr viel bedeutet.

Ein besonderer Dank geht auch an meine Eltern, die wie gewohnt immer für mich da waren. Sie haben tapfer und verständnisvoll meine Launen ertragen und mich unterstützt, wo sie nur konnten. Zum Schluss danke ich noch allen meinen Freunden, die mich moralisch unterstützt haben und Verständnis dafür hatten, dass ich in den letzten Monaten nicht so viel Zeit für sie hatte, wie sie es bisher gewohnt waren.

Bei meiner Lektorin, Almut Poll vom Rheinwerk-Verlag, möchte ich mich besonders bedanken, weil du von meinem Konzept für dieses Werk von Anfang an überzeugt warst und mir die richtigen Tipps zur richtigen Zeit geben konntest. Danke für die sehr gute Zusammenarbeit und die Unterstützung in den vergangenen Monaten.

Nicole Enders
im Juli 2020

TEIL I
Grundlagen des modernen Arbeitsplatzes

Kapitel 1
Collaboration im Arbeitsalltag

»Einigkeit ist Stärke ... wo es Teamwork und Zusammenarbeit gibt, können wunderbare Dinge erreicht werden.« (Mattie Stepanek)

Kommen Sie mit mir auf eine Entdeckungsreise durch die große Welt von *Microsoft 365*, und lernen Sie mithilfe verschiedenster exemplarischer Anwendungsszenarien aus der Praxis, wie Sie Ihren persönlichen Arbeitsplatz gestalten können und die Zusammenarbeit in Ihrem Unternehmen zukünftig noch besser unterstützen können.

Abbildung 1.1 In diesem Werk werden wir verschiedenste Themen im Bereich »Collaboration mit Microsoft 365« behandeln. In diesem Kapitel fokussieren wir uns auf die heutigen Anforderungen an Teamwork und Collaboration vor dem Hintergrund der Digitalisierung.

Unser Arbeitsleben hat sich in den vergangenen Jahren im Zuge der Weiterentwicklung der technischen Möglichkeiten stetig verändert. Diesen Prozess bezeichnen wir auch als *digitale Transformation*. Jedes Unternehmen konnte dabei selbst bestimmen, mit welcher Geschwindigkeit diese Veränderung erfolgen sollte. Die Coronakrise hat dies jedoch grundlegend geändert, als die Mitarbeiter verschiedenster Unternehmen und anderer Organisationen praktisch von einen Tag auf den anderen zur Remote-Zusammenarbeit gezwungen waren. Die digitale Transformation – an sich nichts Neues – wurde vielerorts zur Voraussetzung, um den Betrieb aufrecht zu halten.

Und natürlich wird die Digitalisierung beschleunigt, wenn viele Prozesse – vom Meeting bis zum Unterzeichnen eines Dokumentes – zeitweise nur in ihrer digitalen Variante praktikabel sind.

Digitale Transformation bedeutet aber nicht, dass die Menschen nun gänzlich ohne persönlichen Kontakt zusammenarbeiten.

Im Gegenteil: Alle Themen in diesem Buch haben ihre Bedeutung auch ohne *Social Distancing*. Es geht darum, die Art und Weise, wie Teams zusammenarbeiten, zu unterstützen – über Distanzen hinweg oder im selben Gebäude, und unabhängig davon, ob die Entwicklung situationsbedingt stattfand oder im Rahmen einer langfristigen Strategie.

In Abbildung 1.1 erhalten Sie einen Überblick über die Themen, die ich mit Ihnen im Rahmen dieses Buches näher beleuchten möchte. Dazu gehören u. a. die Begriffe *Collaboration*, *Teams*, *Digitalisierung*, *Change* und *Compliance*.

In diesem Kapitel möchte ich zunächst diese grundlegenden Begriffe und ihren Einfluss auf Ihren Arbeitsalltag klären. In Kapitel 2, »Wie finde ich durch den Dschungel an Collaboration-Tools?«, betrachten wir dann darauf aufbauend die technischen Möglichkeiten, die Ihnen mit *Microsoft 365* und den darüber verfügbaren Diensten angeboten werden.

> **Warum wird der Fokus auf Microsoft 365 gelegt?**
>
> Bei einer Marktanalyse werden Sie viele verschiedene Anbieter und Tools zur Unterstützung der Zusammenarbeit in Ihrem Unternehmen finden. Einige dieser Tools werden Ihnen als Cloud-Dienst und einige für eine lokale Installation angeboten. Welche Tools am besten zu Ihnen passen, hängt von unterschiedlichen Faktoren ab:
>
> ▶ **Bereits eingesetzte Tools**: Welche Tools setzen Sie bereits in Ihrem Unternehmen ein? Nutzen Sie für die Erstellung von Dokumenten vielleicht bereits Microsoft Office?
>
> ▶ **Anbieter-/Tool-Mix**: Möchten Sie für eine möglichst hohe Kompatibilität und Interaktion zwischen den einzelnen Tools lieber primär auf einen einzelnen Anbieter setzen oder bewusst Tools verschiedener Anbieter einsetzen?

- **Lizenzierung und Kosten**: Werden Ihnen bei der Beschaffung eines bestimmten Tools bereits weitere Tools in Form einer Suite angeboten und müssten Sie diese Tools von einem anderen Anbieter explizit lizensieren? Wenn ja, welche Kosten wären damit verbunden?
- **Betrieb**: Möchten Sie bewusst eine lokale Version eines Tools nutzen oder ist die Nutzung eines Cloud-Dienstes (inklusive automatischer Versionsupdates) für Sie denkbar?

In vielen Unternehmen wird *Microsoft Office* bereits für einen großen Teil der Büroarbeit genutzt. Durch die Nutzung der Cloud-Version im Gegensatz zu einer lokalen Installation erfolgen Updates ohne zusätzliche Beschaffungs- und Administrationsaufwände.

Für die Fokussierung war außerdem relevant, dass *Microsoft* der einzige Anbieter ist, der bisher vom international in der Wirtschaft anerkannten Forschungs- und Beratungsunternehmen *Gartner* als führendes Unternehmen in den folgenden beiden Kategorien benannt wurde:

- Content Collaboration Platform
- Content Services Platform

Weitere Informationen hierzu finden Sie auf der Webseite *www.microsoft.com/en-us/microsoft-365/blog/2019/12/12/microsoft-again-leader-2019-gartner-content-services-platforms-magic-quadrant-report/*

1.1 Ziel dieses Buches

Im Zuge der Veränderung unseres Arbeitsalltags hat nicht zuletzt die Teamarbeit eine größere Bedeutung gewonnen. Um Teams in unterschiedlichen Konstellationen, wie beispielsweise bei einer räumlichen Trennung, zu unterstützen, sind in den letzten Jahren zahlreiche Dienste und Produkte auf dem Markt erschienen.

So setzen viele Unternehmen bereits seit längerer Zeit *Microsoft SharePoint* mit seinen Stärken im Bereich des Dokumentenmanagements sowie der Teamarbeitsräume als unternehmensinterne Collaboration-Plattform ein. Dabei besteht allerdings die Einschränkung, dass sich alle Teammitglieder im Firmennetz befinden müssen, um auf die zentral in SharePoint abgelegten Informationen zugreifen zu können.

Im privaten Umfeld sind wir längst damit vertraut, Apps auf unserem Smartphone zur Unterstützung organisatorischer Aufgaben zu nutzen. So können wir beispielsweise mit unseren Familienmitgliedern eine gemeinsame Einkaufsliste pflegen und können eintragen, welche Artikel wir bereits auf dem Weg nach Hause schnell eingekauft haben. Dabei verwenden wir – vielleicht ohne es bewusst wahrzunehmen – Cloud-Dienste, die uns bei der Kommunikation mit unserer Familie oder Freunden helfen.

Wenn wir das berufliche Umfeld betrachten, stehen wir ähnlichen Herausforderungen gegenüber. Wir möchten uns mit unseren Kollegen zu verschiedenen Themen austauschen, gemeinsam an Dokumenten arbeiten und uns bei der Bearbeitung von Aufgaben gegenseitig unterstützen. Warum sollten wir nicht die im privaten Umfeld längst etablierten Möglichkeiten der Cloud-Dienste auch im Arbeitsalltag nutzen?

Viele Cloud-Dienste werden zum Teil in sehr kurzen Zeitintervallen weiterentwickelt und mit neuen Funktionen ausgestattet. Dabei wird in der Regel auf Anforderungen der Nutzer reagiert. Bei Produkten dagegen, die einmalig gekauft und im Unternehmen installiert werden, müssen Sie bis zum nächsten Release-Zyklus warten, um neue Funktionen nutzen zu können. Dies dauert normalerweise wesentlich länger als bei Cloud-Diensten (bei SharePoint liegt die Zeitspanne beispielsweise bei drei Jahren).

Microsoft bietet mit *Microsoft 365* eine Cloud-Suite mit vielen verschiedenen Diensten zur Unterstützung der Zusammenarbeit an. In dem Angebot ist auch die Cloud-Variante von *SharePoint* enthalten. Hinzu kommen weitere Dienste wie *Teams*, *Dynamics 365* und *OneDrive*.

Zusammen mit meinen Kollegen von der *CONET Solutions GmbH* begleite ich seit vielen Jahren zahlreiche Unternehmen bei der Einführung und Nutzung einer Collaboration-Plattform. Gerade in den letzten Jahren ist zu beobachten, dass sich immer mehr Kunden für den Einsatz einer Cloud-Plattform entscheiden und die damit verbundenen Vorteile standardisierter und von einem angesehenen Anbieter betriebenen Dienste und Tools nutzen.

Einführung einer Collaboration-Plattform

Im Rahmen dieser Kundenprojekte sehe ich aber auch immer wieder, dass es nicht damit getan ist, sich für eine Collaboration-Plattform zu entscheiden. Sie müssen sich besonders mit dem Thema *Change-Management* beschäftigen und eine Strategie für die Einführung der neuen Möglichkeiten entwickeln.

Veränderungen können zunächst zu einer Verunsicherung führen, weil Sie sich in einer unbekannten Situation wiederfinden, viele unbeantwortete Fragen haben und vielleicht nicht wissen, wie Sie mit der Veränderung umgehen sollen.

Bei der Einführung eines Collaboration-Portals treten zum Beispiel häufig folgende Unsicherheiten auf:

- Wie gehe ich damit um, wenn meine Beiträge in aller Öffentlichkeit von den anderen Mitarbeitern bewertet und kommentiert werden?
- Wer kann die von mir erstellten Dokumente lesen und wie kann ich mich darüber informieren?

- Wie kann ich sicherstellen, dass jemand über eine Neuigkeit oder Aufgabe informiert wird, wenn ich von einem Push-System (z. B. E-Mail) hin zu einem Pull-System in Form eines Social Intranets wechsle?
- Welche Regeln sollte ich bei der Nutzung von sozialen Funktionen im Unternehmen beachten?

Vor der Einführung einer Cloud-basierten Collaboration-Plattform sollten Sie zusätzlich zu diesen fachlichen Themen u. a. auch folgende technische Fragen klären, um auf die Sorgen der Belegschaft einzugehen und die gewünschte Nutzerakzeptanz zu erreichen:

- In welchen Rechenzentren werden die Informationen gespeichert?
- Wie werden die Informationen vor dem Zugriff durch Unbefugte geschützt?
- Wer hat außerhalb des Unternehmens Zugriff auf die Informationen?
- Wie sieht es mit einer Backup- & Restore-Strategie aus?
- Wie können wir nach der Datenschutz-Grundverordnung sicherstellen, dass Informationen vollständig gelöscht werden können?

Neben der Klärung dieser technischen Fragen sollten Sie auch die Vorteile der neuen Collaboration-Plattform aufzeigen. Das ist am einfachsten über ein Set an Anwendungsszenarien zu realisieren, die einen direkten Mehrwert in der alltäglichen Arbeit der Mitarbeiter bewirken. Ich möchte Ihnen eine Auswahl an Praxisbeispielen wie zum Beispiel die gemeinsame Bearbeitung von Dokumenten, die Zusammenarbeit eines Projektteams oder den Aufbau eines Unternehmensnetzwerks vorstellen. Sie können dann entscheiden, ob sich diese Szenarien auf Ihr Unternehmen übertragen lassen.

Wie ist dieses Buch aufgebaut?

Ich möchte Ihnen mit diesem Buch helfen, die Zusammenarbeit von Teams innerhalb Ihres Unternehmens, aber auch die Kommunikation mit Kunden und Partnern möglichst optimal zu unterstützen. Dabei setze ich folgende Schwerpunkte:

- Einsatzmöglichkeiten von Microsoft-365-Diensten
- Aufbau einer Collaboration-Plattform
- Entwicklung einer Einführungsstrategie

Das Buch unterteilt sich in vier Bereiche:

- von der Klärung der zentralen Themen *Teamwork, Collaboration* und *Digitalisierung* und der richtigen Tool-Auswahl über die
- Nutzung der verschiedenen Microsoft-365-Dienste bis hin zu einer
- Collaboration-Plattform auf Unternehmensebene sowie
- weiterführenden Informationen.

Teil I – Grundlagen des modernen Arbeitsplatzes

In Kapitel 1, »Collaboration im Arbeitsalltag«, und Kapitel 2, »Wie finde ich durch den Dschungel an Collaboration-Tools?«, kläre ich zunächst die wichtigsten Anforderungen an die Tools zur Unterstützung moderner Teamarbeit und die im Zeitalter der Digitalisierung grundsätzlich verfügbaren Cloud-Angebote. Dabei lege ich den Fokus bereits auf Microsoft 365.

Teil II – Verschiedene Formen der Zusammenarbeit in Teams

Nachdem geklärt ist, welche Anforderungen heutzutage an die Zusammenarbeit von Teams gestellt werden, betrachte ich die Einsatzmöglichkeiten verschiedener Microsoft-365-Dienste. Als Erstes lernen Sie in Kapitel 3, »Mit Teamarbeitsräumen die Zusammenarbeit verbessern«, den Dienst *Teams* und das Konzept der *Office Groups* kennen. In Kapitel 4, »Projekte optimal unterstützen«, ändere ich die Perspektive ein wenig und betrachte über *Teams* hinaus die Möglichkeiten in *SharePoint Online* zur Verwaltung von Dokumenten sowie die Prozessunterstützung mithilfe von *Power Automate*. Als Alternative zu *Teams* stelle ich Ihnen in Kapitel 5, »Communities im Unternehmen etablieren«, zum einen den Dienst *Yammer* vor, mit dem Sie ein unternehmensweites Netzwerk aufbauen können. Zum anderen lernen Sie zusätzlich die Möglichkeiten des Wissensmanagements mittels *Stream* kennen.

Teil III – Collaboration auf Unternehmensebene

Aufbauend auf den grundlegenden Möglichkeiten zur Unterstützung der Zusammenarbeit möchte ich mit Ihnen den Blick auf die Unternehmensebene werfen. So geht es in Kapitel 6, »Collaboration meets Social Intranet«, zum Beispiel darum, mit einfachen Mitteln die im vorherigen Teil erstellten Teams in ein *Social Intranet* zu integrieren. Zuvor kläre ich noch, was ein Social Intranet ausmacht und welche Aspekte Sie bei dessen Einführung berücksichtigen sollten. In diesem Kapitel finden Sie auch einen Exkurs zum Microsoft-365-Dienst *Sway*, mit dem Sie Informationen auf besondere Art präsentieren und in Ihrem Social Intranet veröffentlichen können.

In Kapitel 7, »Ausgewählte Unternehmensprozesse unterstützen«, gehe ich einen Schritt weiter und betrachte die in Ihrem Unternehmen ggf. bereits durch IT-Lösungen unterstützten Prozesse und die Möglichkeiten von Microsoft 365 zur Unterstützung innerhalb einer zentralen Plattform. Einen besonderen Fokus lege ich dabei auf *Dynamics 365*, *Power Apps* und *Power Automate*. Es geht in diesem Kapitel außerdem anhand verschiedener Szenarien darum, wann der Einsatz einer Standardlösung sinnvoll ist, wann Sie lieber eine Low-Code-Solution erstellen sollten und in welchem Fall Sie eine individuell entwickelte Lösung benötigen.

Das Thema *Mobilität* ist in der heutigen Arbeitswelt ebenfalls ein sehr wichtiger Aspekt. Aus diesem Grund prüfen wir in Kapitel 8, »›Mobile first‹ – Zusammenarbeit auch von unterwegs«, die standardmäßig zur Verfügung stehenden Apps und ihre Einsatzmöglichkeiten.

Zum Abschluss dieses Teils möchte ich Ihnen in Kapitel 9, »Verwalten und Sichern von Informationen«, die Möglichkeiten zur Absicherung der in Microsoft 365 von Ihnen und Ihren Kollegen verwalteten Daten vorstellen. Hier betrachte ich unterschiedliche Szenarien wie z. B. die Einrichtung von *Aufbewahrungs- und Löschrichtlinien* oder die Möglichkeiten zur Einhaltung der *Datenschutz-Grundverordnung (DSGVO)*.

Teil IV – Weiterführende Informationen

In diesem Teil des Buches möchte ich Ihnen einen Ausblick geben, welche Möglichkeiten Ihnen über die bisher vorgestellten Standardfunktionen hinaus offenstehen. In Kapitel 10, »Möglichkeiten des Customizings«, lernen Sie beispielsweise, wie Sie Ihre Teamräume anpassen und erweitern können. Dazu gehören u. a. die optische Anpassung eines Raums oder die Darstellung von Informationen in einer Liste.

In meinen Kundenprojekten treffe ich häufig auf die Herausforderung, dass nicht alle Informationen in der Cloud gespeichert werden sollen. Diese Entscheidung kann unterschiedliche Gründe haben. In diesem Fall kann ein *hybrides Einsatzszenario* sinnvoll sein. So können Sie die sensiblen Informationen auf einem SharePoint *On-Premises* verwalten und trotzdem für die übrigen Informationen die Vorteile der Cloud nutzen. In Kapitel 11, »Hybride Einsatzmöglichkeiten von Microsoft 365 und SharePoint On-Premises«, werden wir uns diese Möglichkeiten genauer anschauen.

Wenn Sie vielleicht bereits SharePoint On-Premises einsetzen und nun Microsoft 365 einführen, sollten wir auch schauen, welche Möglichkeiten zur Datenmigration angeboten werden, die ich Ihnen in Kapitel 12, »Migration von Arbeitsräumen«, vorstelle.

> **Empfehlung: Wie sollten Sie mit diesem Buch arbeiten?**
>
> Ich wünsche mir von Ihnen, dass Sie mithilfe der Tipps und Tricks in diesem Buch Ihre persönliche Collaboration-Plattform aufbauen. Probieren Sie innerhalb Ihres Teams die neuen Möglichkeiten aus. Nur so können Sie feststellen, welche Optionen zu Ihnen und Ihrem Unternehmen passen.
>
> Um die Beispiele in diesem Buch ausprobieren zu können, sollten Sie eine Microsoft-365-Umgebung besitzen. Wichtig ist dabei, dass Sie über administrative Berechtigungen verfügen, damit Sie auch die für Fortgeschrittene gekennzeichneten Funktionen nutzen bzw. einrichten können. Sollten Sie Microsoft 365 noch nicht einsetzen, können Sie auch eine Testumgebung einrichten. Weitere Informationen finden Sie unter *https://docs.microsoft.com/de-de/microsoft-365/commerce/sign-up-for-office-365-trial*. Ziehen Sie für die Bereitstellung bei Bedarf einen Administrator oder technischen Berater hinzu, damit Ihnen auch alle benötigten Microsoft-365-Dienste zur Verfügung stehen.

1.2 Anforderungen an moderne Teamarbeit

Die Themen *Collaboration* und *Teamwork* scheinen in unserer heutigen Arbeitswelt bereits Standard zu sein. In nahezu jeder Stellenausschreibung wird ein Teamplayer gesucht, der sich sowohl gut in die bereits im Unternehmen etablierten Teams integrieren soll, aber auch gleichzeitig in der Lage sein soll, seine Meinung zu vertreten und Themen voranzutreiben.

> **Auszug aus einer beispielhaften Stellenausschreibung**
> »Wir entwickeln im Team coole Lösungen und gestalten so den Arbeitsplatz der Zukunft. Dabei kann jeder seine individuellen Stärken einbringen und weiterentwickeln.« [...] »Wir wünschen uns von Ihnen: [...] selbständige und ergebnisorientierte Arbeitsweise, Team- und Kommunikationsfähigkeit [...]«

1.2.1 Status Quo in vielen Unternehmen

Entspricht die Vorstellung von perfektem Teamwork wirklich der Realität im Arbeitsalltag? Die Vorteile von Zusammenarbeit liegen auf der Hand. Dabei kann wesentlich mehr erreicht und bewegt werden, als die einzelnen Menschen zusammengerechnet bei alleiniger Bearbeitung von Aufgabenteilen bewältigen können. Erst durch die Zusammenarbeit und die Konstellation von verschiedenen Blickwinkeln auf eine Aufgabe ergeben sich Ideen, die zuvor unmöglich erschienen.

> *»Einigkeit ist Stärke ... wo es Teamwork und Zusammenarbeit gibt, können wunderbare Dinge erreicht werden.«* (Mattie Stepanek, US-amerikanischer Lyriker)

Ich kann mich glücklich schätzen, in einem Team nach der Vorstellung von Mattie Stepanek arbeiten zu dürfen. Ich habe in der Vergangenheit häufig erlebt, dass durch die gemeinsame Verantwortung und die damit verbundenen Gestaltungsspielräume Aufgaben bewältigt werden konnten, die zu Beginn nicht lösbar schienen.

In vielen Unternehmen ist Teamwork aber auch heute leider noch nicht auf diese Weise im Arbeitsalltag spürbar. Obwohl sich nahezu jedes Unternehmen das Ziel gesetzt hat, Teamarbeit und Zusammenarbeit zu unterstützen, verrichten viele Arbeitnehmer ihre Aufgaben zum größten Teil allein und treffen höchstens in Besprechungen auf ihre Teamkollegen.

Die Gemeinschaft eines Teams und das damit einhergehende Zugehörigkeitsgefühl (sowohl zum Team als auch zum Unternehmen selbst) sollte in einem Unternehmen nicht nur durch organisatorische Maßnahmen unterstützt, sondern im Arbeitsalltag aktiv gestaltet werden. Auf diese Weise steigern Sie die Motivation, die u. a. zu besseren Arbeitsergebnissen führen kann. Wir schauen uns nun an, was erfolgreiche Teamarbeit ausmacht und was wir dabei berücksichtigen sollten.

1.2.2 Was verstehen wir unter Teamwork?

Eine erste Antwort auf diese Frage könnte sein: »Unter Teamwork verstehe ich, dass man gemeinsam an Projekten arbeitet, eng zusammenarbeitet und sich in regelmäßigen Meetings abspricht.« Diese Aussage ist zwar grundsätzlich richtig, weil es sich dabei um die auch von außerhalb des eigentlichen Teams erkennbaren Aspekte handelt. Wirkliche Zusammenarbeit im Team geht aber meiner Erfahrung nach weit über die gemeinsame Verantwortung und Bearbeitung von Aufgaben hinaus und zeichnet sich durch folgende wichtige Prinzipien aus:

- **Kommunikation**: Der Kommunikation gebührt im Team besondere Aufmerksamkeit. Damit weiß das Team, an welchen Aufgaben das einzelne Teammitglied gerade arbeitet. Ohne einen intensiven Informationsaustausch bleiben Aufgaben gegebenenfalls liegen oder das Ergebnis leidet, weil wichtige Informationen nicht weitergegeben wurden.
- **Zugehörigkeitsgefühl**: Niemand mag das Gefühl, von einer Gruppe ausgeschlossen zu werden. Ein wichtiges Merkmal von guten Teams ist daher der Zusammenhalt und das Wir-Gefühl zwischen den Teammitgliedern. Konkurrenz belebt zwar das Geschäft und gehört auch im Arbeitsalltag dazu, doch innerhalb Ihres Teams sollten Sie sich als Teil der Gruppe sehen und auch gegenseitig so behandeln.
- **Gegenseitige Unterstützung**: Gerade, wenn sich die Aufgaben stapeln und der Berg immer höher wird, kommt man kaum ohne Stress durch die Arbeitswoche. Würden Sie einem Kollegen, der genau dann zu Ihnen kommt und um Hilfe bei seiner Aufgabe bittet, helfen? Hier zeigt sich ein weiterer Aspekt der Teamarbeit: Öffnen Sie die Augen nicht nur für Ihre eigenen Aufgaben, sondern erkennen Sie im besten Fall schon früh, wann ein Kollege Hilfe benötigt, und stehen Sie ihm zur Seite – selbst wenn Ihr eigener Schreibtisch voll ist. Sie werden umgekehrt genauso davon profitieren, wenn ein Kollege Ihnen bei Ihren Problemen weiterhilft. Bei wahrem Teamwork gibt es keine klare Aufgabentrennung mehr; das Team ist vielmehr als Einheit zu sehen, die gemeinschaftlich die erreichten Ergebnisse verantwortet.
- **Ziele**: Jeder bringt seine persönlichen beruflichen Ziele mit in das Team ein. Das kann eine neue Position, mehr Verantwortung, ein höheres Gehalt oder auch einfach Zufriedenheit im Job sein. Ein Merkmal von gutem Teamwork sind aber vor allem gemeinsame Ziele. Dazu gehören eine sinnvolle Richtung, die zusammen eingeschlagen wird, und ein Weg, für den sich alle einsetzen können.

1.2.3 Welche Voraussetzungen müssen wir für ein erfolgreiches Teamwork erfüllen?

Es reicht nicht aus, Teamwork lediglich zu einem elementaren Aspekt der Unternehmenskultur zu erklären. Aussagen wie »Teamplay – Einer für alle, alle für einen!« oder

»Vertrauensvolle Zusammenarbeit – Ehrlichkeit und Zuverlässigkeit bilden die Grundlage!« können zwar motivieren; es müssen aber auch die entsprechenden Voraussetzungen für erfolgreiches Teamwork erfüllt sein:

1. **Teamdenken**: Teamwork kann nicht funktionieren, solange jeder nur an den eigenen Vorteil denkt und bei jeder Gelegenheit versucht, die Kollegen auszustechen. Sie sollten sich zwar im Team behaupten, aber nur wenn Sie – wie Harry S. Truman bereits gesagt hat – dabei auch an das Team und den gemeinsamen Erfolg denken, wird Zusammenarbeit möglich.

   »Es ist unglaublich, was man erreichen kann, wenn man sich nicht darum schert, wer die Anerkennung dafür bekommt.« (Harry S. Truman)

   Dieser Aspekt ist vor allem von der Führungsebene in Unternehmen zu verinnerlichen. Hier muss eine im Arbeitsalltag erlebbare Unternehmenskultur für Teamwork geschaffen werden. Wird Ihnen zum Beispiel immer wieder vorgelebt, dass die Leistungen einzelner Mitarbeiter stärker gefördert werden als Teamerfolge, verstärkt dies das Konkurrenzdenken und verhindert wirkliches Teamwork.

2. **Verantwortung und Vertrauen**: Jeder Mensch macht Fehler, und nahezu jeder Fehler ist eine Chance, daraus zu lernen und sich weiterzuentwickeln. Auch im Arbeitsalltag gehören Fehler dazu und sind erst einmal nicht weiter schlimm. Allerdings sollte jeder bereit sein, auch die Verantwortung für seine Fehler zu übernehmen. Wer versucht, sich hinter anderen zu verstecken oder den Fehler zu überspielen (in der Hoffnung, dass ihn niemand bemerkt), schadet dem gesamten Team, da nun jeder jeden verdächtigt und die Kontrolle zunimmt.

   Die Vorgesetzten sollten auch hier als Vorbild agieren, eigene Fehler einräumen und den richtigen Umgang mit Fehlern zeigen. Wenn die Mitarbeiter wissen, dass sie jederzeit im Team und mit ihren Vorgesetzten über Fehler sprechen und gemeinsam eine Lösung für die daraus entstandenen Probleme suchen können, ist ein weiterer wichtiger Schritt hin zu einer vertrauensvollen Zusammenarbeit getan.

3. **Organisation**: Es gibt das Sprichwort »Viele Köche verderben den Brei.« Um diesen unerwünschten Effekt in Ihren Teams zu vermeiden, ist eine Organisation bzw. Koordination zwingend erforderlich. Sie müssen im Team u. a. folgende Fragen beantworten können:
   - Woran wird aktuell gearbeitet?
   - Wie weit sind die Arbeiten an bestimmten Aufgaben vorangeschritten?
   - Bis wann müssen einzelne Aufgaben abgeschlossen werden?
   - Welche Aufgaben stehen als nächstes an?

   Nur mit entsprechender Organisation können die einzelnen Arbeiten zu einem Teamprojekt zusammengefügt werden. Die Koordination muss dabei nicht zwingend durch den Vorgesetzten erfolgen, sondern sollte nach Möglichkeit, wie bei eingespielten Teams, gemeinschaftlich und selbstorganisiert durch den Einsatz von Methoden wie etwa Kanban oder Scrum erfolgen.

Ein wichtiger Aspekt für erfolgreiches Teamwork sind auch die Rand- und Rahmenbedingungen am Arbeitsplatz. Haben Sie oder Ihre Kollegen überhaupt die Möglichkeit, gemeinsam mit anderen Mitarbeitern an einer Aufgabe zu arbeiten, und können diese Aufgaben durch den Einsatz digitaler Medien unterstützt werden? Nicht in jedem Berufsfeld ist der Einsatz einer Collaboration-Plattform sinnvoll.

Falls der Einsatz für Sie jedoch grundsätzlich als sinnvoll erachtet werden kann, stellen sich weitere Fragen. Haben Sie in Ihrem Unternehmen die nötigen Freiräume, um sich in Ihren Teams frei zu organisieren? Hierzu gehören beispielsweise die teaminterne Absprache der Arbeitszeiten und des Arbeitsortes und die Art und Weise der Aufgabenbearbeitung. Solange die geforderten Arbeitsergebnisse erzielt werden, sollten die Teams möglichst große Gestaltungsspielräume erhalten.

1.2.4 Warum ist Teamwork wichtig?

Wenn Sie an Ihren Arbeitsalltag und die zu bewältigenden Aufgaben denken, fällt Ihnen bestimmt mindestens eine Aufgabe ein, bei der Sie sich fokussieren müssen und sich lieber zurückziehen, um allein daran zu arbeiten. Widerspricht dieses Verhalten aber nicht dem Grundgedanken des Teamworks?

Nein, denn auch wenn Sie Aufgaben mal nicht gemeinsam mit Ihren Teamkollegen bearbeiten möchten, ist es doch beruhigend, zu wissen, dass Sie sich jederzeit auf die anderen verlassen und sie um Hilfe bitten können, wenn Sie allein dann doch nicht weiterkommen.

Der Mensch ist ein soziales Wesen, das beruflich und privat in Gemeinschaften zusammenlebt und den Kontakt zu seinen Mitmenschen sucht. Nach der Auffassung von Naomi Eisenberger von der University of California in Los Angeles ist es interessant, zu beobachten, wie unser Körper auf die Zugehörigkeit und Anerkennung in sozialen Gemeinschaften reagiert. So erleben wir soziale Zurückweisung beispielsweise ähnlich wie tatsächliche physische Schmerzen, und soziale Anerkennung löst in unserem Gehirn positive Emotionen aus. Es macht also glücklich, sich einem Team zugehörig zu fühlen und von diesem als vollwertiges Mitglied geschätzt und akzeptiert zu werden. Der Wunsch ist bei den meisten Menschen also groß, sich in ihr soziales Umfeld einzufügen.

Gerade im Arbeitsalltag bringt Teamzugehörigkeit viele Vorteile mit sich

Teamfähigkeit und Zugehörigkeit erfahren wir in unserem Leben zuerst innerhalb unserer Familie und mit Freunden. Aber auch gerade bei der Arbeit spielen diese Aspekte eine wichtige Rolle, denn wir verbringen den größten Teil unserer Zeit mit den Kollegen am Arbeitsplatz. Doch wie viel dieser Zeit verbringen wir wirklich mit der gemeinsamen Arbeit an Aufgaben? Die Antwort auf diese Frage wird vermutlich jeder unterschiedlich beantworten. Zum Glück ist es nicht erheblich, wie viele Stunden Sie tatsächlich zusammen mit Ihren Kollegen arbeiten. Elementar ist das Gefühl der Zugehörigkeit. Wenn es gelingt, dieses am Arbeitsplatz zu erzeugen, sind Sie nicht nur glücklicher, sondern auch motivierter, produktiver, weniger gestresst und ausdauernder.

Doch wie können wir diesen Zustand erreichen, wenn wir Aufgaben haben, die wir allein bearbeiten müssen? Gemeinsam können die Mitarbeiter und ihre Vorgesetzten folgende Maßnahmen ergreifen:

1. **Ein Team formen**: Teambuilding gehört zu einer guten Führungskultur und umfasst vielfältige Tätigkeiten, für die sowohl der Vorgesetzte als auch jedes einzelne Teammitglied verantwortlich ist. Wenn Sie gemeinsam mit Ihren Kollegen Zeit am Arbeitsplatz verbringen, sorgt das beispielsweise zwar für erste Kontakte, aber für eine enge Teambindung reicht das bei weitem nicht aus. Sie fühlen sich den Kollegen vielleicht zwar verbunden; für eine Steigerung des Zugehörigkeitsgefühls müssen Sie jedoch aktiv daran arbeiten, das Team zusammenzuschweißen. Dabei kann es beispielsweise helfen, sich auch außerhalb der Arbeitszeiten zu treffen und gemeinsam etwas zu unternehmen.

2. **»Wir« und »zusammen«**: Studien haben gezeigt, dass es einen deutlichen Unterschied macht, welche Worte wir verwenden. Selbst wenn Sie allein an einer Aufgabe arbeiten, können Sie mit dem Gefühl, dass Sie »zusammen« mit Ihren Kollegen arbeiten, unbewusst Ihre Motivation und Zufriedenheit steigern.

3. **Räumliche Nähe**: Es ist für Teams vorteilhaft, räumlich nah zusammenzuarbeiten. Laut Studien wird dabei die Qualität der Arbeit erhöht. Das mag auch daran liegen, dass man so schneller erkennt, wenn jemand Hilfe benötigt, und mal eben zum Schreibtisch des Kollegen wechseln kann.

Ihre Vorteile von Teamwork

Wenn Teamwork bei Ihnen gelebt wird, kann dies viele Vorteile für Sie und Ihr Unternehmen mit sich bringen:

▶ **Loyalität**: Wenn bei Ihnen wirkliches Teamwork stattfindet, identifizieren Sie sich in besonderem Maße mit Ihren Kollegen und auch mit dem Team (und somit eventuell indirekt auch mit dem Unternehmen selbst). Dies führt dazu, dass Sie besonders loyal und treu sind. So können Sie auch schwierige Entscheidungen gemeinsam tragen und fühlen sich den Unternehmenszielen verpflichtet.

▶ **Zufriedenheit**: Die Arbeitsatmosphäre ist ein wichtiger Aspekt für Ihre Zufriedenheit. Wenn Sie mit Ihren Kollegen nicht zurechtkommen, haben Sie auch keinen Spaß an der Arbeit und würden morgens am liebsten zu Hause bleiben. Ein großer Vorteil guten Teamworks ist es daher, dass Sie und Ihre Kollegen zufrieden mit dem eigenen Job sind – und daher motivierter agieren.

- **Verbesserte Ergebnisse**: Je besser Ihr Team zusammenarbeitet, desto positiver können die Arbeitsergebnisse ausfallen. Wenn Sie im Team die Stärken jedes einzelnen Mitglieds optimal nutzen, um eine gemeinsame Aufgabe zu bewältigen, werden Sie nicht nur produktiver, sondern schlichtweg besser.

Die Arbeit läuft generell wesentlich problemloser. Ein gut aufeinander eingespieltes Team weiß bereits im Vorfeld, wo mögliche Komplikationen auftreten könnten, und hilft sich gegenseitig, diese zu umgehen oder schnellstmöglich zu lösen. Das Teamziel steht jederzeit im Vordergrund.

Achtung: Diese Aspekte sollten Sie beim Teamwork berücksichtigen!

Auch wenn Teamwork am Arbeitsplatz nahezu unerlässlich ist, sollten Sie einige Nachteile kennen, die bei der Einführung von Teamwork auftreten können:

- **Aufgabenverteilung**: Jedes Teammitglied bringt seine persönlichen Stärken und Schwächen mit in das Team ein. Diese Diversität kann von Vorteil sein, doch nicht immer gelingt es, die anfallenden Aufgaben entsprechend den Fähigkeiten zu verteilen. So landet eine Aufgabe möglicherweise auf dem Schreibtisch eines Kollegen, der dafür nicht ausreichend qualifiziert ist.
- **Unklare Kompetenzen und Verantwortung**: Wenn Sie sich im Team nicht darüber einig sind, wer für welche Dinge verantwortlich ist, kann es zu einer Reihe von Problemen in Ihrem Team kommen. Es wird dann beispielsweise nicht mehr zusammengearbeitet, sondern gegeneinander, und am Ende bleiben wichtige Aufgaben liegen.
- **Anerkennungsbedürfnis**: In einem Team ist es deutlich schwerer für den Einzelnen, positiv aufzufallen. Die Leistungen werden dem Team zugeschrieben, und individuelle Erfolge rücken in den Hintergrund, obgleich diese zum Teamerfolg erheblich beigetragen haben. Das kann gerade in der Anfangsphase oder bei bestimmten Persönlichkeitstypen dazu führen, dass sich die betroffenen Personen bewusst in den Mittelpunkt spielen, um die für sie wichtigen Lorbeeren zu ernten. Das Team wird darauf in der Regel mit Unmut reagieren, weil die anderen Mitglieder ebenfalls zu dem Ergebnis beigetragen haben und sich nun vernachlässigt fühlen.
- **Team – Toll, ein anderer macht's!**: Ein anderes Risiko besteht darin, dass sich einzelne Personen zurücklehnen und hinter der Gemeinschaft des Teams verstecken, weil die einzelne Leistung weniger auffällt. Sie verlassen sich darauf, dass das Team die Aufgaben schon erledigen wird. Damit ziehen sie das Gesamtergebnis des Teams nach unten und sorgen außerdem für Konflikte im Arbeitsalltag.

Alle diese Risiken können mit den richtigen Maßnahmen beseitigt und in Chancen für die Entwicklung erfolgreicher Teams umgewandelt werden. Voraussetzung dafür ist natürlich, dass Sie – wie in den vielen Stellenausschreibungen gefordert – Teamplayer in Ihrem Unternehmen haben. Menschen, die sich nicht in ein Team einfügen können und von der persönlichen Anerkennung ihrer Leistung über Ellenbogen-Mentalität leben, können ein Team zerstören. Vorgesetzte sollten in solchen Fällen eingreifen und beispielsweise als Coach für das Team agieren, um Unmut zu verhindern und um nicht zu riskieren, dass das Verhalten Nachahmer findet, da es dem Anschein nach von »oben« toleriert – wenn nicht sogar gefördert – wird.

Die Veränderungen von Denkweisen, Einstellungen und Unternehmenskulturen sind laut diversen Studien die größten Herausforderungen in Unternehmen und benötigen in der Regel mehrere Jahre. Während Sie Veränderungen vornehmen, sind aber kurzfristige Erfolge wichtig, die Sie im weiteren Verlauf dieses Buches anhand vieler Beispiele kennenlernen werden.

1.3 Was bedeutet Collaboration im Vergleich zu Teamwork?

Im vorangegangenen Abschnitt habe ich erläutert, was erfolgreiches Teamwork ausmacht. Dabei handelt es sich um grundsätzlich technologieunabhängige Fragestellungen. Collaboration dagegen ist die Unterstützung von Teamwork unter Nutzung der zur Verfügung stehenden technischen Möglichkeiten.

Zusammenarbeit (deutscher Begriff für Collaboration) hört auch nicht an der Unternehmensgrenze auf, sondern betrifft sämtliche Handlungen in Ihrem Arbeitsalltag. Es geht dabei um Menschen, die zusammenarbeiten, wie zum Beispiel:

- **Kunden**: Ich habe bis jetzt nur das Team betrachtet, das einen Kundenauftrag bearbeitet. Dabei habe ich den Kunden selbst noch nicht berücksichtigt. Durch die Zusammenarbeit mit dem Kunden ergeben sich neue Herausforderungen. So haben wir zusammen zwar das Ziel, das Projekt erfolgreich durchzuführen und abzuschließen. Zusätzlich habe ich aber vielleicht das Ziel, mit dem Projekt u. a. auch Geld zu verdienen, Mitarbeiter auszulasten oder eine neue Referenz für meine Leistungen in einem bestimmten Sektor zu erhalten. Der Kunde hingegen möchte sein Ansehen innerhalb seines Unternehmens verbessern und zeigen, wie gut er ein solches Vorhaben leiten kann. Diese unterschiedlichen Interessen müssen miteinander verknüpft werden.
- **Partner oder Unterauftragnehmer**: Wenn Sie mit Partnern oder Unterauftragnehmern zusammenarbeiten, werden Sie auch hier auf unterschiedliche Interessen treffen, die in Einklang gebracht werden müssen. Die Zusammenarbeit selbst kann aber auch hier mittels Teamwork erfolgen. Es besteht allerdings mehr oder weniger sichtbar eine Grenze innerhalb des Teams, die die Mitarbeiter Ihres Unternehmens von den Mitarbeitern des Partners bzw. Unterauftragnehmers trennt.

Auch wenn das Thema Collaboration meist mit der Frage einhergeht, welche Tools zur Unterstützung der Zusammenarbeit eingesetzt werden sollen, sollten Sie zuerst klären, wie Sie generell zusammenarbeiten möchten. Erst danach sollten Sie sich um eine Tool-Auswahl kümmern, denn nicht das Tool ist ausschlaggebend, sondern vielmehr die Veränderung überholter Arbeitsweisen. Im Rahmen der Digitalisierung sind viele neue Möglichkeiten zur Unterstützung der Zusammenarbeit entstanden, die jedoch an vielen Unternehmen bisher unbemerkt vorbeigegangen sind.

1.4 Digitalisierung als Motor von Collaboration

Unter der *Digitalisierung* wird die Veränderung in der Kommunikation sowie die Umwandlung von Instrumenten und Geräten durch die Nutzung neuer technischer Möglichkeiten verstanden (siehe Gabler Lexikon unter *https://wirtschaftslexikon. gabler.de/definition/digitalisierung-54195*). Diese Veränderungen ermöglichen auch eine Transformation der bis dahin etablierten Prozesse, können Arbeitsschritte automatisieren und Möglichkeiten für neue Prozessschritte eröffnen.

So haben wir zum Beispiel im privaten Umfeld in den letzten Jahrzehnten im Rahmen der Digitalisierung folgende Veränderungen erlebt:

Alte Technologie	Neue Technologie
CD	Streaming
Filmkamera	Smartphone
Papierformulare	Elektronische Formulare

Tabelle 1.1 Beispiele für Digitalisierung als Wechsel von einer Technologie zu einer anderen (Phase 1)

Ich unterscheide bei der Digitalisierung zwei verschiedene Phasen. In der ersten Phase geht es um den Wechsel von analogen zu digitalen Medien wie beispielsweise die Veränderungen im Bereich der Fotografie. Früher mussten Sie viele Tage lang warten, um zu sehen, ob ein Foto gut gelungen ist. Ich weiß noch, wie aufgeregt ich jedes Mal war, wenn ich einen Film zum Entwickeln abgegeben hatte und die entwickelten Fotos dann endlich abholen konnte. In der Zeit der digitalen Fotografie – am einfachsten direkt über unser Smartphone, das Sie stets bei sich haben – hat sich diese Zeit sehr stark verkürzt. So können Sie direkt an Ort und Stelle sehen, ob das Foto Ihren Ansprüchen genügt und im Zweifelsfall sofort ein neues Foto aufnehmen.

In der zweiten Phase der Digitalisierung werden aufbauend auf der ersten Phase die bereits digitalisierten Prozesse weiter optimiert und vor allem automatisiert. Dies kann beispielsweise durch den Einsatz von künstlicher Intelligenz und maschinellem Lernen erfolgen. Beispiele für diese zweite Phase sind u. a.:

- **Internet of Things (IoT)**: Alltagsgegenstände und Maschinen sind heutzutage bereits in vielen Fällen sowohl untereinander als auch nach außen mit dem Internet verbunden. Dabei werden teils große Datenmengen erhoben, die ausgewertet und zur Prozessoptimierung genutzt werden können.
- **Smart Home**: Sie können Ihr Zuhause mittlerweile komplett fernsteuern und beispielsweise dafür sorgen, dass der Heizkörper ausgeschaltet wird, sobald in dem entsprechenden Raum ein Fenster geöffnet wird.
- **Bild- und Mustererkennung**: Aus Informationen wie Bildern oder Texten können wiederkehrende Bestandteile ermittelt und bewertet werden. So können zum Beispiel Nachrichten auf sozialen Plattformen gesammelt und auf ihre Relevanz bzgl. der Reputation Ihres Unternehmens bewertet werden. Damit haben die Mitarbeiter Ihrer Kommunikationsabteilung einen Überblick über das Stimmungsbild Ihrer Kunden und Partner.

Da die Digitalisierung kein abgeschlossener Prozess ist, rechne ich damit, dass sich auch heute etablierte Arbeitsweisen in Zukunft verändern werden. Es geht dabei um Veränderungen, die sich durch neue Technologien ergeben. Die Entwicklung der Digitalisierung müssen wir daher auch in der Zukunft beobachten, um daraus neue Arbeitsweisen ableiten zu können.

1.4.1 Beispiel für einen zu digitalisierenden Prozess

Ich möchte Ihnen zeigen, wie sich die Zusammenarbeit zwischen den an einem Prozess beteiligten Personen durch neue Möglichkeiten im Rahmen der Digitalisierung verändern und verbessern kann. Als Beispiel stelle ich Ihnen den Prozess der *Personalauswahl* vor.

Hinter einer Bewerbung verbirgt sich stets eine lange Prozesskette, in der Mitarbeiter aus verschiedenen Unternehmensbereichen zusammenarbeiten. Wir betrachten in diesem Abschnitt die verschiedenen Prozessschritte auf fachlicher Ebene und gehen anschließend auf die Veränderungen der Zusammenarbeit zwischen Fachabteilung und Personalabteilung durch eine Digitalisierung des Prozesses ein.

> **Phase I der Digitalisierung**
> Die erste Phase der Digitalisierung, die uns in unserem Arbeitsalltag, aber auch im privaten Umfeld häufig begegnet, ist der in Tabelle 1.1 zuunterst aufgeführte Wandel von Papierformularen hin zu elektronischen Formularen. Auch wenn in den letzten Jahren viele Unternehmen bereits aktiv daran gearbeitet haben, Papierakten abzuschaffen und stattdessen durch Software-Lösungen zu ersetzen, existieren heute trotzdem im-

mer noch viele Prozesse, die nicht ausreichend durch die grundsätzlich zur Verfügung stehenden technischen Mittel unterstützt werden.

Als ein Beispiel für eine Digitalisierung der Phase 1 betrachten wir in diesem Kapitel den Bewerbungsprozess in einem fiktiven mittelständischen Unternehmen. Dabei werden Sie sehen, welche Veränderung die Digitalisierung (und sei es nur zu einem gewissen Grad) mit sich bringen kann.

Eine gelungene Bewerberauswahl gehört zu den maßgeblichen Erfolgsfaktoren eines Unternehmens. Wer schnell und treffsicher die passende Besetzung findet, vermeidet Fluktuation, Unzufriedenheit und beachtlichen Mehraufwand. Vor dem Hintergrund der demographischen Entwicklung ist es eine Herausforderung, den geeigneten Mitarbeiter für die Aufgaben im Unternehmen auszuwählen, da bereits heute ein deutlicher Mangel an Ingenieuren sowie Fach- und Führungskräften auf der oberen und mittleren Managementebene besteht. Mit einem im Unternehmen konsequent eingesetzten Bewerbermanagement kann dieser Herausforderung begegnet werden.

Das Bewerbermanagement umfasst dabei die Feststellung des Personalbedarfs, die interne und externe Stellenausschreibung, den Auswahlprozess einschließlich der Entscheidung für einen Bewerber und dessen Einstellung als neuen Arbeitnehmer.

Der Personalbedarf als Ausgangspunkt des Bewerbungsprozesses

Der betriebliche Ausgangspunkt eines jeden Bewerbungsprozesses ist ein festgestellter Personalbedarf, den das Unternehmen selbst nicht decken kann. Grundsätzlich wird zwischen qualitativem und quantitativem Personalbedarf unterschieden. Qualitativer Bedarf kann entweder anhand von Personalentwicklungsmaßnahmen, z. B. Mitarbeiterschulungen, oder durch den Einkauf von Know-how durch Einstellen von neuen Mitarbeitern mit entsprechender Qualifikation gedeckt werden.

Ein quantitativer Personalbedarf entsteht, wenn der Ist-Bestand den Soll-Bestand unterschreitet, d. h. es geht hierbei um die zahlenmäßige Unterdeckung. Dieses Defizit kann entstehen durch:

▶ **Schaffen einer neuen Stelle**: Wenn Ihr Unternehmen wächst, neue Geschäftsfelder entwickeln möchte oder Umstrukturierungen vornimmt, kann das Schaffen sowie Besetzen neuer Stellen erforderlich werden.

▶ **Wiederbesetzen einer Stelle**: Eine Stelle muss besetzt werden, wenn ein Mitarbeiter das Unternehmen verlässt oder der Stelleninhaber eine andere Aufgabe innerhalb des Unternehmens übernimmt.

Am Prozessschritt der Stellenbesetzung sind Mitarbeiter aus der Personalabteilung und der entsprechenden Fachabteilung beteiligt. Nach der Ermittlung des Personalbedarfs durch die Fachabteilung werden anhand eines Stellenprofils die Qualifikationen und Spezifikationen für die zu besetzende Stelle analysiert und anschließend die entsprechende Stelle von der Personalabteilung ausgeschrieben, womit der eigentliche Bewerbungsprozess beginnt.

Eine neue Stelle ausschreiben

Sie können eine neue Stelle sowohl intern als auch extern ausschreiben. Bei einer internen Stellenausschreibung wird innerhalb des Unternehmens nach einem passenden Mitarbeiter gesucht. Entscheidet sich ein Unternehmen für die interne Stellenausschreibung, wird die Stelle in der Regel zwischen sechs und acht Wochen – zum Beispiel auf einem *schwarzen Brett* oder in einem *Social Intranet* – ausgeschrieben. Das Unternehmen ist jedoch nicht dazu verpflichtet, einen internen Bewerber für die ausgeschriebene Stelle einzustellen.

Die interne Personalbeschaffung bietet den Vorteil, dass auf der Bewerberseite das Unternehmen und auf der Unternehmensseite der Bewerber bekannt ist. Es entstehen im Vergleich zu der externen Personalbeschaffung geringere Informations-, Verhandlungs- und Einarbeitungskosten und damit auch geringere Zeitverluste. Außerdem können dadurch betriebsspezifische Qualifikationen im Unternehmen gehalten werden, wobei intern gebotene Aufstiegschancen motivierend auf die Mitarbeiter wirken können.

Auf der anderen Seite birgt die interne Stellenausschreibung auch Risiken. So kann eine misslungene interne Bewerbung demotivierend auf den Mitarbeiter wirken, und das Unternehmen kann durch viele interne Stellenbesetzungen in die Gefahr geraten, sich die Chance auf den Zugewinn von neuem Wissen und neuen Erfahrungen selbst zu verbauen.

Die externe Personalbeschaffung bietet weitere Auswahlmöglichkeiten. Dem Unternehmen steht dabei vom Prinzip her der gesamte Arbeitsmarkt als »Bewerberpool« zur Verfügung, wodurch die Wahrscheinlichkeit steigt, die vakante Stelle optimal zu besetzen. Die Stellenausschreibung kann dabei über die unterschiedlichsten Medien erfolgen. Durch externe Bewerber können neue Qualifikationen ins Unternehmen gelangen, die sich auf der Basis eigener Mitarbeiter nicht oder nur sehr aufwendig entwickeln lassen würden.

Der Bewerbungseingang

Interessenten bewerben sich entweder auf eine ausgeschriebene Stelle oder initiativ ohne Bezug auf eine ausgeschriebene Stelle. Anhand der Anzahl der eingehenden Bewerbungen erhält der Personalbereich erste Informationen, ob die richtigen Medien und Plattformen für die Stellenausschreibung gewählt wurden.

Sind nur wenige Bewerbungen eingegangen, haben Sie entweder die gewünschten Zielpersonen nur zum Teil erreicht, oder es besteht ein Fachkräftemangel in diesem Bereich, und alle dem geforderten Profil entsprechenden Personen haben sich beworben. Gehen zu viele Bewerbungen ein, war die Stellenausschreibung wahrscheinlich zu allgemein, oder die eigentliche Zielgruppe wurde verfehlt. Mit diesen Daten kann das Unternehmen bereits erste Analysen seiner Recruiting-Maßnahmen durchführen und diese anschließend optimieren.

Ein Bewerber kann seine Bewerbung auf drei verschiedene Weisen einreichen:

- **Papier**: Der Bewerber kann seine Bewerbungsunterlagen in Papierform mit der Post an das Unternehmen senden.
- **E-Mail**: Der Bewerber kann seine Bewerbungsunterlagen per E-Mail an das Unternehmen senden.
- **Online**: Der Bewerber kann sich über ein Online-Bewerbungsformular auf der Website des Unternehmens bewerben.

Abbildung 1.2 zeigt, dass sich die Verteilung der Bewerbungsarten in den letzten zehn Jahren im Rahmen der digitalen Transformation stark verändert hat. 2008 war der Bereich der Online-Bewerbungen noch am wenigsten vertreten, während er heutzutage den größten Anteil ausmacht. In den kommenden Jahren ist mit einer weiteren Verschiebung zugunsten der Online-Bewerbung zu rechnen. Die Veränderungen haben auch Auswirkungen auf die Zusammenarbeit innerhalb des Unternehmens sowie auf die Kommunikation mit den Bewerbern. So sollte ein Unternehmen beispielsweise auf seiner Website komfortable Online-Bewerbungsformulare und Apps zur Unterstützung der Bewerber anbieten.

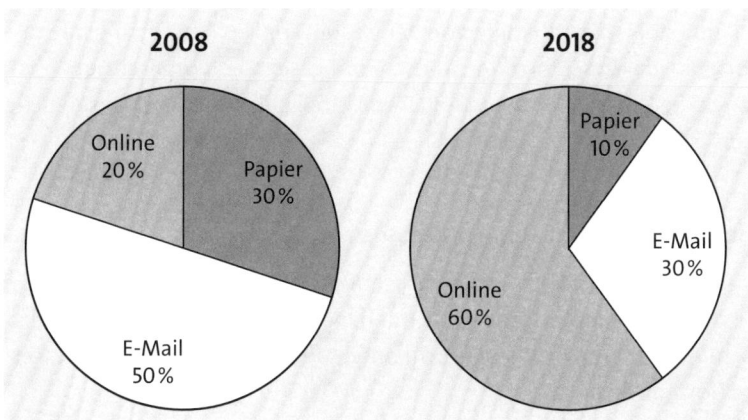

Abbildung 1.2 Im Rahmen der Digitalisierung hat sich der Prozessschritt für den Eingang einer Bewerbung in den letzten zehn Jahren stark verändert.

Der Auswahlprozess

Die Bewerbungen werden in manchen Fällen bis zu einem festgelegten Stichtag gesammelt, wobei bereits – wie bei den übrigen Fällen auch – beim Eingang der Dokumente eine Vorauswahl anhand bestimmter Kriterien wie z. B. Aussehen und Inhalt der Bewerbungen, Vollständigkeit, Rechtschreibfehler oder anhand direkter Ausschlusskriterien – wie geforderter Schulabschluss, Hochschulabschluss oder Berufserfahrung – erfolgt.

Nach dem Stichtag beginnt der Auswahlprozess, in dessen Verlauf die Bewerber daraufhin zu prüfen sind, ob sie über die für das Aufgabengebiet und das Arbeitsumfeld erforderlichen Qualifikationen verfügen. Ob ein Bewerber tatsächlich geeignet ist oder nicht, kann anhand weiterer Verfahren getestet werden. Das Bewerbungsgespräch – und direkt danach das Assessment Center – ist mitunter das wichtigste und effektivste Hilfsmittel bei der Personalauswahl. Es dient dem gegenseitigen Kennenlernen, bei dem die Qualifikationen direkt abgefragt werden können.

Die Anzahl der Kandidaten nimmt im Auswahlverfahren stufenweise ab, wobei die Auswahlmethoden und deren Reihenfolge individuell von dem jeweiligen Unternehmen gestaltet werden können.

Die Entscheidung

Mithilfe der vorliegenden Bewerbungsunterlagen, der Vorstellungsgespräche sowie der gegebenenfalls vorhandenen Ergebnisse von durchgeführten Tests wird auf Basis von möglichst objektiven Kriterien die Entscheidung für oder gegen einen Bewerber getroffen.

Danach wird dem neuen Arbeitnehmer der Arbeitsvertrag zugesendet, und es werden weitere vorbereitende Maßnahmen initiiert. Der Einstellungsprozess, d. h. die Vertragserstellung, läuft dabei – unabhängig von der Gestaltung des Bewerbungsprozesses – in Papierform ab, da diese Form in Deutschland gesetzlich vorgeschrieben ist. Das heißt, dass auch die Digitalisierung mit all ihren Möglichkeiten durch gesetzliche Vorgaben limitiert ist.

1.4.2 Digitalisierung des Bewerbungsprozesses

Kennzeichnend für den klassischen und noch nicht digitalisierten Bewerbungsprozess ist, dass alle Abläufe in Papierform stattfinden, beispielsweise die Kommunikation zwischen dem Bewerber und dem Unternehmen oder die anschließende unternehmensinterne Kommunikation.

Abbildung 1.3 stellt den klassischen Bewerbungsprozess detailliert dar. Dabei gehen die Bewerbungsunterlagen mit der Post ein und werden im Verlauf des Personalauswahlverfahrens von der Personalabteilung sowie den Personalreferenten und Mitarbeitern der Fachabteilungen begutachtet. Eine Digitalisierung dieser Unterlagen ist hierbei nicht vorgesehen. Somit kann zu einem Zeitpunkt immer nur eine einzige Person die Unterlagen einsehen.

Diese Art ist heute noch vor allem in kleineren Unternehmen zu finden und wird durch den Einsatz von Informationstechnologie generell nur marginal unterstützt. Die Erstellung der entsprechenden Schriftstücke erfolgt unter Nutzung einer ausgewählten Textverarbeitungssoftware, der Kernprozess des Bewerbermanagements wird allerdings technologisch nicht weiter unterstützt.

Zusammenarbeit bedeutet in dieser Variante u. a., dass die Mitarbeiter der Personalabteilung und der entsprechenden Fachabteilung im Rahmen von Besprechungen Informationen untereinander austauschen und sich nach Bedarf die Bewerbungsunterlagen per Hauspost zukommen lassen. Eine gemeinsame Ablage von Notizen und Bewertungsinformationen ist nicht vorhanden.

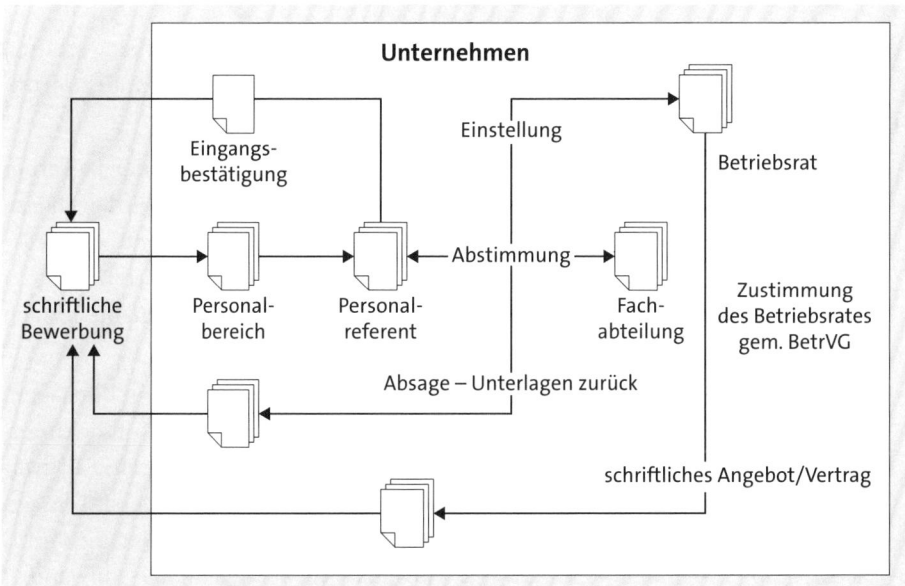

Abbildung 1.3 Bei einem klassischen Bewerbungsprozess werden nahezu alle Informationen in Papierform festgehalten und ausgetauscht.

Wechsel von analogem zu digitalem Personalauswahlverfahren

Der digitale Bewerbungsprozess wird durch den Einsatz von Informationstechnologie charakterisiert. Die digitale Personalbeschaffung kann den bisherigen, traditionellen Prozess ergänzen und einzelne Prozessschritte automatisieren bzw. erleichtern.

Kernelement dieses Systems ist eine zentrale Bewerberdatenbank, auf die alle berechtigten Personen Zugriff erhalten. Hier stehen die Bewerbungsunterlagen allen Beteiligten jederzeit zur Verfügung. Außerdem können Notizen und Bewertungen zur Bewerbung eingesehen und zentral erfasst werden. Damit verfügen alle über den gleichen Informationsstand und können fundierte Entscheidungen treffen.

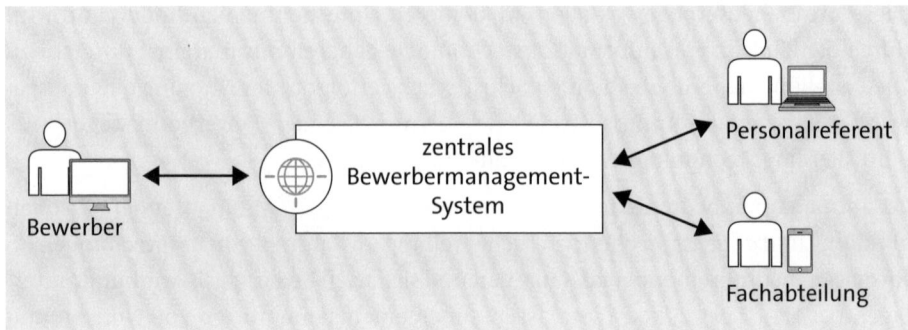

Abbildung 1.4 Veränderung des Bewerbungsprozesses durch den Einsatz von IT-Lösungen

Abbildung 1.4 gibt Ihnen einen Überblick über den Ablauf der digitalen Bewerbung: Nachdem ein Interessent beschlossen hat, sich zu bewerben, kann er dies auf zwei unterschiedliche Arten tun:

- **In schriftlicher Form**: Analog zur traditionellen Bewerbung, d. h. der Bewerber schickt dem Unternehmen eine Bewerbungsmappe per Post. Diese wird nach Eingang digitalisiert und zur Entlastung des Unternehmens umgehend zurückgeschickt. Die Unterlagen befinden sich nun in digitaler Form in der zentralen Datenbank, auf die alle Personalreferenten und auch die beteiligten Fachabteilungen Zugriff haben.

- **In digitaler Form**: Die Online-Bewerbung wird ohne Umwege direkt per Internet in die Datenbank eingespeist. Dagegen stellt die Bewerbung per E-Mail für die Unternehmen einen zusätzlichen Aufwand dar. Die Daten müssen in diesem Fall zwar nicht digitalisiert werden, da dies vom Bewerber bereits erledigt wurde, sie müssen jedoch manuell in die zentrale Bewerberdatenbank eingepflegt werden und verursachen damit einen mit der Bewerbung in Papierform vergleichbaren Aufwand.

Alle eingehenden Bewerbungen werden anschließend jeweils einer ausgeschriebenen Stelle oder Pools zugeordnet, um die Übersicht zu wahren, und der Auswahlprozess beginnt, wobei sich dieser ähnlich wie beim klassischen Bewerbungsprozess gestaltet.

Auswirkungen der Digitalisierung

Sowohl der klassische als auch der digitale Bewerbungsprozess bringen Vor- und Nachteile mit sich. Die Nachteile des digitalen Bewerbungsprozesses bestehen darin, dass auf Grund der Nutzung des Internets eine schnelle Reaktion sowohl auf Unternehmens- als auch auf der Bewerberseite erwartet wird. Außerdem muss die im Unternehmen eingesetzte Hard- und Software einem dem ausgewählten Bewerbermanagementsystem zugrunde liegenden Standard genügen, ein Aspekt, der weitere Kosten verursachen kann. Die beschriebenen Nachteile werden mit der Anwendung des klassischen Bewerbungsprozesses umgangen. Dafür kommt das Unternehmen jedoch auch nicht in den Genuss der Vorteile des digitalen Bewerbungsprozesses, die dessen Nachteile überwiegen können.

Der digitale Bewerbungsprozess ermöglicht nämlich eine optimale Unterstützung des Auswahlverfahrens durch eine genauere und automatisierte Selektion der Bewerber, eine generelle Automatisierung der Prozesse, eine einfache Suche in den Bewerberdaten und – bedingt durch eine Unterstützung der Zusammenarbeit der Mitarbeiter verschiedener Geschäftsbereiche – eine schnelle Bearbeitung von Bewerbungen.

Die weitgehende Automatisierung des Bewerbungsprozesses sowie die Kostenersparnis stellen weitere Vorteile dar. Sowohl die Bewerber als auch die Unternehmen sparen unnötige Kosten, die zwingend mit dem klassischen Bewerbungsprozess verbunden sind. Die Bewerber sparen durch die Nutzung eines Online-Bewerbungsformulars die Kosten für den Ausdruck der Bewerbung, die mit deren Versand verbundenen Portokosten und die Kosten für die Bewerbungsmappen. Für den einzelnen Bewerber ist die Ersparnis vermutlich relativ gering, während auf der Unternehmensseite durch die Etablierung eines digitalen Bewerbungsprozesses erhebliche Einsparungen erzielt werden können.

1.4.3 Digitalisierung vs. Collaboration

In diesem Buch geht es primär um das Thema *Collaboration*. Da stellt sich Ihnen vielleicht die Frage, warum dieses Kapitel einen so starken Fokus auf das Thema *Digitalisierung* legt. Diese beiden Themen sind sehr eng miteinander verwoben.

Durch den Einsatz einer IT-Lösung wird in unserem exemplarischen Prozess des Bewerbermanagements die Zusammenarbeit zwischen Mitarbeitern der Fachabteilung und den Personalreferenten unterstützt. In der Ausgangssituation war der Informationsaustausch recht schwergängig und fehleranfällig, und es gab Defizite hinsichtlich der Transparenz darüber, wie weit der Prozess für eine bestimmte Bewerbung fortgeschritten ist. Mit dem Einsatz der richtigen Tools können in der neuen Variante die Informationen nun bei Bedarf jederzeit abgerufen werden. Durch die erhöhte Transparenz können die am Prozess beteiligten Personen ihre Aufgaben besser überblicken und somit einfacher bearbeiten.

Wie wir an dem Beispiel des Bewerbermanagements gesehen haben, ist die Digitalisierung von Prozessen ein wesentlicher Bestandteil im Themenfeld *Collaboration* und wird uns auch im weiteren Verlauf des Buches begleiten. So werden wir viele Möglichkeiten des Cloud-Angebots von *Microsoft 365* als Ergebnis der Digitalisierung nutzen, um Arbeitsweisen zu verändern und unsere Teams möglichst optimal in ihrer täglichen Arbeit zu unterstützen.

In Kapitel 7, »Ausgewählte Unternehmensprozesse unterstützen«, werden wir außerdem ausgewählte Unternehmensprozesse in unsere Collaboration-Plattform integrieren, dabei auch Bezug auf den hier behandelten Bewerbungsprozess nehmen und sehen, wie uns Microsoft 365 hierbei unterstützen kann.

Kapitel 2
Wie finde ich durch den Dschungel an Collaboration-Tools?

»Sie sehen den Wald vor lauter Bäumen nicht?« (Redewendung)

In Kapitel 1 haben wir uns mit den Themen *Collaboration*, *Teamwork* und *Digitalisierung* auf technologieneutraler Ebene beschäftigt. Um den Anforderungen moderner Teams gerecht zu werden, müssen Sie jedoch irgendwann die passenden Tools auswählen. Dabei sollten Sie darauf achten, dass die Tools einfach zu bedienen sind und nicht zu viele Optionen anbieten, da dies Ihre Mitarbeiter verwirren könnte. Wenn Sie sich jedes Mal die Frage stellen müssen, wo Sie welche Information veröffentlichen sollen und wie das genau geht, werden Sie die Information wahrscheinlich irgendwann für sich behalten.

Es gibt sehr viele Anbieter auf dem Markt, die Ihnen sowohl On-Premises als auch in der Cloud Lösungen anbieten. Auch wenn es Unterschiede zwischen den Anbietern gibt, so ist grob betrachtet das Angebot des einen Anbieters dem von anderen Anbietern doch recht ähnlich. In diesem Buch fokussieren wir uns auf den Anbieter Microsoft und dessen Cloud-Angebot *Microsoft 365*. Wenn Sie beispielsweise bereits Microsoft-Technologien in Ihrem Unternehmen einsetzen, könnte dieses Angebot für Sie das richtige sein. Die nachfolgend vorgestellten Auswahlkriterien für die passenden Lösungen sind allerdings genauso für das Angebot anderer Anbieter geeignet, da wir uns auf die Anforderungen der Teams in einem Unternehmen konzentrieren.

Generell sollten Sie sich bewusst machen, dass es bei der Einführung einer *Collaboration-Plattform* um die Veränderung gewohnter Arbeitsweisen geht. Eine Unterstützung durch IT-Lösungen geht zwar in der Regel mit diesen Veränderungen einher, wird aber meist zu Unrecht in den Fokus gerückt.

Wir schauen uns nun zunächst die wichtigsten Bereiche der Zusammenarbeit an, in denen wir mit einer IT-Lösung unterstützen können. Anschließend betrachten wir verschiedene Einflussfaktoren für die Auswahl der passenden Lösungen wie beispielsweise die Teamkonstellation oder besondere Compliance-Anforderungen. Ein besonderes Augenmerk legen wir noch auf die verschiedenen Cloud-Varianten von Microsoft, bevor ich Ihnen abschließend eine Checkliste für die Tool-Auswahl für Ihre Collaboration-Plattform an die Hand gebe.

2.1 Wichtige Bereiche der Zusammenarbeit

Bei erfolgreichem Teamwork geht es vor allem um den Informationsaustausch untereinander. Dabei kann es sich um Dokumente oder sonstige Informationen, beispielsweise in Form einer Unterhaltung, handeln. Auch die gemeinsame Bearbeitung von Aufgaben und die Unterstützung von im Unternehmen etablierten Prozessen ist elementar. All dies sind wichtige Aspekte, um die Anforderungen an eine Collaboration-Plattform zu ermitteln und später in einer Checkliste für die Tool-Auswahl zu berücksichtigen.

2.1.1 Dokumente zusammen bearbeiten

Ich weiß nicht, wie es Ihnen ergeht, aber in unserem Unternehmen werden sehr viele Dokumente erstellt. In der Vergangenheit ist es häufig so gewesen, dass ein Mitarbeiter mit dem Dokument – beispielsweise einem Angebot – begonnen hat und dieses, soweit es ging, fortgeschrieben hat. Danach hat er das Dokument wie in Abbildung 2.1 dargestellt per E-Mail an einen zweiten Kollegen (Schritt 1) gesendet und in einem persönlichen Gespräch weitere Details geklärt.

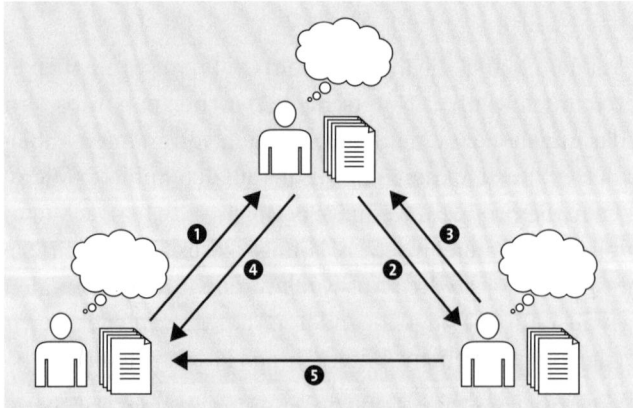

Abbildung 2.1 Zusammenarbeit bei der Erstellung eines Angebots kann ohne die richtigen technischen Mittel schnell zu Unübersichtlichkeit führen.

Der ursprüngliche Kollege hat nun versucht, die fehlenden Informationen zu ergänzen und dabei festgestellt, dass er dies nicht allein kann. Aus diesem Grund wurde das Dokument an einen dritten Kollegen gesendet (Schritt 2). Dieser konnte die gewünschten Ergänzungen vornehmen, und so kam das Dokument letzten Endes wieder beim ursprünglichen Ersteller (Schritte 3 und 4) an. Da der dritte Kollege allerdings noch etwas vergessen hatte, schickte er seine überarbeitete Version auch noch einmal dem Ersteller zu (Schritt 5).

Hatte aber der zweite Kollege noch von diesem Stand abweichende Änderungen vorgenommen? Können Sie die Änderungen einfach erkennen, indem beispielsweise die Änderungsnachverfolgung aktiviert wurde? Wie viel Arbeit haben Sie mit der Zusammenführung der Informationen?

All diese Fragen stellen sich nun für den ursprünglichen Ersteller des Dokuments. Bei zwei Kollegen, die Ihnen bei der Fertigstellung eines Dokuments helfen, mag die Aufgabe noch machbar aussehen. Wie sehen Sie das aber, wenn Sie Ihr Dokument an einen größeren Personenkreis wie beispielsweise zehn Personen senden? Der Aufwand für die Zusammenführung der unterschiedlichen Dokumentenstände steht wahrscheinlich in keinem vernünftigen Verhältnis mehr zu dem Nutzen, den Sie durch die Unterstützung Ihrer Kollegen erfahren.

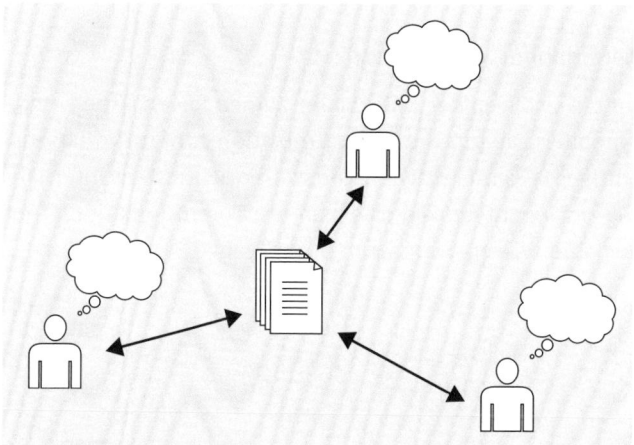

Abbildung 2.2 Wenn Sie Ihr Dokument zentral ablegen und es für Ihr Team freigeben, kann jeder seinen Beitrag leisten, ohne dass zusätzlicher Koordinationsaufwand entsteht.

Wäre es nicht hilfreich, wenn Sie bei Bedarf Ihr Dokument mit Ihrem Team teilen und gemeinsam daran arbeiten könnten? Dazu müssten Sie das Dokument wie in Abbildung 2.2 dargestellt zentral ablegen und für die anderen Teammitglieder freigeben. Damit sind Kopien des Dokuments nicht mehr nötig, und nun können alle zeitgleich auf das Dokument zugreifen, ihre Informationen einfügen und ohne Zeitverzögerung die Änderungen der Kollegen sehen.

Ein weiterer positiver Nebeneffekt der zentralen Ablage Ihrer Dokumente ist, dass Sie von nahezu überall auf sie zugreifen können. Darauf aufbauend können Sie weitere Funktionen zur Prozessunterstützung – beispielsweise für die Freigabe und Veröffentlichung – einrichten.

> **Können zeitgleich Änderungen an derselben Stelle im Dokument vorgenommen werden?**
>
> Die eingesetzten Tools stellen sicher, dass an einem Absatz nur nacheinander Änderungen vorgenommen werden können. Wenn Sie zu einem Abschnitt gelangen, der gerade von einer anderen Person bearbeitet wird, können Sie dies durch eine Markierung erkennen und müssen warten bis die Person den Abschnitt wieder verlassen hat und die Änderungen bei Ihnen sichtbar sind. Sie können dann aufbauend auf dem geänderten Stand Ihre Änderungen vornehmen. In der Regel teilen Sie sich die Bearbeitung eines Dokuments mindestens in Form von Abschnitten oder Kapiteln mit Ihren Kollegen auf und können so gleichzeitig an einem Dokument arbeiten.

2.1.2 Informationen untereinander austauschen

In vielen Unternehmen hat ein Großteil der Mitarbeiter keinen festen Arbeitsplatz mehr, wir werden immer mobiler. Die interne Kommunikation zum Informationsaustausch ist damit ein wichtiger Teil einer offenen und werteorientierten Unternehmenskultur. Nur durch eine zielgerichtete und transparente Kommunikation erreichen Sie einen Informations- und Wissenstransfer in Ihren Teams.

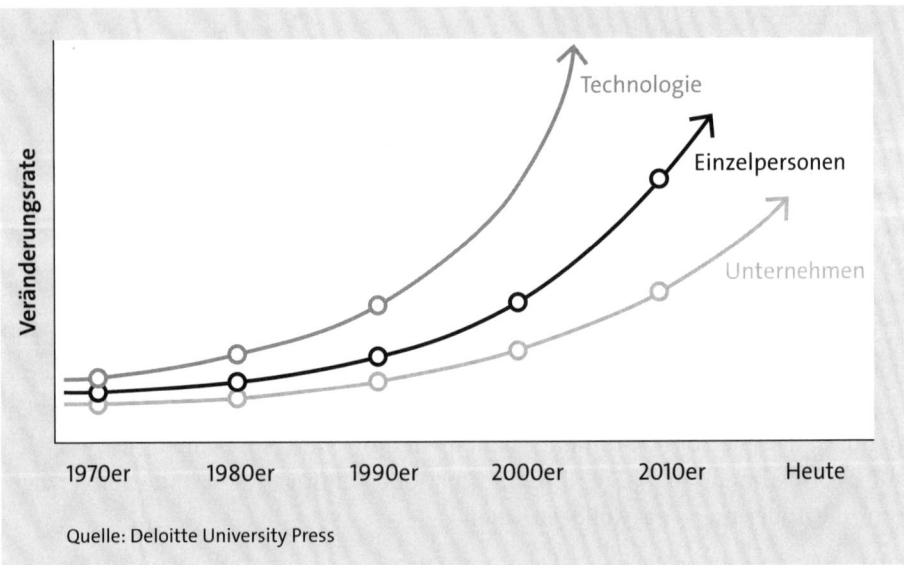

Abbildung 2.3 Die Technologie ändert sich immer schneller. Während die einzelnen Personen versuchen, damit Schritt zu halten, kommen die Unternehmen nur schwer hinterher.

Wie Sie in Abbildung 2.3 erkennen können, stehen Unternehmen tagtäglich vor der Herausforderung, dass sich die Technologie und die damit für die Unterstützung der

Kommunikation verbundenen Möglichkeiten wesentlich schneller weiterentwickeln als ein Unternehmen sich anpassen kann.

Säulen der Kommunikation

In der internen Mitarbeiterkommunikation unterscheiden wir inhaltlich zwischen vier verschiedenen Säulen:

- **Information**: In erster Linie möchten wir mit der Kommunikation im Unternehmen Informationen weitergeben, die für alle bzw. einen Teil der Mitarbeiter relevant sind. Dieser Säule kommt eine zentrale Bedeutung zu, denn ohne eine erfolgreiche Informationsweitergabe können die folgenden drei Säulen nicht existieren.
- **Dialog**: Neben der in eine Richtung abzielenden Information hat auch der Dialog seinen Platz in der internen Kommunikation. Im Rahmen eines Dialogs erhalten Sie und Ihre Kollegen nicht nur passiv Informationen, sondern können auf vermittelte Inhalte reagieren und treten mit dem Informationsgeber und anderen Kollegen zu den kommunizierten Inhalten in Dialog.
- **Motivation**: Die Mitarbeitermotivation ist ein wichtiges Ziel und u. a. Ergebnis einer erfolgreichen Kommunikation. Durch transparente und effiziente Kommunikation mit den Mitarbeitern gelingt es beispielsweise den Führungskräften in Ihrem Unternehmen, ihre Mitarbeiter zu motivieren, zu ermutigen und zu höheren Leistungen zu bewegen. Auch die Mitarbeiterfluktuation und damit Wissensverlust im Unternehmen können dadurch vermindert werden.
- **Wissenstransfer**: Durch Mitarbeiterfluktuation besteht immer die Gefahr, dass aus dem Unternehmen ausscheidende Mitarbeiter wichtige Informationen und Wissen mitnehmen, ohne beides vorher mit ihren Kollegen geteilt zu haben.

Mitarbeiter können sich durch die Veröffentlichung und das Teilen ihres Wissens mit den Kollegen, also durch Wissenstransfer, deren Anerkennung erarbeiten und das Team voranbringen. Dies fördert wiederum die Motivation der Mitarbeiter und führt auch hier im Idealfall zu einer geringeren Mitarbeiterfluktuation.

Formelle und informelle Informationen

Die interne Kommunikation bezieht sich zum einen auf die direkte Kommunikation untereinander, zum anderen aber auch auf den Einsatz von Kommunikationsinstrumenten. Wir unterscheiden zwischen formellen und informellen Informationen:

- **Formelle Informationen**: Hierfür werden ganz bestimmte Kommunikationskanäle festgelegt. Diese Art von Informationen hat eine hohe Verbindlichkeit.
- **Informelle Informationen**: Diese Art von Informationen wird beispielsweise über den sogenannten Flurfunk oder im persönlichen Gespräch weitergegeben.

Instrumente und Tools der Kommunikation

Vor zehn bis fünfzehn Jahren waren vor allem Rund- und Informationsschreiben, Mitarbeiterzeitschriften, das *Schwarze Brett* und natürlich Mitarbeiterversammlungen beliebte Instrumente für die interne Kommunikation.

Durch das rasante Tempo der Digitalisierung hat sich auch im vergangenen Jahrzehnt in der Mitarbeiterkommunikation der Unternehmen viel verändert. Folgende Instrumente werden heutzutage typischerweise für die Kommunikation im Unternehmen genutzt:

- **Intranet**: Ein *Intranet* ist ein in sich geschlossenes System, welches nur den Mitarbeitern Ihres Unternehmens zugänglich ist. Das Intranet ist also im Gegensatz zum frei zugänglichen Internet im Hinblick auf den Benutzerkreis eingeschränkt. Hier können Sie alle unternehmensrelevanten Informationen untereinander austauschen und veröffentlichen, sich untereinander vernetzen und Ansprechpartner zu bestimmten Themen finden.

- **Interner Newsletter**: Ein *interner Newsletter* ist wie das Intranet nur für Mitarbeiter Ihres Unternehmens vorgesehen und wird nur an diese Personen als internes Informationsrundschreiben versendet.

- **Wiki**: Ein *Wiki* ist eine Website, deren Inhalte von Ihnen und Ihren Kollegen gelesen und gleichzeitig auch verändert bzw. ergänzt werden können. Sie können es als Informationsquelle nutzen und mit Ihrem Wissen anreichern, sodass dieses Wissen im Unternehmen und für andere Mitarbeiter nachhaltig gespeichert wird.

  Ich habe in verschiedenen Unternehmen unterschiedliche Ansätze für den Einsatz von Wikis gesehen, die jeweils ihre Vor- und Nachteile mit sich bringen. Sie könnten beispielsweise ein zentrales Wiki in Ihrem Unternehmen etablieren. Damit haben Sie alle Informationen an einem Ort, müssen aber auch dafür sorgen, dass jeder Mitarbeiter die Möglichkeit hat, dort sein Wissen zu erfassen und auf das Wissen der Kollegen zuzugreifen. Stattdessen können Sie auch viele verstreute Wikis nutzen, die beispielsweise speziell für ein bestimmtes Projekt oder ein Team eingerichtet werden. Hierüber können Sie granular steuern, wer diese Informationen sehen darf und wer nicht. Das ist vor allem bei sensiblen Informationen sinnvoll. Bei dieser Option müssen Sie aber eine Lösung dafür finden, wie Sie eine Übersicht über das gesamte im Unternehmen befindliche Wissen schaffen. Woher wissen Sie und Ihre Kollegen nämlich, wo sich all diese Wikis befinden und auf welche Wikis Sie Zugriff haben?

- **Interner Blog**: Ein *Blog* ist ein normalerweise öffentlich zugängliches Tagebuch, das auf der Website Ihres Unternehmens integriert sein kann. Meine Kollegen und ich haben einen solchen Blog unter der Adresse *www.conet.de/blog/* im Einsatz.

  Im Sinne der internen Kommunikation können Sie einen internen Blog zum Beispiel als Teil Ihres Social Intranets bereitstellen. Sie können dort Ihre Gedanken zu tagesaktuellem Geschehen sowie Informationen und Wissen auf kompakte Art und Weise vermitteln. Idealerweise verwenden Sie ergänzend zu Ihren Informationen Fotos und Videos. Ein Blog kann aber auch bewusst von Ihrer Führungsebene oder der internen Kommunikationsabteilung genutzt werden, um so Informationen schnell im Unternehmen zu verbreiten.

- **Chat- bzw. Instant-Messaging-Tools**: Die Tools für Chats oder *Instant Messaging* kennen Sie wahrscheinlich aus dem privaten Umfeld schon wesentlich länger als im Berufsleben. Sie dienen dazu, dass Sie und Ihre Kollegen sich per Textnachrichten miteinander unterhalten und Kurznachrichten unmittelbar erhalten und lesen können.

    Dies verkürzt die Kommunikationswege und vermindert das E-Mail-Aufkommen, gerade, wenn Sie unterwegs sind oder während einer Besprechung schnell etwas klären möchten.

- **Social Media**: Social-Media-Kanäle werden im Unternehmenskontext in der Regel für die externe Kommunikation wie beispielsweise zur Mitarbeiterrekrutierung oder zu Marketingzwecken genutzt. Genauso können Social-Media-Kanäle – zumindest teilweise – zur internen Kommunikation genutzt werden.

    Sie können im Unternehmen beispielsweise geschlossene Facebook- oder LinkedIn-Gruppen erstellen und für die Kommunikation nutzen. Hierbei sollte jedoch beachtet werden, dass die Mitarbeiter dazu verleitet werden könnten, zu viel Zeit auf den Social-Media-Kanälen zu verbringen, die eigentlich eher dem privaten Umfeld zugeordnet werden muss.

- **Tools für Mitarbeiterfeedback**: Ergänzend zu all diesen Plattformen und Tools haben Sie mit der Nutzung von spezifischen Tools für das Einholen von Mitarbeiterfeedback die Gelegenheit, die Mitarbeiter (anonym) zu Wort kommen zu lassen. So können Sie einerseits mögliche Quellen der Unzufriedenheit schnell aufdecken und gezielt gegensteuern. Andererseits erkennen Sie, welche Dinge schon gut im Unternehmen laufen und weiter vorangetrieben werden sollten.

Wählen Sie die richtigen Instrumente und Tools aus

Wie Sie gesehen haben, stehen Ihnen sehr viele verschiedene Instrumente zur Verfügung. Um die Mitarbeiter in Ihrem Unternehmen aber nicht mit zu vielen Kommunikationsinstrumenten zu überfrachten, sollten Sie sich im Unternehmen auf zwei bis drei zentrale Instrumente beschränken. Klar sollte auch sein, welche Informationen über welche Instrumente bzw. Kanäle kommuniziert werden. Dies vereinfacht Ihnen einerseits die Suche nach relevanten Informationen. Andererseits wissen Sie aber auch ganz genau, welches Instrument Sie für welche Informationsart nutzen.

Wenn Sie ein neues Instrument im Unternehmen einführen, sollte die Führungsebene die aktive Nutzung der Kanäle vorleben und somit die Mitarbeiter dazu motivieren, ihrem Beispiel zu folgen. Zudem ist es wichtig, dass alle Mitarbeiter zu Beginn eine kurze Einführung in die Nutzung der Instrumente zur Mitarbeiterkommunikation erhalten. Diese Maßnahme vermeidet Berührungsängste und fördert die aktive Nutzung der Kanäle durch alle Mitarbeiter.

Besonders in größeren Unternehmen ist das Intranet ein wichtiger Bestandteil der internen Kommunikation. Hier finden Mitarbeiter auf Anhieb die für sie relevanten Informationen und die Ansprechpartner, die sie bei Fragen kontaktieren können. Ohne diese zentrale Informationsquelle wären die Mitarbeiter in großen Unternehmen verloren und müssten unnötig viel Zeit für das Suchen von Informationen bzw. Kontakten aufwenden. Das Intranet als internes Kommunikationsinstrument wirkt sich also direkt auf die Produktivität der Mitarbeiter aus. Bei kleinen Unternehmen haben Sie ggf. eher keinen Bedarf für ein Intranet und nutzen lediglich ein Wiki für die wichtigsten Informationen.

In der internen Kommunikation ist es weiterhin sehr wichtig, dass Sie und Ihre Kollegen nicht nur Informationen per Push-Prinzip zur Verfügung gestellt bekommen, sondern sich diese auch proaktiv abholen können. Dafür bieten sich als sinnvolle Plattformen wieder das Intranet, aber auch Wikis und interne Blogs an.

Fehler beim Informationsaustausch durch den Einsatz passender Tools vermeiden

Jeder Mensch macht Fehler; so auch bei der Kommunikation im Unternehmen. Folgende exemplarische Fehler sollten Sie durch den geschickten Einsatz von Tools vermeiden, weil andernfalls die Zusammenarbeit in Ihren Teams erheblich gestört werden kann:

- **Unvollständige, verspätete oder intransparente Informationen**: Wenn die Belegschaft eines Unternehmens regelmäßig unvollständig oder zu spät über grundlegende Ereignisse und Neuerungen im Unternehmen informiert wird, können die Mitarbeiter das Vertrauen in ihre Vorgesetzten und das Unternehmen verlieren.

  Auch die Informationsweitergabe an nur einen Teil der Mitarbeiter führt bei unklar definierten bzw. angewendeten Informationswegen dazu, dass sich der andere Teil ausgeschlossen fühlt und das Vertrauen untereinander gestört wird.

  Beide Szenarien können durch regelmäßige, vollständige und transparente interne Kommunikation vermieden werden. Diese Situation lässt sich auch auf die Teamebene übertragen. Sorgen Sie immer dafür, dass Informationen rechtzeitig und transparent im Team verteilt werden. Hier gilt es, die richtigen Tools zu wählen, damit Sie auch unter Stress eine einfache Möglichkeit haben, um schnell Neuigkeiten bereitzustellen.

- **Mangelnde Wertschätzung**: Nur durch gegenseitige Wertschätzung und Respekt in der internen Kommunikation bleiben Sie und Ihre Kollegen motiviert und bringen sich langfristig für den Erfolg des Unternehmens ein. Wenn Ihr Vorgesetzter

Ihnen keine angemessene Wertschätzung für Ihre Leistungen entgegenbringt oder nicht die richtigen Worte findet, wird Ihre Motivation – mitunter sogar unbewusst – darunter leiden.

- **Konkurrenzdenken**: Wenn die Kommunikation im Unternehmen gestört ist oder das »Wir«-Gefühl fehlt, kann dies zu einem Wettbewerbsdenken zwischen Abteilungen oder Teams führen. Wenn sich Teams als Wettbewerber wahrnehmen, können sie nicht für das Unternehmen und dessen Erfolg an einem gemeinsamen Strang ziehen, obwohl dies eigentlich ihr Ziel sein sollte. Sie können versuchen, das Wettbewerbsdenken untereinander durch eine transparente interne Kommunikation und die gleichermaßen wertschätzende Anerkennung der Leistungen aller Abteilungen und Teams zu vermeiden.

- **Mangelnde Anerkennung von Feedback**: Wenn die Meinung und das Feedback der Mitarbeiter nicht anerkannt werden, kann dies zu Problemen in der internen Kommunikation und somit auch in der Unternehmenskultur führen. Mitarbeiterfeedback ist ein enorm wichtiges Element, damit Sie frühzeitig Probleme in den Teams erkennen und erstere schnell aus dem Weg räumen können. Durch das Feedback von Mitarbeitern können Sie zudem die angebotenen Produkte und Dienstleistungen in Ihrem Unternehmen kontinuierlich verbessern.

  Wenn auf Ihr Feedback allerdings nicht eingegangen wird, werden vermutlich auch Sie mit Unmut reagieren und wenig motiviert sein, noch einmal eine Rückmeldung zu geben. Damit wird der gegenseitige Informationsaustausch fortan gestört sein. Sie sollten also darauf achten, aufbauend auf einem Feedbackmechanismus auch die Ableitung von Maßnahmen und die Kommunikation über den Fortschritt im Unternehmen in Ihrem Collaboration-Portal zu ermöglichen.

- **Falsche Kanäle oder Instrumente**: Auch die Nutzung der falschen Kanäle oder Instrumente kann zu Verwirrung oder Unmut bei den Mitarbeitern Ihres Unternehmens führen. Sobald diese das Gefühl haben, dass nicht alle Informationen transparent und an einem einfach und zentral zugänglichen Ort geteilt werden, kommt es zu Missverständnissen in der Kommunikation. Deshalb ist es sehr wichtig, dass die gleiche Art von Informationen und Wissen immer über die ursprünglich festgelegten Instrumente und Kanäle kommuniziert wird und das eingesetzte Tool auf einfache Weise zu verwenden ist.

Alle hier aufgeführten möglichen Fehler in der internen Kommunikation lassen sich laut wissenschaftlichen Erkenntnissen wie beispielsweise der Studie »Digitale Kommunikation in deutschen Unternehmen« vom Meinungsforschungsinstitut Kantar Emnid durch eine gut durchdachte und transparente interne Kommunikation vermeiden. Holen Sie außerdem regelmäßig proaktiv Feedback von allen Mitarbeitern ein, um frühzeitig mögliche Probleme zu erkennen und gegensteuern zu können.

Interner versus externer Informationsaustausch

Die interne Kommunikation sollte im Einklang mit der externen Kommunikation des Unternehmens stehen. Zur externen Kommunikation gehören alle Kanäle, die direkt auf Kunden, Partner und ggf. Lieferanten abzielen und diese an das Unternehmen und seine Angebote binden sollen.

Gleichzeitig werden Inhalte der internen Kommunikation teilweise auch über Öffentlichkeitsarbeit und Marketing nach außen transportiert. Dadurch wird wiederum den Kunden, Partnern und Lieferanten eines Unternehmens eine transparente Kommunikation geboten, die nach innen die Unternehmenskultur fördert und diese nach außen gut widerspiegelt.

Im Allgemeinen treffen wir in Projekten bzw. Kundenaufträgen beide Formen der Kommunikation an. Innerhalb des unternehmensinternen Teams werden Informationen unterschiedlichster Art untereinander ausgetauscht. Eine Teilmenge dieser Informationen wird auch mit dem Kunden ausgetauscht. Wie hoch der Anteil ist, wird nicht nur durch die Projektart, sondern auch durch das Verhältnis zum Kunden bestimmt. In jedem Fall benötigen Sie aber eine Kommunikationsstrategie für dieses Szenario und Tools, die Sie bei der Trennung zwischen internen und externen Informationen möglichst optimal unterstützen.

2.1.3 Aufgaben gemeinsam bearbeiten

Wir tauschen im Arbeitsalltag viele Informationen untereinander aus, die in der Regel aufgabenbezogen sind. Daher könnte eine IT-Unterstützung, die gemeinsame Aufgaben abbildet, sinnvoll sein.

In den vergangenen Jahren haben sich zur Aufgabenbewältigung vor allem *agile Methoden* in den Unternehmen etabliert. Beginnen wir erst einmal mit unseren eigenen Aufgaben. Ich beispielsweise notiere mir meine Aufgaben gerne auf Post-Its und markiere mir E-Mails mit zu erledigenden Tätigkeiten, damit ich weiß, ob ich hierzu bereits eine Aufgabenkarte in Form eines Post-its erstellt habe oder nicht. Das funktioniert recht gut, solange Sie sich immer am selben Ort befinden. Wenn Sie aber öfter unterwegs sind oder an unterschiedlichen Orten arbeiten, kann die Arbeit mit Post-its recht kompliziert werden. So kann es schnell passieren, dass Sie gerade nicht alle Aufgabenkarten dabeihaben und eine wichtige Aufgabe liegenbleibt.

Aber auch, sobald Sie mit einem weiteren Kollegen, und erst recht, wenn Sie in einem Team arbeiten, ist die Art der Aufgabenverwaltung mit persönlichen Post-its nicht mehr angemessen. Denn woher wissen Ihre Kollegen, an welchen Aufgaben Sie gerade arbeiten und welche Aufgaben noch anstehen? Selbst wenn Sie sich untereinander gut austauschen, werden sich Ihre Kollegen nicht alle Informationen merken können. Ein gegenseitiges Helfen, wie es bei guten Teams üblich ist, wird so nur schwer möglich.

Ich möchte Ihnen nun zwei Methoden vorstellen, die ich aus meinem Arbeitsalltag kenne. Beide dienen neben anderem zur Verwaltung der im Team anstehenden Arbeiten und bieten einen Überblick über die aktuelle Arbeitslast Ihres Teams.

Scrum einsetzen

Bei *Scrum* handelt es sich um ein Regelwerk, das aus dem Bereich der Software-Entwicklung kommt. Scrum kennt drei Rollen für die direkt am Prozess beteiligten Personen:

- **Product Owner**: Diese Person trägt die Verantwortung für den Businesserfolg eines Projektes, stellt fachliche Anforderungen zusammen und priorisiert sie gemeinsam mit den Anforderern. Wenn Sie Scrum nicht einsetzen und nach einem Pendant zu dieser Rolle suchen, lässt sich der Product Owner am ehesten mit den Aufgaben eines Projektleiters und Anforderungsmanagers in Personalunion vergleichen.
- **Scrum Master**: Der Scrum Master nimmt eine wichtige Rolle im Projekt ein. Er achtet auf die Einhaltung des Regelwerks, wie beispielsweise feste Zeiten für bestimmte Aktivitäten. Er agiert dabei als Coach für alle beteiligten Mitarbeiter, ist erster Ansprechpartner für Probleme, die nicht im Team selbst gelöst werden können, und versucht, diese Hindernisse zu beseitigen.
- **Team**: Diese Personen sind die eigentlichen Umsetzer, stimmen sich mit dem Product Owner bzgl. der insgesamt umzusetzenden Anforderungen ab und legen fest, welche Anforderungen in einer kurzen Zeitspanne von beispielsweise jeweils zwei Wochen umgesetzt werden sollen. Ausgehend von den ausgewählten Anforderungen erstellt das Team Aufgaben, die zur Erfüllung der Anforderungen erledigt werden müssen. Die Aufwände für diese Aufgaben werden geschätzt und unter Berücksichtigung der verfügbaren Kapazität des Teams für die festgelegte Zeitspanne eingeplant. Ziel ist es, nach Ablauf der Zeitspanne von zwei Wochen möglichst alle eingeplanten Aufgaben erledigt zu haben. Das Team kann während der Bearbeitung der Aufgaben je nach Bedarf in einem sehr engen Austausch mit dem Product Owner stehen und das Sprintziel nachverhandeln, damit zum Ende der Zeitspanne eine auslieferbare Lösung entstehen kann.

Zusätzlich zu diesen drei Rollen gibt es noch die sogenannten Stakeholder, die in dem meisten Fällen Anforderer aus den Fachabteilungen darstellen und sich primär mit dem Product Owner abstimmen.

Visualisierung der Aufgaben auf einem Board

Wenn Sie schon etwas über Scrum gehört haben, kennen Sie wahrscheinlich das für die Darstellung der Aufgaben genutzte Board, wie es in Abbildung 2.4 zu sehen ist.

So können Sie zusammen mit Ihrem Team Ihre Aufgaben verwalten. Über die einfache Kategorisierung nach dem Bearbeitungsstatus sehen Sie schnell, welche Aufgaben im Team anstehen, welche Aufgaben gerade von welcher Person in Bearbeitung sind und welche Ergebnisse Sie bereits erzielt haben.

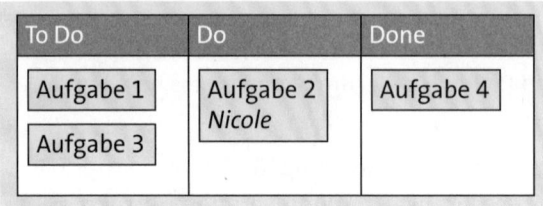

Abbildung 2.4 Auf einem Scrum-Board können Sie die Aufgaben in Ihrem Team visualisieren.

Diese Darstellung ist sowohl für jeden Einzelnen als auch für den Projektleiter und Ihre Vorgesetzten hilfreich.

Ermitteln und Erfassen von Aufgaben

Die Anforderungen werden in einer Liste, dem sogenannten *Product Backlog*, gepflegt, erweitert und priorisiert. Das Product Backlog unterliegt dabei einer stetigen Veränderung, weil sich bei jeder neuen Anforderung, aber auch mit der Zeit jeweils eine neue Priorisierung der Anforderungsmenge ergeben kann.

Um ein sinnvolles Arbeiten zu ermöglichen, wird in einem im Projekt festgelegten Zeitintervall (z. B. alle zwei bzw. vier Wochen) vom Team in Zusammenarbeit mit dem Product Owner ein definiertes Arbeitspaket – bestehend aus einem Set an Anforderungen – dem oberen, höher priorisierten Ende des Product Backlogs entnommen und komplett in Funktionalität umgesetzt (inkl. Test und notwendiger Dokumentation). Dieses Arbeitspaket, das Inkrement, wird während des laufenden Zeitintervalls, des sogenannten *Sprints*, nicht von außen (z. B. durch den Product Owner) durch Zusatzanforderungen modifiziert, um seine Fertigstellung nicht zu gefährden.

Alle anderen Teile des Product Backlogs können vom Product Owner in Vorbereitung für den nachfolgenden Sprint verändert bzw. neu priorisiert werden.

Bearbeitung der Aufgaben

Die Anforderungen werden in einzelne Aufgaben heruntergebrochen und mit jeweils zuständigem Bearbeiter und täglich aktualisiertem Restaufwand in einer weiteren Liste, dem *Sprint Backlog*, festgehalten. Während des Sprints arbeitet das Team konzentriert und ohne Störungen von außen daran, die Aufgaben aus dem Sprint Backlog umzusetzen. Das Team gleicht sich in einem täglichen, streng auf maximal 15 Minuten begrenzten Informations-Meeting, dem *Daily Scrum Meeting*, ab, damit jeder weiß, woran der andere zuletzt gearbeitet hat, was er als Nächstes vorhat und welche Probleme möglicherweise existieren.

Abschluss aller Aufgaben nach einem Sprint

Am Ende des Sprints präsentiert das Team dem Product Owner, den Stakeholdern und anderen interessierten Teilnehmern in einem sog. *Sprint Review Meeting* live am System die implementierte Funktionalität. Halbfertige Ergebnisse oder PowerPoint-Folien während des Reviews sind verboten. Das Feedback der Teilnehmer und die neuen Anforderungen des Product Owners für den kommenden Sprint fließen dann wieder in das nächste *Sprint Planning Meeting* ein, und der Prozess beginnt von neuem.

Sicherstellen der Anwendung des Regelwerks

Der Scrum Master sorgt während des gesamten Prozesses dafür, dass die bei dieser Methodik vorgegebenen Regeln eingehalten werden und der Status aller Aufgaben im Sprint Backlog von den jeweils zuständigen Team-Mitgliedern täglich aktualisiert wird.

Er hilft dem Team, den Projektfortschritt durch einen geeigneten Berichtsmechanismus transparent zu machen: durch die Veröffentlichung sogenannter *Burndown Charts*, die den Fortschritt für den aktuellen Sprint oder auch für das gesamte Projekt jeweils in Form einer Kurve visualisieren. Eingezeichnete Trendlinien erlauben es, mögliche Probleme und Verzögerungen einfach und rechtzeitig zu erkennen.

> **Fazit**
>
> Scrum basiert auf einer inkrementellen Vorgehensweise. Indem Sie ein Projekt in kleine überschaubare Zeiteinheiten wie beispielsweise einen zweiwöchigen Rhythmus unterteilen, sinkt das Risiko von Fehlentwicklungen mit großen Auswirkungen. Über das Mittel eines teamweiten Aufgaben-Boards haben Sie einen stets aktuellen Blick auf den Projektfortschritt und können schnell reagieren, wenn Probleme auftreten.
>
> Wenn Sie Scrum anwenden (möchten), sollten Sie bei der Tool-Auswahl darauf achten, inwieweit Sie im Bereich des Aufgabenmanagements hierbei digital unterstützt werden können.

Einsatz von Kanban

Bei *Kanban* (japanisch kan = Signal, ban = Karte) handelt es sich um die japanische Adaption der klassischen Aufgabenliste. Diese erfreut sich wachsender Beliebtheit, da sich durch Kanban Ihr Wertschöpfungsprozess besser planen, überwachen und steuern lässt. Das Ziel des sogenannten *Kanban-Boards* besteht darin, Projektabläufe und

Aufgaben zu visualisieren; in übersichtlichen Spalten mit einzelnen Einträgen, die der Reihe nach abgearbeitet werden können. Ich erkläre Ihnen nun kurz, wie Kanban funktioniert, welche Vor- und Nachteile damit verbunden sind und wie Sie Kanban im Team und persönlich nutzen können. Weiterführende Informationen erhalten Sie beispielsweise bei der Lean Kanban University unter *https://kanban.university/*.

Was verstehen wir unter Kanban?

Entwickelt wurde Kanban bereits in den Vierzigerjahren des vergangenen Jahrhunderts von dem Automobilkonzern Toyota, um Lagerbestände zu reduzieren und die Fertigungsprozesse in einen gleichmäßigeren Rhythmus zu bringen.

Inzwischen wird das Kanban-Prinzip aber auch zunehmend in anderen Bereichen eingesetzt. Besonders in der IT und im Personalwesen wurden die Vorteile erkannt und werden nun genutzt, um:

- den Überblick über die zahlreichen meist parallel ablaufenden Arbeitsschritte zu behalten.
- zu visualisieren, welche Aufgabe sich gerade in welchem Status befindet.

Ziel des Kanban-Boards ist es, die in Ihrem Team gelebte Prozesskette mit ihrem genauen Ablauf und ihren definierten Schnittstellen sichtbar zu machen. So können Sie frühzeitig eventuelle Engpässe erkennen und beheben und die Wertschöpfungskette kostenoptimal lenken.

> **Der wichtigste Aspekt von Kanban**
>
> In unserem Arbeitsalltag landen immer mehr Aufgaben auf unserem Schreibtisch, die wir abarbeiten müssen. Dabei wächst der Stapel immer weiter an, und irgendwann kann der Druck einfach zu groß werden. Mit Kanban entscheiden Sie sich für eine andere Arbeitsweise. Anstatt dass Ihnen Aufgaben immer weiter zugewiesen werden, lassen Sie die Aufgaben in einen Aufgabenpool laufen und »ziehen« sich immer eine maximale Anzahl an Aufgaben auf Ihren Schreibtisch bzw. den Schreibtisch Ihres Teams. Durch dieses sogenannte *Pull-Prinzip* arbeiten Sie nun in einem von Ihnen bestimmten System mit einer Obergrenze an Aufgaben, die Sie und Ihr Team zeitgleich bearbeiten können. Mit dieser Art Selbstschutz sorgen Sie dafür, dass Aufgaben priorisiert werden müssen und Sie eine geregelte kontinuierliche Arbeitslast tragen können.

Prinzipien und Praktiken

David Anderson, einer der Begründer agiler Softwareentwicklung, hat

- vier Grundprinzipien und
- sechs Praktiken

beschrieben, die Unternehmen bei der Anwendung von Kanban in ihre Arbeitsweise einbauen sollen.

Die vier Grundprinzipien:

- »Starte mit dem, was du jetzt machst!«

    Sie haben auch vor der Einführung von Kanban bereits einen Wertschöpfungsprozess gelebt. Starten Sie genau mit diesem Prozess und wenden Sie die weiter unten angegebenen Praktiken an. Sie werden sehen, dass Sie im Verlauf der nächsten Wochen und Monate Ihren Prozess vielleicht anpassen werden, aber für den ersten Moment bleibt erst einmal alles, wie es bisher war.

- »Verfolge inkrementelle, evolutionäre Veränderung!«

    Sie starten zwar mit Ihrem aktuellen Prozess, allerdings legen Sie sich mit der Einführung von Kanban gemeinsam mit Ihrem Team darauf fest, dass Sie zukünftig Ihre Arbeitsweise auf den Prüfstand stellen möchten und grundsätzlich für Veränderungen offen sind. Dieser Punkt ist entscheidend dafür, ob Sie Kanban erfolgreich einführen können oder nicht.

- »Respektiere gegenwärtige Prozesse, Rollen, Verantwortlichkeiten und Ansprüche!«

    Bei Scrum beispielsweise werden fest definierte neue Rollen eingeführt, in die Sie und Ihr Team sich einfinden müssen. Da Veränderungen aber grundsätzlich erst einmal schwerfallen, geht Kanban hier anders vor. Unabhängig davon, welche Rollen es bei Ihnen im Unternehmen gibt und wer für welche Bereiche verantwortlich ist; behalten Sie diesen Status Quo erst einmal bei. Sie werden hier vielleicht im Lauf der Zeit Veränderungen vornehmen, aber das wird mehr oder weniger ganz von allein geschehen. Sie und Ihre Kollegen brauchen keine Angst zu haben, dass mit der Einführung von Kanban alle bisherigen Regelungen obsolet werden.

- »Fördere Leadership auf allen Ebenen in der Organisation – vom einzelnen Mitarbeiter bis zur Geschäftsleitung!«

    Auch wenn es in jedem Unternehmen eine mehr oder weniger ausgeprägte Hierarchie gibt, lädt Kanban zur *Selbstorganisation* ein. Im Grunde genommen kann ein Team mit einem funktionierenden Kanban-System eigenständig und ohne einen Vorgesetzten agieren, weil es über die Zeit gelernt hat, wie es seinen Arbeitsfluss sinnvoll gestalten und mit hohem Arbeitsaufkommen umgehen muss. Durch diese Selbstorganisation wird aber auch automatisch gefördert, dass jeder Einzelne, unabhängig von seiner hierarchischen Position im Unternehmen, für das Gesamtergebnis Verantwortung übernimmt. Die Führungsebene sollte das Team dabei unterstützen, indem es ihm die nötigen Freiräume verschafft und die erzielten Ergebnisse wertschätzt.

Von besonderer Bedeutung ist bei diesen Prinzipien der Gedanke, dass vorläufig am Bestehenden nichts geändert werden muss. Zwar versteht sich Kanban als eine evolutionäre Form des *Change-Managements*, aber die Veränderungen ergeben sich nach und nach aus der konkreten Anwendung des Kanban-Prinzips.

Die folgenden sechs Praktiken nach Anderson entfalten ihre Wirkung vor allem bei der Umsetzung Ihrer ersten Schritte mit Kanban:

- **Visualisierung**: Häufig werden die einzelnen Prozessschritte der Wertschöpfungskette mit einem Whiteboard sichtbar gemacht. Dieses wird mit Post-its zu einem Kanban-Board gestaltet, auf dem die Spalten die einzelnen Stationen (s. u.) darstellen. Auf den Haftnotizzetteln oder Karten stehen die einzelnen Aufgaben, die im Laufe des Prozesses, d. h. während ihrer Bearbeitung durch 1 – n Stationen, auf dem Kanban-Board von links nach rechts wandern.
- **Begrenzung**: Um einen gleichmäßigen Arbeitsfluss zu gewährleisten, wird die Anzahl der Aufgaben – auch als Tickets bezeichnet – (Work in Progress – WiP) begrenzt, die zur selben Zeit an einer Station bearbeitet werden dürfen. Wenn eine Station gerade an drei Tickets arbeitet und auch auf drei Tickets limitiert wurde, darf sie kein weiteres Ticket annehmen, auch wenn die zuarbeitende Station eines liefern könnte. Dieses Vorgehen wird *Pull-Prinzip* genannt: Jede Station holt ihre Arbeit bei der Vorgängerstation ab, anstatt fertige Arbeit einfach an die nächste Station weiterzureichen. So hat jede Station auch die Chance, ihre Aufgaben abzuarbeiten. Bei den Stationen kann es sich um Prozessschritte im Allgemeinen oder auch um Mitglieder Ihres Teams handeln, die aufgrund ihrer Spezialisierung immer einen ganz bestimmten Prozessschritt betreuen.
- **Steuerung**: Im gesamten Kanban-Prozess werden einzelne Bereiche wie Warteschlangen, Zykluszeit und Durchsatz überprüft. So können Sie feststellen, an welchen Stellen die Arbeit gut organisiert ist und wo eventuell Verbesserungen notwendig sind. So können Sie besser planen und auch Zusagen besser einhalten.
- **Verdeutlichung**: Um zu gewährleisten, dass sämtliche Beteiligten von denselben Annahmen und Gesetzmäßigkeiten ausgehen, müssen alle Regeln festgelegt werden. Dazu gehören beispielsweise:
    - Begriffsdefinitionen für Ihren individuellen Wertschöpfungsprozess
    - Bedeutung der jeweiligen Spalte und Festlegung, wann alle Bedingungen für eine Aufgabe erfüllt sind, um in die nächste Spalte zu wechseln
    - Klärung, von wem und unter welchen Bedingungen das nächste Ticket aus der Warteliste gezogen werden darf.
- **Feedback**: Kanban ist ein flexibles Modell, daher werden beständig Feedbacks eingeholt und Überprüfungen durchgeführt. Ziel von Kanban ist es, zu erkennen, wo es im Prozess zu Engpässen kommt. Dafür sollten Sie ein Feedbacksystem einfüh-

ren. Anhand dieser Feedbacks kann jede Station erkennen, wo gerade Probleme auftreten und wo vielleicht Unterstützung notwendig ist.

- **Verbesserung**: Wie im vorherigen Punkt erläutert, sind Feedbacks ein wichtiger Bestandteil von Kanban. Die eingeführten Feedback-Mechanismen führen zu Verbesserungen, indem zum Beispiel die Regeln für bestimmte Prozessschritte geändert oder auch neue Prozessschritte eingeführt werden.

Sie sehen, dass es bei der Kanban-Methode im Grunde genommen keine festen Anweisungen gibt, wie Sie Ihre Aufgaben im Team bearbeiten sollen. Ihnen wird mit der Methode vielmehr ein Rahmen gegeben, um Ihre Individualität auszuleben und einen kontinuierlichen Verbesserungsprozess einzuführen, an dem sich jeder aus dem Team beteiligen kann.

Wie sieht ein Kanban-Board aus?

Kanban funktioniert recht simpel in Form eines Boards. Das Kanban-Board wird in der Grundversion in drei Spalten unterteilt, in denen jeweils Haftnotizen oder Karteikarten mit der jeweiligen Aufgabe platziert werden. Die Status sind erst einmal dieselben wie bei Scrum, weswegen oft Parallelen zwischen diesen beiden Methoden gezogen werden:

- **To Do**: Hier werden zunächst alle zu bearbeitenden Aufgaben erfasst. Dieser Status ähnelt dem der klassischen To-Do-Liste.
- **Do**: Sobald erste Arbeiten ausgeführt werden und die Umsetzung begonnen hat, wandert die jeweilige Karte in diesen Bereich.
- **Done**: Hierhin gelangt eine Karte erst dann, wenn die darauf stehende Aufgabe wirklich vollständig abgearbeitet wurde.

Das sieht ziemlich leicht aus und ist es auch. Die Einfachheit macht diese Methode aber nicht weniger wirkungsvoll, sondern sorgt dafür, dass sie sich auch gut in Ihren Arbeitsalltag integrieren lässt.

Passen Sie das Kanban-Board an Ihren Prozess an

Im Gegensatz zu Scrum, das als festes Regelwerk verstanden werden kann, gibt Ihnen Kanban lediglich die passenden Werkzeuge an die Hand, um Sie bei der kontinuierlichen Verbesserung Ihrer Wertschöpfungskette zu unterstützen.

Sehen Sie daher das Board mit den Spalten »To Do«, »Do« und »Done« als einen ersten Vorschlag an. Sie können zum Beispiel die mittlere Spalte um diverse Analyse- oder Zwischenschritte erweitern. Die Karten wiederum – die für die von Ihnen und Ihrem Team bearbeiteten Aufgaben stehen – lassen sich mit Anmerkungen versehen, sodass der gesamte Prozess sowie einzelne Zwischenstände für alle Teammitglieder transparenter werden.

Abbildung 2.5 Beispiel für ein angepasstes Kanban-Board

Überdies können Sie, wie in Abbildung 2.5 dargestellt, einzelnen Teammitgliedern unterschiedliche Post-it-Farben oder Zeilen zuweisen und so bei einem gemeinsamen Projekt relativ schnell am Kanban-Board erkennen:

- Wer bearbeitet gerade welche Aufgabe?
- Wo stehen wir aktuell?
- Wer benötigt gerade Hilfe?
- Wer hat Zeit, zu helfen?

Für die Wirksamkeit dieser Methode, die zum *Lean-Management* gehört (weiterführende Informationen finden Sie unter *www.gruenderszene.de/lexikon/begriffe/lean-management*), gibt es eine simple Erklärung: Prozesse können auf einen Blick erfasst werden. Das liegt daran, dass unser Gehirn Bilder wesentlich schneller verarbeiten kann als textuelle Informationen.

Ein weiterer Vorteil besteht darin, dass durch die schnell erfassbare visuelle Darstellung zeitraubende Meetings überflüssig werden. Das Kanban-Board sorgt für Transparenz und zeigt alle relevanten Informationen über den aktuellen Status, denn es ist für alle Mitarbeiter – und je nach Gestaltung auch für den Kunden – auf einen Blick sichtbar, was an welcher Stelle passiert.

Zusätzlich hilft das Kanban-Board dabei, die Dauer von Prozessen einzuschätzen, sodass Sie bei neuen Aufgaben auch Prognosen für den Liefertermin abgeben können. Bis Sie aber eine durchschnittliche Durchlaufzeit der Prozesse ermitteln können, brauchen Sie genau wie bei Scrum Erfahrungswerte aus den vorangegangenen Wochen. Das heißt, die Nutzung des Kanban-Boards muss sich erst eingespielt haben.

Kontinuierliche Verbesserung: Entwickeln Sie Ihr Board weiter

Wie bei jeder Veränderung müssen Sie sich auch bei der Einführung eines Kanban-Boards erst an die neue Arbeitsweise gewöhnen. Mit der Zeit werden Sie aber feststellen, dass diese Methode die Kommunikation innerhalb Ihres Teams fördert und insgesamt die Bereitschaft zur Veränderung bei allen Teammitgliedern verbessert. Mit wachsender Erfahrung funktioniert die Umsetzung der Methodik immer besser. Sie sollten im Rahmen einer Feedbackschleife in regelmäßigen Zeitabständen zusammen im Team überlegen, ob der Prozess – so wie er ist – optimal läuft oder Sie Änderungsbedarf sehen. So kann sich beispielsweise herausstellen, dass auf den Karten zusätzliche Informationen festgehalten werden müssen oder es immer wieder Verzögerungen in einem Prozessschritt gibt, weil in den vorangegangenen Schritten z. B. etwas ausgelassen wurde.

Der Gestaltung und Veränderung Ihres Prozesses sind keine Grenzen gesetzt, wichtig ist jedoch, dass die Impulse aus dem Team selbst kommen. Schließlich sind es diese Menschen, die hauptsächlich mit dem Kanban-Board arbeiten und daher am besten wissen, wie es noch effizienter werden kann.

Vor- und Nachteile von Kanban

Kanban eignet sich vor allem für kleine und mittelgroße Teams. Sie profitieren von den folgenden Vorteilen:

- Durch die Visualisierung des Arbeitsflusses können Sie über Ticket-Häufungen Probleme schnell erkennen.
- Kanban lässt sich mit anderen Methoden wie zum Beispiel Scrum kombinieren.
- Durch die Begrenzung auf eine Obergrenze an Tickets werden Stauungen vermieden, und die Prozesse bleiben überschaubar.
- Ist das Kanban-Board in Büroräumlichkeiten angebracht, bietet es eine Grundlage für den regelmäßigen Austausch des Teams.
- Die Zusammenarbeit im Team wird langfristig gefördert.
- Gleichzeitig regt Kanban zum selbstständigen Arbeiten an, da jeder die eingeplanten Aufgaben sieht und sich eine Aufgabe »ziehen« kann.

Der Einsatz eines mechanischen Kanban-Boards ist nur für Teams mit fester Präsenz möglich. Bei räumlich getrennten Teams müssen Sie auf IT-Lösungen zurückgreifen. Das ist zwar kein grundsätzlicher Nachteil, muss aber bei der Einführung von Kanban mit berücksichtigt werden und ist damit auch für die Tool-Auswahl bei der Einführung einer Collaboration-Plattform relevant. Weitere Auswirkungen von Kanban, die als Nachteil empfunden werden können, sind die folgenden:

- Da Kanban Schwachstellen aufdeckt, können Ängste bei Ihrem Team aufkommen, dass seine Leistungen damit bewertet werden und die Teammitglieder in ein

schlechtes Licht gerückt werden könnten. Das kann zur Ablehnung der Methode führen.
- Bei großen Teams oder vielen bzw. großen Projekten kann die Übersichtlichkeit leiden.

Für diese Punkte lassen sich – wie ich aus eigener Erfahrung weiß – verschiedenste Lösungen finden. Voraussetzung dafür ist, dass Sie in Ihrem Team vertrauensvoll miteinander umgehen und Probleme oder Ängste offen ansprechen und gemeinsam nach Lösungen suchen können. Wenn Sie diesen Umgang mit Ihrem Team pflegen, können Sie durch die Anwendung dieser Methode neben der reinen Aufgabenverwaltung auch Ihr Team selbst stets weiterentwickeln.

Wie führe ich Kanban am besten in meinem Unternehmen ein?

Ich empfehle Ihnen, mit einem kleinen überschaubaren Team zu beginnen, das grundsätzlich offen für Veränderungen ist. Wenn Sie in diesem Team Kanban erfolgreich eingeführt haben, können Sie den nächsten Schritt gehen und das System auf einen größeren Personenkreis oder – je nach Unternehmensgröße – auf das gesamte Unternehmen ausweiten. Grundsätzlich ist Kanban skalierbar, aber hier stehen Sie neuen Herausforderungen gegenüber, bei denen Sie die Unterstützung derjenigen Mitarbeiter benötigen, die bereits durch eigene Erfahrung von Kanban in Ihrem Unternehmen überzeugt sind. Wenn Sie mit einem Team beginnen, sollten Sie einen sogenannten *STATIK-Workshop* durchführen. STATIK steht dabei für »Systems Thinking Approach to Implementing Kanban« und soll der Gestaltung Ihres individuellen Kanban-Prozesses dienen. Dabei werden folgende Themen behandelt:

- Die Quellen der Unzufriedenheit innerhalb Ihres Teams, aber auch ggf. bei Ihren Kunden und Auftraggebern werden analysiert.
- Damit einhergehend betrachten Sie die Arten von Aufgaben, die an Sie als Team gestellt werden, und über welche Fähigkeiten Sie verfügen. Hier stellt sich schnell heraus, ob Sie überhaupt alle Aufgaben, die an Ihr Team herangetragen werden, leisten können. Außerdem erkennen Sie, ob es Aufgaben(-teile) gibt, die evtl. nur von einer bestimmten Person erledigt werden können.
- Darauf aufbauend gestalten Sie Ihren Wertschöpfungsprozess und legen fest, ob er sich für bestimmte Arten von Aufgaben anders darstellt als für das Standardgeschäft. Hierbei definieren Sie auch, welche Ansprüche hinsichtlich der Lieferzeiten und Zusagen Sie für die verschiedenen Arten von Aufgaben berücksichtigen möchten bzw. müssen.
- Anschließend erstellen Sie Ihr Kanban-Board und prüfen, ob die besprochenen Regeln damit eingehalten werden können.

Ich empfehle Ihnen, diesen Workshop in regelmäßigen Abständen zu wiederholen und so Ihr Kanban-System kontinuierlich auf den Prüfstand zu stellen (zum Beispiel jedes Quartal).

2.1.4 Prozesse unterstützen

Die Implementierung von eindeutigen Prozessen im Unternehmen dient der Sicherstellung von reibungslosen Abläufen, einer gesicherten Qualität der Liefererergebnisse und einer Kosten- und Wertschöpfungseffizienz.

Entsprechend dem in der Wissenschaft gängigen *St. Galler Management-Modell* unterteilt man diese Prozesse in folgende drei Gruppen:

- **Managementprozesse**: Diese Kategorie umfasst sämtliche Managementaufgaben zur Gestaltung, Lenkung und Entwicklung des Unternehmens.
- **Geschäftsprozesse**: In diesen Bereich fallen alle marktbezogenen Tätigkeiten. Hierzu gehören alle Prozesse, die am Kundennutzen ausgerichtet sind. Sie dienen beispielsweise der Leistungserstellung, der Leistungsinnovation sowie zur Erreichung der Kaufentscheidung des Kunden.
- **Unterstützungsprozesse**: In diesen Bereich fallen sämtliche Prozesse, die als eine Art interne Dienstleistung verstanden werden können und (vor allem) die Geschäftsprozesse unterstützen. Hierzu gehören beispielsweise die Themen Informations- und Kommunikationsmanagement, die bereitgestellte Infrastruktur oder auch das Personalmanagement.

Meistens werden die verschiedenen Prozesse bereits durch IT-Lösungen im Unternehmen unterstützt. So werden Sie wahrscheinlich für Ihr Personalauswahlverfahren, das wir in Abschnitt 1.4 als ein Beispiel angesprochen haben, bereits ein System nutzen. Ähnlich wird es für die übrigen Prozesse ebenfalls Lösungen geben, die sich bei Ihnen etabliert haben.

Die große Frage dabei ist, wie viele verschiedene Systeme Sie in Ihrem Arbeitsalltag aufrufen müssen und wie weit der Weg bis zur jeweils gewünschten Information bzw. auszulösenden Handlung ist.

Eine andere Frage lautet: Welche Kosten entstehen Ihnen durch den Einsatz unterschiedlichster Tools, und können Sie im Rahmen der Einführung einer Collaboration-Plattform Kosten einsparen; vorausgesetzt, diese Plattform ermöglicht Ihnen eine Unterstützung dieser Prozesse?

Sollten Sie eine Plattform zur Unterstützung Ihres Alltagsgeschäfts einführen und damit auch den Großteil der unternehmensinternen Prozesse unterstützen können, wäre es für Sie und Ihre Kollegen eine Erleichterung. Endlich eine zentrale Anlaufstelle, um zum Beispiel sowohl Ihre Aufgaben zu bearbeiten als auch den Urlaubsantrag für nächste Woche zu stellen! Prozesse, die (zunächst) nicht über die Plattform abgebildet werden, können trotzdem hierüber verlinkt und somit schneller aufgerufen werden.

> **Was haben Unternehmensprozesse mit dem Thema Collaboration zu tun?**
> Ein Teil jedes Unternehmensprozesses besteht darin, dass Menschen zusammenarbeiten und sich untereinander austauschen. Auch wenn in Kapitel 3 bis Kapitel 6 der Fokus auf den Geschäftsprozessen und damit auf der Leistungserstellung und -Innovation für Ihre Kunden liegt, möchte ich in Kapitel 7 und Kapitel 9 explizit auf Unterstützungsprozesse eingehen, ohne die das Alltagsgeschäft nur schwer möglich wäre.

2.2 Einflussfaktoren

Nachdem wir verschiedene Bereiche der Zusammenarbeit kennengelernt haben, die von einem *Collaboration-Tool* unterstützt werden sollen, betrachten wir nun die bei der Tool-Auswahl zu berücksichtigenden Einflussfaktoren.

Entscheidend für die erfolgreiche Einführung einer *Collaboration-Plattform* ist vor allem eine *Unternehmenskultur*, die auf Vertrauen und Zusammenarbeit auf Augenhöhe basiert. Ein Auszubildender soll zum Beispiel keine Angst haben müssen, einen Beitrag seines Vorgesetzten zu bewerten oder einen Kommentar abzugeben. Wenn die Bedienung von Komponenten zum *Wissensmanagement* wie beispielsweise ein Wiki, Forum oder eine *Expertsuche* dann auch noch einfach ist und dem einzelnen Mitarbeiter direkt einen Mehrwert verschafft, ist der wichtigste Schritt für die Einführung sozialer Komponenten im Unternehmen getan. Darüber hinaus gibt es weitere Aspekte, die wir berücksichtigen sollten und die wir uns im weiteren Verlauf dieses Abschnitts genauer anschauen werden.

2.2.1 Teamkonstellationen und Teamgrößen

Heutzutage finden wir uns in unterschiedlichen Teamkonstellationen mit unterschiedlichen Rollen wieder. In einem Team sind Sie vielleicht der Vorgesetzte, der letzten Endes Entscheidungen fällen muss, aber seine Mitarbeiter weitestgehend in die Entscheidungsfindung mit einbinden möchte. In einem anderen Team sind Sie dagegen ein Projektteammitglied, das sich wünscht, alle für die Erledigung seiner Aufgaben nötigen Informationen und Anerkennung für die geleistete Arbeit zu erhalten. Und in einem weiteren Team sind Sie ein externer Teilnehmer, der keinen Zugriff auf die internen Informationen des Teams hat und nur mühsam an die für ihn relevanten Informationen kommt, weil sein einziger Ansprechpartner nicht immer umgehend reagiert.

Dies ist nur eine Auswahl an denkbaren Teamkonstellationen. Jede Konstellation bringt ihre ganz eigenen Implikationen mit sich. Ein Tool zur Unterstützung der Zusammenarbeit muss flexibel genug sein, um an diese sich über die Zeit auch verändernden Anforderungen angepasst werden zu können.

Einen weiteren Einflussfaktor stellt auch die Größe des jeweiligen Teams dar. Während kleine Teams die Vorteile einer Collaboration-Plattform in der Regel nicht direkt erkennen können, weil der Informationsaustausch zwischen den einzelnen Mitgliedern ohne größere Reibungsverluste funktioniert, profitieren vor allem größere oder sich schnell verändernde Teams von einer Tool-Unterstützung. In der Wissenschaft wird nach folgenden Teamgrößen unterschieden (siehe beispielhaft unter *https://teamworks-gmbh.de/optimaleteamgroesse*):

- **Duo/Tandem**: Hierbei handelt es sich um die optimale Größe eines Leitungsteams, wobei manchmal auch Trios vorkommen. Wenn die einzelnen Mitglieder möglichst unterschiedlich sind, können sie sich optimal ergänzen.
- **Arbeitsteams**: Die Zahl 7 entspricht der Merkfähigkeit des menschlichen Gehirns und wird nach dem Psychologen George Miller auch die *Magical Seven* bezeichnet. Kleine Teams von 5 bis 9 Personen bilden die optimale Teamgröße für die tägliche Arbeit. Eine ungerade Anzahl der Teammitglieder erleichtert außerdem die Entscheidungsfindung, wenn Entscheidungen nicht durch den Vorgesetzten, sondern als Konsens im gesamten Team getroffen werden sollen.
- **Kollaborationsteams**: Teams mittlerer Größe von bis zu 15 Mitgliedern können noch eng zusammenarbeiten und familiäre Strukturen leben, sollten jedoch für eine möglichst effektive Zusammenarbeit im Arbeitsalltag in kleinere Arbeitsteams aufgeteilt werden.
- **Große Teams**: Nach dem Anthropologen Robin Dunbar liegt die nächstgrößere Einheit für ein Team bzw. ein Netzwerk bei bis zu 150 Personen. Dabei ist es für Sie noch möglich, alle Mitglieder persönlich zu kennen und eine soziale Beziehung aufzubauen. Im Rahmen der alltäglichen Arbeit sehen Sie sich jedoch einer Reihe von Herausforderungen gegenüber.

Wir gehen nun auf die einzelnen Teamgrößen genauer ein, wobei wir das Duo gemeinsam mit den Arbeitsteams betrachten werden.

Kleine Teams bis zu 9 Personen

Bei kleineren Teams arbeiten im Optimalfall alle Teammitglieder in einem Raum und können sich direkt untereinander austauschen. Durch den gemeinsamen Raum bekommen auch die nicht direkt am Gespräch beteiligten Teammitglieder mit, was besprochen wurde. Falls ein Teammitglied einmal nicht verfügbar ist, kann dann gewöhnlich ein Kollege einspringen, weil er über ein ausreichendes Wissen im Hinblick auf die zu erledigende Aufgabe verfügt.

Es ist zwar auch hier bereits sinnvoll, die besprochenen Inhalte schriftlich zu fixieren, aber nicht zwingend erforderlich. In Abhängigkeit von den verfügbaren Räumlichkeiten kann sich das Team in mehrere Büroräume aufteilen müssen und bildet somit evtl. schon zwei kleinere Subteams innerhalb des eigentlichen Teams. Bereits in diesem Fall ist eine gemeinsame Plattform zum Informationsaustausch unter Umständen sinnvoll. Hier kann ein Tool helfen, das eine zentrale Ablage von Informationen anbietet, wie beispielsweise ein Wiki und eine Dokumentenablage. In Microsoft 365 wären das SharePoint und *Teams*.

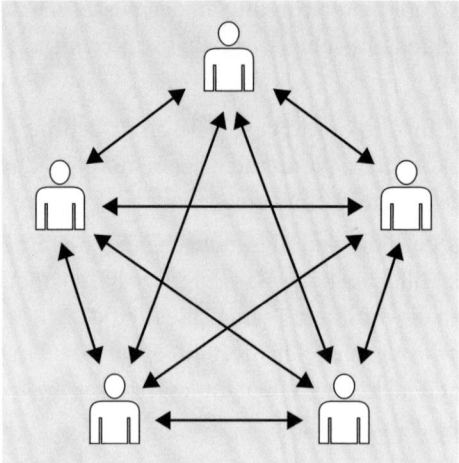

Abbildung 2.6 In kleinen Teams kann die Kommunikation direkt untereinander erfolgen.

Mittlere Teams bis zu 15 Personen

Wenn ein Team die magische Größe von 7 plus/minus 2 überschreitet, sprechen wir von einem Team mittlerer Größe. In einem solchen Team ist es nur schwer möglich, die Kommunikationswege wie bei einem kleinen Team zu nutzen und gleichzeitig zu erwarten, dass alle Teammitglieder über die Vorgänge bzw. Aufgaben der jeweils anderen Mitglieder im Bilde sind.

Meistens wird über regelmäßige Besprechungen versucht, den Informationsaustausch zwischen den Mitgliedern zu ermöglichen. Allerdings ist es für jeden einzelnen Mitarbeiter äußerst schwer und anstrengend, in dieser komprimierten Zeitspanne einer Besprechung nicht nur darzustellen, was einen selbst gerade beschäftigt, sondern auch all die Informationen der Kollegen aufzunehmen.

Auch wenn die Teammitglieder nach einer solchen Besprechung den Raum mit einem guten Gefühl verlassen und glauben, nun über die aktuellen Herausforderungen und Tätigkeiten des Teams Bescheid zu wissen, hält dieser Zustand meist nur kurze Zeit an. Dann fällt ihnen auf, dass ihnen entweder gewisse Informationen bereits wieder entfallen sind oder ihnen in dem Meeting nicht mitgeteilt wurden.

Auch die Erstellung eines Besprechungsprotokolls führt nicht immer zu einem Mehrwert. Der Protokollant wird in der Regel eine Information nie so genau formulieren können wie der Mitarbeiter, der die Information mit Ihnen und Ihren Kollegen geteilt hat. Warum sollte also nicht er selbst diese Information schriftlich fixieren? Und bräuchte es dann noch ein Team-Meeting, wenn jeder seine Informationen schriftlich mit dem Team teilte? Oder könnte man Teammeetings generell anders gestalten, weil der bisherige Hauptzweck anders erfüllt werden könnte? Diese Fragen lassen sich mit Blick auf eine Collaboration-Plattform ganz anders beantworten als mit den heute im Arbeitsalltag eingesetzten Lösungen.

Zusätzlich zu einer zentralen Dokumentenablage und einem Wiki sollte ein Tool auch eine gemeinsame Aufgabenverwaltung sowie eine Unterstützung bei der Planung und Durchführung von Besprechungen anbieten. In Microsoft 365 stellt *Teams* in Kombination mit SharePoint und Planner diese Funktionen bereit.

Große Teams

Wenn der einzelne Mitarbeiter in einem Teammeeting gar nicht mehr oder nur noch mit Mühe zu Wort kommen kann, spreche ich von einem großen Team.

Um jedem Teammitglied die passenden Informationen zugänglich zu machen und ihm eine Stimme im Team zu geben, teilen sich große Teams meistens in kleinere Teams auf. Die Aufteilung erfolgt dabei beispielsweise nach einem gemeinsamen Aufgabengebiet oder auch nach Sympathie. Diese kleinen Teams können wieder direkte Kommunikationswege nutzen und sind damit schneller in ihrer Entscheidungsfindung. Damit das große Team als Ganzes aber gut funktioniert, muss auch eine Kommunikation zwischen den kleineren Teams gewährleistet werden.

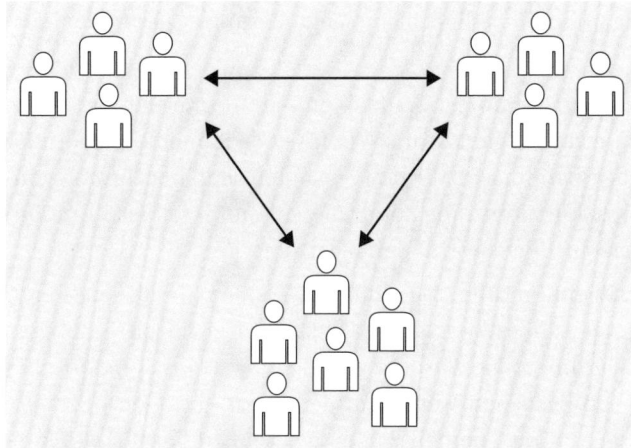

Abbildung 2.7 Große Teams teilen sich meist auf natürliche Weise in kleinere Teams auf, die über Vertreter der Teams Informationen untereinander austauschen.

Auch wenn einzelne Mitarbeiter direkt miteinander Informationen austauschen, so finden sich doch meistens in jedem kleinen Team ein oder zwei Vertreter, die durch den Austausch untereinander das Gesamtziel des großen Teams vorantreiben.

Durch den Einsatz verschiedener Tools kann allerdings auch ohne Benennung eines Vertreters ein Austausch im gesamten Team erfolgen. In Microsoft 365 kann zum Beispiel *Teams* sowohl für die kleinen Teams als auch vom großen Team genutzt werden. Eine Alternative wäre der Einsatz von Yammer für den Austausch innerhalb des großen Teams in Kombination mit *Teams* für die kleinen Teams.

Ein Tool zur Unterstützung

Unabhängig davon, wie Ihre Teams aufgebaut sind, sollten Sie sich Gedanken über Ihre Kommunikationsstrategie machen. Ein Tool kann bei der Umsetzung einer solchen Strategie helfen, aber niemals eine Strategie ersetzen. Daher ist es für Sie elementar, erst einmal festzustellen, welche Anforderungen Sie und Ihre Mitarbeiter an eine erfolgreiche Zusammenarbeit haben und dann die Prozesse hierfür festzulegen. Erst danach hat die Auswahl einer geeigneten Collaboration-Plattform Sinn.

2.2.2 Teamzusammensetzung (verteilte Teams)

Die Teamzusammensetzung sollten Sie bei der Ausgestaltung Ihrer Kommunikationsstrategie als einen weiteren wichtigen Faktor berücksichtigen. Ich kenne es aus persönlicher Erfahrung, dass es für das Teamgefühl und die Identifikation des Teams besonders wichtig ist, dass jeder Einzelne in die täglichen Aufgaben mit eingebunden wird und einen Überblick darüber hat, welche Herausforderungen das Team gerade bewältigen muss. Die genaue Definition, was ein geografisch verteiltes Team ausmacht, ist dabei zweitrangig und stellt lediglich eine Veränderung des Komplexitätsgrades dar:

- **Mehrere Gebäude am selben Standort**: Gerade in größeren Unternehmen treffe ich häufiger auf Teams, die zwar organisatorisch demselben Standort zugeordnet werden, sich aber entweder in unterschiedlichen Gebäuden oder in recht weit voneinander entfernten Büros aufhalten. Eine Zusammenarbeit im selben Raum findet in der Regel aus unterschiedlichen Gründen nicht statt.

- **Verschiedene Standorte in einem Land**: Die räumliche Distanz wird bei mehreren Standorten innerhalb eines Landes zwar unter Umständen nicht als besonders groß wahrgenommen, allerdings sind Besuche an einem anderen Standort eher die Ausnahme. Bei solchen Besuchen werden in der Praxis gerne Teambesprechungen angesetzt, weil bestimmte Themen nur in Anwesenheit sämtlicher Teammitglieder erörtert werden sollen. Für eine gemeinsame Bearbeitung von Aufgaben bleibt dadurch meistens nur wenig Zeit.

- **Weltweit verteilte Teams**: Dieses Szenario stellt eine besondere Herausforderung dar. Neben der räumlichen Distanz sind hier auch unterschiedliche Zeitzonen zu berücksichtigen. Eine asynchrone Kommunikationsstrategie ist für diese Art von Teams zwingend erforderlich.

Alle diese Teams verbindet eine gemeinschaftliche Herausforderung. Sie benötigen die passenden Kommunikationsmittel, um gemeinsam an Aufgaben zu arbeiten und sich untereinander abzustimmen.

> **Welches Tool kann mir bei diesen Herausforderungen helfen?**
> Mit *Teams* können Sie sich via Chat-Funktion austauschen, gemeinsam E-Mails und Dokumente in SharePoint bearbeiten und bei Bedarf Videokonferenzen durchführen.

2.2.3 Unternehmensrichtlinien

Compliance ist für Unternehmen schon lange zu einem wichtigen Thema geworden und sollte bei der Tool-Auswahl für Ihre Collaboration-Plattform mitberücksichtigt werden.

Immer häufiger stellt sich durch Untersuchungen verschiedener Studien heraus, dass Mitarbeiter intern aufgestellte Regeln und Regelwerke gar nicht kennen oder nicht wissen, dass ein solches Regelwerk existiert. Dabei ist Compliance eine Pflicht für Ihr Unternehmen, um insbesondere strafrechtliche Verstöße, Bußgelder und Schadensersatzansprüche vermeiden zu können.

Compliance-Regeln im Unternehmen

Der Begriff Compliance bedeutet im engeren Sinn die Einhaltung von Gesetz und Recht durch das Unternehmen und seine Mitarbeiter. Dieser Prozess kann durch festgelegte Regeln vereinfacht werden.

Wenn Sie ein Compliance-System in Ihrem Unternehmen etablieren bzw. etabliert haben, besteht dieses aus zwei Bereichen:

- Gesetzliche Regelungen
- Unternehmensregeln

Im Bereich der Unternehmensregeln können Sie Normen und Vorgehensweisen definieren, die von den Mitarbeitern Ihres Unternehmens eingehalten werden müssen. Zu diesen Regeln können auch vorgeschriebene Verhaltensmaßnahmen gehören, um beispielsweise die Voraussetzungen für bestimmte Zertifizierungen zu erhalten bzw. letztere zu behalten.

Compliance Vorschriften und relevante Informationen

Compliance-Vorschriften oder das Compliance-System sollen dazu dienen,

- durch präventive Maßnahmen Regelverstöße zu verhindern,
- erfolgte Regelverstöße schnell zu identifizieren,
- Verstöße im Unternehmen zu kommunizieren und
- ein angemessenes Reaktionsinstrument zu schaffen, zum Beispiel Ermahnungen, Abmahnungen oder auch Kündigung des betreffenden Mitarbeiters.

Compliance-relevante Informationen sollten sowohl durch den Compliance-Beauftragten oder über interne Systeme wie Ihr *Social Intranet* im Unternehmen zur Verfügung gestellt werden.

Ein Beispiel aus dem Arbeitsalltag

Vielleicht kennen auch Sie diese Situation: Ein Geschäftspartner möchte Ihnen mit einem kleinen Präsent für Ihre Bemühungen danken. Doch die Annahme eines solchen Präsents kann unter Umständen gravierende Folgen nach sich ziehen. Hier stellt sich für viele die Frage: Wann handelt es sich um eine harmlose Aufmerksamkeit und wann verhalte ich mich durch die Annahme eines Präsents pflichtwidrig? Setze ich mich mit der Annahme eines solchen Präsents dem Verdacht der Bestechlichkeit aus? Mache ich mich durch die Annahme strafbar?

Um solche Fragen schon im Vorfeld klären zu können, empfiehlt es sich, Verhaltensrichtlinien aufzustellen und Regeln festzulegen. Im vorgegebenen Beispiel würde es sich anbieten, dass in dem Arbeitsvertrag oder in einer Betriebsvereinbarung festgelegt wird, wie Sie sich in solchen Situationen verhalten sollen. Es kann ferner eine Wertgrenze für die Annahme von Geschenken festgelegt werden.

Die Einführung einer derartigen Regel kann die Verantwortlichen vor einer Haftung schützen, aber auch für Sicherheit bei Ihnen und Ihren Kollegen sorgen, da Sie durch die feste Regelung wissen, wie Sie mit einer solchen Situation umgehen müssen.

Inhalt einer Compliance-Richtlinie

Das Inhaltsverzeichnis einer Compliance-Richtlinie sollte über die gesetzlichen Vorgaben hinaus mindestens folgende Themen beinhalten:

- Einladungen, Geschenke und andere persönliche Vorteile
- Verhalten gegenüber Wettbewerbern
- Gleichbehandlung
- Konsequenzen bei Verstößen
- Allgemeine Verhaltensanforderungen

Eine allgemeine Vorgabe für jedes Unternehmen lässt sich jedoch nicht erstellen. Sie müssen in Ihrem Unternehmen die individuellen branchen- und unternehmensspezifischen Risikobereiche analysieren und auswerten. Dabei kommt es in erster Linie auf die Kenntnis des eigenen Unternehmens, seiner Abläufe und der Geschäftsstruktur an.

Einführung einer Compliance-Richtlinie

Die Erstellung und Einführung einer Compliance-Richtlinie erfolgt üblicherweise durch die Unternehmensführung. In erster Linie sollten die Führungskräfte eine Vorbildfunktion darstellen und die eingeführten Regeln »vorleben«. Es ist außerdem darauf zu achten, dass alle Mitarbeiter umfangreiche Kenntnis über die neuen Regeln erhalten, z. B. durch Schulungs- oder Kommunikationsmaßnahmen.

Ein Compliance-Verstoß kann nämlich strafrechtliche Folgen haben und für die Verantwortlichen zu Freiheitsstrafen führen. Aber auch die Anzahl der Fälle von Bußgeldern wegen Wettbewerbsverstößen steigt stetig an. Neben hohen Bußgeldern könnte Ihrem Unternehmen bei einem Compliance-Verstoß auch ein Schadensersatzprozess drohen. Die Implementierung eines Compliance-Systems ist somit keine Option, sondern Pflicht.

> **Beispiele für wichtige Aspekte im Bereich Compliance**
> - Ein Compliance-Verstoß kann strafrechtlich verfolgt werden.
> - Alle im Unternehmen – ohne Ausnahme – müssen die bestehenden Compliance-Vorgaben einhalten.
> - Auf Daten und relevante Dokumente muss jederzeit zugegriffen werden können. Deshalb muss die Compliance-Ablage systematisch organisiert sein.
> - International agierende Unternehmen müssen sich um eventuell benötigte Genehmigungen im Ausland kümmern.

Compliance als Teil der Unternehmenskultur

Compliance ist mehr als die Einhaltung vorgegebener Regeln. Sie sollte vielmehr in Ihre Unternehmenskultur integriert und fester Bestandteil in Ihren geschäftlichen Abläufen sein. Eine besondere Verantwortung kommt dabei den Führungskräften zu, die über die nötige soziale und moralische Kompetenz verfügen müssen, um ihre Mitarbeiter zur Einhaltung der Regeln zu motivieren. Vor allem müssen sie die rechtlichen und moralischen Regeln vorleben und den Sinn und Zweck der jeweiligen Regelung darstellen können.

Abbildung von Unternehmensrichtlinien in einem Collaboration-Portal

Bei der Auswahl eines Collaboration-Tools ist neben der Unterstützung der Zusammenarbeit und der Geschäftsprozesse auch wichtig, dass die im Unternehmen geltenden Richtlinien durch das Tool unterstützt werden können.

Dabei sollten die Richtlinien für jeden Mitarbeiter schnell und einfach einsehbar und im besten Fall für möglichst viele Geschäfts- und Unterstützungsprozesse mindestens durch einen Warnmechanismus umgesetzt sein. So können Sie und Ihre Kollegen sich auf Ihre Kernaufgaben konzentrieren und sich darauf verlassen, dass Sie bei Verstößen gegen die Compliance-Richtlinien vom System darauf aufmerksam gemacht werden.

> **Fokus dieses Buches im Bereich Compliance**
>
> Dieses Buch kann Ihnen keine umfassende und auf Ihr Unternehmen zugeschnittene Compliance-Empfehlung geben oder eine Rechtsberatung ersetzen. Der Fokus dieses Buches liegt vielmehr auf den in Microsoft 365 angebotenen Funktionen in diesem Bereich. In Kapitel 9, »Verwalten und Sichern von Informationen«, gehe ich explizit auf diese Möglichkeiten ein.

2.2.4 Informationssicherheit

Unter dem Begriff *Informationssicherheit* versteht man die Vertraulichkeit, Integrität und Verfügbarkeit von Informationen. Dabei können Informationen in unterschiedlichen Formen vorliegen. Im Hinblick auf eine Collaboration-Plattform betrachten wir die digitale Form von Informationen. Mit Informationssicherheit wird das Ziel verfolgt, diese Informationen vor Gefahren und Bedrohungen zu schützen und dadurch wirtschaftliche Schäden von Ihrem Unternehmen abzuwenden.

Vertraulichkeit von Informationen

Der Begriff der *Vertraulichkeit* beschreibt den Umstand, dass Sie genau festlegen und einsehen können, welche Personen Zugriff auf bestimmte Informationen erhalten sollen und ob sie diese Informationen nur lesen, verarbeiten oder auch verändern dürfen. Ein Tool sollte Ihnen die Möglichkeit bieten, unterschiedliche Berechtigungen zu vergeben und sich schnell einen Überblick über die Zugriffsrechte einer Person zu verschaffen.

Eine besondere Rolle kommt hierbei den Administratoren und Betreibern der Collaboration-Plattform zu. Können Sie bei den ausgewählten Tools beispielsweise bestimmen, dass ein Administrator zwar zentrale Einstellungen der Plattform verändern kann, aber nicht auf die auf der Plattform abgelegten Dokumente zugreifen darf? In vielen Fällen können Administratoren oder die Betreiber einer Plattform technisch betrachtet auf die Informationen zugreifen. Hierbei wird in der Regel über Verträge geklärt, wie trotzdem die Vertraulichkeit gewährleistet werden kann.

Integrität von Informationen

Bei der gemeinsamen Verwaltung von Informationen ist es wichtig, dass Veränderungen dieser Informationen nachvollziehbar sind und heimliche Änderungen daran verhindert werden. Hierbei kann zum Beispiel eine Versionshistorie helfen, über die Sie genau sehen können, wer wann welche Veränderungen vorgenommen hat. Ihre Anforderungen an diese Nachvollziehbarkeit können die Tool-Auswahl erheblich beeinflussen. So können Sie Änderungen innerhalb eines Dokuments beispielsweise in *Word* sehr granular einsehen, während SharePoint Ihnen im Vergleich dazu den Zugriff auf eine bestimmte Version ohne direkten Vergleich zu einer anderen Version anbietet.

Verfügbarkeit von Informationen

Einen weiteren Einflussfaktor stellt Ihr Bedürfnis hinsichtlich der Verfügbarkeit der von Ihnen und Ihren Kollegen verwalteten Informationen dar. In der Regel sollen Systemausfälle und Datenverlust verhindert werden und soll die erneute Bereitstellung der Collaboration-Plattform der zugesicherten Art und Weise entsprechen. Für gewöhnlich werden seitens des Betriebs hierfür Wiederherstellungszeiten und maximale Ausfallzeiten definiert.

2.3 Collaboration-Tools in Microsoft 365

In Microsoft 365 werden Ihnen viele unterschiedliche Dienste zur Unterstützung der Zusammenarbeit angeboten. In diesem Abschnitt betrachten wir diese Tools im Hinblick auf die in Abschnitt 2.1 vorgestellten wesentlichen Bereiche der Zusammenarbeit sowie die in Abschnitt 2.2 behandelten Einflussfaktoren für die Tool-Auswahl.

2.3.1 Dokumentenmanagement mit Teams, SharePoint oder OneDrive

Für die gemeinsame Bearbeitung von Dokumenten stehen Ihnen folgende Tools zu Verfügung:

▶ **Teams**: In *Teams* können Sie einen Arbeitsraum für Ihr Team anlegen und verfügen damit automatisch über eine gemeinsame Dokumentenablage. Hier können Sie neue Dokumente und Ordner erstellen oder mittels Drag & Drop Dateien, die bereits an anderen Orten gespeichert waren, in die Ablage kopieren. Die Dokumente in der Ablage können jederzeit von allen Teammitgliedern gelesen und bearbeitet werden.

- **SharePoint**: SharePoint bietet Ihnen ebenfalls eine zentrale Dokumentenablage für Ihr Team. Über die in *Teams* bestehenden Bearbeitungsmöglichkeiten hinaus können Sie bei SharePoint Prozesse wie beispielsweise eine Genehmigung bestimmter Dokumente unterstützen sowie granulare Berechtigungen für einzelne Ordner oder Dateien einrichten.
- **OneDrive**: Bei OneDrive handelt es sich um Ihre persönliche Dateiablage. Anstelle einer lokalen Verwaltung auf Ihrem PC können Sie Dateien wie beispielsweise Ihre persönlichen Notizen in OneDrive speichern und damit auch von anderen Rechnern aus auf die Informationen zugreifen. Darüber hinaus können Sie bei Bedarf ausgewählte Kollegen auf eine bestimmte Datei oder einen Ordner berechtigen.

Im Folgenden werden nun für alle drei Tools die verschiedenen Einflussfaktoren wie Teamkonstellation und -größe sowie die Themen Compliance und Informationssicherheit betrachtet.

Technisch betrachtet basiert die Dokumentenablage in *Teams* und OneDrive auf SharePoint. Somit stellen alle drei Tools grundsätzlich die Integrität und Vertraulichkeit der Informationen sicher. Im Hintergrund erfolgt zumindest eine Versionierung der Dateien, sodass über administrative Tätigkeit auf alte Stände zugegriffen und auch eine ältere Version einer Datei wiederhergestellt werden kann.

Auch im Bereich Compliance sind keine wesentlichen Unterschiede auszumachen; allenfalls ist SharePoint mit den an der Benutzeroberfläche angebotenen Funktionen etwas im Vorteil.

Ein wesentlicher Unterschied zwischen den Tools besteht jedoch im Hinblick auf die Teamkonstellation. Während OneDrive primär für Sie persönlich als einzelne Person vorgesehen ist, können Sie mit *Teams* und SharePoint die Teamarbeit – unabhängig von der Teamgröße – unterstützen. Wenn Sie neben der reinen Dokumentenbearbeitung zum Beispiel auch einen Prozess für Dokumentenprüfung und -freigabe etablieren möchten, treffen Sie mit SharePoint die beste Wahl. Ansonsten wäre *Teams* für Sie die bessere Option, da Sie mit diesem Tool in vielen weiteren Bereichen der Zusammenarbeit unterstützt werden.

2.3.2 Informationsaustausch mit Teams, SharePoint oder Yammer

Für den Informationsaustausch in Ihren Teams, aber auch im gesamten Unternehmen oder ad hoc zwischen einzelnen Mitarbeitern stehen Ihnen verschiedene Tools zur Verfügung, um die Zusammenarbeit ortsunabhängig und räumlich voneinander getrennt (bspw. aus dem Homeoffice heraus) zu unterstützen:

- **Teams**: Selbst wenn Sie noch keine Collaboration-Plattform nutzen, kann ein Tool wie *Teams* die Zusammenarbeit im Unternehmen unterstützen. Hierüber haben Sie die Möglichkeit, sich ad hoc oder als Termin geplant mit einem oder mehreren

Kollegen auszutauschen. Dies kann in Form eines Chats oder einer Telefon- oder Videokonferenz erfolgen. Sie haben dabei die Möglichkeit, Ihren Bildschirm mit den anderen Teilnehmern zu teilen und so gemeinsam Themen zu bearbeiten. Darüber hinaus können Sie bei *Teams* auch Personen eine Nachricht schicken, die zu diesem Zeitpunkt gerade offline und somit nicht direkt verfügbar sind (das kann beispielsweise bei verteilten Teams häufiger der Fall sein).

Neben der ad-hoc-Kommunikation zwischen verschiedenen Personen bildet *Teams* die mittel- bis langfristig vorgesehene Kommunikation innerhalb von Teams ab. Jedes Teammitglied kann sich an einer Unterhaltung beteiligen und auf sämtliche Informationen zugreifen, die untereinander ausgetauscht wurden. Außerdem können Sie eine Besprechung bei Bedarf aufzeichnen lassen, sodass Teammitglieder, die ggf. nicht an dem Termin teilnehmen konnten, später die Informationen abrufen können.

- **Yammer**: Yammer bietet Ihnen ähnlich wie *Teams* die Möglichkeit, Ihre Kommunikation innerhalb verschiedener Gruppen bzw. Teams zu organisieren. Der Fokus liegt jedoch eindeutig auf der Chat-Funktion. Besprechungen werden nicht unterstützt. In der Praxis hat sich Yammer zur Unterstützung eines Unternehmensnetzwerks bewährt. So finden sich Mitarbeiter aus unterschiedlichen Organisationseinheiten zu bestimmten Themen zusammen, während sie sich, je nachdem, wie groß ein Unternehmen ist, ohne den Einsatz von Yammer überhaupt nicht kennengelernt hätten und sich somit auch nicht untereinander hätten austauschen können.

- **SharePoint**: SharePoint ist primär für die Veröffentlichung von Informationen konzipiert. Sie können zwar wie bei *Teams* und Yammer eine Neuigkeit mit »Gefällt mir« bewerten oder einen Kommentar abgeben, für einen schnellen und auf Dauer überschaubaren Austausch innerhalb Ihres Teams wäre jedoch *Teams* mit seinen Strukturierungsmöglichkeiten besser geeignet.

Grundsätzlich können Sie mit jedem dieser Tools den Informationsaustausch unterstützen. Jedes Tool hat jedoch einen anderen Fokus. Während SharePoint primär für die Verteilung von Informationen vorgesehen ist, können Sie mit *Teams* schnell eine ad-hoc-Besprechung starten. Yammer hat seine Stärken im Bereich eines Unternehmensnetzwerks, und *Teams* ist vor allem für die Zusammenarbeit in Projektteams, Communities und Organisationseinheiten geeignet. Technisch betrachtet beinhaltet *Teams* die Funktionen von *Skype for Business* (Skype for Business ist als eigenständiger Dienst von Microsoft abgekündigt) und SharePoint. Somit stehen Sie bei der Tool-Auswahl im Wesentlichen vor der Wahl zwischen *Teams* und Yammer. Hierbei muss ich im Hinblick auf die Informationssicherheit erwähnen, dass Yammer zum momentanen Zeitpunkt nur aus Rechenzentren in den USA bezogen werden kann. Das hat auch Auswirkungen im Bereich Compliance, denn es können beispielsweise keine

Richtlinien für Inhalte in Yammer definiert werden, um Informationen besonders zu schützen.

Unabhängig davon bietet Ihnen *Teams* mit einer gemeinsamen Benutzeroberfläche wesentlich mehr Funktionen und somit eine höhere Flexibilität hinsichtlich zukünftiger Anforderungen als Yammer. Sie können auch beide Tools im Unternehmen einsetzen, sollten in diesem Fall aber genau abgrenzen, für welchen Fall welches Tool verwendet werden soll.

2.3.3 Aufgabenmanagement mit Planner oder SharePoint

Im Arbeitsalltag müssen Sie als Mitglied eines Teams oder auch als Einzelperson unterschiedliche Aufgaben bewältigen. In Microsoft 365 werden für die Verwaltung von Aufgaben folgende Dienste angeboten:

- **SharePoint**: In SharePoint können Sie Ihre Aufgaben in Form einer Aufgabenliste verwalten. Zu einer Aufgabe gehören u. a. eine Kurzbeschreibung (Titel), ein Fälligkeitsdatum, ein Status und ein Bearbeiter. Die Aufgaben werden untereinander in Form einer Liste dargestellt und können nach unterschiedlichen Kriterien gefiltert, sortiert oder gruppiert dargestellt werden. Bereits mit diesen einfachen Mitteln kann die Teamarbeit unterstützt werden. Arbeitet ein Team allerdings nach Scrum oder Kanban, so wird es hier die Möglichkeiten eines Aufgaben-Boards vermissen.
- **Planner**: Bei Planner arbeiten Sie mit einem solchen Aufgaben-Board, das Sie an die Bearbeitungsschritte Ihrer Prozesse anpassen können. Außerdem können Sie mit Planner alle Ihnen persönlich zugewiesenen Aufgaben auf einen Blick einsehen; und zwar unabhängig davon, von wo Ihnen diese Aufgabe zugewiesen wurde. Diese Option haben Sie mit SharePoint standardmäßig nicht (sie könnte jedoch im Rahmen eines Customizings geschaffen werden).
- **(Teams)**: In *Teams* selbst wird Ihnen keine Aufgabenverwaltung angeboten. In der Regel werden Sie innerhalb eines Teams Planner nutzen. Sie können allerdings auch weitere Cloud-Dienste wie zum Beispiel *JIRA* in Ihr Team integrieren und so die gemeinsame Bearbeitung von Projekten unterstützen.

Eine gemeinsame Aufgabenverwaltung kann vor allem bei mittleren und großen, aber vor allem bei verteilten Teams sehr sinnvoll sein. Bei kleineren Teams wird eher keine gemeinsame Aufgabenverwaltung benötigt oder eine Aufgabenliste in SharePoint reicht bereits aus. Wenn Sie allerdings in einem Team aus anderen Gründen *Teams* einsetzen, bietet sich Planner oder ein anderer bereits von Ihnen genutzer Cloud-Dienst an. Voraussetzung dabei ist, dass der entsprechende Dienst in *Teams* integriert werden kann, um die gesamte Teamarbeit über eine gemeinsame Benutzeroberfläche zu unterstützen.

2.3.4 Wissensmanagement mit Teams, SharePoint, Delve, Stream oder Forms

Zusätzlich zu dem Austausch von Informationen sowie der Bearbeitung von Aufgaben über eine gemeinsame Plattform ist Wissensmanagement für die einzelnen Teams sowie für das gesamte Unternehmen relevant, um dauerhaft wirtschaftlichen Erfolg erzielen zu können. In Microsoft 365 werden verschiedene Dienste zur Unterstützung angeboten:

- **Teams**: Einem Team in *Teams* wird ein Wiki zur Verfügung gestellt. Hier können Sie Erkenntnisse in unstrukturierter Form dokumentieren und nach Bedarf in Seiten und Abschnitte unterteilen.
- **SharePoint**: SharePoint bietet Ihnen ebenfalls die Möglichkeit, Ihr Wissen in Form eines Wikis oder als Neuigkeiten (mit Titel, Bildern und Text) mit Ihren Kollegen zu teilen. Auf Wunsch können Sie auch in einem Kommentarbereich untereinander diskutieren und sich auf diese Weise zu einem Thema austauschen.
- **Stream**: Während Sie bei den übrigen Tools auf eine schriftliche Form des Wissensmanagements beschränkt sind, stellt Stream Ihnen die Möglichkeiten einer Videoplattform zur Verfügung. Sie können zum Beispiel Besprechungen aus *Teams* aufzeichnen und in Stream zur Verfügung stellen. Auch Videos, die mit anderen externen Tools erstellt wurden, können hochgeladen und mit den Kollegen geteilt werden. In der Praxis hat es sich bewährt, Themen in Form eines Videos von ca. fünf bis zehn Minuten zu erläutern. Im Rahmen der Einführung einer Collaboration-Plattform können so zum Beispiel die wesentlichen Änderungen und neuen Funktionen erklärt werden und für den einzelnen Mitarbeiter eine große Hilfe in der Übergangsphase darstellen.
- **Delve**: Bei Delve handelt es sich primär um Ihre persönliche Profilseite. Hier können Sie angeben, mit welchen Themen Sie sich gerade beschäftigen und über welche Expertise Sie verfügen. Vorausgesetzt, die Mehrheit der Mitarbeiter pflegt diese persönlichen Informationen, kann hierüber auch eine Expertensuche durchgeführt werden. Je nach Unternehmensgröße kennen Sie nicht alle Kollegen und können so relativ einfach einen Ansprechpartner für ein bestimmtes Thema finden. Wichtig ist hierbei aber, dass diese Informationen freiwillig von dem jeweiligen Mitarbeiter angegeben werden müssen.
- **Forms**: Mit Forms können Umfragen und Quiz erstellt werden. Auch wenn es sich dabei nicht um die Dokumentation von Wissen handelt, so möchte ich den Dienst an dieser Stelle erwähnen. Sie können über eine Umfrage oder ein Quiz eine spielerische Komponente in Ihr Wissensmanagement integrieren.
- **Sway**: Bei Sway handelt es sich um einen Dienst zur Erstellung von Präsentationen in einem Online-Format. Hierbei wird besonderer Wert auf das Teilen der in einer Präsentation enthaltenen Informationen gelegt. Allerdings wird dieser Dienst – ähnlich wie Yammer – momentan nur aus Rechenzentren in den USA angeboten.

Die Teamkonstellation sowie die für die generelle Teamarbeit bereits ausgewählten Tools können entscheidend dafür sein, ob Sie für das Wissensmanagement beispielsweise *Teams* oder SharePoint einsetzen. Stream ist für die Wissensvermittlung aktuell zwar objektiv betrachtet die beste Option, allerdings muss eine Videoplattform auch zu Ihnen und Ihrem Unternehmen passen. Falls Sie beispielsweise Hemmungen haben, ein Video zu erstellen, in dem Sie selbst vorkommen (Ton und/oder Bild), so werden Sie diese Möglichkeit nicht oder nur selten nutzen. Außerdem müssen Sie bei dem Einsatz einer Videoplattform auch klären, wie Sie damit umgehen, wenn ein Mitarbeiter das Unternehmen verlässt oder ab sofort nicht mehr möchte, dass Videos in Stream öffentlich zugänglich sind, in denen er auftaucht. Aktuell können Sie nicht direkt ermitteln, in welchen Videos eine bestimmte Person vorkommt.

2.3.5 Prozessunterstützung mit der Power Platform, künstlicher Intelligenz und Dynamics 365

Zur Unterstützung der Management-, Geschäfts- und Unterstützungsprozesse in Ihrem Unternehmen können die bereits in den vorangegangenen Abschnitten vorgestellten Tools wie zum Beispiel *Teams*, SharePoint und Planner genutzt werden. Für die Unterstützung Ihrer individuellen Prozesse werden Sie darüber hinaus vielleicht die folgenden Tools interessant finden:

- **Power Automate**: Mit Power Automate können Sie Prozesse wie zum Beispiel einen Genehmigungsprozess für bestimmte Dokumente inklusive anschließender digitaler Unterzeichnung oder einen automatischen Statuswechsel sowie eine Benachrichtigung bestimmter Personen realisieren. Die Stärke von Power Automate besteht einerseits in der grafischen Konfigurationsmöglichkeit und andererseits in der großen Auswahl an Systemen, die Sie miteinander verbinden können. Für Ihre Kollegen aus dem Marketing können Sie zum Beispiel auf Twitter das Stimmungsbild für eine bestimmte Marketingkampagne einfangen, diese Informationen innerhalb von SharePoint speichern und die Kollegen über *Teams* oder Yammer benachrichtigen.

- **Power Apps**: Für die Prozessunterstützung ist die Möglichkeit mobil durchführbarer Arbeitsschritte ein wichtiger Faktor. Prozesse können beschleunigt werden, wenn beispielsweise die Genehmigung eines Urlaubsantrags direkt über das Smartphone erfolgen kann. Mit Power Apps können Sie diese Art von mobiler Unterstützung für ausgewählte (Teil-)Prozesse anbieten. Hierbei handelt es sich um die sogenannten *Canvas-Apps*.

  Darüber hinaus können Sie mit Power Apps auch sogenannte *Modellgesteuerte Apps* erstellen. Hier legen Sie zunächst fest, welche Informationen Sie verwalten möchten und wie der zu durchlaufende Geschäftsprozess aussehen soll. Der Fokus liegt hier auf der Informationsverarbeitung; die Gestaltung der Benutzeroberfläche ist im Vergleich zu den Canvas-Apps eingeschränkt.

Als dritte Option können Sie mit Power Apps auch sogenannte *Portale* erstellen. Mit einem Portal können Sie gezielt Informationen aus Ihren internen Geschäftsanwendungen (u. a. aus einer Modellgesteuerten App) in Form eines Extranets für externe Personen zugänglich machen.

- **AI Builder**: Sie können Ihre mit Power Automate erstellten Workflows oder mit Power Apps erstellten Apps mit Funktionen aus dem Bereich der künstlichen Intelligenz (KI) erweitern. Der *AI Builder* (AI steht für Artificial Intelligence) kann u. a. zur Verarbeitung von textuellen Informationen (Spracherkennung, Kategorisierung, Stimmungsanalyse) oder auch zur Extraktion von Informationen aus Bildern und Formularen eingesetzt werden. So können Sie beispielsweise Visitenkarten oder Rechnungen digitalisieren und die extrahierten Informationen automatisiert verarbeiten.

- **Power Virtual Agents**: Mit *Power Virtual Agents* können Sie Chat-Bots erstellen. Diese digitalen Assistenten können beispielsweise eine FAQ-Liste ablösen und bieten eine interaktive Möglichkeit für Sie und Ihre Kollegen, um Antworten auf bestimmte Fragen zu finden oder einen bestimmten Geschäftsprozess (z. B. einen in Power Automate erstellten Flow) zu starten. In der Praxis werden Chat-Bots u. a. im Bereich des Kundenservices eingesetzt. Durch die Interaktion mit dem Chat-Bot werden bereits gewisse Informationen gesammelt, auf die ein Mitarbeiter des Kundenservice zugreifen kann, falls der Chat-Bot allein nicht weiterhelfen kann und doch ein persönliches Gespräch zwischen dem Nutzer und dem Kundenservice erforderlich ist. Dieses Vorgehen kann für wiederkehrende Fragestellungen eine Arbeitserleichterung für den Kundenservice bedeuten und die Mitarbeiter dort entlasten.

  Im Bereich der Prozessunterstützung kann Power Virtual Agents auch eingesetzt werden, um schnell bestimmte Informationen aus verschiedenen Geschäftsanwendungen abzurufen oder auch Prozesse auszulösen oder fortzuführen, ohne dabei die entsprechende Anwendung selbst aufrufen zu müssen.

- **Dynamics 365**: Dynamics 365 gehört genau betrachtet nicht zu Microsoft 365, hat jedoch viele Berührungspunkte damit. Sie können auf den standardmäßig angebotenen Lösungen (zum Teil handelt es sich hierbei um modellgesteuerte Apps) für unterschiedliche Geschäfts- und Unterstützungsprozesse aufbauen und diese bei Bedarf an Ihre Anforderungen anpassen. Als Tools kommen dabei u. a. auch Power Automate und Power Apps zum Einsatz.

Im Rahmen der Prozessunterstützung sind die Einflussfaktoren Teamkonstellation und -größe nicht relevant, weil hier der gesamte Unternehmenskontext betrachtet werden muss. Da Sie vielleicht kein Dynamics 365 einsetzen (werden), möchte ich an dieser Stelle jedoch betonen, dass Sie *Power Automate* und *Power Apps* vor allem in Kombination mit SharePoint und *Teams* einsetzen sollten, um so die für die Teamarbeit relevanten Prozesse möglichst optimal unterstützen zu können.

2.3.6 Beispiele für Anwendungsszenarien

Im weiteren Verlauf dieses Buches werde ich Ihnen eine Reihe von exemplarischen Anwendungsszenarien vorstellen, um die Möglichkeiten der verschiedenen Tools zu verdeutlichen.

Anwendungsszenario	Tool	Abschnitt
Gemeinsame Bearbeitung von Dokumenten	Teams SharePoint	Abschnitt 3.1.5 Abschnitt 4.1
Gemeinsame Aufgabenverwaltung, Schichtplanung und Projektplanung	Planner Teams	Abschnitt 3.4, Abschnitt 4.3 Abschnitt 7.2
Zusammenarbeit innerhalb einer Organisationseinheit	Teams	Abschnitt 3.1
Zusammenarbeit von unterschiedlichen Projektteams	Teams	Abschnitt 4.2
Zusammenarbeit mit externen Nutzern wie Kunden, Partnern und Unterauftragnehmern	Teams SharePoint	Abschnitt 3.1.4 Abschnitt 4.5
Informationsaustausch in einem Social Intranet	SharePoint	Abschnitt 6.1
Vernetzung auf Unternehmensebene	Yammer	Abschnitt 5.1 ff.
Fördern des Wissensmanagements	Stream Sway	Abschnitt 5.5 Abschnitt 6.4
Selbstdarstellung und Expertensuche	Delve	Abschnitt 6.3
Einbindung der Mitarbeiter über Umfragen	Forms	Abschnitt 6.2
Planung und Durchführung von Besprechungen	Teams	Abschnitt 3.1.6, Abschnitt 3.3.1
Verwaltung von Ressourcen (z. B. in einem Lager)	Power Apps und SharePoint	Abschnitt 7.3
Unterstützung verschiedener Unternehmensprozesse	Dynamics 365 Power Automate und SharePoint	Abschnitt 7.4 Abschnitt 4.1

Tabelle 2.1 Exemplarische Anwendungsszenarien

Anwendungsszenario	Tool	Abschnitt
Verwalten und Sichern von Informationen	Security & Compliance Center	Abschnitt 9.2 ff.
Informationsaustausch von unterwegs	Smartphone Apps	Kapitel 8

Tabelle 2.1 Exemplarische Anwendungsszenarien (Forts.)

Nutzen Sie diese Anwendungsszenarien oder leiten Sie Ihre eigenen Szenarien davon ab, um im Rahmen der Einführung Ihrer Collaboration-Plattform schnell erste Ergebnisse zu erzielen und die Mitarbeiter von den Vorteilen einer solchen Umgebung überzeugen zu können.

2.4 Verschiedene Cloud-Angebote

Ihre Unternehmensrichtlinien und Ihr persönliches Sicherheitsbedürfnis können einen großen Einfluss auf die Entscheidung für eine Cloud-Plattform haben. In diesem Buch setze ich voraus, dass der Einsatz einer Cloud-Plattform grundsätzlich für Sie interessant ist. Falls dies nicht der Fall ist, könnte eine lokale Installation von SharePoint in Kombination mit der Microsoft-Office-Produktpalette für Sie die geeignete Option sein.

> **Was ist der Unterschied zwischen Microsoft 365 und Office 365?**
>
> Office 365 ist eine Cloud-Service-Plattform, die Ihnen viele Funktionen zur Unterstützung der Zusammenarbeit in Ihrem Unternehmen anbietet. Wenn Sie Office 365 im Unternehmen einführen, müssen Sie in der Regel auch *Windows 10 Pro* erwerben und sich um die Absicherung Ihrer Informationen kümmern. Microsoft 365 ist ein All-in-One-Paket, das neben Office 365 auch *Windows 10 Pro* sowie das *Enterprise Mobility + Security-Paket* beinhaltet und Ihnen somit alle im Arbeitsalltag benötigten Dienste anbietet.
>
> Microsoft hat im November 2019 begonnen, den Begriff *Microsoft 365* ebenfalls für Office 365 zu verwenden. Das liegt u. a. daran, dass das Angebot mit Tools wie *Teams*, Stream und Planner mehr als die klassischen Office-Produkte (z. B. Word, Excel und PowerPoint) umfasst und die Tools zum Absichern von Informationen nun auch zu einem großen Teil in Office 365 verfügbar sind. Dadurch sind die Grenzen zwischen diesen beiden Angeboten allerdings so verschwommen, dass Microsoft nun einen einheitlichen Begriff verwenden möchte und im April 2020 bereits die ersten Abonnements umbenannt hat. So ist beispielsweise *Office 365 Business Premium* in *Microsoft 365 Business Standard* umbenannt worden. Einige Abonnements (z. B. Office 365 E1

oder E3) behalten vorerst ihren Namen. Allgemein wird aber zukünftig primär von Microsoft 365 gesprochen.

Falls Sie bereits ein Office-365-Abonnement abgeschlossen haben, erfolgt die Umstellung automatisch und es sind keine Nachteile damit verbunden. Ihnen stehen je nach Abonnement ggf. sogar weitere Dienste zur Verfügung.

2.4.1 Cloud versus On-Premises

Wenn Sie die Vor- und Nachteile von Microsoft 365 als Cloud-Option und SharePoint als On-Premises-Alternative abwägen, werden Sie sich an irgendeiner Stelle mit den Kosten befassen müssen, die für die jeweilige Variante entstehen:

- Wie hoch sind die monatlich pro Benutzer anfallenden Kosten?
- Wie viel würden im Vergleich dazu der Betrieb einer eigenen Infrastruktur und die Beschaffung von Lizenzen kosten?
- Welche Variante ist die für Ihr Unternehmen günstigste Option?

Eine pauschale Antwort auf diese Fragen gibt es nicht, weil es von Ihrem Unternehmen, der Anzahl der Nutzer und weiteren individuellen Faktoren abhängt, ob Sie mit der Nutzung von Microsoft 365 anstelle einer On-Premises-Installation Kosten sparen können.

> **Ein Rechenbeispiel: Cloud versus On-Premises**
>
> Wenn Sie sich für eine On-Premises-Lösung entscheiden, müssen Sie einmalig einen bestimmten Betrag entrichten. Um eine Vergleichbarkeit zu ermöglichen, gehen wir davon aus, dass wir für alle Mitarbeiter folgende Tools/Produkte benötigen:
>
> - **Microsoft Office Business**: Hierfür berechnen wir 200 € pro Benutzer.
> - **Exchange**: Für den Server müssen wir einmalig ca. 1.000 € einplanen und zusätzlich 110 € pro Benutzer.
> - **SharePoint**: Auch hier müssen wir den Server selbst mit 10.000 € lizensieren und zusätzlich 160 € pro Benutzer entrichten.
>
> In Microsoft 365 als Cloud-Variante sind die Tools und Dienste ebenfalls enthalten. Hier können wir 10,50 € pro Benutzer einplanen.
>
> Bei allen genannten Preisen handelt es sich lediglich um Größenordnungen. Je nach Angebot und individuellen Vereinbarungen können die Preise unterschiedlich hoch ausfallen.
>
> Für den Vergleich zwischen On-Premises und Cloud sind zwei Faktoren relevant:
>
> - Anzahl der Benutzer
> - Dauer der Nutzung

> Unter regulären Umständen erscheint ungefähr alle drei Jahre eine neue Version der in unserem Beispiel ausgewählten Produkte. Wenn Sie möglichst schnell immer auf die neueste Version wechseln möchten, wird die Cloud-Variante nahezu immer die günstigere Option sein. Wenn Sie allerdings eine Laufzeit von ca. fünf Jahren vorsehen, könnte ab 70 Nutzern eine On-Premises-Lösung für Sie die günstigere Option sein. Bei kleineren Unternehmen lohnt sich dagegen in der Regel eher Microsoft 365.

Datensicherheit

Wenn Sie sich gegen den Einsatz einer Cloud-Lösung entscheiden und Ihre Collaboration-Plattform selbst betreiben, müssen Sie mindestens folgende Fragen beantworten:

- Wie sichern Sie die erfassten Daten?
- Welche Verfügbarkeit möchten Sie den Nutzern garantieren?
- Wie stellen Sie im Fehlerfall eine Sicherung wieder her?
- Wer ist für den Betrieb verantwortlich?

Mit der offiziellen Beantwortung dieser Fragen geht Verbindlichkeit einher. Sobald Sie definiert haben, dass Ihr Collaboration-Portal beispielsweise werktags stets zur Verfügung steht, werden die Mitarbeiter diese Verfügbarkeit auch erwarten und den für den Betrieb verantwortlichen Kollegen mit Unmut begegnen, falls das Portal aus technischen Gründen einmal nicht zur Verfügung steht. Microsoft garantiert mit Microsoft 365 eine Verfügbarkeit von 99,9 % (siehe *www.microsoft.com/de-de/microsoft-365/business/microsoft-365-for-business-support-options*). Diese durch einen Eigenbetrieb zu erreichen, ist unter wirtschaftlichen Gesichtspunkten nahezu unmöglich und auch nicht sinnvoll. Wenn Sie eine Cloud-Lösung wie Microsoft 365 nutzen, sind Sie von vielen Betriebsthemen entlastet und müssen sich weniger Gedanken um die Sicherheit Ihrer Daten machen. Sollten in der Cloud doch einmal Dienststörungen auftreten, haben Sie zwar keinen Einfluss auf deren Behebung, aber solche Ausfälle sind selten und in der Regel innerhalb weniger Stunden gelöst.

> **Ich muss jederzeit auf meine Daten zugreifen können!**
>
> Viele Menschen haben Angst, dass sie im Fehlerfall nicht auf ihre Daten zugreifen können. Bis jetzt lässt sich aus Erfahrung sagen, dass es in der Cloud zu wesentlich weniger Ausfällen als bei einem Eigenbetrieb oder beim Hosting bei einem externen Dienstleister kommt. Um im Fall einer Dienststörung trotzdem auf die benötigten Informationen zugreifen zu können, setzen einige Unternehmen – als eine Art individuelles Backup-System – Drittanbieter-Tools ein und synchronisieren ausgewählte Daten aus Ihrer Cloud-Plattform auf Datenspeicher in ihrem Unternehmen.

Cloud-Plattform versus hybride Umgebung

Sie können eine Cloud-Plattform einsetzen, die zum Beispiel in Rechenzentren in den USA oder Europa gehostet wird. Das bedeutet, dass alle in Ihrem Collaboration-Portal verwalteten Informationen in eben diesen Rechenzentren gespeichert werden. Wenn Sie bestimmte Informationen aber nicht dort speichern lassen möchten, können Sie auch eine hybride Umgebung einrichten.

Gerade für kleine Unternehmen ist der Einsatz von Microsoft 365 meistens ideal, weil sie sich eine eigene Infrastruktur und den damit verbundenen Betrieb nicht leisten könnten. Mittlere und große Unternehmen, die aktuell vielleicht noch auf die On-Premises-Variante setzen, werden mehr und mehr die Vorteile der Cloud nutzen wollen, wodurch die hybriden Umgebungen in den nächsten Jahren immer mehr Verbreitung finden werden.

Wenn Sie aktuell eher zu einer Inhouse-Installation tendieren, sind für Sie möglicherweise die Überlegungen über eine hybride Umgebung interessant, die ich Ihnen in Kapitel 11, »Hybride Einsatzmöglichkeiten von Microsoft 365 und SharePoint On-Premises«, vorstellen werde. Wichtige Aspekte bei der Einrichtung einer hybriden Umgebung sind die Entwicklung eines plattformübergreifenden Konzepts und insbesondere die Fragestellung, welche Daten in der Cloud und welche Daten On-Premises gespeichert werden sollen. Ich hoffe, dass ich Ihnen in Kapitel 11 ein paar Tipps mit auf den Weg geben kann, um Ihnen die Entscheidung zu erleichtern.

Wählen Sie den Standort Ihrer Rechenzentren

Sie können bei Microsoft 365 auswählen, in welcher Region Ihre Daten verwaltet werden sollen. Unter *https://products.office.com/de-de/where-is-your-data-located* finden Sie aktuelle Informationen zu den Standorten der für Sie relevanten Dienste. In den folgenden Abschnitten stelle ich Ihnen die wesentlichen Regionen vor.

2.4.2 US-Cloud

Bedingt durch den Hauptsitz von Microsoft in Redmond wurde Microsoft 365 zunächst in den USA angeboten. Mit der Zeit kamen immer mehr Regionen hinzu. In dieser Region stehen Ihnen alle Microsoft-365-Dienste zur Verfügung. In anderen Regionen können Sie ggf. nur auf eine Teilmenge der Dienste zugreifen, oder Sie beziehen einen Dienst explizit aus der US-Cloud. Für Unternehmen aus Europa bzw. der D-A-CH-Region kann die Nutzung der US-Cloud je nach Bedarf sehr interessant sein, vorausgesetzt, Ihre Unternehmensrichtlinien erlauben die Speicherung Ihrer Daten in den USA.

Wie Sie in Abbildung 2.8 sehen können, werden in den USA folgende Rechenzentren betrieben:

- Blue Ridge, VA
- Boydton, VA
- Cheyenne, WY
- Chicago, IL
- Des Moines, IA
- Santa Clara, CA
- Quincy, WA
- San Antonio, TX

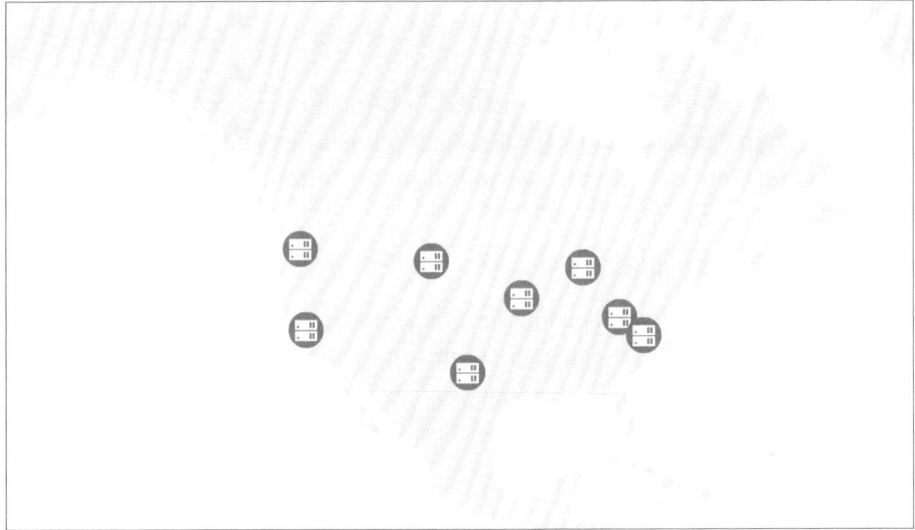

Abbildung 2.8 Rechenzentren in den USA

Die verschiedenen Dienste von Microsoft 365 speichern Ihre Daten in teilweise unterschiedlichen Rechenzentren, wobei stets darauf geachtet wird, die Daten in mindestens zwei unabhängigen und möglichst weit voneinander entfernten Rechenzentren zu verwalten, um die hohe Verfügbarkeit von 99,9 % gewährleisten zu können.

Dienste für die Benutzerverwaltung und E-Mail-Kommunikation

Der Dienst *Azure Active Direcory* für die Benutzerverwaltung ist elementar, da Sie sich andernfalls nicht anmelden können. Auch die E-Mail-Kommunikation via *Exchange Online* nimmt einen wichtigen Platz ein, da Sie hierüber in der Regel mit Ihren Kunden kommunizieren.

Dienste für die Verwaltung von Dateien

Zu unserem Arbeitsalltag gehört die Erstellung und gemeinsame Bearbeitung von Dateien. Wir können diese in Teamarbeitsräumen (*SharePoint Online*) oder in unserer persönlichen Ablage (*OneDrive for Business*) speichern und mit unseren Kollegen teilen.

Dienste für die Kommunikation und den Informationsaustausch

Die Unterstützung des Informationsaustauschs durch möglichst einfach zu nutzende Kommunikationskanäle ist in jedem Unternehmen elementar. In Microsoft 365 werden hierfür verschiedene Dienste wie *Teams* und *Yammer* angeboten, die von reinem Instant-Messaging über Videokonferenzen bis hin zu Teamräumen und Unternehmensnetzwerken reichen.

Weitere Dienste

Es werden Ihnen noch viele weitere Dienste zur Unterstützung der Zusammenarbeit angeboten, zum Beispiel *Planner* für das Aufgabenmanagement, *Sway* für Präsentationen und *OneNote* zur einfachen Verwaltung von Notizen.

2.4.3 Europäische Cloud

Wegen der besonderen Vorgaben hinsichtlich des Datenschutzes in der Europäischen Union gibt es für die EU eine separate Region mit eigenen Rechenzentren.

Wie Sie der Abbildung 2.9 entnehmen können, werden darin folgende Rechenzentren betrieben:

- Irland
- Niederlande
- Österreich
- Finnland
- Frankreich

Um die hohe Verfügbarkeit von 99,9 % zu gewährleisten, werden auch in Europa die Daten redundant in möglichst weit voneinander entfernten Rechenzentren verwaltet. Ursprünglich bestand die gesamte Region nur aus den Rechenzentren in Irland und den Niederlanden; später kamen Österreich und Finnland sowie zuletzt Frankreich als weitere Optionen hinzu.

Mittlerweile stehen sämtliche Dienste aus Europa heraus zur Verfügung. Einzige Ausnahme ist und bleibt vorerst Sway.

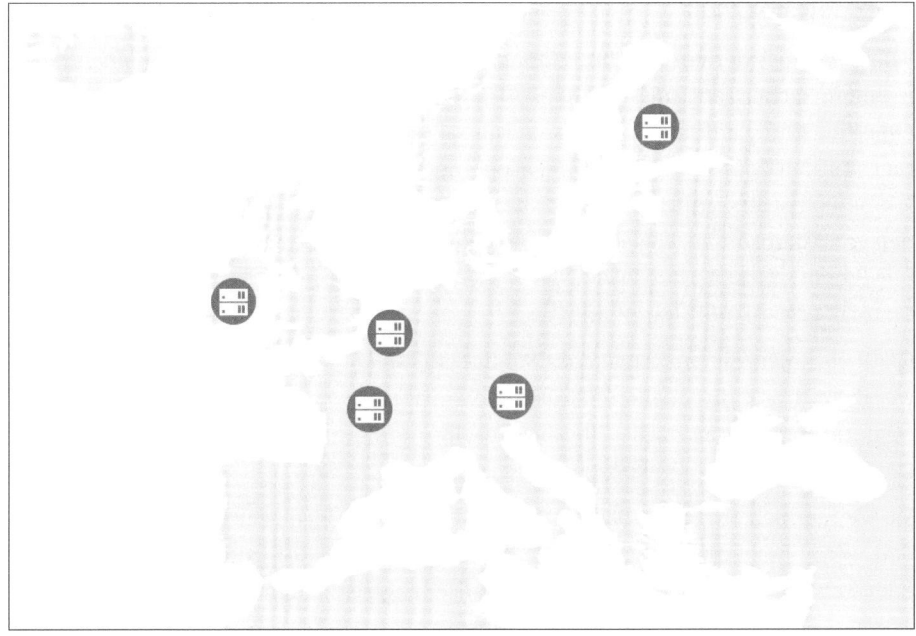

Abbildung 2.9 Rechenzentren in der Europäischen Union

2.4.4 Deutsche Cloud

Um dem besonderen Sicherheitsbedürfnis in Deutschland entgegenzukommen, wurden eigene Rechenzentren eingerichtet.

Es gab in der Vergangenheit bereits ein erstes Angebot einer deutschen Cloud in Zusammenarbeit mit der Telekom. Allerdings standen viele Dienste, die Sie aus der US- oder europäischen Cloud kennen, dort nicht zur Verfügung. Da die Benutzerakzeptanz somit recht gering ausfiel und damit auch die Zahl der Kunden nicht den Erwartungen entsprach, hat Microsoft die Deutschland-Cloud in dieser Form abgekündigt (siehe Details unter *www.microsoft.com/de-de/cloud/deutsche-rechenzentren*).

Damit hat Microsoft auf die geänderten Kundenanforderungen reagiert und stellt mit seinem neuen Angebot seit Ende 2019 die aus dem weltweiten Angebot (siehe US-Cloud) bekannten Dienste bereit. Bestandskunden der bisherigen Deutschland-Cloud müssen nicht wechseln, sondern können auch weiterhin das »alte« Angebot inklusive zukünftiger erforderlicher Sicherheits-Updates nutzen.

Die Rechenzentren stehen in Berlin und Frankfurt und bieten Microsoft Azure, Microsoft 365 und Dynamics 365 vollumfänglich an.

2.4.5 Private Cloud

Falls Sie keines der vorgestellten Cloud-Angebote nutzen möchten, können Sie auch in einem Rechenzentrum Ihres Dienstleisters oder bei Ihnen im Unternehmen selbst eine Umgebung aufbauen. In diesem Fall sollten Sie sich die Frage stellen, ob Sie später eventuell doch in die Cloud wechseln möchten. Wenn Sie das nicht ausschließen können oder tatsächlich für später bereits planen, sollten Sie Ihre Umgebung nach den von Microsoft vorgegebenen Richtlinien einrichten. Diese sind in der sogenannten *Product Line Architecture (PLA)* beschrieben und betreffen bei einer privaten Cloud in erster Linie SharePoint.

Die Richtlinien dienen dazu, dass Sie die entsprechenden Produkte nur möglichst wenig an Ihre individuellen Bedürfnisse anpassen, sodass Sie später ohne größere Migrationsaufwände in die Cloud wechseln und nahtlos mit den dort verfügbaren Diensten weiterarbeiten können.

Sie können sich aber auch bewusst gegen die Einhaltung dieser Richtlinien entscheiden, wenn Ihnen die Unterstützung Ihrer individuellen Anforderungen wichtiger ist oder wenn Sie sicher sagen können, dass Sie langfristig nicht in die Cloud wechseln werden.

2.4.6 Kauf eines Microsoft-365-Plans

Wenn Sie sich dafür entschieden haben, Microsoft 365 zu nutzen, stehen Sie vor der Qual der Wahl, welchen Plan Sie kaufen möchten. Auf der Website unter *https://products.office.com/de-de/compare-all-microsoft-office-products?tab=2* finden Sie eine gute Übersicht über die verschiedenen Pläne, wobei ein *Plan* eine Zusammenstellung an Funktionen und Diensten darstellt. Die folgenden Pläne werden am häufigsten genutzt:

- **Microsoft 365 Apps for Business (früher Office 365 Business)**: Dieser Plan enthält die Standard-Office-Anwendungen *Outlook*, *Word*, *Excel*, *PowerPoint*, *OneNote* und *Access*. Zur Verwaltung der mithilfe der Office-Anwendungen erstellten Dateien wird außerdem der Dienst *OneDrive* angeboten.
- **Microsoft 365 Business Standard (früher Office 365 Business Premium)**: Dieser Plan enthält dieselben Anwendungen und Dienste wie der oben genannte und darüber hinaus die Dienste *Exchange*, *SharePoint* und *Teams*.

Sie können sich auch für eine Testversion registrieren und auf diese Weise zeitlich begrenzt die Möglichkeiten des Produkts erkunden.

Während für Microsoft 365 selbst als Zusammenfassung vieler verschiedener Dienste zahlreiche Pläne angeboten werden, sind für SharePoint Online aktuell nur zwei Pläne abrufbar, die auf der Website unter *www.microsoft.com/de-DE/microsoft-365/sharepoint/compare-sharepoint-plans* miteinander verglichen werden.

Da sich die in der Cloud zur Verfügung gestellten Funktionen und Dienste stetig verändern, womit sich auch der Umfang der verschiedenen Pläne und die damit verbundenen Kosten ändern, kann ich Ihnen an dieser Stelle keine weiteren sinnvollen Informationen geben. Sollten Sie jedoch weitergehende Fragen haben, können Sie mich gern kontaktieren.

2.5 Checkliste für die Auswahl Ihrer Collaboration-Tools

Bei der Zusammenstellung aller Tools für Ihre Collaboration-Plattform sind verschiedene Kriterien zu berücksichtigen. Zunächst gehe ich auf einige Fragen ein, mit denen Sie sich wahrscheinlich derzeit befassen und die für die Auswahl der passenden Tools in Ihrem Collaboration-Portal von Bedeutung sind.

2.5.1 Welche Ziele möchten Sie mit einem Collaboration-Portal erreichen?

Haben Sie bereits ein Collaboration-Portal oder ein Intranet im Einsatz? Haben Sie sich dann schon einmal die Frage gestellt, welcher der wesentliche Zweck für den Einsatz dieser Plattform ist?

Bei der Einführung eines Collaboration-Portals sollten der Zweck und die damit verbundenen Ziele für alle Mitarbeiter des Unternehmens klar und deutlich formuliert und kommuniziert werden.

Sie könnten zum Beispiel folgende Ziele verfolgen:

- Unterstützung der Kommunikation innerhalb der Projektteams durch die einfache Möglichkeit zur Erstellung und Nutzung von Teamarbeitsräumen
- Zentrale Anlaufstelle für Unternehmensrichtlinien und unternehmensweite Informationen (beispielsweise von der Geschäftsführung oder der internen Kommunikationsabteilung)

In meinem Unternehmen haben wir zum Beispiel bei der Einführung unseres Collaboration-Portals zuvor in einem kleineren Projektteam die Ziele definiert. Anschließend wurden diese Ziele in Form von einzelnen Workshops für die Mitarbeiter aller Abteilungen vorgestellt und die Kollegen bei den ersten Schritten in der neuen Umgebung unterstützt.

2.5.2 Ist es sinnvoll, Tools von verschiedenen Anbietern einzusetzen?

Wenn Sie sich auf dem Markt umsehen, werden Sie unzählige Tools finden, die Ihnen und Ihren Kollegen im Arbeitsalltag helfen können. Vielleicht hilft es Ihnen weiter, wenn Sie darüber nachdenken, wer sich in Ihrem Unternehmen um den Betrieb, die Aktualisierung und ordnungsgemäße Lizensierung der verschiedenen Tools kümmern soll. Mit jedem weiteren Tool und jedem unterschiedlichen Anbieter steigt die Komplexität dieser Aufgabe.

Ein anderer Aspekt besteht darin, dass sich die Tools heutzutage nicht mehr so erheblich voneinander unterscheiden, wie es früher noch der Fall war. Die verschiedenen Anbieter analysieren in der Regel die von ihren Konkurrenten angebotenen Funktionen, bieten diese selbst an und verbessern somit stetig ihr Angebot. Gerade im Bereich der Cloud-Dienste ist die Erweiterung des Angebots für die Anbieter besonders schnell und einfach möglich. Wenn Sie dies berücksichtigen, können Sie in vielen Fällen die Anzahl der Anbieter für die in Ihrem Unternehmen einzusetzenden Tools einschränken, ohne dabei auf benötigte Funktionen verzichten zu müssen.

Wenn Sie die Anbieter und ihre Tools hinsichtlich des angebotenen Funktionsumfangs geprüft haben, sollten Sie auch die mit dem Tool verbundenen Kosten mit in Ihre Bewertung einbeziehen. In der Regel sparen Sie Kosten, wenn Sie mehrere Dienste von einem einzigen Anbieter beziehen können. Bei kleineren Anbietern muss dies zwar nicht so sein, aber hier müssen Sie wieder die Personalkosten für Ihre Kollegen im Betrieb mit einkalkulieren, die sich um die Administration und Abstimmung der Dienste untereinander kümmern.

Weiterhin sind die Tools eines Anbieters aufeinander abgestimmt. Sie und Ihre Kollegen lernen das grundsätzliche Look & Feel eines Tools kennen und können damit ohne zusätzlichen Lernaufwand weitere Tools des Anbieters nutzen. Bei unterschiedlichen Anbietern werden Sie sich immer wieder neu auf das jeweils genutzte Tool einstellen müssen.

2.5.3 Wie viele unterschiedliche Tools möchten Sie einsetzen?

Wenn Sie sich für die Toolbox eines Anbieters entscheiden, stehen Ihnen damit wie beispielsweise bei Microsoft 365 sehr viele Dienste zur Verfügung. Eine zu große Auswahl kann bei den Anwendern jedoch zu Verwirrung und im schlimmsten Fall zur Ablehnung der Collaboration-Plattform führen.

Sie sollten daher im Rahmen eines Einführungsprojektes den jeweiligen Einsatzzweck der ausgewählten Tools klären. Selbst wenn Sie anfangs nur eine begrenzte Auswahl treffen, bedeutet das nicht, dass Sie diese Auswahl später nicht erweitern könnten.

Geben Sie den Mitarbeitern in Ihrem Unternehmen Zeit, sich an die neuen Arbeitsweisen zu gewöhnen. Durch die Veränderungen werden sich wahrscheinlich von allein weitere Anforderungen ergeben, die den Einsatz anderer Tools sinnvoller erscheinen lassen.

Beginnen Sie beispielsweise mit einem Tool zur Unterstützung der Kommunikation (sowohl ad hoc als auch innerhalb frei definierbarer Teams) und einem Tool zur zentralen Ablage und gemeinsamen Bearbeitung von Dokumenten.

2.5.4 Welche Tools sind die richtigen für das jeweilige Anwendungsgebiet?

Wir werfen nun einen genauen Blick auf die in Microsoft 365 angebotenen Dienste. Dabei möchte ich einmal eine Bewertung aus fachlicher Sicht vornehmen und anschließend die Perspektive wechseln und das Kerneinsatzgebiet für das jeweilige Tool vorstellen.

Bewertung aus fachlicher Sicht

Wenn Sie die Dienste aus fachlicher Sicht bewerten, werden Sie – wie in Tabelle 2.2 dargestellt – sehen, dass für bestimmte Anforderungen durchaus mehrere Tools in Frage kommen. Sie sollten in diesen Fällen entscheiden, welches Tool Sie bevorzugen würden. Meine persönliche Empfehlung lässt sich der Reihenfolge der folgend aufgelisteten Tools entnehmen. Das zuerst genannte Tool entspricht meiner persönlichen Empfehlung für den Aufbau einer Collaboration-Plattform.

Anforderung an die Zusammenarbeit	Welches Tool ist hierfür am ehesten geeignet?
Unterstützung bei der Teamarbeit	▶ Teams ▶ SharePoint Online
Gemeinsame Bearbeitung von Dokumenten	▶ SharePoint Online ▶ Teams (inkludiert SharePoint Online, ermöglicht aber Unterhaltung zu einem Dokument)
Informationen ad hoc untereinander austauschen	▶ Teams (private Chats) ▶ Yammer (private Chats)
Unternehmensweite Informationen verbreiten	▶ SharePoint Online ▶ Teams (öffentliche Teams) ▶ Yammer (öffentliche Gruppe oder gesamtes Unternehmen)
Unternehmensnetzwerk und externe Netzwerke aufbauen	▶ Yammer ▶ Teams

Tabelle 2.2 Bewerten Sie, welche Anforderungen an die Unterstützung der Zusammenarbeit durch welches Tool am besten erfüllt werden.

Anforderung an die Zusammenarbeit	Welches Tool ist hierfür am ehesten geeignet?
Aufgabenmanagement	▶ Planner ▶ SharePoint Online ▶ Project Online
Prozessunterstützung	▶ Dynamics 365 ▶ Power Platform (Power Apps, Power Automate, AI Builder, Power Virtual Agents)
Wissensmanagement	▶ Stream (Video als Lernmedium) ▶ Teams (Wikifunktion) ▶ OneNote Services ▶ SharePoint Online ▶ Sway

Tabelle 2.2 Bewerten Sie, welche Anforderungen an die Unterstützung der Zusammenarbeit durch welches Tool am besten erfüllt werden. (Forts.)

Beginnen würde ich mit *Teams* zur Unterstützung der Teamarbeit in unterschiedlichen Konstellationen. Darauf aufbauend könnten Sie dann SharePoint Online zur Vernetzung der Teams in einem unternehmensweiten Kontext nutzen.

Bewertung der verfügbaren Tools

Jedes Tool hat seinen vom Anbieter vorgesehenen Einsatzzweck und entsprechende Stärken und Schwächen. In Tabelle 2.3 stelle ich Ihnen die verschiedenen Microsoft-365-Dienste und das Einsatzgebiet vor, für das sie konzipiert wurden.

Tool	Unterstützung der Zusammenarbeit
Exchange Online	▶ E-Mail-Kommunikation ▶ Gemeinsame Postfächer und Gruppenkalender
Teams	▶ Instant-Messaging/Chat ▶ Videokonferenzen/Besprechungen ▶ Teamarbeitsräume ▶ Integration weiterer Tools in die Teamarbeit
Yammer	▶ Unternehmensnetzwerk ▶ Externe Netzwerke (z. B. für Marketing)

Tabelle 2.3 Setzen Sie die angebotenen Dienste ihren Stärken entsprechend ein.

Tool	Unterstützung der Zusammenarbeit
OneDrive for Business	▸ Persönliche Verwaltung von Dateien und explizite Freigabe für ausgewählte Personen
SharePoint Online	▸ Dokumentenmanagement ▸ Teamarbeitsräume ▸ Social Intranet
Stream	▸ Wissensmanagement in Form von Videos
OneNote Services	▸ Notizen und Dokumentation ▸ Wissensmanagement
Planner	▸ Aufgabenmanagement ▸ Projektmanagement light
Project Online	▸ Projektmanagement ▸ Einsatzplanung
Sway	▸ Informationsmanagement (insb. Präsentation von Informationen)
Dynamics 365	▸ Prozessunterstützung
Power Automate	▸ Prozessunterstützung ▸ Integration verschiedener Systeme (auch außerhalb der Microsoft-Welt)
Power Apps	▸ Mobile Lösungen
AI Builder	▸ Formularverarbeitung ▸ Text- und Spracherkennung ▸ Bildanalyse
Power Virtual Agents	▸ Interaktive Form einer FAQ-Liste ▸ Prozesssteuerung über einen Chat-Bot
Security & Compliance Center	▸ Einhaltung von Unternehmensrichtlinien

Tabelle 2.3 Setzen Sie die angebotenen Dienste ihren Stärken entsprechend ein. (Forts.)

Ich kann mich noch nicht entscheiden!

Selbst wenn wir uns für alle Tools in unserem Collaboration-Portal auf Microsoft 365 beschränken, fällt es Ihnen sicher zum jetzigen Zeitpunkt noch schwer, die richtigen Tools für Ihr Unternehmen daraus auszuwählen.

Wir werden im weiteren Verlauf dieses Buches unterschiedliche Einsatzszenarien betrachten. In Kapitel 3, »Mit Teamarbeitsräumen die Zusammenarbeit verbessern«, beginne ich mit einem genaueren Blick auf *Teams* als Zentrum der Teamarbeit. Darauf aufbauend werde ich in Kapitel 4, »Projekte optimal unterstützen«, den Zusammenhang zwischen *Teams* und SharePoint Online näher beleuchten, bevor ich in Kapitel 5, »Communities im Unternehmen etablieren«, mit Yammer und Stream auf die weiteren Möglichkeiten zur Unterstützung des Informationsaustauschs in Ihrem Unternehmen eingehe.

Damit ist Teil II dieses Buches zur Unterstützung der verschiedenen Formen von Zusammenarbeit in Teams abgeschlossen, bevor wir mit Kapitel 6, »Collaboration meets Social Intranet«, zum dritten Teil und der Zusammenarbeit auf Unternehmensebene gelangen.

TEIL II
Verschiedene Formen der Zusammenarbeit in Teams

Kapitel 3
Mit Teamarbeitsräumen die Zusammenarbeit verbessern

»Zusammenkommen ist ein Anfang, Zusammenbleiben ist ein Fortschritt, und Zusammenarbeiten ist Erfolg.« (Henry Ford)

In diesem Kapitel lernen Sie, wie Sie mit *Teams* schnell einen Teamarbeitsraum bereitstellen können. Dabei werde ich kurz das Konzept der Office Groups näher beleuchten, damit Sie die Hintergründe und Funktionsweisen besser verstehen. Nach der Erstellung des Teamarbeitsraums werden Sie diesen in seiner standardmäßigen Form nutzen und anschließend um zusätzliche Komponenten erweitern.

> **Teams: Ein Kurzüberblick**
> - **Kernfunktionen**: Instant-Messaging und Videokonferenzen zwischen einzelnen Personen sowie verschiedenen Teams, gemeinsame Bearbeitung von Dokumenten und Kombination verschiedener Microsoft-365-Dienste wie zum Beispiel Planner und SharePoint
> - **Anwendungsszenarien**: Teamarbeitsräume für Organisationseinheiten und Projektteams, Besprechungen planen und durchführen
> - **Abgrenzung zu anderen Tools**: *Teams* ist kein eigenständiges Tool, sondern stellt mehrere Microsoft-365-Dienste unter einer gemeinsamen Benutzeroberfläche zur Verfügung. In Abschnitt 2.3 gehe ich detailliert auf die Unterschiede und primär zu empfehlenden Einsatzszenarien der einzelnen Tools ein. Während beispielsweise Yammer für den unternehmensweiten Informationsaustausch im Rahmen eines Unternehmensnetzwerks vorgesehen ist, liegt der Fokus bei *Teams* auf der Zusammenarbeit von Projektteams und kleinen bis mittleren Organisationseinheiten.

3.1 Teamarbeitsräume in 5 Minuten einrichten

In diesem Abschnitt zeige ich Ihnen, wie Sie schnell und unkompliziert einen Arbeitsraum zur Unterstützung der Teamarbeit anlegen und an die individuellen Bedürfnisse des Teams anpassen können.

3.1.1 Konzept der Office Groups

In Microsoft 365 stellen die sogenannten *Office Groups* das technische Gerüst zur Unterstützung der Teamarbeit dar. Was fällt Ihnen zum Beispiel als Erstes ein, wenn Sie an die Teams bzw. Gruppen in Ihrem Unternehmen denken? Ich persönlich denke dabei an die Menschen, mit denen ich in der Gruppe zusammenarbeite. Danach fallen mir die unterschiedlichen Rollen und Verantwortlichkeiten sowie die zur Unterstützung der Teamarbeit verwendeten Tools ein.

Genauso können Sie sich auch das Konzept der Office Groups in Microsoft 365 vorstellen:

1. Sie erstellen eine Gruppe (dies ist technisch betrachtet eine Office Group), geben ihr einen Namen und legen fest, wer zu dieser Gruppe dazugehört.
2. Sie legen die Rolle bzw. Verantwortlichkeiten für die einzelnen Teammitglieder fest.
3. Sie wählen die zur Unterstützung der Teamarbeit benötigten Tools aus.

Welche Tools benötigt eine Gruppe normalerweise?

Die Anforderungen für die Unterstützung der Zusammenarbeit können von Gruppe zu Gruppe variieren. Beispielsweise benötigt die eine Gruppe ein gemeinsames E-Mail-Postfach, einen Gruppenkalender und einen Ort, um gemeinsam an Dokumenten zu arbeiten, während eine andere Gruppe Themen diskutieren und Aufgaben verwalten möchte. Eine Office Group bietet genau diese Flexibilität, indem die benötigten Komponenten individuell der jeweiligen Gruppe hinzugefügt werden können.

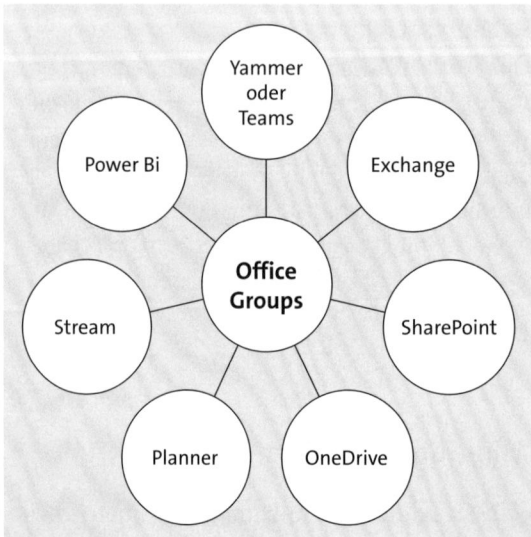

Abbildung 3.1 Mithilfe einer Office Group können genau die für die Teamarbeit benötigten Microsoft-365-Dienste miteinander kombiniert und eingesetzt werden.

Wie Abbildung 3.1 zeigt, stehen Ihnen die verschiedensten Microsoft-365-Dienste u. a. zur Unterstützung der Kommunikation, des Wissensmanagements oder auch der Aufgabenverwaltung zur Verfügung.

Beispiel für eine Gruppe mit einem gemeinsamen E-Mail-Postfach

Bisher war der erste Schritt zur Unterstützung der Zusammenarbeit in einem Team die manuelle Anlage einer gemeinsamen Dateiablage sowie eines E-Mail-Verteilers oder eines gemeinsamen Postfachs.

Wenn Sie nun eine Office Group erstellen, werden Ihnen automatisch die für die Kommunikation im Team benötigten Tools und eine gemeinsame Dateiablage eingerichtet. Darüber hinaus kann sich ein Team auch aus den in Microsoft 365 angebotenen Diensten wie aus einem Werkzeugkasten bedienen und so auf seine individuellen Bedürfnisse eingehen.

Mit einem konkreten Fall lässt sich dies besser verdeutlichen. Wenn Sie beispielsweise einen Arbeitsraum in SharePoint erstellen, stehen Ihnen und Ihrem Team folgende Komponenten direkt zur Verfügung:

- **Teamwebsite mit zentraler Dateiablage**: Die Teamwebsite selbst kann bei Bedarf mit den bekannten SharePoint-Bausteinen individuell an die Bedürfnisse der Gruppe angepasst werden. Sollen beispielsweise Links zentral zur Verfügung gestellt werden, so kann eine Hyperlink-Liste hinzugefügt werden. Außerdem wird diese Website – die im technischen Sinn einer Websitesammlung entspricht – auch in *SharePoint Home* (zentrale Übersichtsseite über alle Teamarbeitsräume in SharePoint) aufgelistet.

- **Gemeinsamer Posteingang**: Dieser Posteingang ist vergleichbar mit einer herkömmlichen Verteilerliste und stellt eine Alternative zu den Websitepostfächern und der Funktion der eingehenden E-Mails in *SharePoint* dar. Über die E-Mail-Adresse dieses gemeinsamen Posteingangs können Nachrichten an das gesamte Team gesendet und gemeinschaftlich bearbeitet werden.

- **Gruppenkalender**: Bei der Terminverwaltung werden Ihnen die Kalender sämtlicher Mitglieder der Gruppe angezeigt, um so schnell einen gemeinsamen Termin zu finden und diesen in den Kalendern der entsprechenden Personen sowie im Gruppenkalender anzulegen. So lassen sich gemeinsame Termine planen und dokumentieren.

- **Gemeinsame Notizen**: Ein gemeinsames *OneNote*-Notizbuch kann als Teil der Teamwebsite direkt über die Office Group aufgerufen und gepflegt werden. So können Ideen und Notizen unkompliziert erfasst und weiterverarbeitet werden.

- **Gemeinsame Aufgabenverwaltung**: Mit dem Microsoft-365-Dienst *Planner* können die in der Gruppe zu bearbeitenden Aufgaben ähnlich wie mit einem Kanban-Board verwaltet werden.

Private und öffentliche Gruppen

Bei der Erstellung einer Gruppe müssen Sie entscheiden, ob es sich dabei um eine private oder eine öffentliche Gruppe handeln soll, wobei Sie diese Einstellung auch wieder verändern können:

- **Öffentlich**: Die Inhalte einer öffentlichen Gruppe sind für alle Anwender in Ihrem Unternehmen sichtbar. Außerdem kann jeder Mitarbeiter in Ihrer Organisation eigenständig der Gruppe beitreten. Auch wenn die Bezeichnung »öffentlich« es anders vermuten lässt, so sind die Inhalte dieser Gruppe bzw. die Gruppe selbst nicht für Personen außerhalb Ihrer Organisation zugänglich, es sei denn, Sie haben explizit externe Personen als Gäste zu der entsprechenden Gruppe eingeladen.
- **Privat**: Die Inhalte einer privaten Gruppe sind dagegen nur für die Mitglieder der Gruppe sichtbar, und Personen, die einer privaten Gruppe beitreten möchten, müssen erst von einem Gruppenbesitzer dazu berechtigt werden.

Falls sensible Informationen ausgetauscht werden, die nur einem eingeschränkten Personenkreis zugänglich sein dürfen, sollte die Option *Privat* gewählt werden. Ansonsten empfehle ich Ihnen, die Option *Öffentlich* zu wählen. Wenn Mitarbeiter die Möglichkeit haben, sich an Diskussionen zu beteiligen und sich dadurch über die ursprüngliche Teamkonstellation hinaus Menschen zu bestimmten Themen zusammenfinden, so kann dies erheblich zum Unternehmenserfolg beitragen.

3.1.2 Anwendungsfall aus dem Arbeitsalltag

Ich arbeite in einem neunköpfigen Team, das sich hinsichtlich der anstehenden Aufgaben untereinander sehr eng abstimmen muss. Hinzu kommt, dass wir räumlich verteilt sind und es häufig vorkommt, dass viele von uns an unterschiedlichen Orten arbeiten. Eine Besprechung in einem gemeinsamen Raum ist somit nur schwer möglich, und manche Kollegen sehe ich mehrere Tage lang nicht persönlich.

Wir haben in der Phase des Teambuildings überlegt, wie wir uns untereinander am besten austauschen und organisieren können, unsere wesentlichen Anforderungen erfasst und für die Auswahl geeigneter Tools genutzt:

- **Gemeinsame Chatfunktion**: Gerade weil wir uns nicht immer persönlich treffen können und teilweise zu unterschiedlichen Zeiten arbeiten, wollten wir eine einfache Möglichkeit haben, uns in Form eines Gruppenchats schnell und einfach auszutauschen, Themen zu diskutieren oder die Kollegen über Neuigkeiten zu informieren.
- **Zentrale Verwaltung von Dateien**: Zu unserer Arbeit gehört u. a. die Erstellung von Dokumenten. Wir wollten diese Dateien zentral ablegen und gemeinsam an ihnen arbeiten können, um uns gegenseitig unterstützen und Feedback zu Arbeitsergebnissen einholen zu können.

- **Gemeinsames Aufgaben-Board**: Wir hatten in der Vergangenheit bereits ein physisches Aufgaben-Board in einem unserer Büros genutzt, um einen Überblick über die in unserem Team anstehenden Aufgaben und deren jeweiligen Status zu erhalten. Aufgrund unserer Teamkonstellation suchten wir aber nun nach einer digitalen Variante.
- **Interne und externe Teilnehmer**: Zu unserem Team gehören auch zwei Mitarbeiter eines Partners. Diese Kollegen verfügen über keinen grundsätzlichen Zugriff auf unsere unternehmensinternen Informationen, sollten aber in unserem Teamarbeitsraum genau wie die anderen Teammitglieder agieren können.
- **Videokonferenzen**: Als Ergänzung zu persönlichen Besprechungen war es uns besonders wichtig, dass wir eine Möglichkeit finden, auch ortsunabhängig Besprechungen in Form von Videokonferenzen durchführen zu können. Da nicht immer alle Teammitglieder an einer Besprechung teilnehmen können, suchten wir außerdem nach einer Option, diese Besprechungen aufzeichnen und bei Bedarf abrufen zu können.
- **Mobile Unterstützung**: Einige von uns sind häufig beim Kunden vor Ort oder auf Dienstreise. Aus diesem Grund wünschten wir uns eine Lösung, die sowohl mittels eines gewöhnlichen PCs oder Notebooks als auch mit einem Smartphone oder Tablet genutzt werden kann.

Auf der Suche nach einem passenden Tool evaluierten wir *Teams* als die zentrale Komponente in Microsoft 365 zur Unterstützung der Teamarbeit. Mittlerweile setzen wir *Teams* für die unterschiedlichsten Szenarien ein. So habe ich beispielsweise während der Erstellung dieses Buches ein Team gegründet, in dem ich mich mit Kollegen zu den möglichen Einsatzszenarien der verschiedenen Microsoft-365-Dienste ausgetauscht habe. Im weiteren Verlauf dieses Buches möchte ich Ihnen aufzeigen, welche Funktionen sich aus der Sicht dieses Teams im Arbeitsalltag bewährt haben.

3.1.3 Ein Team in Microsoft Teams erstellen

Genau betrachtet, ist *Teams* kein eigenständiges Produkt, sondern vielmehr eine Benutzeroberfläche, die mehrere Microsoft-365-Dienste kombiniert anbietet. Hier erhält jeder Anwender eine personalisierte Übersicht über seine Teams und kann sich an den jeweiligen Unterhaltungen beteiligen. Darüber hinaus sind geplante und ad-hoc-Video-Konferenzen innerhalb der Teams möglich. Damit können auch geografisch verteilte Teams direkt aus dem Arbeitsbereich heraus persönliche Besprechungen planen und durchführen.

Wie erreichen Sie Microsoft Teams?

Sie können *Teams* über verschiedene Wege aufrufen. Eine Möglichkeit stellt Ihre persönliche Startseite von 365 dar, die Sie unter *www.office.com* aufrufen können.

Wenn Sie dort den Menüpunkt TEAMS auswählen (siehe Abbildung 3.2), gelangen Sie mit Ihren aktuellen Anmeldedaten auf die Seite *https://teams.microsoft.com*. Ich empfehle Ihnen, dem nun erscheinenden Hinweis zu folgen und die Desktop-App von *Teams* herunterzuladen. Falls Sie den Hinweis nicht finden oder geschlossen haben, finden Sie links im Menü einen gesonderten Menüpunkt APP HERUNTERLADEN. Nach der Installation startet sich die Desktop-App nun immer automatisch nach Start Ihres Rechners und stellt Ihnen somit direkt die benötigten Kommunikationsmittel für die Teamarbeit zur Verfügung.

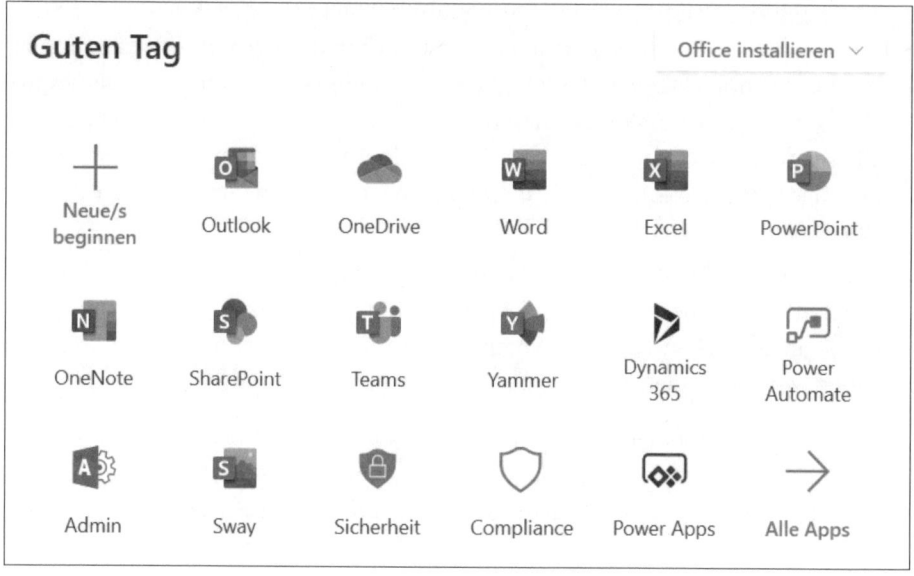

Abbildung 3.2 Startseite von Microsoft 365 mit Zugriff auf die im Unternehmen freigegebenen Dienste und Apps sowie die zuletzt bearbeiteten Dokumente

Wenn Sie *Teams* aufrufen, finden Sie sich zunächst in dem zuletzt von Ihnen aufgerufenen Team wieder. Sie können somit nahtlos mit Ihrer Arbeit fortfahren, falls Sie einmal unterbrochen wurden. In Abbildung 3.3 wird auch ersichtlich, dass Sie ein Team zu Ihren FAVORITEN hinzufügen können. Ich persönlich nutze die Favoriten-Funktion, um die Teams schnell zu erreichen, in denen ich die meiste Zeit über aktiv bin. Alle übrigen Teams können Sie über die Gruppe MEHR erreichen, die Sie unterhalb der Favoriten eingeklappt sehen können.

Ein Team anlegen

Wenn Sie *Teams* noch nicht gut kennen, sollten Sie als erstes ein neues Team erstellen, und zwar über den Menüpunkt TEAM BEITRETEN ODER ERSTELLEN. Daraufhin erhalten Sie die in Abbildung 3.3 dargestellten zwei Optionen:

▶ **Team erstellen**: Hier wird eine neue Office Group mit den für die Teamzusammenarbeit benötigten Funktionen wie z. B. einer SharePoint-Website sowie einem gemeinsamen E-Mail-Postfach erstellt.

▶ **Einem Team mit einem Code beitreten**: In diesem Fall existiert bereits ein Team, und Sie haben vom Besitzer dieser Gruppe einen Teamcode erhalten, um ohne weitere Prüfung ein neues Mitglied dieses Teams zu werden. Diese Option hat bei privaten Teams Sinn; bei öffentlichen können Sie, wie bereits erwähnt, ohne weitere Schritte seitens des Gruppenbesitzers Mitglied werden.

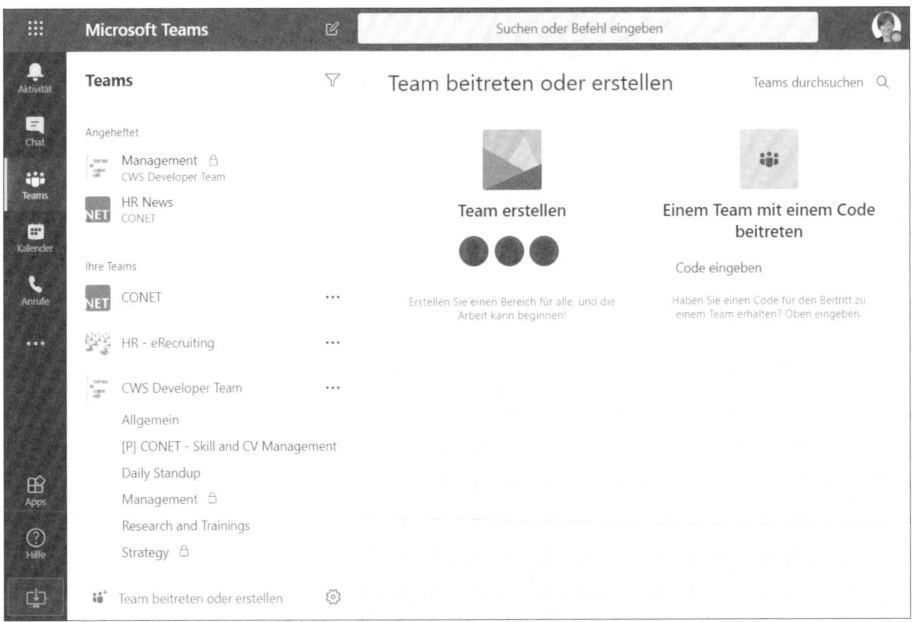

Abbildung 3.3 Überblick über meine favorisierten Teams und Möglichkeit, ein neues Team zu erstellen oder einem bestehenden Team beizutreten

Wählen Sie im aktuellen Beispiel die erste Option und erstellen Sie ein neues Team. Sie können ein bestehendes Team als Vorlage nutzen oder ein ganz neues Team anlegen. Wählen Sie die obere Option TEAM VÖLLIG NEU ERSTELLEN aus.

Nun müssen Sie sich entscheiden, ob Ihr Team PRIVAT oder ÖFFENTLICH sein soll. In Abbildung 3.5 sehen Sie, welche Auswirkungen die jeweilige Option hat. Wichtig ist dabei, zu wissen, dass Sie diese Einstellung später noch ändern können. Da ich in meinem Fall erst einmal mit einem kleinen überschaubaren Team starten und die Inhalte dieses Buches diskutieren möchte, wähle ich die Option PRIVAT aus. Später werde ich die Einstellung ändern und somit die Inhalte allen Kollegen zugänglich machen.

Abbildung 3.4 Sie können bei der Erstellung eines neuen Teams auch ein bestehendes Team als Vorlage nutzen.

> **Ich sehe beim Erstellen eines neuen Teams noch eine dritte Option**
>
> Es gibt auch noch eine weitere Option bei Erstellen eines neuen Teams. Hierbei handelt es sich um die sogenannten *organisationsweiten Teams*.
>
> Diese Teams sind mit öffentlichen Teams vergleichbar; nur dass von Anfang an jeder Nutzer mit einer gültigen Lizenz innerhalb Ihrer Microsoft-365-Umgebung dort Mitglied ist. Somit können organisationsweite Teams beispielsweise zur Ergänzung eines Intranets eingesetzt werden, da Sie hierüber alle Mitarbeiter des Unternehmens erreichen können.
>
> Allerdings sollten Sie vor der Einrichtung eines solchen Teams bei Microsoft prüfen, ob Sie mit der Anzahl Ihrer Mitarbeiter die Limitierung für die maximale Anzahl an Teammitgliedern in *Teams* überschreiten. Sollte dies der Fall sein, können organisationsweite Teams in Ihrem Kontext nicht eingesetzt werden.

In dem daraufhin erscheinenden Dialog (siehe Abbildung 3.6) werde ich nun gebeten, einen Namen und eine Beschreibung für das neue Team zu vergeben. Ich vergebe für mein Collaboration-Team den Namen »Collaboration@CONET« und die Beschreibung »In dieser Arbeitsgruppe werden die Beispiele aus dem Buch ›Collaboration mit Microsoft 365‹ von Nicole Enders geprüft und besprochen.«

Abbildung 3.5 Wie möchten Sie die Mitglieder Ihres Teams verwalten? Bei einem öffentlichen Team kann jeder Mitarbeiter frei beitreten. Bei privaten Teams liegt die Verwaltung der Mitglieder in der Verantwortung des Gruppenbesitzers.

Abbildung 3.6 Ein neues Team erstellen: Ein aussagekräftiger Name und eine Beschreibung erleichtern es neuen Teammitgliedern, schnell den Zweck dieser Gruppe zu verstehen.

Bei einem öffentlichen Team wäre die Erstellung nun bereits abgeschlossen und Sie würden auf eine mit Abbildung 3.7 vergleichbare Darstellung Ihres neuen Teams weitergeleitet. Bei einem privaten Team gelange ich jedoch nahtlos zur Verwaltung der Berechtigungen meines Teams (siehe Abbildung 3.8).

Abbildung 3.7 Das neue Team ist erstellt und wurde automatisch Ihren Favoriten hinzugefügt.

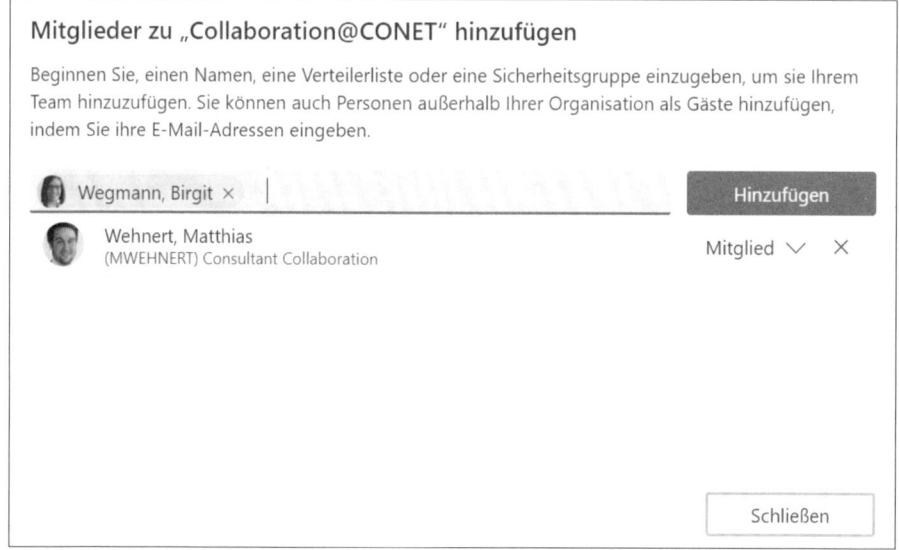

Abbildung 3.8 Beliebig viele Mitglieder können zu einem Team hinzugefügt werden.

3.1.4 Mitglieder einladen (interne und externe)

In dem bei privaten Teams automatisch bei der Erstellung erscheinenden Dialog können Sie die Mitglieder hinzufügen (siehe Abbildung 3.8). Dabei werden Sie automatisch bei der Eingabe unterstützt, indem Ihnen die zu den von Ihnen eingegebenen Zeichen passenden Mitarbeiter vorgeschlagen werden.

Ich habe die entsprechenden Kollegen ausgewählt und über die Schaltfläche Hinzufügen als Mitglieder in meinem Team aufgenommen.

Welche Rollen gibt es in Teams?

Wer bereits mit SharePoint gearbeitet hat, muss sich bei *Teams* umgewöhnen, denn es gibt in einem unternehmensinternen Team nur zwei verschiedene Rollen:

- **Besitzer**: Der Ersteller eines Teams ist automatisch der erste Besitzer eines Teams. Er fügt neue Mitglieder hinzu und kann die Konfiguration des Teams anpassen. Im Arbeitsalltag agiert er aber in der Regel wie jedes andere Mitglied.
- **Mitglied**: Jedes Mitglied des Teams kann sich zum Beispiel an Unterhaltungen und Videokonferenzen beteiligen, Dateien teilen und gemeinsam mit anderen bearbeiten.

Die Rolle der Leser (aus SharePoint bekannt) ist in einem Team nicht vorgesehen. Jeder hat hier die gleichen Möglichkeiten, um sich aktiv an der Zusammenarbeit zu beteiligen. Lediglich die Besitzer (es kann sogar mehrere Besitzer eines Teams geben, um auch die Verwaltungsaufgaben auf mehrere Personen zu verteilen) haben etwas weitreichendere Berechtigungen.

Externe Teammitglieder hinzufügen

Die hohe Flexibilität von *Teams* zeigt sich auch darin, dass externe Teilnehmer zu einem Team hinzugefügt werden können. Diese Möglichkeit ist für mich und mein Team sehr wichtig, weil wir dadurch zusammen mit unseren zwei unternehmensexternen Teammitgliedern einen gemeinsamen Ort für unsere Teamarbeit nutzen können.

Wenn ich von externen Teammitgliedern spreche, kann es sich dabei um unterschiedliche Ausprägungen handeln; wie zum Beispiel:

- **Unterauftragnehmer & Partner**: Ob ein einzelner Freiberufler oder ein größeres Team, das mit Mitarbeitern Ihres Unternehmens zusammenarbeitet: mit einer gemeinsamen Kommunikationsplattform inkl. zentraler Dokumentenablage gehören E-Mails, die in unterschiedlicher Konstellation untereinander versendet werden, der Vergangenheit an.

- **Kunden**: Um den Kunden optimal in die Bearbeitung eines Auftrags einzubeziehen, ist ein transparenter Informationsaustausch unerlässlich. Fragen können ohne Reibungsverluste direkt zwischen dem Team und den Ansprechpartnern auf Kundenseite geklärt werden.

Um externe Benutzer in einem Team hinzufügen zu können, müssen administrative Tätigkeiten ausgeführt werden. Informationen hierzu finden Sie bei Microsoft unter *https://docs.microsoft.com/de-de/microsoftteams/guest-access*. Sobald die Konfiguration erfolgt ist, können Sie die gewünschten externen Benutzer über ihre E-Mail-Adresse dem Team hinzufügen. Diese Personen erhalten die Rolle »Gast«, die für die tägliche Zusammenarbeit vollkommen ausreicht. Die Unterschiede kläre ich bei den Erweiterungsmöglichkeiten in Abschnitt 3.5.

Mitglieder und Besitzer verwalten

Es kommt in der Praxis häufiger vor, dass Sie im späteren Verlauf die Liste der Mitglieder und Besitzer Ihres Teams bearbeiten möchten. So habe ich beispielsweise meinen Fachlektor als zusätzlichen Besitzer des Teams hinzugefügt. Gehen Sie in solchen Fällen folgendermaßen vor:

1. Rufen Sie die 3-Punkte-Schaltfläche rechts neben dem Namen Ihres Teams in der Auflistung der Favoriten auf (siehe Abbildung 3.9) und in dem daraufhin erscheinenden Kontextmenü den Menüpunkt TEAM VERWALTEN aus.

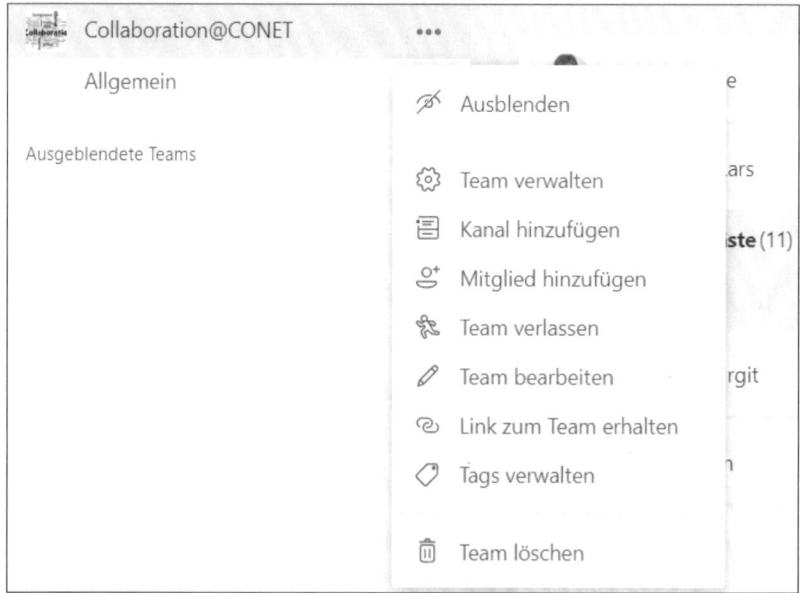

Abbildung 3.9 Über die 3-Punkte-Schaltfläche lassen sich verschiedenste Aktionen für Ihr Team ausführen.

2. Betätigen Sie die Schaltfläche MITGLIED HINZUFÜGEN. Nun erscheint derselbe Dialog wie bei der Einrichtung (siehe Abbildung 3.10).

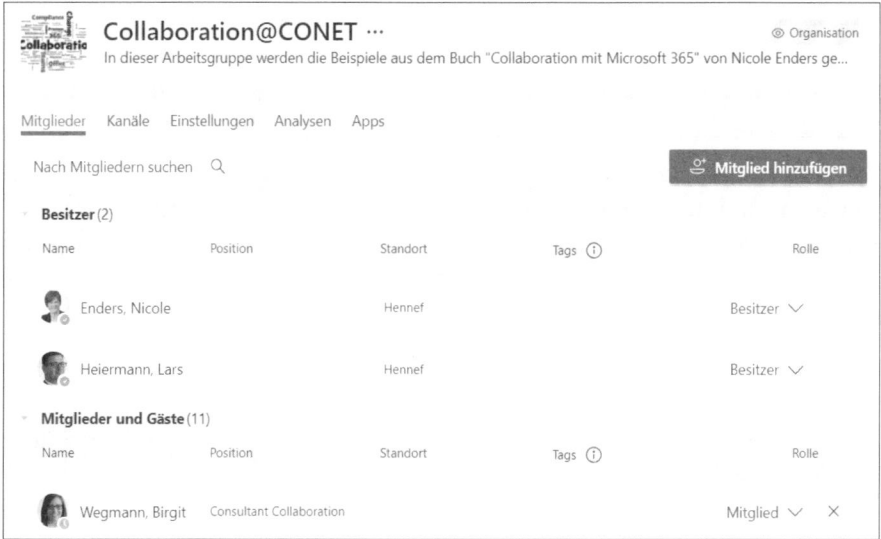

Abbildung 3.10 Hinzufügen eines weiteren Mitglieds mit der Rolle »Besitzer«

3. In meinem Fall wähle ich nun für das neue Mitglied »Heiermann, Lars« aber die Rolle »Besitzer« aus.

Dabei fällt auf, dass Besitzer nicht aus der Mitgliederliste entfernt werden können. Zuvor muss der entsprechenden Person erst die Rolle »Besitzer« wieder entzogen werden. Dafür müssen Sie lediglich auf den Pfeil nach unten ⌄ klicken und die Rolle »Mitglied« auswählen. Erst danach erscheint das ⨯ in der Zeile, sodass Sie die Person aus dem Team entfernen können.

> **Kann ich selbst entscheiden, dass ich nicht mehr Teil eines Teams sein möchte?**
>
> Es mag Gründe geben, warum man nicht mehr an einem Team teilnehmen möchte oder darf. Ein Beispiel hierfür kann ein Wechsel der Organisationseinheit sein. Sie werden Mitglied in einem neuen Team und verlassen das alte Team. Es gibt nun zwei Möglichkeiten, wie die Mitgliedschaft in dem bisherigen Team beendet werden kann. Die erste Variante haben Sie bereits kennengelernt. Hierbei muss der Besitzer aktiv werden und Sie aus dem Team entfernen. Bei der zweiten Variante können Sie selbst aktiv werden. Sie können dafür die 3-Punkte-Schaltfläche nutzen, die auch der Besitzer nutzen würde. Nur können Sie in diesem Fall über das Kontextmenü den Menüpunkt DAS TEAM VERLASSEN auswählen, und nach einer Sicherheitsabfrage sind Sie fortan kein Mitglied mehr.

3.1.5 Informationen untereinander austauschen

Wie wäre es, wenn wir in der Zusammenarbeit im Team auf E-Mails verzichten könnten? Wäre es nicht eine Erleichterung, wenn Sie sich keine Gedanken mehr darum machen müssten, ob Sie alle relevanten Personen als Empfänger ausgewählt haben? Mit einem gemeinsamen Kommunikationskanal, auf den jedes Teammitglied Zugriff hat, wird der Informationsaustausch transparenter und vor allem viel einfacher.

Selbst wenn Sie gerade nicht aktiv an einer Unterhaltung beteiligt sind, können Sie trotzdem daran teilhaben und sich ggf. einbringen; entweder, weil Sie eine Idee zu dem gerade behandelten Thema haben, oder weil Sie explizit durch ein anderes Mitglied mittels einer Erwähnung (@-Mention) darauf aufmerksam gemacht wurden, dass diese Unterhaltung für Sie interessant sein könnte.

Beginnen wir mit einer Unterhaltung

Im neu erstellten Team gibt es einen Unterpunkt ALLGEMEIN. Hier können wir unsere erste Unterhaltung mit dem Team beginnen.

Ich habe beispielsweise immer dann eine neue Nachricht im Team geteilt, wenn ich gerade an einem Einsatzszenario gearbeitet habe oder ein bestimmtes Kapitel abgeschlossen hatte. So konnte ich mir Feedback hinsichtlich der über unser Unternehmen und unser Kundenumfeld hinausgehenden Praxisrelevanz in Bezug auf bestimmte Microsoft-365-Dienste einholen. Auf der anderen Seite haben mir die anderen Teammitglieder Fragen zu verschiedenen Themen gestellt, die ich sowohl für alle transparent im Chat-Bereich beantworten konnte als auch für mich als Inspiration für einzelne Abschnitte dieses Buches genutzt habe.

In Abbildung 3.11 sehen Sie beispielsweise meine erste Nachricht an das Team, in der ich mich für die angebotene Unterstützung der Kollegen bedanke und erkläre, welchen Fokus ich mir für dieses Team überlegt habe.

Wenn Sie nun in einem Ihrer Teams eine Nachricht verfassen möchten, klicken Sie in das Eingabefeld mit dem Platzhaltertext NEUE UNTERHALTUNG. GEBEN SIE ZUM ERWÄHNEN @ EIN. und geben Sie entweder direkt eine Nachricht ein oder klicken Sie, wie ich im dargestellten Beispiel, auf das Icon, um weitere Formatierungsmöglichkeiten zu nutzen. Sie können Ihre Nachricht zum Beispiel mit einer Überschrift versehen und einzelne Textbestandteile, wie in meinem Fall ein Zitat, optisch hervorheben.

Über den Menüpunkt ANTWORTEN können Sie sich aktiv an einer Unterhaltung beteiligen. In Abbildung 3.11 können Sie sehen, dass Antworten auf einen Beitrag eingerückt dargestellt werden. So können Sie schnell erkennen, ob ein neues Thema besprochen wird oder die Diskussion zu einem älteren Beitrag gehört.

Neben reinem Text stehen Ihnen einige weitere inhaltliche Gestaltungsmöglichkeiten zur Verfügung.

Abbildung 3.11 Eine neue Unterhaltung beginnen, auf Beiträge antworten und auf Dateien verweisen

Auf Dateien verweisen

Sie können innerhalb einer Unterhaltung auch auf Dokumente verweisen. In meinem Fall habe ich das Manuskript in meinem Beitrag verlinkt, damit die anderen Teammitglieder auf die darin enthaltenen Informationen zugreifen können. Wenn Sie auf das Symbol mit der Büroklammer klicken, erscheint ein Dialog, in dem Sie für die im Beitrag zu verlinkende Datei aus verschiedenen Datenquellen wählen können:

- **Neuestes**: Hier werden die zuletzt geöffneten oder bearbeiteten Dokumente zur Auswahl angeboten. Dabei spielt der Speicherort der Dateien keine Rolle, d. h. es kann sich dabei um Dokumente aus einem Team, einer beliebigen SharePoint-Website oder OneDrive handeln. Je nach Konfiguration Ihrer Microsoft-365-Umgebung können Sie hier sogar Dokumente von einer On-Premises-SharePoint-Umgebung finden. In der Regel ist diese Option die Beste, da Sie vorher wahrscheinlich an dem Dokument gearbeitet haben und dieses nun in die Diskussion mit einbringen möchten.
- **Teams und Kanäle durchsuchen**: Für Dokumente, die in der Auflistung unter Neuestes nicht mit aufgeführt werden, besteht die Möglichkeit, in den für Sie verfüg-

baren Teams und Kanälen zu navigieren und das gewünschte Dokument auszuwählen. Achten Sie bei Auswahl eines Dokuments aus einem anderen Team bitte darauf, dass ggf. nicht jeder Zugriff darauf besitzt.

- **OneDrive**: Sie können auch Dokumente aus Ihrer persönlichen Dateiablage in OneDrive verlinken. Auch hier sollten Sie darauf achten, welche Freigabe Sie für das entsprechende Dokument vergeben haben.
- **Vom Computer hochladen**: Bei dieser Option können Sie eine Datei von Ihrem Rechner auswählen, in die Dateiablage des Teams hochladen und anschließend verlinken.

Eine genauere Betrachtung der neuen Möglichkeiten aus einer Kombination von der gemeinsamen Bearbeitung von Dokumenten sowie den Chat-Möglichkeiten mit Verweis auf ein Dokument nehme ich nach der Vorstellung der übrigen inhaltlichen Gestaltungselemente vor.

Emojis

Vielen sind Emojis ☺ aus dem privaten Umfeld bereits bekannt, und auch im Chat-Bereich (zum Beispiel bei Skype for Business) werden sie gerne zur Unterstützung der Kommunikation genutzt. Da *Teams* der Nachfolger von Skype for Business ist, verwundert es nicht, dass auch hier Emojis angeboten werden (siehe Abbildung 3.12).

Abbildung 3.12 Emojis als gestalterische Komponente der Unterhaltung

Sie bieten eine schnelle und einfache Möglichkeit, um auf eine Unterhaltung zu reagieren oder die eigene verfasste Nachricht um eine emotionale Komponente zu ergänzen. Mit Emojis können Sie beispielsweise Ihre Freude über eine bestimmte Nachricht ausdrücken.

GIFs

Eine andere Option stellen sogenannte GIFs (häufig animierte Grafiken) dar. Sie erfüllen den gleichen Zweck wie ein Emoji, können jedoch über die Animation mehr Inhalt transportieren. Die Grafiken werden von der Plattform *Giphy* bereitgestellt (siehe https://giphy.com), die sogar die Erstellung personalisierter GIFs ermöglicht. In der Regel bedienen sich die Anwender jedoch der recht großen Auswahl an verfügbaren GIFs. In Abbildung 3.13 können Sie eine erste Auswahl der angebotenen GIFs sehen. Über das Suchfeld oberhalb der GIFs können Sie einen bestimmten Begriff eingeben und erhalten anschließend die dazu passenden Grafiken.

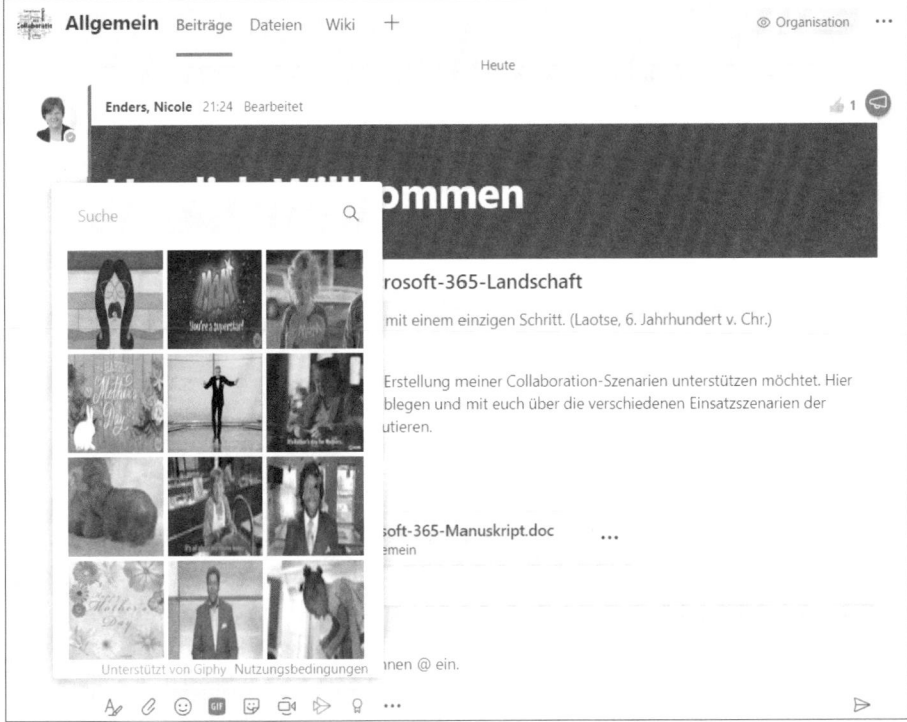

Abbildung 3.13 Ein Bild sagt mehr als tausend Worte; wie viele Worte stehen dann für ein GIF?

Aufkleber

Schließlich stellen Aufkleber oder auch sogenannte Memes eine weitere Möglichkeit zur inhaltlichen Gestaltung innerhalb einer Unterhaltung dar. Während Emojis und GIFs im Wesentlichen vordefiniert sind, liegt der Fokus bei Aufklebern auf der Personalisierung der auszudrückenden Botschaft.

Nach Auswahl eines Aufklebers erscheint als nächstes ein Konfigurationsbereich. So können Sie beispielsweise nach Auswahl des Motivs oben links in Abbildung 3.14 die Nachricht »BRAVO!« nach Belieben verändern.

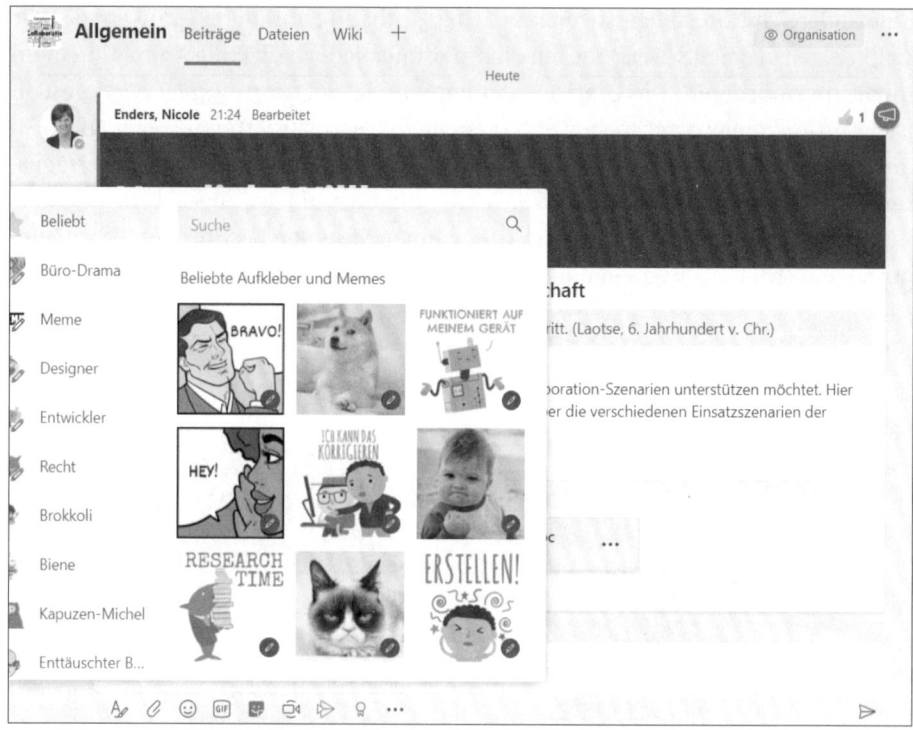

Abbildung 3.14 Aufkleber und Memes sind personalisierbare »Botschafter«

Was hat die Verwendung von Emojis, GIFs und Aufklebern im Arbeitsalltag verloren?

Auch wenn wir die Verwendung von lustigen Grafiken eher aus dem privaten Umfeld kennen und im Büro erst einmal als unpassend erachten, so haben sich die genannten Elemente in der Praxis als förderlich für die Kommunikation erwiesen. Wenn Menschen Freude bei der Arbeit haben, identifizieren sie sich intensiver mit ihren Aufgaben. Dies wurde in verschiedenen Studien wie zum Beispiel »Arbeitsmotivation 2019« von der ManpowerGroup Deutschland ermittelt. Das spielerische Element von Emojis und anderen Optionen hilft dabei, die im Arbeitsalltag anstehenden Aufgaben mit mehr Spaß und Begeisterung zu erfüllen. Sollte sich dies in Ihrem Fall als ungeeignet erweisen oder zu große Besorgnis für den Einsatz bestehen, so können Sie die Verwendung zentral über das Microsoft-365-Admin-Center auch unterbinden.

Zusammen an Dokumenten arbeiten

Bisher haben wir uns im Reiter BEITRÄGE aufgehalten, der die Chat-Funktionen unseres Teams darstellt. Nun gehen wir zum nächsten Reiter DATEIEN und schauen uns die Möglichkeiten der gemeinsamen Bearbeitung von Dokumenten näher an. Dieser Bereich war für mein Team und mich im Rahmen der Evaluierung von *Teams* ebenfalls sehr wichtig.

Abbildung 3.15 Gemeinsame Ablage von Dateien als erster Schritt für die gleichzeitige Arbeit an einem Dokument

Neue Dokumente erstellen

Um die Zusammenarbeit an Dokumenten zu unterstützen, beginne ich im ersten Schritt mit einer gemeinsamen Dateiablage. Hier können Dateien über den Menüpunkt NEU direkt in der Ablage erstellt werden. Zur Auswahl stehen eine auf der Standardvorlage basierende Word-, Excel- oder PowerPoint-Datei. Außerdem lassen sich hier neue Ordner als strukturierendes Element der Ablage hinzufügen.

Bereits erstellte Dokumente hochladen und zukünftig in Teams verwalten

In vielen Fällen werden Sie und die anderen Teammitglieder bereits Dokumente an anderen Speicherorten abgelegt haben. Sie haben daher auch die Möglichkeit, diese Dateien über den Menüpunkt HOCHLADEN oder mittels Drag & Drop künftig in *Teams* zu verwalten. Wichtig dabei ist, dass Sie hiermit lediglich eine Kopie anlegen. Um Verwirrung zu vermeiden und die Bearbeitung des Dokuments am früheren Speicherort und somit inkonsistente Informationsstände zu verhindern, sollten Sie die Datei von ihrem ursprünglichen Speicherort entfernen und zukünftig hier weiterbearbeiten.

Link auf Dateiablage verteilen

Um Ihre Kollegen explizit auf die Dateiablage aufmerksam zu machen, verwenden Sie den Menüpunkt LINK KOPIEREN. Gerade, wenn Sie mehrere Dateien hinzugefügt oder einen neuen Ordner erstellt haben, ist dieser Link hilfreich, um das Team im Chat-Bereich über die neuen Informationen in der Dateiablage zu informieren. Während der Recherche zu bestimmten Microsoft-365-Diensten habe ich beispielsweise interessante Präsentationen und weiterführende Informationen gefunden und in einem separaten Bereich unseres Teams abgelegt.

Cloud-Speicher hinzufügen

Neben der bereits automatisch bereitgestellten Bibliothek zur Ablage von Dateien können auch weitere Cloud-Speicher hinzugefügt werden. Dabei kann es sich um weitere Bibliotheken innerhalb derselben SharePoint-Website für unser Team, um Bibliotheken in anderen SharePoint-Websites oder auch um externe Dienste handeln.

Dateiablage in SharePoint öffnen

Wenn Sie den Menüpunkt IN SHAREPOINT ÖFFNEN auswählen, wird die entsprechende Bibliothek in der SharePoint-Website geöffnet, und Sie finden sich in einer mit Abbildung 3.16 vergleichbaren Ansicht wieder. Falls Sie den Menüpunkt nicht direkt angezeigt bekommen, finden Sie ihn unter der Dreipunkte-Schaltfläche.

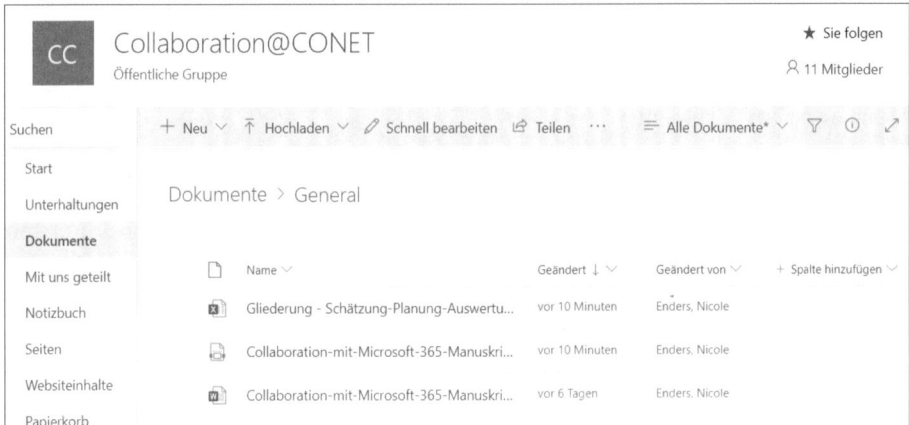

Abbildung 3.16 Bei der Dateiablage handelt es sich um eine Dokumentbibliothek innerhalb der zum Team gehörigen SharePoint-Website.

Da Sie mit Microsoft 365 SharePoint zur Ablage der Dateien nutzen, stehen Ihnen viele Funktionen zur Verwaltung der Dokumente zur Verfügung. Dazu gehören beispielsweise die automatische Versionierung, die Nutzung von Workflows sowie die Erstellung von Ansichten, um gerade bei vielen Dateien weiterhin eine Übersichtlichkeit gewährleisten zu können.

Gemeinsame Bearbeitung von Dokumenten

Kernstück der Dateiablage ist die Möglichkeit der gemeinsamen Bearbeitung von Dokumenten inklusive eines Kommentarbereichs. Die gleichzeitige Bearbeitung eines Dokuments selbst ist zunächst nichts Neues. Die Möglichkeit, wie in Abbildung 3.17 gezeigt, neben der Bearbeitung auch rechts in einem Chat-Bereich über Inhalte des

Dokuments zu diskutieren, auf diese Weise kritische Punkte zu klären und gleichzeitig die Entscheidungsfindung zu dokumentieren, stellt jedoch einen Vorteil gegenüber einer reinen Verwaltung in SharePoint oder OneDrive dar. Mit Skype for Business würde Ihnen zwar auch eine Chat-Funktion angeboten, allerdings würde diese nicht für spätere Aufrufe zusammen mit dem eigentlichen Dokument abgelegt.

Abbildung 3.17 Die gemeinsame Bearbeitung eines Dokuments wird durch einen Kommentarbereich unterstützt.

Wenn Sie ein Dokument aus der Dateiablage auswählen, können Sie es in *Teams* im ersten Schritt lesen. Das reicht in vielen Fällen bereits aus, um schnell das richtige Dokument zu finden.

Für die Bearbeitung stehen Ihnen drei Optionen zur Verfügung:

- **Teams**: Für eine einfache Bearbeitung oder die lesende Ansicht reichen die Funktionen in *Teams* aus. Je nachdem, welche Formate oder Vorlagen für das Dokument verwendet wurden, sollten Sie lieber eine der beiden anderen Optionen wählen.
- **Word**: Diese Option stellt die sicherste Option dar, erfordert allerdings auch eine bessere Datenverbindung. In diesem Fall wird das Dokument temporär heruntergeladen. Dafür können Sie sämtliche Funktionen aus Word nutzen. Individuelle Vorlagen, Makros oder spezielle Formatierungen im Dokument sind somit verfügbar.

- **Word Online**: Diese Option ist vergleichbar mit der ersten Option. Dadurch, dass das Dokument in einem neuen Browser-Fenster geöffnet wird, steht auf dem Bildschirm lediglich etwas mehr Platz für die Darstellung des Dokuments zur Verfügung.

In jedem Fall haben Sie mit *Teams* die passenden Werkzeuge zur Hand, um sich im Team untereinander zu informieren, gemeinsam Dokumente zu erstellen sowie Diskussionen zu Themen zu führen.

3.1.6 Die erste Besprechung durchführen

Als letzte wichtige Komponente zur Unterstützung der Zusammenarbeit im Team und eine absolute Stärke von *Teams* kann die Möglichkeit der Videokonferenzen inklusive der optionalen Aufzeichnung der Besprechung genannt werden. Gerade bei diesen Funktionen waren wir im CONET-Team gespannt, ob wir damit die nötige technische Unterstützung für unsere Teamarbeit erhalten würden.

Eine Sofortbesprechung starten

Gerade dann, wenn Sie feststellen, dass eine persönliche Unterhaltung in einer Situation effektiver wäre als ein Austausch weiterer Chat-Nachrichten, hätten Sie bisher zum Telefonhörer gegriffen und den Kollegen angerufen. Wäre es aber nicht noch besser, wenn alle an der Unterhaltung beteiligten Kollegen die Chance hätten, sich an diesem persönlichen Gespräch zu beteiligen oder zumindest im Nachhinein auf die im Rahmen der persönlichen Unterhaltung besprochenen Inhalte zugreifen zu können? Über den Menüpunkt ⬚ können Sie aus jeder beliebigen Unterhaltung heraus einen Video-Chat starten. Sobald Sie diesen Menüpunkt ausgewählt haben, erscheint eine mit Abbildung 3.18 vergleichbare Darstellung.

Abbildung 3.18 Eine neue Besprechung starten

Sie sollten nun einen Titel für die Besprechung angeben, damit die anderen Teammitglieder wissen, worum es in der Besprechung gehen soll. In meinem Fall möchte ich die Funktion der Sofortbesprechungen zusammen mit dem Team ausprobieren und wähle daher den Titel »Sofortbesprechungen ausprobieren«. Standardmäßig wird die eigene Kamera für die Besprechung aktiviert. Sollte die Bandbreite nicht ausreichend sein oder eine Verwendung der Kamera nicht erwünscht sein, so kann die Kamera über die Option Aus im unteren Bildschirmbereich deaktiviert werden. Betätigen Sie nach der Angabe des Titels die Schaltfläche Jetzt besprechen, um die Besprechung zu starten.

Teilnehmer zur Besprechung einladen

Sie sind nun der erste Teilnehmer. Die anderen Teammitglieder können eigenständig zu der Besprechung hinzukommen, weil sie von Ihnen davon erfahren oder das Kamerasymbol neben dem Menüpunkt Allgemein entdeckt haben. Sie können die gewünschten Teilnehmer aber auch direkt zu der Besprechung einladen.

Wie Sie Abbildung 3.19 entnehmen können, werden Ihnen im rechten Bereich die Mitglieder Ihres Teams bereits vorgeschlagen. Indem Sie auf den Namen einer Person klicken, erhält diese einen Anruf und kann direkt an der Besprechung teilnehmen. Im linken Bereich sehen Sie, wer bereits an der Besprechung teilnimmt und wer noch angerufen wird.

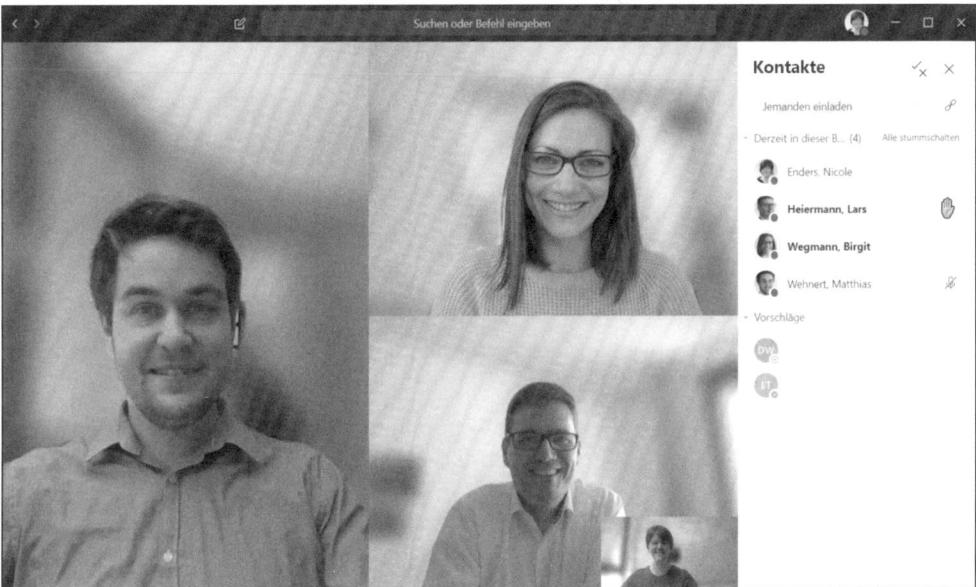

Abbildung 3.19 Weitere Teilnehmer zur Besprechung einladen

> **Achten Sie auf Hinweise zu Lautsprecher und Mikrofon**
>
> *Teams* macht Sie darauf aufmerksam, falls Ihre Lautsprecher oder Ihr Mikrofon ausgeschaltet sind. Wenn Sie auf diese Hinweise achten, steht einem Video-Chat nichts mehr im Wege. Nichts ist ärgerlicher, als wenn das eigene Mikrofon ausgeschaltet ist und man erst nach einigen Sätzen merkt, dass die anderen Teilnehmer nichts hören können und man noch einmal von vorne beginnen muss.

Möglichkeiten zur Zusammenarbeit während einer Besprechung

Während einer Besprechung kann jeder Teilnehmer seinen Bildschirm mit den anderen teilen. So lassen sich Probleme oder kritische Fragen schnell klären, obwohl sich die Teilnehmer der Besprechung möglicherweise gar nicht am selben Ort befinden.

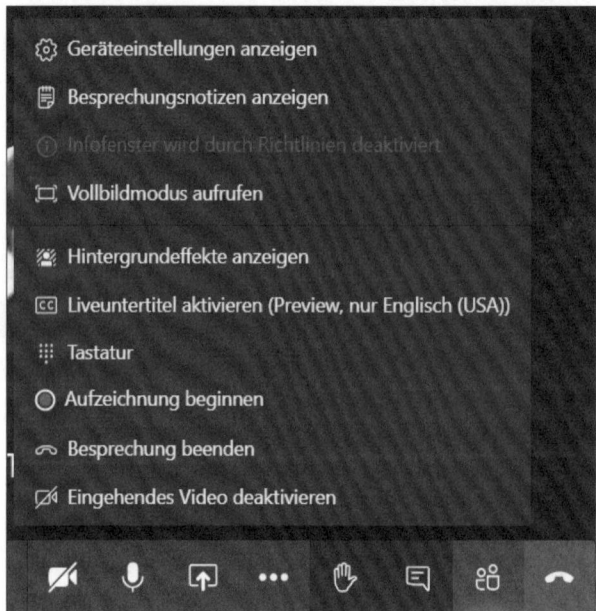

Abbildung 3.20 Die Besprechung aufzeichnen, um sie bei Bedarf später aufrufen zu können

Außerdem können Sie eine Besprechung wie in Abbildung 3.20 dargestellt über die 3-Punkte-Schaltfläche und den Menüpunkt Aufzeichnung beginnen im Kontextmenü als Video aufzeichnen und bei Bedarf später wieder aufrufen. Diese Funktion nutzen Sie immer dann, wenn nicht alle gewünschten Personen an der Besprechung teilnehmen können. Achten Sie darauf, rechtzeitig mit der Aufzeichnung zu beginnen und unmittelbar vor Ende der Besprechung die Aufzeichnung wieder zu beenden. Sobald die Aufzeichnung verfügbar ist, erscheint im Bereich Beiträge, wo Sie die Besprechung gestartet haben, eine entsprechende Meldung mit einem Link auf das Video.

> **Tipp für Besprechungen**
>
> Um auch bei räumlicher Distanz (z. B. aus dem Homeoffice) im persönlichen Kontakt zu bleiben, sollten Sie Ihre Kamera in Besprechungen aktivieren. Sollten Sie sich Gedanken darüber machen, was die anderen Besprechungsteilnehmer dann vielleicht im Hintergrund bei Ihnen sehen können, so habe ich eine gute Nachricht für Sie: Sie können über den Menüpunkt HINTERGRUNDEFFEKTE ANZEIGEN auswählen, ob Sie das Kamerabild ungefiltert oder mit einem weichgezeichneten Hintergrund oder sogar einem virtuellen Hintergrund (bspw. ein Büro, ein Strand oder eines Ihrer eigenen Bilder) ersetzen möchten. So bleibt Ihre Privatsphäre jederzeit geschützt.
>
> Eine weitere hilfreiche Funktion ist die Möglichkeit, die Hand zu heben. Vielleicht kennen Sie folgende Situation: Sie befinden sich in einer Besprechung, es wird eine Frage gestellt und gleichzeitig fangen mehrere Personen an, zu antworten. Mit dem Handsymbol können Sie den anderen Teilnehmern zeigen, dass Sie gerne etwas sagen möchten. Ein Moderator, den Sie am besten zu Beginn der Besprechung festlegen, kann die Teilnehmerliste im Blick behalten und dann die Personen zum Sprechen auffordern, die so signalisiert haben, dass sie etwas sagen möchten.

3.2 Wie gehe ich damit um, wenn mein Team wächst?

Bisher haben wir *Teams* so genutzt, wie es uns automatisch zur Verfügung gestellt wird. Dabei bin ich auf ein wichtiges Strukturierungselement bisher nicht eingegangen. Sie haben sich im Bereich ALLGEMEIN aufgehalten, ohne zu wissen, um was es sich dabei genau handelt.

3.2.1 Was ist ein Kanal?

In *Teams* werden die sogenannten *Kanäle* zur Strukturierung und Organisation der Informationen genutzt, wobei der Kanal »Allgemein« für Inhalte genutzt werden kann, die genereller Natur sind. Wir haben in meinem Team beispielsweise relativ schnell realisiert, dass wir eine Trennung zwischen unseren verschiedenen Kundenaufträgen und teaminternen Themen wie »Weiterbildung« und »Teamorganisation« benötigen. Bei der Einführung neuer Kanäle hat es sich allerdings als besonders wichtig herausgestellt, dass der Zweck eines Kanals klar definiert und im Team kommuniziert sein muss. Es sollte durch die Strukturierung in Form von Kanälen für jedes einzelne Teammitglied einfacher werden, Informationen zielgerichtet im Team auszutauschen. Die Frage nach dem richtigen Kanal für eine zu postende Nachricht sollte sich also möglichst nicht stellen. Das bedeutet auch, dass Sie in einem Team nicht zu viele Kanäle anlegen sollten.

Wenn Sie einen Kanal als mögliches Strukturierungselement in Ihrem Team genauer betrachten, finden Sie dessen folgende Komponenten vor:

- **Beiträge**: Jeder Kanal hat seinen eigenen Chat-Bereich. So können Diskussionen zielgerichtet zu einer bestimmten Thematik geführt werden. Da im Rahmen dieses Werks verschiedene Microsoft-365-Dienste im Hinblick auf ihre Einsatzmöglichkeiten betrachtet werden, würde sich beispielsweise ein Kanal pro Dienst anbieten.
- **Dateien**: Da neben der Diskussion zu den verschiedenen Themen auch Dokumente gemeinsam erarbeitet bzw. für einen bestimmten Zweck erstellt und miteinander geteilt werden sollen, ist eine separate Ablage sinnvoll. So finden Sie Dokumente schneller wieder.
- **Wiki**: Hier wird Ihnen Gelegenheit gegeben, relativ unstrukturiert Notizen zu machen. Informationen, die noch nicht reif sind, um in einem Dokument festgehalten zu werden, können hier bereits in einem frühen Stadium mit dem Team geteilt werden. Bei uns im Team hat es sich in der Praxis bewährt, im Wiki Ideen zu erfassen und dann im Bereich »Beiträge« darüber zu diskutieren. Die Diskussion können Sie direkt aus dem Wiki heraus über eine Erwähnung (@-Mention) der gewünschten Kollegen beginnen. Sie können das Wiki aber auch anstelle von Dokumenten zur Dokumentation der im Team erarbeiteten Themen nutzen.
- **Weitere Apps und Dienste**: Falls Ihnen für die Teamzusammenarbeit in einem Kanal noch etwas fehlen sollte, so können Sie über das ⊞-Zeichen weitere Apps und Dienste hinzufügen und den Kanal an Ihre Bedürfnisse anpassen. Ich werde im weiteren Verlauf dieses Kapitels genauer darauf eingehen.

> **Für Fortgeschrittene: Ein Blick unter die Haube des Wikis**
>
> Ein Blick auf das Wiki wie in Abbildung 3.21 lässt häufig die Vermutung aufkommen, dass es sich dabei um ein OneNote-Notizbuch handelt. Dies ist jedoch nicht der Fall.

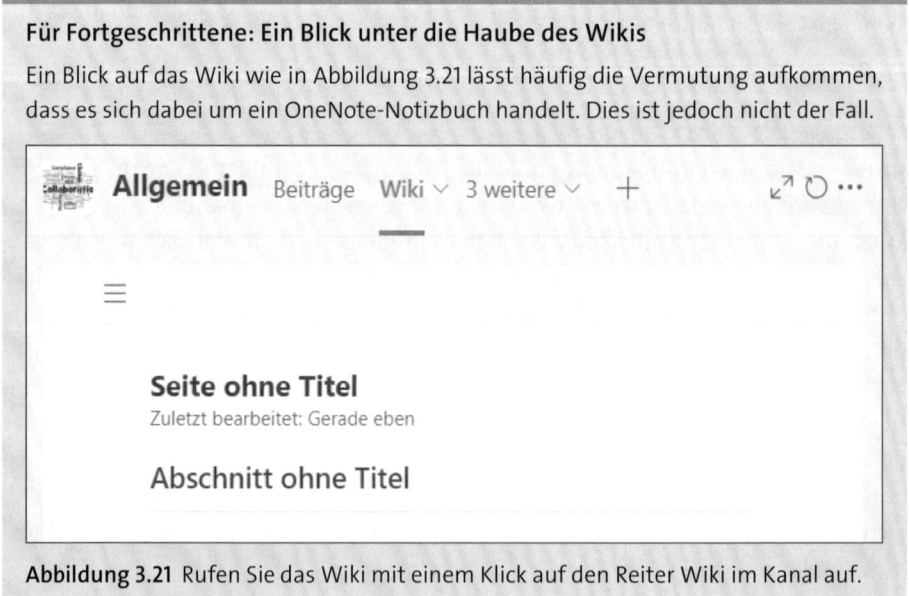

Abbildung 3.21 Rufen Sie das Wiki mit einem Klick auf den Reiter Wiki im Kanal auf.

Hier lohnt sich ein Blick in die SharePoint-Website, die zu unserem Team gehört. Die SharePoint-Website können Sie über die 3-Punkte-Schaltfläche ganz oben rechts neben dem Namen des Teams und dem aktuellen Kanal über den Menüpunkt IN SHAREPOINT ÖFFNEN aufrufen. Um dort das Wiki zu finden, gehen Sie folgendermaßen vor:

1. Wählen Sie links in der Navigation den Menüpunkt WEBSITEINHALTE aus.
2. In der Auflistung der Listen, Bibliotheken und Apps finden Sie die Bibliothek TEAMS WIKI DATA. Klicken Sie auf die entsprechende Kachel. Falls Sie die Kachel nicht finden können, ist Ihr Wiki vielleicht noch leer. Erfassen Sie in diesem Fall einen beispielhaften Inhalt über *Teams* und probieren Sie es erneut.
3. Sie befinden sich nun in einer Dokumentbibliothek mit einem Ordner GENERAL. Dieser Ordner steht für den Kanal »Allgemein«. Klicken Sie auf den Ordner, um die darin enthaltenen Seiten (mht-Dateien) zu finden.
4. Bearbeiten Sie in *Teams* geringfügig den Inhalt Ihres Wikis und sehen Sie sich die Veränderungen in SharePoint an.

Sie werden feststellen, dass die Informationen ohne explizites Speichern Ihrerseits in SharePoint gespeichert werden und dort zur weiteren Verwendung zur Verfügung stehen.

3.2.2 Einen neuen Kanal erstellen

Doch zunächst erstellen Sie Ihren ersten eigenen Kanal. Dafür nutzen Sie erneut die 3-Punkte-Schaltfläche neben dem Namen des Teams und wählen im daraufhin erscheinenden Kontextmenü den Menüpunkt KANAL HINZUFÜGEN aus.

In meinem Fall erstelle ich nun einen Kanal, um die Einsatzmöglichkeiten von *Teams* zu diskutieren. Aus diesem Grund vergebe ich den Namen »MS Teams« und eine entsprechende Beschreibung.

Sobald Sie einen Namen angegeben haben, wird die in Abbildung 3.22 noch deaktiviert dargestellte Schaltfläche HINZUFÜGEN aktiviert.

Was ist ein privater Kanal?

Alle Kanäle vom Typ *Standard* sind für sämtliche Mitglieder und Besitzer eines Teams zugänglich. Das bedeutet, dass jede dieser Personen dort neue Nachrichten posten kann oder auch auf die Dateien und Notizen sowie weitere hinzugefügten Dienste zugreifen kann.

In einem Kanal vom Typ *Privat* können Sie einzelne Personen aus Ihrem Team berechtigen. Sie können sogar die Besitzer des Teams ausschließen, falls dies erforderlich ist.

> Ein privater Kanal unterliegt bestimmten technischen Einschränkungen; der primäre Fokus liegt auf dem Informationsaustausch in Form eines Chats sowie einer gemeinsamen Dateiablage. In der Praxis werden private Kanäle u. a. für die Unterstützung eines Teamverantwortlichen oder eines Projektleiters eingesetzt oder sie dienen im Rahmen der Zusammenarbeit mit externen Personen zur Abgrenzung eines internen und eines gemeinsamen öffentlichen Informationsbereichs.

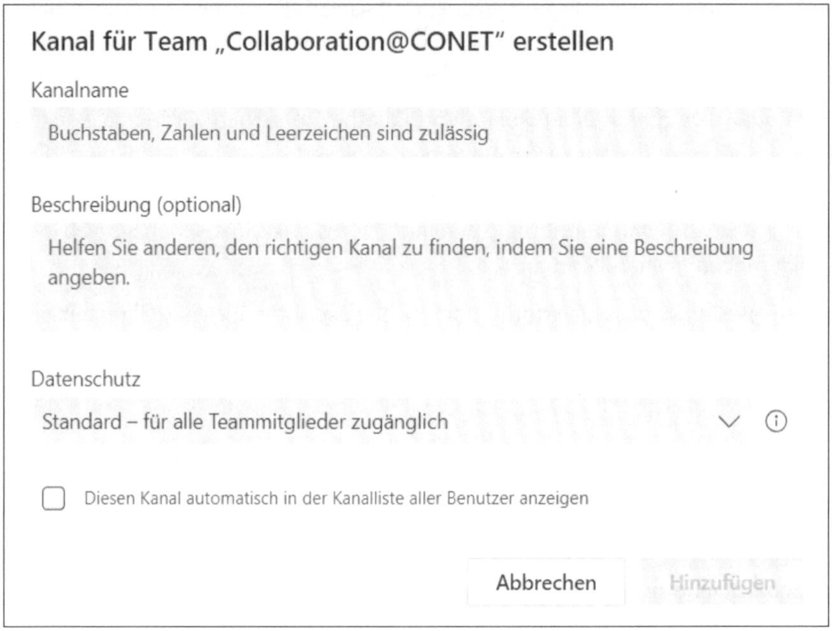

Abbildung 3.22 Ein Kanal sollte einen kurzen und prägnanten Namen sowie eine gute Beschreibung des Einsatzzwecks erhalten.

Bevor Sie allerdings diese Schaltfläche betätigen, möchte ich kurz über die Option DIESEN KANAL AUTOMATISCH IN DER KANALLISTE ALLER BENUTZER ANZEIGEN sprechen. Gerade wenn Sie im späteren Verlauf viele verschiedene Kanäle in Ihrem Team verwenden, sollten Sie sich Gedanken darüber machen, wie Sie wichtige und häufig genutzte Kanäle von eher selten genutzten Kanälen optisch trennen können. Dafür können Sie, wie bereits bei den Teams selbst, die Funktion der Favoriten nutzen. Ein Kanal, der als Favorit markiert wurde, wird immer direkt in der alphabetisch sortierten Auflistung der Kanäle erscheinen. Ein Kanal, der nicht als Favorit markiert wurde, taucht unter einem Sammelpunkt unterhalb der Favoriten auf und kann dort in einem Untermenü ausgewählt werden. Die Funktion der Favoriten kann von jedem einzelnen Teammitglied genutzt und somit zur Gestaltung einer personalisierten Ansicht genutzt werden. Sie als Besitzer des Teams können bei Bedarf aber zentrale Einstellungen vorgeben.

Nachdem Sie den neuen Kanal erstellt haben, befinden Sie sich wie in Abbildung 3.23 dargestellt automatisch im Chat-Bereich dieses Kanals und können mit einer Unterhaltung beginnen.

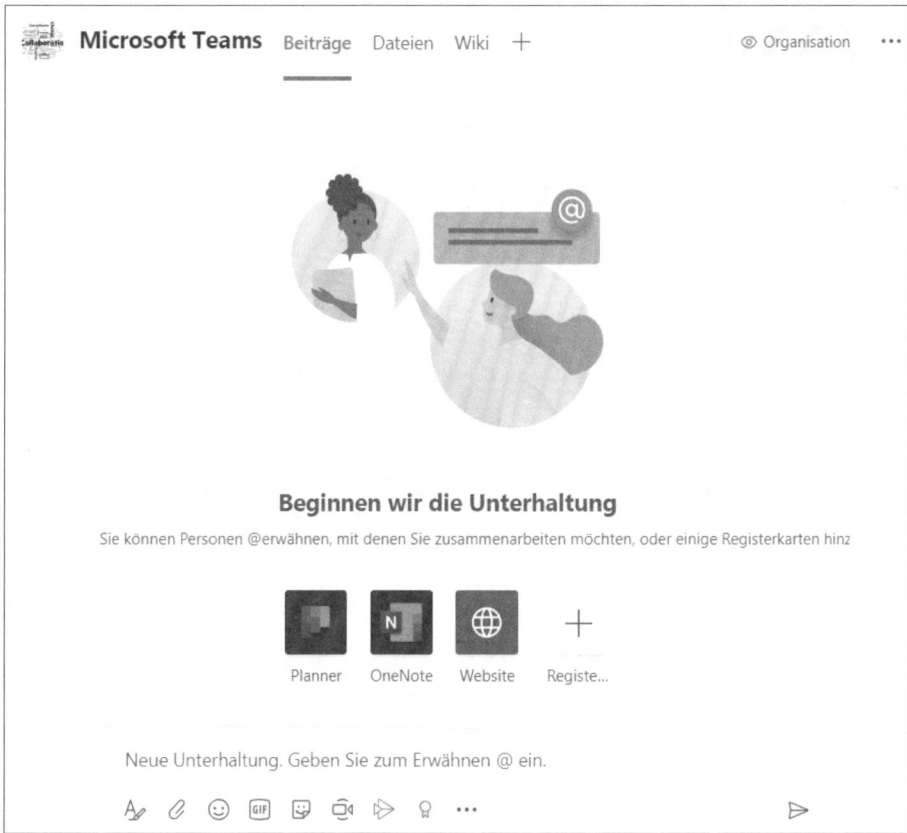

Abbildung 3.23 Ein neuer Kanal ist in weniger als einer Minute erstellt. Überlegen Sie sich aber bitte genau, wofür Sie einen Kanal anlegen. Es sollte allen Teammitgliedern klar sein, in welchem Kanal welche Themen behandelt werden.

Wie werden Dokumente einem Kanal zugeordnet?

Jeder Kanal hat seinen separaten Reiter DATEIEN, in dem ausschließlich die zu dem Kanal gehörenden Dokumente verwaltet werden. Aus *Teams* heraus gibt es keine übergreifende Ansicht über die Dokumente des gesamten Teams. Sie haben allerdings in Abschnitt 3.1.5 erfahren, dass die Dokumente in einer Bibliothek in SharePoint abgelegt werden.

Wenn wir nun einen Blick in die Bibliothek wagen, sehen wir, wie in Abbildung 3.24 dargestellt, zwei Ordner General und MS Teams.

Technisch gesehen stellt ein Kanal für die Verwaltung der Dateien somit einen Ordner in der Bibliothek »Dokumente« dar. In *Teams* selbst werden demnach immer die Dateien aus demjenigen Ordner angezeigt, dessen Name demjenigen des Kanals entspricht.

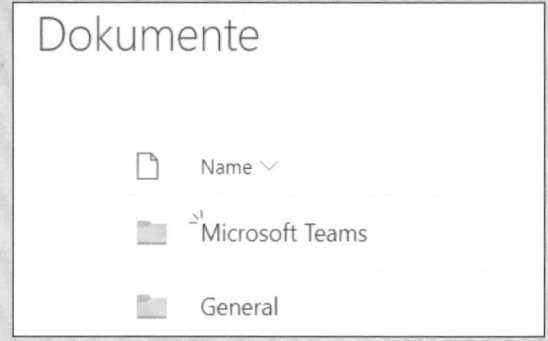

Abbildung 3.24 Ein Blick in die Dokumentbibliothek in SharePoint offenbart das technische Konstrukt für die Dateiablage in Microsoft Teams.

3.2.3 Kommunikationswege verwalten

Aus anderen Tools wie beispielsweise SharePoint ist man gewohnt, dass Änderungen an der Struktur eines Arbeitsraums nur durch einen Besitzer vorgenommen werden können. Das ist in *Teams* jedoch nicht der Fall.

Das bedeutet, dass das gesamte Team beispielsweise einen neuen Kanal anlegen und den Arbeitsraum schnell und unkompliziert an seine individuellen Bedürfnisse anpassen kann.

Abbildung 3.25 Zentrale Verwaltung der Kanäle in Ihrem Team

Sie und Ihre Teammitglieder können über die 3-Punkte-Schaltfläche und den Menüpunkt TEAM VERWALTEN die Konfiguration Ihres Teams aufrufen. Abbildung 3.25 stellt dar, wie Sie über den Reiter KANÄLE einen Überblick über die im Team verfügbaren Kanäle erhalten. Auch hier können Sie neue Kanäle erstellen, aber auch bestehende Kanäle bearbeiten oder gelöschte Kanäle wiederherstellen.

Außerdem erhalten Sie an dieser Stelle auch die Information, wann ein Kanal das letzte Mal genutzt wurde. Wir haben in meinem Team beispielsweise einen Kanal nach einigen Wochen wieder gelöscht, weil er uns als Strukturierungselement nicht wie geplant geholfen hat.

E-Mail-Kommunikation unterstützen

Eine besondere Funktion stellt die E-Mail-Adresse eines Kanals dar (siehe Abbildung 3.26). Falls Sie in Ihrer Organisation beispielsweise gemeinsame Exchange-Postfächer nutzen, ist diese Option besonders interessant für Sie. Für mein Team war diese Funktion eine positive Überraschung, weil wir mit ihrer Hilfe Aufgaben im Team durch eine einfache Weiterleitung von E-Mails teilen konnten, die wir zunächst in unseren persönlichen Postfächern empfangen hatten.

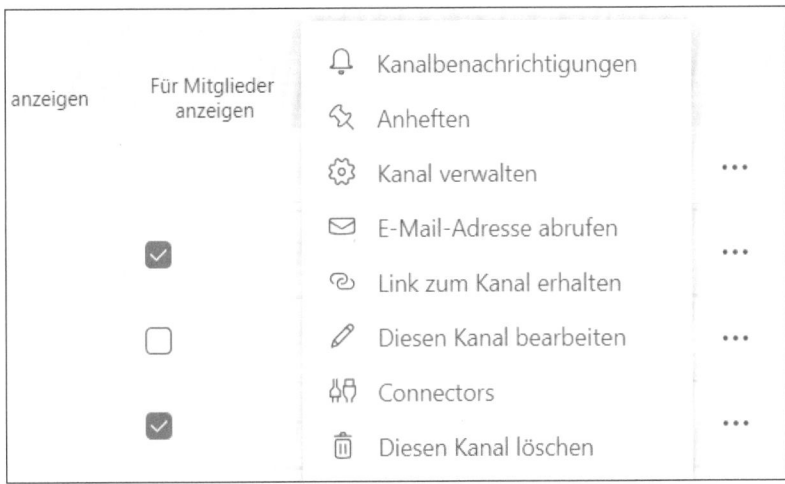

Abbildung 3.26 Kanäle können bei Bedarf bearbeitet werden. Neben dem Namen, einer Beschreibung und der Favoriten-Markierung kann ein Kanal auch eine E-Mail-Adresse besitzen.

Sie können E-Mails an einen Kanal senden, doch zunächst rufen Sie über die 3-Punkte-Schaltfläche des gewünschten Kanals den Menüpunkt E-MAIL-ADRESSE ABRUFEN auf.

> **Einsatzszenario: Melden und Bearbeiten von Support-Tickets**
>
> Wir haben in unserem Team einige Kundenaufträge, die den Charakter eines Supportvertrages aufweisen. Das bedeutet, dass unsere Kunden sich per Telefon oder E-Mail bei uns melden und wir dann umgehend die entsprechende Anfrage bearbeiten müssen. Das Teammitglied, das die E-Mail mit einer Anfrage in seinem persönlichen Postfach erhalten hat, ist aber unter Umständen gerade nicht verfügbar, um diese Anfrage zu bearbeiten.
>
> Im ersten Schritt haben wir jeder für sich die entsprechenden E-Mails an den für den Kundenauftrag angelegten Kanal weitergeleitet. So stehen die Informationen (u. a. der Ansprechpartner auf Kundenseite und die Anfrage selbst) dem gesamten Team zur Verfügung. Damit war es nun möglich, dass ein anderes Teammitglied die Aufgabe übernimmt.
>
> Im zweiten Schritt haben wir durch die Weitergabe der E-Mail-Adresse des entsprechenden Kanals an den Kunden dafür gesorgt, dass Anfragen nun direkt im gesamten Team verfügbar sind und durch die manuelle Weiterleitung durch das einzelne Teammitglied keine Zeit mehr verloren geht.
>
> Mit dieser Funktion wird natürlich kein Ticketsystem mit seinen vielfältigen Möglichkeiten ersetzt, aber für unseren Einsatzzweck in einem überschaubaren Kontext stellen diese Möglichkeiten eine große Arbeitserleichterung dar.

Abbildung 3.27 visualisiert, dass automatisch eine E-Mail-Adresse für Ihren Kanal vergeben wurde. Über die Schaltfläche KOPIEREN können Sie die Adresse in die Zwischenablage übernehmen und beispielsweise als *QuickStep* in Outlook einrichten, um schnell E-Mails aus Ihrem Posteingang weiterleiten zu können.

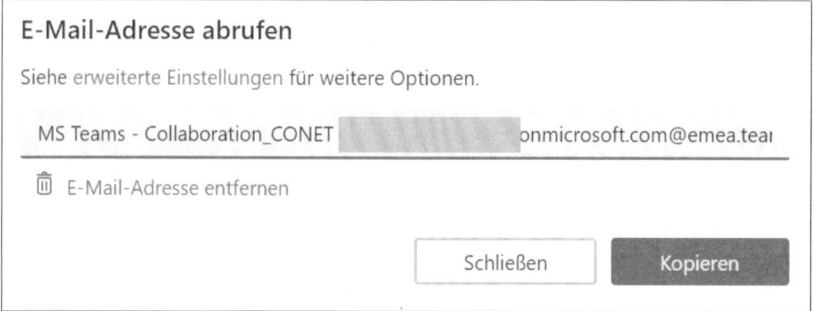

Abbildung 3.27 Ein Kanal besitzt standardmäßig eine eigene E-Mail-Adresse.

Sollten Sie aber keine E-Mail-Kommunikation für den Kanal wünschen, so können Sie über den Menüpunkt E-MAIL-ADRESSE ENTFERNEN die Funktion deaktivieren. Das kann zum Beispiel der Fall sein, wenn Sie in Ihrem Unternehmen weitgehend auf E-Mail-Kommunikation verzichten möchten.

Erweiterte Einstellungen

Ein Blick in die weiteren Einstellungsmöglichkeiten lohnt sich ebenfalls für uns, wenn wir festlegen möchten, wer Nachrichten an diese E-Mail-Adresse und somit an den entsprechenden Kanal senden darf.

Um auf die in Abbildung 3.28 dargestellte Konfigurationsseite zu gelangen, klicken Sie auf den Menüpunkt ERWEITERTE EINSTELLUNGEN.

Standardmäßig werden sämtliche Absender für die eingehende E-Mail-Kommunikation akzeptiert.

Falls Sie absehen können, wer Ihnen bzw. dem Team E-Mails senden wird, empfehle ich Ihnen, eine der beiden anderen Optionen zu wählen:

- **Nur Mitglieder des Teams**: Bei dieser Option entscheiden Sie sich für einen rein internen Einsatz der E-Mail-Funktion. Denkbar wäre hierbei, dass die Teammitglieder E-Mails in ihren persönlichen Exchange-Postfächern erhalten und diese via Weiterleitung mit dem Team teilen und gemeinsam die Bearbeitung vornehmen.
- **Nur E-Mails, die von diesen Domänen gesendet werden**: Bei dieser Option schränken Sie den Kreis der Absender explizit ein. Sie können hier sowohl das Team als auch externe Personen wie beispielsweise Kunden und Partner zulassen.

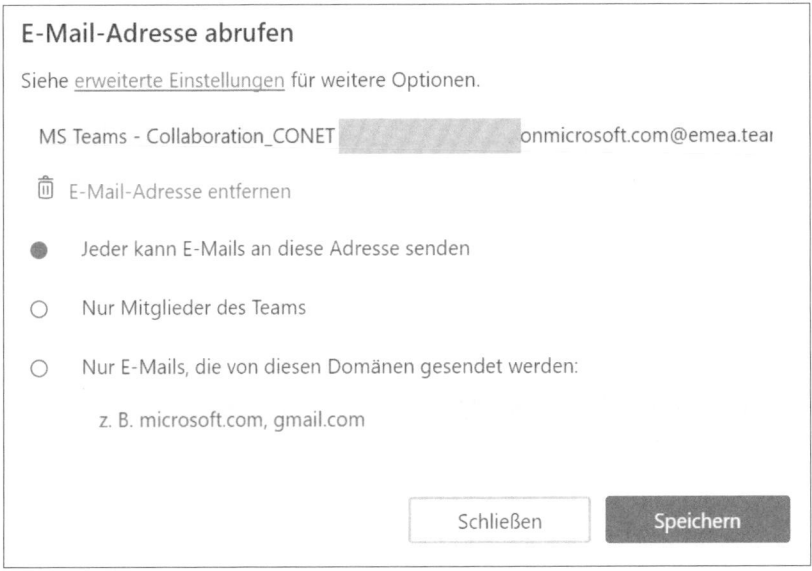

Abbildung 3.28 Sie können festlegen, welche Absender für die eingehende E-Mail-Kommunikation akzeptiert werden.

Praxisbeispiel: Nutzung eines Kanals als Posteingang für E-Mails

Ein Vorteil eines gemeinsamen Postfachs besteht darin, dass eingehende E-Mails nicht mehr vom einzelnen Mitarbeiter allein bearbeitet werden müssen, sondern dem gesamten Team zur Verfügung stehen und die Arbeit daher untereinander aufgeteilt werden kann.

Wie Abbildung 3.29 darstellt, wird die im Kanal empfangene E-Mail im Bereich der Unterhaltungen angezeigt. Der Absender, das Empfangsdatum, der Betreff sowie ein Teil der Nachricht werden direkt angezeigt.

Die gesamte E-Mail kann über den Menüpunkt URSPRÜNGLICHE E-MAIL ANZEIGEN von jedem Teammitglied aufgerufen werden. Hierbei erfolgt ein Download der E-Mail, die daraufhin beispielsweise in *Microsoft Outlook* geöffnet wird und beantwortet werden kann.

Bis dahin unterscheidet sich die Funktion nicht von einem gewöhnlichen gemeinsamen Postfach. Wie Sie aber auch in Abbildung 3.29 erkennen können, hat das Team hier über die Chat-Funktionen die Möglichkeit, sich zu der empfangenen Nachricht auszutauschen.

So können Fragen geklärt und bereits Teile der zu sendenden Antwort vorbereitet werden. Sogar eine Videokonferenz inklusive Aufzeichnung (siehe Abschnitt 3.1.6) wäre denkbar. Damit wird die Last von den Schultern des einzelnen Mitarbeiters genommen und Teamarbeit erlebbar gemacht.

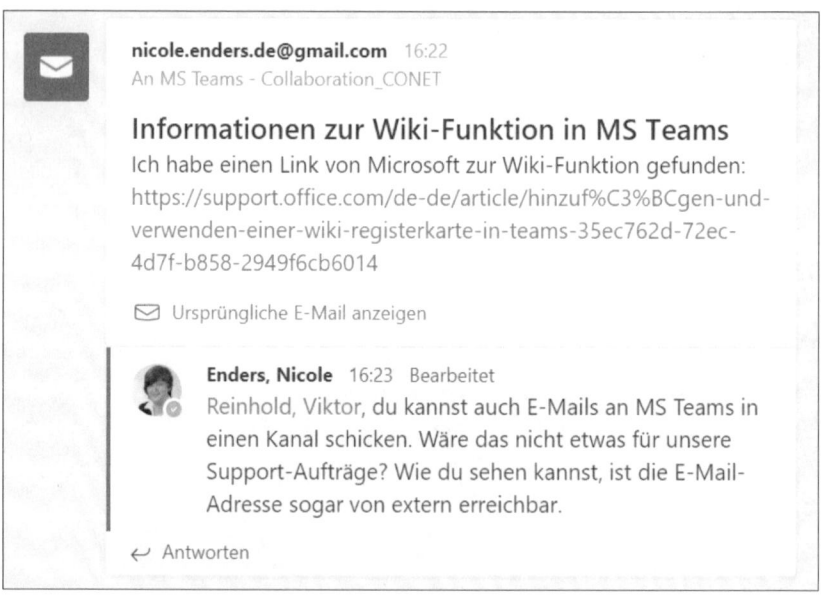

Abbildung 3.29 E-Mails werden in die Teamarbeit eingebunden.

Für Fortgeschrittene: Wo werden die empfangenen E-Mails gespeichert?

Sobald Sie die erste E-Mail in einem Kanal empfangen haben, lohnt sich ein Blick in den Reiter DATEIEN. Hier wurde nun ein Ordner EMAIL MESSAGES angelegt, in dem die E-Mails gespeichert werden.

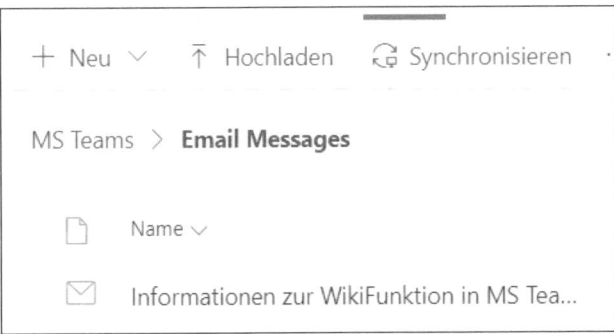

Abbildung 3.30 E-Mails werden in einem separaten Ordner in der Dateiablage des Kanals gespeichert.

Wenn Sie die Dateiablage aufrufen, können Sie die E-Mail direkt aus *Teams* heraus lesen, sie aus SharePoint heraus im Browser anzeigen lassen oder zur Bearbeitung herunterladen.

> **Was ist das Besondere an dieser E-Mail-Funktion? Sind E-Mails nicht aus der Mode?**
>
> Viele Unternehmen versuchen heutzutage, auf E-Mails zu verzichten. Gerade aber bei der Kommunikation mit externen Teilnehmern wie Kunden, Auftragnehmern und Partnern besteht meistens eine Barriere, die den Einsatz von E-Mail als Kommunikationsmittel erforderlich macht.
>
> Dabei treten die gewohnten Herausforderungen auf: Eine E-Mail wird an einen bestimmten Empfängerkreis gesendet. Wenn diese Personen gerade keine Zeit für eine Antwort haben oder zuerst Informationen von anderen Personen einholen müssen, bleibt die E-Mail für eine Weile unbeantwortet.
>
> Hier kann eine neue Form der Zusammenarbeit Abhilfe schaffen. Wenn Sie die E-Mail direkt an ein Team anstelle einer einzelnen Person senden, haben Sie folgende Vorteile:
>
> ▶ Die Wahrscheinlichkeit erhöht sich, dass eines der Teammitglieder Zeit für die Beantwortung der E-Mail hat.
> ▶ Fragen, die von verschiedenen Personen beantwortet werden müssen, können schneller geklärt werden, weil jeder Zugriff auf die Nachricht hat auch wenn er ursprünglich vielleicht gar nicht von Ihnen als Empfänger ausgewählt wurde.
> ▶ Dadurch, dass das gesamte Team wahrnimmt, welche Anfragen an die einzelnen Teammitglieder gestellt werden, und sich aktiv an der Bearbeitung der Aufgaben beteiligen kann, steigen Motivation und Identifikation mit dem Team.
>
> Sie sehen hier, dass Sie mit dieser E-Mail-Funktion das Beste aus beiden Welten herausholen und die Zusammenarbeit in Ihrem Team verbessern können.

3.3 Anpassungen zur Unterstützung geografisch verteilter Teams vornehmen

Bei kleinen und überschaubaren Teams, wie es beispielsweise in einem Startup oder einem sehr kleinen Unternehmen der Fall ist, höre ich häufig die Frage, wozu dieses Team eine Plattform wie *Teams* zur Unterstützung der Zusammenarbeit benötigt. Diese Frage haben wir in Abschnitt 2.2 u. a. mit den besonderen Anforderungen unterschiedlicher Teamgrößen toolunabhängig geklärt. Ein dort ebenfalls behandelter Einflussfaktor war die Teamzusammensetzung, insbesondere, wenn es sich um geografisch verteilte Teams handelt.

3.3.1 Besprechungen online durchführen

Teams entfaltet gerade dann seine Stärken, wenn sich das Team nicht mehr oder nur noch sehr selten an einem gemeinsamen Ort zusammenfinden kann. Für Besprechungen steht links in der Hauptnavigation ein separater Menüpunkt KALENDER zur Verfügung. Wenn Sie diesen aufrufen, können Sie nicht nur Ihre persönlichen Termine aus Outlook, sondern auch die für Sie oder von Ihnen geplanten Besprechungen und insbesondere die heute stattfindenden Termine sehen.

Wenn Sie gerade mit der Nutzung von Microsoft 365 beginnen und demnach auch noch keine Termine in Outlook Online existieren, ist die Ansicht wie in Abbildung 3.31 zunächst leer. Daher planen Sie nun Ihre erste Besprechung, indem Sie die Schaltfläche NEUE BESPRECHUNG betätigen.

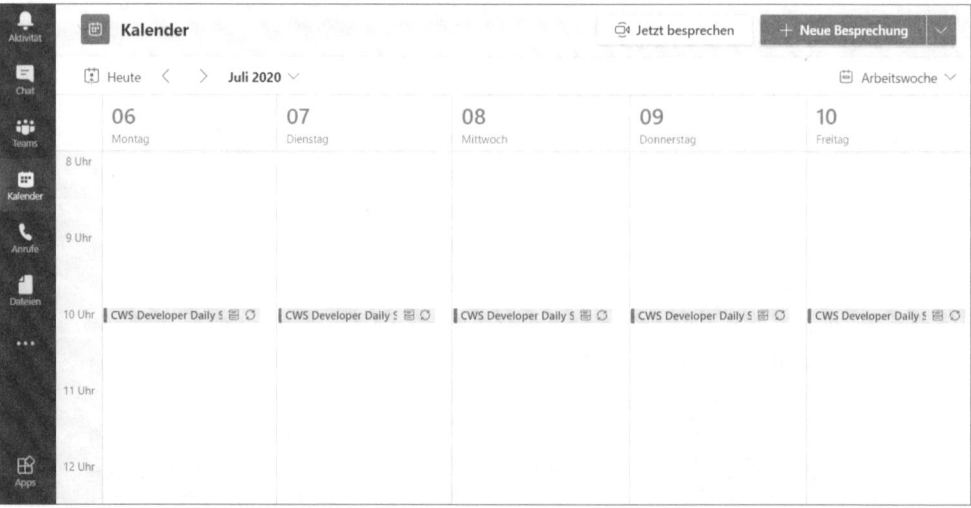

Abbildung 3.31 In Microsoft Teams haben Sie eine zentrale Übersicht über alle Ihre anstehenden Termine.

3.3 Anpassungen zur Unterstützung geografisch verteilter Teams vornehmen

Daraufhin erscheint der in Abbildung 3.32 dargestellte Dialog, um eine Besprechung zu planen. Da Sie Ihr geografisch verteiltes Team mit drei unterschiedlichen Standorten in der gleichen Zeitzone zukünftig besser unterstützen möchten, laden Sie nun das Team zu einem morgendlichen Meeting ein, das Sie für die Besprechung der für den jeweiligen Tag anstehenden Aufgaben nutzen. Die Terminplanung selbst erfolgt wie aus Outlook heraus.

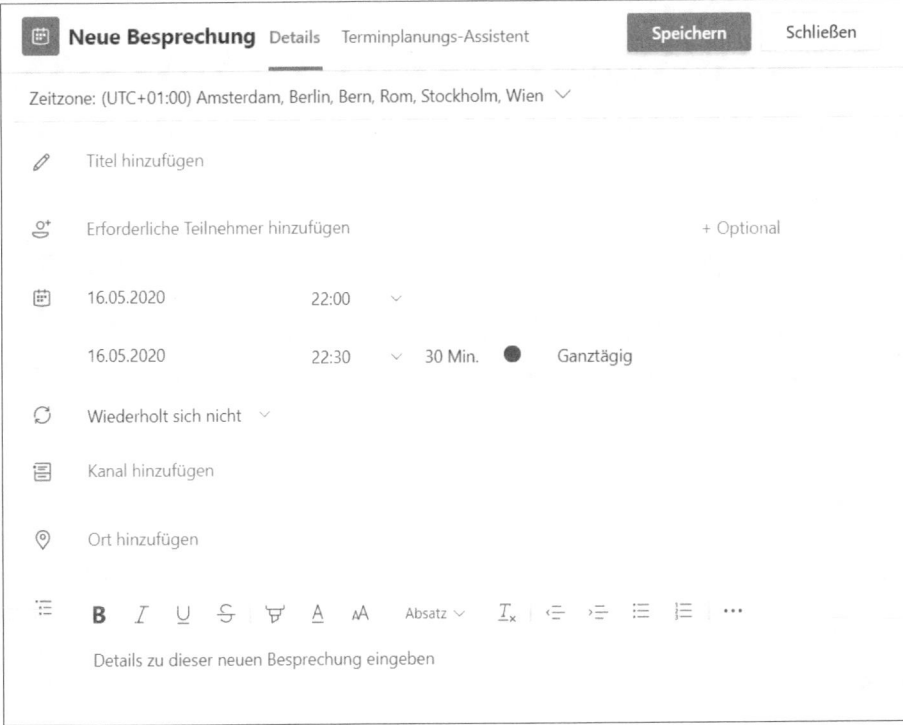

Abbildung 3.32 Eine neue Onlinebesprechung in Microsoft Teams planen

Outlook können Sie natürlich ebenfalls für die Terminplanung nutzen, wie Sie in Abbildung 3.33 sehen können. Indem Sie bei Aufsetzen eines neuen Termins den Menüpunkt TEAMS-BESPRECHUNG betätigen, wird der Termin für eine Onlinebesprechung vorbereitet.

In Abbildung 3.34 sehen Sie Ihre geplante Besprechung und können nun daran teilnehmen, sobald der Termin ansteht. Falls Sie die Desktop-App nutzen, werden Sie sogar an anstehende Besprechungen erinnert und können auch ohne den Aufruf dieser Ansicht teilnehmen.

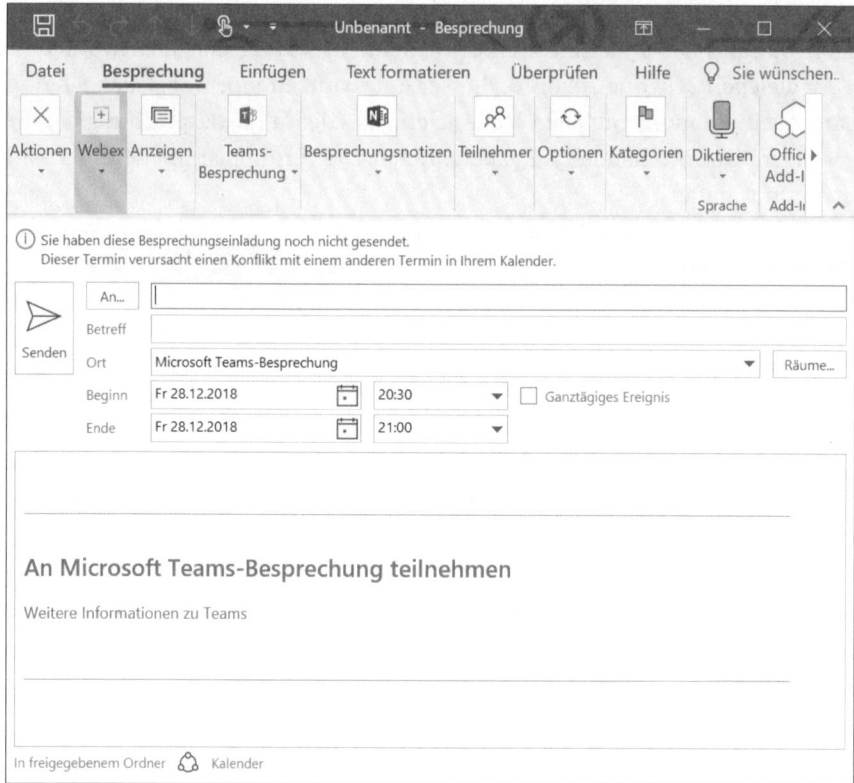

Abbildung 3.33 Onlinebesprechungen aus Outlook heraus planen

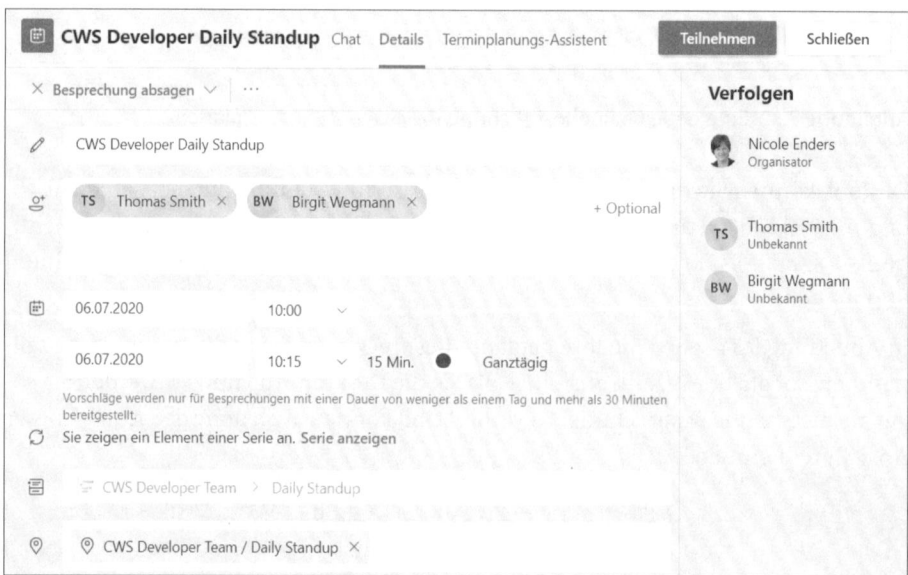

Abbildung 3.34 An einer Onlinebesprechung teilnehmen

> **Online-Besprechungen zur Unterstützung der Teamzusammenarbeit**
> Da sich das Team nicht in einem physischen Raum zusammenfinden kann, wird ein virtueller Raum in Form einer Onlinebesprechung benötigt. Diese soll nicht das persönliche Treffen im Team ersetzen, sondern vielmehr als eine Ergänzung angesehen werden. Falls Homeoffice bei Ihnen praktiziert wird, können Sie die entsprechenden Kollegen im Rahmen einer Onlinebesprechung ebenfalls mit in die Gespräche einbeziehen.

3.3.2 Strukturierung des Teams nach standortspezifischen Themen

Sie haben bereits das Strukturierungselement der Kanäle kennengelernt. Um den Mitarbeitern der verschiedenen Standorte einen Raum für ihre standortspezifischen Themen zu geben, bietet sich die Einrichtung eines Kanals an. Ähnlich wie bei großen Teams, die aus kleineren Teams bestehen, bilden sich auch bei geografisch verteilten Teams kleinere Teams je Standort. Diese haben in ihrem eigenen Kanal die Möglichkeit zum gegenseitigen Informationsaustausch. Teammitglieder eines anderen Standorts können sich an den Unterhaltungen zwar beteiligen bzw. die Informationen einsehen, müssen aber nicht aktiv werden.

Mit diesen Optionen können Sie die verschiedenen Bedürfnisse erfüllen und sowohl den einzelnen Mitarbeiter an seinem Standort unterstützen als auch das gesamte Team an einem virtuellen Ort zusammenbringen.

3.3.3 Wie sieht es mit mehrsprachigen Teams aus?

Neben der geografischen Verteilung eines Teams stellt die Zusammensetzung aus verschiedenen Nationalitäten und somit aus verschiedenen Sprachen eine weitere Herausforderung für die Zusammenarbeit dar. Als wir bei CONET zu einem multilingualen Team wurden, haben wir hierüber diskutiert und uns – wie wahrscheinlich viele Teams vor uns – für die gemeinsame Sprache »Englisch« entschieden. Die Umstellung auf diese Fremdsprache mag zwar in unserer heutigen globalisierten Gesellschaft nicht als besonders groß erscheinen, stellt aber nichtsdestotrotz eine Hürde dar. Um diese Hürde möglichst klein zu halten, bietet *Teams* eine Übersetzungshilfe an. Unter *https://docs.microsoft.com/de-de/microsoftteams/inline-message-translation-teams* finden Sie für Ihren Administrator eine Anleitung, wie die Funktion in Ihrer Umgebung aktiviert werden kann.

Sobald diese Aktivierung erfolgt ist, erhalten Sie bei allen Nachrichten hinter der 3-Punkte-Schaltfläche einen weiteren Menüpunkt ÜBERSETZEN. So kann rein theoretisch jeder weiterhin in seiner Muttersprache schreiben und trotzdem Informationen mit den übrigen Teammitgliedern austauschen. Die Qualität des Übersetzungsdienstes hat dabei einen großen Einfluss darauf, als wie hilfreich die Funktion wahrgenommen wird. Wenn sich das Team wie in unserem Fall auf eine gemeinsame Sprache einigen kann, ist der Mehrwert der automatischen Übersetzung nicht mehr so hoch. Sollten Sie aber in Teams arbeiten, in denen es keine Sprache gibt, in der sich alle Mitglieder ausdrücken können, so ist diese Option wahrscheinlich ratsam für Ihr Team.

Ansonsten können Sie in multilingualen Teams genauso agieren wie in einem geografisch verteilten oder in einem Team an einem Standort. Wichtig ist lediglich, dass Sie die zur Verfügung stehenden Tools so einsetzen, dass sich jedes Teammitglied gleichberechtigt und aktiv an der Teamarbeit beteiligen kann.

3.4 Unterstützung von Methoden wie Scrum und Kanban

Zur Unterstützung der modernen Teamarbeit haben sich Methoden wie Scrum oder Kanban bewährt. In Abschnitt 2.1.3 sind wir auf die jeweiligen Vorgehensweisen und die entsprechenden Anforderungen an mögliche Tools eingegangen. In meinem Team hatten wir bereits in der Vergangenheit ein Kanban-Board im Einsatz und waren bei der Evaluierung gespannt, ob in *Teams* nun auch die Möglichkeit besteht, ein digitales Aufgaben-Board zu nutzen. Der Vorteil bei dieser digitalen Variante bestand für uns darin, dass alle Teammitglieder gleichermaßen darauf zugreifen und den Status ihrer Aufgaben aktualisieren können.

3.4.1 Erstellung eines Aufgaben-Boards

Zur Aufgabenverwaltung können Sie in Microsoft 365 den Dienst *Planner* verwenden. Dieser steht Ihnen auch aus *Teams* heraus zur Verfügung und bietet standardmäßig ein Aufgaben-Board zur Verwaltung von Teamaufgaben an.

> **Planner: Ein Kurzüberblick**
>
> ▸ **Kernfunktionen**: Gemeinsame Verwaltung und Bearbeitung von Aufgaben, Unternehmensweiter Überblick über die persönlichen Aufgaben
>
> ▸ **Anwendungsszenarien**: Unterstützung eines Scrum-Projektes oder Kanban-Prozesses
>
> ▸ **Abgrenzung zu anderen Tools**: Im Gegensatz zu SharePoint-Aufgabenlisten können Sie bei Planner mit einem grafischen Aufgaben-Board arbeiten und hierüber den Status oder bestimmte Eigenschaften Ihrer Aufgaben visualisieren. Eine detaillierte Abgrenzung zu anderen Tools finden Sie in Abschnitt 2.3.3.

Wenn Sie in einem Kanal neben dem Reiter WIKI auf das ⊞-Zeichen klicken, erscheint eine Auswahl verfügbarer Apps und Dienste, die Sie dem Kanal hinzufügen können. In Abschnitt 3.5 gehe ich detailliert auf die Erweiterungsmöglichkeiten ein. An dieser

Stelle fokussieren wir uns darauf, Planner zu integrieren. Dazu gehen Sie folgendermaßen vor:

1. Betätigen Sie das ⊞-Zeichen neben dem Reiter Wiki im Kanal Allgemein.
2. Wählen Sie im daraufhin erscheinenden Dialog die Kachel Planner aus, die in Abbildung 3.35 in der obersten Zeile zu finden ist.

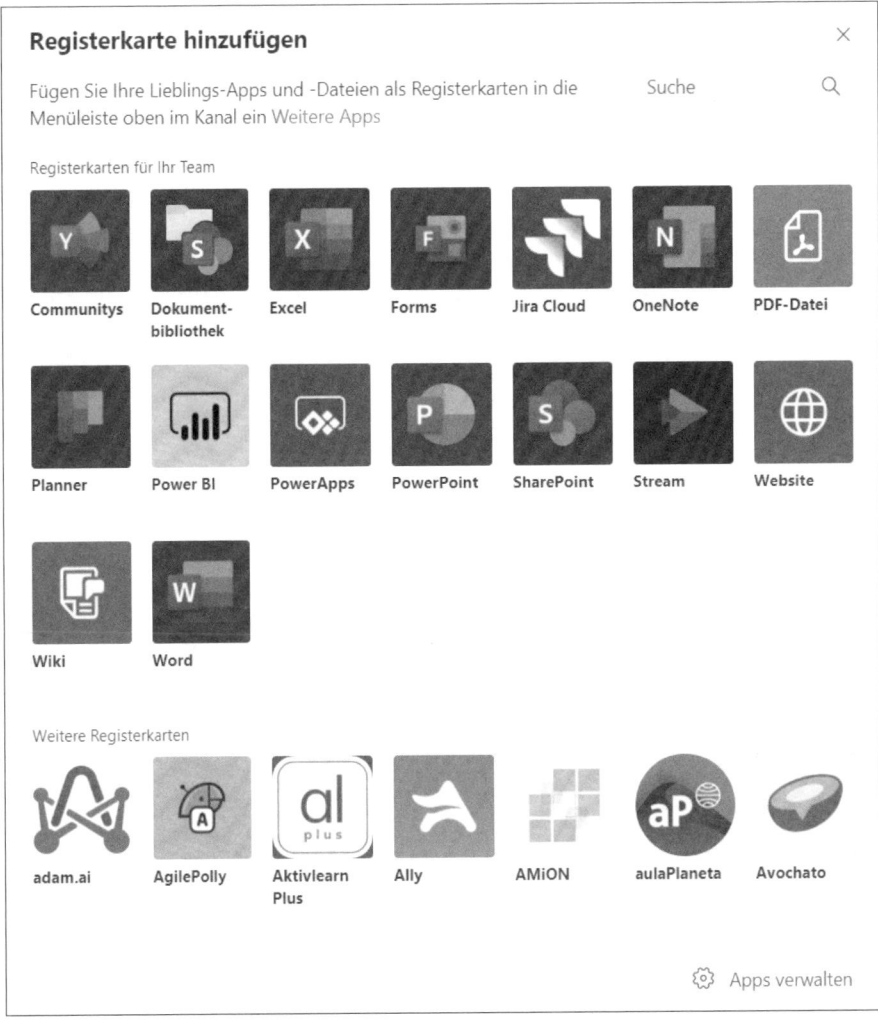

Abbildung 3.35 Wählen Sie eine App oder einen Dienst aus, der als neue Registerkarte in dem aktuellen Kanal hinzugefügt werden soll.

3. Sie können nun entscheiden, ob Sie, wie in Abbildung 3.36 gezeigt, einen neuen Plan erstellen oder einen bereits bestehenden Plan in Ihr Team integrieren möchten. In unserem Fall erstellen Sie einen neuen Plan und wählen als Namen für die Registerkarte die Bezeichnung »Aufgaben«.

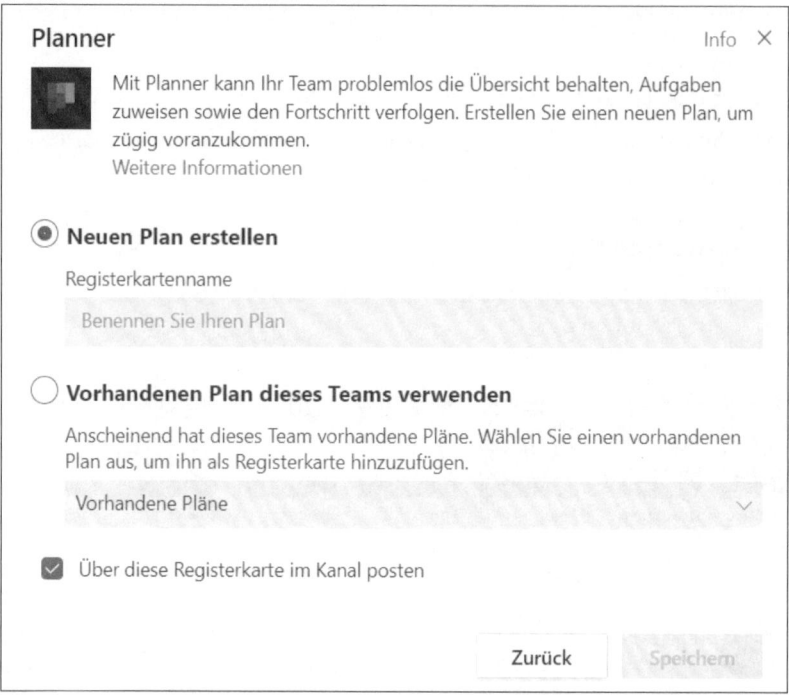

Abbildung 3.36 Geben Sie einen Namen für die Registerkarte an.

4. Nachdem Sie die Schaltfläche SPEICHERN betätigt haben, finden Sie die neue Registerkarte und können nun wie aus Abbildung 3.37 entnehmbar mit der Gestaltung Ihres Aufgaben-Boards und der Erfassung erster Aufgaben beginnen.

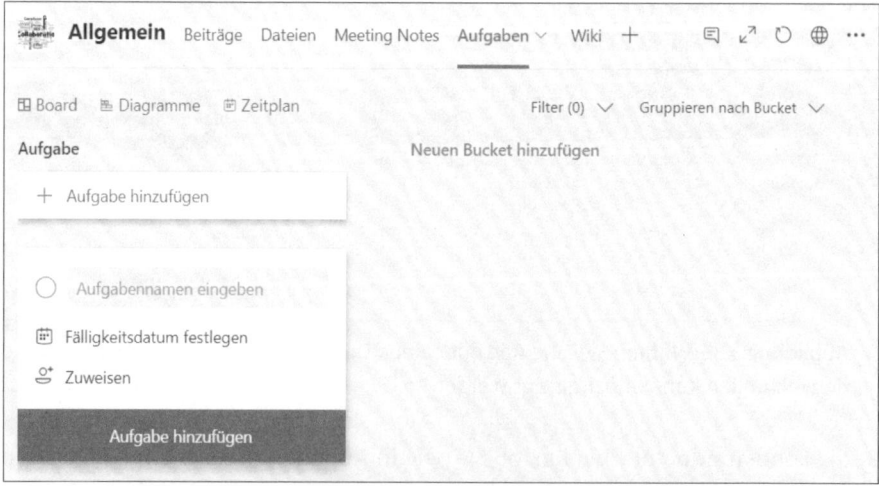

Abbildung 3.37 Nun kann die Gestaltung Ihres Aufgaben-Boards beginnen

3.4.2 Konfiguration des Aufgaben-Boards

Beginnen wir mit einem sehr einfach gehaltenen Aufgaben-Board, auf dem es drei Rubriken gibt:

- **To do**: Hier werden alle anstehenden Aufgaben gesammelt. Wichtig ist, dass Sie in diesem Status alle für die Bearbeitung erforderlichen Informationen sammeln.
- **In Progress**: Aufgaben in diesem Status werden gerade vom Team bearbeitet. Die Aufgaben sollten so definiert sein, dass sie in einer vertretbaren Zeit an einem Stück bearbeitet und abgeschlossen werden können. Während der Bearbeitung ist ersichtlich, wer eine Aufgabe gerade bearbeitet und bis wann sie spätestens abgeschlossen sein muss.
- **Done**: Sobald eine Aufgabe erledigt wurde, ist sie für eine begrenzte Zeit noch im Status »Done« auf dem Board abrufbar, damit das Team besser erkennen kann, welche Fortschritte gemacht werden. Anschließend wird sie vom Board genommen.

Dieses Aufgaben-Board entspricht einem Scrum-Board. Bei Kanban liegt der Fokus u. a. auf der Visualisierung des Arbeitsflusses. Daher splittet sich die Spalte »In Progress« in der Regel in weitere Prozessschritte auf. Die Konfiguration erfolgt allerdings auf dem gleichen Weg.

Die Prozessschritte können in Planner über sogenannte *Buckets* abgebildet werden. Standardmäßig wird ein Bucket »Aufgabe« bereitgestellt. Für Ihr in Abbildung 3.38 dargestelltes Board gehen Sie folgendermaßen vor:

1. Klicken Sie auf den Namen des Buckets »Aufgabe«. Daraufhin wird dieser editierbar. Ändern Sie den Namen in »To do« und verlassen Sie das Eingabefeld.
2. Klicken Sie im Anschluss auf den Menüpunkt NEUEN BUCKET HINZUFÜGEN und vergeben Sie den Namen »In Progress«.
3. Wählen Sie erneut den Menüpunkt aus und geben Sie den Namen »Done« an.

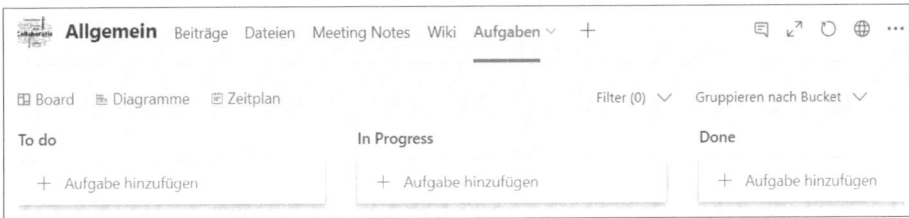

Abbildung 3.38 Gestaltung eines Aufgaben-Boards nach Scrum

Nun haben Sie Ihr Board vorbereitet, um mit der Erfassung der ersten Aufgaben zu beginnen. Es handelt sich hier nur um ein Beispiel unter vielen. So verwende ich u. a.

gerne auch Teilprojekte oder technische Kategorien als Buckets, um so die Aufgabenliste unterteilen zu können.

3.4.3 Erfassung und Bearbeitung von Aufgaben

Über das ⊞-Zeichen kann eine Aufgabe zu dem gewünschten Bucket hinzugefügt werden. Dabei lassen sich auch Teilaufgaben in Form einer Checkliste hinzufügen und bei Bedarf auf der Aufgabenkarte sichtbar machen.

Abbildung 3.39 stellt ein Beispiel für ein Aufgaben-Board dar. Wenn wir an unser Beispiel mit der E-Mail-Kommunikation zur Unterstützung von Support-Fällen zurückdenken, stünde nach dem Empfang einer Anfrage als erstes die Erstellung einer neuen Aufgabe auf unserem Board an. Diese Aufgabe befindet sich zunächst im Status »To do«. Sobald ein Teammitglied die Aufgabe übernimmt, weist sich die Person selbst als Bearbeiter zu, und die Aufgabe wechselt in den Status »In Progress«. Damit wissen alle anderen Teammitglieder, dass sich der Kollege bereits um die Anfrage kümmert und sie somit nach Abschluss ihrer aktuellen Aufgabe (Status »Done« setzen) andere Aufgaben übernehmen können.

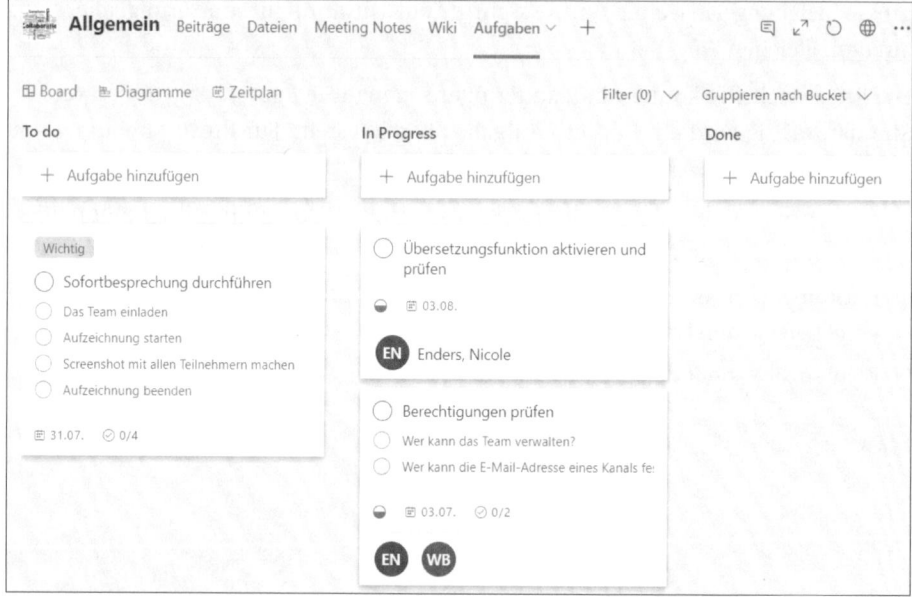

Abbildung 3.39 Beispiel für ein Aufgaben-Board mit aktiven Aufgaben

3.4.4 Auswertungs- und Planungsmöglichkeiten für das Team

Bis jetzt haben wir uns im Rahmen der Aufgabenbearbeitung auf das Aufgaben-Board fokussiert. Für den Leiter eines Teams, aber auch für das Team selbst kann es interessant sein, das Arbeitsaufkommen nach unterschiedlichen Aspekten gruppiert auszuwerten. Mit den daraus gewonnenen Erkenntnissen können Sie beispielsweise fundiertere Entscheidungen hinsichtlich der Gestaltung von Arbeitsprozessen treffen.

Klicken Sie auf den Menüpunkt DIAGRAMME, um die Auswertungen von Planner aufzurufen. Sie erhalten eine grafische Darstellung der in diesem sogenannten *Plan* verwalteten Aufgaben (siehe Abbildung 3.40). Dabei werden unterschiedliche Perspektiven betrachtet:

- **Status**: In diesem Kreisdiagramm wird das Verhältnis zwischen noch nicht begonnenen, aktuell bearbeiteten, überfälligen und abgeschlossenen Aufgaben dargestellt.
- **Bucket**: In diesem Säulendiagramm werden die Aufgaben unabhängig von ihrem Status nach Buckets gruppiert.
- **Mitglied**: Dieses Balkendiagramm stellt die Aufgabenverteilung unter den Teammitgliedern dar.

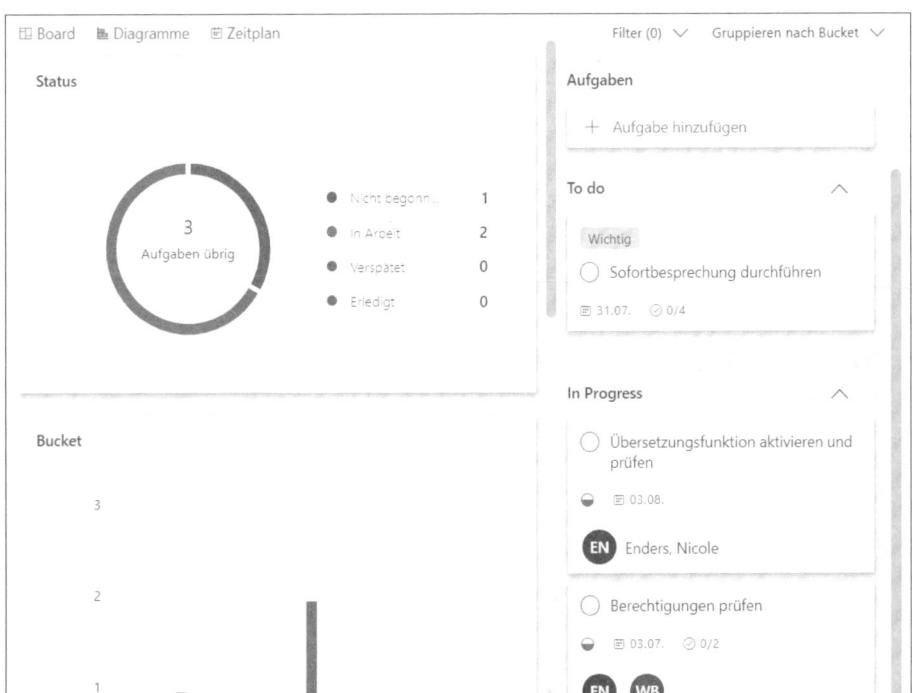

Abbildung 3.40 Auswertungen in Form von verschiedenen Diagrammen

Neben diesen Auswertungsmöglichkeiten können die Aufgaben auch in Form eines Kalenders dargestellt und geplant werden. Hierzu rufen Sie den Menüpunkt ZEITPLAN auf und erhalten eine mit Abbildung 3.41 vergleichbare Ansicht.

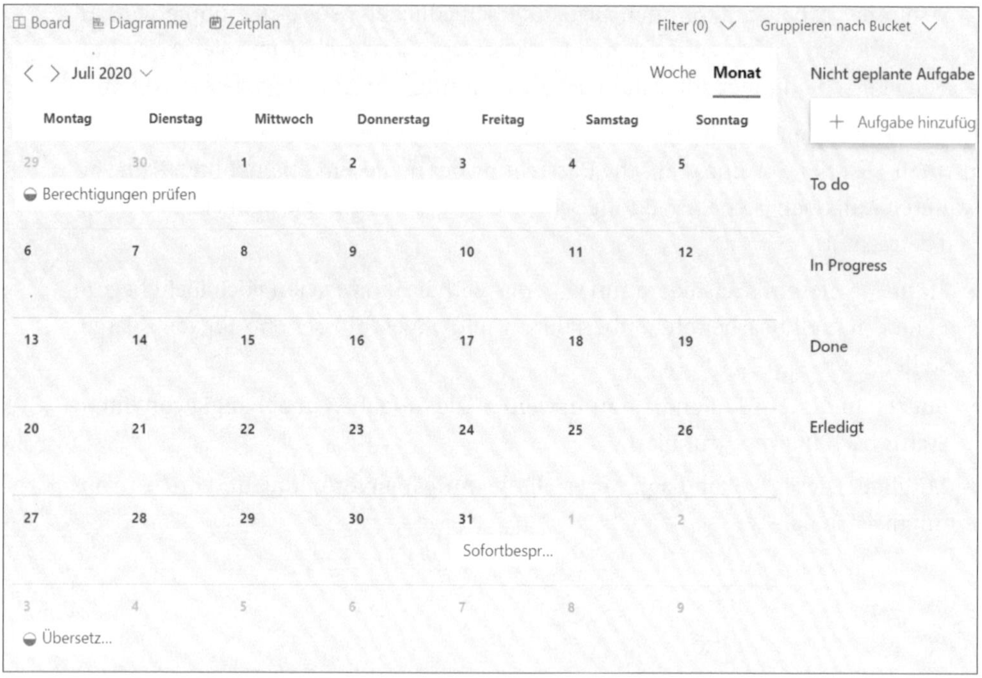

Abbildung 3.41 Aufgabenplanung über einen Kalender

So können Sie Terminkonflikte im Team schneller erkennen und Ihre Aufgaben besser planen. Gerade bei einem hohen Arbeitsaufkommen ist diese Planungsansicht sehr hilfreich.

> **Was mache ich, wenn ich bereits ein anderes Tool zur Aufgabenplanung und -verwaltung einsetze?**
>
> Planner ist der von Microsoft angebotene Dienst zur Verwaltung von Aufgaben. Falls Sie bereits ein anderes Tool wie zum Beispiel Azure DevOps (ehemals Visual Studio Team Services) oder JIRA einsetzen, so können Sie auch diese Dienste in *Teams* integrieren.
>
> Mein Team und ich haben beispielsweise im Rahmen der Evaluierung festgestellt, dass sich unser Kanban-System nicht vollumfänglich mit Planner abbilden lässt. JIRA bot uns dagegen alle für uns wichtigen Funktionen an. Da *Teams* verschiedene Cloud-Dienste unter einer gemeinsamen Benutzeroberfläche anbietet, prüften wir, ob sich nicht JIRA in unseren Arbeitsraum in *Teams* integrieren lässt. Wir stellten fest, dass hierfür eine App angeboten wird, sodass wir in unseren Unterhaltungen auf JIRA-Tickets verweisen, nach ihnen suchen und sogar unser Aufgaben-Board direkt aus *Teams* heraus nutzen können. Im nächsten Abschnitt gehe ich genauer auf die Erweiterungsmöglichkeiten ein, die eine Integration verschiedenster Dienste und Systeme ermöglichen.

3.5 Erweiterungsmöglichkeiten

Teams soll laut Microsoft zukünftig als der zentrale Hub für die Zusammenarbeit von modernen Teams gelten. Daher ist es umso wichtiger, die bestehenden Unternehmensapplikationen sowie weitere im Arbeitsalltag genutzte Dienste mit in dieses Tool zu integrieren.

In Abbildung 3.42 sehen Sie ein Beispiel für die in Ihrem Unternehmen verfügbaren Apps. Sollten bei einem Klick auf den Menüpunkt Apps in der linken Menüleiste keine Apps aufgelistet werden, sollten Sie sich an Ihren Administrator wenden. In einem solchen Fall wurde aus bestimmten Gründen das Hinzufügen von Apps zu einem Team zentral durch Ihre Administratoren unterbunden.

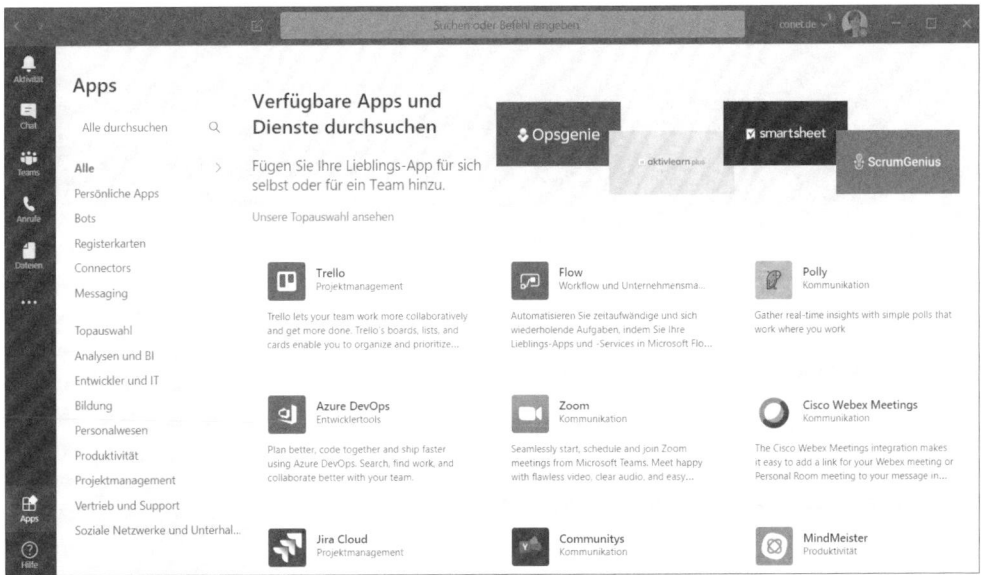

Abbildung 3.42 Über den Menüpunkt Apps können Sie auf die für Sie verfügbaren Apps (inklusive Bots, Registerkarten und Konnektoren) zugreifen.

Ich gehe nun auf die verschiedenen Möglichkeiten zur Erweiterung und Individualisierung Ihrer Teams und Kanäle ein. Dabei betrachten wir die Registerkarten, die Sie bereits im Rahmen des Aufgabenmanagements mit Planner kurz kennengelernt haben. Außerdem schauen wir uns an, wie Sie mit Bots und Konnektoren Ihre Teams besser unterstützen können.

3.5.1 Registerkarten für weitere Funktionen in einem Kanal

Registerkarten (sogenannte Tabs) können in einem Kanal hinzugefügt werden. Durch sie können Sie einem Team genau die Informationen bzw. Werkzeuge zur Verfügung stellen, die es braucht. So wollten wir in unserem Team bei CONET prüfen, in welchen Kundensegmenten wir hauptsächlich aktiv sind.

Die Auftragsdaten waren bereits mit *Power BI* (einem Microsoft-365-Dienst für Auswertungsfunktionalitäten und zur Unterstützung von *Business Intelligence*) verarbeitet und visuell aufbereitet. Ich gehe in Kapitel 7 detaillierter auf die Möglichkeiten von Power BI ein.

Über das ⊞-Zeichen haben wir damals eine neue Registerkarte hinzugefügt. Anstelle von Planner wählen Sie in diesem Fall aber POWER BI aus.

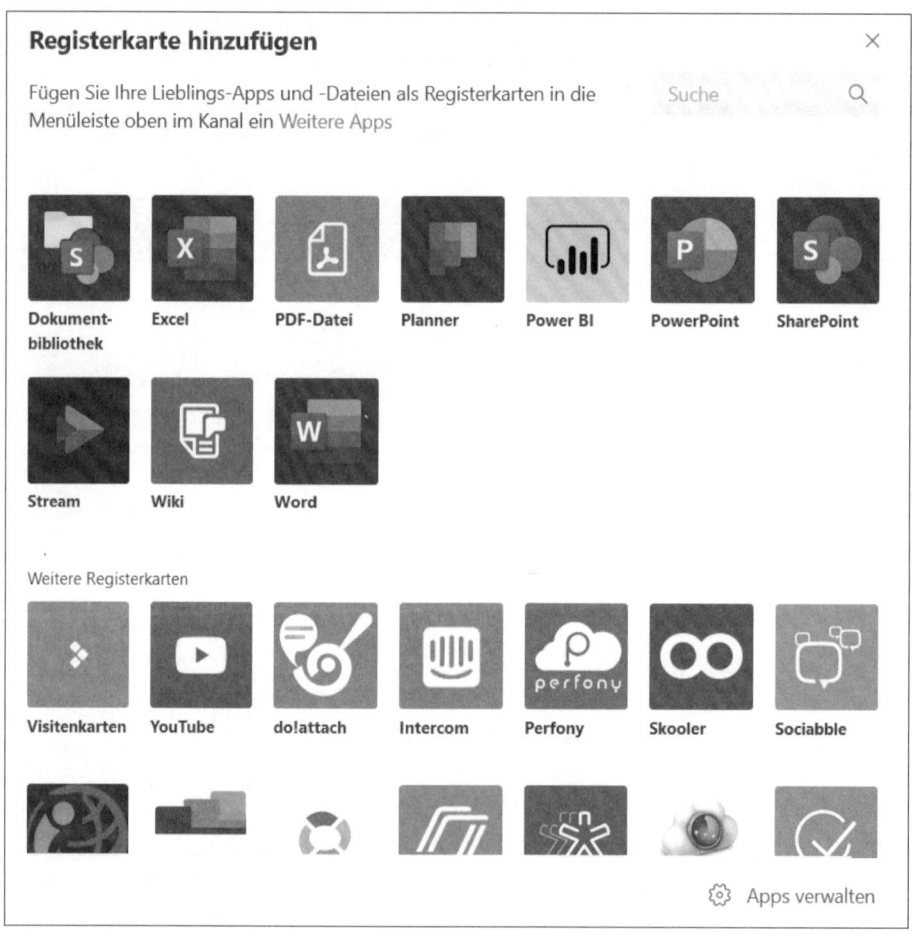

Abbildung 3.43 Hinzufügen einer neuen Registerkarte für Power BI

Wie Sie in Abbildung 3.44 sehen können, vergeben Sie auch hier zuerst einen Namen für die neue Registerkarte.

Anschließend können Sie einen Arbeitsbereich auswählen. Arbeitsbereiche sind mit Teams oder Gruppen vergleichbar und können beliebig viele Berichte enthalten. In diesem Beispiel wähle ich den Bericht »Verteilung Kundensegmente« aus meinem persönlichen Arbeitsbereich aus und bestätige den Vorgang über die Schaltfläche SPEICHERN.

Abbildung 3.44 Bei der Konfiguration einer neuen Registerkarte vom Typ Power BI wählen Sie einen Bericht aus, der zukünftig angezeigt werden soll.

Nun kann das Team zum Beispiel im Rahmen seiner wöchentlichen Besprechung direkt aus *Teams* heraus auf die aktuellen Auftragsdaten zugreifen. Da es sich bei den Berichten um interaktive Berichte mit Drilldown-Funktionalitäten handelt, können so die gewünschten Informationen ohne Toolwechsel eingeholt und ad-hoc-Abfragen auf diese Daten durchgeführt werden.

Außerdem können über die Chat-Funktion der aktuelle Stand der Auftragsdaten im Team besprochen sowie die Ergebnisse in einem Schritt dokumentiert werden. Ergeben sich beispielsweise auf dem aktuellen Sachstand Maßnahmen, die durchgeführt werden sollen, so können diese auf unserem Aufgaben-Board erfasst werden, worüber der Fortschritt überwacht werden kann.

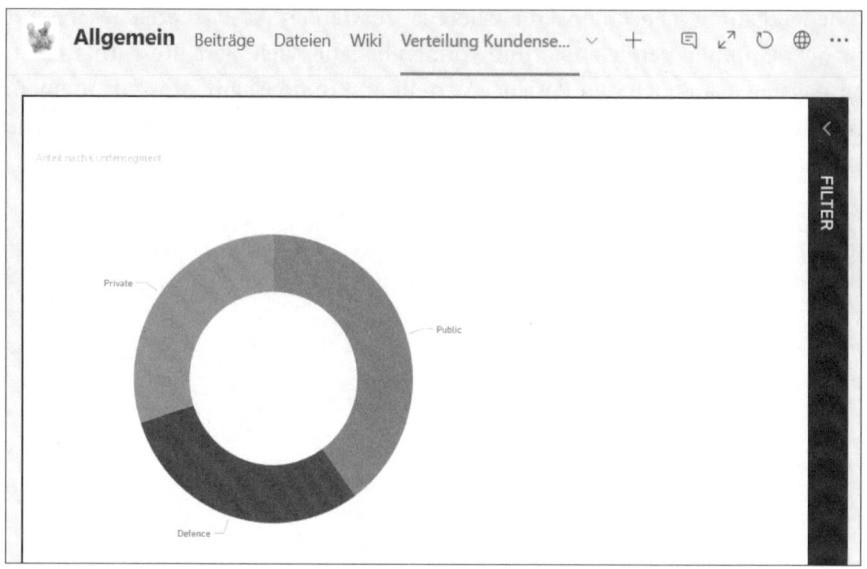

Abbildung 3.45 Interaktive Berichte mit den benötigten Daten können ohne Toolwechsel aufgerufen werden.

> **Worin besteht der Unterschied zwischen einer App und einer Registerkarte?**
>
> Solange wir uns im Bereich der von Microsoft angebotenen Dienste befinden, können wir die gewünschten Funktionen direkt als Registerkarten hinzufügen. Möchten Sie jedoch Dienste von Drittanbietern nutzen und in *Teams* integrieren, so müssen Sie zunächst die entsprechende App installieren. Eine App dient sozusagen als Verpackungsmaterial für Registerkarten, Bots oder Konnektoren. Was eine App genau enthält, hängt dabei vom Anbieter ab. In der Regel erfolgt mit der Installation einer App auch die Registrierung, um so die Verbindungsinformationen für den Zugriff auf den externen Dienst zu hinterlegen und die Verbindung für das Team herzustellen.

3.5.2 Bots zur Unterstützung der Kommunikation

Ein Beispiel für eine App stellt der Dienst *Who* dar. Entdeckt habe ich diesen Dienst, als ich die verschiedenen Shortcuts im Suchfeld ganz oben in der Menüleiste erprobt habe. Die *Befehle* (sogenannte Commands) beginnen mit einem »/« und sind sehr hilfreich, um zum Beispiel schnell seinen Status zu ändern, in ein anderes Team bzw. in einen anderen Kanal zu navigieren oder einen Chat mit einer Person zu beginnen. Über Ihre persönlichen Einstellungen in *Teams* können Sie eine Übersicht über die verfügbaren Befehle aufrufen. In Praxis werden folgende Befehle häufig genutzt:

- **/chat**: Schicken Sie einem Kollegen schnell eine Nachricht, ohne beispielsweise dafür eine Besprechung verlassen zu müssen.

- **/anruf**: Rufen Sie einen Kollegen an, während Sie gerade ein Dokument bearbeiten.
- **/gehezu**: Wechseln Sie reibungslos in einen anderen Kanal oder in ein anderes Team.

Bei jedem Befehl müssen Sie nach Eingabe des Befehls selbst (z. B. »/chat«) zunächst ⏎ betätigen. Anschließend werden Sie je nach Befehl aufgefordert, im Rahmen weiterer Schritte wie bei einem Assistenten zusätzliche Informationen anzugeben (z. B. die Person, der Sie eine Nachricht senden möchten, und anschließend die Nachricht selbst). Die einzelnen Schritte werden jeweils über ⏎ abgeschlossen.

Abbildung 3.46 Mit dem Command /wer können Sie Informationen zu einer Person abfragen.

Wenn Sie wie ich oben im Suchfeld den Befehl */wer* und den Namen eines beliebigen Teammitglieds angeben und die Eingabe mit ⏎ bestätigen (siehe Abbildung 3.46), erscheint der in Abbildung 3.47 dargestellte Dialog zur Installation der App.

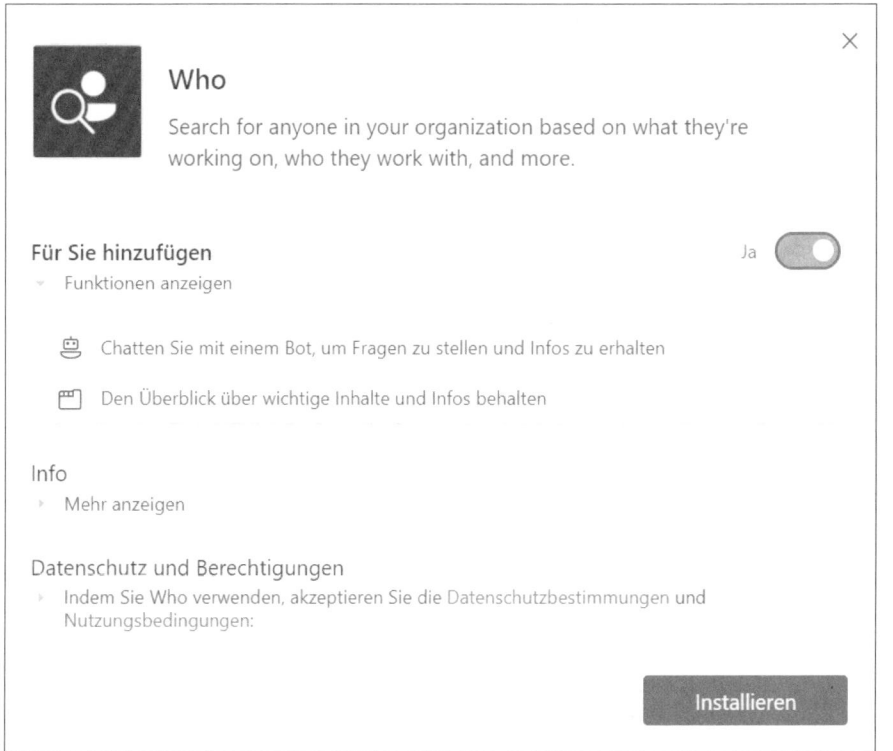

Abbildung 3.47 Die App für den Dienst Who muss vor der ersten Nutzung installiert und berechtigt werden.

Betätigen Sie die Schaltfläche INSTALLIEREN, um die App einzurichten. Sie erhalten danach eine erste Nachricht des Chat-Bots, die als Desktop-Benachrichtigung unten rechts in der Taskleiste erscheint.

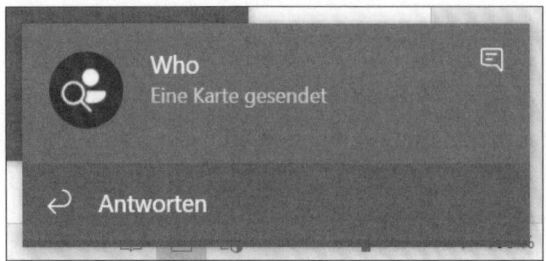

Abbildung 3.48 Eine erste Nachricht des Bots lädt zum Chatten ein.

Ferner erhalten Sie entsprechend der Darstellung in Abbildung 3.49 eine Bestätigung im Installationsdialog, dass Sie nun die App und den darin enthaltenen Bot nutzen können.

Sollte eine App neben einem Bot beispielsweise Konnektoren oder weitere Komponenten enthalten, so werden diese ebenfalls in der Bestätigung aufgeführt.

Abbildung 3.49 Nach der Bestätigung der erfolgreichen Installationen können Sie mit der Nutzung des Bots beginnen.

Sie können im Dialog eine der Schaltflächen ÖFFNEN betätigen, um den Chat-Bot aufzurufen.

Sie befinden sich nun wie bei einer Unterhaltung mit einem Ihrer Kollegen in einem Chat-Bereich. Um den Start möglichst einfach zu gestalten, schickt der Chat-Bot Ihnen eine Nachricht mit ein paar Vorschlägen für Fragen, die Sie ihm stellen können (siehe Abbildung 3.50).

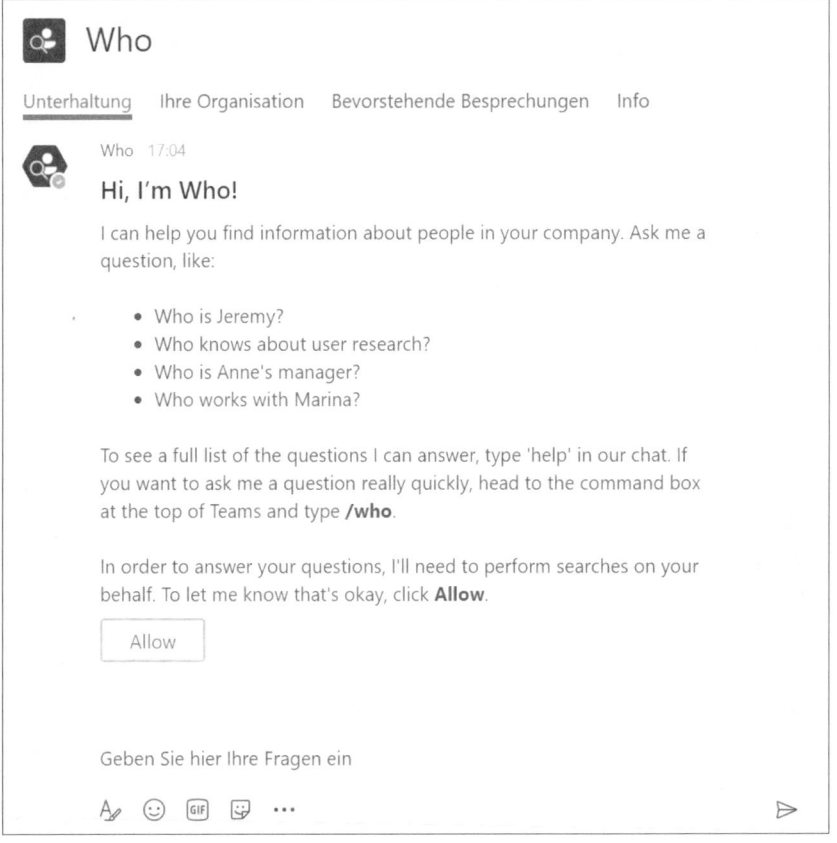

Abbildung 3.50 Beginnen Sie mit der Befragung des Bots.

Wie Sie aus den Beispielen in Abbildung 3.51 lesen, kann der Bot uns vielfältige Fragen beantworten. Neben der Suche nach einer bestimmten Person kann auch durch die Organisationsstruktur navigiert werden.

Die besondere Stärke entfaltet der Bot meiner Einschätzung nach aber bei Fragen wie zum Beispiel:

- Who have I emailed about...?
- Who was in the meeting about...?
- Who have I messaged about...?
- Who knows about...?

Vorbei sind die Zeiten, in denen Sie manuell in Ihren E-Mails oder Chat-Nachrichten suchen mussten. Überlassen Sie diese Arbeit ruhig dem Bot und profitieren Sie davon, dass er schnell in allen relevanten Quellen nach der gewünschten Information suchen kann.

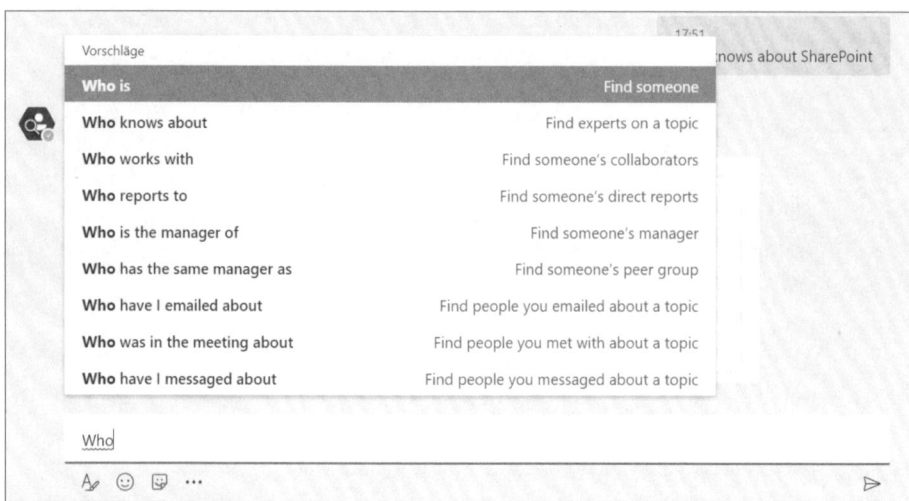

Abbildung 3.51 Der Bot kann viele Fragen zu unserer Organisation beantworten.

Auch die Frage danach, welche Kollegen etwas über ein bestimmtes Thema wissen (Stichwort Expertensuche), kann nun viel schneller beantwortet werden. Hierbei werden nicht nur die Profilinformationen der Mitarbeiter, sondern auch die von ihnen erfassten Inhalte wie z. B. von ihnen bearbeitete Dokumente berücksichtigt.

Eine weitere interessante Funktion wird in Abbildung 3.52 gezeigt. Sie können Suchergebnisse auch als neue Registerkarte in der App speichern.

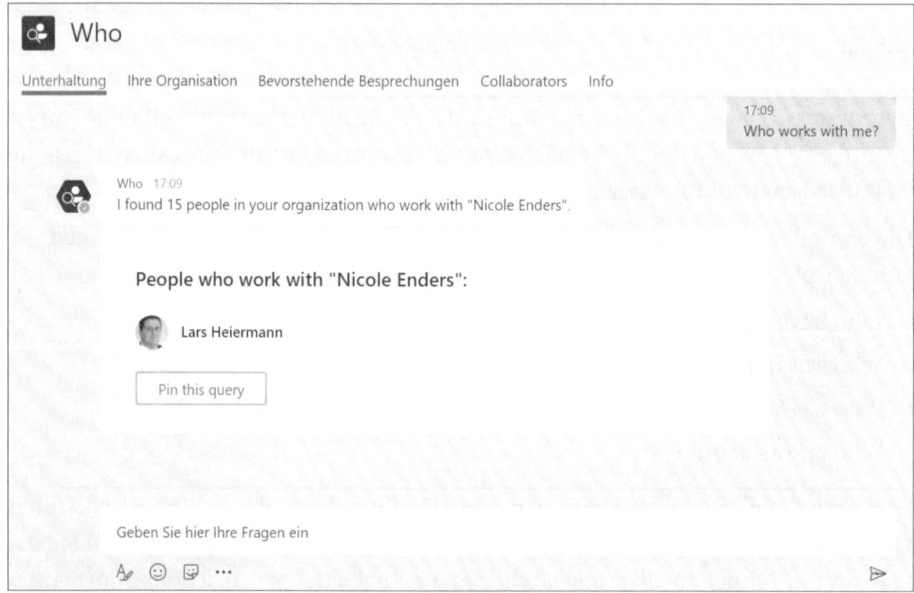

Abbildung 3.52 Suchergebnisse als Registerkarte speichern

Damit haben Sie zum Beispiel ohne expliziten Suchbefehl stets Zugriff auf relevante Information über die Kollegen, mit denen Sie zusammenarbeiten.

Ein Detail möchte ich an dieser Stelle noch erwähnen. Apps sowie die darin enthaltenen Bots sind nicht nur für ein einzelnes Team verfügbar, sondern werden zentral hinzugefügt.

Bei dem Dienst *Who* ist dies auch sinnvoll, da eine Suche nach Ansprechpartnern nicht auf ein Team beschränkt sein sollte. Sie können die App über die 3-Punkte-Schaltfläche in der Menüleiste links aufrufen und dort auch deinstallieren, falls Sie sie nicht mehr nutzen möchten.

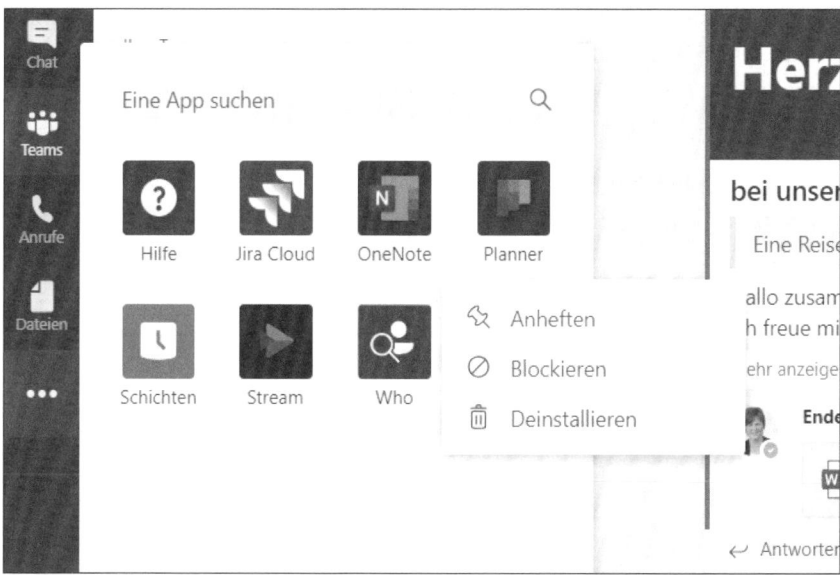

Abbildung 3.53 Eine App steht zentral zur Verfügung und kann in verschiedenen Teams genutzt werden. Chat-Bots sind ebenfalls ein zentraler Dienst im Chat-Bereich.

Der Dienst Who funktioniert bei mir nicht. Ich erhalte eine Fehlermeldung!

Wenn Sie eine mit Abbildung 3.54 vergleichbare Fehlermeldung anstelle einer Antwort auf die von Ihnen gestellte Frage erhalten, sollten Sie mit Ihrem Administrator klären, ob Sie wirklich Exchange Online (den Cloud-Dienst in Microsoft 365 zur E-Mail-Kommunikation) nutzen. Sollte dies nicht der Fall sein, so kann der Dienst *Who* nicht genutzt werden.

> Who 17:08
> Sorry, it looks like your Exchange mailbox has not been set up yet. Until it is, I won't be able to find the info you need. Your IT admin should be able to help you fix the issue. (Error reference: 967866964594311502)

Abbildung 3.54 Exchange Online ist eine Voraussetzung für den Einsatz des Chat-Bots

> Sie sollten dann klären, ob ein Wechsel in die Cloud bereits geplant ist oder warum die Entscheidung gegen die Cloud gefällt wurde. Sollten Sie Exchange Online bereits nutzen und trotzdem eine Fehlermeldung erhalten, so lohnt sich ein Blick ins Admin Center ggf. findet Ihr Administrator dort bereits eine Meldung, dass eine Konfiguration angepasst werden muss.

3.5.3 Konnektoren zur Integration externer Tools und Prozesse

Konnektoren sind in der Regel mit einem Team oder einem Kanal verknüpft, im Gegensatz zu Bots. Wir nutzen in meinem Team beispielsweise einen Konnektor zu JIRA (siehe Abbildung 3.55), um aus unserem Arbeitsraum in *Teams* auf Tickets in JIRA zuzugreifen und diese ohne Wechsel in das andere Tool zu bearbeiten.

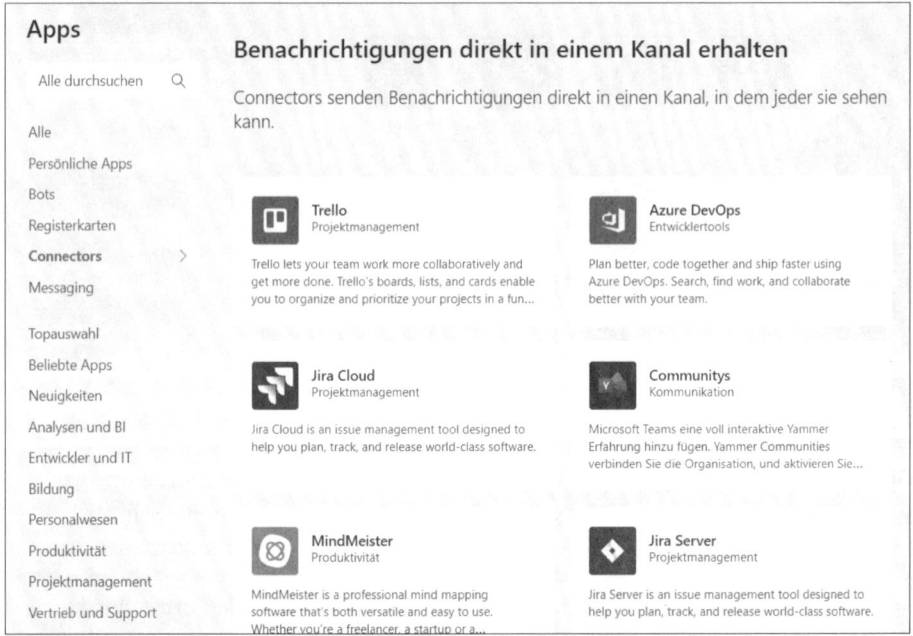

Abbildung 3.55 Im App Store stehen viele verschiedene Konnektoren zur Auswahl.

Wenn Sie sich über den Menüpunkt APPS in der linken Menüleiste in der Rubrik CONNECTORS das Angebot anschauen, werden Sie bestimmt den einen oder anderen Dienst finden, den Sie in Ihr Team integrieren möchten.

Über das Suchfeld oben links im App Store können Sie nach Konnektoren suchen und klicken nach Einblenden des Ergebnisses einfach auf die entsprechende Kachel und werden anschließend durch die weitere Konfiguration geführt.

3.5.4 Individuelle Erweiterungen

Sie können bereits viele Apps zur Unterstützung Ihrer Teamarbeit verwenden. An dieser Stelle verzichte ich bewusst auf eine Darstellung des vielfältigen Angebots, da sich dieses stetig ändert. Ich empfehle Ihnen, von Zeit zu Zeit zu prüfen, ob sich das Angebot verändert hat.

Sie werden neben Microsoft 365 wahrscheinlich auch weitere Tools oder Anwendungen einsetzen. Wenn Sie diese in Ihre Arbeitsumgebung in *Teams* integrieren möchten, werden hierfür möglicherweise keine Apps, Konnektoren oder Bots angeboten. Sollten Sie in diesem Fall trotzdem eine Integration wünschen, so besteht die Möglichkeit, eigene Erweiterungen in *Teams* bereitzustellen. Mithilfe von Power Automate können Sie zum Beispiel eigene Bots oder mittels des SharePoint Frameworks (aka. SPFx) Registerkarten erstellen und somit auf die individuellen Bedürfnisse in Ihrem Unternehmen reagieren. Auf diese Anpassungsmöglichkeiten gehe ich im Rahmen eines technischen Exkurses für Entwickler in Kapitel 10, »Möglichkeiten des Customizings«, näher ein.

3.6 Was kann ich tun, wenn ich nicht in die Cloud gehen möchte?

Aus meiner Sicht stellt *Teams* aktuell das beste Tool von Microsoft zur Unterstützung der Teamarbeit dar. Sollten Sie aber aus einem bestimmten Grund nicht in die Cloud gehen wollen, so möchte ich Ihnen in diesem Abschnitt eine Alternative aufzeigen. Auch SharePoint eignet sich als Basis für eine Collaboration-Plattform, auch wenn hier im Vergleich zu *Teams* ein paar Abstriche gemacht werden müssen.

> **SharePoint: Ein Kurzüberblick**
>
> - **Kernfunktionen**: Gemeinsame Bearbeitung von Dokumenten, Aufgabenverwaltung und Informationsaustausch
> - **Anwendungsszenarien**: Teamarbeitsräume für Organisationseinheiten, Projektteams sowie für die Kommunikation mit externen Nutzern und Informationsaustausch in einem Social Intranet (siehe dazu Kapitel 6, »Collaboration meets Social Intranet«)
> - **Abgrenzung zu anderen Tools**: Wenn Sie SharePoint On-Premises einsetzen, müssen Sie auf viele Möglichkeiten verzichten, die in Abschnitt 2.3 detailliert vorgestellt werden. Sie können Teamarbeitsräume und ein Social Intranet aufbauen, müssen jedoch Einschränkungen hinsichtlich der Chat-Funktionalität sowie der Möglichkeit, mit externen Nutzern wie beispielsweise Kunden zusammenzuarbeiten, in Kauf nehmen.

3.6.1 Überblick über Teamräume und Nachrichten

Als Erstes benötigen wir einen Ort, der uns als zentrale Anlaufstelle für unsere Teamräume dient und die für uns relevanten Nachrichten über alle Räume hinweg aggregiert anzeigt. Mit der Funktion *SharePoint Home* wird eine solche Übersicht auch in On-Premises bereitgestellt. Die genannte Funktion ist in der Menüleiste ganz oben im Browser, auf derselben Höhe wie der App Launcher ▦, unter dem Begriff SHAREPOINT stets präsent.

In der oben genannten Übersicht werden Ihnen die Teamräume in verschiedenen Gruppen angezeigt. Sie sehen beispielsweise in einem Bereich alle Teamräume, denen Sie folgen. In einem anderen Bereich werden Ihnen diejenigen Teamräume aufgelistet, die Sie zuletzt besucht haben, und in einem weiteren Bereich werden Ihnen Teamräume vorgeschlagen, die für Sie interessant sein könnten.

Außerdem sehen Sie, wie in Abbildung 3.56 dargestellt, zuoberst die innerhalb der Teamräume erstellten Nachrichten. Damit kann SharePoint Home als eine Art zentrales Dashboard für die Teamzusammenarbeit verwendet werden.

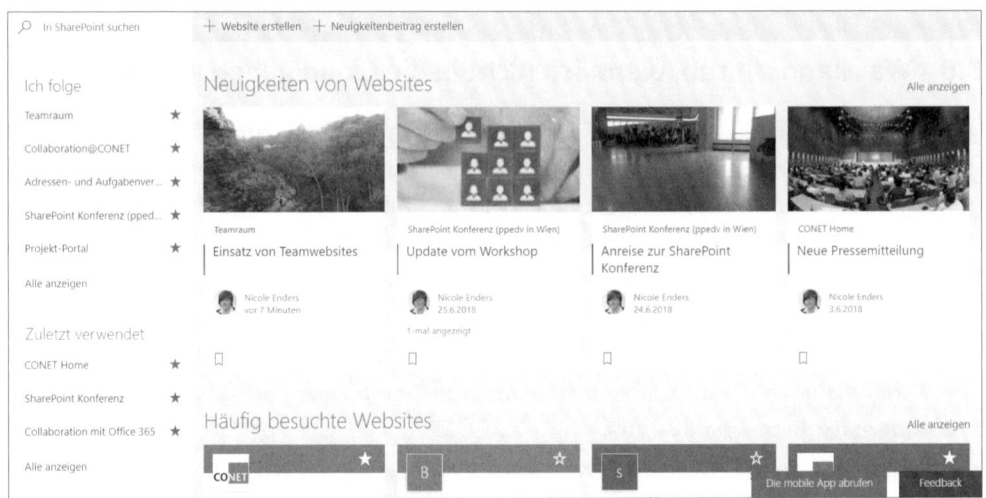

Abbildung 3.56 SharePoint Home als zentrale Übersicht über Neuigkeiten in den verschiedenen Teamräumen

3.6.2 Teamwebsites zur Unterstützung der Zusammenarbeit

Über den Menüpunkt WEBSITE ERSTELLEN oberhalb der aggregierten Neuigkeiten kann eine neue Teamwebsite angelegt werden. Die Erstellung der Website können Sie mit der Erstellung eines Teams in *Teams* vergleichen. Auch hier können Sie einen Namen, eine Beschreibung sowie die Mitglieder und Besitzer des Teams angeben.

3.6 Was kann ich tun, wenn ich nicht in die Cloud gehen möchte?

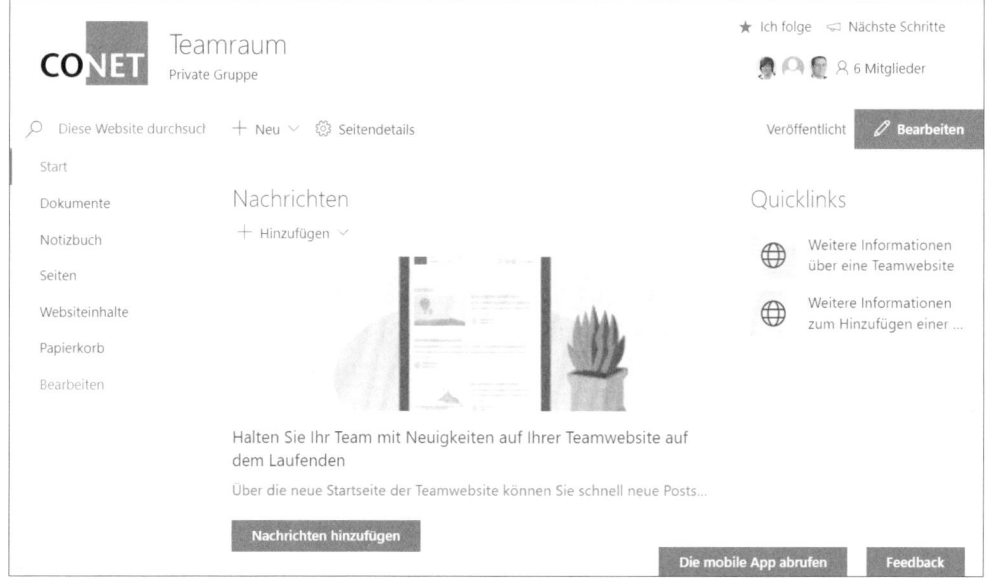

Abbildung 3.57 Herzlich Willkommen in Ihrem neuen Teamraum!

In Abbildung 3.57 sehen Sie einen neu erstellten Teamraum. Ein Teamraum besteht standardmäßig aus folgenden Komponenten:

- **Nachrichten**: Sie haben bei einer Nachricht die Möglichkeit, einen Titel sowie ein Titelbild zu vergeben und können im Anschluss den Inhalt der Nachricht erfassen. Diesen können Sie u. a. in textueller Form über eine umfangreiche Auswahl an Formatierungsmöglichkeiten gestalten. Die neuesten Nachrichten werden stets auf der Startseite eines Teamraums angezeigt, die überdies auch über den Menüpunkt START in der linken Navigation aufgerufen werden kann. Bei Nachrichten geht es nicht nur um die teaminterne Kommunikation, sondern um die Veröffentlichung von Inhalten, die auch für nur lesende Benutzer interessant sein könnten.

- **Quicklinks**: Auf der Startseite des Teamraums können Sie Hyperlinks für das Team bereitstellen. Damit könnten Sie zum Beispiel den Zugriff auf weitere Tools für die Teamarbeit ermöglichen. Die Quicklinks können von Ihnen verwaltet werden, indem Sie über die Schaltfläche BEARBEITEN oben rechts die Startseite in den Bearbeitungsmodus versetzen.

- **Dokumente**: Ein zentrales Element von *Teams* ist die gemeinsame Bearbeitung von Dokumenten, wie bereits erwähnt. Da dabei im Hintergrund SharePoint verwendet wird, ist hier der Unterschied zu *Teams* nur marginal. Sie können auch hier die automatische Versionierung sowie die Funktion zur gleichzeitigen gemeinsamen Bearbeitung von Dokumenten nutzen.

▶ **Notizbuch**: Bei dem Notizbuch handelt es sich um eine OneNote-Datei. Es kann als Ersatz für das Wiki in *Teams* betrachtet werden. Sie und Ihr Team können im Notizbuch zunächst relativ unstrukturiert Informationen sammeln und diese nach und nach präzisieren oder das Notizbuch beispielsweise zur Dokumentation erarbeiteter Themen nutzen.

3.6.3 Wesentliche Unterschiede zu Microsoft Teams

Da SharePoint bei *Teams* lediglich einen Bestandteil des Toolsets darstellt, muss es zwangsläufig Aspekte geben, die bei einem reinen Einsatz von SharePoint anders gelöst werden müssen. Nachfolgend werden die wesentlichen Unterschiede beleuchtet.

Auf dem Laufenden bleiben

Während in *Teams* neue Inhalte über sogenannte *Benachrichtigungen (Notifications)* für Sie gekennzeichnet werden, wird Ihnen in SharePoint im einem Bereich AKTIVITÄTEN (siehe Abbildung 3.58) gezeigt, welche Inhalte zuletzt geändert oder neu erstellt worden sind. Dabei wird aber nicht berücksichtigt, ob Sie diese Inhalte bereits gesehen haben oder nicht.

Abbildung 3.58 Die letzten Aktivitäten und neuesten Dokumente werden ebenfalls auf der Startseite des Teamraums angezeigt.

Beiträge/Chat-Funktion

Eine echte Unterhaltung zwischen den verschiedenen Teammitgliedern ist in SharePoint nicht vorgesehen. Die einzige Funktion, die damit ansatzweise vergleichbar ist, ist der in Abbildung 3.59 dargestellte Kommentarbereich auf der Startseite.

Abbildung 3.59 Die Teamkommunikation kann über den Kommentarbereich auf der Startseite ermöglicht werden.

> **Wie sieht es mit Videokonferenzen oder einem Chat zwischen einzelnen Personen aus?**
>
> Auch diese Funktionen können wir mit SharePoint nicht abbilden. In unserem Szenario möchten wir auf die Cloud verzichten. Blieben wir in der Microsoft-Welt, so wäre der Einsatz von Skype for Business eine Option (in der Cloud ist dieser Dienst bereits abgekündigt). Somit könnten Videokonferenzen oder Chats in unterschiedlichen Personenkonstellationen erfolgen.

Kanäle zur Strukturierung

In *Teams* werden die Kanäle zur Strukturierung der im Team verwalteten Informationen verwendet. In SharePoint müssen Sie zur Abbildung solcher Strukturen ein paar Schritte vornehmen:

1. Sie definieren, dass die Startseite Ihres Teamraums dem Kanal »Allgemein« entspricht. Im Kommentarbereich der Startseite erfolgen demnach die Unterhaltungen zu allgemeinen Themen des Teams.
2. In der Bibliothek »Dokumente« existieren standardmäßig keine Ordner. Sie legen dort einen Ordner »General« oder »Allgemein« an und haben somit die gleiche Ausgangslage wie bei einem neu erstellten Team geschaffen.
3. Für einen neuen Kanal legen Sie zukünftig einen Ordner mit dem Kanalnamen in der Dokumentbibliothek an, erstellen eine neue Seite über den Menüpunkt NEU • SEITE auf der Startseite, vergeben als Seitenamen den Kanalnamen und aktivieren den Kommentarbereich unten auf der Seite.

Die Seite, die einen Kanal repräsentieren soll, kann auf diese Weise eine Art Beschreibung enthalten, die aber kurz gehalten sein sollte, um die Kommentare in den Fokus zu rücken.

Stellt der ausschließliche Einsatz von SharePoint eine Alternative zu Teams dar?

Solange Sie sich in einem On-Premises-Szenario befinden, stellt SharePoint in der Microsoft-Welt für Sie die beste Option dar. Durch die flexiblen Anpassungsmöglichkeiten sowie die mit einem Werkzeugkasten vergleichbaren Bausteine (wie zum Beispiel eine Aufgabenliste), die Sie nach Belieben zu Ihren Teamräumen hinzufügen können, haben Sie die passenden Werkzeuge an der Hand, um die Zusammenarbeit in Ihren Teams sehr gut unterstützen zu können.

Sobald jedoch der Schritt in die Cloud denkbar oder bereits erfolgt ist, empfehle ich Ihnen *Teams*. Durch die Verbindung verschiedenster Dienste, zu denen u. a. auch SharePoint gehört, sowie ein zentrales Benachrichtigungssystem nutzen Sie ein einziges Tool anstelle von vielen. Wenn Sie dann noch die in Abschnitt 3.5 erwähnten Möglichkeiten zur Integration weiterer Dienste außerhalb des Angebots von Microsoft nutzen, fällt ein Vergleich mit einem On-Premises-Szenario sehr ungünstig für das On-Premises-Szenario aus.

Kapitel 4
Projekte optimal unterstützen

»Einigkeit ist Stärke ... wo es Teamwork und Zusammenarbeit gibt, können wunderbare Dinge erreicht werden.« (Mattie Stepanek)

In diesem Kapitel beschäftigen wir uns aufbauend auf dem in Kapitel 3 erarbeiteten Wissen mit *Teams*. Der Fokus liegt hierbei allerdings mehr im Bereich des *Dokumentenmanagements* und damit auf der SharePoint-Komponente. Die Möglichkeiten bei der Gestaltung von Projektarbeitsräumen, um Dokumente gemeinsam zu bearbeiten und durch einen Workflow freigeben zu lassen, stehen dabei im Vordergrund. Darüber hinaus wird hier auch die Thematik behandelt, wie Sie gezielt Informationen für *externe Benutzer* wie beispielsweise einen Kunden oder einen Partner freigeben können. Im Bereich des Aufgabemanagements behandele ich in diesem Kapitel auch weitere Funktionen des Dienstes *Planner*.

> **Teams: Ein Kurzüberblick**
> - **Kernfunktionen**: Instant-Messaging und Videokonferenzen zwischen einzelnen Personen sowie verschiedenen Teams, gemeinsame Bearbeitung von Dokumenten und Kombination verschiedener Microsoft-365-Dienste wie zum Beispiel Planner und SharePoint
> - **Anwendungsszenarien**: Teamarbeitsräume für Communities und Projektteams auf Basis von Vorlagen
> - **Abgrenzung zu anderen Tools**: *Teams* eignet sich zwar zur Unterstützung der vertrieblichen Aktivitäten, kann jedoch nicht ein CRM-System ersetzen. In Abschnitt 7.4.1 werden Sie zum Vergleich das CRM-Modul von Dynamics 365 kennenlernen.

4.1 Angebote und Leads verwalten

In diesem Abschnitt möchte ich Ihnen zeigen, wie Sie die vertrieblichen Aktivitäten in Ihrem Unternehmen mit *Teams* und SharePoint unterstützen können. Wir erstellen dafür das Team »Vertrieb@CONET« wie in Abbildung 4.1 dargestellt als ein öffentliches Team.

Aktuell können bis zu 5.000 Personen Mitglied eines Teams in *Teams* werden, sodass vor allem bei kleinen und mittleren Unternehmen ein unternehmensweiter Einsatz denkbar ist. Bei größeren Unternehmen sollten Sie überlegen, wie Sie evtl. nach Geschäftsfeldern oder Tochterunternehmen unterteilen und hierfür einzelne Teams erstellen können.

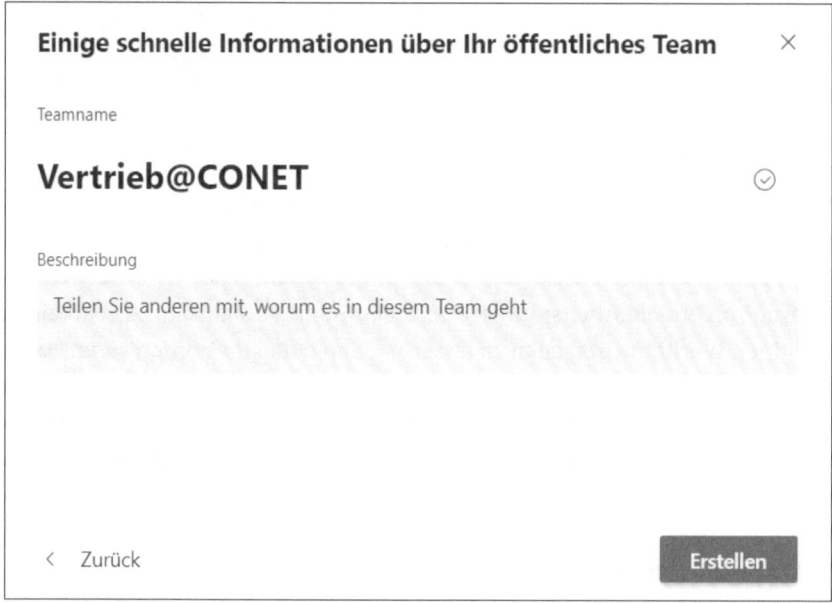

Abbildung 4.1 Erstellung eines Teams zur Bündelung sämtlicher vertrieblichen Aktivitäten des Unternehmens.

Ich habe bereits ein CRM-System im Einsatz. Warum sollte ich ein weiteres System nutzen?

Teams kann ein klassisches CRM-System mit seinen vielfältigen Funktionen nicht ersetzen. Falls Sie also ein CRM-System einsetzen, das Ihren Prozess vollständig unterstützt, ist der Einsatz eines weiteren Tools in der Tat fragwürdig.

Sollten Sie jedoch bisher kein separates CRM-System einsetzen oder sollten in dem bei Ihnen eingesetzten System Funktionen wie beispielsweise die Unterstützung bei der Bearbeitung von Dokumenten fehlen, so können Sie eine Integration dieses Systems in Ihre Collaboration-Plattform in Betracht ziehen. Konnektoren oder Verlinkungen sind als Optionen denkbar.

Nachdem Sie das Team erstellt haben, können Sie über zwei verschiedene Wege auf die SharePoint-Website gelangen:

▶ Rufen Sie die Registerkarte DATEIEN im Kanal ALLGEMEIN auf und wählen Sie dort den Menüpunkt IN SHAREPOINT ÖFFNEN aus.

▶ Nutzen Sie wie in Abbildung 4.2 dargestellt die 3-Punkte-Schaltfläche ganz rechts in der Kopfzeile mit dem Namen des gerade aktiven Kanals und wählen Sie im daraufhin erscheinenden Kontextmenü den Menüpunkt IN SHAREPOINT ÖFFNEN aus.

Abbildung 4.2 Über das Kontextmenü können Sie direkt zur SharePoint-Website navigieren, die für das Team angelegt wurde.

Über beide Optionen befinden Sie sich anschließend in der Bibliothek »Dokumente«, die für die gemeinsame Bearbeitung sämtlicher Dateien in Ihrem Team verwendet werden kann. Da Sie in diesem Team sämtliche vertrieblichen Aktivitäten unterstützen möchten, erstellen Sie eine Bibliothek zur Verwaltung Ihrer Leads und Projekte.

> **Sind Richtlinien für die Erstellung von Teams sinnvoll?**
>
> Nach einer ersten Testphase von *Teams* sollten Sie für sich die Frage beantworten, ob Sie in Ihrem Unternehmen eine Richtlinie für die Benennung der verschiedenen Teams benötigen. Wann sollte außerdem ein neues Team erstellt werden und wann nicht? Auf der einen Seite sollte es für die Anwender so einfach wie möglich sein, sich die passenden Werkzeuge für die individuellen Bedürfnisse ihres Teams zusammenzustellen. Auf der anderen Seite benötigt spätestens Ihr Administrator einen Überblick über die Teams bzw. Gruppen und sollte schnell erkennen können, ob das Team noch genutzt wird und welches dessen Verwendungszweck ist. In Kapitel 9, »Verwalten und Sichern von Informationen«, gehe ich genauer auf die Themen *Compliance* und *Governance* ein.
>
> Hier in diesem Buch berücksichtige ich keine besonderen Richtlinien für die Benennung meiner Teams. Lediglich unternehmensweite Teams kennzeichne ich mit dem Suffix »@CONET« (dem Unternehmen, für das ich arbeite). Teams ohne dieses Suffix sind dann Projektteams oder einzelne Organisationseinheiten. Durch dieses feste Suffix können Sie sich schnell einen Überblick über alle unternehmensweiten Gruppen verschaffen, die in der Regel auch öffentlich sind und somit zur Teilnahme einladen.

4.1.1 Inhaltstypen für Leads und Angebote vorbereiten

An dieser Stelle möchte ich Ihnen das Konzept der Inhaltstypen erklären. Ein Inhaltstyp definiert, aus welchen Feldern ein Datensatz bestehen soll, der in SharePoint abgelegt wird. Am besten erklärt sich das an unserem Szenario:

- Wir möchten Leads und Angebote verwalten und nutzen für die Angebote eine vom Unternehmen vorgegebene Vorlage.
- Zu einem Angebot gehören dabei folgende Informationen:
    - Angebotsnummer
    - Kunde
    - Angebotspreis
    - Angebotsstatus

Diese Informationen sind Metadaten, die wir sammeln. Wäre es nicht sinnvoll, Leads bereits in einem sehr frühen Stadium zu erfassen, über die Zeit hin verschiedene Informationen und Dokumente zu sammeln und zu einem bestimmten Zeitpunkt in die Angebotsphase wechseln zu können? Spätestens in der Angebotsphase wird die gemeinsame und zeitgleiche Bearbeitung eines Angebots sowie ein Freigabe- und Veröffentlichungsprozess relevant.

Inhaltstypen für Leads und Angebote in SharePoint anlegen

Sie erstellen nun zwei Inhaltstypen »Lead« und »Angebot« und konfigurieren diese so, dass Sie damit Ihren Vertriebsprozess unterstützen können. Dazu gehen Sie folgendermaßen vor:

1. Klicken Sie auf das Zahnradsymbol ⚙ oben rechts auf Ihrer SharePoint-Website und wählen Sie den Menüpunkt WEBSITEINFORMATIONEN aus.
2. Daraufhin erscheint im rechten Bereich der Website ein Konfigurationsdialog. Klicken Sie nun im unteren Bereich des Dialogs auf ALLE WEBSITEEINSTELLUNGEN ANZEIGEN.
3. Auf der nun erscheinenden Seite der Websiteeinstellungen sollten Sie den Menüpunkt WEBSITESAMMLUNGSFEATURES auswählen und anschließend das Feature *Dokumentenmappen* aktivieren, wie in Abbildung 4.3 dargestellt. Bei Dokumentenmappen handelt es sich um einen speziellen Inhaltstyp, der einem Ordner mit Metadaten entspricht. Zu einem Lead können wir beispielsweise beliebig viele Dokumente verwalten.
4. Navigieren Sie über die Breadcrumb (siehe Abbildung 4.4) zurück zu den Websiteeinstellungen.
5. Wählen Sie den Menüpunkt WEBSITEINHALTSTYPEN in der Kategorie »Web-Designer-Kataloge« aus und betätigen Sie auf der folgenden Seite die Schaltfläche ERSTELLEN.

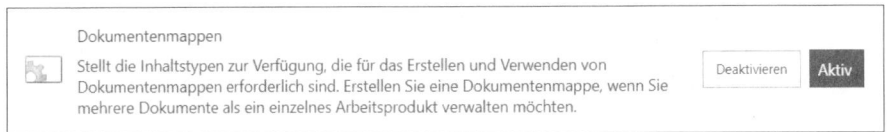

Abbildung 4.3 Stellen Sie sicher, dass das Feature »Dokumentenmappen« in Ihrer Website aktiviert ist.

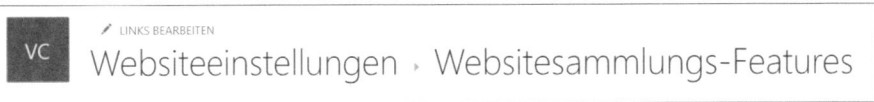

Abbildung 4.4 In vielen Fällen wird im oberen Bereich der Seite eine Breadcrumb angeboten, über die Sie zurück auf die nächsthöhere Ebene navigieren können.

6. Sie sehen nun die in Abbildung 4.5 dargestellte Seite zur Erstellung unseres Inhaltstyps »Lead«. Geben Sie diesen Namen in das Eingabefeld ganz oben ein und wählen Sie anschließend die Option INHALTSTYPEN DER DOKUMENTENMAPPE • DOKUMENTENMAPPE als übergeordneten Inhaltstyp aus. Abschließend sollten Sie zur besseren Auffindbarkeit noch eine eigene Gruppe definieren, die beispielsweise dem Namen Ihres Teams entspricht, und dann die Erstellung Ihres Inhaltstyps über die Schaltfläche OK abschließen.

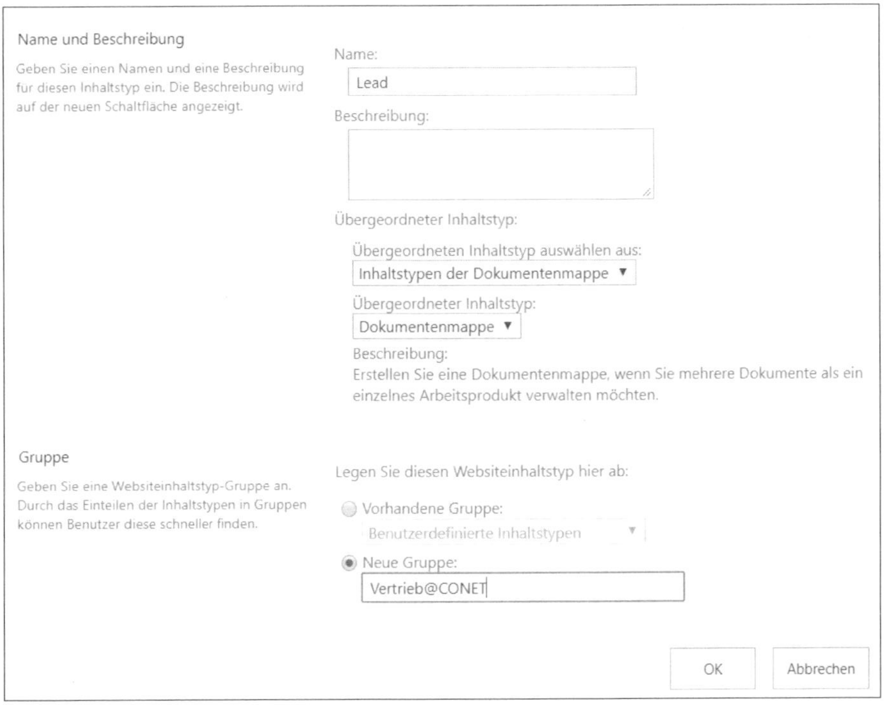

Abbildung 4.5 Erstellen Sie einen Inhaltstyp vom Typ »Dokumentenmappen« für Leads.

7. Nachdem Sie den Inhaltstyp erstellt haben, befinden Sie sich auf seiner Konfigurationsseite. Bisher hat er lediglich die Metadaten (Titel, Name und Beschreibung) einer normalen Dokumentenmappe. Sie können nun die aus Ihrer Sicht für einen Lead benötigten Metadaten hinzufügen. Wir werden das nun beispielhaft für das Metadatum »Kunde« durchführen. Betätigen Sie dafür die Schaltfläche AUS NEUER WEBSITSPALTE HINZUFÜGEN unterhalb der Auflistung der Spalten. Auf der jetzt dargestellten Seite geben Sie folgende Daten an

   – Name: Kunde
   – Informationstyp: Verwaltete Metadaten
   – Gruppe: Neue Gruppe »Vertrieb@CONET«
   – Ausdruckssatzeinstellungen: Ausdruckssatz anpassen

   und bestätigen die Angaben über die Schaltfläche OK.

8. Auf diese Weise können Sie beliebig viele weitere Spalten anlegen, die Sie zur Verwaltung Ihrer Leads benötigen. Danach wechseln Sie über die Breadcrumb auf die Auflistung der Websiteinhaltstypen und führen Schritt 5 für den neuen Inhaltstyp »Angebot« erneut aus.

9. Anstatt mit Schritt 7 fortzufahren, können Sie nun von Ihrer Arbeit bei der Konfiguration des ersten Inhaltstyps »Lead« profitieren und die von Ihnen erstellten Websitesspalten dem Inhaltstyp »Angebot« zuordnen anstatt sie zu erstellen. Dazu betätigen Sie die Schaltfläche AUS VORHANDENEN WEBSITESPALTEN HINZUFÜGEN.

Abbildung 4.6 Wählen Sie die bereits zuvor für Leads erstellten Spalten für den Typ »Angebot« aus.

10. In Abbildung 4.6 sehen Sie die von mir für einen Lead erstellte Spalte »Kunde« und können diese nun auswählen und über einen Doppelklick oder ein Betätigen der

Schaltfläche HINZUFÜGEN dem Inhaltstyp hinzufügen. Sollten Sie weitere Spalten angelegt haben, so wählen Sie diese ebenfalls aus und bestätigen Sie die Auswahl mit OK.

Damit haben wir die Voraussetzungen geschaffen, um eine Bibliothek zur ausschließlichen Verwaltung von Leads und Angeboten einzurichten.

4.1.2 Verwaltung von Leads und Angeboten in SharePoint ermöglichen

Wir erstellen in diesem Abschnitt eine Dokumentbibliothek, in der wir zukünftig die Dokumente ablegen und gemeinsam bearbeiten werden, und weisen ihr unsere beiden Inhaltstypen zu. Dazu gehen wir folgendermaßen vor:

1. Wählen Sie in der linken Navigation den Menüpunkt WEBSITEINHALTE aus.
2. Klicken Sie auf die Kachel APP HINZUFÜGEN, wählen Sie anschließend die App DOKUMENTBIBLIOTHEK aus und geben Sie im daraufhin erscheinenden Dialog den Namen »Leads und Angebote« an. Die Eingabe können Sie über die Schaltfläche ERSTELLEN bestätigen. Klicken Sie auf die neu erstellte Kachel. Die Bibliothek wird wie in Abbildung 4.7 direkt für Sie aufgerufen.
3. Rufen Sie über das Zahnradsymbol ⚙ oben rechts den Menüpunkt BIBLIOTHEKSEINSTELLUNGEN auf.

Abbildung 4.7 In einer neu erstellten Dokumentbibliothek gibt es zunächst nur den Inhaltstyp »Dokument«. Weitere Inhaltstypen müssen explizit hinzugefügt werden.

4. Über den Menüpunkt ERWEITERTE EINSTELLUNGEN können Sie die Option »Verwaltung von Inhaltstypen zulassen?« auf »Ja« setzen und die Auswahl mit OK bestätigen.

5. Wieder zurück auf den Bibliothekseinstellungen, können Sie im Bereich »Inhaltstypen« den Menüpunkt Aus vorhandenen Websiteinhaltstypen hinzufügen auswählen und sollten dort die von Ihnen erstellten Inhaltstypen finden.
6. Wählen Sie die von Ihnen benannte Gruppe in der Auswahlbox aus, um Ihre Inhaltstypen zu finden (siehe Abbildung 4.8). Wählen Sie anschließend beide Inhaltstypen aus und bestätigen Sie Ihre Auswahl über die Schaltfläche OK.

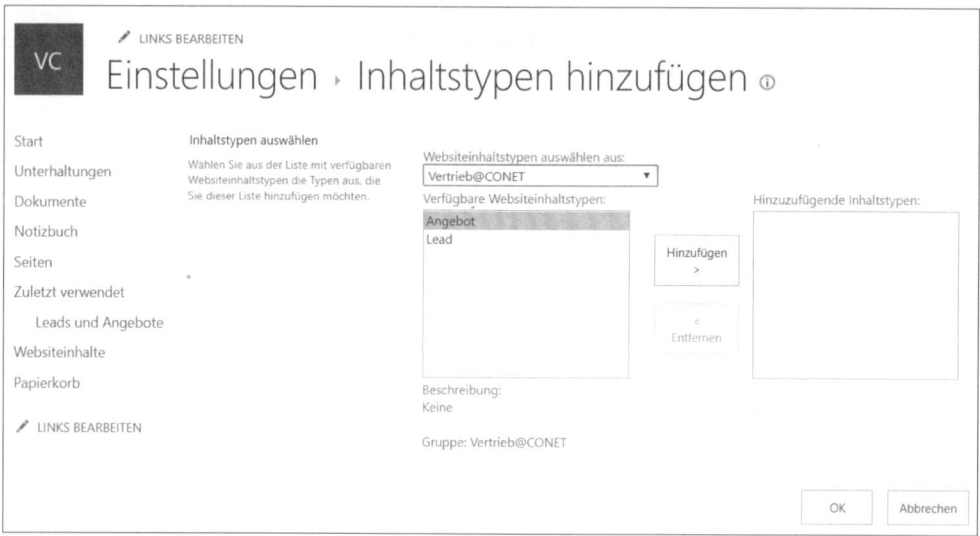

Abbildung 4.8 Wählen Sie Ihre Inhaltstypen für die Bibliothek »Leads und Angebote« aus.

7. Da standardmäßig nur der Inhaltstyp »Dokument« für die Bibliothek vorgesehen war, wird er im Menü an erster Stelle erscheinen. Wir möchten aber unsere Vorlagen für Leads und Angebote häufiger nutzen und somit im Menü zuoberst anbieten. Um die Reihenfolge festzulegen, wählen Sie den Menüpunkt Reihenfolge der neuen Schaltflächen und Standardinhaltstyp ändern aus. Wie Sie in Abbildung 4.9 erkennen können, ist die Änderung der Reihenfolge über die Auswahlboxen rechts neben dem jeweiligen Inhaltstyp sehr einfach möglich. Setzen Sie Leads und Angebote auf die Positionen 1 und 2 und bestätigen Sie die Auswahl über die Schaltfläche OK.
8. Sie sind nun fast fertig mit der Einrichtung Ihrer Bibliothek. Wenn Sie analog zu Abbildung 4.10 den Menüpunkt Neu in der Aktionsleiste aufrufen, erhalten Sie neben Ihren beiden Inhaltstypen auch die Möglichkeit, einen neuen Ordner oder ein Dokument anzulegen. Wenn Sie diese ändern möchten, können Sie den Menüpunkt Menü »Neu« bearbeiten aufrufen und dann wie in Abbildung 4.11 dargestellt genau festlegen, welche Optionen im Menü verfügbar sein sollen. In unserem Fall entfernen Sie den Haken bei »Ordner« und »Dokument« und bestätigen die Auswahl über die Schaltfläche Speichern oberhalb der Auflistung.

Abbildung 4.9 Die Reihenfolge von Inhaltstypen im Menü für neue Inhalte lässt sich auf einfache Art festlegen. Sie können sogar bestimmte Inhaltstypen aus dem Menü entfernen, indem Sie den Haken bei »Sichtbar« entfernen.

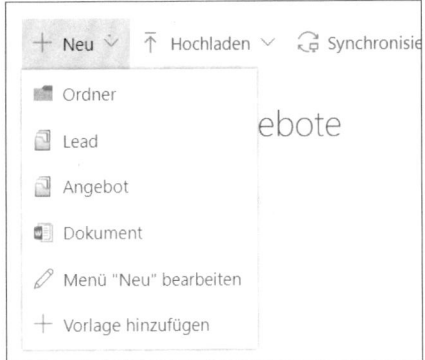

Abbildung 4.10 Sie können das Menü für neue Inhalte schnell und einfach anpassen.

Abbildung 4.11 Wählen Sie die gewünschten Optionen für neue Inhalte aus. Die Reihenfolge können Sie mittels Drag & Drop nach Bedarf ändern.

Einen Lead erfassen

Nun sind Sie so weit und können erste Leads in Ihrem Teamraum erfassen. Dazu wählen Sie in der Aktionsleiste den Menüpunkt NEU • LEAD aus. In Abbildung 4.12 sehen Sie die Eingabemaske für einen neuen Lead (ggf. mit mehr Metadaten, falls Sie diese erstellt haben).

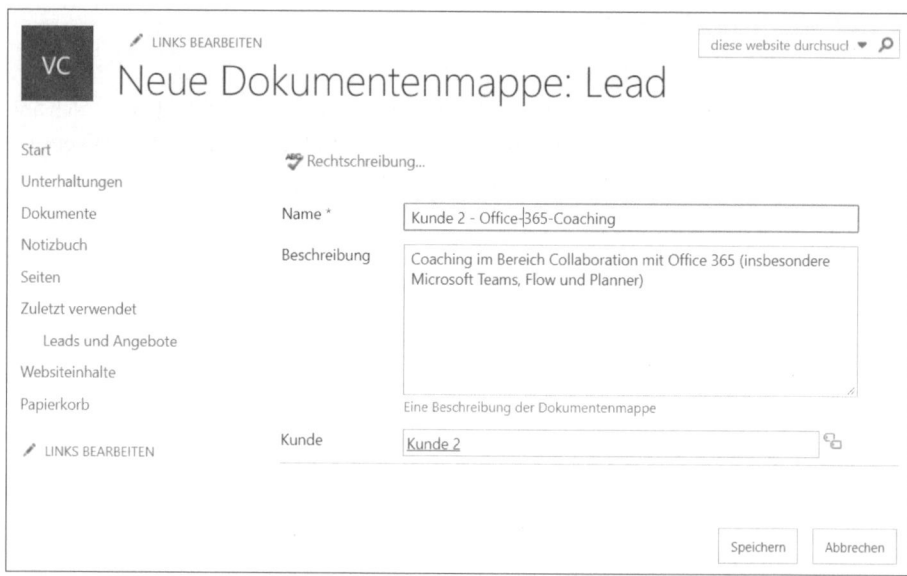

Abbildung 4.12 Ein neuer Lead mit den entsprechenden Metadaten ist schnell angelegt.

Sie können nun innerhalb der Mappe für einen Lead Informationen in Form von Dokumenten ablegen oder über den Menüpunkt EIGENSCHAFTEN BEARBEITEN (siehe Abbildung 4.13) die Metadaten des Leads ändern.

Abbildung 4.13 Per Drag & Drop können Sie Dokumente zu einem Lead ablegen.

Wie Sie Abbildung 4.14 entnehmen können, haben Sie ferner die Möglichkeit, den Inhaltstyp zu wechseln. So lassen sich, sobald aus einem Lead ein Angebot wird, die Veränderungen entsprechend kenntlich machen.

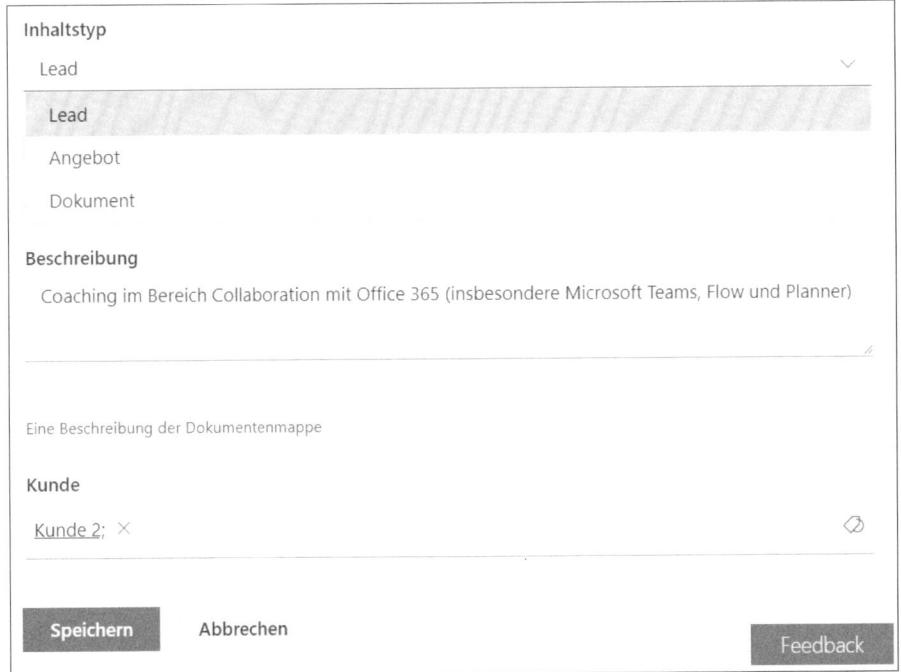

Abbildung 4.14 Sie können jederzeit den Inhaltstyp von »Lead« nach »Angebot« wechseln.

4.1.3 Genehmigungsprozess für Angebote unterstützen

Nachdem wir nun Leads und Angebote sowie insbesondere die Angebotsdokumente verwalten können, sollten wir auch den Freigabeprozess dafür besser unterstützen. In der Vergangenheit wurde dies über sogenannte *Workflows* ermöglicht. Microsoft 365 stellt hierfür den Dienst *Power Automate* bereit, der eng mit SharePoint verzahnt ist.

> **Power Automate: Ein Kurzüberblick**
> - **Kernfunktionen**: Unterstützung individueller Prozesse und Konfiguration eines Workflows mithilfe von vordefinierten Komponenten und Vorlagen
> - **Anwendungsszenarien**: Genehmigungs- und Freigabeprozesse für Dokumente
> - **Abgrenzung zu anderen Tools**: Während in Teams und SharePoint primär Informationen veröffentlicht bzw. untereinander ausgetauscht werden, verwendet Power Automate diese Daten, verknüpft sie mit Informationen aus anderen Systemen und kann für die Automatisierung von Prozessschritten genutzt werden. In Abschnitt 2.3.5, »Prozessunterstützung mit der Power Platform, künstlicher Intelligenz und Dynamics 365«, erhalten Sie hierzu weitere Informationen.

Wählen Sie in der Aktionsleiste den Menüpunkt AUTOMATISIEREN • POWER AUTO-MATE • FLOW ERSTELLEN aus (siehe Abbildung 4.15), um aus verschiedenen vordefinierten Flows wählen zu können. Diese Flows dienen als Vorlage, können aber auch ohne weitere Anpassung genutzt werden.

Abbildung 4.15 Sie können direkt aus der Bibliothek heraus Flows erstellen und konfigurieren.

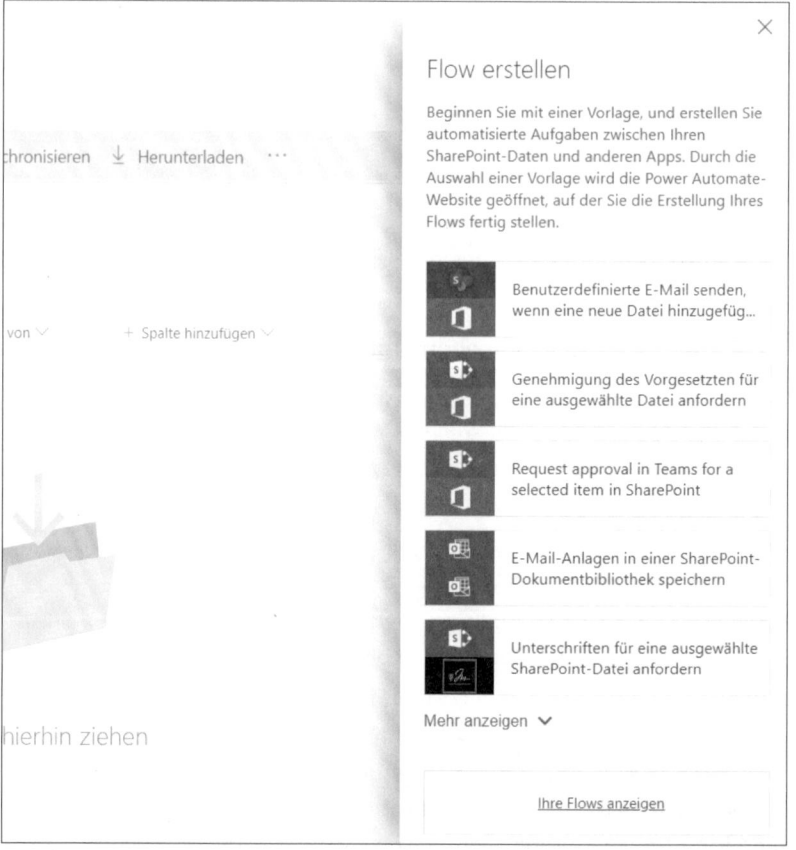

Abbildung 4.16 Es steht bereits eine große Auswahl an Flows für den Einsatz zur Verfügung.

Für Ihren Freigabeprozess sind beispielsweise folgende Flows interessant:

- **Genehmigung des Vorgesetzten für eine ausgewählte Datei anfordern**: Wenn Sie diesen Prozess für ein Dokument starten, müssen Sie lediglich eine Nachricht eingeben, die an den im System für Sie hinterlegten Vorgesetzten gesendet wird. Dieser kann das Dokument entweder freigeben oder es Ihnen zur weiteren Bearbeitung wieder zuweisen.

- **Unterschriften für eine ausgewählte SharePoint-Datei anfordern**: Viele Dokumente können heute bereits digital unterschrieben werden. Sie können für ein Dokument, das bereits einen Freigabeprozess durchlaufen hat, den Prozess anstoßen, um die erforderlichen digitalen Unterschriften einzuholen.

Um sich mit den Möglichkeiten vertraut zu machen, empfehle ich Ihnen, diese beiden Flows für eine Bibliothek einzurichten. Sobald Sie einen Flow auswählen, wird ein neuer Tab oder ein neues Fenster Ihres Browsers geöffnet, und Sie können den Flow Ihren Bedürfnissen entsprechend konfigurieren, indem Sie den Anweisungen folgen.

Dokumentenmappen kennen keine Flows

Wenn Sie nun einen Ihrer Flows ausprobieren möchten, werden Sie erst einmal nicht fündig, denn Dokumentenmappen kennen keine Flows. Bei diesen Mappen handelt es sich im weitesten Sinne um Ordner. Sie benötigen demnach Dokumente, für die Sie Ihre Flows ausführen können. Innerhalb einer Mappe stehen Flows aktuell ebenfalls nicht zur Verfügung (Stand Frühjahr 2020). Aus diesem Grund erstellen Sie eine besondere Ansicht für Ihre Bibliothek:

1. Klicken Sie auf den Pfeil nach unten neben der Option »Alle Dokumente«, um das in Abbildung 4.17 dargestellte Menü zu öffnen. Wählen Sie darin den Menüpunkt ANSICHT SPEICHERN UNTER aus.

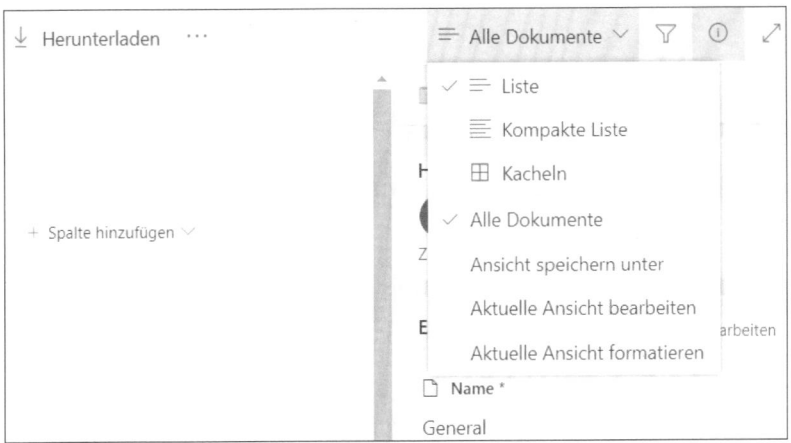

Abbildung 4.17 Erstellen Sie eine Ansicht, die Ihnen sämtliche Dokumente unabhängig von der jeweiligen Mappe anzeigt, in der sie enthalten sind.

2. Geben Sie in dem eingeblendeten Dialog einen Namen für die neue Ansicht wie zum Beispiel »Freigaben« an und bestätigen Sie die Eingabe über die Schaltfläche Speichern.
3. Die neue Ansicht entspricht zunächst erst einmal der Ansicht »Alle Dokumente« und muss angepasst werden. Dafür wählen Sie im Menü den Menüpunkt Aktuelle Ansicht bearbeiten aus.
4. Ändern Sie die Einstellungen der Ansicht wie in Abbildung 4.18 und Abbildung 4.19 beschrieben. Sie können natürlich auch weitere Einstellungen ändern; wichtig ist jedoch, dass Sie den Filter auf Dokumente einschränken und die Dokumente so anzeigen lassen, als ob sie überhaupt nicht in Mappen gespeichert wären.

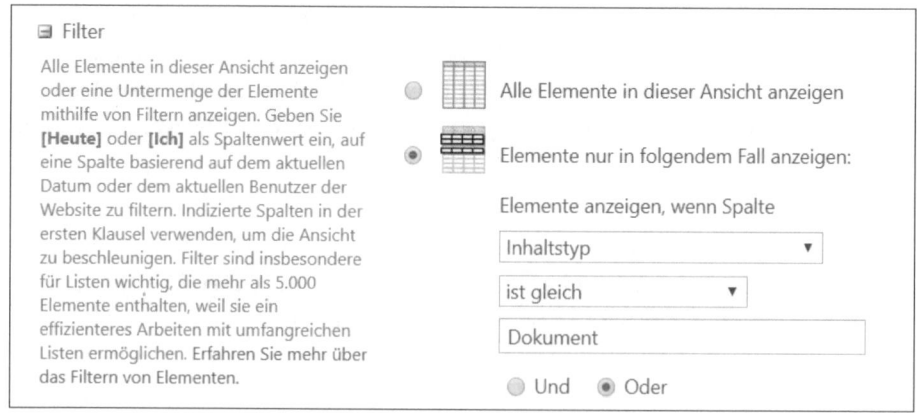

Abbildung 4.18 Fügen Sie einen Filter hinzu, sodass nur Dokumente (und keine Dokumentenmappen) angezeigt werden.

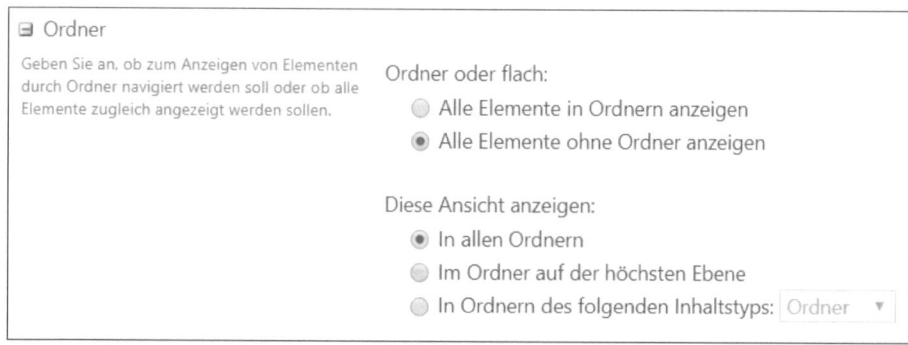

Abbildung 4.19 Die Konfigurationsmöglichkeiten für Ordner sind standardmäßig eingeklappt. Öffnen Sie die Rubrik und zeigen Sie Dokumente zukünftig ohne Ordnerstrukturen an.

Jetzt ist es an der Zeit, dass Sie Ihre Flows das erste Mal ausführen.

Gehen Sie dazu in die Bibliothek und rufen Sie die Ansicht »Freigaben« auf. Nach Auswahl eines Dokuments (siehe Haken links neben dem Dokumentennamen in Abbildung 4.20) können Sie in der Aktionsleiste unter dem Menüpunkt AUTOMATISIEREN den gewünschten Flow auswählen.

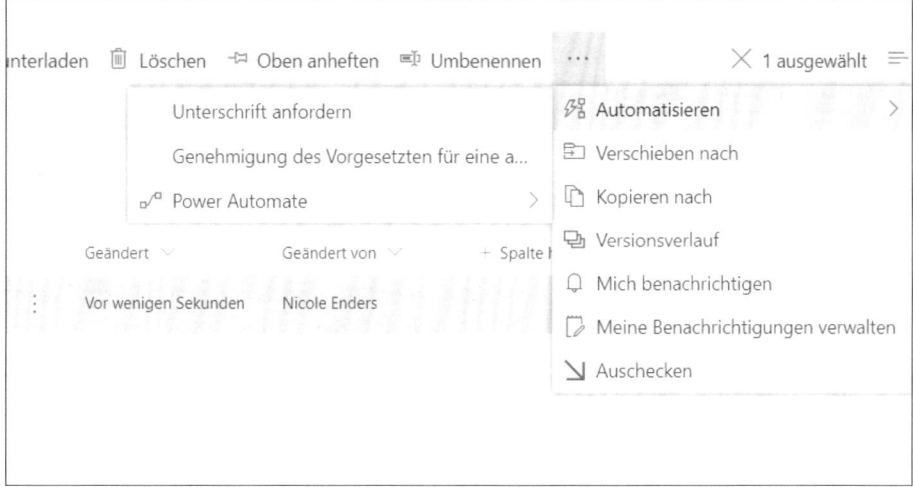

Abbildung 4.20 Starten Sie über die Aktionsleiste einen Flow für ein ausgewähltes Dokument.

Nachdem Sie einen Flow ausgewählt haben, erscheint im rechten Bereich ein Dialog, in dem Sie beispielsweise bei der Genehmigung durch den Vorgesetzten dazu aufgefordert werden, eine Nachricht einzugeben, die an den Vorgesetzten gesendet werden soll. Außerdem starten Sie nach der Eingabe der für den Flow relevanten Informationen die Ausführung des Flows. Unter Umständen kann es auch sein, dass anstelle des Dialogs ein neuer Browser-Tab oder -Fenster geöffnet wird.

> **Wie kann ich Flows einsetzen?**
>
> In unserem Szenario nutzen wir Flows, die manuell gestartet werden. Sie können Ihre Flows aber auch so konfigurieren, dass sie bei Erstellen oder Ändern von Dokumenten oder unter ganz bestimmten Bedingungen, wie beispielsweise bei Erreichen eines bestimmten Status, automatisch ausgeführt werden.
>
> Außerdem können Sie in Flow auf nahezu die gleichen Konnektoren wie in *Teams* zugreifen. So lassen sich toolübergreifende Prozesse umsetzen. Dabei sind Microsoft-eigene Dienste wie *Teams*, Yammer und SharePoint genauso in der Auswahl enthalten wie Twitter, JIRA oder Salesforce.

4.1.4 Integration in Microsoft Teams

Innerhalb des SharePoint-Teamraums haben Sie nun eine gute Möglichkeit zur Unterstützung des Angebotsprozesses geschaffen. Da Sie aber die meiste Zeit in *Teams* verbringen, werden Sie die Bibliothek nun in Ihr Team in *Teams* integrieren.

Gehen Sie dazu in Ihr Vertriebsteam und klicken Sie im Kanal »Allgemein« auf das ⊞-Zeichen für eine neue Registerkarte. Wählen Sie im eingeblendeten Dialog die Kachel DOKUMENTBIBLIOTHEK aus.

Unter RELEVANTE WEBSITES sollte als Option der Name Ihres Teams bzw. Ihrer SharePoint-Website erscheinen (in meinem Fall »Vertrieb@CONET«). Wählen Sie das Team aus und bestätigen Sie die Auswahl mit WEITER.

Wie Sie in Abbildung 4.21 sehen können, werden Ihnen alle Bibliotheken der ausgewählten SharePoint-Website zur Auswahl angeboten; und zwar unabhängig davon, ob Sie diese Bibliothek bereits in ihr Team integriert haben oder nicht.

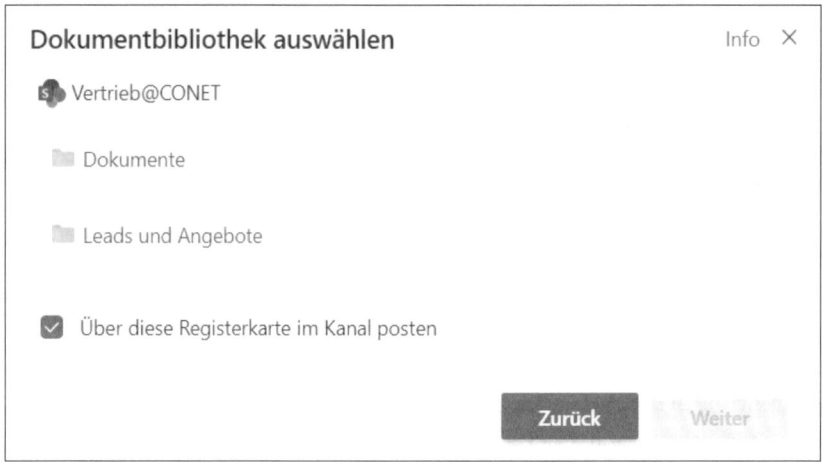

Abbildung 4.21 Ihnen werden sämtliche Bibliotheken der ausgewählten SharePoint-Website zur Auswahl angeboten.

Wählen Sie die Bibliothek »Leads und Angebote« aus und betätigen Sie die Schaltfläche WEITER, um auf der nächsten Seite einen Namen für die Registerkarte anzugeben. Standardmäßig ist der Name auf »Dokumentbibliothek« festgelegt. Geben Sie stattdessen den Namen »Leads und Angebote« an und schließen Sie den Vorgang über die Schaltfläche SPEICHERN ab.

In Abbildung 4.22 sehen Sie das Ergebnis Ihrer Arbeit. Sie können sich nun in *Teams* über neue Leads und Vertriebstermine austauschen und unkompliziert Dokumente hochladen.

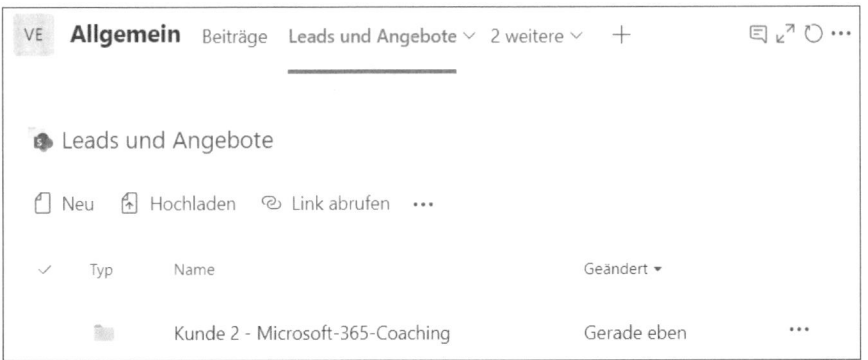

Abbildung 4.22 Nach der Integration haben Sie Zugriff auf Leads, Angebote und alle dazugehörigen Dokumente.

> **Die Integration von SharePoint in Teams hat ihre Grenzen**
>
> Bisher stehen die wesentlichen Funktionen zur Bearbeitung von Dokumenten auch in *Teams* zur Verfügung. Weitere Funktionen wie die Unterstützung von Prozessen oder bestimmten Dokumentenvorlagen fehlen aktuell allerdings noch und können lediglich aus SharePoint heraus genutzt werden.
>
> Daher müssen Sie in unserem Szenario für die Anlage eines neuen Leads oder die Ausführung eines Flows noch in die zugehörige SharePoint-Website wechseln.
>
> Dennoch können Sie auch mit den momentan zur Verfügung stehenden Möglichkeiten die vielfältigen Herausforderungen des Vertriebsalltags bewältigen. Dazu gehören zum Beispiel folgende Szenarien:
>
> ▸ Erstellung von Leads und Verknüpfung mit Kundenkontakten in einem zentralen CRM-System
> ▸ Zuordnung von E-Mails und Notizen zu einem Kunden bzw. Lead
> ▸ Erstellung von Angeboten inklusive Freigabeprozess und Unterzeichnung relevanter Dokumente
> ▸ Benachrichtigung aller am Vertriebsprozess beteiligten Personen
>
> Überlegen Sie, ob es bestimmte Prozesse gibt, die zwingend unterstützt werden sollen, und testen Sie, ob Sie mit den Ihnen bekannten Werkzeugen für eine Unterstützung sorgen können.

4.2 Der Auftrag ist da und das Projekt kann starten

Nachdem wir ein Angebot erstellt haben, gehen wir davon aus, dass es angenommen wird und es somit zu einem Auftrag kommt. Um dies wie Leads und Angebote zu kennzeichnen und eine zentrale Projektliste zu erhalten, können Sie einen weiteren

Inhaltstyp »Projekt« erstellen und in der Dokumentbibliothek »Leads und Angebote« in Ihrem Vertriebsteam hinzufügen.

Sie können damit vom Status »Angebot« zu »Projekt« wechseln, indem Sie den Inhaltstyp ändern. Um eine Übersicht über alle Projekte zu erhalten, empfehle ich Ihnen außerdem die Erstellung einer Ansicht, die nach dem Inhaltstyp »Projekt« filtert.

Unterstützung der Zusammenarbeit bei unterschiedlichen Arten von Projekten

Für die Unterstützung der täglichen Arbeit Ihrer Projektteams mit *Teams* sollten Sie sich einige Fragen stellen:

- Wozu möchten Sie *Teams* einsetzen? Möchten Sie sich auf die reine Kommunikation und die gemeinsame Bearbeitung von Dokumenten beschränken?
- Nutzen Sie bereits andere Tools (zum Beispiel für die Verwaltung von Aufgaben) und möchten diese auch weiterhin nutzen?
- Welchen Umfang haben Ihre Projekte und welche Strukturierung möchten Sie vornehmen?
- Bearbeiten Sie in einem Team verschiedene Projekte, oder hat nahezu jedes Projekt seine individuelle Teamkonstellation?

Die Antworten auf diese Fragen sind entscheidend für den effektiven Einsatz von *Teams*.

Projekte mit derselben Teamkonstellation

Nehmen wir an, Sie arbeiten in einem Team, in dem immer dieselben Mitarbeiter in Projekten zusammenarbeiten. Für die Verwaltung aller Aufgaben nutzen Sie ein Drittanbieter-Tool, das Sie noch besser als Planner bei Priorisierung, Planung und Durchführung der Aufgaben unterstützt. Sie nutzen *Teams* primär zur Unterstützung der teaminternen Kommunikation eines geografisch verteilten Teams. Neben allgemeinen Kanälen für organisatorische Themen, Weiterbildung und Ihre täglichen Stand-up-Meetings haben Sie für jedes Projekt einen separaten Kanal eingerichtet. Durch die E-Mail-Adresse können Sie direkt im gewünschten Projektkanal Kundeninformationen mit dem Team teilen und nach dem Austausch im Team dem Kunden Rückmeldung geben.

Teilweise unterschiedliche Teamkonstellationen

Sobald Sie in einem Projekt ein weiteres Teammitglied haben, ist die beschriebene Lösung nicht mehr optimal, denn wie integrieren Sie diesen Mitarbeiter in das Team? Wenn Sie die Person als Mitglied zu dem Team hinzufügen, erhält sie auch Zugriff auf die übrigen Informationen wie z. B. die Kanäle derjenigen Projekte, in denen sie gar nicht mitarbeitet. Bei einer einzigen Person ist dieser Nebeneffekt vielleicht noch nicht gravierend. Aber schnell kommt eine Person nach der anderen hinzu, und Sie haben ein Team für die gesamte Projektarbeit im Unternehmen. Dieser Zustand wird über kurz oder lang zu Unübersichtlichkeit führen.

Größere Projekte, die sich in Teilprojekte unterteilen lassen

Bei größeren Projekten, die nicht mehr mit einem Kanal auskommen und somit weiteren Strukturierungsbedarf haben, ist ein einziges Team für alle gemeinsamen Projekte ebenfalls keine Option mehr, da auch hier die Übersichtlichkeit auf Dauer nicht gewährleistet ist.

Vorlagen für Ihre Projektteams

Wenn Sie *Teams* zur Unterstützung Ihrer Projektarbeit einsetzen möchten, möchte ich anregen, Vorlagen für die wichtigsten Projekttypen zu erstellen. Legen Sie zum Beispiel drei Teams an:

- Projekt (klein)
- Projekt (mittel)
- Projekt (groß)

Vielleicht werden in Ihrem Unternehmen Projekte auch nach folgenden Gesichtspunkten unterschieden:

- Interne oder externe Projekte
- Kundensegmente
- Technologische Aspekte
- ...

Finden Sie für sich heraus, welche besonderen Bedürfnisse Sie an die Zusammenarbeit in Ihren Projektteams haben und erstellen Sie hierfür beispielhafte Teams. Um diese schnell wiederzufinden und außerdem zu kennzeichnen, dass darin keine Inhalte erfasst werden sollen, empfehle ich Ihnen die Verwendung eines Präfixes wie beispielsweise »[Vorlage]«.

In unserem Beispiel habe ich drei Teams für die unterschiedlichen Projektgrößen angelegt. Dabei habe ich für das kleine Team lediglich den Kanal »Allgemein« angepasst und um eine Registerkarte für das Aufgabenmanagement erweitert. Bei dem mittleren und großen Projekt habe ich entsprechend der Vorgehensweise nach *PRINCE2* jeweils weitere Kanäle und Bibliotheken (zum Beispiel zur Unterscheidung nach Management- und Spezialistenprodukten) hinzugefügt. Ich gehe an dieser Stelle bewusst nicht im Detail auf die inhaltliche Gestaltung der Teams ein, weil diese von Ihren individuellen Bedürfnissen abhängig ist. Nutzen Sie die volle Flexibilität, die Ihnen mit diesem Tool geboten wird.

Ein Team auf Basis einer Vorlage erstellen

Wenn Sie ein Team auf Basis einer Vorlage erstellen möchten, rufen Sie zunächst den Menüpunkt EINEM TEAM BEITRETEN ODER EIN TEAM ERSTELLEN unterhalb der Auflistung Ihrer Teams auf. In der daraufhin erscheinenden Auswahlliste betätigen Sie die Schaltfläche TEAM ERSTELLEN und wählen in dem nun erscheinenden Dialog zuerst ERSTELLEN VON... und anschließend die Option TEAM aus.

Sie können nun, wie Abbildung 4.23 zeigt, ein bestehendes Team als Vorlage für Ihr neues Team auswählen.

Abbildung 4.23 Wählen Sie ein bestehendes Team als Vorlage für Ihr neues Team aus.

Nachdem Sie Ihre Auswahl über die Schaltfläche TEAM AUSWÄHLEN bestätigt haben, gelangen Sie zur Konfigurationsseite (siehe Abbildung 4.24).

Ändern Sie als Erstes den Namen für Ihr Team. Anschließend entscheiden Sie, welche Einstellungen Sie übernehmen möchten. Standardmäßig sind Registerkarten sowie die Teammitglieder nicht mit ausgewählt und müssen aktiv von Ihnen markiert werden. Konnektoren sind allerdings fest mit einem Team verknüpft und müssen im neuen Team daher manuell nachjustiert werden. Die Verwendung von Vorlagen stellt trotz alledem eine Arbeitserleichterung dar und erlaubt es Ihnen, die sich bei Einrichtung eines Teams wiederholenden Schritte nur ein einziges Mal auszuführen.

Mein Team taucht in der Auswahlliste nicht auf!

Bisher habe ich Ihnen private und öffentliche Teams vorgestellt. Sie können allerdings bei der richtigen zentralen Konfiguration auch organisationsweite Teams erstellen. Grundsätzlich handelt es sich dabei um öffentliche Teams, in denen jeder Mitarbeiter Ihrer Organisation automatisch hinzugefügt wird. Aktuell scheint es hierbei jedoch ein technisches Problem in *Teams* zu geben, sodass diese Teams nicht als Vorlage für neue Teams genutzt werden können (Stand Frühjahr 2020).

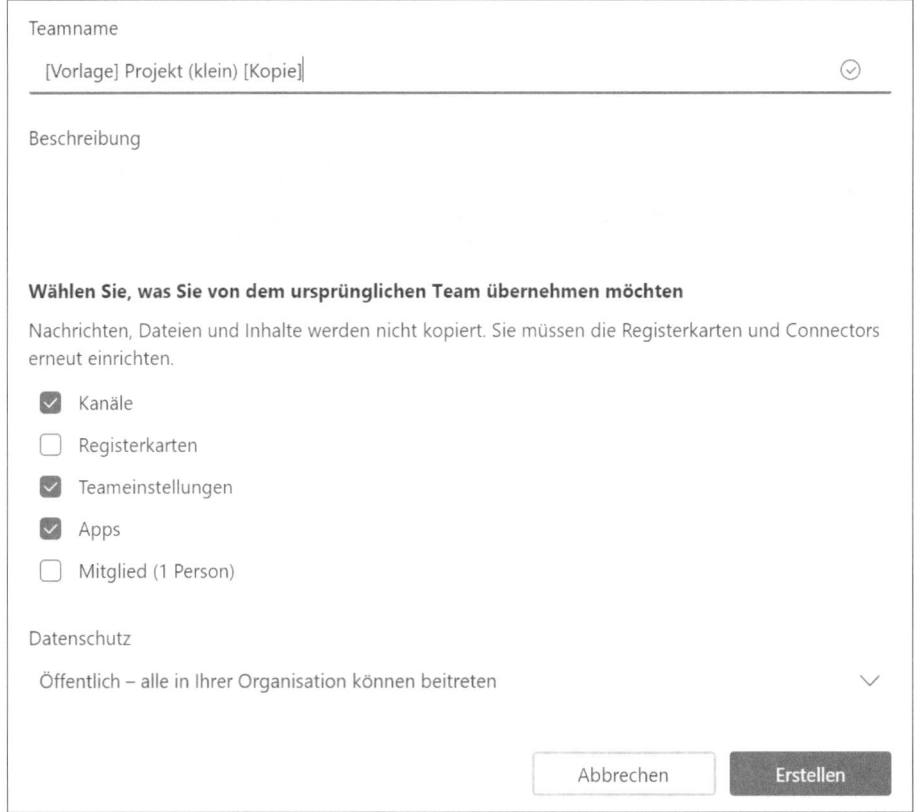

Abbildung 4.24 Entscheiden Sie, welche Komponenten Sie aus der Vorlage übernehmen möchten.

4.3 Projektplanung und -management

Als Projektleiter nutzen Sie vielleicht aktuell *Outlook*, *Excel* oder *Project* zur Planung Ihrer Projekte. In Abschnitt 3.4 haben Sie den Microsoft-365-Dienst *Planner* als Alternative oder Ergänzung zu diesen Tools zur Aufgabenplanung kennengelernt.

In diesem Abschnitt werden wir uns zunächst mit weiteren Funktionen dieses Dienstes zur Unterstützung bei der Planung von Arbeitspaketen und Aufgaben befassen. Dabei werden Sie lernen, für welche Einsatzszenarien dieses Tool sinnvoll genutzt werden kann und in welchen Fällen Sie ein anderes Tool benötigen. Aufbauend auf dieser Erkenntnis werde ich Ihnen auch einen kurzen Einblick in den Aufbau von *Project* als alternatives Tool für das Projektmanagement geben.

Integration in Outlook zur optimierten Terminplanung

Um Sie bei der Planung von Arbeitspaketen und Aufgaben zu unterstützen, wird Ihnen eine Integration von Planner in Outlook angeboten. Hierzu müssen Sie jedoch den Dienst Planner unter *https://tasks.office.com* in Ihrem Browser aufrufen und in den entsprechenden Plan navigieren.

Über die 3-Punkte-Schaltfläche neben dem Menüpunkt ZEITPLAN können Sie ein Menü mit weiteren Aktionen öffnen (siehe Abbildung 4.25). Dort wählen Sie den Menüpunkt HINZUFÜGEN EINES PLANS ZUM OUTLOOK-KALENDER aus.

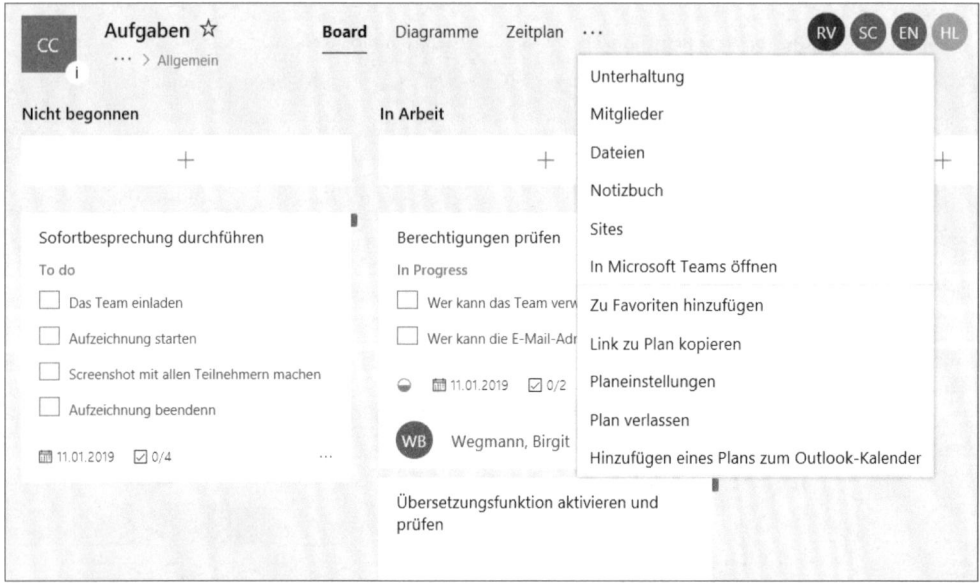

Abbildung 4.25 Einen Plan zu Ihrem Outlook-Kalender hinzufügen

Daraufhin erscheint der in Abbildung 4.26 dargestellte Dialog, in dem Sie die Option VERÖFFENTLICHEN auswählen und auf den Link ZU OUTLOOK HINZUFÜGEN klicken können.

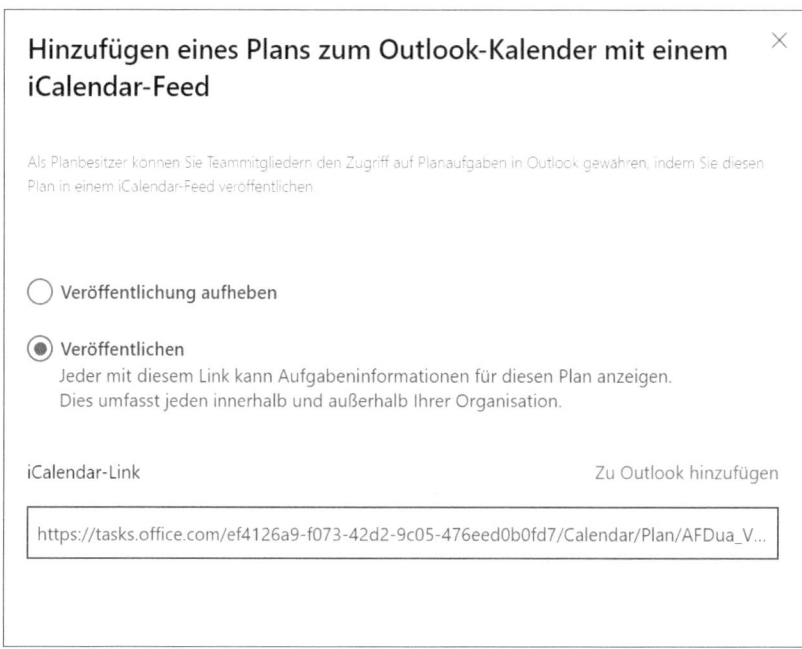

Abbildung 4.26 Integrieren Sie Ihre Aufgabenliste aus Planner in Outlook, um Terminkonflikte schneller zu erkennen.

Daraufhin öffnet sich Ihr Outlook mit einem Konfigurationsdialog für den zu integrierenden Kalender (siehe Abbildung 4.27).

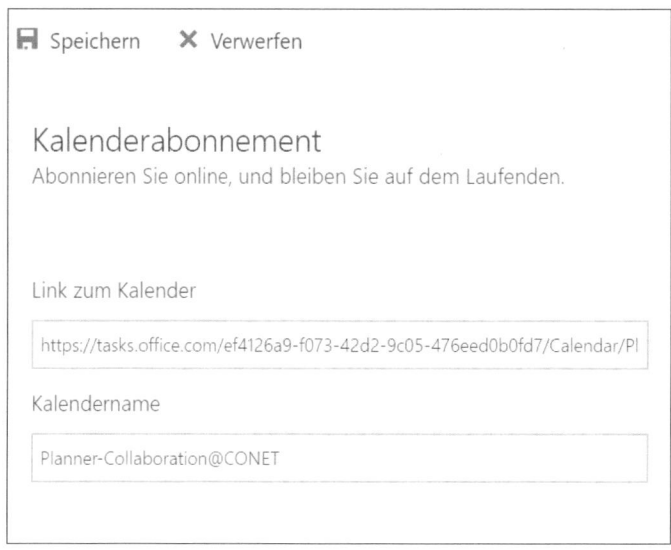

Abbildung 4.27 Legen Sie den Namen für den Kalender in Ihrem Outlook fest.

Kann ich Abhängigkeiten zwischen einzelnen Arbeitspaketen oder Aufgaben verwalten?

Nein, das ist bisher nicht möglich. In meinen Projekten ist die Verwaltung von Abhängigkeiten zwischen einzelnen Arbeitspaketen bzw. Aufgaben sowie die Abhängigkeit von der Verfügbarkeit bestimmter Mitarbeiter eine der Aufgaben, denen ich besondere Aufmerksamkeit widmen muss. Hier wäre eine Tool-Unterstützung zumindest in Form von Warnmeldungen, wenn beispielsweise ein benötigter Mitarbeiter in der für das Arbeitspaket vorgesehenen Zeitspanne nicht verfügbar ist, sehr hilfreich. Der Fokus von Planner liegt auf der Bearbeitung von Aufgaben. Für weitere Funktionen im Bereich des Projektmanagements müssen bei Bedarf andere Tools eingesetzt werden.

Der Link »Zu Outlook hinzufügen« erscheint bei mir nicht!

In diesem Fall nutzen Sie vielleicht noch kein Exchange Online. Sie können aber trotzdem den Kalender in Ihr lokales Outlook integrieren. Gehen Sie dazu in Ihren Kalender und öffnen Sie in der Auflistung der Kalender das Kontextmenü.

Wählen Sie nun wie in Abbildung 4.28 den Menüpunkt Aus dem Internet aus und geben Sie in der daraufhin erscheinenden Eingabemaske den Link aus dem Dialog in Planner (siehe Beispiel in Abbildung 4.26) an.

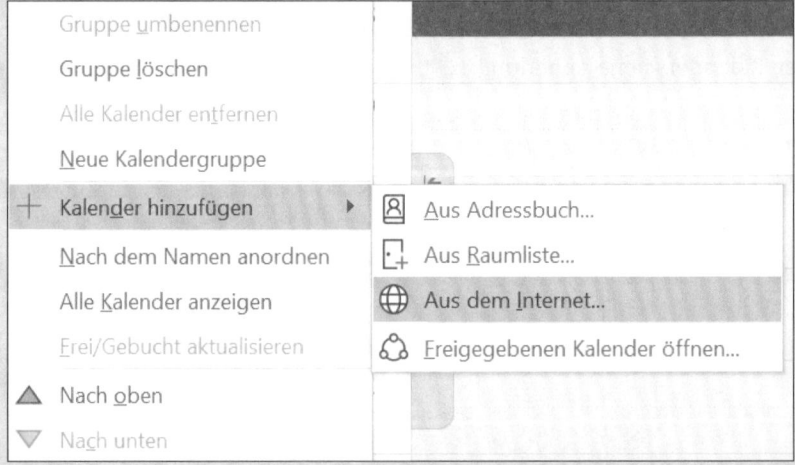

Abbildung 4.28 Sie können die Aufgabenliste aus Planner auch manuell in Outlook hinzufügen.

Exkurs: Projektmanagement mit Microsoft Project

Welches Tool können Sie bei großen und komplexen Projekten oder im Rahmen des Multiprojektmanagements nutzen? *Project* ist zur Unterstützung des Projektmanagements gedacht und hilft Ihnen vor allem bei der Planung und Durchführung mehrerer parallel laufender Projekte. Gemeinsam genutzte Ressourcen (wie zum Beispiel die Mitarbeiter) können so eingesetzt werden, dass keine Überlast entsteht.

SharePoint ist die Plattform des Project-Servers, um eine zentrale und einheitliche Benutzeroberfläche zur Datenspeicherung und Zusammenarbeit bereitzustellen. Die Anwender können unabhängig von ihrer Rolle über die Weboberfläche auf Daten und Funktionen zugreifen, ohne einen Project-Client aus der Microsoft-Office-Produktpalette zu benötigen.

Abbildung 4.29 zeigt die Homepage von Project Online. Während die Standardfarbe in SharePoint ein Blauton ist, wird bei Project als Farbe für die Benutzeroberfläche (beispielsweise für die Kacheln) Grün verwendet. Über diese Kacheln können Sie direkt auf die Projekte oder die Ihnen zugewiesenen Projekttätigkeiten bzw. Vorgänge zugreifen.

Abbildung 4.29 Project zur Unterstützung großer Projekte oder des Multiprojektmanagements

Alternativ können Sie auch die linke Navigation nutzen und zum Beispiel die Projekte aufrufen. Wenn Sie dort ein Projekt öffnen, wird Ihnen dieses so dargestellt wie in Abbildung 4.30 gezeigt.

Die Ähnlichkeiten zu einer Aufgabenliste aus SharePoint sind deutlich erkennbar, wobei in diesem Produkt die SharePoint-Funktionalitäten mit denen einer Microsoft-Project-Clientanwendung vereint werden.

Unter *www.microsoft.com/de-de/microsoft-365/project/project-management-software* erhalten Sie weitere Informationen zu Project.

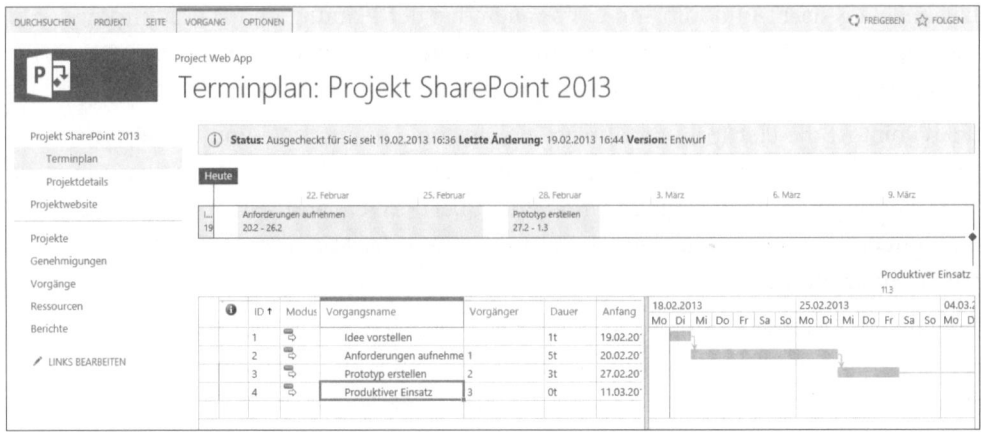

Abbildung 4.30 Projektplanung, Arbeitspakete und Vorgänge

4.4 Aufgaben bearbeiten und überwachen

Nicht nur für den Projektleiter, sondern auch für jedes einzelne Teammitglied ist es wichtig, einen Überblick über die laufenden und anstehenden Aufgaben zu haben. Gerade, wenn Sie gleichzeitig in mehreren Projekten aktiv sind, sollten Sie einen übergreifenden Blick auf Ihre Arbeitspakete erhalten.

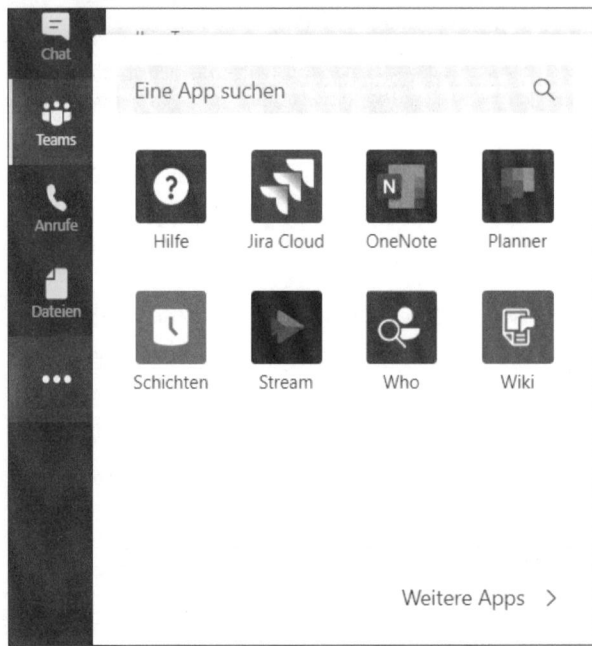

Abbildung 4.31 Nutzen Sie die Planner-App in Teams, um einen Gesamtüberblick über Ihre Arbeit zu erhalten.

Bisher haben Sie Planner im Kontext einer Registerkarte innerhalb eines Teams bzw. eines Kanals genutzt. Sie können den Dienst jedoch auch als App aufrufen (siehe Abbildung 4.31). Nutzen Sie dazu einfach die 3-Punkte-Schaltfläche in der linken Menüleiste und wählen Sie den Menüpunkt PLANNER aus.

Überblick über Ihre persönlichen Aufgaben

Auf der Registerkarte MEINE AUFGABEN sehen Sie Ihr persönliches Aufgaben-Board (siehe Abbildung 4.32) und können die Darstellung nach folgenden Kriterien gruppieren:

- **Plan**: Diese Ansicht hilft Ihnen besonders dann, wenn Sie Aufgaben zu einem bestimmten Projekt oder Thema blockweise abarbeiten möchten. Damit vermeiden Sie zeitraubende Kontextwechsel.
- **Status**: Bei dieser Einstellung (entspricht Abbildung 4.32) nutzen Sie ein Scrum-Board. Sie sehen auf einen Blick die aktuell von Ihnen bearbeiteten Aufgaben und können anstehende Arbeiten projektübergreifend priorisieren.
- **Fälligkeitsdatum**: Diese Option bietet Ihnen einen schnellen Überblick darüber, ob es überfällige oder bald fällige Aufgaben gibt, die Ihre besondere Aufmerksamkeit verdienen.

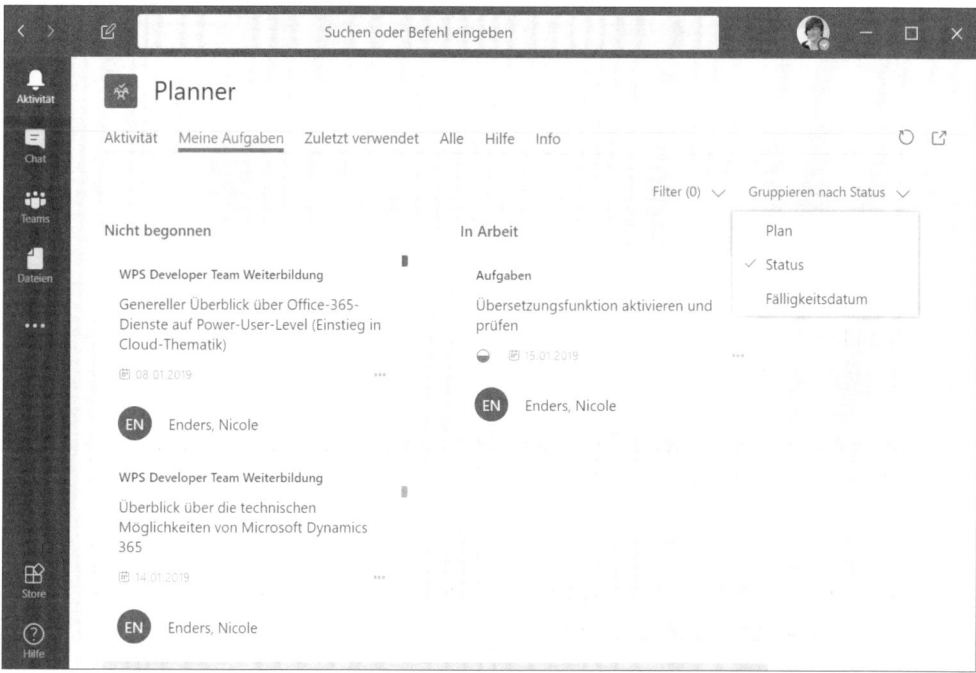

Abbildung 4.32 Mithilfe Ihres persönlichen Aufgaben-Boards können Sie Ihre Arbeiten besser planen.

Alle drei Optionen unterstützen Sie bei der Bearbeitung Ihrer Aufgaben. In Kombination mit einem Informationsaustausch innerhalb Ihrer Teams können Sie so gemeinsam schneller Ihre Ziele erreichen.

Schneller Zugriff auf die verschiedenen Projekte

Über die Registerkarte ZULETZT VERWENDET können Sie sich außerdem einen Überblick über alle Pläne verschaffen, in denen Sie aktiv sind. Unter der Annahme, dass ein Plan in der Regel einem Projekt entspricht, verfügen Sie damit über Ihre persönliche Projektliste.

Abbildung 4.33 Über Ihre persönliche Projektliste können Sie auf die verschiedenen Pläne in Planner zugreifen.

Diese Auflistung erlaubt Ihnen außerdem einen schnellen Zugriff auf die für Sie aktuell wichtigsten Projekte bzw. Pläne.

4.5 Mit Kunden, externen Mitarbeitern und Partnern zusammenarbeiten

Die teaminterne Zusammenarbeit im Rahmen eines Projektes haben wir nun aus verschiedenen Blickwinkeln betrachtet. Nun werden wir uns mit externen Beteiligten wie Kunden und Partnern beschäftigen. Externe Mitarbeiter, die als Teil des internen

Projektteams betrachtet werden, können Sie als Gäste zu Ihrem Team hinzufügen. Dies habe ich in Abschnitt 3.1.4 bereits näher beleuchtet. Während diese externen Teammitglieder in den meisten Fällen auf sämtliche Informationen zugreifen und somit dieselben Berechtigungen wie Ihr internes Projektteam erhalten dürfen, wird es in der Regel Projektbeteiligte wie Kunden, Stakeholder, Auftragnehmer oder Partner geben, denen Sie nur bestimmte Informationen zugänglich machen möchten. Auf der anderen Seite möchten Sie aber auch die lästige E-Mail-Flut und die Frage, welches Excel-Sheet nun das aktuelle ist und ob Ihnen gerade dieselben Informationen vorliegen wie beispielsweise Ihrem Kunden, hinter sich lassen können.

> **SharePoint: Ein Kurzüberblick**
>
> ▸ **Kernfunktionen**: Gemeinsame Bearbeitung von Dokumenten, Aufgabenverwaltung und Informationsaustausch
>
> ▸ **Anwendungsszenarien**: Teamarbeitsräume für Organisationseinheiten, Projektteams sowie für die Kommunikation mit externen Nutzern und Informationsaustausch in einem Social Intranet (siehe Kapitel 6, »Collaboration meets Social Intranet«)
>
> ▸ **Abgrenzung zu anderen Tools**: SharePoint ist bereits aus dem On-Premises-Umfeld als Collaboration-Tool bekannt und stellt die wesentlichen Funktionen für die Unterstützung der Zusammenarbeit von Teams zur Verfügung. Im Vergleich zu *Teams* fehlt in SharePoint die Möglichkeit, sich in Form eines Chats oder einer Besprechung im Team auszutauschen.

4.5.1 SharePoint Online zur Unterstützung der Kundenkommunikation

Um die Kommunikation während eines Kundenauftrags zu unterstützen, können wir einen Arbeitsraum in SharePoint Online einrichten. Wahrscheinlich lassen sich auch Ihre Kundenaufträge in verschiedene Kategorien einteilen. Im aktuellen Szenario gibt es Aufträge, bei denen eine Lösung entwickelt werden muss und der Kunde aktiv in die Phase der Qualitätssicherung eingebunden wird. Bei anderen Aufträgen steht die Beratung zu einem bestimmten Thema im Fokus. Dort geht es hauptsächlich darum, dass der Kunde Fragen ins System einstellen soll, die daraufhin den jeweiligen Experten im Projektteam zugeordnet werden. Außerdem werden Dokumente erstellt und untereinander ausgetauscht.

Für jede Art von Kundenauftrag können Sie jeweils eine Vorlage erstellen, die bei der Einrichtung eines Arbeitsraums ausgewählt werden kann. So besteht die Einrichtung lediglich aus der Auswahl der jeweiligen Vorlage und daraus, Zugriff für die Mitglieder des Projektteams sowie für die jeweiligen Ansprechpartner seitens des Kunden zu erteilen.

4.5.2 Für Fortgeschrittene: Erstellen einer Vorlage für den Arbeitsraum

In SharePoint gibt es seit längerem die Möglichkeit, eine bestehende Website als Vorlage zu speichern. Wenn Sie heutzutage diese Funktion in SharePoint Online suchen, werden Sie sie nicht mehr finden. Damit ist eine sehr beliebte Funktion entfernt worden. Microsoft bietet uns allerdings eine Alternative an, die jedoch nicht für Anwender geeignet ist.

> **Zielgruppe dieses Abschnitts**
> Für die Erstellung einer Websitevorlage benötigen Sie einen technischen Berater oder Entwickler. Dieser Abschnitt hat einen starken technischen Fokus. Sie können den Abschnitt überfliegen und mit Abschnitt 4.5.3 fortfahren, um zu lernen, wie Sie eine Vorlage nutzen können.

Website-Entwurf definieren

Die Gestaltung einer Vorlage erfolgt mittels JSON. Unter *https://docs.microsoft.com/en-us/sharepoint/dev/declarative-customization/site-design-overview* finden Sie eine gute Übersicht über die Möglichkeiten von sogenannten *Website-Entwürfen* (auch bekannt als *Site Designs*).

Um Ihnen die Vorgehensweise zu erläutern, erstelle ich nun einen solchen Website-Entwurf. Dabei handelt es sich um eine Art Bauanleitung, welche Inhalte der zukünftige Arbeitsraum enthalten soll. Sie können zum Beispiel folgende Aspekte definieren:

- **Listen, Bibliotheken und Felder:** Sie können genau festlegen, welche Informationsstrukturen in einem Arbeitsraum dieses Typs zur Verfügung stehen sollen.
- **Design**: Wenn Sie Arbeitsräume eines bestimmten Typs direkt durch eine primäre Farbe kennzeichnen, machen Sie es Ihren Kollegen leicht, den Unterschied zwischen einem Arbeitsraum mit externen Teilnehmern wie z. B. Kunden und einer internen Arbeitsgruppe sofort zu erkennen.
- **Formatierungen**: Sie können besondere Formatregeln für ausgewählte Felder hinterlegen und beispielsweise bei Aufgaben einen Fortschrittsbalken anstelle des üblichen Vervollständigungs-Prozentwerts anzeigen lassen. Für geografische Informationen wäre mit geeigneter Formatierung auch eine Kartendarstellung denkbar.
- **Weitere Anpassungen:** Es sind viele weitere Anpassungen Ihres Arbeitsraums vorstellbar. Diese können mittels verschiedener Werkzeuge wie *Azure Functions* und *Power Automate* durch einen Entwickler umgesetzt werden. Die Ausführung eines Flows wird dann mit in den Website-Entwurf integriert und erlaubt somit die Ausführung von Hintergrundaktionen, die bei Anwendung des Website-Entwurfs ausgelöst werden.

Ich definiere nun einen ersten Website-Entwurf und schaue mir gemeinsam mit Ihnen die Bereitstellung in SharePoint Online sowie deren Auswirkung genauer an. Hierzu erstelle ich als Erstes eine JSON-Datei wie in Listing 4.1 dargestellt.

```
{
    "$schema": "schema.json",
    "actions": [{
        "verb": "applyTheme",
        "themeName": "Externer Arbeitsraum"
    },
    {
        "verb": "createSPList",
        "listName": "Projektstatus",
        "templateType": 100,
        "subactions": [{
            "verb": "SetDescription",
            "description": "Hier werden die regelmäßigen
                            Statusmeldungen erfasst"
        },
        {
            "verb": "addSPField",
            "fieldType": "Text",
            "displayName": "Status",
            "addToDefaultView": true,
            "isRequired": true
        },
        {
            "verb": "addSPField",
            "fieldType": "User",
            "displayName": "Projektleiter",
            "addToDefaultView": true,
            "isRequired": true
        },
        {
            "verb": "addSPField",
            "fieldType": "Note",
            "displayName": "Anmerkungen",
            "isRequired": false
        }
        ]
    }
    ],
```

```
        "bindata": {},
        "version": 1
}
```
Listing 4.1 Dieses Beispiel soll den Aufbau eines Website-Entwurfs veranschaulichen.

Auf einige der im Listing enthaltenen Befehle möchte ich näher eingehen:

- **applyTheme**: Mit diesem Befehl können Sie eine Farbpalette in Ihrem Arbeitsraum zur Anwendung bringen. In SharePoint heißen Farbpaletten *Themes* oder *Designs*. In Abschnitt 10.1.1 erkläre ich Ihnen, wie Sie ein Theme bzw. Design bereitstellen können.
- **createSPList**: Sie können genau definieren, welche Listen und Bibliotheken Sie in Ihrem Arbeitsraum benötigen.
- **addSPField**: Dieser Befehl wird als untergeordnete Aktion bei der Erstellung einer Liste ausgeführt und fügt der Liste weitere Felder hinzu.

In Tabelle 4.1 sehen Sie die in einem Website-Entwurf zu verwendenden Werte für den Vorlagentyp der meistverwendeten Listen und Bibliotheken:

Liste	Vorlagentyp
Benutzerdefinierte Liste	100
Dokumentbibliothek	101
Links	103
Kontakte	105
Aufgaben	107
Diskussionsrunde	108
Bildbibliothek	109
Websiteseiten	119
Problemverfolgung	1100

Tabelle 4.1 Über die ID des Vorlagentyps können Sie die gewünschten Listen und Bibliotheken in Ihren Website-Entwurf integrieren.

Da es sich in unserem Fall um ein sehr einfaches Beispiel mit lediglich einer zu erstellenden Liste inklusive einiger Felder handelt, fehlen einige wichtige Befehle, die ich kurz erwähnen möchte:

- **triggerFlow**: Hiermit können Sie Flows in Ihren Website-Entwurf integrieren und somit Hintergrundaktionen wie beispielsweise die Ausführung eines Webdienstes oder einer Azure Function auslösen.
- **setSPFieldCustomFormatter**: Mit diesem Befehl definieren Sie, wie ein bestimmtes Feld formatiert werden soll. In der Regel werden solche Formatierungen für Statusmeldungen oder die Kennzeichnung besonderer Informationen genutzt.

Ausgehend von dem Listing könnte ich nun weitere Listen und Felder definieren, mit denen ich die Anforderungen an einen Arbeitsraum zum Informationsaustausch mit externen Nutzern noch besser unterstützen kann. Zum Abschluss speichere ich den Website-Entwurf als JSON-Datei ab.

Website-Entwurf bereitstellen

Die Bereitstellung eines Website-Entwurfs erfolgt über die *Windows-PowerShell-Konsole*. Sie benötigen für die Installation globale Administrationsrechte in Ihrer Microsoft-365-Umgebung. Als Erstes navigiere ich in das Verzeichnis, in dem die JSON-Datei gespeichert wurde. Anschließend führe ich folgenden Befehl aus, um eine Verbindung zu einem Microsoft-365-Tenant herzustellen. Ersetzen Sie dabei den Platzhalter »<IhrSharePoint>« durch den Namen Ihres Tenants.

```
Connect-SPOService -Url https://<IhrSharePoint>-admin.sharepoint.com/
```

Nachdem ich mich durch meine Anmeldedaten authentifiziert habe, kann ich den Inhalt der JSON-Datei als sogenanntes *Site Script* registrieren.

```
Get-Content .\SiteDesign.json -Raw | Add-SPOSiteScript -Title "Externer
Projektraum (Standard)" -Description "Stellt einen gemeinsamen Arbeitsraum
für die Zusammenarbeit mit Kunden bereit."
```

Ich erhalte nun eine Ausgabe, der ich die ID des soeben registrierten Scripts entnehmen kann. Diese ID benötige ich für den nächsten Schritt. Ich kann nicht die im Listing abgebildete ID nutzen, sondern muss sie aus meiner Ausgabe kopieren.

```
Id          : c8158a4c-1368-4def-9908-dd4e3e525ad0
Title       : Externer Projektraum (Standard)
Description : Stellt einen gemeinsamen Arbeitsraum für die Zusammenarbeit
              mit Kunden bereit.
Content     :
Version     : 0
```

> **Ich dachte, wir erstellen einen Website-Entwurf. Was sind denn nun Site Scripts?**
>
> Ein Site Script ist der Hauptbestandteil eines Website-Entwurfs. In einem Site Script hinterlegen Sie eine genaue Anweisung, welche Schritte bei der Anwendung eines Website-Entwurfs ausgeführt werden sollen. Dabei spielt auch die Reihenfolge der Schritte eine wichtige Rolle. Sie können das Site Script mit einem Drehbuch vergleichen, in dem der genaue Ablauf für die Anwendung geskriptet wurde.
>
> Der Website-Entwurf nutzt ein Site Script und ist für einen bestimmten Typ von Websites vorgesehen. So können Site Scripts beispielsweise ausschließlich für Teamwebsites oder Kommunikationswebsites oder für beide genutzt werden.

Ich erstelle in diesem Szenario einen Website-Entwurf für Teamwebsites (entspricht dem Template »64«) und führe daher folgenden Befehl aus:

```
Add-SPOSiteDesign -Title "Externer Projektraum (Standard)" -WebTemplate "64"
  -SiteScript "c8158a4c-1368-4def-9908-dd4e3e525ad0"
  -Description "Stellt einen gemeinsamen Arbeitsraum für die
    Zusammenarbeit mit Kunden bereit." -PreviewImageUrl "<LinkZuAbbildung>"
  -PreviewImageAltText "Vorschau auf den externen Arbeitsraum"
```

Achten Sie dabei darauf, den Platzhalter »<LinkZuAbbildung>« durch den Link auf ein für alle Nutzer verfügbares Bild zu ändern. Sobald der Befehl erfolgreich ausgeführt wurde, erhalten Sie eine Bestätigung hierfür.

```
Id                  : f6f4782e-2b60-4b1d-b9ec-3fba2aedf046
Title               : Externer Projektraum (Standard)
WebTemplate         : 64
SiteScriptIds       : {c8158a4c-1368-4def-9908-dd4e3e525ad0}
Description         : Stellt einen gemeinsamen Arbeitsraum für die
                      Zusammenarbeit mit Kunden bereit.
PreviewImageUrl     :
PreviewImageAltText : Vorschau auf den externen Arbeitsraum
IsDefault           : False
Version             : 1
```

4.5.3 Einrichten eines Arbeitsraums mit Ihrer Vorlage

Der technische Teil ist nun erledigt. Schauen wir uns an, wie sich diese Änderungen in SharePoint auswirken. Wenn Sie in Microsoft 365 den Dienst SharePoint aufrufen, finden Sie sich in *SharePoint Home* wieder, der Übersicht über alle Arbeitsräume Ihres Unternehmens. Dort können Sie über den Menüpunkt WEBSITE ERSTELLEN bei Bedarf einen neuen Arbeitsraum anlegen.

Als Erstes müssen Sie entscheiden, ob Sie eine *Teamwebsite* oder eine *Kommunikationswebsite* erstellen möchten (siehe Abbildung 4.34).

Abbildung 4.34 Sie können zwischen zwei Typen von Räumen auswählen: Teamwebsites und Kommunikationswebsites.

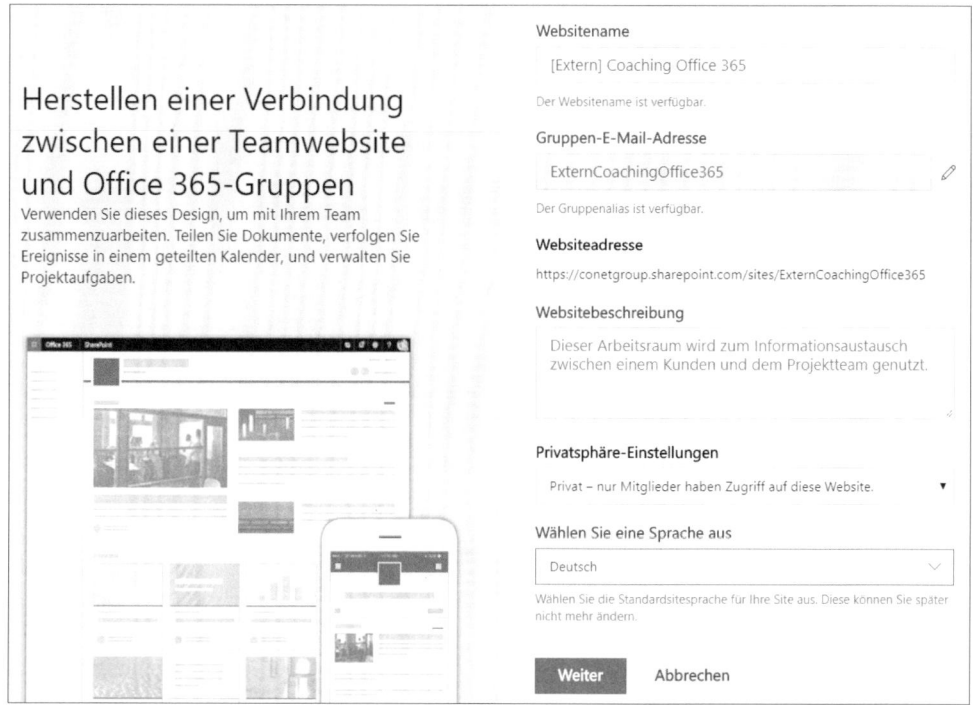

Abbildung 4.35 Wenn Sie eine neue Website erstellen, können Sie einen Namen und eine Beschreibung sowie die Privatsphäre und Sprache einstellen.

Eine Teamwebsite ist für die Zusammenarbeit in einem Team gedacht. Hier wird weniger Wert auf grafische Aufbereitung von Informationen gelegt als vielmehr die gemeinsame Bearbeitung von Dokumenten und Aufgaben in den Vordergrund gerückt. Bei einer Kommunikationswebsite dagegen liegt der Fokus auf der Präsentation von Informationen und weniger auf der Erarbeitung der Themen.

Sie wählen die Option der Teamwebsite und gelangen damit auf die in Abbildung 4.35 dargestellte Ansicht, um Ihrem zukünftigen Arbeitsraum einen Namen und eine Beschreibung zu geben. Außerdem können Sie einstellen, ob es sich dabei um eine private oder öffentliche Gruppe handeln soll. Die Privatsphäre-Einstellungen habe ich in Abschnitt 3.1.1 im Rahmen von *Teams* behandelt.

Doch etwas fehlt hier: Wo wählen wir unseren Website-Entwurf aus, den wir im vorherigen Abschnitt bereitgestellt haben? Falls Sie ihn während der Erstellung Ihrer Teamwebsite nicht zur Auswahl angeboten bekommen, sollten Sie die einzelnen Schritte noch einmal im Detail prüfen. Sobald nämlich Ihr Website-Entwurf erfolgreich bereitgestellt wurde, sollte der Dialog zur Erstellung einer neuen Teamwebsite der Darstellung in Abbildung 4.36 entsprechen.

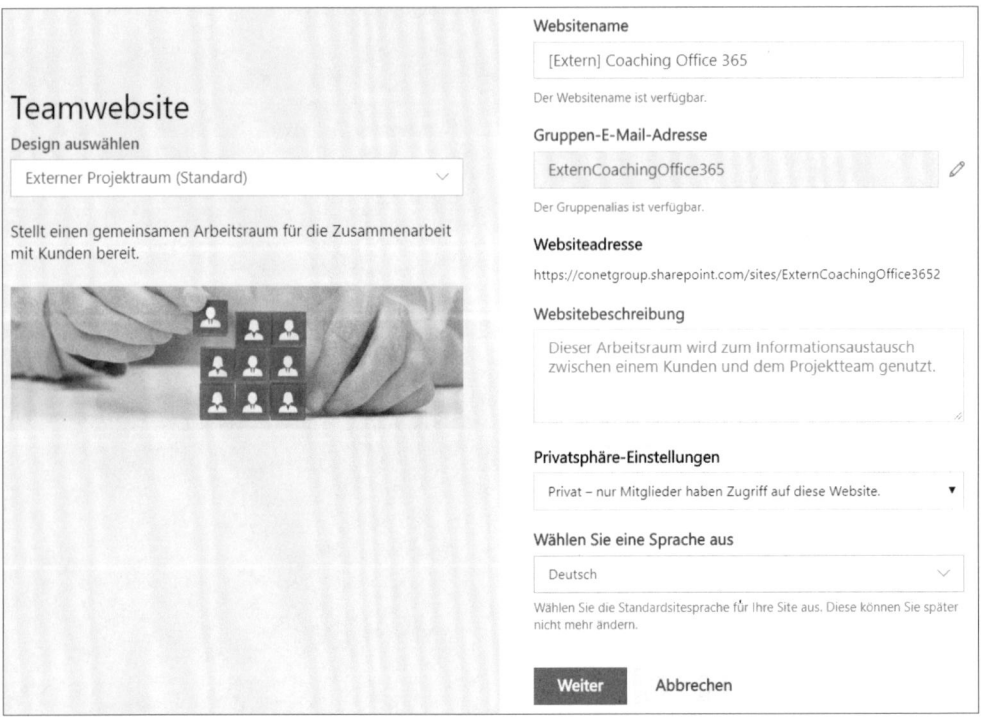

Abbildung 4.36 Wählen Sie Ihren Website-Entwurf aus.

Wählen Sie links in der Auswahlbox mit der Überschrift DESIGN AUSWÄHLEN Ihren Website-Entwurf aus. Die hinterlegte Beschreibung und das Vorschaubild werden anschließend unterhalb der Auswahl angezeigt. Sie sollten günstigerweise ein Bild hinterlegen, das bereits erkennen lässt, wie die neue Teamwebsite nach der Erstellung aussehen wird.

Abbildung 4.37 Anschließend können Sie bereits die unternehmensinternen Teammitglieder berechtigen

Bei der Anlage Ihres neuen Arbeitsraums können Sie auch direkt alle unternehmensinternen Teammitglieder für den Raum berechtigen. Wie Sie Ihren Kunden oder Partner berechtigen, werden Sie im übernächsten Abschnitt lernen. Zuerst sehen wir uns aber die neu erstellte Teamwebsite an.

In Abbildung 4.38 und Abbildung 4.39 sehen Sie den neuen Arbeitsraum, in dem zum einen die gewünschte Farbpalette verwendet und zum anderen die von mir definierte Liste »Projektstatus« mit allen gewünschten Feldern angelegt wurde.

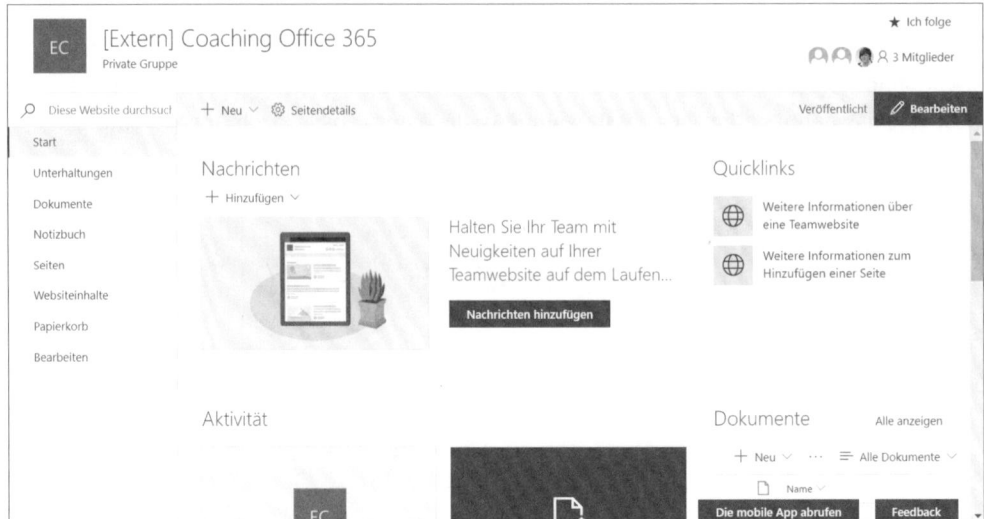

Abbildung 4.38 Das Theme bzw. Design wurde angewendet.

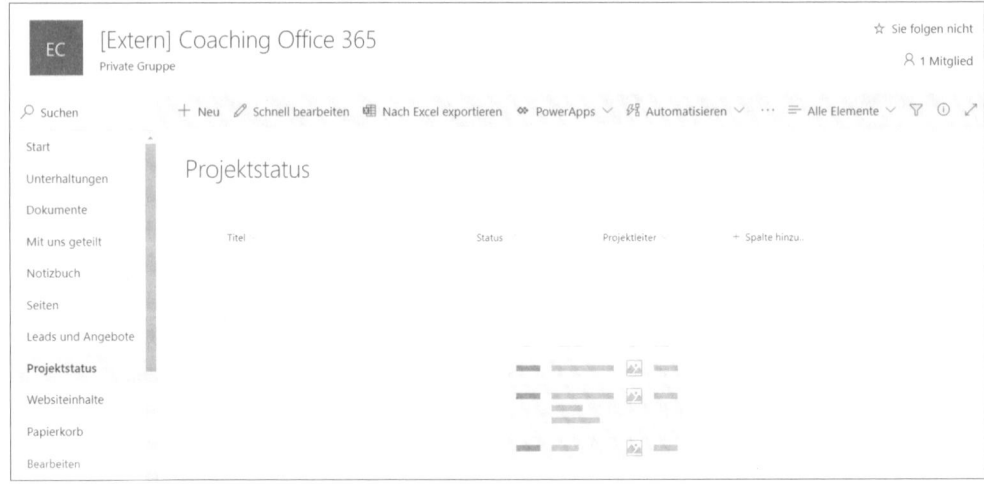

Abbildung 4.39 Die Liste »Projektstatus« wurde mit den definierten Spalten angelegt.

4.5.4 Weitere Einsatzmöglichkeiten von Vorlagen

Wenn Sie noch keine SharePoint-Websites im Einsatz haben, können Sie bei der Erstellung neuer Arbeitsräume von Anfang an auf Website-Entwürfe zugreifen. Doch was passiert, wenn Sie bereits Arbeitsräume nutzen oder bei der Erstellung vergessen haben, ein Sitedesign auszuwählen? Können Sie diesen Schritt auch später noch nachholen?

Ja – wenn Sie sich in einem Arbeitsraum befinden, können Sie über das Zahnradsymbol ⚙ oben rechts den Menüpunkt SITEDESIGNS bzw. WEBSITE-ENTWÜRFE auswählen. Daraufhin erscheint im rechten Bereich der Seite der in Abbildung 4.40 dargestellte Dialog, in dem Sie das gewünschte Sitedesign auswählen können.

Abbildung 4.40 Wenden Sie einen Website-Entwurf auf einen bestehenden Arbeitsraum an.

Betätigen Sie nach der Auswahl die Schaltfläche AUF SITE ANWENDEN, um die im Website-Entwurf definierten Schritte auszuführen. Im Vergleich zur direkten Anwendung bei der Erstellung eines Arbeitsraums sehen Sie hier genau, welche Anpassungen an Ihrem Arbeitsraum vorgenommen werden, und können den Fortschritt überwachen. Sie können genau nachvollziehen, welche Neuerungen Ihnen nun zur Verfügung stehen. Sobald der gesamte Website-Entwurf auf Ihren Arbeitsraum angewendet wurde, erscheint die Schaltfläche AKTUALISIERTE WEBSITE ANZEIGEN. Auch in diesem Arbeitsraum sollten Sie nun zum Beispiel eine Liste »Projektstatus« finden.

Aber das ist noch nicht alles. Sie können in einem Arbeitsraum mehrere Website-Entwürfe einsetzen. Für dieses Beispiel habe ich einen zweiten Website-Entwurf mit dem Titel »Externer Projektraum (Erweitert)« erstellt, in dem eine Liste »Projekte« angelegt wird.

Wie Sie in Abbildung 4.41 sehen können, erhalten Sie nach der Anwendung des ersten Website-Entwurfs über den Menüpunkt SITEDESIGNS bzw. WEBSITE-ENTWÜRFE eine Auflistung der bereits angewendeten Sitedesigns. Über den Menüpunkt VERFÜGBARE SITEDESIGNS unten links im Dialog können Sie weitere Website-Entwürfe auswählen und auf den Arbeitsraum anwenden.

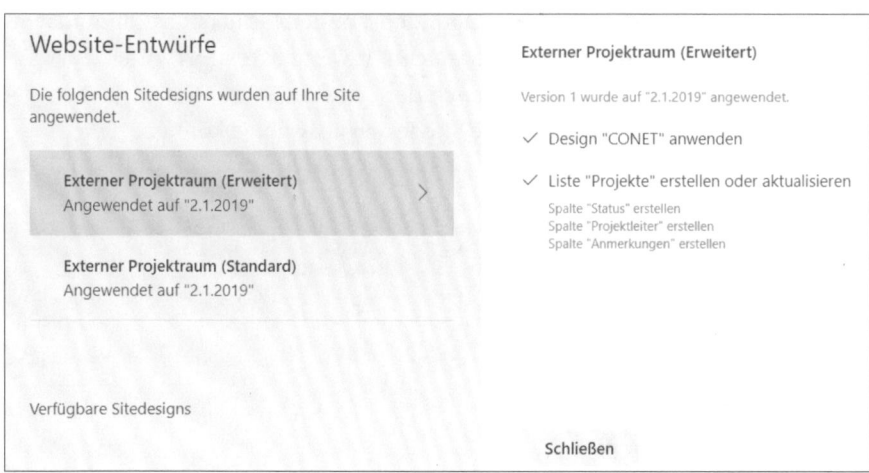

Abbildung 4.41 Sie können mehrere Website-Entwürfe auf Ihren Arbeitsraum anwenden und auf diese Weise wiederverwendbare Komponenten (z. B. zur Aufgabenverwaltung oder Kennzeichnung von Arbeitsraumtypen) unternehmensweit nutzen.

Website-Entwürfe eröffnen Ihnen verschiedenste Optionen. Sie können beispielsweise wiederverwendbare Komponenten in Ihrem Unternehmen bereitstellen. Damit kommen Website-Entwürfe einer App sehr nahe, wobei der Fokus ganz klar auf den Datenstrukturen (Listen, Bibliotheken sowie der Navigation) liegt. Durch die Anwendung einer Farbpalette können Sie Kategorien von Arbeitsräumen bilden (zum Beispiel Projekte, Organisationseinheiten, Communities und externe Zusammenarbeit) und diese farblich kennzeichnen.

4.5.5 Externe Teilnehmer für den Arbeitsraum berechtigen

Zum Abschluss erteilen Sie Ihren externen Teilnehmern wie beispielsweise einem Kunden noch Zugriffsrechte. Hierzu können Sie in Ihrer SharePoint-Website oben rechts neben der Darstellung der Teammitglieder auf den Link MITGLIEDER klicken (siehe Abbildung 4.42).

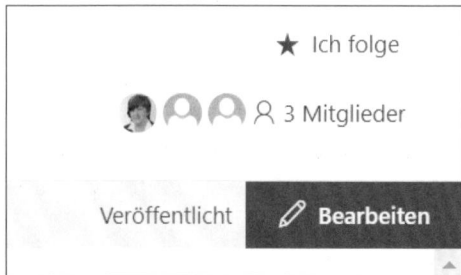

Abbildung 4.42 Oben rechts auf Ihrer SharePoint-Website sehen Sie Ihre Teammitglieder und können u. a. weitere Mitglieder hinzufügen.

Daraufhin erscheint im rechten Bereich ein Dialog, in dem Sie wie in Abbildung 4.43 neue Mitglieder hinzufügen oder bestehende Mitglieder aus der Gruppe entfernen bzw. ihnen eine andere Rolle zuweisen können.

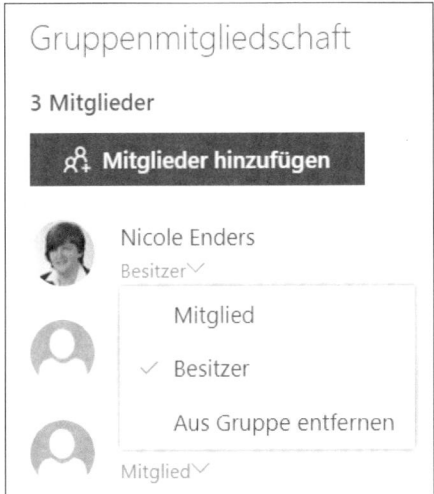

Abbildung 4.43 Sie können Mitglieder in Ihrem Arbeitsraum schnell und einfach verwalten.

Betätigen Sie die Schaltfläche MITGLIEDER HINZUFÜGEN und wählen Sie im folgenden Dialog den Menüpunkt ZU OUTLOOK WECHSELN aus (siehe Abbildung 4.44).

Abbildung 4.44 Externe Benutzer können in SharePoint nicht direkt hinzugefügt werden. Sie müssen hierzu nach Outlook wechseln.

Die Option, schnell neue Mitglieder hinzufügen zu können, ist nur für interne Anwender verfügbar. Wenn Sie, wie in unserem Beispiel, jedoch einen Kunden berechtigen möchten, müssen Sie zum Microsoft-365-Dienst Outlook wechseln. Hinter einer SharePoint-Website verbirgt sich genau wie bei einem Team in *Teams* eine Office Group mit einem Outlook-Postfach. Diese Gruppe wird über Outlook verwaltet.

Nachdem Sie über den Menüpunkt aus SharePoint nach Outlook gewechselt sind, können Sie, wie in Abbildung 4.45 gezeigt, über die Schaltfläche Mitglieder hinzufügen den Eingabedialog für ein neues Mitglied öffnen.

Abbildung 4.45 Fügen Sie neue Mitglieder aus Outlook heraus zu Ihrer Gruppe und somit zu Ihrem Arbeitsraum in SharePoint hinzu.

Geben Sie die E-Mail-Adresse Ihres Kunden an und speichern Sie die Eingabe (siehe Abbildung 4.46). Dadurch wird Ihr Kunde als Gast zu Ihrer Gruppe hinzugefügt und erhält anschließend eine E-Mail mit einem Link auf die Gruppe.

Mit der Rolle »Gast« kann Ihr Kunde nun mit Ihnen und Ihrem Team zusammenarbeiten. Ein großer Teil der E-Mail-Kommunikation kann durch den Arbeitsraum abgelöst werden, beispielsweise mit folgenden Komponenten:

- **Dokumente bearbeiten und freigeben**: Sie können gemeinsam an Dokumenten arbeiten oder Ihrem Kunden zentral eine bestimmte Version zur Prüfung oder Freigabe vorlegen.
- **Themen besprechen**: Ihr Kunde kann Ihnen Fragen stellen und mit Ihnen gemeinsam diskutieren, um eine Lösung zu finden. Auch wenn sich der Kunde nicht aktiv an der Diskussion beteiligen möchte, kann er über den Zugriff auf den Diskussionsverlauf den Weg der Lösungsfindung nachvollziehen.
- **Aufgaben verwalten**: Die anstehenden Arbeiten können zum Beispiel in Form einer Aufgabenliste gemeinsam verwaltet werden. Ihr Kunde kann sich zügig einen Überblick über den aktuellen Stand des Projektes verschaffen oder sogar selbst Aufgaben einstellen.

Die Auflistung dieser Komponenten erhebt keinen Anspruch auf Vollständigkeit. Abhängig von Ihren persönlichen Anforderungen an die Zusammenarbeit in Ihren Projektteams können weitere Komponenten relevant sein. Nehmen Sie aus diesem Kapitel bitte mit, dass Sie aus Microsoft 365 immer diejenigen Dienste auswählen und miteinander kombinieren können, die Ihnen in Ihrem konkreten Szenario am besten helfen.

Abbildung 4.46 Mitglieder mit der Rolle »Gast« verfügen über eingeschränkte Zugriffsrechte.

Kann ich mit einer SharePoint-Website starten und mich später für Teams entscheiden?

Wenn Sie einen Arbeitsbereich in SharePoint anlegen, wird eine Office Group angelegt. Diese Gruppe verfügt über folgende Komponenten:

- SharePoint-Website
- Outlook-Postfach und -Kalender
- OneNote-Notizbuch
- Plan in Planner

Diese Gruppe können Sie später auch für die Erstellung eines Teams verwenden. In *Teams* wählen Sie dafür bei der Erstellung eines neuen Teams den Menüpunkt ERSTELLEN AUS... aus. Sie sollten anschließend Ihre Gruppe in der Auswahl finden. Eine andere Option kann Ihnen bereits aus SharePoint heraus angeboten werden. Achten Sie einmal darauf, ob Ihnen unten links unterhalb der linken Navigation nicht die Option angeboten wird, Ihre Website in ein Team umzuwandeln und damit um die Chat-Funktionen in *Teams* zu ergänzen.

Kapitel 5
Communities im Unternehmen etablieren

»Es ist unglaublich, was man erreichen kann, wenn man sich nicht darum schert, wer die Anerkennung dafür bekommt.«
(Harry S. Truman)

Teams kann sehr gut zur Unterstützung der Zusammenarbeit in Organisationseinheiten und Projekten eingesetzt werden. Daneben gibt es andere Formen der Zusammenarbeit in Ihrem Unternehmen, indem sich z. B. Kollegen abteilungsübergreifend für bestimmte Themen zusammenfinden und sich darüber potenziell sogar neue Geschäftsideen ergeben können. In diesem Kapitel werde ich diese Form der Zusammenarbeit näher beleuchten und dabei *Yammer* als Alternative zu *Teams* darstellen. Außerdem werden Sie einen Blick auf *Stream* zur Unterstützung des unternehmensweiten Wissensmanagements werfen.

> **Yammer: Ein Kurzüberblick**
> - **Kernfunktionen**: Unstrukturierter Informationsaustausch in Gruppen unterschiedlicher Größe sowie in unternehmensweitem Rahmen
> - **Anwendungsszenarien**: Aufbau und Pflege eines Unternehmensnetzwerks
> - **Einschränkungen**: Die ab Abschnitt 9.1.2, »eDiscovery«, behandelten Möglichkeiten zur Verwaltung und Sicherung von Informationen können nur eingeschränkt auf Inhalte in Yammer angewendet werden. Die Nutzung von Yammer in Ihrem Unternehmen sollte demnach eine bewusste Entscheidung sein.
> - **Abgrenzung zu anderen Tools**: Der Fokus von Yammer liegt eindeutig auf dem Informationsaustausch und der Vernetzung von Mitarbeitern untereinander. Die gemeinsame Bearbeitung von Dokumenten oder Aufgaben ist zweitrangig und erfolgt bei Bedarf über SharePoint bzw. Planner. Yammer steht in direkter Konkurrenz zu *Teams*. Sie sollten für sich und Ihr Unternehmen Regeln definieren, um bei einem Einsatz beider Tools schnell entscheiden zu können, ob Sie Unterhaltungen mit Yammer oder *Teams* durchführen und bei einer Entscheidung für Yammer auch bewusst auf die Unterstützung bei Besprechungen verzichten möchten. Generell können wir festhalten, dass sich *Teams* vor allem für die Unterstützung von Projektteams und Organisationseinheiten anbietet und Yammer für den unternehmensweiten Austausch vorgesehen ist. In Abschnitt 2.3.2 finden Sie eine detaillierte Gegenüberstellung der verschiedenen Tools.

5.1 Netzwerke zwischen Kollegen aufbauen

Yammer ist ein Dienst in Microsoft 365, der für den Aufbau eines unternehmensinternen Netzwerks bestens geeignet ist. Yammer wird am besten dann zur Unterstützung der Kommunikation eingesetzt, wenn der Fokus mehr auf einem Informationsaustausch und weniger auf der gemeinsamen Bearbeitung von Dokumenten und Aufgaben liegt.

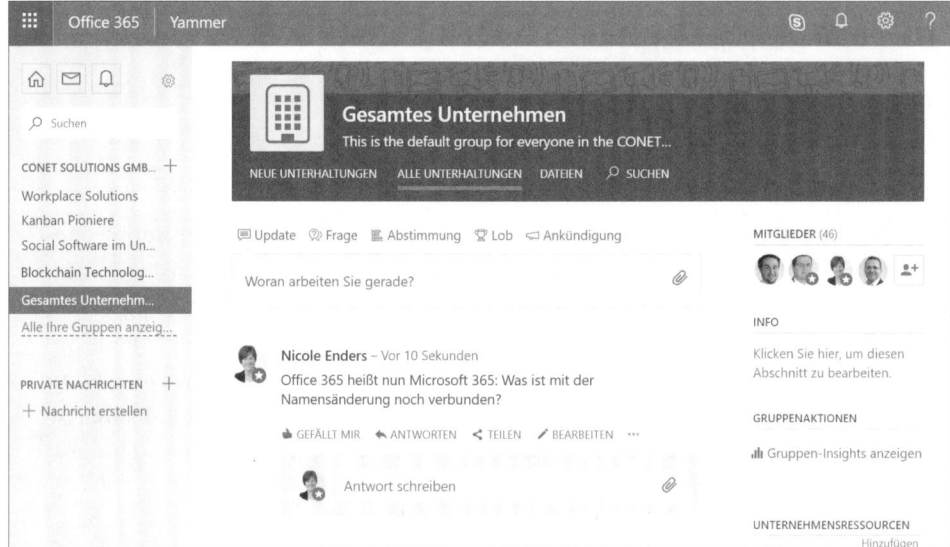

Abbildung 5.1 Über Yammer können Sie Informationen mit dem gesamten Unternehmen teilen.

Wenn Sie mit der Nutzung von Yammer beginnen, existiert lediglich die in Abbildung 5.1 dargestellte Gruppe »Gesamtes Unternehmen«. In dieser Gruppe können Sie Informationen mit allen Mitarbeitern Ihres Unternehmens teilen und damit jeden zu einer Unterhaltung über das entsprechende Thema einladen.

In der Regel sind Informationen jedoch nur für eine kleinere Gruppe von Personen relevant. Daher können Sie separate Gruppen in Yammer erstellen und dort Ihre Themen platzieren. Die Gruppen stellen somit ein Strukturierungselement dar, ähnlich wie zum Beispiel die Kanäle in *Teams*. In einer Gruppe können sich Mitarbeiter verschiedenster Organisationseinheiten zusammenfinden und gemeinsam Themen diskutieren.

Über die linke Navigation (siehe Abbildung 5.1) können Sie schnell auf Ihre Gruppen zugreifen. Die Gruppen werden dabei nach ihrer Aktualität (das heißt, nach dem Zeitpunkt der letzten Beiträge) sortiert.

Die Anzahl der neuen ungelesenen Beiträge in einer Gruppe erscheint rechts neben dem Gruppennamen. Außerdem erhalten Sie eine Benachrichtigung, sobald Sie in einem Beitrag erwähnt werden oder jemand auf einen Ihrer Beiträge reagiert. So bleiben Sie informiert und können umgehend auf Neuigkeiten reagieren.

5.2 Eine Community gründen und Kollegen einladen

Über das +-Zeichen oberhalb der Auflistung der Gruppen wird eine neue Gruppe angelegt. In dem in Abbildung 5.2 dargestellten Dialog können Sie zwischen einer internen oder externen Gruppe wählen. In den meisten Fällen werden Sie eine interne Gruppe erstellen.

Wie aus Abbildung 5.2 ersichtlich wird, können Sie dabei folgende Einstellungen vornehmen:

- den Namen der Gruppe festlegen
- die ersten Mitglieder hinzufügen
- die Sichtbarkeit der Gruppe festlegen

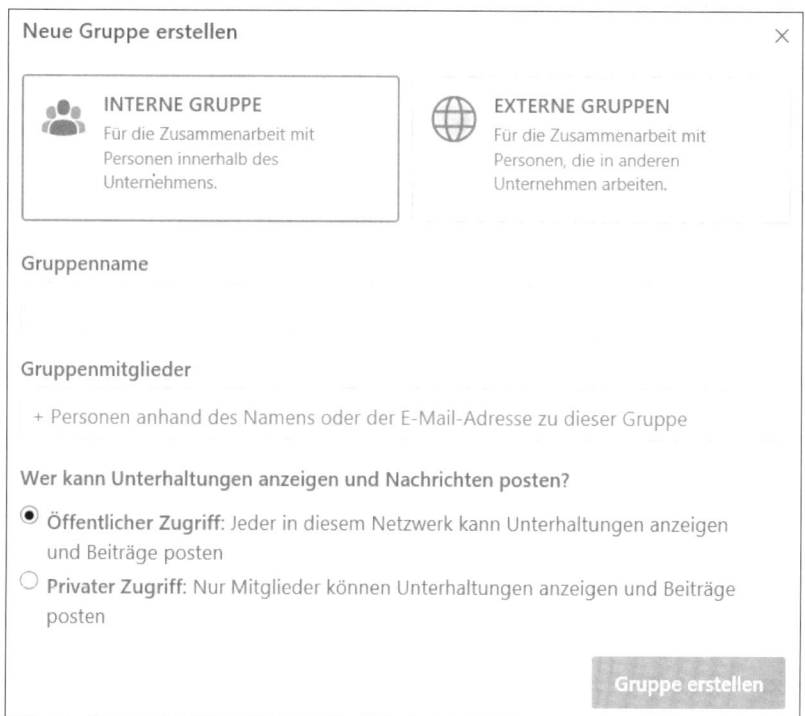

Abbildung 5.2 Erstellen Sie interne Gruppen nach Möglichkeit immer mit der Option »Öffentlicher Zugriff«.

Die Sichtbarkeit ist standardmäßig auf die Option »Öffentlicher Zugriff« eingestellt. Das heißt, dass jeder Mitarbeiter im Unternehmen bei einer Suche die Gruppe finden und selbstständig Mitglied werden kann. Damit fördern Sie die Vernetzung der Mitarbeiter Ihres Unternehmens.

Es wird aber auch Gründe geben, warum Sie eine Gruppe bewusst auf die Option »Privater Zugriff« einstellen möchten. Dabei können Sie, wie in Abbildung 5.3 dargestellt, entscheiden, ob die Gruppe trotzdem in Ihrem Netzwerk aufgelistet werden soll. In diesem Fall können Mitarbeiter die Gruppe zwar finden, aber nicht auf die darin ausgetauschten Informationen zugreifen.

Sie sollten bei einer solchen privaten Gruppe darauf achten, dass nicht bereits der Gruppenname zu viele Informationen preisgibt.

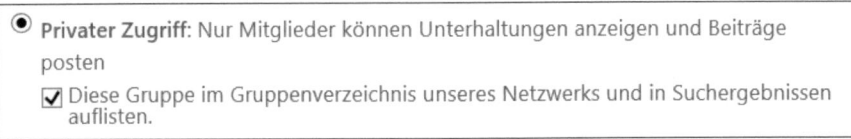

Abbildung 5.3 Sie können einstellen, ob private Gruppen im Netzwerk auffindbar sein sollen.

Abbildung 5.4 Erstellen Sie externe Gruppen zur Förderung des Informationsaustauschs mit Kunden und Partnern.

Indem Sie eine externe Gruppe erstellen (siehe Abbildung 5.4), unterstützen Sie die Zusammenarbeit mit Partnern oder bauen ein externes Kundennetzwerk auf und fördern so den Informationsaustausch unter den Kunden.

5.2.1 Erste Schritte mit Ihrer neuen Yammer-Gruppe

Nachdem Sie eine Gruppe erstellt haben, sollte eine Ansicht wie in Abbildung 5.5 erscheinen. Sie können nun mit einer Unterhaltung beginnen. Die Formatierungsmöglichkeiten sind vergleichbar mit denen, die wir in Kapitel 3 bei *Teams* kennengelernt haben. Während in *Teams* die Unterhaltung in Form eines Chats erfolgt, gibt es in Yammer folgende Typen von Unterhaltungen, die als Menüpunkte zur Erfassung neuer Inhalte angeboten werden:

- Updates
- Abstimmungen
- Lob
- Ankündigungen

Ich gehe nun explizit auf jeden einzelnen Informationstyp ein und kläre, wofür er am besten geeignet ist.

Abbildung 5.5 Ansicht Ihrer neuen Yammer-Gruppe. Sie können nun mit der Unterhaltung beginnen.

Updates

Diese Kategorie entspricht dem gewöhnlichen Chat, wie wir ihn auch aus *Teams* kennen. Über Updates können Sie schnell Informationen untereinander austauschen. Sie können auf Beiträge antworten und sie mit »Gefällt mir« markieren.

Abstimmungen

Yammer unterstützt Sie auch bei der Durchführung von Umfragen. Über eine gewöhnliche Unterhaltung die Meinung des Teams zu einem bestimmten Thema zu ermitteln und anschließend eine entsprechende Auswertung durchzuführen ist nahezu unmöglich.

Wählen Sie für einen neuen Beitrag oberhalb des Eingabefeldes den Menüpunkt ABSTIMMUNG aus, um auf die in Abbildung 5.6 dargestellte Konfiguration zu gelangen. Sie können dort Ihre Frage sowie die möglichen Antworten erfassen. Standardmäßig werden drei Antwortpositionen vorgeschlagen. Sollten Sie nur zwei Antworten anbieten wollen, so lassen Sie die dritte Position leer. Benötigen Sie stattdessen mehr als drei Antwortpositionen, so erscheint nach der Erfassung der dritten Antwortmöglichkeit eine weitere Antwortposition. Sobald Sie fertig mit der Vorbereitung sind, können Sie die Umfrage in Form eines Beitrags veröffentlichen, indem Sie die Schaltfläche POSTEN betätigen.

Abbildung 5.6 Erstellen Sie eine neue Umfrage und veröffentlichen Sie diese in Ihrer Gruppe. Benachrichtigen Sie bei Bedarf noch weitere Personen.

Abbildung 5.7 stellt eine solche Umfrage innerhalb einer Gruppe dar. Sie nehmen durch Auswahl einer Antwort an der Abstimmung teil und erhalten nach Betätigen der Schaltfläche ABSTIMMEN zukünftig die in Abbildung 5.8 dargestellte Ansicht.

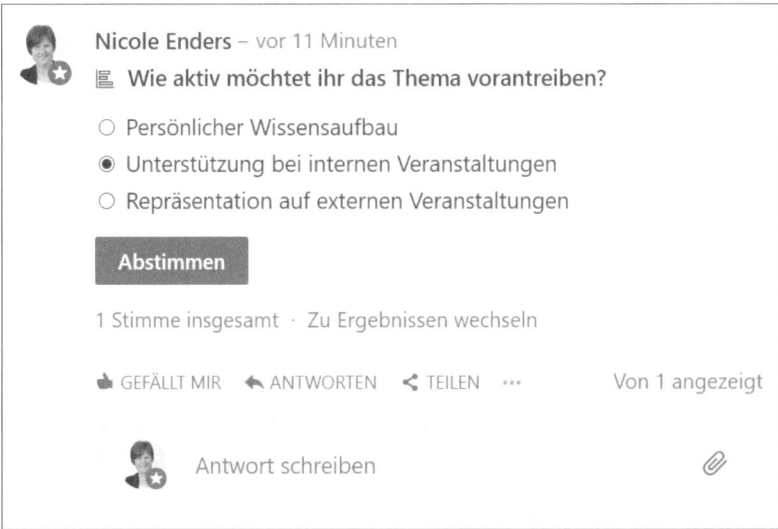

Abbildung 5.7 Wenn Sie die Gruppe aufrufen, können Sie an der Abstimmung teilnehmen.

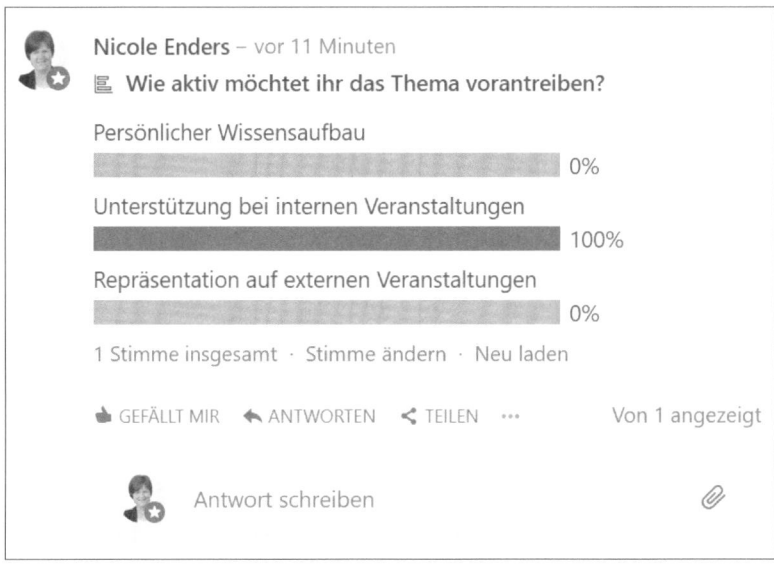

Abbildung 5.8 Nach der Teilnahme können Sie eine Auswertung der Abstimmung aufrufen.

Auf diese Weise können Sie zu ausgewählten Fragestellungen ein Stimmungsbild Ihres Teams einholen.

Lob aussprechen

Zu einem wertschätzenden Umgang miteinander gehört u. a. auch, dass man sich bei Kollegen bedankt oder sie für ihre Leistung lobt. Um ein solches Lob in einem Beitrag entsprechend kennzeichnen zu können, wird diese Option in Yammer explizit angeboten.

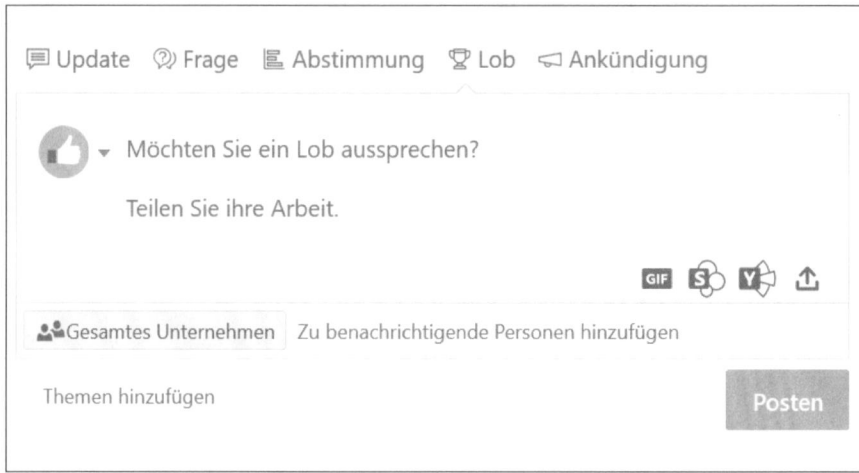

Abbildung 5.9 Sie können Personen für ihre Leistungen loben oder sich besonders bei ihnen bedanken.

Wählen Sie für einen neuen Beitrag den Menüpunkt LOB oberhalb des Eingabefeldes aus. Sie bekommen daraufhin, wie in Abbildung 5.9 dargestellt, die Erfassungsmaske gezeigt. Sie können dort folgende Einstellungen vornehmen:

- **Icon**: Wählen Sie oben links ein Icon aus, das für das Lob angezeigt werden soll (siehe Abbildung 5.10).

Abbildung 5.10 Legen Sie das Icon für Ihr Lob fest.

- **Personen**: Wählen Sie anschließend die Person oder die Personen aus, die Sie loben möchten. Klicken Sie dafür auf den Platzhalter »Möchten Sie ein Lob aussprechen?«.
- **Inhalt**: Klicken Sie auf den Platzhalter »Teilen Sie Ihre Arbeit.« und geben Sie Ihre Nachricht ein, mit der Sie sich bei dem oder den Kollegen erkenntlich zeigen möchten.

Abbildung 5.11 Geben Sie als Lob eine Nachricht ein.

Indem Sie die Schaltfläche POSTEN betätigen, wird das Lob als Beitrag in Ihrer Gruppe veröffentlicht (siehe Abbildung 5.12).

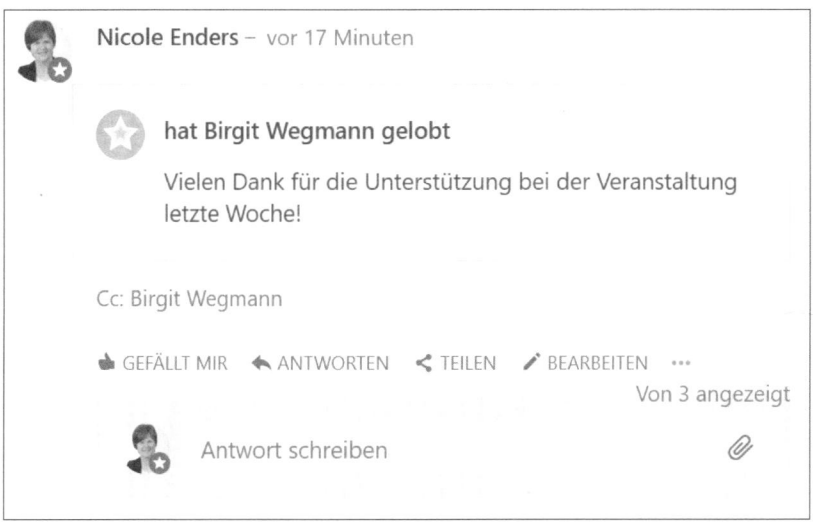

Abbildung 5.12 Ihr Lob wurde gerade veröffentlicht.

Die von Ihnen gelobten Personen erhalten außerdem eine Benachrichtigung, weil sie in dem Beitrag erwähnt wurden. So erfahren diese Kollegen recht schnell von Ihrem Lob und können darauf reagieren. Alle anderen Nutzer können diesen Beitrag selbstverständlich ebenfalls lesen und darauf reagieren.

Ankündigungen

Als letzte Option verbleibt die Ankündigung. Sie entspricht einer üblichen Chat-Nachricht mit einer Überschrift.

Wählen Sie dazu den Menüpunkt ANKÜNDIGUNG aus, und Sie sehen die in Abbildung 5.13 dargestellte Erfassungsmaske.

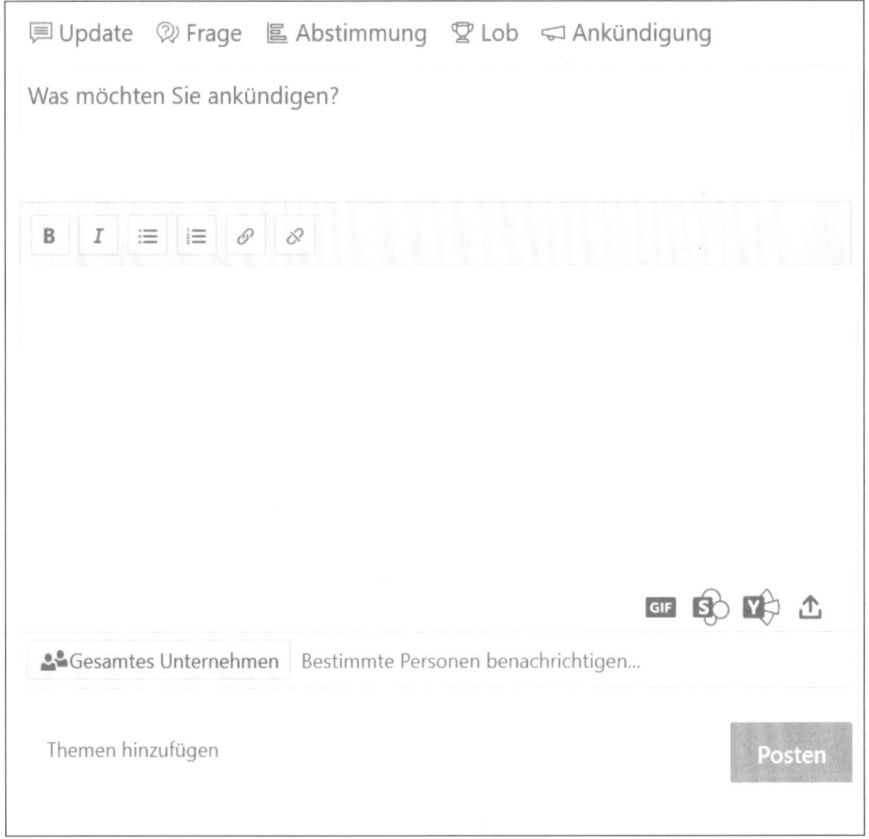

Abbildung 5.13 Erstellen Sie eine Ankündigung für Nachrichten mit hoher Priorität.

Wählen Sie eine kurze und prägnante Überschrift für Ihre Ankündigung, die dazu einlädt, den Beitrag zu lesen.

Für den Beitrag selbst stehen Ihnen die gewohnten Formatierungsmöglichkeiten zur Verfügung. In Abbildung 5.14 sehen Sie eine veröffentlichte Ankündigung.

Abbildung 5.14 Eine Ankündigung sticht durch ihre prominente Überschrift aus der Menge der Beiträge heraus.

In der Praxis werden Sie in den meisten Fällen die einfachste Form, die *Updates*, nutzen, weil sie dem Standard entsprechen und somit mindestens einen Klick weniger bedeuten. Wenn Sie Abstimmungen, Lob und Ankündigungen jedoch gezielt für ausgewählte Anlässe einsetzen, können Sie damit die Kommunikation innerhalb Ihres Teams auflockern und dessen Mitglieder zu einer besseren Zusammenarbeit anregen.

5.2.2 Interaktion von Yammer mit anderen Microsoft-365-Diensten

Nachdem Sie nun wissen, wie Sie Informationen innerhalb Ihrer Yammer-Gruppe mit den anderen Teammitgliedern austauschen können, werde ich Ihnen einen Überblick darüber verschaffen, wie diese Gruppen in die auf Microsoft 365 basierende Collaboration-Plattform einzuordnen sind.

Office 365 Ressourcen

Bei Yammer-Gruppen handelt es sich genau wie bei Gruppen in *Teams* um Office Groups. Somit werden bei Erstellen einer Yammer-Gruppe im Hintergrund automatisch weitere Komponenten bereitgestellt. Dazu gehören beispielsweise eine SharePoint-Website und ein Plan in Planner.

Um einen schnellen und einfachen Wechsel zwischen den verschiedenen Diensten zu ermöglichen, erscheint in der rechten Marginalspalte der Seite für Ihre Yammer-Gruppe eine Rubrik OFFICE 365 RESSOURCEN mit folgenden Menüpunkten:

▶ SharePoint-Dokumentbibliothek
▶ SharePoint-Website

- OneNote
- Planner

Sollte die Rubrik nicht erscheinen, so hat möglicherweise Ihr Administrator die automatische Erstellung von Office Groups für Yammer deaktiviert. Sie finden unter *https://docs.microsoft.com/de-de/yammer/manage-yammer-groups/yammer-and-office-365-groups* weitere Informationen hierzu.

> **Wie kann ich Yammer und Teams miteinander verbinden?**
>
> Sie sollten sich in Ihrem Team entscheiden, ob Sie für die Kommunikation *Teams* oder Yammer verwenden möchten. Wenn Sie allerdings eine Yammer-Gruppe verwenden, die thematische Berührungspunkte mit einem Team in *Teams* hat, so können Sie die Yammer-Gruppe als zusätzliche Registerkarte in Ihrem Team hinzufügen und so aus *Teams* heraus Nachrichten aus der Yammer-Gruppe lesen, kommentieren oder eigene Beiträge veröffentlichen. Mit dieser Möglichkeit lässt sich Ihr Unternehmensnetzwerk ganz nach Ihren Bedürfnissen gestalten.

Verwandte Gruppen

In der Marginalspalte finden Sie einen Bereich, in dem Sie verwandte Yammer-Gruppen manuell verlinken können. So lässt sich die Navigation durch das Netzwerk unterstützen.

Abbildung 5.15 Verlinken Sie weitere Yammer-Gruppen, die thematisch mit einer Gruppe verwandt sind.

Zugriffsoptionen

Zuunterst in der Marginalspalte befinden sich Funktionen, um die Yammer-Gruppe beispielsweise in eine Webseite (zum Beispiel in SharePoint) zu integrieren oder sich per E-Mail über neue Beiträge in dieser Gruppe informieren zu lassen.

Ich persönlich nutze die Benachrichtigungsfunktion per E-Mail nicht. Neue Informationen hole ich mir über Yammer selbst ab. Die Funktion »Per E-Mail in dieser Gruppe posten« hingegen ist eine gute Option, wenn Sie eine E-Mail (beispielsweise von einem Kunden) mit dem Team teilen möchten. In Form einer Weiterleitung ist dies sehr einfach erledigt.

Abbildung 5.16 Über die Zugriffsoptionen können Sie die Yammer-Gruppe in andere Systeme integrieren.

5.2.3 Ihre Yammer-Gruppe konfigurieren

Schauen wir uns zum Abschluss noch kurz die Konfigurationsmöglichkeiten einer Yammer-Gruppe an. Diese rufen Sie über das Zahnradsymbol oben rechts im farblich hinterlegten Bereich mit dem Gruppennamen auf.

Abbildung 5.17 und Abbildung 5.18 stellen die Konfigurationsmöglichkeiten dar, beispielsweise können Sie neben dem Gruppennamen und einer Beschreibung auch ein Gruppenbild hochladen und Farbe sowie Muster der Kopfzeile festlegen.

Abbildung 5.17 Ändern Sie den Namen und die Beschreibung Ihrer Gruppe.

Außerdem lassen sich bei Bedarf auch die Zugriffsberechtigungen sowie die Mitglieder der Gruppe bearbeiten.

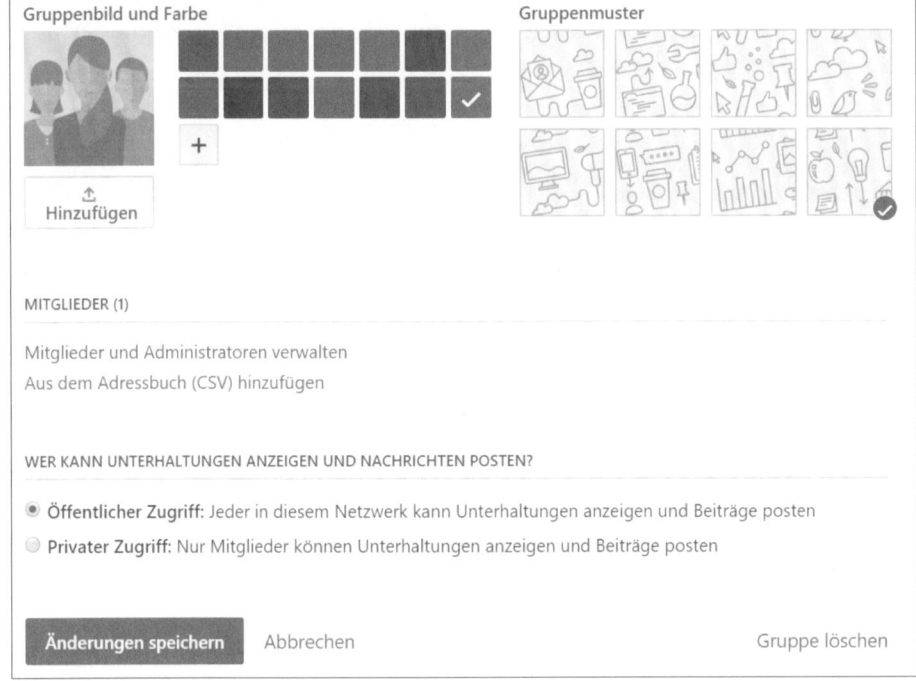

Abbildung 5.18 Sie können außerdem ein Bild und die Farbe festlegen sowie die Berechtigungen für Ihre Gruppe anpassen.

5.3 Überblick über die Communities im Unternehmen

Sobald Sie einige Gruppen angelegt haben, wird das Thema der Auffindbarkeit dieser Gruppen relevant. Um alle Gruppen aufzurufen, werden Ihnen die zwei Optionen, die in Abbildung 5.19 dargestellt sind, angeboten:

▶ Klicken Sie links oberhalb der Auflistung Ihrer Gruppen auf den Namen Ihrer Microsoft-365-Umgebung (in diesem Fall CONET.DE-GRUPPEN).

▶ Wählen Sie den Menüpunkt GRUPPEN unterhalb des Zahnradsymbols aus.

Sie gelangen bei beiden Varianten auf die in Abbildung 5.20 dargestellte Seite mit den für Sie empfohlenen Gruppen. Die Empfehlungen werden auf Basis Ihrer bisherigen Gruppenmitgliedschaften sowie der von Ihnen verfassten, gelesenen und kommentierten Beiträge von Yammer erstellt. Sie können aber über die Registerkarte ALLE GRUPPEN auch zu einer Gesamtansicht wechseln.

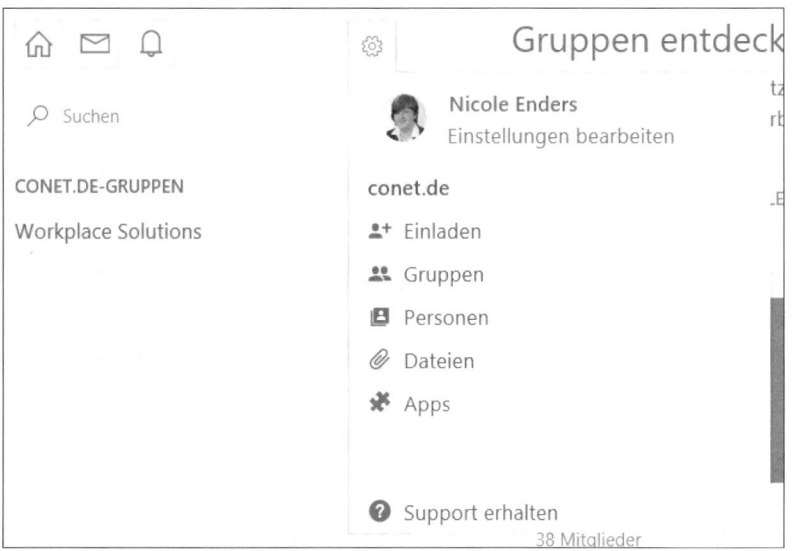

Abbildung 5.19 Wie finden Sie schnell alle Gruppen in Yammer?

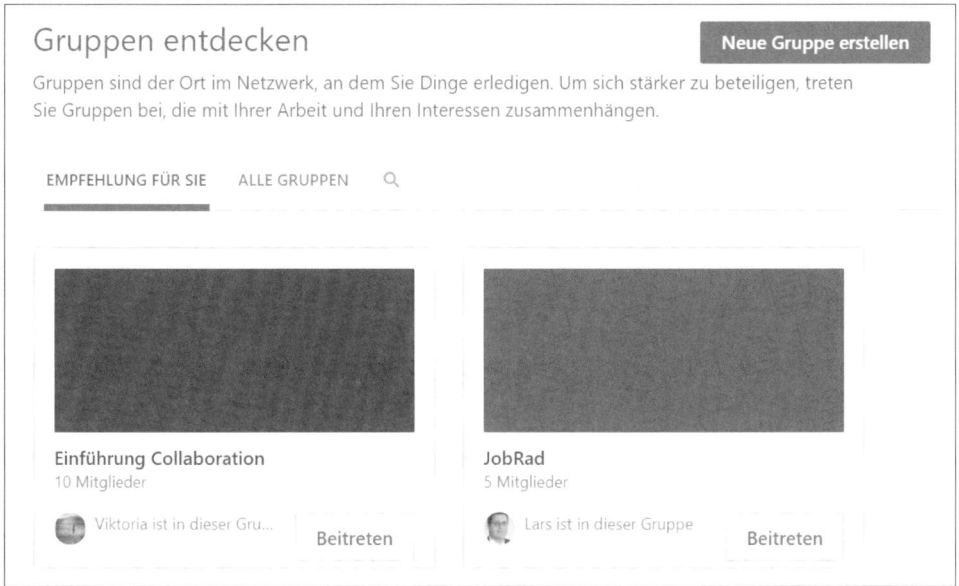

Abbildung 5.20 Sehen Sie, welche Gruppen Ihnen empfohlen werden, oder stöbern Sie in allen verfügbaren Gruppen.

In vielen Fällen suchen Sie jedoch wahrscheinlich nach einer Gruppe zu einem bestimmten Thema. Dazu können Sie das Suchfeld oberhalb Ihrer Gruppenliste nutzen. Bereits während der Eingabe werden Ihnen die ersten Suchergebnisse vorgeschlagen.

Wie Sie Abbildung 5.21 entnehmen können, werden dabei neben Gruppen auch Dateien, Tags und Profilinformationen der Benutzer durchsucht. Sollte Ihre Suche nicht bereits während der Eingabe erfolgreich sein, so können Sie die Suche komplett ausführen und erhalten eine mit Abbildung 5.22 vergleichbare Darstellung der gefundenen Suchergebnisse.

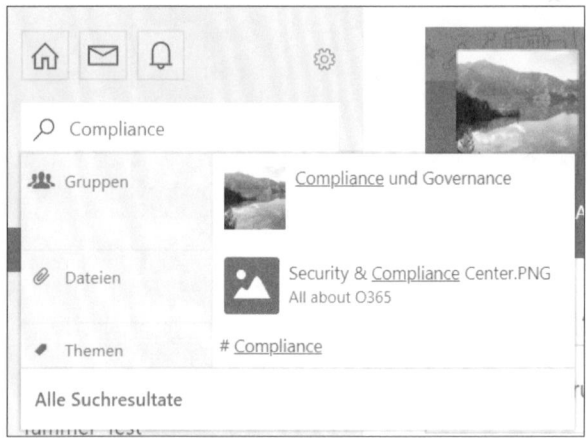

Abbildung 5.21 Suchen Sie nach einem bestimmten Thema?

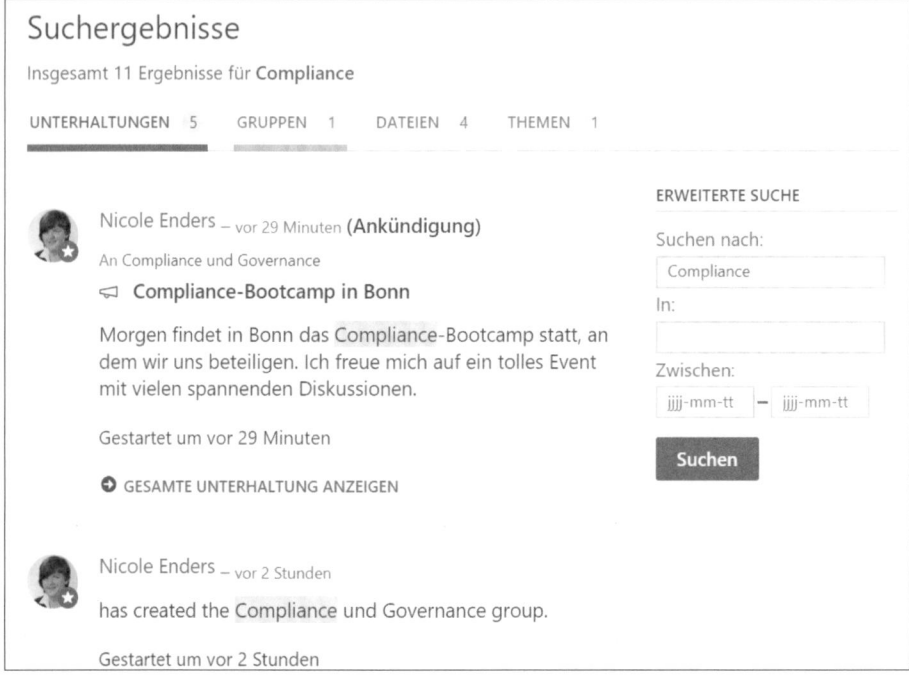

Abbildung 5.22 Schränken Sie die Suchergebnisse nach Datum oder Kategorie weiter ein, um die gesuchte Information besser aufzufinden.

Sie sehen direkt auf einen Blick, wie viele Ergebnisse gefunden wurden und ob es sich dabei um Beiträge (Unterhaltungen), Gruppen, Dateien oder Themen handelt.

> **Was sind eigentlich Themen im Kontext von Yammer?**
> Bei Themen handelt es sich um sogenannte *Tags*, d.h. frei durch den Anwender angebbare Stichwörter. Sie können für jeden Beitrag beliebig viele Tags vergeben. Diese dienen als eine Art Kategorisierung des Inhalts und erhöhen die Auffindbarkeit des Beitrags. Wenn zum Beispiel alle Beiträge mit Informationen zu Microsoft 365 mit dem Tag »M365« versehen würden, könnten Sie nach diesem Tag suchen und würden damit die relevanten Beiträge wiederfinden.

5.4 Wie aktiv ist Ihr Netzwerk?

Gerade, wenn das Thema »Collaboration« für Sie noch neu ist, stellt sich die Frage, wie Sie die Aktivität innerhalb Ihres Netzwerks messen können. Dazu möchte ich Ihnen exemplarisch eine Auswertungsfunktion zeigen. Wenn Sie sich in einer Yammer-Gruppe aufhalten, wird Ihnen in der Marginalspalte der Menüpunkt GRUPPEN-INSIGHTS ANZEIGEN angeboten.

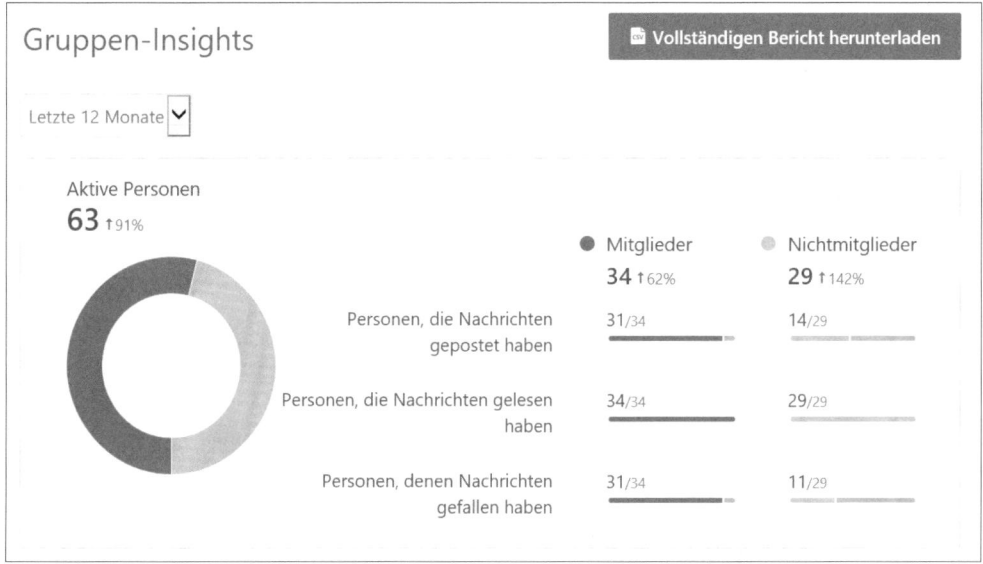

Abbildung 5.23 Prüfen Sie, wie aktiv die Mitglieder einer Gruppe sind.

Wie Sie Abbildung 5.23 entnehmen können, sehen Sie daraufhin genau, wie viele Personen aktive Teilnehmer sind und wie viele passiv bleiben. Außerdem werden Ihnen

Trends angezeigt, die ein Indiz dafür sind, ob eine Gruppe aktiver wird oder ob ihre Aktivität langsam sinkt.

Sie können für die Auswertung zwischen drei verschiedenen Zeiträumen wechseln:

- Letzte 7 Tage
- Letzte 28 Tage
- Letzte 12 Monate

Sollten diese Optionen für Sie nicht ausreichen, so steht über die Schaltfläche VOLLSTÄNDIGEN BERICHT HERUNTERLADEN eine CSV-Datei bereit, mit deren Daten Sie einen Bericht entwerfen können, der Ihren Anforderungen entspricht.

Unterhalb der in Abbildung 5.23 dargestellten Zusammenfassung erhalten Sie für die Kategorien

- Gepostete Nachrichten,
- Gelesene Nachrichten und
- Mit »Gefällt mir« kommentierte Nachrichten

eine detaillierte Darstellung über den ausgewählten Zeitraum hinweg (siehe Abbildung 5.24).

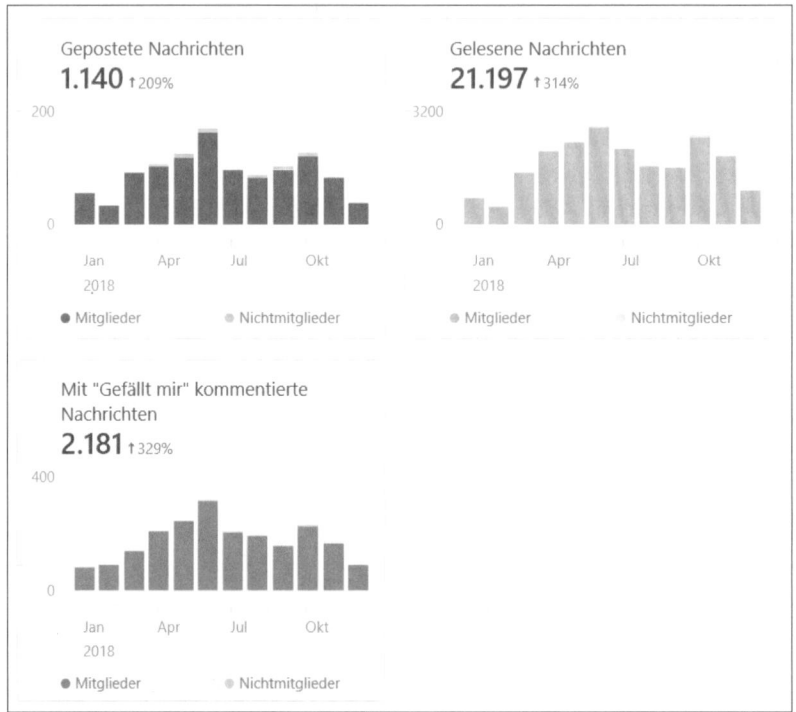

Abbildung 5.24   Über diese detaillierte Auswertung erhalten Sie weitere Informationen zur Aktivität Ihrer Gruppe.

Durch die Information zum zeitlichen Verlauf können Sie genauere Rückschlüsse über die Aktivität Ihrer Gruppe ziehen und die Daten besser einordnen. Gerade in der Einführungsphase einer Collaboration-Plattform erhalten Sie hierüber einen guten Überblick, inwieweit die neuen Möglichkeiten des Informationsaustauschs bereits von den Mitarbeitern angenommen wurden.

Sollte die Plattform noch nicht so weit genutzt werden, wie Sie es vielleicht erwartet haben, können Sie dann gezielt nach den Ursachen forschen und geeignete Maßnahmen einleiten. Nach einiger Zeit können Sie über die Auswertungsmöglichkeiten erneut den Fortschritt prüfen.

5.5 Communities teilen Ihr Wissen mithilfe von Videos

Im privaten Umfeld haben sich Videos als Mittel zum Wissenstransfer längst bewährt. Auch im Unternehmenskontext kann es sinnvoll sein, diese Möglichkeit im Rahmen des Wissensmanagements zu nutzen. Microsoft 365 bietet Ihnen mit dem Dienst *Stream* bereits die Möglichkeit zum Aufbau eines unternehmensinternen Videoportals an.

> **Stream: Ein Kurzüberblick**
>
> ▶ **Kernfunktionen**: Verwaltung von Videos mit sozialen Funktionen zur Bewertung sowie zur Unterstützung des Informationsaustauschs
>
> ▶ **Anwendungsszenarien**: Wissensmanagement über eine zentrale Videoplattform mit Lernvideos
>
> ▶ **Abgrenzung zu anderen Tools**: Bei Stream handelt es sich um eine Videoplattform, deren Inhalte in SharePoint oder *Teams* integriert werden können. Aus *Teams* heraus können Besprechungen aufgezeichnet und automatisch in Stream bereitgestellt werden. Stream sollte am besten nicht allein eingesetzt werden, sondern vielmehr in eine bestehende Collaboration-Plattform als zusätzliche Komponente integriert werden.
>
> In Abschnitt 2.3.4 finden Sie weitere Tools zur Unterstützung eines Wissensmanagements.

Wie Abbildung 5.25, Abbildung 5.26 und Abbildung 5.27 zeigen, werden Ihnen auf der für Sie personalisierten Startseite von Stream alle für Sie relevanten Informationen angezeigt. Dazu gehören die neuesten Videos, Ihre persönliche Watchlist sowie Videos aus Gruppen und Kanälen, denen Sie folgen.

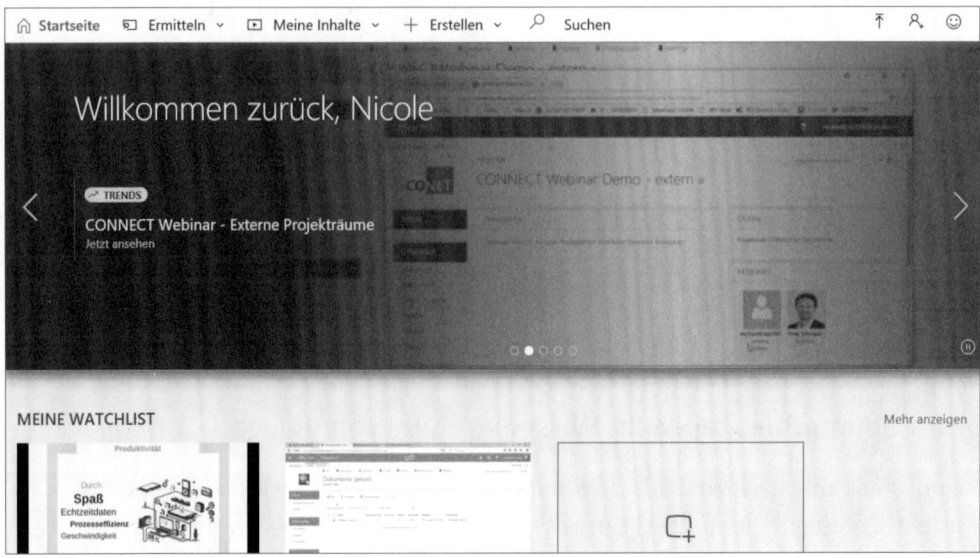

Abbildung 5.25 Herzlich willkommen bei Microsoft Stream!

Abbildung 5.26 Auf der Startseite finden Sie die für Sie relevanten Kanäle …

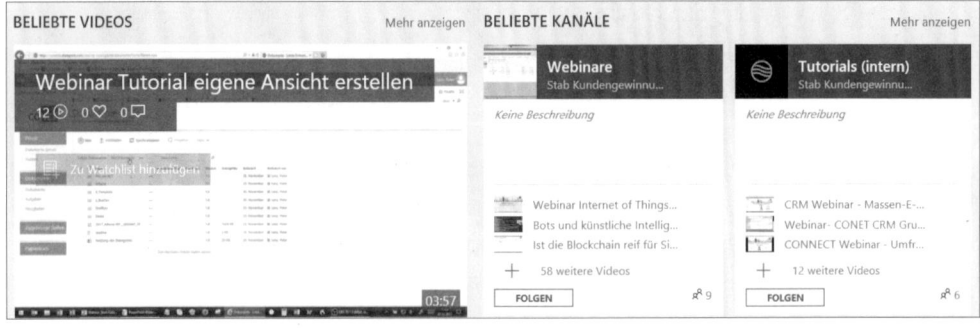

Abbildung 5.27 … und Videos.

5.5.1 Eine Gruppe erstellen oder eine bestehende Gruppe nutzen

Auch in Stream wird mit Gruppen gearbeitet. Eine Gruppe ist technisch betrachtet eine Office Group. Über den Menüpunkt ERSTELLEN • GRUPPE können Sie den in Abbildung 5.28 dargestellten Dialog für eine neue Gruppe aufrufen.

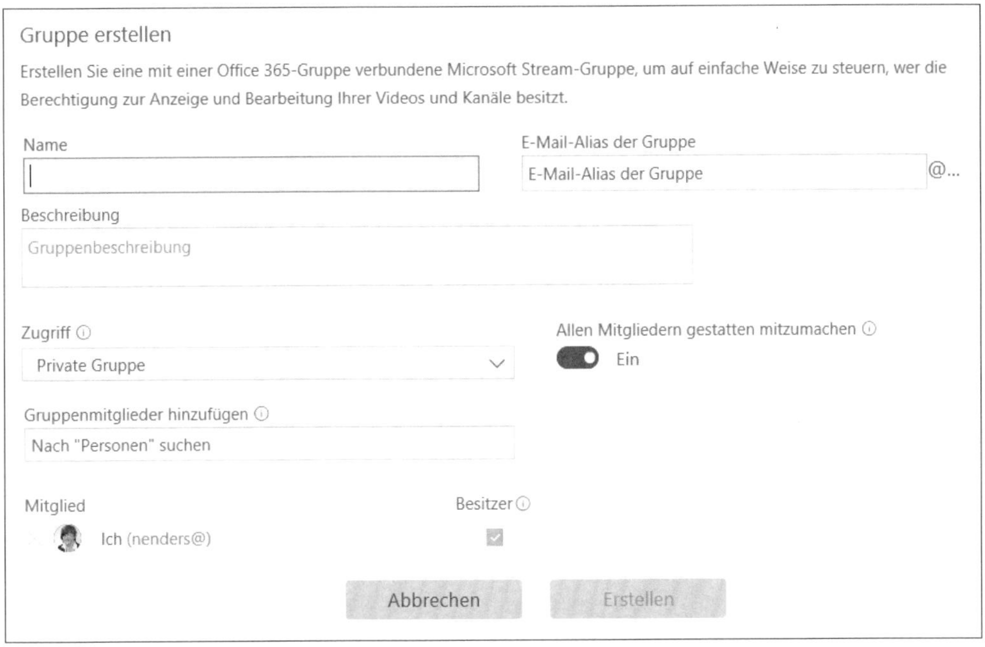

Gruppe erstellen

Erstellen Sie eine mit einer Office 365-Gruppe verbundene Microsoft Stream-Gruppe, um auf einfache Weise zu steuern, wer die Berechtigung zur Anzeige und Bearbeitung Ihrer Videos und Kanäle besitzt.

Name | E-Mail-Alias der Gruppe

Beschreibung | Gruppenbeschreibung

Zugriff: Private Gruppe

Allen Mitgliedern gestatten mitzumachen: Ein

Gruppenmitglieder hinzufügen | Nach "Personen" suchen

Mitglied | Besitzer
Ich (nenders@)

[Abbrechen] [Erstellen]

Abbildung 5.28 Eine Gruppe in Stream gehört immer zu einer Office Group.

Auch wenn der Dialog ein wenig anders aussieht, können Sie auch hier einen Namen und eine Beschreibung sowie die Zugriffsoptionen und die Mitglieder der Gruppe bestimmen.

Sie können in Ihrer Umgebung nun eine Gruppe anlegen. In meinem Team bei CONET haben wir bereits einige Gruppen angelegt, sodass ich für das folgende Beispiel auf eine von ihnen zugreife. Dazu wähle ich den Menüpunkt MEINE INHALTE • GRUPPEN und die gewünschte Gruppe aus der Auflistung aus.

In Abbildung 5.29 bekommen Sie das Aussehen der Übersichtsseite für eine Gruppe gezeigt.

Hier können Sie die neuesten und beliebtesten Videos der Gruppe sehen, im oberen Bereich auf einfache Art ein neues Video hochladen oder nach einem bestimmten Video suchen.

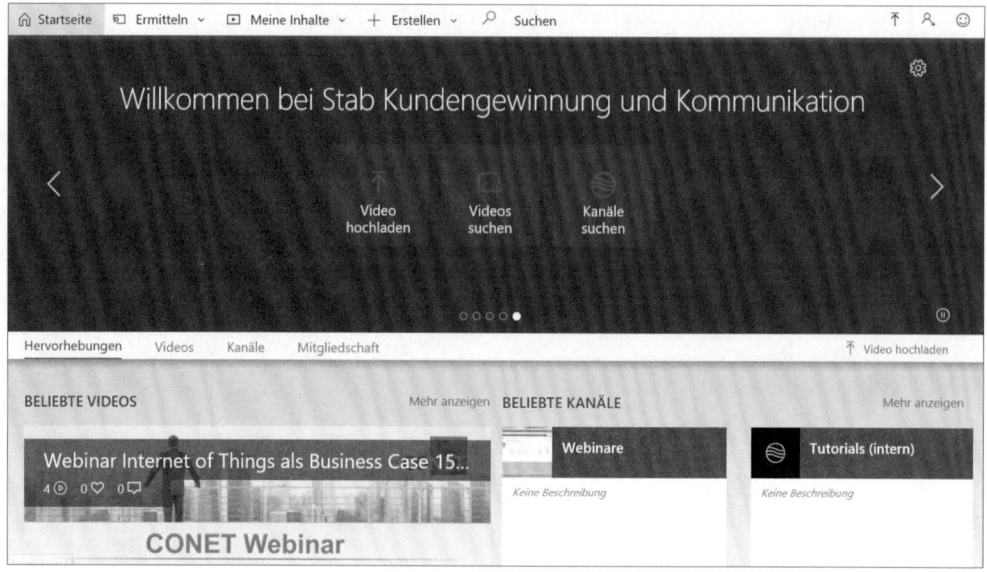

Abbildung 5.29 Auf der Übersichtsseite einer Gruppe werden die beliebtesten Videos der Gruppe angezeigt.

5.5.2 Kanäle zur Strukturierung nutzen

Auch hier begegnet Ihnen wieder der Begriff der Kanäle. Sie dienen zur Strukturierung Ihrer Gruppe und zur Kategorisierung Ihrer Videos. In unserer Gruppe bei CONET haben wir beispielsweise Kanäle für externe Webinare, interne Tutorials (eher technisch) sowie fachliche Erklärungen angelegt.

Wenn Sie einen Kanal aufrufen, werden wie in Abbildung 5.31 alle darin enthaltenen Videos aufgelistet. Dabei wird für jedes Video direkt ersichtlich,

- wie oft es bereits aufgerufen wurde,
- wie vielen Personen es gefällt,
- wie viele Kommentare abgegeben wurden und
- von wem und wann es hochgeladen wurde.

Außerdem können Sie nach einem Video suchen oder direkt in diesem Kanal ein Video hochladen.

Wenn Sie einem Kanal über die Schaltfläche FOLGEN oben unterhalb des Kanalnamens folgen, werden Sie über neue Videos benachrichtigt. Außerdem erscheinen die Videos dieses Kanals zukünftig direkt auf Ihrer Startseite in Stream.

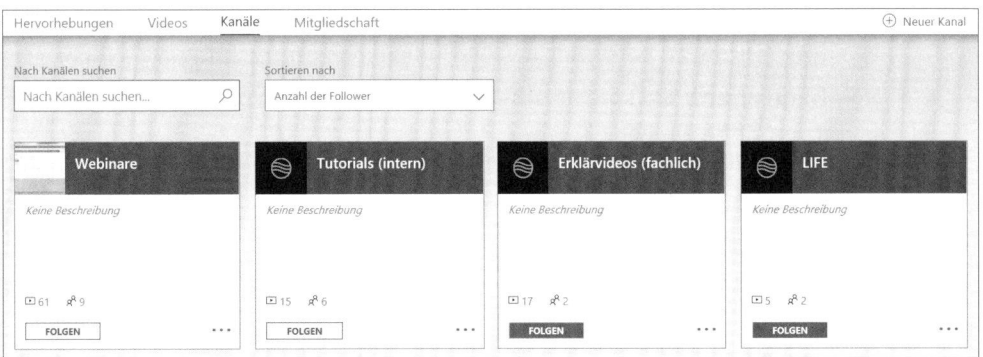

Abbildung 5.30 Kanäle dienen der Strukturierung der Gruppe und der Kategorisierung der Videos.

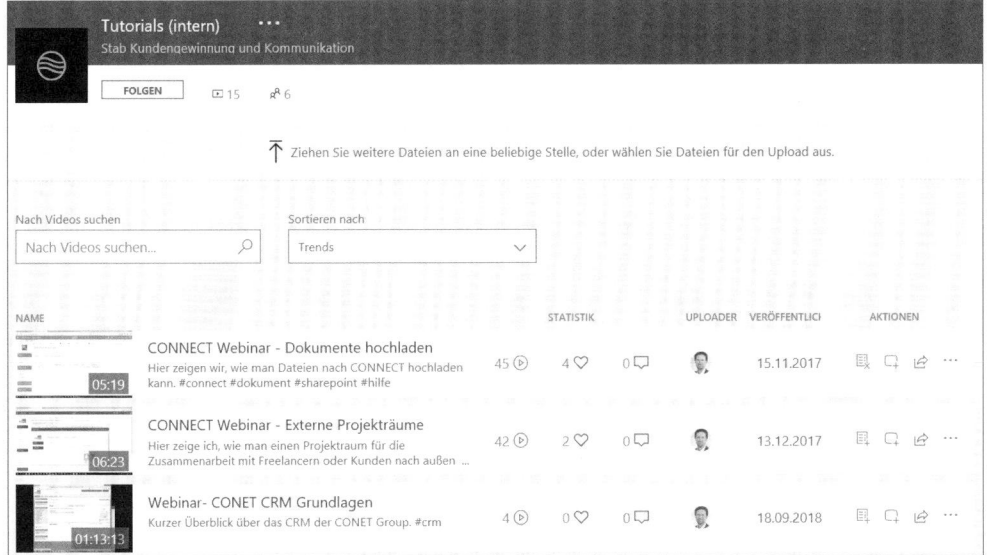

Abbildung 5.31 Die Videos werden mit einer Vorschau und Angabe ihrer zeitlichen Dauer aufgelistet.

5.5.3 Videos verwalten

Wenn Sie ein Video in einem Kanal hochgeladen haben (zum Beispiel per Drag & Drop), wird das Video für kurze Zeit verarbeitet. Anschließend können Sie es auswählen und gelangen zu einer mit Abbildung 5.32 vergleichbaren Detailansicht. Hier werden Ihnen folgende Informationen angeboten:

- **Video**: Das Video selbst nimmt den größten Teil der Seite in Anspruch. Der verwendete Videoplayer verfügt über die standardmäßigen Funktionen zum Abspielen des Videos.

- **Details**: Sie sollten für Ihr Video nicht nur einen Titel und eine Beschreibung angeben, sondern zur Verbesserung der Auffindbarkeit zusätzlich Tags vergeben.
- **Veröffentlichung**: Sie können außerdem sehen, wer das Video zu welchem Zeitpunkt veröffentlicht hat.

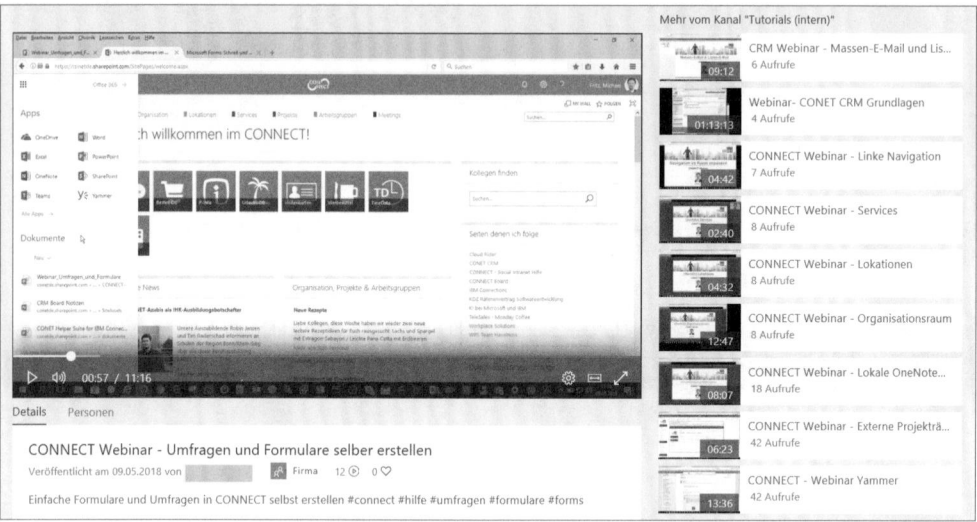

Abbildung 5.32 Auf der Detailseite können Sie mehr tun als nur das Video abzuspielen.

- **»Gefällt mir« und Kommentare**: Sie sehen einerseits, wie viele »Gefällt mir«- und sonstige Kommentare für das Video abgegeben wurden, andererseits können Sie selbst das Video mit »Gefällt mir« markieren oder einen Kommentar abgeben (siehe Abbildung 5.33).

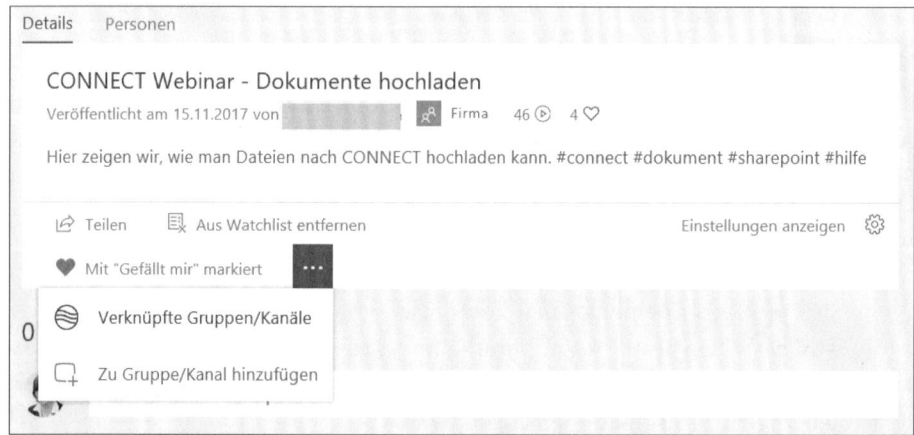

Abbildung 5.33 Über die sozialen Funktionen können Sie sich über Videos und das darin vermittelte Wissen austauschen.

Muss ich ein Video genau einem Kanal zuordnen?

Bei dem Vorgänger von Stream mussten Sie ein Video genau einem Kanal zuordnen. Dieses Vorgehen ist vergleichbar mit der Ablage einer Datei in einem Ordner. Wenn Sie das Video auch einem anderen Kanal zuordnen wollten, mussten Sie das Video ein zweites Mal hochladen. Die Zuordnung zu einem Kanal ist in Stream mehr mit einem Tagging vergleichbar. Sie können den in Abbildung 5.33 dargestellten Menüpunkt Zu Gruppe/Kanal hinzufügen nutzen und darüber das Video in unterschiedlichen Kanälen zur Verfügung stellen. Das Video selbst wird dabei nur einmal in Stream gespeichert.

5.5.4 Videos miteinander teilen

In Stream können die Videos zentral verwaltet werden. Allerdings wird dieser Dienst in vielen Fällen nicht zu den alltäglich aufgerufenen Diensten im Arbeitsalltag gehören. Aus diesem Grund ist es wichtig, dass wir unsere Videos in anderen Diensten nutzen können. Dafür schauen wir uns die Funktion des Teilens an. Wenn Sie bei einem Video den Menüpunkt Teilen auswählen, erscheint der in Abbildung 5.34 dargestellte Dialog.

Sie können Ihr Video via Yammer mit Ihren Kollegen teilen. Wenn Sie beispielsweise ein Tutorial erstellt und in Stream bereitgestellt haben, sollten Sie Ihre Kollegen über diese neue Hilfestellung informieren. Sie können sogar bestimmen, ob der in Yammer publizierte Link das Video erst ab einer bestimmten Stelle starten soll.

Außerdem können Sie über die Schaltfläche Kopieren den Link auf das Video in anderen Systemen wie *Teams* mit den Kollegen teilen.

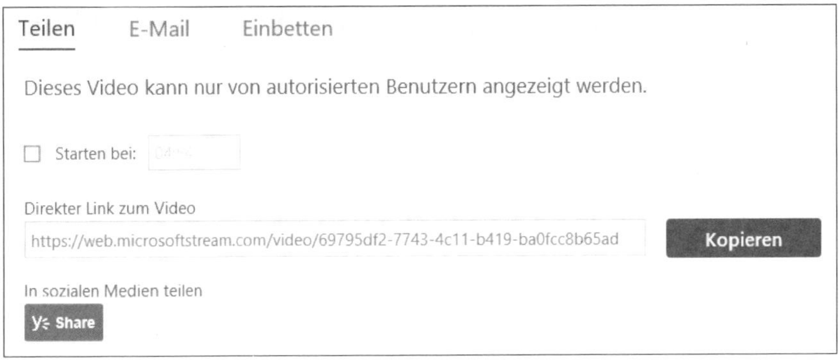

Abbildung 5.34 Teilen Sie Ihr Video in Yammer mit Ihren Kollegen.

Eine weitere Möglichkeit stellt das *Einbetten* Ihres Videos in eine Webseite dar. Dazu wählen Sie die Registerkarte Einbetten aus und können nun entsprechend der Darstellung in Abbildung 5.35 genau einstellen, wie Sie das Video einbetten möchten.

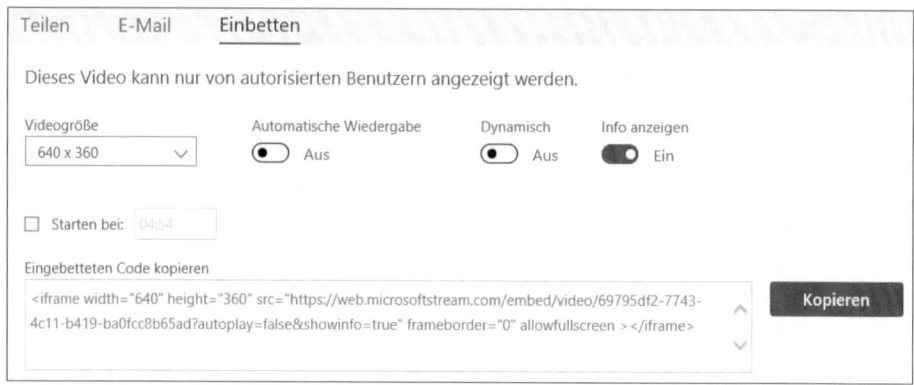

Abbildung 5.35 Legen Sie fest, wie Sie das Video einbetten möchten.

Wenn Sie die Einstellungen vorgenommen haben, können Sie den bereitgestellten Code zum Einbetten über die Schaltfläche KOPIEREN in die Zwischenablage kopieren und in einer beliebigen Website einfügen. Bei einer Integration in SharePoint haben Sie es noch einfacher. Hier können Sie die Seite, in die Sie das Video integrieren möchten, im Bearbeitungsmodus öffnen und das Webpart »Stream« hinzufügen.

In Abbildung 5.36 können Sie den Konfigurationsdialog für das Webpart sehen. Wenn Sie als Quelle ein einzelnes Video auswählen, müssen Sie den Link auf das Video angeben und können den Startzeitpunkt festlegen. Sie können aber auch einen Kanal als Quelle auswählen und somit alle Videos dieses Kanals in Ihrer Website darstellen. Diese Option ist wesentlich flexibler und stellt somit eine sehr gute Variante für das Zusammenspiel von SharePoint und Stream im Rahmen eines Collaboration-Portals dar.

Abbildung 5.36 In SharePoint können Sie mithilfe eines speziellen Webparts Videos aus Stream integrieren.

5.5.5 Weitere Funktionen

Zum Abschluss möchte ich kurz zwei Funktionen erwähnen, die nicht in jeder Microsoft-365-Umgebung zur Verfügung stehen, aber für Sie interessant sein können:

- **Automatisch erstelltes Transkript**: Bisher ist diese Funktion noch nicht in allen Sprachen verfügbar, aber wenn Sie zum Beispiel Videos erstellen, in denen Englisch gesprochen wird, so können Sie sich automatisch ein Transkript generieren lassen. Dies ermöglicht eine gezielte Suche nach den im Video besprochenen Inhalten. Sie erhalten außerdem Gelegenheit, das Transkript zu editieren, falls das System nicht alle Inhalte korrekt erkannt haben sollte.
- **Personenerkennung**: Personen werden automatisch vom System erkannt. Dabei wird ausgewertet, wann welche Person im Video auftaucht. Auf dieser Basis wird Ihnen eine Art Navigation durch das Video angeboten, sodass Sie möglichst schnell zur richtigen Stelle im Video navigieren können, wenn Sie sich beispielsweise daran erinnern, dass eine bestimmte Person über ein Thema gesprochen hat. Manchmal werden Personen zwar nicht richtig vom System erkannt, aber in diesem Fall können Sie auch eine manuelle Korrektur durchführen.

Weitere Informationen zu Stream finden Sie unter *www.microsoft.com/de-de/microsoft-365/microsoft-stream*.

Jeder Topf findet seinen Deckel!

Sie haben in den letzten drei Kapiteln verschiedenste Formen der Zusammenarbeit kennengelernt. Dabei haben Sie Dienste wie *Teams*, Planner, SharePoint, Flow, Yammer und Stream eingesetzt. Jedes Tool hat seine Stärken und Schwächen, aber Sie haben gesehen, wie Sie durch eine geschickte Kombination dieser Tools die Zusammenarbeit von Teams möglichst gut unterstützen können.

In den folgenden Kapiteln wechseln Sie die Perspektive und lernen, wie Sie auf Unternehmensebene die Zusammenarbeit fördern können, die zukünftig in Ihren kleineren Teams gut funktionieren sollte.

TEIL III
Collaboration auf Unternehmensebene

Kapitel 6
Collaboration meets Social Intranet

»Wenn alle zusammenarbeiten, kommt der Erfolg von selbst.«
(Henry Ford)

Bisher haben wir einzelne Möglichkeiten der Zusammenarbeit betrachtet. Gerade auf Ebene der Entscheider bzw. des Managements sowie der internen Kommunikationsabteilung kommen in der Praxis schnell Bedenken hinsichtlich der Übersichtlichkeit auf. Wo kann ich sehen, welche Teams, Projekte und Communities bereits gegründet wurden? Die Übersicht kann durch eine Verbindung des in Teil II beleuchteten Collaboration-Bereichs mit Teilen eines klassischen Intranets geschaffen werden. Das Intranet stellt die Navigations- und Suchmöglichkeit zur Verfügung und erlaubt es dem Management und der Kommunikationsabteilung, hierüber zentrale Informationen beizusteuern. Ziel dieses Kapitels ist es, Ihnen zu zeigen, wie Sie mit wenigen Schritten ein solches *Social Intranet* aufbauen und nutzen können. Dabei werden Sie u. a. die Dienste *OneDrive*, *Forms* und *Sway* kennenlernen.

6.1 Aufbau eines Social Intranets und Kombination mit dem Collaboration-Bereich

Solange wir innerhalb unserer Teams arbeiten und alle für den Arbeitsalltag benötigten Informationen erhalten, fällt uns der Blick aus der Vogelperspektive auf unsere unternehmensweite Kommunikation schwer. Das Management und die für die interne Kommunikation verantwortlichen Mitarbeiter jedoch werden sich bei den in Kapitel 3, Kapitel 4 und Kapitel 5 vorgestellten Möglichkeiten bereits mehrfach die Frage gestellt haben, ob dies wirklich das richtige Vorgehen ist. Schaffen wir dadurch nicht wieder Informationssilos? Können alle Mitarbeiter des Unternehmens diese Möglichkeiten nutzen, oder vergessen wir bestimmte Benutzergruppen?

Es wird in nahezu jedem Unternehmen auch Mitarbeiter geben, die die meiste Zeit ihres Arbeitstages in einem Drittsystem arbeiten und somit gar nicht die Möglichkeit haben, die Vorteile von *Teams*, SharePoint und Yammer zu nutzen. Es ergeben sich in solchen Fällen zu wenige Gelegenheiten, um aktiv an einem Projekt oder in einem Team mitzuwirken.

Da die Rolle des lesenden Mitglieds in diesen Szenarien nicht vorgesehen ist, werden die im vorangegangenen Abschnitt beschriebenen Mitarbeiter höchstwahrscheinlich auch nicht in die Teams eingeladen. Wie können wir aber dennoch dafür sorgen, dass auch diese Kollegen erfahren, was im Unternehmen geschieht? Wie können sie sich spontan an einer Diskussion zu einer Neuigkeit beteiligen?

Ein anderer wichtiger Aspekt sind Neuigkeiten mit unternehmensweiter Relevanz. Wie kann zum Beispiel der Personalleiter die Mitarbeiter über eine Erweiterung der angebotenen Weiterbildungsmaßnahmen informieren? Und wo findet man die Ankündigung, dass wir in Kürze ein Webinar zu einem bestimmten Thema durchführen werden?

Alle diese Fragen lassen sich mit dem Aufbau eines Social Intranets auf Basis von SharePoint leicht beantworten. Sie haben durch Ihre Teams und die damit genutzten Arbeitsräume bereits eine gute Basis geschaffen. Nun müssen Sie lediglich den Rahmen dafür bereitstellen. Das Social Intranet sollte zu Ihrer zentralen Anlaufstelle für den unternehmensweiten Informationsaustausch werden. Ein Social Intranet besteht aus folgenden Komponenten:

- **Arbeitsräume für Organisationseinheiten**: Diese Arbeitsräume dienen zur Unterstützung der Zusammenarbeit des jeweiligen Teams. Weiterhin kann sich das Team aber auch mit seinem Aufgabengebiet und seinen Fähigkeiten im Unternehmen präsentieren. Wenn ein Mitarbeiter den Arbeitsraum einer anderen Organisationseinheit aufruft, sollte er möglichst schnell herausfinden können, wer seine Ansprechpartner für bestimmte Themen sind.
- **Projektarbeitsräume**: Diese Arbeitsräume haben wir in Abschnitt 4.2 kennengelernt. Sie unterstützen ein Team bei der gemeinsamen Bearbeitung von Dokumenten und der Verwaltung der durchzuführenden Tätigkeiten.
- **Communities und Arbeitsgruppen**: Communities stellen die individuellste Form der Zusammenarbeit dar. Wir haben in Kapitel 3 und Kapitel 5 unterschiedliche Möglichkeiten zur Unterstützung dieser Teams behandelt.
- **Zentraler Hub für Informationen**: Ihr Social Intranet benötigt einen zentralen Einstiegspunkt für alle unternehmensweiten Informationen. Außerdem sollten Sie von hier zu Ihren Teams (Organisationseinheiten, Projekte und Communities) navigieren können.

> **Haben wir nicht bereits durch Yammer eine Möglichkeit zum unternehmensweiten Informationsaustausch?**
>
> Ja, mit Yammer können Sie Informationen mit dem gesamten Unternehmen teilen und Diskussionen zu Themen führen. Über Gruppen zu einzelnen Themen können sich Mitarbeiter unterschiedlicher Organisationseinheiten zusammenfinden und durch ihre Diversität in der Gruppe Themen besser vorantreiben als innerhalb ihrer festen Organisationsstrukturen.

Mit einem Social Intranet verfolgen Sie aber darüber hinaus das Ziel, gezielt Informationen aus verschiedenen Arbeitsbereichen, wie beispielsweise das Erreichen eines wichtigen Meilensteins in einem Projekt, im gesamten Unternehmen zu publizieren und so den Informationsaustausch (ggf. sogar mit anschließender Diskussion zu dem Thema) zu fördern. Dazu schaffen Sie einen Rahmen, der eine einfache Navigation zwischen den unterschiedlichen Bereichen anbietet und es den Mitarbeitern ermöglicht, bereits auf der Startseite die für sie wichtigen Informationen einzuholen und Feedback zu geben.

Sie werden nun eine solche Startseite einrichten und Ihre Teams mit ihr verknüpfen. Dafür sind eine sogenannte *Hubwebsite* mit globaler Navigation sowie Räume für die Organisationseinheiten mit unternehmensweiter Relevanz zu erstellen und zu konfigurieren.

6.1.1 Zentraler Hub als Einstiegspunkt für unternehmensweite Informationen

Erstellen Sie zunächst eine neue Website, indem Sie in Microsoft 365 die App *SharePoint* aufrufen und dort den Menüpunkt WEBSITE ERSTELLEN auswählen. Wählen Sie anschließend eine Kommunikationswebsite als Vorlage aus und vergeben Sie den Namen »Social Intranet« – oder haben Sie bereits eine Idee für einen Namen Ihres zukünftigen Portals? Stellen Sie außerdem sicher, dass Sie die richtige Sprache für Ihre Website ausgewählt haben.

Für Fortgeschrittene: Eine Kommunikationswebsite in eine Hubwebsite umwandeln

Um eine Hubwebsite einzurichten, öffne ich die Windows-PowerShell-Konsole und führe die Befehle in Listing 6.1 aus.

```
Connect-SPOService -Url https://<IhrSharepoint>-admin.sharepoint.com
Register-SPOHubwebsite -Site https://<IhrSharePoint>.sharepoint.com/sites/
socialintranet
```

Listing 6.1 Wandeln Sie eine Teamwebsite oder Kommunikationswebsite in einer Hubwebsite um.

> **Achtung: Für die Registrierung einer Hubwebsite benötigen Sie Administratorrechte!**
>
> Immer dann, wenn Sie eine Konfiguration mittels PowerShell vornehmen müssen und den Befehl `Connect-SPOService -Url https://<IhrSharepoint>-admin.sharepoint.com` benötigen, sollten Sie sicherstellen, dass Sie über Administratorrechte in Ihrem Tenant verfügen. Bitten Sie im Zweifelsfall Ihren Administrator darum, die Konfiguration für Sie vorzunehmen.

Achten Sie dabei darauf, den Platzhalter »<IhrSharePoint>« durch die Bezeichnung Ihres Tenants zu ersetzen. Mit dem Befehl `Register-SPOHubwebsite` nehmen Sie die nötige Konfiguration vor, um diese Website zukünftig als zentralen Hub für Informationen und somit als Startseite Ihres Social Intranets zu nutzen.

Hubwebsite einrichten

Nach Aufruf sollte Ihre frisch konfigurierte Hubwebsite der Darstellung in Abbildung 6.1 ähneln.

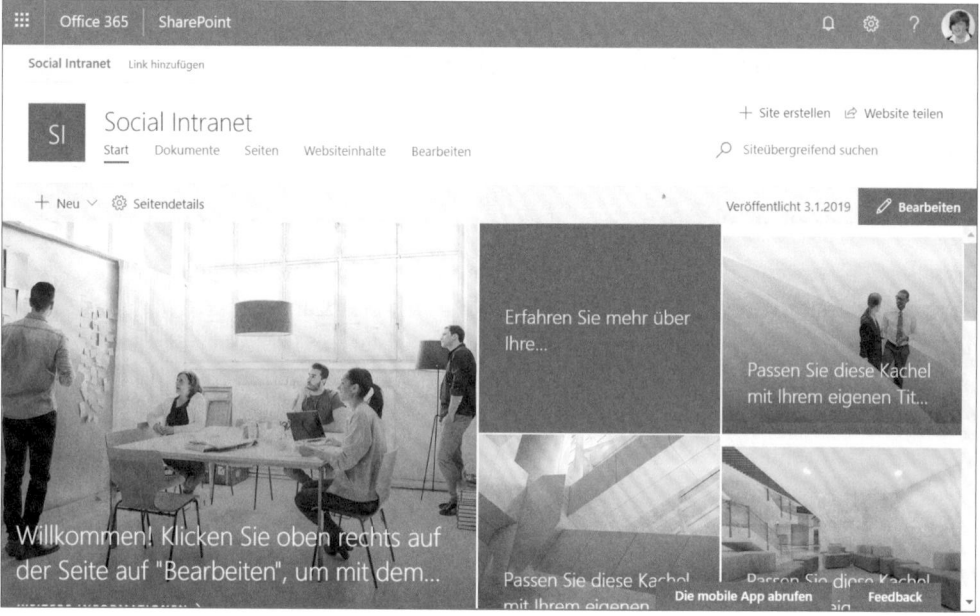

Abbildung 6.1 Herzlich willkommen auf der Startseite Ihres Social Intranets!

Als Erstes verbinden wir unseren Hub mit den in den vorangegangenen Kapiteln eingerichteten Teams und Communities. Betätigen Sie dafür die Schaltfläche LINK HINZUFÜGEN in der oberen Navigationsleiste.

Wie Sie in Abbildung 6.2 erkennen können, wird der Link auf den Hub selbst nicht mit aufgelistet und kann daher an dieser Stelle nicht editiert werden. Erstellen Sie nun zwei neue Links über das Pluszeichen:

- **Teams**: Hier verlinken Sie auf die Übersichtsseite in *Teams*. So können Sie alle für Sie relevanten Gruppen (zum Beispiel für die Projektarbeit) sofort erreichen.
- **Communities**: Für diesen Menüpunkt geben Sie den Link auf Yammer an, um zukünftig schnell zu Ihrem Unternehmensnetzwerk wechseln zu können.

Es sind weitere Menüpunkte wie zum Beispiel Ihre Wissensplattform in Stream denkbar. Für den Anfang möchte ich es jedoch bei diesen beiden belassen. An dieser Stelle möchte Ich Ihnen empfehlen, sich bei der Menüstruktur auf die im Alltag häufig benötigten Links zu beschränken und somit Übersichtlichkeit zu wahren.

Abbildung 6.2 Fügen Sie über das Pluszeichen Links zur Navigation hinzu und legen Sie deren Reihenfolge von links nach rechts fest.

Wenn Sie die Navigation später bearbeiten möchten, betätigen Sie die Schaltfläche BEARBEITEN. Abbildung 6.3 stellt die verschiedenen Optionen dar, die Ihnen neben dem Hinzufügen weiterer Links angeboten werden. Sie können beispielsweise einen Link einem anderen zuordnen und somit Untermenüs einrichten.

Abbildung 6.3 Sie können das Menü bei Bedarf später bearbeiten.

Die hier erstellte Navigation werden Sie im nächsten Abschnitt auch in anderen Websites wie ein Bindeglied zwischen den verschiedenen Räumen Ihres Social Intranets wiederverwenden. Sie sollten daher allgemeingültige Links verwenden, die aus jedem Arbeitsraum heraus sinnvoll sind. Außerdem passen Sie die Bezeichnung des ersten

Links, der Sie auf die Startseite Ihres Hubs und damit auf Ihr Social Intranet führt, bitte an. In der Regel wird ein solcher Menüpunkt »Home« oder »Start« genannt.

Wählen Sie über das Zahnradsymbol ⚙ oben rechts den Menüpunkt HUB-WEBSITE-EINSTELLUNGEN aus (siehe Abbildung 6.4). Dieser Menüpunkt erscheint nur für Hubwebsites; bei Teamwebsites und Kommunikationswebsites wird er ihnen nicht angeboten.

Abbildung 6.4 Sie können zentrale Einstellungen für Ihre Hubwebsite vornehmen.

Abbildung 6.5 zeigt Ihnen die drei Aspekte, die zur Konfiguration zur Verfügung stehen:

- **Logo**: Der Menüpunkt für den Hub wird immer ganz links dargestellt. Sie können links davon ein Icon anzeigen lassen. Das kann zum Beispiel Ihr Unternehmenslogo oder ein speziell für Ihr Social Intranet erstelltes Logo sein.
- **Name des Links**: Hier können Sie die Bezeichnung des Links ändern. Ich ändere ihn zum Beispiel in »Home«. So weiß jeder unabhängig vom aktuellen Ort, dass er darüber auf die Startseite des Social Intranets gelangen kann.
- **Sitedesign**: Sie haben bereits in Abschnitt 4.5.2 die sogenannten Sitedesigns bzw. Website-Entwürfe kennengelernt. Darüber können einer Website Farbpaletten und Inhaltsstrukturen wie Listen und Bibliotheken hinzugefügt werden.

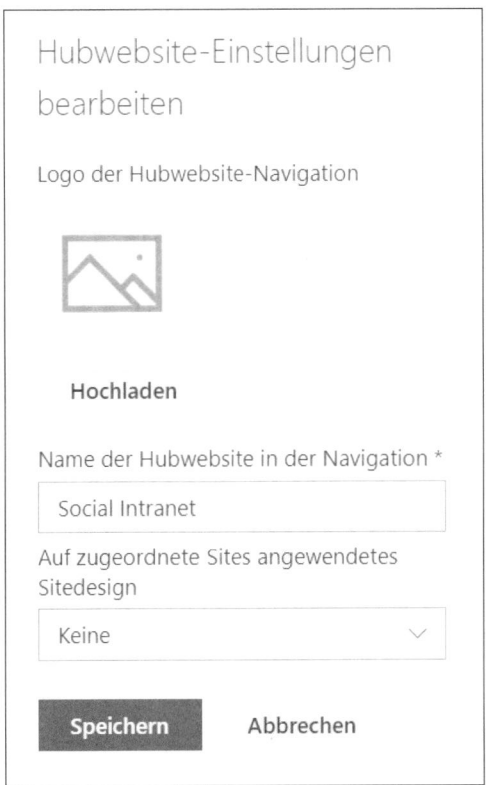

Abbildung 6.5 Bestimmen Sie grundlegende Einstellungen für Ihre Hubwebsite.

Nachdem Sie die Anpassungen vorgenommen haben, sollte sich Ihre Navigation wie in meinem Beispiel in Abbildung 6.6 verändert haben.

Abbildung 6.6 Die globale Navigation Ihres Social Intranets nach Abschluss der Konfiguration

6.1.2 Kommunikationswebsites für die zentralen Informationsgeber

Ich bin mir sicher, auch in Ihrem Unternehmen wird es neben den einzelnen Teams Organisationseinheiten geben, die neben dem alltäglichen Teamwork zudem für die Erarbeitung und Veröffentlichung allgemeingültiger Informationen verantwortlich sind.

Ich möchte mit Ihnen beispielhaft folgende Unternehmensbereiche betrachten:

- **Gesamtes Unternehmen**: Hier werden Informationen wie Veränderungen der Organisationsstruktur, die aktuellen Geschäftszahlen oder die Themen der letzten Mitarbeiterversammlung veröffentlicht.
- **Human Resources (Personal)**: In diesem Bereich werden zum Beispiel neue Mitarbeiter vorgestellt, Tipps im Bereich des Gesundheitsmanagements verteilt sowie für die Mitarbeiter verbindliche Richtlinien angekündigt.
- **Vertrieb**: Wenn Sie wie in Abschnitt 4.1 Ihre vertrieblichen Aktivitäten unternehmensweit bündeln, können Sie über Ihr Team Nachrichten publizieren, wenn ein neuer Kunde gewonnen wurde oder beispielsweise neue Pressemitteilungen vorliegen.
- **Technik**: Hier werden Neuigkeiten veröffentlicht, wie zum Beispiel, ob es bei Ihnen standardisierte Arbeitsplatzausstattungen gibt oder Sie eine Bring-Your-Own-Device-Strategie verfolgen. Geben Sie den für die IT verantwortlichen Mitarbeitern eine Stimme, um über Neuerungen der unternehmensinternen IT zu informieren.

Jeder dieser Unternehmensbereiche erhält von Ihnen seine eigene Website. Für den Vertrieb haben Sie, wie gesagt, bereits ein Team und somit eine Website, die Sie lediglich mit Ihrer Hubwebsite verbinden müssen. Für die anderen Unternehmensbereiche werden Sie allerdings jeweils eine neue Website anlegen, und zwar eine Kommunikationswebsite.

Anlegen einer Kommunikationswebsite

Dafür wählen Sie den Menüpunkt SITE ERSTELLEN oben rechts auf der Startseite aus (siehe Abbildung 6.6). Wählen Sie als Vorlage eine Kommunikationswebsite aus und geben Sie den entsprechenden Namen für die primär zur Informationsverteilung vorgesehene Website an, beispielsweise:

- Gesamtes Unternehmen
- Human Resources (Personal)
- Zentrale IT

Die auf diesem Weg erstellten Websites sind automatisch immer bereits der Hubwebsite zugeordnet. Die Website für den Vertrieb müssen Sie jedoch manuell zuordnen. Auf diesem Weg lernen Sie auch, wie Sie die übrigen Websites bei Bedarf einer anderen Hubwebsite zuordnen oder die Verbindung komplett lösen können. Wählen Sie dazu in der gewünschten Website über das Zahnradsymbol ⚙ oben rechts den Menüpunkt WEBSITEINFORMATIONEN aus. Wie aus Abbildung 6.7 ersichtlich wird, können Sie in dem daraufhin erscheinenden Dialog unten eine Hubwebsite auswählen. Über die Schaltfläche SPEICHERN bestätigen Sie Ihre Auswahl.

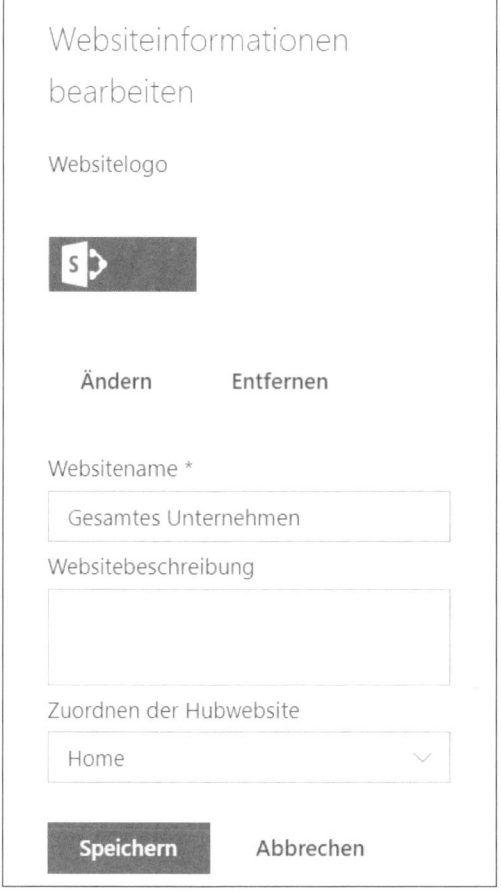

Abbildung 6.7 Ordnen Sie eine Website zu, beispielsweise die für den Vertrieb Ihrer Hubwebsite.

Veröffentlichen einer ersten Neuigkeit

Im nächsten Abschnitt werden Sie die Startseite Ihres Portals gestalten. Um aber Ihre Einstellungen richtig testen zu können, benötigen Sie in jeder Ihrer vier Websites ein paar Neuigkeiten. Wir werden hier exemplarisch einen solchen Beitrag erstellen, um beispielsweise darüber zu informieren, dass sich die Mitarbeiter ab einem bestimmten Stichtag ihr Firmennotebook frei auswählen können. Durch die Veröffentlichung dieser Information können die Mitarbeiter bereits in einem frühen Stadium auftretende Fragen stellen, gemeinsam mit den Kollegen aus der IT-Abteilung über begleitende Themen diskutieren und Feedback geben, das wiederum im Rahmen der nächsten Schritte von den Mitarbeitern der IT-Abteilung genutzt werden kann.

Wählen Sie innerhalb der jeweiligen Website den Menüpunkt Neu • Neuigkeiten-beitrag auf der Startseite aus (siehe Abbildung 6.8).

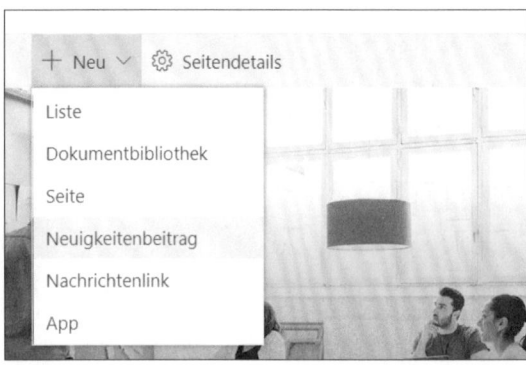

Abbildung 6.8 Erstellen Sie einen neuen Beitrag, um Ihre Mitarbeiter über eine Neuigkeit zu informieren.

Bei der Erstellung Ihres neuen Beitrags können Sie von den vielfältigen Konfigurationsmöglichkeiten profitieren:

1. Geben Sie einen Titel für Ihren Beitrag an.
2. Standardmäßig sind Sie als Autor des Beitrags hinterlegt. Sie können aber auch eine andere Person auswählen und so Beiträge im Namen eines Kollegen oder Vorgesetzten erstellen.
3. Klicken Sie auf das Stiftsymbol ✎, das links vom Titel erscheint, wenn Sie mit der Maus über den Titel fahren.
4. In dem in Abbildung 6.9 dargestellten Konfigurationsdialog wählen Sie nun ein Layout für den Titelbereich aus. Probieren Sie die unterschiedlichen Vorlagen aus.

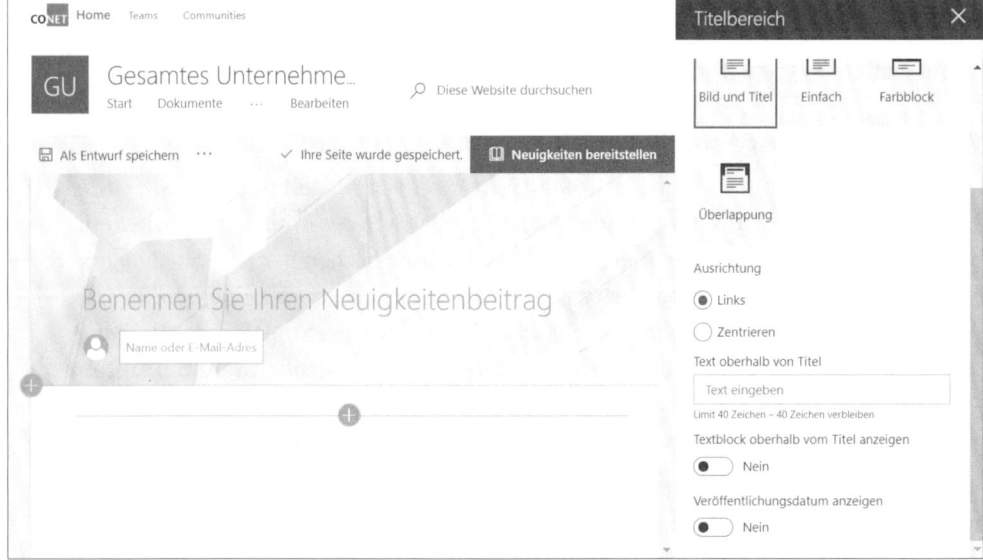

Abbildung 6.9 Legen Sie das grundsätzliche Layout für Ihren Beitrag fest.

5. Sie können dort außerdem bestimmen, ob Sie oberhalb des Titels einen zusätzlichen Text anzeigen lassen möchten. Das könnte beispielsweise ein Tag für besonders wichtige Nachrichten oder für bestimmte Kategorien von Informationen sein.
6. Zuletzt entscheiden Sie in dem Dialog noch, ob Sie das Veröffentlichungsdatum anzeigen lassen möchten.

Diese Änderungen sind direkt wirksam und müssen daher nicht explizit gespeichert werden.

Der Inhalt Ihres Beitrags kann ebenfalls sehr individuell gestaltet werden. Wie Sie in Abbildung 6.10 sehen können, steht Ihnen ein Pluszeichen zur Verfügung, um einen oder mehrere Abschnitte hinzuzufügen. Über Abschnitte können Sie Ihren Beitrag optisch ganz nach Wunsch gestalten. Innerhalb der Abschnitte können Sie ebenfalls über ein Pluszeichen Inhalte wie formatierbaren Text, Bilder oder auch eingebettete Dateien oder Videos hinzufügen (siehe Abbildung 6.11).

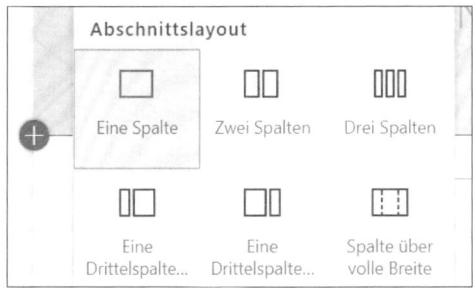

Abbildung 6.10 Gliedern Sie Ihren Beitrag in Abschnitte, um Informationen optisch voneinander abzugrenzen.

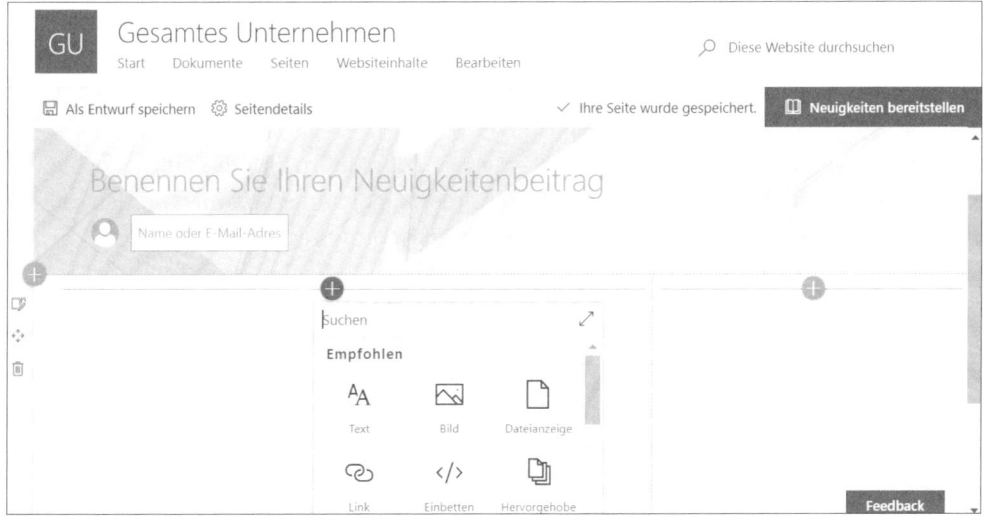

Abbildung 6.11 Der Inhalt Ihres Beitrags kann von Ihnen frei gestaltet werden.

Über die Schaltfläche Als Entwurf speichern können Sie Ihren Beitrag zwischenspeichern, um ihn später zu veröffentlichen. Sie finden den Beitrag über den Menüpunkt Seiten wieder. Wenn Sie mit Ihrem Beitrag jedoch zufrieden sind, können Sie den Beitrag über die optisch hervorgehobene Schaltfläche Neuigkeiten bereitstellen veröffentlichen.

> **Genehmigungsprozess mit Power Automate**
> In dieser Einstellung können die Mitglieder der entsprechenden Website direkt und ohne weitere Prüfung Beiträge veröffentlichen. Einen Freigabeprozess für die Veröffentlichung können Sie mithilfe eines Flows einrichten.

6.1.3 Gestaltung der Startseite Ihres Social Intranets

Kehren wir nun zu unserer Hubwebsite zurück, um die Startseite als zentrale Informationsplattform für unser Unternehmen einzurichten. Auf der Startseite sind standardmäßig folgende Webparts vorhanden:

- **Hero**: Dieses Webpart stellt die prominenteste Komponente der Seite dar und kann bis zu fünf Links mit einem prägnanten Bild sowie einem Titel und einer Beschreibung anzeigen. Hier sollten Sie zum Beispiel Links auf besonders häufig genutzte Anwendungen unterbringen.
- **Neuigkeiten**: In diesem Bereich werden in aggregierter Form die Beiträge aus allen mit der Hubwebsite verbundenen Websites angezeigt. Die Sortierung erfolgt dabei absteigend nach dem Veröffentlichungsdatum.
- **Ereignisse**: Hier können Sie für das Unternehmen relevante Termine verwalten. Ein Beispiel wären die Termine für Betriebsversammlungen.
- **Dokumente**: Gibt es Dokumente, auf die Sie und Ihre Kollegen immer wieder zugreifen müssen? In diesem Fall wäre es sinnvoll, sie direkt auf der Startseite Ihres Intranets für alle Mitarbeiter bereitzustellen.
- **Quicklinks**: Links, die zwar für die Mehrheit der Mitarbeiter relevant, jedoch nicht so bedeutend sind, als dass sie in das Hero-Webpart aufgenommen werden sollten, werden im unteren Bereich der Seite zur Verfügung gestellt.

Wir sehen uns nun der Reihe nach die einzelnen Seitenbestandteile genauer an. Betätigen Sie dafür die Schaltfläche Bearbeiten oben rechts in der Aktionsleiste.

Hero-Webpart

Das Hero-Webpart dient der Darstellung von wichtigen Links oder der Auflockerung des Seiteninhalts durch eine unübliche Darstellung. Sie können dabei zwischen einer Darstellung in Form von Kacheln (siehe Abbildung 6.12) oder in Form von Ebenen (jeder Link wird in einer separaten Zeile dargestellt) wählen. Für jeden Link können Sie URL, Titel, Beschreibung und ein Hintergrundbild festlegen.

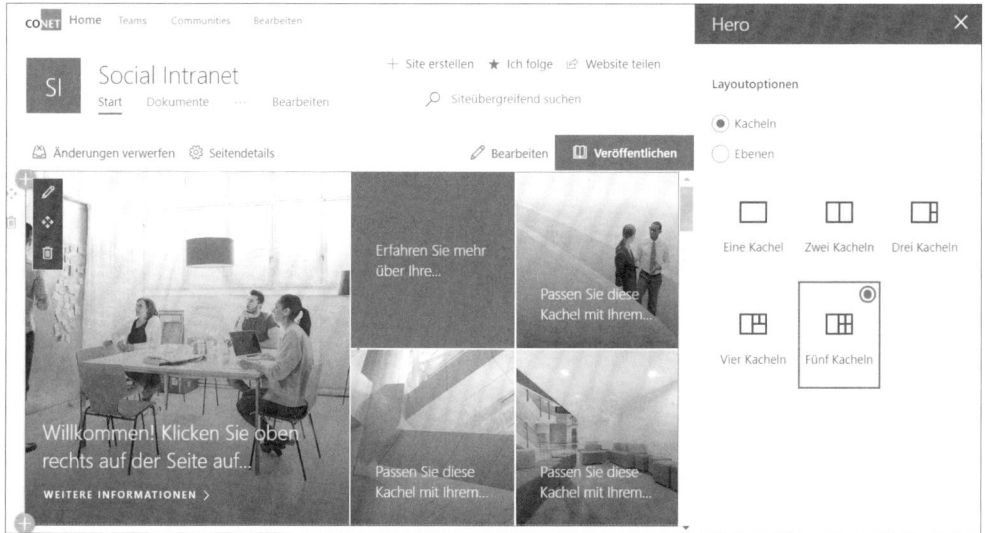

Abbildung 6.12 Sie können bis zu fünf Kacheln oder Ebenen anzeigen lassen.

Neuigkeiten

Das Webpart für Neuigkeiten ist standardmäßig so eingestellt, dass es sämtliche Beiträge aus allen der Hubwebsite zugeordneten Websites anzeigt. Wenn Sie in Ihrer Umgebung genügend Beiträge veröffentlicht haben, sollte dieser Bereich bei Ihnen mit der Darstellung in Abbildung 6.13 vergleichbar sein.

Abbildung 6.13 Standardmäßig werden die neuesten Beiträge von links nach rechts mit ihren Details angezeigt und die älteren Beiträge rechts aufgelistet.

In Abbildung 6.14 sehen Sie, dass Sie die Quelle der anzuzeigenden Beiträge auch ändern können. So werden beispielsweise lediglich die Beiträge aus der aktuellen Website (Standardeinstellung in Teamwebsites und Kommunikationswebsites) oder die Beiträge aus explizit ausgewählten Websites angezeigt. Wenn Sie die zweitgenannte

Option wie in Abbildung 6.15 auswählen, werden Ihnen die in Ihrer Microsoft-365-Umgebung verfügbaren Websites zur Auswahl präsentiert.

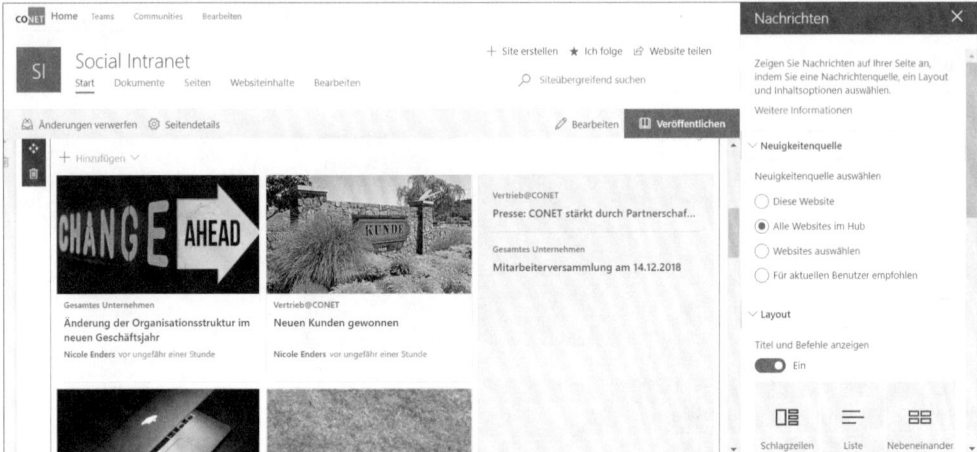

Abbildung 6.14 Im Bearbeitungsmodus können Sie die Quelle der anzuzeigenden Beiträge ändern.

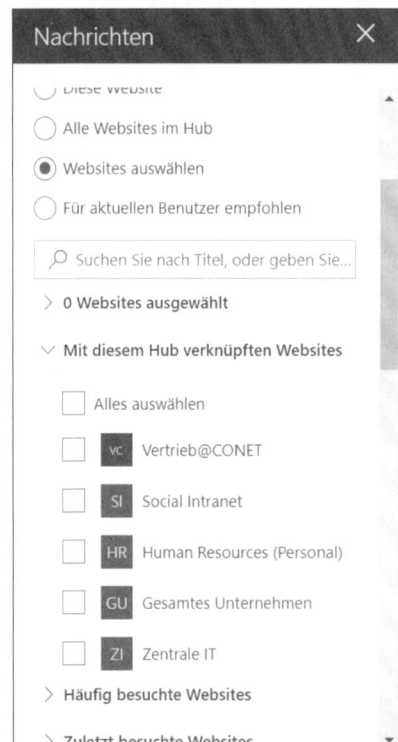

Abbildung 6.15 Wählen Sie die Websites aus, deren Beiträge Sie als Neuigkeit auf der Startseite Ihres Intranets erwarten.

> **Eine Idee zur Gestaltung der Startseite**
>
> Wir werden bei der ursprünglichen Einstellung der Quelle der anzuzeigenden Beiträge bleiben. Damit werden die Neuigkeiten aus dem Vertrieb mit denen aus IT und Personal gemeinsam angezeigt. Sie könnten die Startseite aber auch mit weiteren Abschnitten versehen (zum Beispiel mit einem zweispaltigen Layout) und das Webpart für die Neuigkeiten mehrmals bereitstellen. In jedem dieser Webparts würden wir dann als Quelle eine bestimmte Website auswählen. Mit dieser Konfiguration könnten die Mitarbeiter nun schneller auf die Nachrichten der Personalabteilung zugreifen und eine bestimmte Information zügiger auffinden.

Nach der Quelle können Sie das Layout des Webparts definieren (siehe Abbildung 6.16). Im Standard ist die Option Hubneuigkeiten ausgewählt, wodurch die neuesten Beiträge nebeneinander dargestellt werden. Dadurch sind diese Nachrichten allein durch ihre Darstellung gleichrangig im Fokus. Wenn Sie stattdessen den Fokus immer allein auf die neueste Nachricht legen möchten, ist die Option Schlagzeilen besser geeignet. In Abbildung 6.16 sehen Sie eine Vorschau auf diese Art der Darstellung.

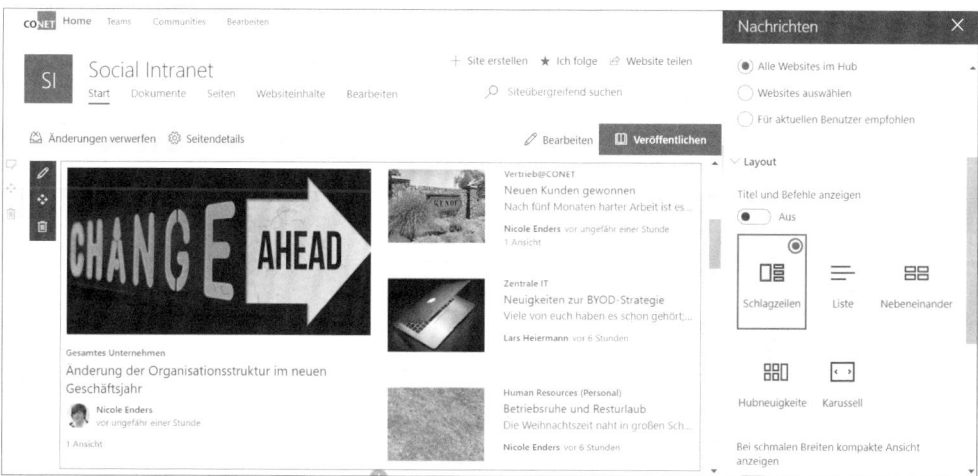

Abbildung 6.16 Wählen Sie eine Option für die Darstellung der anzuzeigenden Beiträge aus.

Wenn Sie im Konfigurationsdialog weiter nach unten navigieren, finden Sie außerdem noch die in Abbildung 6.17 dargestellte Option, um besondere Beiträge explizit auszuwählen und ganz vorne zu positionieren. Das ist vor allem dann relevant, wenn eine Nachricht aufgrund ihres Veröffentlichungsdatums oder der Frequenz neuer Beiträge schnell aus der Anzeige der neuesten Beiträge zu verschwinden droht, dafür aber eine zu hohe Relevanz besitzt. Über diese Option können Sie sicherstellen, dass der Beitrag genau solange auf der Startseite Ihres Intranets erscheint, wie Sie es wünschen.

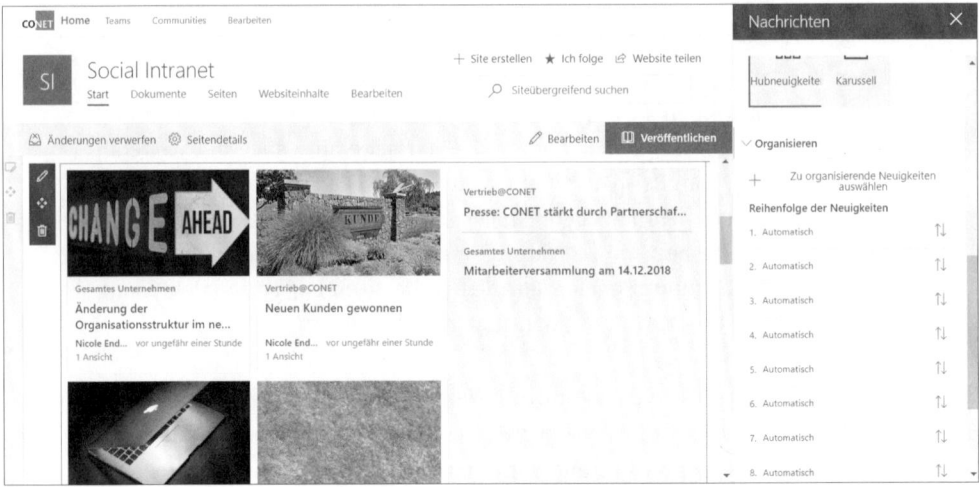

Abbildung 6.17 Positionieren Sie ausgewählte Beiträge als zentrale Nachrichten ganz vorn.

Ereignisse

Unterhalb der Neuigkeiten finden Sie die im Unternehmen als Nächstes anstehenden Termine. Hierbei kann es sich um Mitarbeiterversammlungen, Schulungen oder Kundenveranstaltungen handeln.

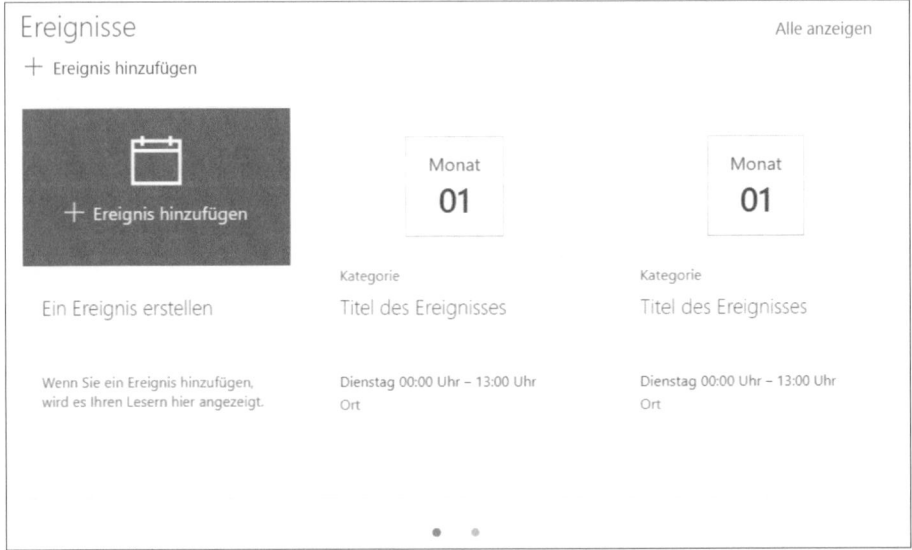

Abbildung 6.18 Unternehmensweite Termine wie beispielsweise anstehende Mitarbeiterversammlungen können zentral verwaltet werden.

Standardmäßig werden Ihnen nur die Termine aus der Hubwebsite angezeigt. Um aber Ihren Teams mit unternehmensweitem Einfluss die Möglichkeit zu geben, ihre

Termine mit allen Mitarbeitern zu teilen, ändern Sie die Konfiguration wie in Abbildung 6.19 auf ALLE WEBSITES IM HUB als Quelle. Damit sind u. a. folgende Szenarien möglich:

- Ihre IT-Abteilung kann Wartungsfenster für verschiedenste Anwendungen und Systeme ankündigen.
- Der Vertrieb kann Sie über anstehende Konferenzen informieren.
- Die für das Gesundheitsmanagement verantwortlichen Mitarbeiter können Sie über geplante Informationsveranstaltungen in Kenntnis setzen.

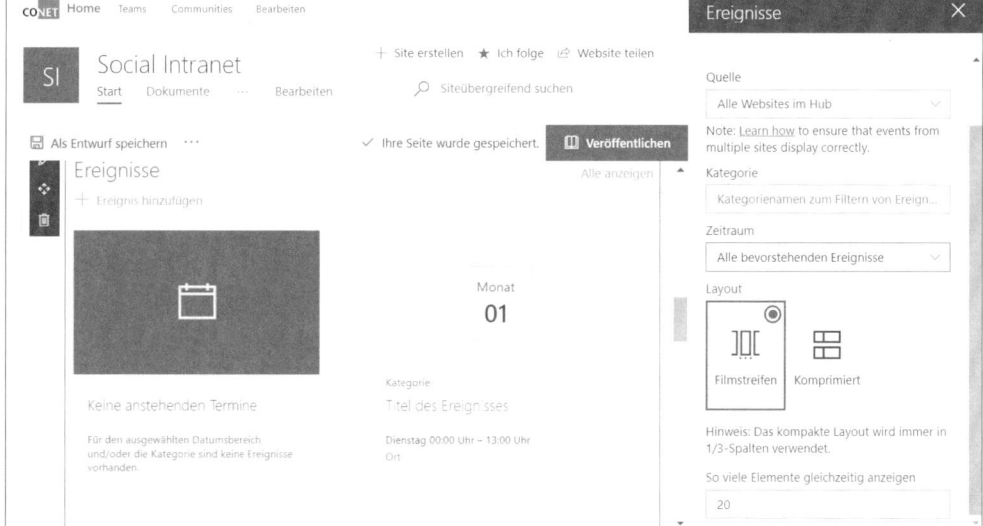

Abbildung 6.19 Sie können auch hier die Termine aus den mit der Hubwebsite verbundenen Websites anzeigen lassen.

Die Liste der Beispiele lässt sich sicher beliebig ergänzen; an dieser Stelle soll sie aber vorerst ausreichen.

Dokumente

Geht es Ihnen manchmal auch so, dass Sie ein bestimmtes Dokument (zum Beispiel eine Vorlage) immer wieder benötigen, der Ablageort allerdings nur umständlich zu erreichen ist? Was, wenn dieses Dokument zukünftig direkt über die Startseite Ihres Intranets erreichbar wäre?

Innerhalb der Startseite können Sie die Dateien über den Menüpunkt DOKUMENTE in der Navigationsleiste in einer Bibliothek ablegen. Nach ein paar Minuten erscheint die neue Datei in diesem Webpart.

Die Darstellung der Dokumente nimmt standardmäßig einigen Platz ein (siehe Abbildung 6.20). Diese Darstellung können Sie jedoch beeinflussen. So habe ich in Abbildung 6.21 exemplarisch das Layout LISTE gewählt. Durch diese Form der Darstellung nimmt der gesamte Bereich für die Dokumente nicht so viel Raum ein und lockert außerdem das Erscheinungsbild der Seite ein wenig auf.

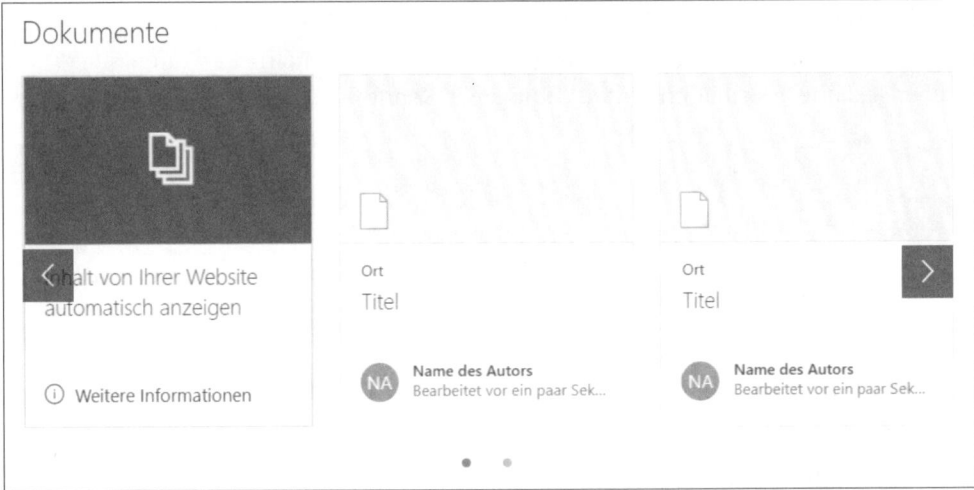

Abbildung 6.20 Stellen Sie häufig benötigte Dateien, wie beispielsweise ein Antragsformular, zentral zur Verfügung.

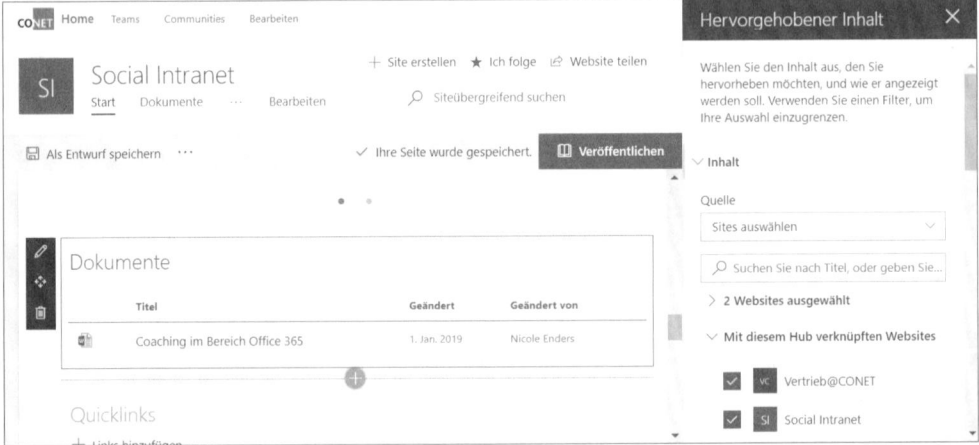

Abbildung 6.21 Wählen Sie ein Layout für die Darstellung der Dokumente aus und geben Sie eine oder mehrere Websites als Quelle an.

In meinem persönlichen Arbeitsalltag ist eine bestimmte Anzahl an Abteilungen für die Bereitstellung allgemeingültiger Dokumente verantwortlich. Daher würde ich in meinem Fall das Webpart so konfigurieren, dass analog zu Abbildung 6.21 genau die Websites dieser Organisationseinheiten ausgewählt würden. Sie sehen, auch hier erhalten wir wieder großen Spielraum, um die Anforderungen unterschiedlichster Unternehmen erfüllen zu können.

Quicklinks

Als letzte standardmäßig eingerichtete Komponente sind die sogenannten Quicklinks zu erwähnen (siehe Abbildung 6.22). Vielleicht möchten Sie auf weitere Unternehmensanwendungen oder auf ein bestimmtes Video in Stream verweisen.

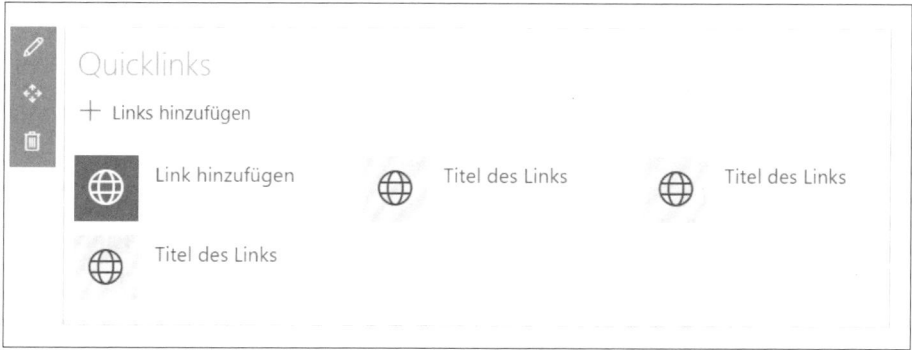

Abbildung 6.22 Fügen Sie unten auf der Startseite wichtige Links als Quicklink hinzu.

Indem Sie einen solchen Link ganz unten auf der Startseite bereitstellen, ermöglichen Sie, ähnlich wie beim Hero-Webpart (siehe oben), einen schnellen Zugriff auf die entsprechende Applikation oder Information.

Wie sollte ich die Startseite meines Social Intranets gestalten?

Das Wichtigste ist meiner Erfahrung nach, dass Sie nicht zu viele Komponenten bereitstellen und nur diejenigen Webparts verwenden, die Ihnen auch einen Mehrwert schaffen.

Wenn Sie beispielsweise Schwierigkeiten haben, sich zu entscheiden, ob Sie Links auf Ihre Unternehmensapplikation im Hero-Webpart oder bei den Quicklinks verwalten sollen, sollten Sie möglicherweise nur eines der beiden Webparts nutzen und das andere von der Startseite entfernen. Sie könnten zum Beispiel das Hero-Webpart (das einen nicht unerheblichen Platz auf der Startseite belegt) von der Seite entfernen und dafür die Quicklinks weiter oben positionieren.

Außerdem sollten Sie davon ausgehen, dass Sie die Startseite im Verlauf der Zeit diverse Male an geänderte Anforderungen Ihres Unternehmens anpassen werden. So könnten Sie beispielsweise feststellen, dass nur selten Termine mit unternehmensweiter Relevanz eingestellt werden und somit der Platz besser durch eine andere

Komponente genutzt werden sollte. Überdenken Sie auch, eine weitere Seite zu erstellen, auf der das Webpart für die Termine verwendet wird, und diese Seite als Quicklink auf der Startseite zu verlinken.

Zusätzlich können Sie selbstverständlich auch alle übrigen Webparts zur Gestaltung nutzen. In meinen Kundenprojekten ist beispielsweise eine Darstellung des aktuellen Wetters an einer prominenten Stelle der Startseite sehr beliebt, und bei einem Einsatz von Yammer wird ebenfalls sehr häufig eine unternehmensweit genutzte Gruppe über das Yammer-Webpart auf der Startseite bereitgestellt. Dadurch wird explizit zu Diskussionen eingeladen.

Fazit zur Einrichtung eines Social Intranets

Sie haben nun gesehen, dass es von der Unterstützung der Zusammenarbeit einzelner Teams hin zu einem Social Intranet gar kein so großer Schritt ist. Wichtig ist nur, die beiden Welten aus Teamarbeit und zentralen Informationen aus der Zeit klassischer Intranets miteinander zu verbinden.

Sie verfügen mit Microsoft 365 über die passenden Werkzeuge, um Ihr Collaboration-Portal (denn nichts anderes ist ein Social Intranet) aufzubauen und nach Ihren Bedürfnissen zu gestalten. Sie werden im weiteren Verlauf dieses Kapitels nun ein paar weitere Microsoft-365-Dienste kennenlernen, die Sie im Arbeitsalltag noch weiter unterstützen können und Ihr Social Intranet ergänzen.

> **Worin besteht in diesem Szenario der Unterschied zu einem klassischen Intranet?**
>
> Ein Social Intranet zeichnet sich dadurch aus, dass die Inhalte nicht mehr von nur wenigen ausgewählten Personen, wie beispielsweise einer internen Kommunikationsabteilung, sondern von grundsätzlich allen Mitarbeitern veröffentlicht werden können.
>
> Dadurch vermischen sich die Informationen aus den einzelnen Organisationseinheiten, Projektteams und Communities mit den Informationen mit unmittelbarer unternehmensweiter Relevanz wie z. B. von der Personalabteilung oder der Geschäftsführung. Ein weiteres wichtiges Kriterium eines Social Intranets besteht in der Option, auf die veröffentlichten Nachrichten in Form von »Gefällt mir« und Kommentaren reagieren zu können und sich so aktiv untereinander auszutauschen.
>
> Da jedes Team (unabhängig davon, ob Sie nun *Teams*, SharePoint oder Yammer nutzen) über eine SharePoint-Website und damit über einen Neuigkeitenbereich verfügt, stehen allen Mitarbeitern die gleichen Informations- und Kommunikationsmöglichkeiten zur Verfügung.

6.2 Umfragen und Quiz zur Einbindung der Mitarbeiter

In Yammer haben Sie bereits die Funktion der Umfragen kennengelernt, mit denen Sie die Meinung der Mitarbeiter zu bestimmten Fragestellungen einholen und die Antworten auswerten können (siehe Abschnitt 5.2.1, »Erste Schritte mit Ihrer neuen Yammer-Gruppe«). In Microsoft 365 wird Ihnen mit *Forms* aber auch ein zentraler Dienst für Umfragen und Quiz angeboten, den Sie über den App Launcher ▦ aufrufen können. Wir werden in diesem Abschnitt diesen Dienst genauer auf seine Praxistauglichkeit hin prüfen.

Forms: Ein Kurzüberblick

- ▸ **Kernfunktionen**: Umfragen und Quiz erstellen, durchführen und auswerten
- ▸ **Anwendungsszenarien**: Mitarbeiterumfragen und Gewinnspiele
- ▸ **Abgrenzung zu anderen Tools**: In SharePoint und Yammer können Sie ebenfalls Umfragen erstellen. Bei Yammer finden Sie eine existierende Umfrage im Diskussionsbereich einer Gruppe. Wenn in der Gruppe sehr viele Informationen ausgetauscht werden, werden Sie die Umfrage möglicherweise schnell nicht mehr direkt wiederfinden, weil sie nicht mehr automatisch bei Aufruf der Gruppe angezeigt wird und nun viel weiter unten in der Unterhaltung zu finden ist. Bei SharePoint müssen Sie für eine Umfrage zunächst den Arbeitsraum aufrufen und in der entsprechenden Liste über einen Menüpunkt die Umfrage starten. Bei Forms liegt der Fokus direkt auf dem auszufüllenden Formular. Wenn Sie eine Umfrage oder ein Quiz erstellt haben, lässt sich der Link mit Ihren Kollegen teilen oder das Formular in SharePoint oder *Teams* integrieren. Außerdem können Sie darüber entscheiden, ob Sie das Formular zum Ausfüllen oder die Auswertung der bisher eingegangenen Antworten anzeigen möchten.

6.2.1 Erstellen einer Umfrage

Sie beginnen mit der Erstellung einer neuen Umfrage, um beispielsweise Feedback zum letzten Gesundheitstag einzuholen, indem Sie den Menüpunkt NEUES FORMULAR auswählen (siehe Abbildung 6.23).

Abbildung 6.24 zeigt eine neue Umfrage. Als Erstes sollten Sie einen Namen für Ihre Umfrage angeben. Dabei handelt es sich um eine Überschrift, die den Zweck der in der Umfrage enthaltenen Fragen beschreibt. Um den Namen anzugeben, klicken Sie lediglich auf den Platzhaltertext »Unbenanntes Formular« und wechseln damit in den in Abbildung 6.25 dargestellten Bearbeitungsmodus.

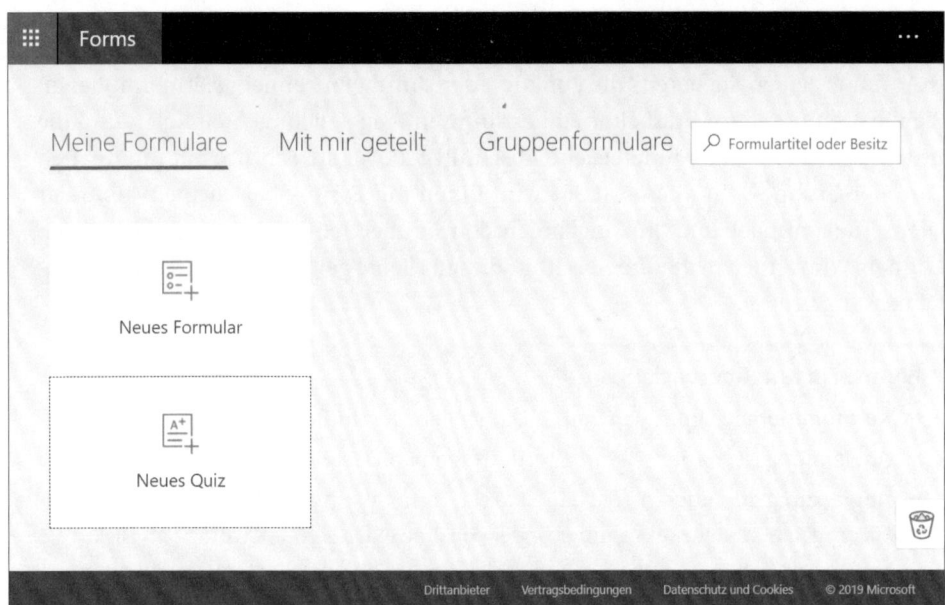

Abbildung 6.23 Microsoft Forms ist der zentrale Dienst für Umfragen in Microsoft 365 und kann in SharePoint integriert werden.

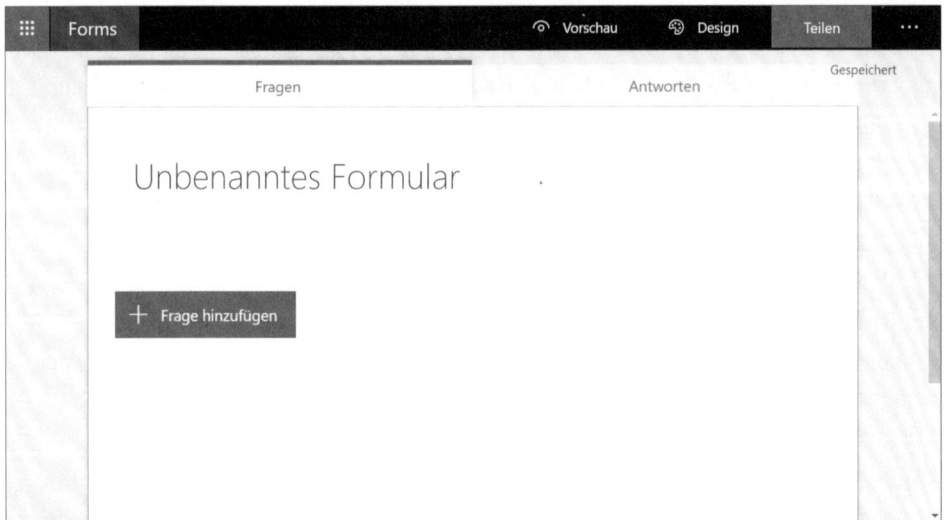

Abbildung 6.24 Bei einer neuen Umfrage wird als Erstes ein Name für die Umfrage angegeben.

Neben dem Namen kann auch eine Beschreibung angegeben sowie ein Bild ausgewählt werden, indem Sie rechts im Eingabefeld für den Namen auf das Icon klicken, ein Bild auswählen und dieses hochladen (siehe Abbildung 6.26 und Abbildung 6.27).

Abbildung 6.25 Klicken Sie auf den Text »Unbenanntes Formular«, um den Bearbeitungsmodus aufzurufen und einen Namen anzugeben.

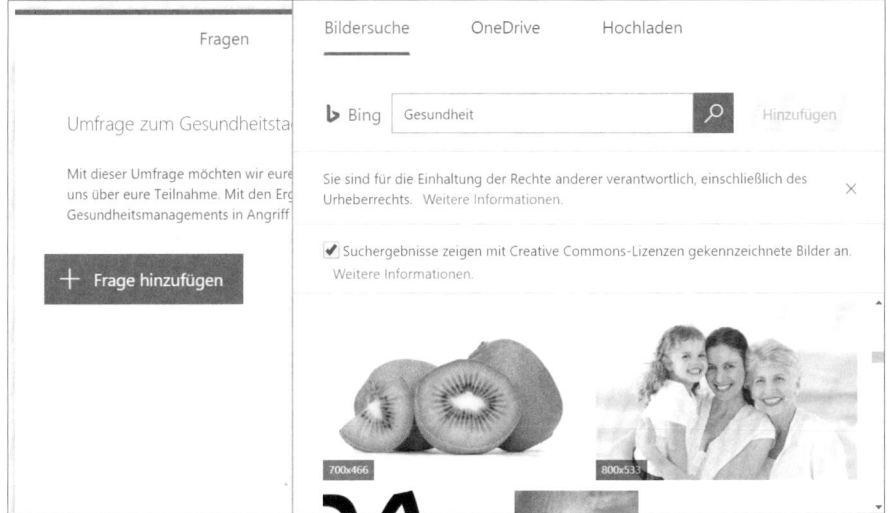

Abbildung 6.26 Wählen Sie ein Bild für die Umfrage aus.

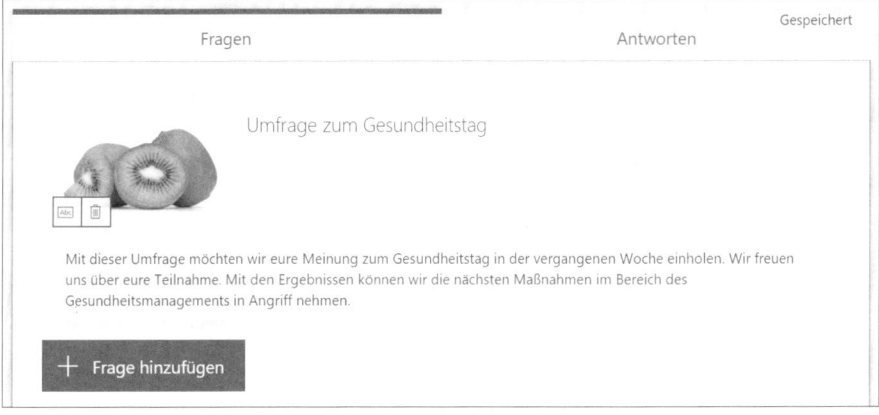

Abbildung 6.27 Das Bild für die Umfrage wird links von ihrem Namen angezeigt.

Fragen hinzufügen

Über den Menüpunkt FRAGE HINZUFÜGEN lassen sich nun beliebig viele Fragen für Ihre Umfrage konfigurieren. Abbildung 6.28 stellt die verschiedenen Fragetypen dar.

Abbildung 6.28 Sie können aus unterschiedlichen Fragetypen auswählen.

Sie werden exemplarisch für eine Umfrage eine Auswahl dieser Fragetypen verwenden, um die Charakteristika des jeweiligen Typs kennenzulernen.

Fragetyp »Bewertung«

Bei diesem Fragetyp formulieren Sie die Frage, geben einen Untertitel (beschreibenden Text) an und stellen ein, ob die Bewertung in Form von Sternen oder Punkten erfolgen soll. Außerdem legen Sie die Maximalpunktzahl fest.

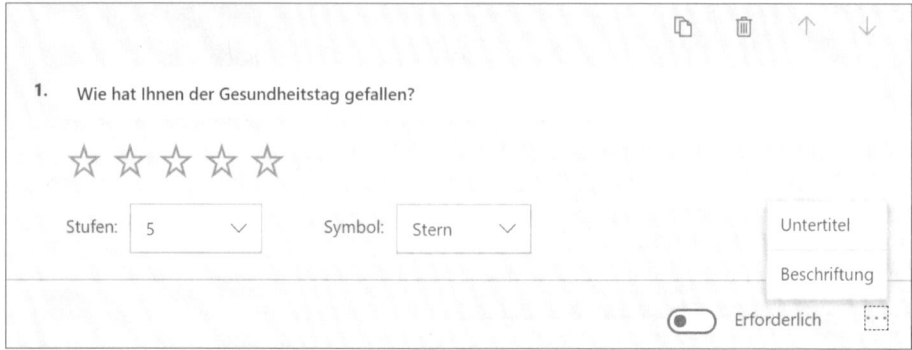

Abbildung 6.29 Fügen Sie eine Frage des Typs »Bewertung« hinzu.

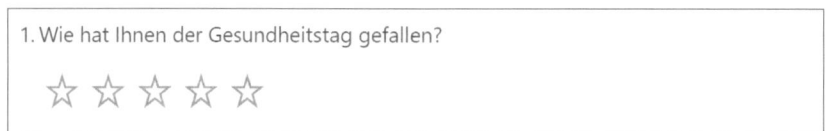

Abbildung 6.30 Späteres Aussehen einer Frage des Typs »Bewertung«

Fragetyp »Likert«

Bei diesem Fragetyp können Sie viele von Ihnen frei definierte »Aussagen« (siehe Zeilen in Abbildung 6.31) nach denselben Kriterien (siehe Spalten) bewerten lassen.

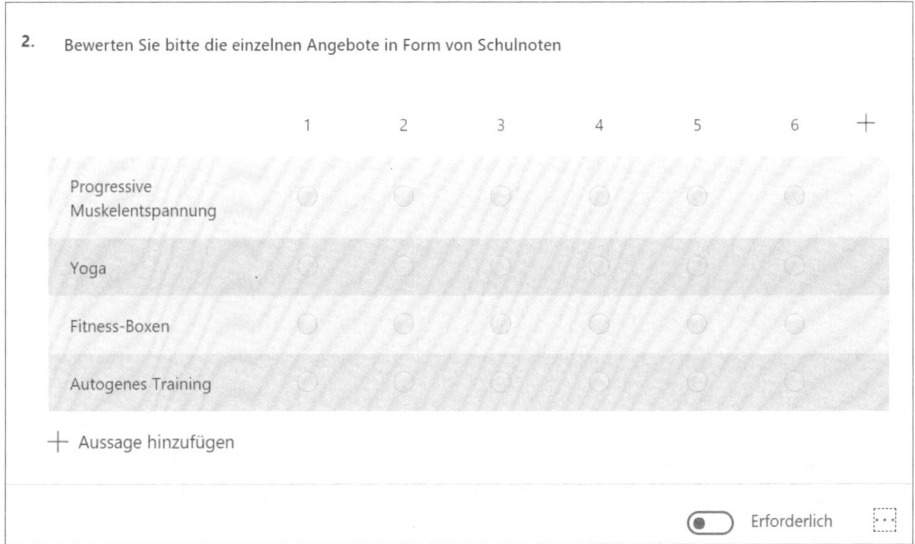

Abbildung 6.31 Konfigurieren Sie eine Frage vom Typ »Likert«, um verschiedene Aspekte nach denselben Kriterien zu bewerten.

In dem von mir gewählten Beispiel in Abbildung 6.31 handelt es sich um Schulnoten. Sie können aber mit einem Klick auf die Spaltenüberschrift auch die Kriterien frei editieren.

Abbildung 6.32 Späteres Aussehen einer Frage des Typs »Likert«

Fragetyp »Rangfolge«

Hier formulieren Sie Fragen, deren hinterlegte Antworten in eine Reihenfolge gebracht werden sollen. Diese Fragen können u. a. zur Priorisierung genutzt werden. In dem in Abbildung 6.33 dargestellten Beispiel lasse ich die Mitarbeiter entscheiden, welche Obstsorte ihnen am liebsten ist.

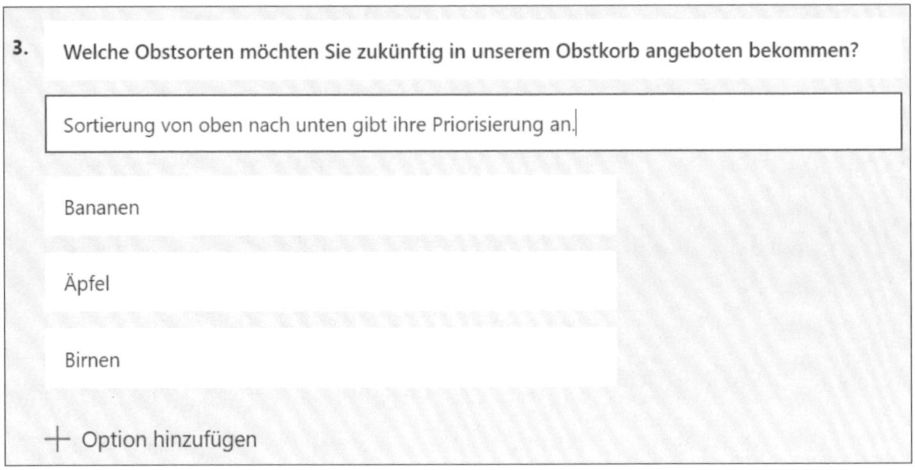

6 Collaboration meets Social Intranet

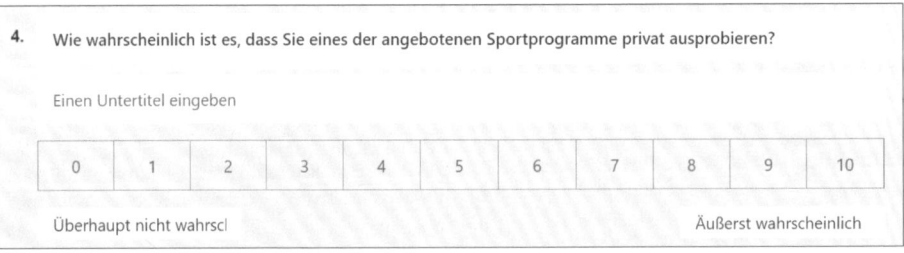

Abbildung 6.33 Konfigurieren Sie eine Frage, mit der Sie die Mitarbeiter zu einer Priorisierung der verfügbaren Antworten auffordern.

Fragetyp »NPS«

NPS steht für *Net Promoter Score* und wird in der Regel verwendet, um die Kundenzufriedenheit eines Unternehmens zu ermitteln. Dieser Fragetyp ist vergleichbar mit dem Typ »Bewertung«, falls dieser auf zehn Stufen eingestellt ist (siehe Abbildung 6.34 bzw. Abbildung 6.35). Der Unterschied offenbart sich erst bei der Auswertung der Umfrage. Die Auswertungsfunktionen betrachten wir jedoch später in diesem Kapitel.

Abbildung 6.34 Nutzen Sie den Typ »NPS« anstelle des Typs »Bewertung«.

Abbildung 6.35 Späteres Aussehen einer Frage des Typs »NPS«

Fragetyp »Text«

In vielen Umfragen werden zum Schluss in einem Freitextfeld zusätzliche Anmerkungen erfasst. Um diese Gelegenheit auch in Ihrer Umfrage bereitzustellen, wählen Sie den Fragetyp »Text« aus und aktivieren wie in Abbildung 6.36 die Option LANGE ANTWORT.

Abbildung 6.36 Konfigurieren Sie eine Frage mit einem Freitextfeld für die Antwort.

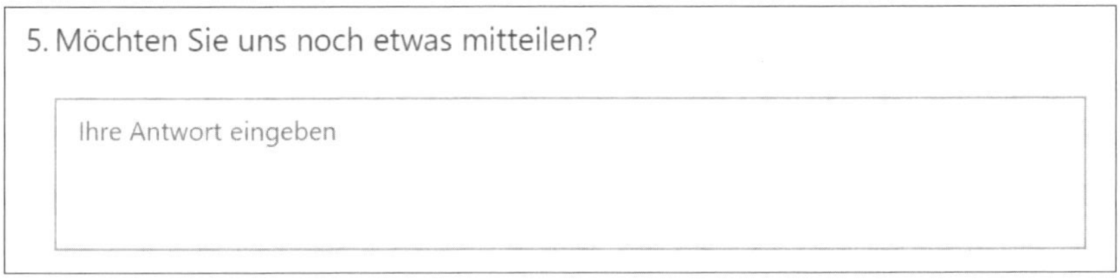

Abbildung 6.37 Späteres Aussehen einer Frage des Typs »Text«

> **Kann ich auch Abhängigkeiten zwischen Fragen konfigurieren?**
>
> Sie können mit den verschiedenen Fragetypen bereits eine Vielzahl an unterschiedlichen Umfragen erstellen, um das Meinungsbild der Mitarbeiter zu bestimmten Themen abzufragen. Manchmal werden Sie eine Frage aber nur dann stellen wollen, wenn auf die vorherige Frage eine ganz bestimmte Antwort gegeben wurde.
>
> Wählen Sie dafür ganz oben rechts in Ihrem Browser im Menü hinter der 3-Punkte-Schaltfläche den Menüpunkt VERZWEIGUNG aus. Sie befinden sich nun im Bereich der sogenannten Verzweigungsoptionen und können bei jeder Antwortmöglichkeit die nächste anzuzeigende Frage auswählen. Damit sind Sie bei der Gestaltung Ihrer Umfragen noch flexibler.

6.2.2 Erstellen eines Quiz

Mit Forms können Sie neben Umfragen auch Quiz erstellen. In einigen Unternehmen habe ich schon erlebt, dass beispielsweise im Rahmen eines Firmenjubiläums für die Mitarbeiter ein Quiz erstellt und Preise ausgelobt wurden. Darüber wurde erreicht, dass sich die Mitarbeiter detaillierter mit der Firmengeschichte auseinandersetzen. Aber auch für das Beispiel des Gesundheitstages ist ein Quiz vorstellbar, über das die Mitarbeiter beispielsweise ihr Wissen rund um gesunde Lebensmittel testen können.

Die Konfiguration eines Quiz ist nahezu identisch mit derjenigen einer Umfrage. Der einzige Unterschied besteht darin, dass Sie beim Quiz für jede Frage die richtige Antwort bzw. die richtigen Antworten angeben und eine Punktzahl für die richtige Beantwortung der Frage angeben können.

In Abbildung 6.38 und Abbildung 6.39 sehen Sie jeweils eine Frage vom Typ »Auswahl«. Bei einer Mehrfachauswahl können auch mehrere Antworten als richtig markiert werden. Der Teilnehmer der Umfrage erhält nur dann die für die Frage angegebene Punktzahl, wenn er alle richtigen Antworten auswählt. Eine Teilmenge gilt nicht als teilweise richtige Beantwortung und führt zu 0 Punkten für diese Frage.

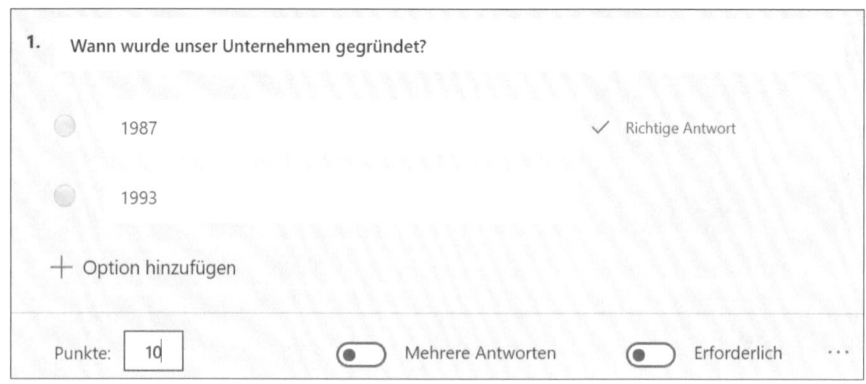

Abbildung 6.38 Bei einem Quiz geben Sie die richtige Antwort und eine Punktzahl für die richtige Beantwortung der Frage an.

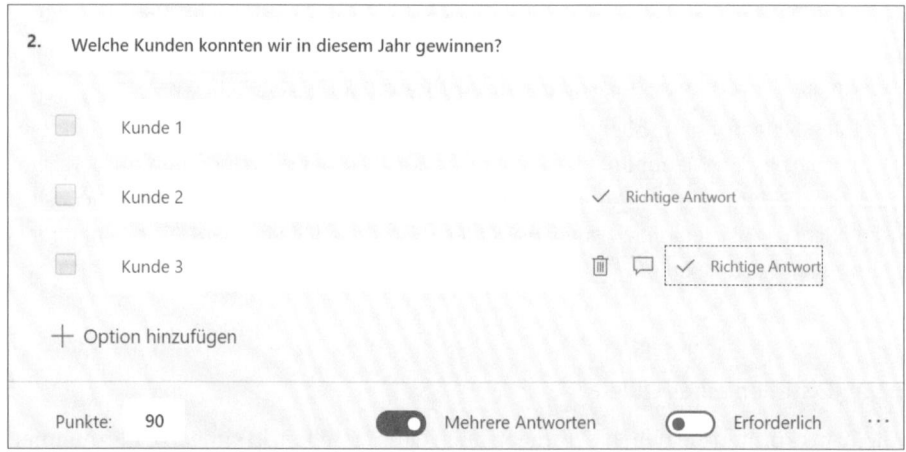

Abbildung 6.39 Bei einer Mehrfachwauswahl können auch mehrere Antworten richtig sein.

6.2.3 Umfragen oder Quiz bereitstellen

Sie können Ihre Umfrage oder Ihr Quiz in Ihrem Social Intranet bereitstellen. Legen Sie dazu beispielsweise eine neue Seite innerhalb Ihrer Hubwebsite (siehe Abschnitt 6.1) an und fügen Sie, wie Ihnen Abbildung 6.40 zeigt, das *Microsoft-Forms-Webpart* hinzu.

Abbildung 6.40 Fügen Sie das Microsoft-Forms-Webpart einer Seite hinzu.

Betätigen Sie anschließend die Schaltfläche VORHANDENES FORMULAR HINZUFÜGEN (siehe Abbildung 6.41), um den in Abbildung 6.42 dargestellten Konfigurationsdialog zu öffnen. Als Erstes geben Sie den Link auf die Umfrage in Forms an.

Abbildung 6.41 Sie können aus dem Webpart heraus ein neues Formular erstellen oder ein bestehendes auswählen.

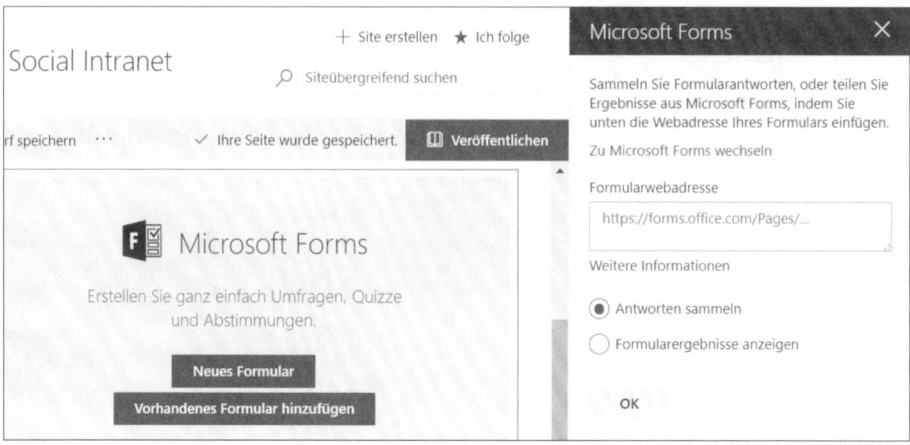

Abbildung 6.42 Geben Sie den Link zu Ihrer Umfrage oder Ihrem Quiz an.

Danach stehen für die Darstellung folgende Optionen bereit:

▶ **Antworten sammeln**: Die Umfrage wird angezeigt und kann von allen Mitarbeitern beantwortet werden.

▶ **Formularergebnisse anzeigen**: Hier wird eine Auswertung der Umfrage angezeigt (siehe nächster Abschnitt).

Abbildung 6.43 Nach Angabe des Links erhalten Sie bereits eine Vorschau und können prüfen, ob Sie die richtige Umfrage ausgewählt haben.

Mithilfe dieser Optionen können Sie die Beantwortung von Umfragen zum Beispiel innerhalb des Home-Bereichs in Ihrem Social Intranet erlauben und die Auswertung der jeweiligen Umfragen innerhalb der Arbeitsräume der Personengruppe bereitstellen, die diese Umfragen ursprünglich erstellt haben oder die Umfrageergebnisse weiterverarbeiten sollen.

Werfen wir noch kurz einen Blick auf die fertige Konfiguration. Sobald Sie die Seite veröffentlicht haben, können die Mitarbeiter Ihres Unternehmens die Umfrage beantworten (siehe Abbildung 6.44). Sobald sie alle Fragen beantwortet haben, können Sie die Ergebnisse über die Schaltfläche ABSENDEN an Forms versenden.

Abbildung 6.44 Füllen Sie Ihre Umfrage aus und senden Sie das Ergebnis an Forms.

Sobald Sie die Umfrage beantwortet haben, erhalten Sie die in Abbildung 6.45 dargestellte Bestätigung mit der Option, erneut an der Umfrage teilzunehmen.

Abbildung 6.45 Sobald Sie eine Umfrage beantwortet haben, erhalten Sie eine Bestätigung.

6.2.4 Auswertungen

Forms bietet Ihnen eine Auswertungsfunktion für Umfragen und Quiz an. Öffnen Sie eine Umfrage und wie in Abbildung 6.46 dargestellt die Registerkarte ANTWORTEN, und Sie erhalten im oberen Bereich der Auswertung eine Zusammenfassung mit einer Information zur Anzahl der bereits abgegebenen Antworten sowie der durchschnittlichen Zeit, die die Mitarbeiter für das Ausfüllen der Umfrage benötigen.

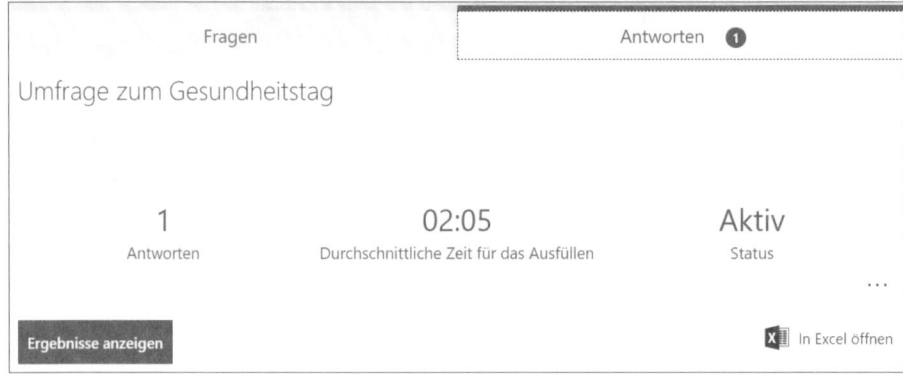

Abbildung 6.46 Im oberen Bereich der Auswertung erhalten Sie eine Zusammenfassung der Umfrage.

Sie können über die Schaltfläche ERGEBNISSE ANZEIGEN weitere Details aufrufen oder die Daten über die Schaltfläche IN EXCEL ÖFFNEN herunterladen und in Excel weiterverarbeiten.

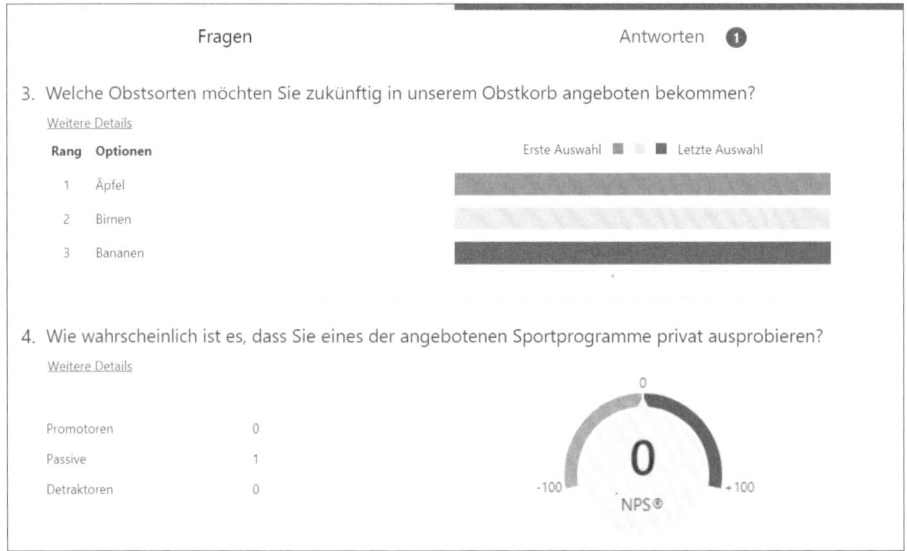

Abbildung 6.47 Sie können die abgegebenen Antworten abhängig vom Fragetyp auswerten.

Bei einem Quiz sieht die Auswertung ein wenig anders aus. Hier wird Ihnen nicht die durchschnittliche Dauer der Beantwortung, sondern die durchschnittlich erreichte Punktzahl der bisherigen Teilnehmer angezeigt. Über die Schaltfläche ANTWORTEN PRÜFEN können Sie außerdem das ausgefüllte Formular für einen ausgewählten Teilnehmer aufrufen und prüfen, welche Antworten er gegeben hat.

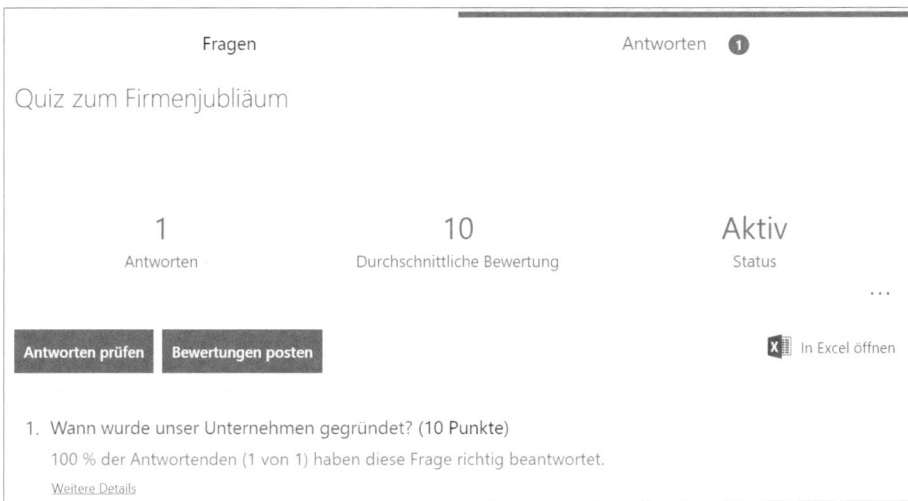

Abbildung 6.48 Die Auswertung wird bei einem Quiz anders durchgeführt als bei einer Umfrage.

Ein Thema für den Betriebsrat und den Datenschutzbeauftragten

Wenn Sie über den Einsatz solcher Funktionen nachdenken, sollten Sie von Anfang an Ihren Personal- bzw. Betriebsrat und die für den Datenschutz verantwortlichen Personen einbinden.

Umfragen und Quiz stellen einen gangbaren Weg zum auswertbaren Meinungsaustausch innerhalb Ihres Unternehmens dar. Setzen Sie diese Möglichkeiten ein, um beispielsweise gezieltes Feedback zu wichtigen Veränderungen in Ihrem Unternehmen zu erhalten oder die Mitarbeiterzufriedenheit zu messen.

6.3 Ihre persönlichen Informationen verwalten

Nachdem ich bisher immer über das Thema Zusammenarbeit gesprochen habe, ist es nun an der Zeit, dass wir uns mit Ihnen und Ihren persönlichen Informationen beschäftigen. Sie haben in Microsoft 365 ein eigenes Profil, das Sie über den Menüpunkt MEIN PROFIL nach einem Klick auf Ihr Profilbild oben rechts auf jeder Seite in Microsoft 365 erreichen können.

6.3.1 Ihre Profilinformationen in Delve

Ihr Profil wird durch den Dienst *Delve* dargestellt (siehe Abbildung 6.49) und stellt Ihre digitale Visitenkarte im Unternehmen dar. Wenn Kollegen Ihre Profilseite aufrufen, sollten sie schnell einen Überblick darüber erhalten, wer Sie sind und über welche Expertise Sie verfügen. Um das für alle Profilseiten zu gewährleisten, ist jeder einzelne Mitarbeiter dazu angehalten, sein Profil zu pflegen und regelmäßig zu aktualisieren. Erst dann werden die Vorteile erkennbar, beispielsweise die Möglichkeit einer Expertensuche und eine themenbezogene Vernetzung von Kollegen.

Auch hier sollten Sie jedoch darauf achten, bereits sehr früh Ihren Betriebsrat einzubinden. Die Erfassung von Profilinformationen muss auf freiwilliger Basis erfolgen.

Ähnlich wie bei anderen sozialen Plattformen (beispielsweise *Facebook*) können Sie hier ein Profil- und ein Titelbild (Hintergrund) festlegen und sehen einen Ausschnitt Ihrer Profilinformationen sowie rechts daneben die Dokumente, an denen Sie zuletzt gearbeitet haben.

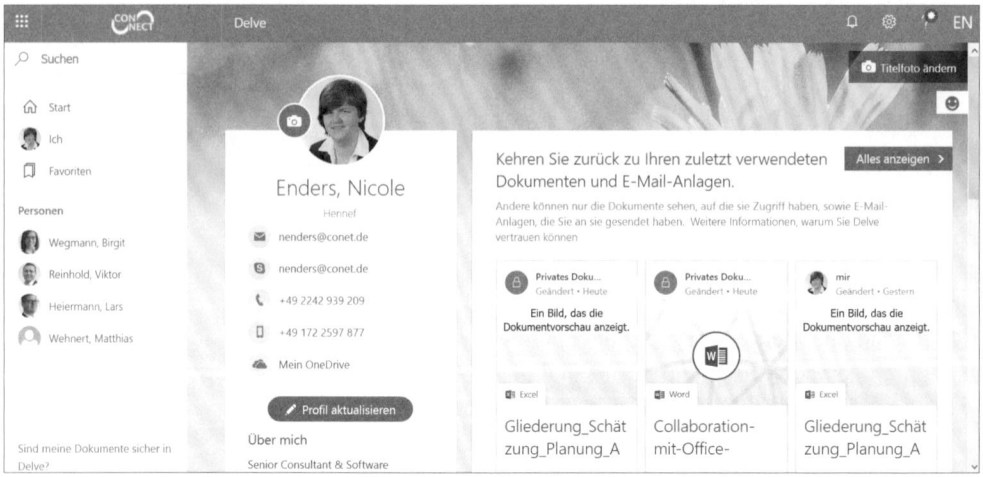

Abbildung 6.49 Über Delve können Sie Ihre Profilinformationen verwalten und die zuletzt von Ihnen bearbeiteten Dokumente aufrufen.

Profil bearbeiten

Beginnen wir damit, dass Sie Ihr Profil aktualisieren und angeben, dass Sie sich zum Beispiel nun mit *Teams* auskennen. Sobald Sie die Schaltfläche PROFIL BEARBEITEN betätigt haben, können Sie Ihre Profilinformationen pflegen und neben Ihren Kontaktinformationen auch angeben, an welchen Projekten Sie arbeiten, über welche Qualifikationen Sie verfügen und welche Hobbys Sie verfolgen.

Zusammenarbeit mit den Kollegen fördern

In Delve sehen Sie im linken Bereich auch die Namen der Personen, denen Sie folgen oder deren Profilseite Sie kürzlich aufgerufen haben. Wenn Sie auf den Namen oder das Profilbild einer Person klicken, erscheint eine ähnliche Darstellung wie die Ihrer eigenen Profilseite. Dabei werden Ihnen folgende Informationen zur Verfügung gestellt:

- die Profilinformationen des Kollegen mit folgenden weiteren Funktionen:
    - Sie können einen Chat mit dem Kollegen starten,
    - eine E-Mail an den Kollegen senden oder
    - die Dokumente aus OneDrive aufrufen, die der Kollege freigegeben hat
- die zuletzt von diesem Kollegen verwendeten Dokumente (lesender und schreibender Zugriff)
- eine Auflistung von Personen, die in einer Beziehung zu dem Kollegen stehen (Kollegen, Vorgesetzte oder Personen, denen der Kollege folgt)
- Dokumente von Personen aus dem Umfeld des Kollegen

Dabei sehen Sie aber auch nur diejenigen Dokumente und Seiten, für die Sie mindestens Leseberechtigungen besitzen bzw. die Ihr Kollege für Sie freigegeben hat.

Boards für kategorisierte Dokumente und Seiten

Zusätzlich zu den Profilseiten können Sie auch sogenannte *Boards* erstellen. Über Delve lässt sich jedes angezeigte Dokument kategorisieren und somit einem bestehenden Board zuordnen, oder ein neues Board erstellen, um darüber schnell die für Sie wichtigen Informationen zu finden. Die Boards können Sie im linken Bereich unterhalb der Auflistung Ihrer Kollegen aufrufen.

Die Boards können Sie gemeinsam mit Ihren Kollegen nutzen, um so die Informationen zu einem Thema zusammenzutragen und sich detailliert zu einem Themengebiet informieren zu können. Für den Fall, dass Sie Kollegen über ein neu erstelltes Board informieren möchten, finden Sie im oberen Bereich des Boards stets die Schaltfläche LINK SENDEN. Wenn Sie darauf klicken, öffnet sich eine neue E-Mail mit dem Link auf das Board. Sie wählen die Empfänger aus, passen bei Bedarf die Nachricht an und versenden sie anschließend.

Außerdem können Sie ein Board zu den *Favoriten* hinzufügen. Die von Ihnen erstellten Boards zählen automatisch zu Ihren Favoriten und müssen von Ihnen explizit wieder aus den Favoriten entfernt werden, falls Sie sie nicht mehr auf Ihrer Startseite in Delve sehen möchten.

> **Habe ich nicht bereits in Teams einen Ort, an dem Dokumente verwaltet werden?**
>
> In *Teams* können Sie innerhalb eines Teams bzw. Kanals Dokumente verwalten. Dadurch sind diese Dokumente in der Regel auch einem bestimmten Kontext zugeordnet. Die Boards in Delve sind allerdings unabhängig von den einzelnen Teams zu betrachten. So könnten beispielsweise in einem Unternehmen an verschiedenen Stellen Dokumente zum Thema *Collaboration* erstellt werden. Eines der Teams hat vielleicht einen technologischen Fokus auf Microsoft 365, während sich ein anderes Team eher technologieneutral mit den Veränderungen von Arbeitsweisen beschäftigt. Diese Dokumente können über ein Board als gemeinsame Anlaufstelle aufgerufen werden.

Office Delve als zentrales Suchcenter

Die wohl wichtigste Funktion von Delve – neben den Vorschlägen für Dokumente, die für Sie interessant sein könnten – repräsentiert die Suchfunktion. Über das Suchfeld oben links können Sie nach beliebigen Begriffen suchen und erhalten ähnlich wie bei einem Board eine Darstellung der zu diesem Suchbegriff passenden Dokumente und Seiten. Dabei wird der Suchbegriff optisch hervorgehoben, damit Sie schnell erkennen, warum ein Dokument bzw. eine Seite unter den Suchergebnissen aufgeführt wird.

Jede »Kachel« für ein gefundenes Dokument oder eine Seite stellt Ihnen folgende Funktionen zur Verfügung:

- Vorschau auf den Inhalt mit der Möglichkeit, das Dokument oder die Seite in einem weiteren Browsertab aufzurufen
- Link per E-Mail versenden
- Berechtigungen einsehen und den Inhalt für weitere Personen freigeben, falls Sie selbst die entsprechenden Berechtigungen besitzen
- Information zu den Favoriten hinzufügen, damit Sie Änderungen an diesem Dokument direkt auf Ihrer Startseite verfolgen können
- Zuordnung von Boards verwalten

So können Sie Ihr gesamtes Collaboration-Portal nach den von Ihnen benötigten Informationen durchsuchen. Außerdem werden Ihnen bei Ihrer Suche auch die zu dem Suchbegriff passenden Boards und Personen aufgelistet. Wenn ein Kollege zum Beispiel als Qualifikation »SharePoint« angegeben hat, so wird er Ihnen bei einer Suche nach diesem Thema vorgeschlagen.

Der erhebliche Vorteil im Gegensatz zu einer normalen Suche mit SharePoint stellt die (manuelle) Zuordnung der gefundenen Dokumente zu einem oder mehreren

Boards dar. Durch dieses *Tagging* (Kategorisierung) können Sie die Dokumente bei weiteren Suchen aufgrund des bei der Suche nun möglichen Filters schneller wiederfinden und so Ihre Suche stetig verbessern.

6.3.2 Verwaltung persönlicher Dokumente

In Abbildung 6.49 ist Ihnen eventuell das Schlosssymbol 🔒 bei zweien der zuletzt von mir bearbeiteten Dateien aufgefallen. Dieses Kennzeichen besagt, dass diese Dateien in meiner persönlichen Ablage in *OneDrive* gespeichert sind und somit standardmäßig zunächst nur mir zur Verfügung stehen.

Mit OneDrive können Sie Dateien, die Sie früher lokal auf Ihrem PC gespeichert haben, nun in der Cloud ablegen, also auch von einem beliebigen anderen Rechner aus und vor allem von unterwegs aufrufen. Über eine Synchronisationsfunktion können Sie Ihre Dateien weiterhin wie gewohnt mit dem Windows Explorer verwalten. Die Speicherung in der Cloud erfolgt für Sie im Hintergrund.

Sie können Ihre persönliche Ablage über den Menüpunkt ONEDRIVE im App Launcher ⊞ aufrufen und werden in eine mit Abbildung 6.50 vergleichbare Ansicht geleitet.

Abbildung 6.50 Herzlich willkommen in Ihrer persönlichen Ablage in OneDrive

Sie können hier Ordner anlegen und Dateien erstellen oder hochladen. Sogar die Unterstützung verschiedenster Prozesse mittels *Power Automate* ist, wie in SharePoint Online, hier möglich.

Um Ihre persönliche Ablage in Ihren Arbeitsalltag zu integrieren, sollte sie über den Windows Explorer erreichbar sein. Wenn Sie den Menüpunkt SYNCHRONISIEREN in der Aktionsleiste in OneDrive aufrufen, erscheint der in Abbildung 6.51 dargestellte Hinweis, und es öffnet sich ein Pop-up von OneDrive, das Sie ggf. zur Eingabe Ihrer Anmeldeinformationen auffordert.

Abbildung 6.51 Synchronisieren Sie Ihre persönliche Ablage mit Ihrem PC.

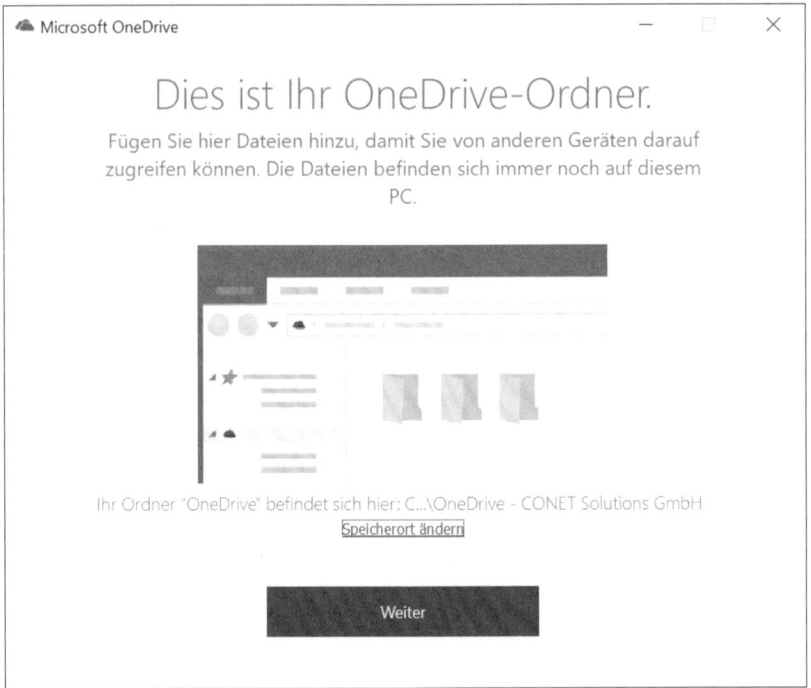

Abbildung 6.52 Sie können den Speicherort auf Ihrem PC für die Synchronisation Ihrer persönlichen Ablage festlegen.

Sobald die Anmeldung erfolgreich war, sehen Sie im Pop-up den standardmäßig ausgewählten Speicherort für die zu synchronisierende Ablage (siehe Abbildung 6.52). Sie können diesen Speicherort über den Link SPEICHERORT ÄNDERN wechseln oder durch Betätigen der Schaltfläche WEITER fortfahren.

Der folgende Konfigurationsdialog ist der wichtigste Schritt bei der Einrichtung der Synchronisation. Sie legen hier genau fest, welche Ordner aus Ihrer Ablage mit Ihrem PC synchronisiert werden sollen (siehe Abbildung 6.53).

Standardmäßig sind alle Ordner ausgewählt. Wenn Sie gerade erst mit der Nutzung Ihrer persönlichen Ablage begonnen und zunächst ein paar Ordner zur Strukturierung erstellt haben, können Sie den Haken oberhalb der Auflistung der Ordner noch gesetzt lassen.

Wenn Sie allerdings bereits länger mit OneDrive arbeiten und dort somit ein hohes Speichervolumen verwalten, sollten Sie nur einzelne Teile Ihrer Ablage synchronisieren. Wie Sie aus Abbildung 6.53 ersehen können, werden Sie dabei unterstützt, indem im unteren Bereich des Dialogs sowohl das ausgewählte Speichervolumen als auch der auf Ihrem Laufwerk verbleibende Speicherplatz dargestellt werden.

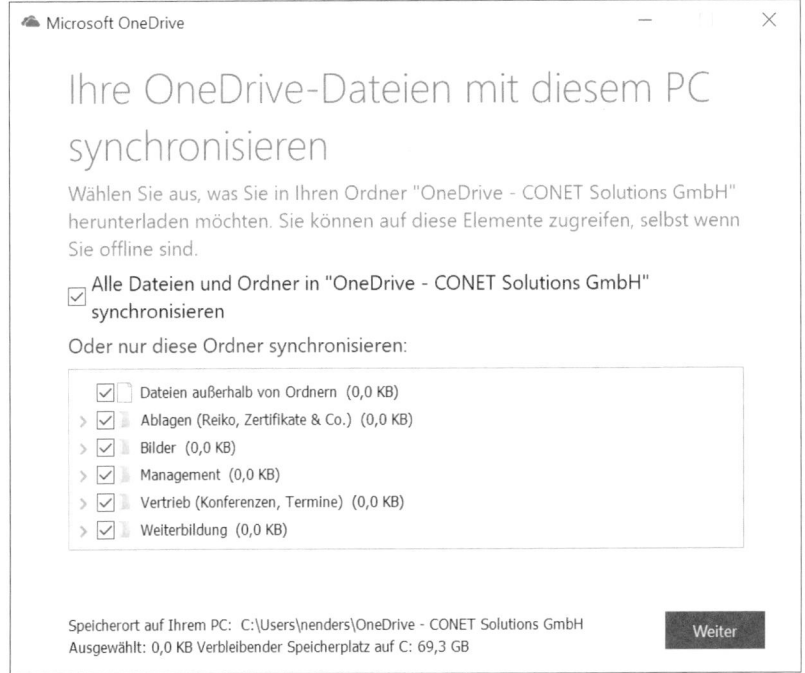

Abbildung 6.53 Wählen Sie genau diejenigen Teile Ihrer Ablage aus, die mit Ihrem PC synchronisiert werden sollen.

Wenn Sie die zu synchronisierenden Teile Ihrer Ablage ausgewählt und die Schaltfläche WEITER betätigt haben, wird im Hintergrund die Verbindung für die Synchronisation hergestellt. Sobald der Vorgang abgeschlossen ist, erscheint erstens die in Abbildung 6.54 dargestellte Bestätigungsmeldung und zweitens fortan in der Taskleiste das OneDrive-Logo, das Sie über den Status der Synchronisation informiert.

Abbildung 6.54 Nach Abschluss der Konfiguration sowie einer initialen Synchronisation können Sie zu Ihrem OneDrive-Ordner navigieren.

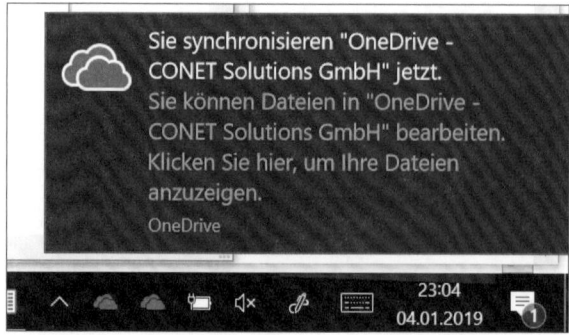

Abbildung 6.55 In der Taskleiste erscheinen das OneDrive-Logo sowie eine Meldung, dass die Synchronisation fortan automatisch im Hintergrund erfolgt.

Wenn Sie im Dialog die Schaltfläche MEINEN ONEDRIVE-ORDNER ÖFFNEN betätigen oder einfach über den Windows Explorer selbst zum gewählten Speicherort navigieren, sollten Sie die Ordner und Dateien aus Ihrer Ablage ähnlich wie in Abbildung 6.56 gezeigt wiederfinden.

6.3 Ihre persönlichen Informationen verwalten

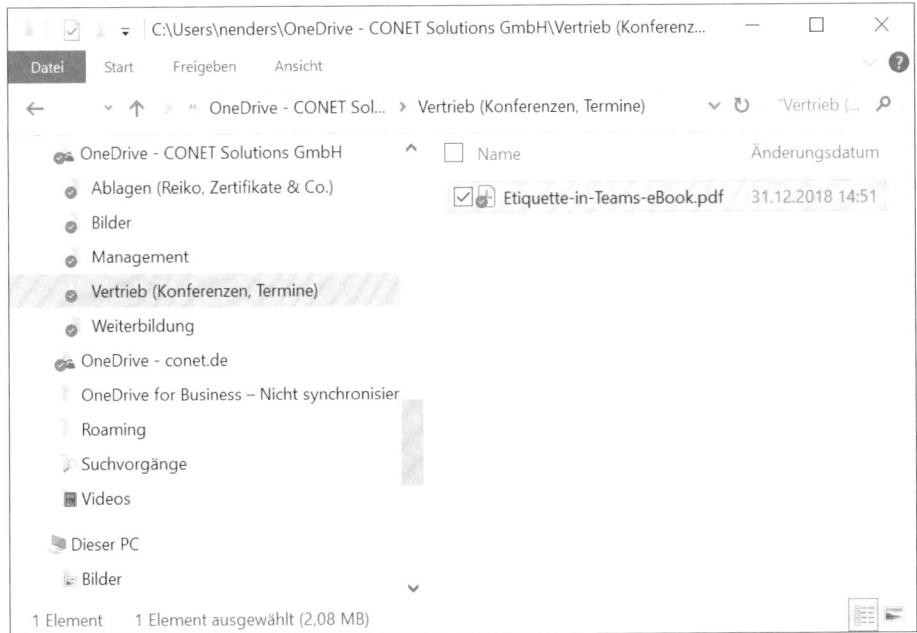

Abbildung 6.56 Über den Windows Explorer können Sie wie gewohnt mit Ihren persönlichen Dateien arbeiten.

Über ein Icon direkt am Symbol des Ordners bzw. der Datei können Sie erkennen, ob eine Synchronisation erfolgt ist. Bei einem grünen Haken ist sie fehlerlos gelaufen, bei einem Aktualisierungssymbol steht die Synchronisation noch aus und bei einem orangefarbenen Warnsymbol ist ein Problem aufgetreten. Detailinformationen erhalten Sie dann über das OneDrive-Icon in der Taskleiste.

> **Welche Ablagen kann ich mit OneDrive synchronisieren?**
>
> Sie können neben Ihrer persönlichen Ablage auch jede beliebige Dokumentbibliothek aus SharePoint (sowohl Online als auch On-Premises) mit Ihrem PC synchronisieren und auf diese Weise offline verfügbar machen. Diese Funktion ist in erster Linie für Mitarbeiter gedacht, die einen großen Teil Ihrer Arbeitszeit unterwegs sind und mit einer schlechten Datenverbindung rechnen. Sie können für diesen Fall vorher beispielsweise die benötigten Projektinformationen synchronisieren und bei Bedarf abrufen.
>
> Sie können die Dateien auch offline bearbeiten und später mit der Online-Version synchronisieren, sobald Sie wieder eine Verbindung zu SharePoint aufbauen können. Dabei ist allerdings zu beachten, dass im Fall einer zeitgleichen Veränderung der Datei durch Sie sowie einen anderen Kollegen Probleme – sogenannte Konflikte – bei der Synchronisation auftreten können. In solchen Fällen ist in der Regel manuelle Nacharbeit nötig.

Kommen wir zu einem letzten wichtigen Punkt im Zusammenhang mit Ihrer persönlichen Ablage: Teilen einer Datei mit Ihren Kollegen. Früher habe ich eine E-Mail geschrieben und meinen Kollegen eine Datei darin als Anhang gesendet. Sobald ich eine bearbeitete Version von den Kollegen per E-Mail zurückgesendet bekam, fing die Arbeit erst richtig an. Mit SharePoint konnte bereits eine Verbesserung erzielt werden, indem ich seit dessen Nutzung nur noch einen Link auf Dokumente versendet habe. Zuvor musste ich aber sicherstellen, dass die entsprechenden Kollegen auch über die nötigen Berechtigungen in SharePoint verfügen.

Abbildung 6.57 Teilen Sie eine Datei oder einen Ordner mit Ihren Kollegen

Mit OneDrive können Dateien wesentlich einfacher geteilt werden. Sie wählen dazu im Kontextmenü einer im Windows Explorer ausgewählten Datei den Menüpunkt TEILEN und gelangen dann zu dem in Abbildung 6.57 dargestellten Dialog. Klicken Sie in den Bereich oberhalb der horizontalen Linie und geben Sie die Namen der gewünschten Empfänger ein. Danach können Sie bereits die Schaltfläche SENDEN betätigen. Die Kollegen erhalten sowohl Zugriffsrechte als auch eine E-Mail mit dem Link auf die Datei in einem.

Wie Sie Abbildung 6.57 ferner entnehmen können, erhalten die von Ihnen angegeben Personen standardmäßig Bearbeitungsrechte auf die Datei. Das muss aber nicht zwingend der Fall sein. Sie können die Zugriffsrechte sehr granular gestalten.

Klicken Sie dafür auf die Schaltfläche JEDER MIT DIESEM LINK KANN BEARBEITEN, um zu den in Abbildung 6.58 dargestellten erweiterten Einstellungen zu gelangen.

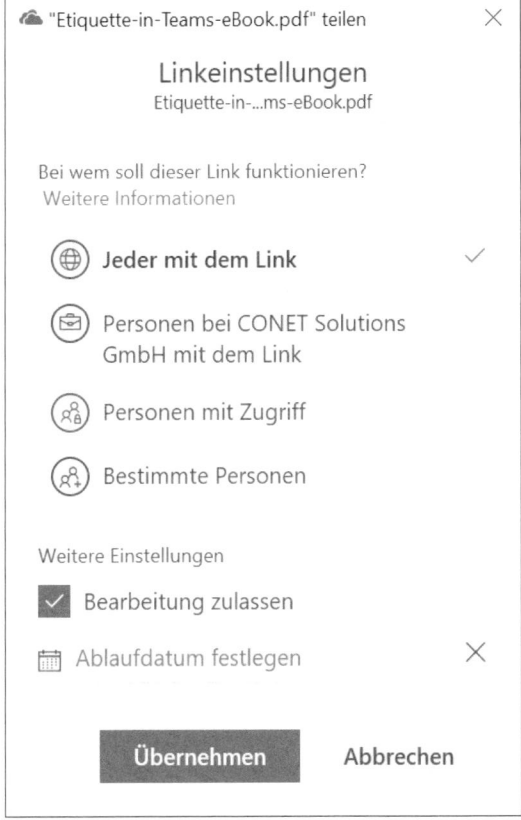

Abbildung 6.58 Sie können die Zugriffsrechte granular steuern.

Wie Sie dort sehen können, haben Sie u. a. folgende Möglichkeiten für die Zugriffserteilung:

- Zugriff für alle, die den direkten Link kennen, oder für ausgewählte Personen
- Beschränkung auf Mitarbeiter Ihres Unternehmens (externe Teilnehmer wie Kunden oder Partner sind ausgeschlossen)
- Lesender Zugriff anstelle von Bearbeitungsrechten
- Zeitlich begrenzter Zugriff unter Angabe eines Ablaufdatums

Sie können genau einstellen, mit wem Sie welche Informationen teilen möchten. Eine detaillierte Betrachtung des Themas »Sicherheit« werde ich später in Kapitel 9 ab Abschnitt 9.1.2 vornehmen. Dort lernen Sie beispielsweise, wie Sie verhindern, dass eine Information an Dritte weitergegeben wird.

> **Eine Symbiose aus Individualität und Gemeinschaft**
>
> In diesem Abschnitt haben wir uns näher mit Ihren persönlichen Informationen beschäftigt. Dabei haben Sie gelernt, dass Sie Microsoft 365 sowohl bei Ihren individuellen Anforderungen als auch im Bereich der Zusammenarbeit innerhalb Ihrer Teams unterstützt und Ihnen dazu auch noch eine gemeinsame Plattform anbietet. Damit lässt sich Individualität mit Gemeinschaftsgefühl im Arbeitsalltag vereinen.

6.4 Exkurs: Eine alternative Form von Präsentationen

Zum Abschluss meines Kapitels »Collaboration meets Social Intranet« möchte ich Ihnen eine Alternative zur gewohnten Präsentation mittels PowerPoint vorstellen. In Microsoft 365 wird Ihnen der Dienst *Sway* für eine erfrischend andere Art der Präsentation von Informationen angeboten, und ich möchte Sie an dieser Stelle dazu einladen, dieses Angebot auszuprobieren.

> **Sway: Ein Kurzüberblick**
>
> - **Kernfunktionen**: Darstellung von Informationen in Form einer Storyline
> - **Anwendungsszenarien**: Online-Präsentationen
> - **Einschränkungen**: Zum aktuellen Zeitpunkt (Frühjahr 2020) wird der Dienst Sway nur aus einem US-Rechenzentrum angeboten, unabhängig davon, ob Sie Ihre Microsoft-365-Umgebung beispielsweise aus der europäischen Cloud beziehen oder nicht. Das bedeutet, dass sämtliche von Ihnen in Sway erfassten Daten und Bilder in den USA gespeichert werden. Außerdem können sie den Dienst momentan nur online (also mit einer Internetverbindung) nutzen; eine Offline-Funktion oder die Möglichkeit eines Exports stehen nicht zur Verfügung.
> - **Abgrenzung zu anderen Tools**: Am ehesten lässt sich Sway mit PowerPoint (als Standard-Office-Produkt zur Erstellung von Präsentationen) vergleichen. Während Sie bei PowerPoint jedoch die einzelnen Folien bis ins kleinste Detail inklusive Animationen gestalten, konzentrieren Sie sich bei Sway auf die Geschichte (Story), die Sie erzählen möchten. Sie arbeiten dabei primär mit Grafiken und nur wenig Text. Sway bestimmt auf Basis der von Ihnen gewählten Vorlage und der während der Präsentation verfügbaren Bildschirmauflösung, wie die einzelnen Bestandteile Ihrer Präsentation angeordnet werden.

Erstellen eines Sways

In Abbildung 6.59 sehen Sie die Startseite von Sway, nachdem Sie den Dienst über den App Launcher ⊞ aufgerufen haben. Sie profitieren bei der Erstellung Ihrer Präsentation bereits von einer Reihe von Vorlagen.

Um einen Überblick über die Vorlagen zu erhalten, klicken Sie auf den Link WEITERE VORLAGEN. Sie finden anschließend Beispiele für Geschäftspräsentationen, Blogs oder Ankündigungen.

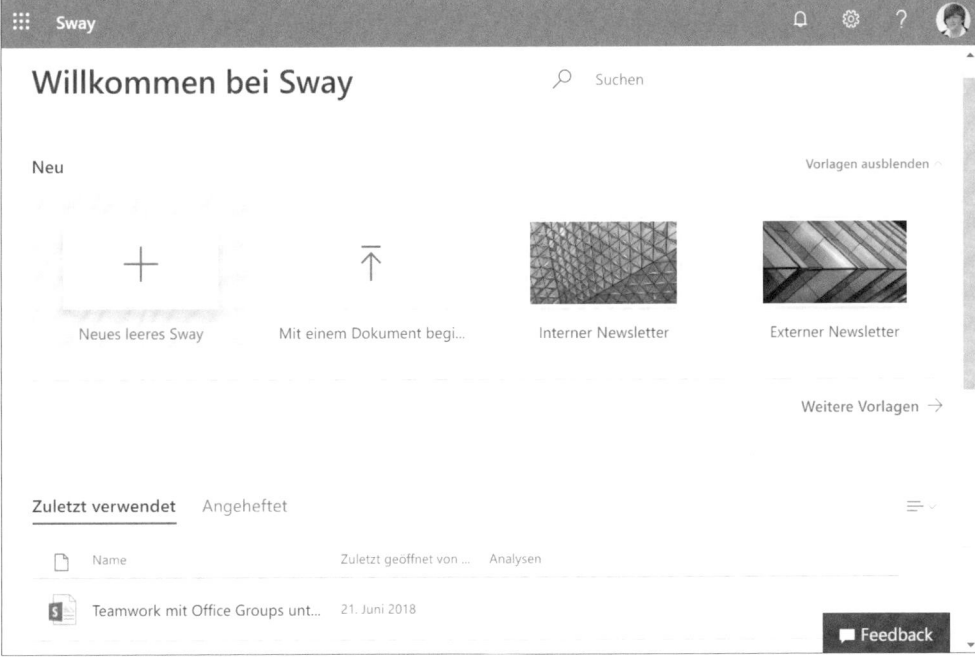

Abbildung 6.59 Mit Sway können Sie Präsentationen ganz anders gestalten.

Ich möchte Ihnen nun aber zeigen, wie Sie Ihre ganz individuelle Präsentation gestalten können. Dazu klicken Sie auf die Schaltfläche NEUES LEERES SWAY und gelangen damit in die in Abbildung 6.60 dargestellte Bearbeitungsmaske.

Bei Sway geht es darum, dem späteren Auditorium eine Geschichte zu erzählen. Daher verwundert es nicht, dass Sie sich nun in der sogenannten *Storyline* befinden.

Als Erstes legen Sie über einen Klick in den jeweils entsprechenden Bereich einen Namen und ein Hintergrundbild für Ihre *Story* fest. Bilder können Sie aus verschiedenen Quellen wie beispielsweise Ihrem PC, OneDrive oder dem Internet wählen (siehe Abbildung 6.61).

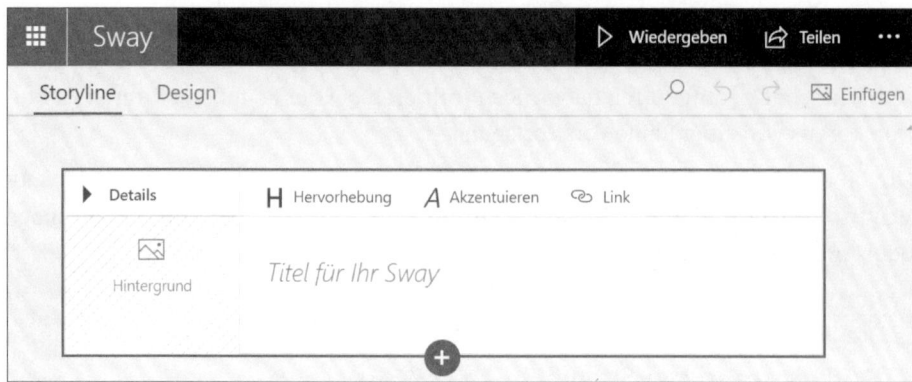

Abbildung 6.60 Beginnen Sie mit der Konfiguration Ihres Sways.

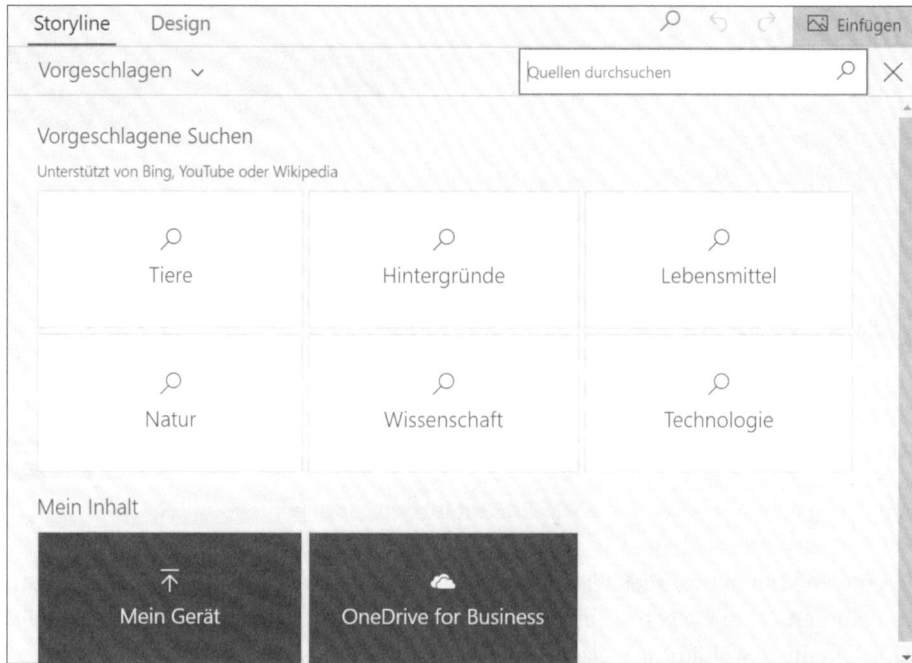

Abbildung 6.61 Wählen Sie das Hintergrundbild aus einer der verfügbaren Quellen aus.

Sie sollten möglichst direkt zu Beginn die wichtige Einstellung für das grundsätzliche Layout und die zu verwendende Formatvorlage vornehmen. Wählen Sie dazu im oberen Menü den Menüpunkt DESIGN und dann den daraufhin erscheinenden Menüpunkt FORMATVORLAGEN aus. Dadurch gelangen Sie zu dem in Abbildung 6.62 abgebildeten Konfigurationsdialog. Die hier vorgenommenen Einstellungen beeinflussen die Darstellung der nachfolgend von Ihnen erstellten Inhalte für Ihre Story. So kann beispielsweise ein Inhaltselement bei dem einen Layout noch mit auf die Seite passen, bei einem anderen Layout aber nicht mehr. Probieren Sie daher im Rahmen einer überschaubaren Präsentation die verschiedenen Layouts aus, um ein Gefühl für deren Abmessungen zu bekommen.

Abbildung 6.62 Legen Sie das grundsätzliche Layout für Ihr Sway fest.

Inhalte einfügen

Sie können beliebig viele Inhalte zu Ihrer Story hinzufügen. In Abbildung 6.63 sehen Sie die zur Auswahl stehenden Komponenten, die nach einem Klick auf das Pluszeichen angeboten werden.

Abbildung 6.63 Fügen Sie Ihrer Story neue Inhalte hinzu.

Als Erstes sollten Sie eine Gruppe hinzufügen. Gruppen entsprechen in etwa einer Folie in PowerPoint. Einer Gruppe können dann weitere Inhalte wie Überschriften, Texte oder Bilder hinzugefügt werden. Generell wird bei Sway primär mit Medien und insbesondere mit Bildern gearbeitet, um eine Geschichte zu erzählen. Da es sich um eine interaktive Art der Präsentation handelt, sind auch Bilderstapel sehr beliebt. Diese können sehr platzsparend eingesetzt und auf einer Seite als auflockerndes Element genutzt werden. In Abbildung 6.64 sehen Sie die weiteren Optionen für Medieneinsätze. Dazu zählen zum Beispiel die Auswahl eines expliziten Videos oder einer Audio-Datei oder die Integration einer beliebigen externen Komponente.

Abbildung 6.64 Fügen Sie unterstützende Medien zu Ihrer Story hinzu.

Wenn Sie eine Gruppe eingefügt und mit Inhalten versehen haben, sollte sie im zusammengeklappten Modus ähnlich wie diejenige in Abbildung 6.65 aussehen.

Abbildung 6.65 Hier sehen Sie ein Beispiel für eine Gruppe mit Inhalten.

Gerade dann, wenn Sie mehrere Gruppen in Ihrem Sway erstellt haben, eignet sich die zusammengeklappte Ansicht gut dafür, um einen Überblick zu erhalten. Zur Konfiguration der Inhalte können Sie die Gruppe wieder aufklappen und mit der Bearbeitung fortfahren.

Wiedergeben Ihres Sways

Sie können jederzeit den aktuellen Stand Ihres Sways testen; eine explizite Speichermöglichkeit existiert jedoch nicht. Dies sollten Sie bei der Konfiguration berücksichtigen, da Sie nur eine eingeschränkte Anzahl an Bearbeitungsschritten rückgängig machen können. Mir hat diese Einschränkung besonders in der Anfangszeit mit Sway einige Schwierigkeiten bereitet. Daher möchte ich Ihnen empfehlen, zuerst anhand eines Beispiels die einzelnen Funktionen kennenzulernen und erst danach mit Ihrer ersten richtigen Präsentation zu beginnen.

Doch nun prüfen Sie erst einmal den aktuellen Stand Ihres Sways und klicken dafür auf den Menüpunkt WIEDERGEBEN ganz oben im Menü. Daraufhin erscheint die Startseite Ihres Sways. Je nachdem, welches Gerät Sie für die Wiedergabe verwenden, können Sie nun mittels Klicks oder Wischbewegungen durch die von Ihnen eingerichteten Gruppen navigieren.

Abbildung 6.66 zeigt Ihnen ein Beispiel für die Darstellung einer Gruppe mit verschiedenen Bildern.

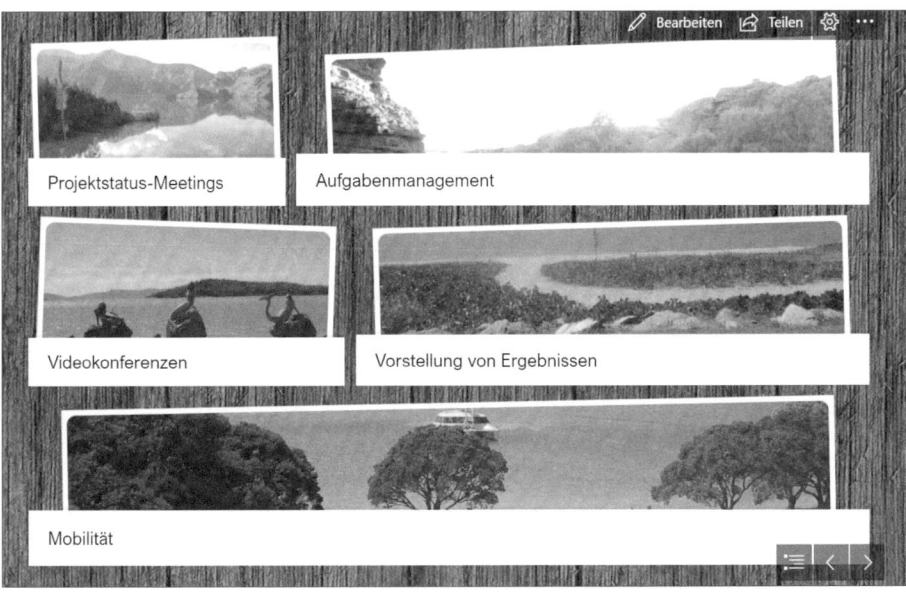

Abbildung 6.66 Wir befinden uns mitten in einem Sway. In der aktuell angezeigten Gruppe werden Bilder mit jeweils einer Unterschrift dargestellt.

Ihnen fällt vermutlich auf, dass nur sehr wenig Text verwendet wird. In der Tat dient ein Sway mehr als unterstützendes Element für einen Vortrag. Die Zuhörer sollen nicht durch lange Texte abgelenkt werden, sondern sich vollkommen auf Sie als »Geschichtenerzähler« konzentrieren können.

Optionen für die Wiedergabe

Über den Menüpunkt BEARBEITEN können Sie aus dem Wiedergabemodus direkt zurück in den Bearbeitungsmodus wechseln und weitere Änderungen vornehmen. Auf diese Weise können Sie unkompliziert einzelne Inhalte anpassen, falls Ihnen die Darstellung nicht zusagt. Beachten Sie dabei bitte auch, dass die Inhalte abhängig von Ihrer Bildschirmauflösung unterschiedlich dargestellt werden. Das kann zu einer kleinen unangenehmen Überraschung führen, wenn Sie Ihren Vortrag das erste Mal in einer neuen technischen Umgebung halten.

Wie Sie in Abbildung 6.67 sehen können, erhalten Sie im Wiedergabe-Modus auch die Option, über das Zahnradsymbol oben rechts eine automatische Wiedergabe Ihres Sways einzurichten oder noch einmal das Layout zu wechseln.

Abbildung 6.67 Konfigurieren Sie eine automatische Wiedergabe für Ihren Sway, wenn Sie für die Wechsel der Gruppen nicht klicken möchten.

Ihr Sway mit anderen Personen teilen

Wenn Sie ein Sway fertiggestellt haben und es als unterstützende Komponente während Ihres Vortrags nicht nur selbst nutzen möchten, können Sie es mit anderen Personen teilen, und zwar ganz einfach über die Schaltfläche TEILEN.

Der Freigabedialog (siehe Abbildung 6.68) hat eine gewisse Ähnlichkeit mit demjenigen aus OneDrive. Sie können auch hier entscheiden, ob Sie jeder Person den Zugriff auf Ihr Sway erlauben möchten oder nur einzelnen Personen Lese- oder Bearbeitungsrechte erteilen. Zusätzlich können Sie Ihr Sway mit einem Kennwort schützen und dadurch den Personenkreis noch expliziter eingrenzen. Sie können nun Informationen auch auf ganz besondere Weise, in Form einer Geschichte, mit Ihren Kollegen teilen. Ich wünsche Ihnen dabei viel Spaß!

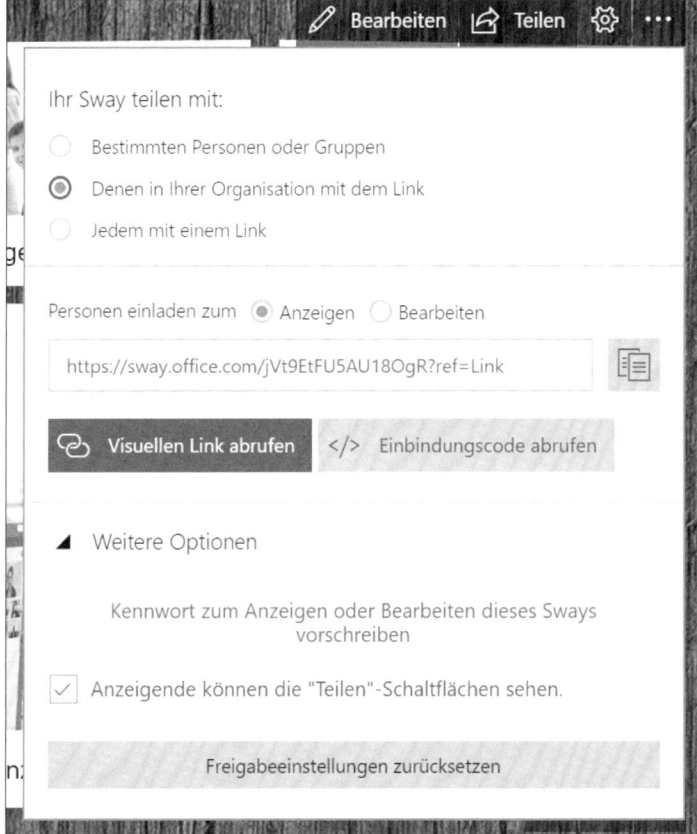

Abbildung 6.68 Sie können genau definieren, welche Personen welche Aktionen an Ihrem Sway ausführen dürfen.

Kapitel 7
Ausgewählte Unternehmensprozesse unterstützen

»Wenn Du immer wieder das tust, was Du immer schon getan hast, dann wirst Du immer wieder das bekommen, was Du immer schon bekommen hast. Wenn Du etwas anderes haben willst, musst Du etwas anderes tun!« (Paul Watzlawick)

Wenn Sie sich mit dem Thema Collaboration beschäftigen, treffen Sie sehr schnell auch auf das Thema Unternehmensprozesse. Wenn ein Mitarbeiter eine Weiterbildungsmaßnahme anfragt, einen Fehler bei der internen IT meldet oder einen neuen Monitor bestellen möchte, bedeutet das eine Zusammenarbeit mit Kollegen aus der Personal-, IT- oder Einkaufsabteilung. In diesem Kapitel werden wir uns neben *Teams* mit der *Power Platform* sowie *Dynamics 365* als Plattform für Prozesse und insbesondere mit den Diensten *Power Apps* und *Power Automate* beschäftigen.

7.1 Standard, Low-Code-Solution oder Individuallösung

Sie sollten sich die Frage stellen, wie die Unterstützung Ihrer Unternehmensprozesse durch IT genau aussehen soll. Dabei sind u. a. folgende Aspekte zu berücksichtigen:

- Wie sieht der aktuell bei Ihnen gelebte Prozess aus?
- Soll der Prozess optimiert, also geändert werden?
- Muss der Prozess vollumfänglich durch IT unterstützt werden, oder können Sie Ihren Prozess an die Rand- und Rahmenbedingungen einer IT-Lösung anpassen?
- Suchen Sie nach einem Standardprodukt, das sämtliche Anforderungen abdeckt, oder möchten Sie auf einem bereits vorhandenen aufbauend weitere Anpassungen vornehmen bzw. eine Individuallösung entwickeln lassen?

Die Antworten auf diese Fragen sind entscheidend für die Auswahl der richtigen Option zur Abbildung Ihrer Unternehmensprozesse. In Microsoft 365 wird Ihnen eine Vielzahl an Diensten in Form von Standardprodukten angeboten. Sie können diese Dienste ohne weitere Anpassungen nutzen.

Da es sich dabei jedoch jeweils um ein standardisiertes Produkt handelt, werden damit Ihre individuellen Anforderungen meistens nicht abgedeckt. Sie haben in dieser Situation zwei Optionen:

1. Sie ändern Ihren Prozess, damit er unter Einsatz des Standardprodukts abgebildet werden kann.
2. Sie erweitern das Standardprodukt um die fehlende Funktion und unterstützen Ihren Prozess, ohne ihn anzupassen.

Sie sollten sorgfältig abwägen, welche Option Sie wählen. Meistens sind mit der Anpassung eines Standardprodukts zusätzliche Kosten verbunden. So muss nicht nur die Anpassung oder Erweiterung erstellt, getestet und bereitgestellt werden, Sie sollten außerdem weitere Aufwände für den Betrieb und die Weiterentwicklung der Lösung einplanen.

Ferner ist auch die Tatsache nicht zu vernachlässigen, dass Sie mit der ersten Anpassung an einem Ihrer Standardprodukte Tür und Tor für weitere Anpassungswünsche öffnen. Schnell werden von verschiedenen Stellen in Ihrem Unternehmen Änderungswünsche gemeldet werden. Damit haben Sie eine zusätzliche Aufgabe: Anforderungen müssen priorisiert, eingeplant oder auch bewusst abgelehnt werden. Solange Sie ein Standardprodukt ohne Anpassungen einsetzen, können Sie immer damit argumentieren, dass das Produkt eine bestimmte Anforderung eben nicht erfüllt. Bei Zulassen von Anpassungen oder Erweiterungen fällt dieses Argument weg.

Die Anpassung eines Standardproduktes kann weiterhin über zwei verschiedene Ansätze erfolgen:

- **Low-Code-/No-Code-Solution**: Auf dem Markt werden viele Lösungen angeboten, mit deren Hilfe Sie ohne Programmierkenntnisse Anpassungen vornehmen können. Zielgruppe dieser Produkte sind nicht zuletzt Mitarbeiter der Fachabteilungen, damit die Bedarfsträger zur eigenständigen Abbildung ihrer Prozesse befähigt werden.
- **Software-Entwicklung**: Die Microsoft-365-Dienste bieten verschiedene Schnittstellen (sogenannte APIs) an, die zur Entwicklung individueller Komponenten genutzt werden können. Damit sind die meisten Anforderungen umsetzbar.

Microsoft bietet mit *Power Automate* und *Power Apps* selbst Low-Code-Solutions an. Während Power Apps zur Erstellung eigener Formulare sowie zur Bereitstellung mobiler Apps genutzt werden kann, haben Sie mit Power Automate die Möglichkeit, Workflows abzubilden (u. a. Statusänderungen, Benachrichtigungen und Berechtigungen). Diese Dienste sind sowohl für die Fachabteilung als auch für technische Berater nützlich und verfügen über eine mit Excel vergleichbare sogenannte *Expression Language*, um Regeln zu hinterlegen und Aktionen auszulösen.

Sie werden auf dem Markt viele andere Low-Code- und No-Code-Solutions finden. Sie sollten diese Lösungen im Hinblick auf Ihre Anforderungen sowie die mit der Einführung verbundenen Kosten prüfen und anschließend die für Sie passende Lösung auswählen. Wenn Sie beispielsweise sowohl Microsoft 365 als auch SharePoint On-Premises einsetzen und Erweiterungen für beide Umgebungen mit ein und demselben Tool bereitstellen möchten, sind Cloud-Lösungen – wie Power Apps und Power Automate – keine gute Wahl. Die meisten Produkte bieten eine Testversion an, mit der Sie einen Proof of Concept durchführen können, dessen Ergebnis Sie für Ihre Entscheidung nutzen können.

Neben einer Low-Code-Solution können Sie mithilfe eines Software-Entwicklers auch Anpassungen und Erweiterungen für ein Standardprodukt (z. B. SharePoint Online) vornehmen. Hierzu benötigen Sie einen Software-Entwickler, der Ihnen hilft, die im Standardprodukt bestehende Lücke zu schließen. Ein Entwickler könnte Ihnen auch eine Individuallösung entwickeln, die ausschließlich auf Ihre Anforderungen zugeschnitten ist. Die Entwicklung einer solchen Lösung ist allerdings im Vergleich zu einem (angepassten) Standardprodukt mit einem wesentlich höheren Aufwand verbunden.

Sie sollten daher individuell für jeden Prozess bewerten, welche Variante für Sie die beste Option ist. Nachfolgend werden wir mehrere Beispiele für unterschiedliche Unternehmensprozesse und ihre IT-Unterstützung betrachten.

7.2 Einsatz- und Schichtplanung mit Microsoft Teams

Arbeiten Sie vielleicht in einem Schichtsystem oder möchten Sie die Einsatztage für Projekte und Kundenaufträge in Ihrem Team planen? Im einfachsten Fall reicht dafür ein Blatt Papier, auf dem beispielsweise für eine Woche festgehalten wird, wer wann welche Aufgabe übernimmt (siehe Abbildung 7.1).

	Mo	Di	Mi	Do	Fr	Sa	So
08:00 – 12:00	Thomas	Birgit	Nicole	?	Thomas		
13:00 – 17:00	Nicole	Sabine	Sabine	?	?		

Abbildung 7.1 Planen Sie Einsätze oder Schichten auf einem Blatt Papier, das an einer zentralen Stelle für alle Teammitglieder erreichbar ist.

Dieses Blatt kann im Büro oder Pausenraum (je nach Branche) aufgehängt werden, womit alle Teammitglieder den gleichen Blick auf die geplanten Einsätze haben, Schichten tauschen und sich für freie Plätze eintragen können.

> **Schichtplanung light mit Teams**
>
> Mit *Teams* können Sie das besagte Blatt Papier digital abbilden und damit ortsunabhängig auf die Planungsinformationen zugreifen. An dieser Stelle sei jedoch bereits gesagt, dass durch *Teams* kein klassisches Tool für die Personaleinsatzplanung ersetzt werden kann. In kleineren Gruppen können die angebotenen Funktionen aber durchaus als Arbeitserleichterung dienen. Wir schauen uns die angebotenen Möglichkeiten im weiteren Verlauf dieses Abschnittes genauer an.

Rufen Sie in Microsoft 365 die App *Teams* im App Launcher ▦ auf, um die Funktion der Einsatz- und Schichtplanung zu testen. In *Teams* rufen Sie wie in Abbildung 7.2 dargestellt über die 3-Punkte-Schaltfläche in der linken Menüleiste den Menüpunkt Schichten auf.

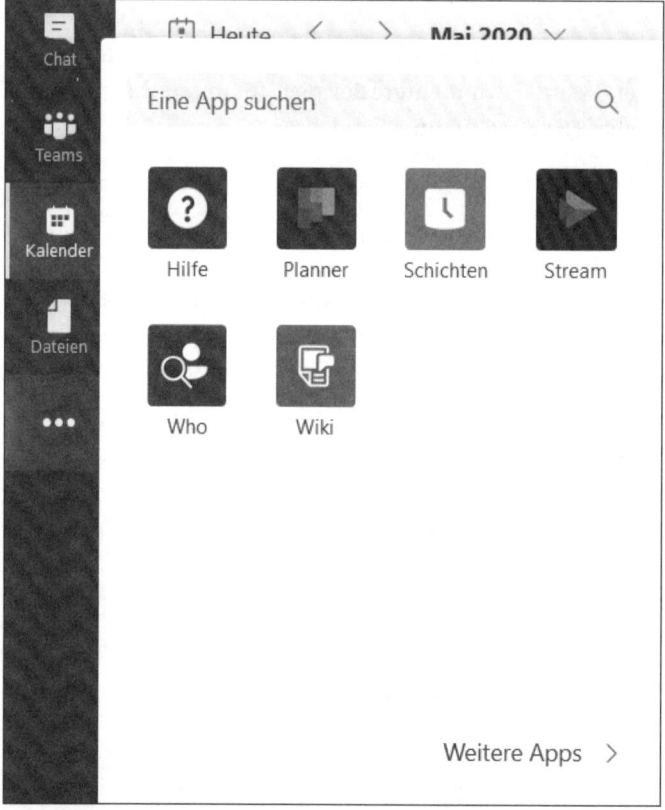

Abbildung 7.2 Rufen Sie die Funktion zur Schichtplanung in Microsoft Teams auf, um die Einsatzplanung in Ihrem Team zu unterstützen.

Sie befinden sich daraufhin in der in Abbildung 7.3 dargestellten Übersicht, die Ihnen alle geplanten Einsätze und Schichten für den aktuellen Monat anzeigt.

Zur Vereinfachung spreche ich im weiteren Verlauf von Schichten, und Sie behalten im Hinterkopf, dass die in diesem Kapitel vorgestellten Funktionen auch für eine Einsatzplanung ohne Schichtbetrieb geeignet sind.

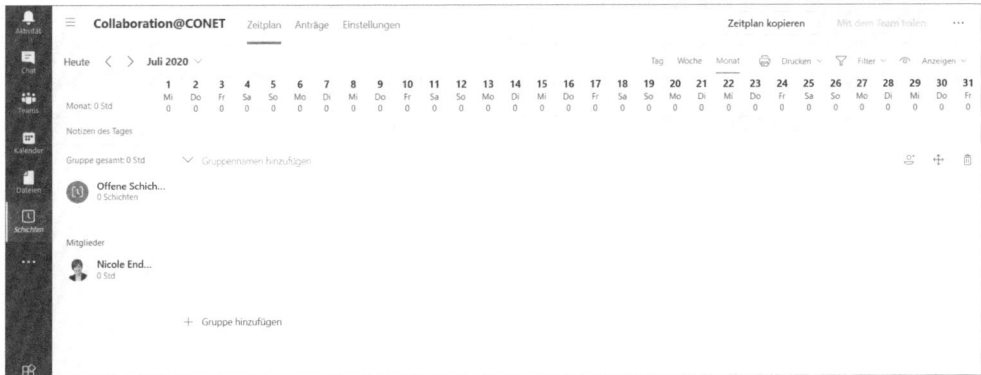

Abbildung 7.3 Übersicht über die für den aktuellen Monat geplanten Einsätze

7.2.1 Neue offene Schicht hinzufügen

Beginnen wir mit der Erfassung einer neuen Schicht, die zunächst keinem Mitarbeiter zugewiesen wird.

Dazu klicken Sie für den gewünschten Tag (Spalte) in der Zeile »Offene Schichten« auf die 3-Punkte-Schaltfläche und wählen in dem daraufhin erscheinenden Menü den Menüpunkt OFFENE SCHICHT HINZUFÜGEN aus (siehe Abbildung 7.4).

Abbildung 7.4 Fügen Sie eine neue Schicht hinzu, die zunächst noch keinem Mitarbeiter zugewiesen ist.

In dem nun erscheinenden Dialog können Sie, wie in Abbildung 7.5 dargestellt, eine neue Schicht planen. Dabei können Sie folgende Informationen erfassen:

- **Gruppe**: Sie können Ihr Board für die Schichtplanung in sogenannte *Gruppen* unterteilen. Standardmäßig sehen Sie auf Ihrem Board nur eine unbenannte Gruppe. Wenn Sie beispielsweise verschiedene Projekte oder Kundenaufträge haben, können Sie dafür jeweils eine Gruppe anlegen (z. B. »Projekt 1« wie in Abbildung 7.5).
- **Design**: In welcher Farbe soll die Schicht dargestellt werden? Sie können damit beispielsweise bestimmte Aufgaben durch unterschiedliche Farben kennzeichnen.
- **Beginn und Ende**: Um welche Uhrzeit beginnt die Schicht, und wann ist sie wieder beendet? Das Datum haben Sie bereits durch die Auswahl der Spalte zuvor festgelegt.

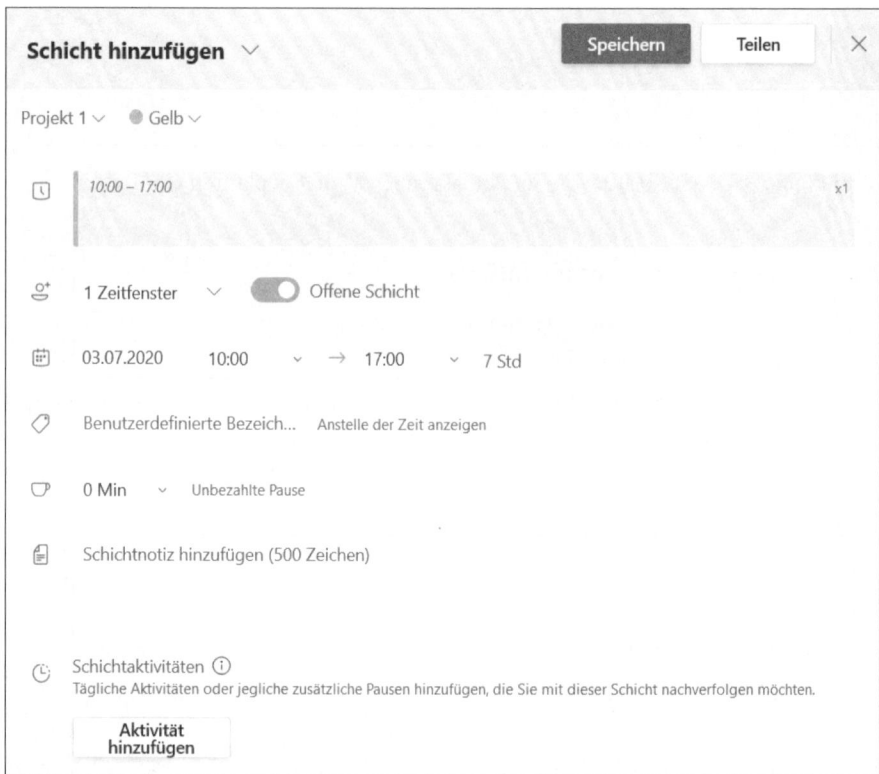

Abbildung 7.5 Geben Sie alle relevanten Informationen für eine neue Schicht an.

- **Bezeichnung**: Standardmäßig werden zur Darstellung einer Schicht Anfang und Ende der Schicht in der Kalenderübersicht verwendet. Sie können aber auch eine kurze Bezeichnung (maximal 15 Zeichen) vergeben, die an dieser Stelle angezeigt werden soll.

- **Unbezahlte Pause**: Sie können für eine Schicht auch die geplante Pausenzeit hinterlegen. Standardmäßig ist keine Pause vorgesehen. Sie können über das Auswahlfeld zwischen 0 und 90 Minuten wählen.
- **Notizen**: Wenn etwas während der Schicht erledigt oder bei der Arbeit berücksichtigt werden soll, können Sie diese Informationen bereits bei der Schichtplanung als Notiz hinterlegen.
- **Aktivitäten**: Im unteren Bereich des Dialogs existiert ein Bereich für Aktivitäten. Über die Schaltfläche AKTIVITÄT HINZUFÜGEN erscheint in diesem Bereich eine neue Zeile (siehe Abbildung 7.6). Bei Aktivitäten handelt es sich um eine Art Aufgabenliste, die im Rahmen der Schicht bearbeitet werden soll.

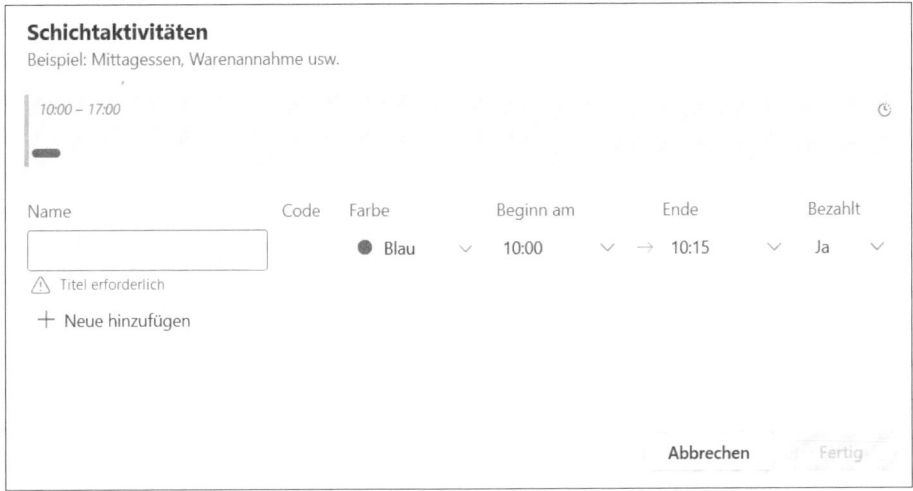

Abbildung 7.6 Sehen Sie Pausenzeiten inklusive Mittagspausen für eine Schicht vor.

Über die Schaltfläche SPEICHERN legen Sie die neue Schicht an. Je nachdem, wie die Verantwortlichkeiten in Ihrem Team verteilt sind, gibt es entweder eine Person, die für die grundsätzliche Planung der Schichten zuständig ist und direkt Mitarbeiter zuweist, oder die Mitarbeiter in Ihrem Team arbeiten selbstorganisiert und teilen die Schichten eigenständig untereinander auf.

7.2.2 Schichten direkt einer Person zuweisen oder Abwesenheitszeiten für eine Person erfassen

Unterhalb der Zeilen für die offenen Schichten, die noch keinem Mitarbeiter zugewiesen wurden, werden standardmäßig Sie selbst für die Planung angeboten. Sie können Ihrem Team in der Schichtplanung auch weitere Mitarbeiter hinzufügen. Deren Namen erscheinen daraufhin in weiteren Zeilen in der Kalenderübersicht. Fürs Erste beschränken Sie sich auf die eine Zeile und rufen für einen bestimmten Tag (Spalte) die 3-Punkte-Schaltfläche wie in Abbildung 7.7 auf.

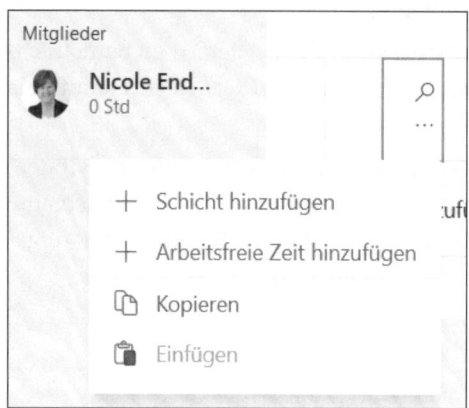

Abbildung 7.7 Schichten oder arbeitsfreie Zeiten für einen Mitarbeiter erfassen

Wenn Sie den Menüpunkt SCHICHT HINZUFÜGEN auswählen, erscheint der gleiche Dialog wie in Abbildung 7.5. Sie können dort die für die Schicht relevanten Informationen erfassen und die Schicht anschließend speichern. Der einzige Unterschied besteht darin, dass die hier hinzugefügte Schicht direkt dem entsprechenden Mitarbeiter zugewiesen und in der zu dem Mitarbeiter gehörenden Zeile dargestellt wird.

Sie können über den Menüpunkt ARBEITSFREIE ZEIT HINZUFÜGEN auch Abwesenheitszeiten wie zum Beispiel Urlaube oder krankheitsbedingte Ausfälle erfassen. In den solchermaßen gekennzeichneten Zeiträumen kann der Mitarbeiter nicht für eine Schicht eingeplant werden.

Folgende Gründe für eine Abwesenheit sind auswählbar:

- Unbezahlt
- Krankheitstag
- Aus
- Elternzeit
- Urlaub

Abbildung 7.8 illustriert, dass Sie im Gegensatz zur Eingabe einer Schicht bei Erfassung von Abwesenheitszeiten einen Zeitraum angeben und zwischen einer ganztägigen Abwesenheit oder einer Angabe inklusive der Uhrzeit oder Zeitspanne wählen können.

Überdies steht Ihnen auch hier die Möglichkeit zur Verfügung, den Planungseintrag durch eine Farbe optisch zu kennzeichnen und Notizen mit weiteren Informationen zu hinterlegen.

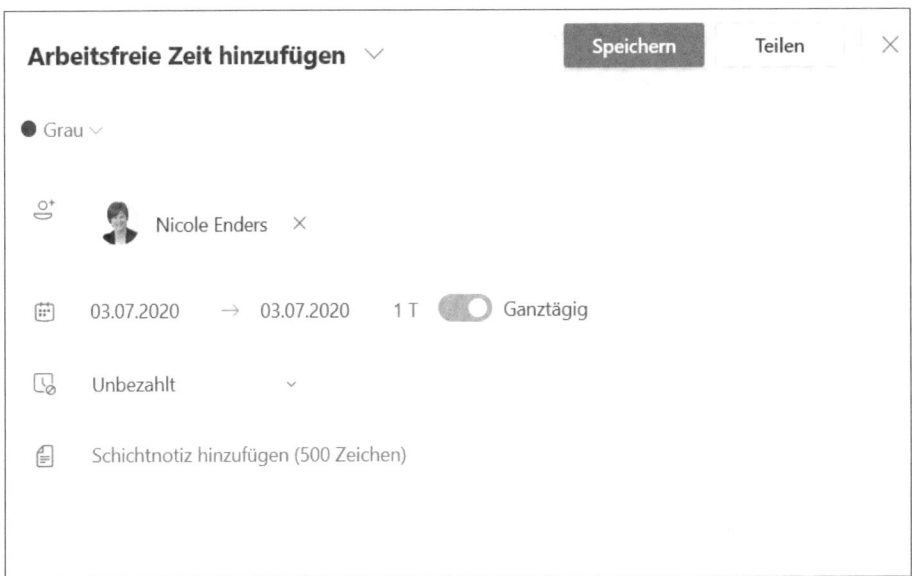

Abbildung 7.8 Verwalten Sie arbeitsfreie Zeiten Ihrer Mitarbeiter, um Konflikte in der Schichtplanung zu vermeiden.

7.2.3 Kollegen zur Schichtplanung hinzufügen

Als nächstes sollten Sie unbedingt Ihre Kollegen zum Team hinzufügen, da eine Schichtplanung nur mit Ihnen allein keinen besonders großen Mehrwert bietet.

Klicken Sie dafür analog zu Abbildung 7.9 auf das Personensymbol oben rechts für eine ausgewählte Gruppe. Daraufhin erscheint der in Abbildung 7.10 dargestellte Dialog.

Abbildung 7.9 Fügen Sie die gewünschten Mitarbeiter zu einer Gruppe hinzu, um die Schichtplanung für das entsprechende Team vorzunehmen.

Abbildung 7.10 Geben Sie den Namen oder die E-Mail-Adresse einer internen Person ein, um diese Person zu einer Gruppe hinzuzufügen.

Hier können Sie neue Personen über die Angabe ihres Namens oder ihrer E-Mail-Adresse auswählen. Bei der Verwendung des Namens werden Sie mit Vorschlägen aus dem internen Personenverzeichnis unterstützt.

Über die Schaltfläche HINZUFÜGEN fügen Sie die ausgewählte Person zur gewünschten Gruppe hinzu. Die Namen der hinzugefügten Personen sollten anschließend wie in Abbildung 7.11 dargestellt werden.

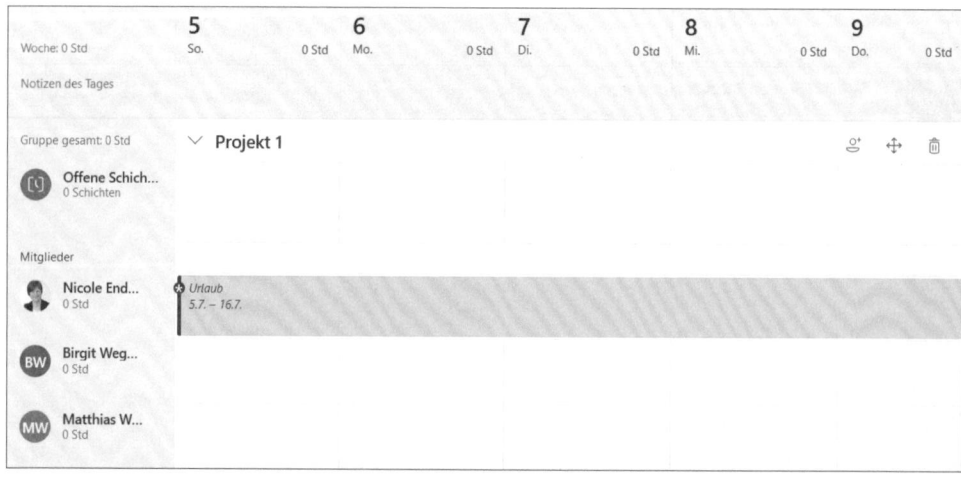

Abbildung 7.11 Jede Person in einer Gruppe wird durch eine eigene Zeile in der Kalenderübersicht repräsentiert. In jeder Gruppe können unterschiedliche Personen ausgewählt sein.

Bei mehreren Gruppen können Sie unterschiedliche Personen zuweisen oder auch eine Person in mehreren Gruppen hinzufügen und insgesamt die Schichtplanung ganz nach Ihren Bedürfnissen gestalten.

7.2.4 Eine offene Schicht zuweisen

Wenn Sie offene Schichten in Ihrem Team verteilen möchten, können Sie dafür auf die 3-Punkte-Schaltfläche der gewünschten Schicht im unteren Bereich der Kachel (siehe Abbildung 7.12) klicken, um im eingeblendeten Kontextmenü den Menüpunkt OFFENE SCHICHT ZUWEISEN aufzurufen. Anschließend wählen Sie einen Mitarbeiter aus.

Abbildung 7.12 Weisen Sie eine Schicht einem Teammitglied zu.

Wie Sie in Abbildung 7.13 sehen können, stehen Ihnen nur Personen zur Auswahl, die bereits der Gruppe zugewiesen wurden. Mit einem Klick auf den Namen der gewünschten Person weisen Sie die Schicht dem entsprechenden Mitarbeiter zu.

> **Gibt es nicht einen anderen Dienst zur Unterstützung der Schichtplanung?**
>
> Vielleicht haben Sie von *Staff Hub* gehört. Dieser Dienst war ausschließlich zur Unterstützung der Schichtplanung gedacht und ist seit einiger Zeit abgekündigt. Die darin enthaltenen Funktionen sind zu einem großen Teil nach *Teams* überführt worden. Seit *Teams* auch kostenfrei (ohne die weiteren Dienste wie SharePoint oder Planner) angeboten wird, sind auch Einsatzszenarien für kleine Teams wie beispielsweise die Einsatzplanung in einer Supermarktfiliale denkbar.

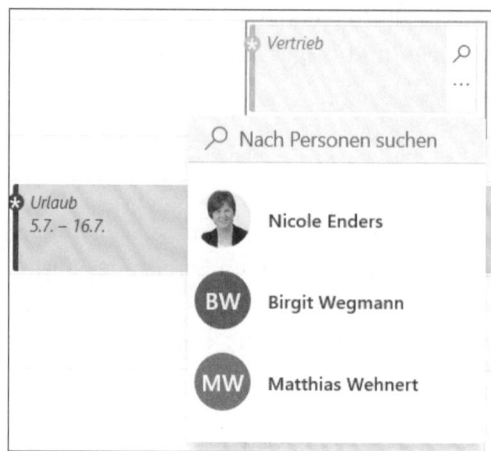

Abbildung 7.13 Wählen Sie ein Mitglied der Gruppe für die Schicht aus.

7.2.5 Schichtplan veröffentlichen

Bisher haben Sie einen Schichtplan erstellt, den außer Ihnen keine der beteiligten Personen sehen kann. Dafür müssen Sie Ihren Plan zuerst veröffentlichen. Sie erhalten während der Bearbeitung des Schichtplans im unteren Teil des Bildschirms eine Information darüber, wie viele Änderungen Sie bisher vorgenommen haben und noch mit dem Team zu teilen haben.

Betätigen Sie dafür die Schaltfläche MIT DEM TEAM TEILEN, und schon öffnet sich der in Abbildung 7.14 dargestellte Dialog.

Sie können den genauen Zeitraum auswählen, den Sie mit dem Team teilen möchten. Damit ist es möglich, dass Sie die Schichtplanung nach und nach durchführen und immer nur beispielsweise die kommenden zwei Wochen veröffentlichen.

Sie können außerdem festlegen, ob Sie die Benachrichtigung an das gesamte Team oder nur an diejenigen Mitarbeiter senden möchten, denen eine Schicht zugewiesen wurde.

> **Wer ist das gesamte Team?**
>
> Oben links auf der Kalenderübersicht sehen Sie, in welchem Team Sie sich gerade befinden. Wenn Sie das Hamburger-Menü öffnen, sehen Sie alle weiteren Teams, die bereits die Funktion zur Schichtplanung nutzen. Sollten Sie eines Ihrer Teams in dieser Auflistung nicht sehen, können Sie über den Menüpunkt NEUER ZEITPLAN eine Liste aller Teams aufrufen, in denen Sie Besitzer sind, und können mit der Schichtplanung beginnen. Das bedeutet, dass Sie für jedes Team einen separaten Zeitplan erstellen können. Kanäle innerhalb eines Teams können in der Schichtplanung beispielsweise mit Gruppen realisiert werden.

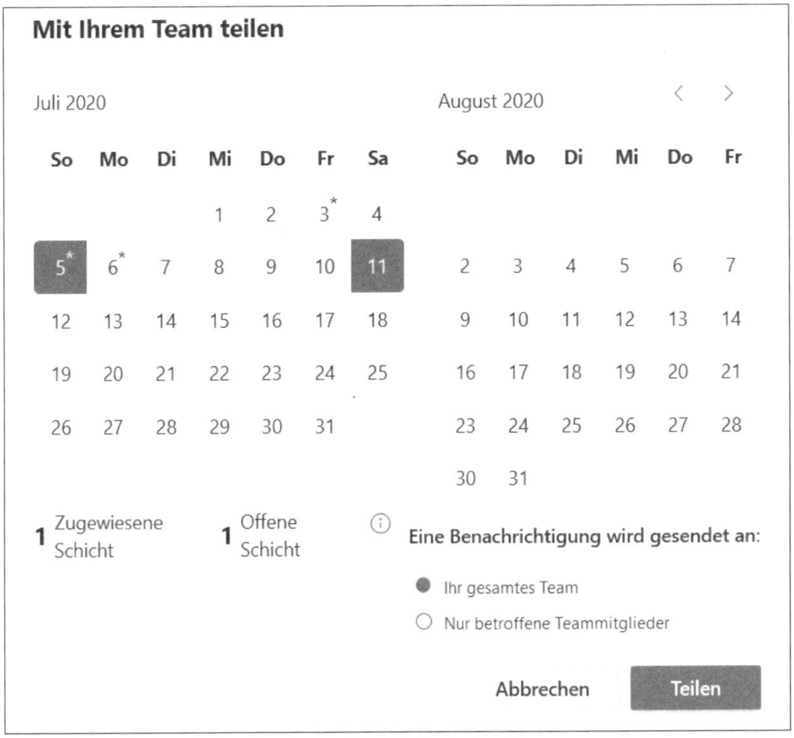

Abbildung 7.14 Wählen Sie den Zeitraum für die zu veröffentlichende Schichtplanung aus.

Schichtplan nach Excel exportieren

Neben der Schaltfläche zur Veröffentlichung der Schichtplanung steht eine 3-Punkte-Schaltfläche zur Verfügung, die Ihnen u. a. den Menüpunkt ZEITPLAN EXPORTIEREN anbietet (siehe Abbildung 7.15).

Wie Sie in Abbildung 7.16 erkennen können, enthält der Excel-Export zwei verschiedene Datenblätter:

- **Zeitplan**: Diese Darstellung entspricht der Kalenderübersicht in *Teams* inklusive der für die jeweilige Schicht verwendeten Farbe.
- **Summen**: Diese Darstellung ist dazu geeignet, um auf den Daten aufbauende Auswertungen durchzuführen oder Diagramme zu erstellen.

Über die letztgenannte Option können Sie die Planungsdaten aus mehreren Teams aggregieren und für eine Gesamtdarstellung (z. B. mit Power BI) aufbereiten.

Achten Sie hier darauf, die angebotenen Auswertungsmöglichkeiten mit Ihrem Personal- oder Betriebsrat und den für den Datenschutz verantwortlichen Kollegen zu besprechen.

Abbildung 7.15 Ein Zeitplan lässt sich zur weiteren Bearbeitung oder zu Auswertungszwecken nach Excel exportieren.

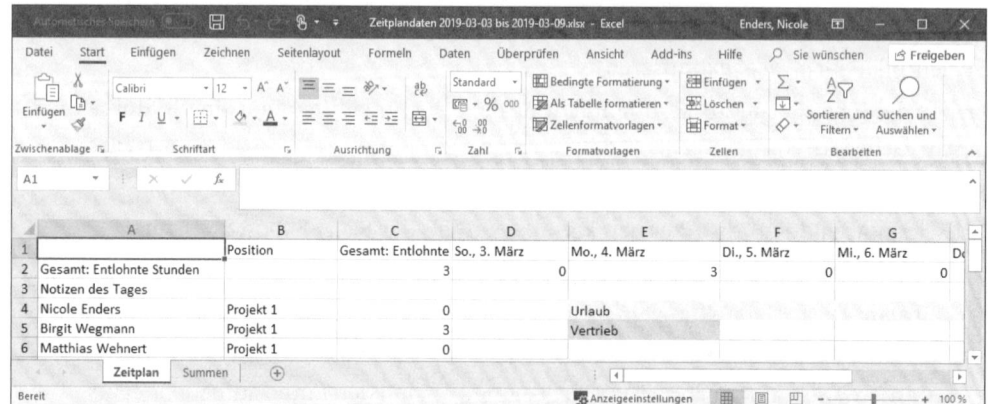

Abbildung 7.16 Sie können die Planungsdaten in Excel weiterverarbeiten. Dabei werden die Informationen einmal wie in Microsoft Teams und einmal in einer zusammengefassten Datenansicht dargestellt.

Schichtplan drucken

Zu Beginn dieses Abschnitts haben wir die einfachste Art der Einsatzplanung mit einem Blatt Papier besprochen. Wenn Sie neben der Darstellung innerhalb von *Teams* Ihren Schichtplan auch in einem Büro oder Pausenraum an die Wand hängen möchten, wählen Sie dafür das Drucksymbol oben rechts auf der Seite aus und drucken den Zeitplan aus.

7.2.6 Anträge erstellen und verwalten

Für selbstorganisierte Teams kann es sinnvoll sein, dass einzelne Teammitglieder ihre Aufgaben bzw. Schichten untereinander tauschen können, ohne eine zentrale Instanz zu benötigen.

Um dies zu unterstützen, wird ganz oben neben dem Menüpunkt ZEITPLAN auch ein Menüpunkt ANTRÄGE angeboten.

Klicken Sie auf diesen Menüpunkt, und die in Abbildung 7.17 dargestellte Seite wird aufgerufen. Hier finden Sie später alle Anträge, die Sie betreffen (sowohl die von Ihnen erstellten als auch die an Sie gerichteten Anträge).

In *Teams* wird zwischen drei verschiedenen Antragstypen unterschieden:

- Arbeitsfreie Zeit
- Tauschen
- Angebot

Abbildung 7.17 An dieser zentralen Stelle lassen sich alle für Sie relevanten Anträge aufrufen.

Arbeitsfreie Zeit beantragen

Wenn Sie die Schaltfläche NEUER ANTRAG betätigen, gelangen Sie zu der Ansicht aus Abbildung 7.18. Als Standard ist der Antragstyp »Arbeitsfreie Zeit« ausgewählt.

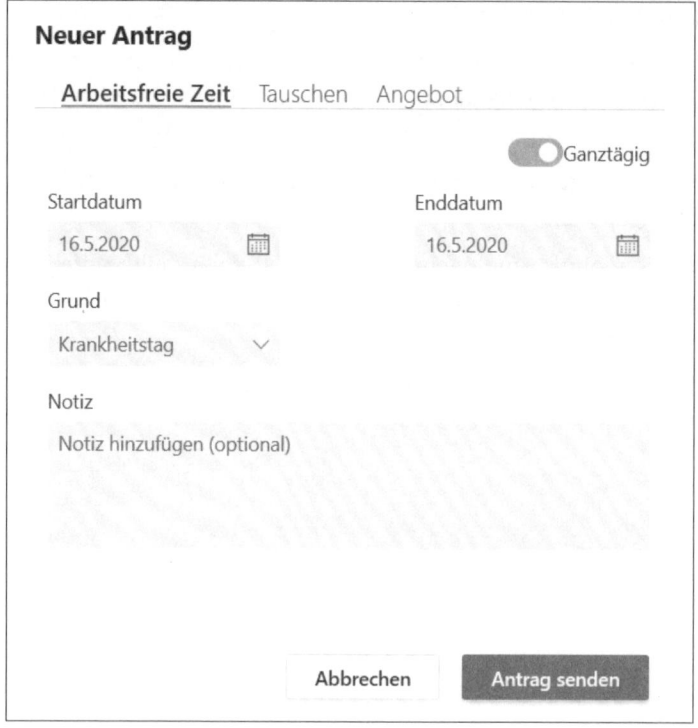

Abbildung 7.18 Beantragen Sie Urlaub oder andere Abwesenheitszeiten.

Sie können den genauen Zeitraum (bei Bedarf sogar inklusive der Uhrzeit) angeben und die Art der Abwesenheit auswählen. Je nachdem, welche Vereinbarung Sie mit Ihrem Genehmiger (Anwender mit der Rolle »Besitzer« im Team) getroffen haben, sollten Sie weitere Informationen im Feld für Notizen erfassen und anschließend die Schaltfläche ANTRAG SENDEN betätigen. Der Antrag liegt nun beim Besitzer des Teams zur Genehmigung vor, kann von Ihnen im linken Bereich des Dialogs aber auch aufgerufen und gegebenenfalls zurückgezogen werden.

Tauschen einer Schicht beantragen

Klicken Sie im Dialog auf die Schaltfläche ANTRAG HINZUFÜGEN und wählen Sie die Option TAUSCHEN aus. Sie können anschließend, wie in Abbildung 7.19 dargestellt, die Schicht, die Sie abgeben möchten, und die Schicht, die Sie von einem Kollegen oder einer Kollegin stattdessen übernehmen möchten, auswählen. Sie werden dabei durch eine Kalenderansicht unterstützt, die Ihnen die möglichen Schichten anbietet.

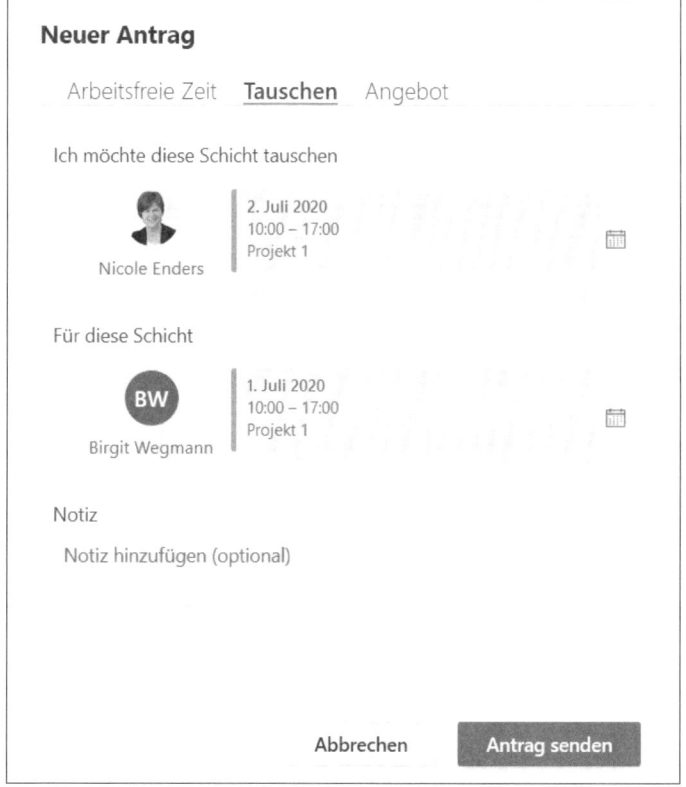

Abbildung 7.19 Wählen Sie die Schichten aus, die Sie miteinander tauschen möchten.

Nachdem Sie die Schichten ausgewählt haben, versenden Sie Ihren Antrag über die Schaltfläche ANTRAG SENDEN. Die Person, mit der Sie Ihre Schicht tauschen möchten, erhält nun eine Benachrichtigung über Ihren Antrag und kann diesen annehmen oder ablehnen. Sie können Ihren Antrag auch selbst wieder zurückziehen.

Mir werden keine Schichten zum Tauschen in der Kalenderübersicht angeboten!

Wenn Sie auf das Kalendersymbol klicken und in der eingeblendeten Kalenderübersicht keine Schichten finden, obwohl Sie in der Schichtplanung Einträge sehen können, sollten Sie prüfen, ob die entsprechenden Schichten bereits veröffentlicht wurden. Solange Sie die einzelne Schicht oder den Zeitraum mit den betroffenen Schichten noch nicht mit dem Team geteilt haben, stehen diese nicht zur Auswahl.

Einem Kollegen eine Schicht anbieten

Anstelle eines Tauschs können Sie eine Schicht auch einfach einem Kollegen anbieten. Das ist zum Beispiel dann hilfreich, wenn absehbar ist, dass Sie krankheitsbedingt ausfallen werden und jemand Ihre Schicht übernehmen soll. Für diesen dritten Antragstyp klicken Sie ein weiteres Mal auf die Schaltfläche ANTRAG HINZUFÜGEN und wählen die Option ANGEBOT aus.

Wie aus Abbildung 7.20 ersichtlich, wählen Sie für diesen Antrag lediglich eine der Ihnen zugewiesenen Schichten aus. Anschließend können Sie die Person angeben, von der Sie sich die Übernahme Ihrer Schicht wünschen.

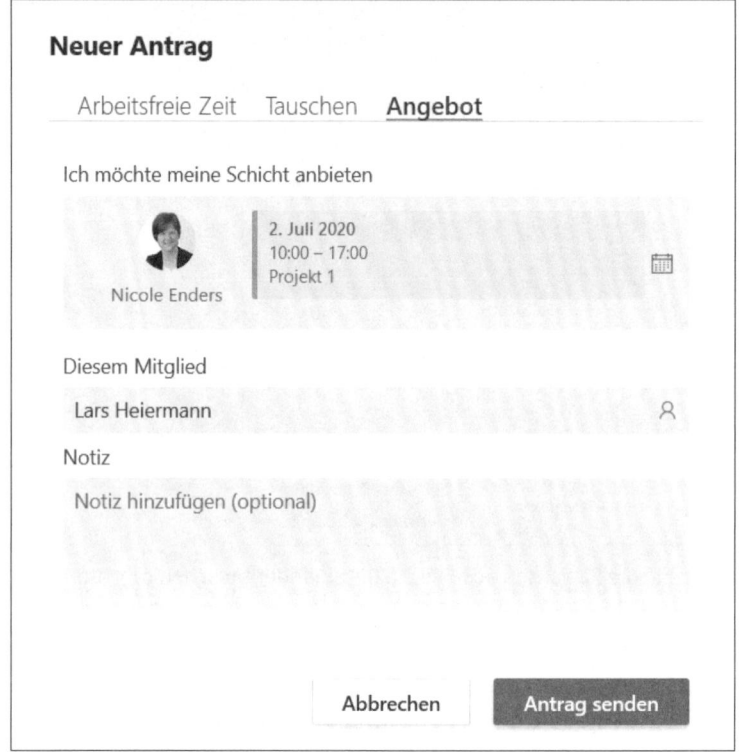

Abbildung 7.20 Wählen Sie eine Ihrer Schichten und die Person aus, die Sie um Übernahme dieser Schicht bitten möchten.

Sobald Sie die Schaltfläche ANTRAG SENDEN betätigt haben, erhält die ausgewählte Person wie auch beim Tauschen eine Benachrichtigung und entscheidet über die Übernahme Ihrer Schicht.

Übersicht über Ihre Anträge

In Abbildung 7.21 sehen Sie beispielhaft eine Übersicht über Ihre Anträge. Die Übersicht enthält für jeden Antrag folgende Informationen:

▸ **Antragssteller**: Als Erstes wird der Name des Antragsstellers angezeigt. In meinem Fall bin ich dies für alle Beispiele selbst.

- **Antragstyp**: Durch eine Kurzbeschreibung des Antrags (z. B. »Nicole hat ein Angebot beantragt«) erkennen Sie schnell, um welche Art von Antrag es sich handelt.
- **Zeitrahmen der Schicht**: In einer zweiten Zeile wird dargestellt, wann die Schicht geplant ist (z. B. »6. März 10 AM – 5 PM« beim obersten Eintrag).
- **Antragsdatum**: Bei der Darstellung eines Antrags werden Ihnen ganz rechts Datum und Uhrzeit der Antragstellung angezeigt.

Abbildung 7.21 Nutzen Sie die Übersicht über Ihre Anträge, um offene Anträge zu bearbeiten.

In Abbildung 7.21 ist außerdem erkennbar, dass zwischen noch nicht bearbeiteten Anträgen und genehmigten oder abgelehnten Anträgen unterschieden wird. Im Bereich »Erledigt« sehen Sie beispielsweise einen Urlaubsantrag, der genehmigt wurde.

7.2.7 Einschätzung der Standardlösung

Wir haben in diesem Abschnitt eine Standardlösung innerhalb von *Teams* zur Unterstützung des Prozesses der Einsatz- und Schichtplanung in kleinen Teams kennengelernt. Eine Anpassung der Schichtplanungsfunktion ist allerdings zum jetzigen Zeitpunkt nicht möglich. Sie können beispielsweise keine Regeln für die Genehmigung von Abwesenheitszeiten oder das Tauschen von Schichten hinterlegen. Auch fehlen Validierungen, um beispielsweise zu verhindern, dass ein Mitarbeiter für einen Tag mehrfach verplant wird.

Falls sich Ihre Anforderungen mit den hier vorgestellten Funktionen erfüllen lassen, sollten Sie die Komponente der Schichtplanung in Ihre Teamarbeit integrieren. Falls hiermit nicht genau der bei Ihnen im Unternehmen gelebte Prozess unterstützt wird, sollten Sie sich überlegen, ob Sie ein anderes Tool finden oder prüfen, ob Sie im Unternehmen vielleicht schon ein Tool für die Personaleinsatzplanung verwenden, das besser zu Ihren Anforderungen passt.

Eine pauschale Empfehlung für bzw. gegen den Einsatz von *Teams* für die Einsatzplanung kann ich Ihnen nicht geben. Dazu müssten die individuellen Gegebenheiten Ihres Unternehmens berücksichtigt werden, die Außenstehende jedoch nicht kennen. Das Beispiel eines nicht anpassbaren Standardproduktes soll Ihnen helfen, eine auf Ihr Unternehmen zugeschnittene Bewertungsmatrix zur Auswahl der passenden Tools zu entwickeln, wie ich sie in allgemeiner Form in Abschnitt 2.5 vorgestellt habe. Wir werden uns im weiteren Verlauf dieses Kapitels auch noch Beispiele für Low-Code-Solutions, anpassbare Standardlösungen und individuelle Lösungen anschauen.

> **Idee für Homeoffice bzw. Anwesenheit am gewohnten Arbeitsplatz**
>
> Wir haben die Möglichkeiten der Schichtplanung nun im bekannten Kontext betrachtet, der Planung von Aufgaben. Die Lösung kann aber auch eingesetzt werden, wenn Sie beispielsweise begrenzte Räumlichkeiten haben und innerhalb Ihres Teams planen möchten, wer an welchen Tagen im Büro anwesend ist und wann die einzelnen Mitarbeiter im Homeoffice arbeiten. Über diesen Weg könnten sich die Teammitglieder gemeinsam abstimmen und diese Informationen im Rahmen ihrer normalen Teamarbeit abrufen.

7.3 Lagerverwaltung mithilfe einer mobilen App

In nahezu jedem Unternehmen werden materielle Ressourcen benötigt, die in einem oder mehreren Lagern verwaltet werden. Die Lagerverwaltung erfasst, steuert und überwacht sämtliche Ein- und Auslagerungsprozesse und ermöglicht eine lückenlose Rückverfolgung der Artikel innerhalb des Lagers. In der Regel setzen Sie hierfür Lageristen ein, die für die Registrierung der Lagerbestandsveränderungen und die Führung der Lagerstatistik verantwortlich sind. Unterstützt werden sie in der Regel durch Tools wie beispielsweise ein Excelsheet, ein Lagerverwaltungs- oder *Enterprise-Resource-Planning-System* (ERP-System) oder auch einfaches Papier.

Wenn Sie in Ihrem Unternehmen die Lagerverwaltung primär für interne Zwecke – wie beispielsweise für die Verwaltung des Bürobedarfs – einsetzen oder aus anderen Gründen auf einen Lageristen verzichten, müssen Sie sich Gedanken darüber machen, wie Sie mit Lagerbestandsveränderungen umgehen möchten. In dem von mir gewählten Beispiel sind zwei verschiedene Vorgehensweisen denkbar:

- Die von einem Kollegen benötigten Artikel werden in Form einer Bestellung erfasst und im ERP-System protokolliert. Anschließend können die Artikel aus dem Lager entnommen werden.
- Die Artikel werden aus dem Lager entnommen, ohne die Veränderung des Lagerbestands manuell in einem System zu erfassen. Auch bei dieser Variante möchten wir den Lagerbestand im System aktualisieren, suchen aber nach einer Lösung mit möglichst wenig Aufwand für den einzelnen Mitarbeiter.

Wir fokussieren uns in diesem Abschnitt auf die zweite Option. Unser Ziel besteht darin, sowohl weiterhin aussagekräftig hinsichtlich des Lagerbestands zu bleiben als auch den Mitarbeitern eine einfache Möglichkeit zu bieten, umgehend aus dem Lager heraus zu melden, dass beispielsweise gerade zwei Pakete Druckerpapier entnommen wurden.

> **Einfaches Beispiel, um Power Apps kennenzulernen**
> In diesem Abschnitt verwende ich das Beispiel der Lagerverwaltung, um Ihnen die Möglichkeiten des Microsoft-365-Dienstes *Power Apps* vorzustellen. Dabei lege ich den Fokus auf die Entnahme von Artikeln aus dem Lager. Die für den Gesamtprozess ebenfalls sehr wichtigen Aspekte wie beispielsweise die generelle Zugriffsmöglichkeit auf ein Lager, Bestellungen und Wareneingang werde ich vernachlässigen, weil sie für die Erstellung einer mobilen Lösung mit Power Apps eine untergeordnete Rolle spielen.

7.3.1 Erfassen der Lagerentnahme im Projektarbeitsraum

Wenn Sie an einem Projekt arbeiten, in dem Sie auf Materialien aus dem Lager angewiesen sind und zur Unterstützung der Zusammenarbeit bereits einen Projektarbeitsraum nutzen, können Sie diesen zur Verwaltung der Lagerentnahmen verwenden. Darin erstellen Sie eine Liste, in der Sie zugeordnet zu Ihrem Projekt die Lagerentnahmen speichern werden.

Sie rufen dazu den Projektarbeitsraum auf und wählen daraufhin analog zu Abbildung 7.22 in der Aktionsleiste auf der Startseite den Menüpunkt NEU • LISTE aus.

Entsprechend der Darstellung in Abbildung 7.23 öffnet sich nun ein Dialog, in dem Sie den Namen und die Beschreibung für die neue Liste angeben. Ich wähle für unser Szenario folgende Bezeichnungen:

- **Name**: Lagerentnahmen
- **Beschreibung**: Hier protokollieren Sie, wenn Sie ad hoc etwas aus dem Lager entnehmen.

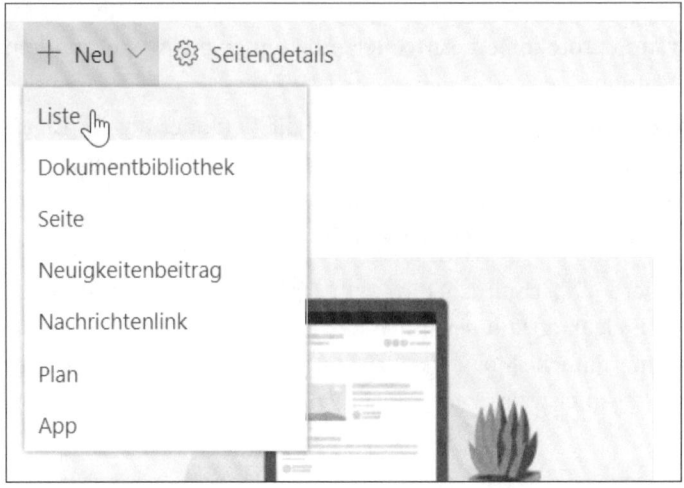

Abbildung 7.22 Sie legen eine Liste in Ihrem Projektarbeitsraum an, um Lagerentnahmen für Ihr Projekt zu verwalten.

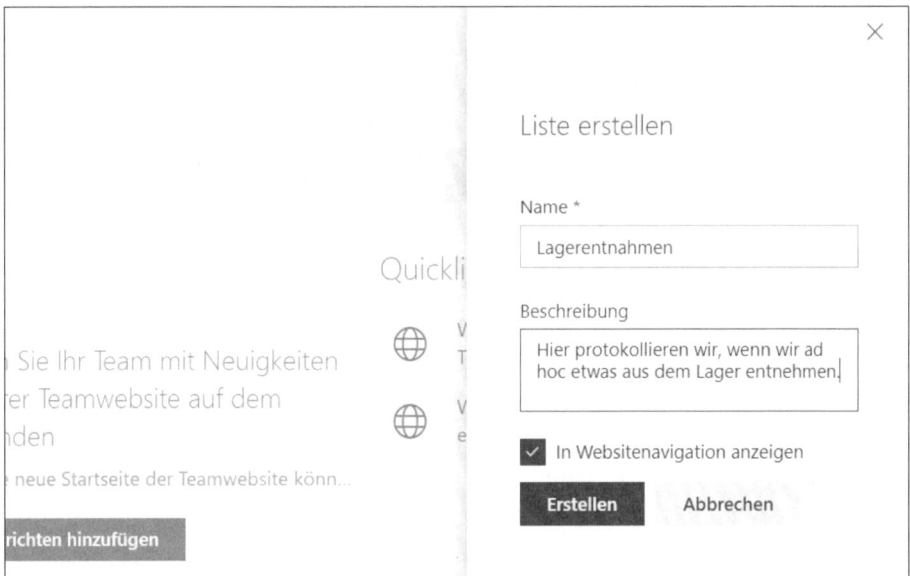

Abbildung 7.23 Geben Sie einen Namen und eine Beschreibung für die Liste der Lagerentnahmen an.

Die Beschreibung ist besonders wichtig, denn hiermit können Sie den Einsatzzweck für die Liste beschreiben. So wissen auch später hinzugekommene Teammitglieder schnell, wofür sie gedacht ist und welche Art von Informationen darin erfasst werden soll.

Im Standard ist die Option IN WEBSITENAVIGATION ANZEIGEN aktiviert. Diese Einstellung ist für Listen vorgesehen, die Sie schnell erreichen möchten, z. B., weil Sie sie öfters verwenden. Da ich dem Prozess der Lagerentnahmen mehr Aufmerksamkeit schenken möchte, behalten Sie die Option bei. Über die Schaltfläche ERSTELLEN legen Sie die Liste an und werden danach zur in Abbildung 7.24 dargestellten Ansicht geleitet.

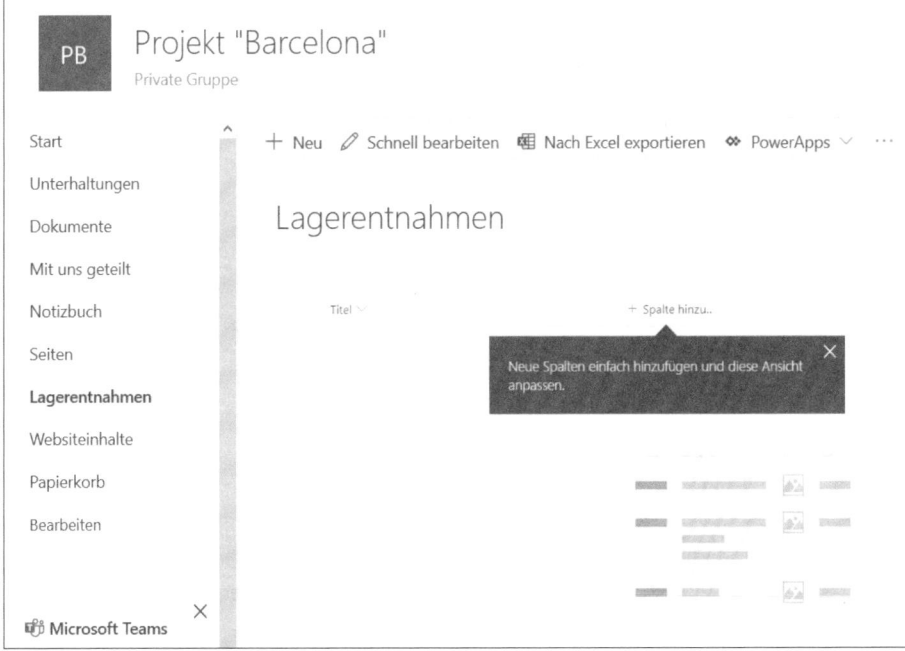

Abbildung 7.24 Herzlich willkommen in Ihrer neuen Liste. Nun können Sie die benötigten Spalten anlegen.

Abbildung 7.24 zeigt, dass Sie über ein kleines Informationsfenster darauf aufmerksam gemacht werden, dass Sie die Liste ganz nach Ihren Bedürfnissen gestalten und beispielsweise neue Spalten hinzufügen können. Klicken Sie dazu auf den Menüpunkt SPALTE HINZUFÜGEN. In dem anschließend eingeblendeten Menü wählen Sie den Datentyp für die neue Spalte aus.

An dieser Stelle sollten Sie klären, welche Informationen Sie für die Lagerentnahmen verwalten möchten:

- **Artikelnummer**: Hierüber wird der Artikel im ERP-System zugeordnet. Sie können für diese Information das in der Liste bereits vorhandene Feld »Titel« nutzen.
- **Beschreibung**: Der Artikel wird mit einer kurzen Beschreibung versehen, damit jeder weiß, worum es sich dabei handelt.

- **Herstellerartikelnummer**: Der Hersteller des Artikels hat ebenfalls eine Nummer vergeben, die Sie aus Gründen der Rückverfolgbarkeit innerhalb einer Lieferkette als Information beibehalten.
- **Projektnummer**: Diese Information wird zwar innerhalb Ihres Projektarbeitsraums immer dieselbe sein, gibt aber in einem unternehmensweiten Kontext Aufschluss darüber, in welchem Projekt welche Teile benötigt wurden.
- **Bestellnummer**: Mit dieser Information klären Sie, welcher Bestellung der Artikel zugeordnet ist.
- **Seriennummer**: Anhand der Seriennummer erkennen Sie, ob es sich um einen einzelnen Artikel handelt, der aus dem Lager entnommen werden kann, oder um eine Menge von Artikeln des gleichen Typs (wie z. B. Schrauben).

Bei sämtlichen Informationen handelt es sich um Texte. Daher können Sie als Datentyp die Option EINZELNE ZEILE TEXT auswählen. Sie befinden sich nun in dem in Abbildung 7.25 dargestellten Dialog.

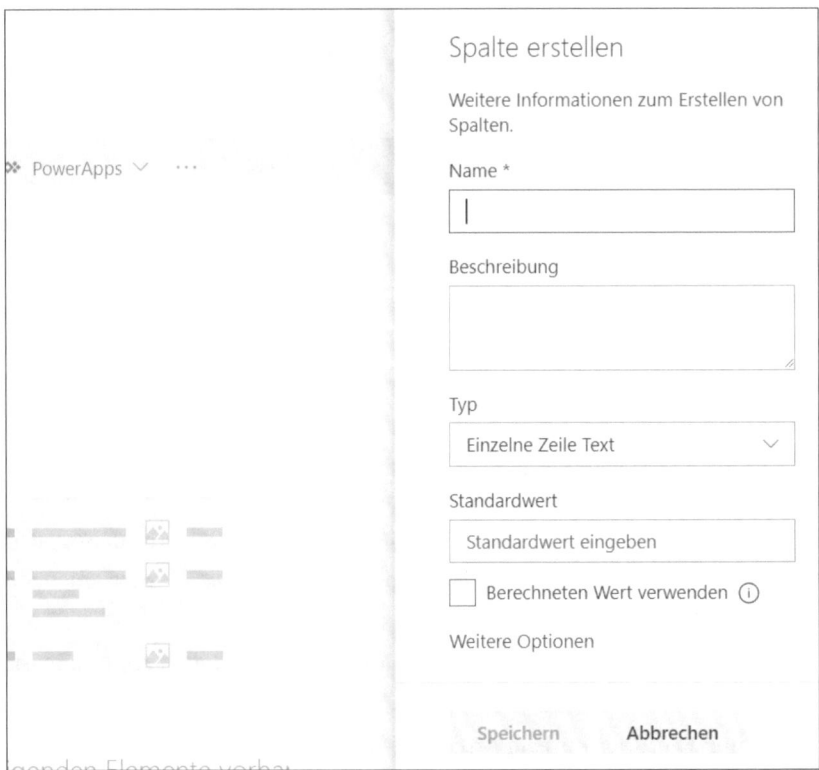

Abbildung 7.25 Geben Sie alle Informationen für eine neue Spalte an.

Geben Sie den Namen für die jeweilige Spalte an und bestätigen Sie die Eingabe über die Schaltfläche SPEICHERN. Führen Sie dies für alle der oben aufgeführten Spalten mit Ausnahme der Artikelnummer durch.

Eine Spalte haben wir allerdings noch vergessen. Gerade bei Artikeln ohne eine Seriennummer (wie z. B. Schrauben) wäre die Angabe einer Anzahl der entnommenen Teile sinnvoll. Standardmäßig könnte der Wert für Artikel mit einer Seriennummer auf den Wert »1« festgelegt werden. Wählen Sie dazu im Menü SPALTE HINZUFÜGEN den Menüpunkt ZAHL aus. Wie Ihnen Abbildung 7.26 zeigt, stehen Ihnen bei der Anlage einer solchen Spalte weitere Optionen zur Verfügung. Stellen Sie beispielsweise die Anzahl der Dezimalstellen fest auf »0« und vergeben Sie den Standardwert »1«.

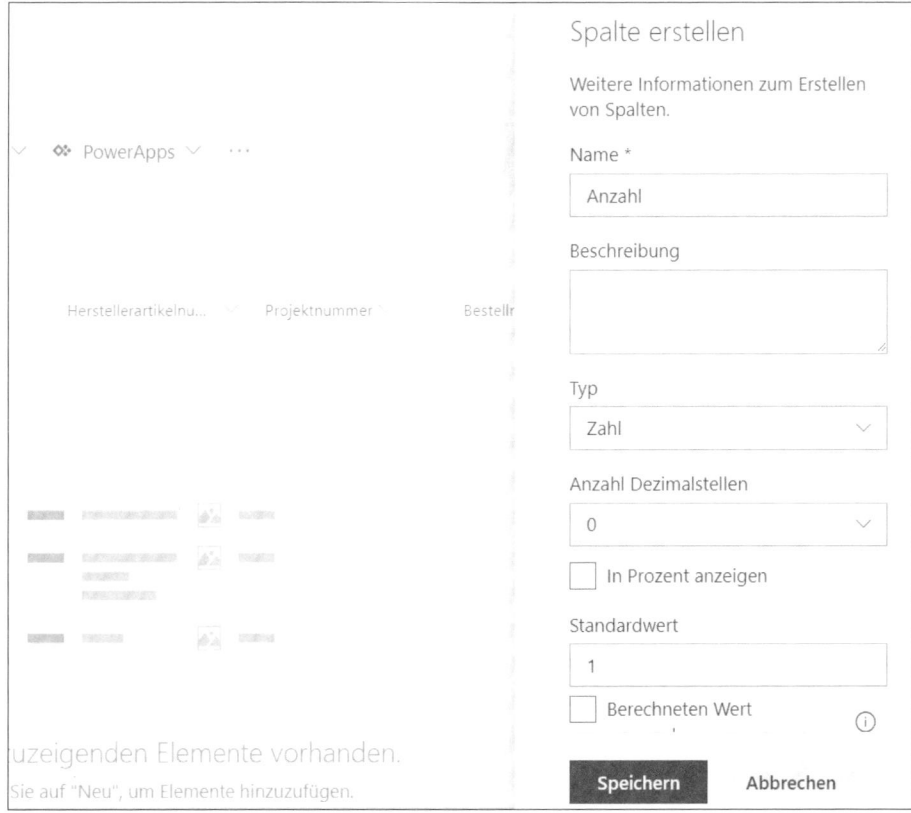

Abbildung 7.26 Legen Sie eine Spalte für die Anzahl der entnommenen Teile einer Artikelnummer an.

Nun fehlt nur noch die Umbenennung der Spalte »Titel« in »Artikelnummer«. Klicken Sie dazu in der Liste auf die Spaltenüberschrift, damit sich das in Abbildung 7.27 dargestellte Menü öffnet. Wählen Sie den Menüpunkt SPALTENEINSTELLUNGEN • UMBENENNEN aus und ändern Sie den Namen in »Artikelnummer«.

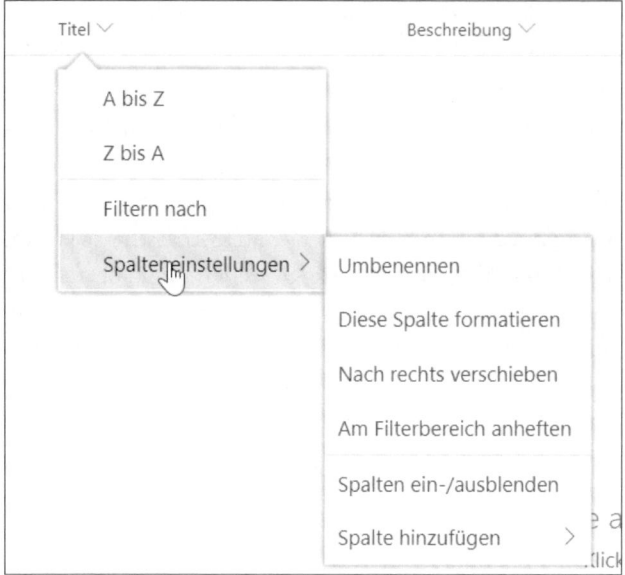

Abbildung 7.27 Benennen Sie die Titelspalte in »Artikelnummer« um.

Nun sind Sie mit der Einrichtung Ihrer Liste zur Lagerentnahme fertig und können sie innerhalb Ihres Projektarbeitsraums nutzen.

Damit ist aber noch nicht das Problem gelöst, dass bei kurzfristig entschiedenen Lagerentnahmen wahrscheinlich nicht daran gedacht wird, die Aktion im zugehörigen Arbeitsraum zu protokollieren. Um das Problem zu lösen, erstellen Sie im nachfolgenden Abschnitt eine mobile App.

7.3.2 Mobilen Zugriff auf die Liste zur Lagerentnahme einrichten

Um die Lagerentnahmen einfacher zu gestalten, wird ein mobiler Zugriff auf die von Ihnen erstellte Liste benötigt. Hierfür können Sie den Microsoft-365-Dienst *Power Apps* nutzen.

> **Power Apps: Ein Kurzüberblick**
>
> ▸ **Kernfunktionen**: Mobile Lösungen für (Teil-)Prozesse erstellen und Anpassungen an SharePoint-Listenformularen vornehmen
> ▸ **Anwendungsszenarien**: Beantragung und Genehmigung von unterwegs, Mini-Applikationen realisieren
> ▸ **Abgrenzung zu anderen Tools**: In Kapitel 8 stelle ich Ihnen unterschiedliche Apps für den mobilen Zugriff auf die für Sie relevanten Bereiche in einem Collaboration-Portal vor. Allerdings handelt es sich dabei um eine standardisierte Form der Interaktion. Wenn Sie Formulare anpassen oder einen Prozess auf eine bestimmte

Art und Weise unterstützen möchten, ist Power Apps das Mittel der Wahl, um in der Microsoft-365-Welt diese Anpassungen vorzunehmen. Falls die damit angebotenen Möglichkeiten nicht ausreichen, kann der Einsatz von Drittanbieter-Komponenten oder die Entwicklung einer individuellen Lösung sinnvoll sein.

Wählen Sie zunächst den Menüpunkt POWERAPPS • APP ERSTELLEN in der Aktionsleiste der Liste aus (siehe Abbildung 7.28).

Abbildung 7.28 Erstellen Sie mithilfe von Power Apps eine App zur Unterstützung der Lagerverwaltung.

Sie können zunächst einen Namen für Ihre App angeben, wie in Abbildung 7.29 dargestellt. Dieser Name sollte in Ihrem Unternehmen eindeutig sein und Aufschluss über den Zweck der App geben. Für unser Beispiel wähle ich den Namen des Projektarbeitsraums in Kombination mit dem Begriff der Lagerentnahmen.

Sobald Sie die Schaltfläche ERSTELLEN betätigt haben, wechseln Sie von SharePoint nach Power Apps und gelangen zum in Abbildung 7.30 gezeigten Designer. Die Ansicht unterteilt sich in folgende Bereiche:

- **Links**: Ihre App kann aus unterschiedlichen Bildschirmen (engl.: Screens) bestehen. Bei dem Weg, den wir gewählt haben, besteht die App bereits aus drei Bildschirmen:
  - **BrowseScreen**: Auflistung aller Einträge in der Liste
  - **DetailScreen**: Anzeige eines Listenelements
  - **EditScreen**: Bildschirm zum Erstellen oder Bearbeiten eines Listenelements
- **Mitte**: Im mittleren Bereich sehen Sie den aktuell zur Bearbeitung ausgewählten Bildschirm und können hier sowohl die Benutzeroberfläche als auch die in dem Bildschirm angebotenen Schaltflächen verändern.
- **Rechts**: Wenn Sie im mittleren Bereich ein Element wie beispielsweise die Schaltfläche mit dem Pluszeichen auswählen, können Sie das Element im rechten Bereich des Designers konfigurieren.

7 Ausgewählte Unternehmensprozesse unterstützen

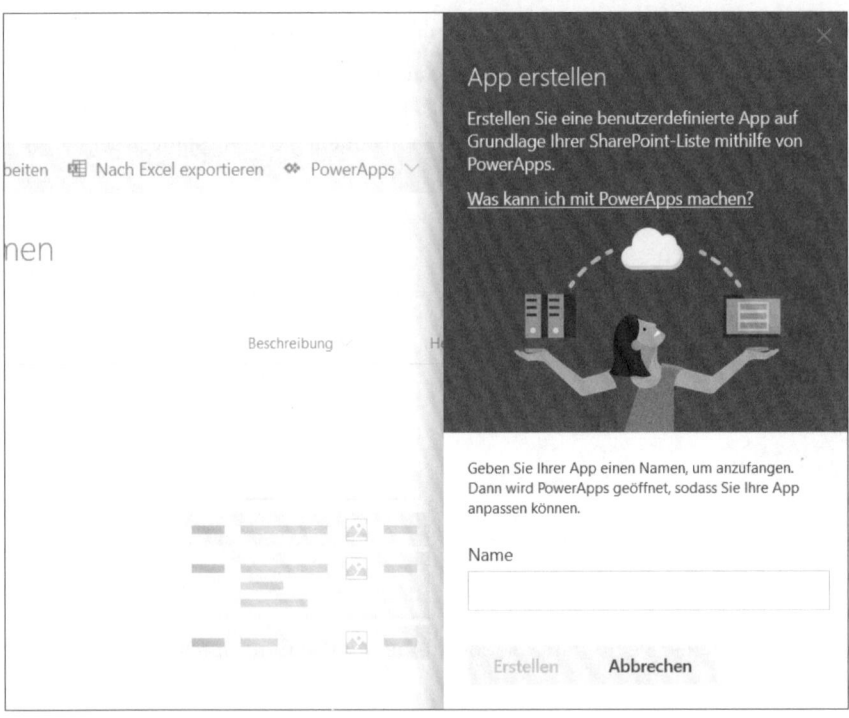

Abbildung 7.29 Legen Sie einen aussagekräftigen Namen für Ihre mobile App fest.

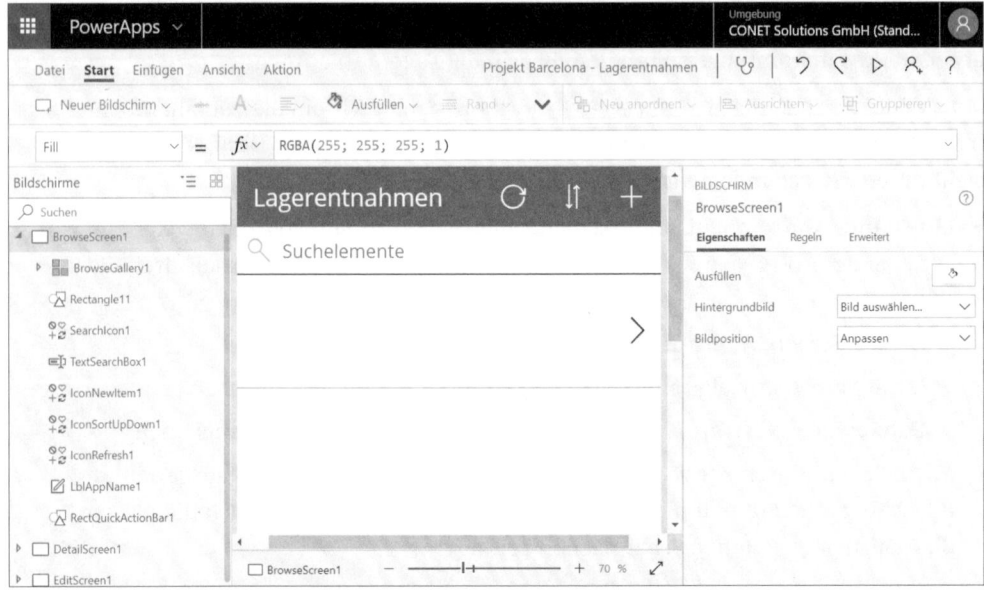

Abbildung 7.30 Wenn Sie aus einer SharePoint-Liste heraus eine App erstellen, werden deren wichtigste Funktionen zum Erstellen, Bearbeiten und Auflisten von Elementen der Liste bereits automatisch für Sie erstellt.

Es würde den Rahmen dieses Buches sprengen, an dieser Stelle alle Möglichkeiten einzeln vorzustellen. Aus diesem Grund fokussieren wir uns auf die Anpassungen, die wir für unsere App vornehmen müssen.

Barcodescanner zur App hinzufügen

Kernstück Ihrer App wird ein QR-Code-Scanner sein. Hierüber können Sie mithilfe Ihres Smartphones im Lager protokollieren, welche Artikel Sie aus dem Lager entnehmen. Eine manuelle Erfassung ist damit in der Regel nicht erforderlich.

Abbildung 7.31 Beispiel für einen QR-Code

Bei Power Apps gibt es keinen QR-Code-Scanner, aber Sie können für Ihre Anforderungen eine andere Komponente nutzen. Gehen Sie dazu wie folgt vor:

1. Klicken Sie im linken Bereich im Bildschirm »EditScreen1« auf »EditForm1« und betätigen Sie [Entf], um die Standardkomponente zur Erfassung eines neuen Listenelements zu entfernen.

2. Wählen Sie im Menü EINFÜGEN den Menüpunkt MEDIEN • BARCODESCANNER aus (siehe Abbildung 7.32).

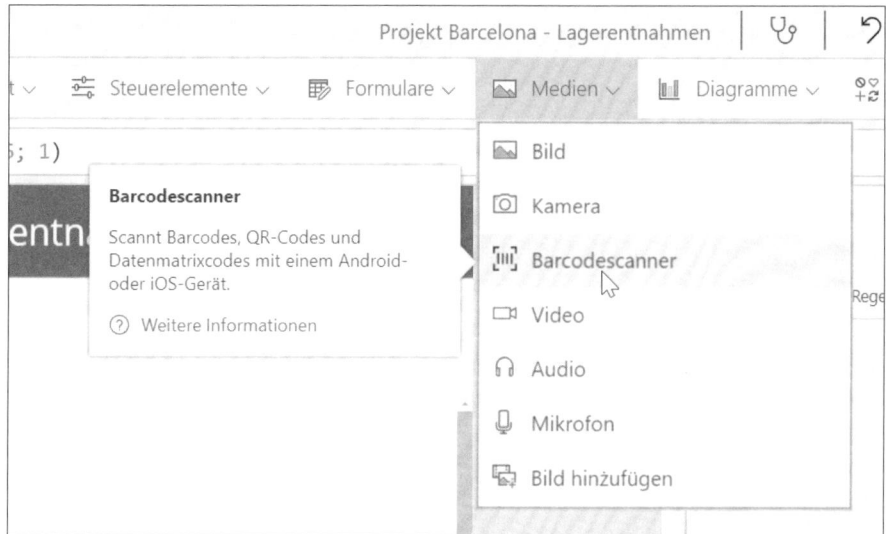

Abbildung 7.32 Fügen Sie eine Komponente zum Scannen von Barcodes und QR-Codes zu Ihrer App hinzu.

3. Es wird eine Schaltfläche mit der Bezeichnung SCANNEN zu dem Bearbeitungsbildschirm hinzugefügt. Sie können nun Größe und Farbe der Schaltfläche analog zu Abbildung 7.33 festlegen.

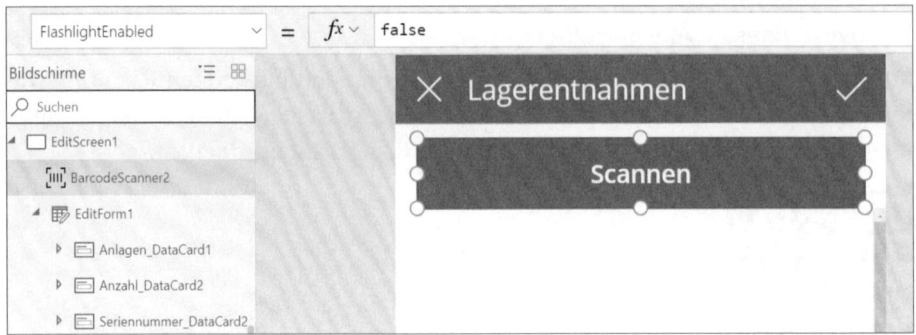

Abbildung 7.33 Bestimmen Sie Position und Größe für die Schaltfläche zum Scannen des QR-Codes.

Können wir einmal ausprobieren, wie der Scanner funktioniert?

Normalerweise können Sie eine App in Power Apps über das Symbol ▷ auch in einem Browser ausführen und auf diese Weise komfortabel während der Erstellung testen. In diesem Fall funktioniert dies jedoch nicht, weil der Barcodescanner die native Scanfunktion eines Android- oder iOS-Gerätes nutzt.

Aus diesem Grund müssen Sie die App erst veröffentlichen und dann auf einem Smartphone aufrufen. Sie werden in dieser Übung allerdings zuerst ein paar weitere Einstellungen vornehmen. Sie können aber alternativ zum Ende dieses Abschnitts springen und die Veröffentlichung bereits jetzt schon vornehmen.

Für Fortgeschrittene: Funktion zum Auslesen eines QR-Codes einrichten

Oberhalb des Bearbeitungsbildschirms finden Sie eine weitere Konfigurationsmöglichkeit. Diese ist abhängig davon, welches Element im mittleren Bereich Sie ausgewählt haben. Klicken Sie nun auf das Element mit dem Barcodescanner und stellen Sie sicher, dass in der Auswahlbox oben links der Wert ONSCAN ausgewählt ist (siehe Abbildung 7.34).

Rechts neben der Auswahlbox finden Sie ein Eingabefeld mit einem Formularsymbol. Hier können Sie verschiedene Aktionen und Regeln hinterlegen.

In Tabelle 7.1 lernen Sie die wichtigsten Formeln kennen, die Sie zum Auslesen eines QR-Codes benötigen.

Abbildung 7.34 Stellen Sie Aktionen und Regeln für den Barcodescanner ein.

Formel	Beschreibung
ClearCollect	Hiermit können Sie eine Auflistung in einer Variablen speichern. Im Gegensatz zu der Formel *Collect*, bei deren Nutzung ein übergebener Wert zu einer bestehenden Sammlung hinzugefügt wird, wird bei *ClearCollect* die bereits in der Variablen gespeicherte Sammlung gelöscht.
Set	Sie können einer Variablen oder einem Element in dem von Ihnen gerade ausgewählten Bildschirm einen bestimmten Wert zuweisen. Das kann zum Beispiel die Hintergrundfarbe für eine Schaltfläche sein.
Split	Ihr QR-Code entspricht einer beliebigen Zeichenfolge. Damit Sie aus dem QR-Code verschiedene Informationen wie die Artikelnummer oder auch die Seriennummer auslesen können, müssen die Daten einem bestimmten Format entsprechen. In unserem Beispiel werden die Daten mit einem Semikolon voneinander getrennt. Mit *Split* können Sie die gesamte Zeichenfolge in einzelne Abschnitte unterteilen. Sie müssen dazu nur das Zeichen angeben, über das die Unterteilung erfolgen soll (z. B. das Semikolon). Ergebnis dieser Operation ist eine Auflistung, die wiederum mit der Formel *Collect* bzw. *ClearCollect* gesammelt und gespeichert werden kann.
Last	Sie greifen auf das letzte Element innerhalb einer Sammlung zu.
First	Sie greifen auf das erste Element innerhalb einer Sammlung zu.
FirstN	Sie können auf die ersten N Elemente einer Sammlung zugreifen. Wenn Sie die Formel mit *Last* kombinieren, können Sie z. B. explizit auf das zweite oder dritte Element in der Sammlung zugreifen.

Tabelle 7.1 Wichtige Formeln für das Auslesen eines QR-Codes

Wie Abbildung 7.35 verdeutlicht, kann es schnell sehr unübersichtlich werden, wenn Sie viele Aktionen gleichzeitig ausführen möchten. Damit Sie es bei der Einrichtung der Funktion möglichst einfach haben, empfehle ich Ihnen, die Schaltfläche TEXT FORMATIEREN zu nutzen.

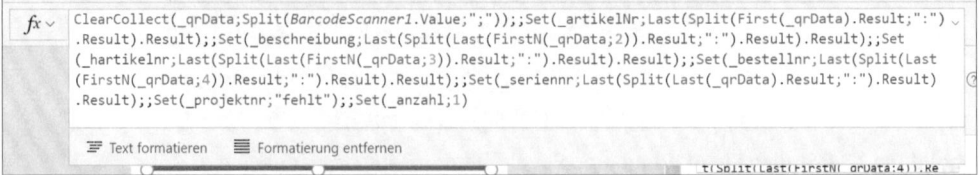

Abbildung 7.35 Sie können bei der Einrichtung einer Funktion von einer Formatierungsoption profitieren.

Wenn Sie die Schaltfläche TEXT FORMATIEREN nicht sehen, ist Ihr Formelbereich möglicherweise noch einzeilig. In diesem Fall können Sie die Zeile größer ziehen und sich damit die Arbeit für die nachfolgenden Schritte vereinfachen.

In Listing 7.1 sehen Sie die formatierte Variante der Formel, die Sie zum Auslesen Ihres QR-Codes benötigen. Die einzelnen im QR-Code enthaltenen Informationen werden in Variablen gespeichert, die wir später zum Erstellen eines Elements in der Liste »Lagerentnahmen« benötigen.

```
ClearCollect(
    _qrData;
    Split(
        BarcodeScanner1.Value;
        ","
    )
);;
Set(
    _artikelNr;
    Last(
        Split(
            First(_qrData).Result;
            ":"
        ).Result
    ).Result
);;
Set(
    _beschreibung;
    Last(
        Split(
            Last(
                FirstN(
```

```
                        _qrData;
                        2
                    )
                ).Result;
                ":"
            ).Result
        ).Result
);;
Set(
    _hartikelnr;
    Last(
        Split(
            Last(
                FirstN(
                    _qrData;
                    3
                )
            ).Result;
            ":"
        ).Result
    ).Result
);;
Set(
    _bestellnr;
    Last(
        Split(
            Last(
                FirstN(
                    _qrData;
                    4
                )
            ).Result;
            ":"
        ).Result
    ).Result
);;
Set(
    _seriennr;
    Last(
        Split(
            Last(_qrData).Result;
```

```
                ":"
            ).Result
        ).Result
    );;
    Set(
        _projektnr;
        "fehlt"
    );;
    Set(
        _anzahl;
        1
    )
```

Listing 7.1 Lesen Sie die Informationen aus einem QR-Code aus.

Anzeigen der ausgelesenen Daten

Im nächsten Schritt lassen Sie die ausgelesenen Daten anzeigen. Dazu fügen Sie über das Menü EINFÜGEN und den Menüpunkt BEZEICHNUNG eine Anzeigekomponente für jede ausgelesene Information in Ihrem Bearbeitungsbildschirm ein.

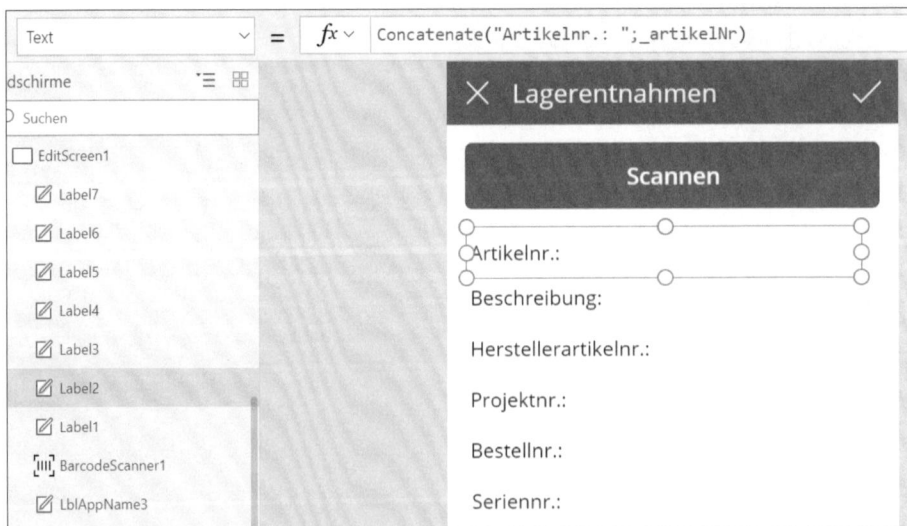

Abbildung 7.36 Lassen Sie die ausgelesenen Informationen anzeigen, bevor Sie die Informationen später in Ihrem Projektarbeitsraum speichern.

Als Formel verwenden Sie die Funktion *Concatenate*, mit der Sie mehrere Texte hintereinander darstellen und verbinden können.

In Tabelle 7.2 sehen Sie, welche Variablen für welche Information genutzt werden. Diese Variablen finden Sie auch in Listing 7.1 wieder.

Information	Variable
Artikelnr.:	_artikelNr
Beschreibung:	_beschreibung
Herstellerartikelnr.:	_hartikelNr
Projektnr.:	_projektnr
Bestellnr.:	_bestellnr
Seriennr.:	_seriennr

Tabelle 7.2 Wählen Sie die gewünschten Variablen zur Darstellung der ausgelesenen Informationen des QR-Codes aus.

Speichern der ausgelesenen Daten in der Liste »Lagerentnahmen«

Kommen wir nun zum wichtigsten Punkt Ihrer Aufgabe, in der Sie die ausgelesenen Daten in der Liste in Ihrem Projektarbeitsraum speichern.

Klicken Sie hierzu im Bearbeitungsbildschirm oben rechts auf das Element mit dem Haken.

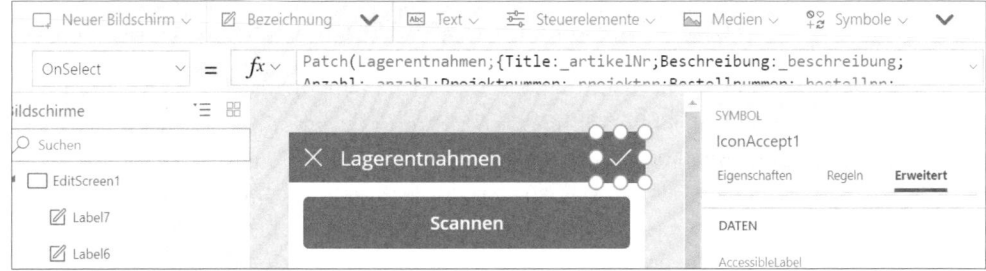

Abbildung 7.37 Konfigurieren Sie die Schaltfläche zum Speichern der Artikelinformationen in der Liste »Lagerentnahmen«.

Durch die Art, wie Sie Ihre App erstellt haben, existiert bereits eine Datenverbindung zur Liste »Lagerentnahmen«, die ebenfalls diesen Namen trägt. Mit dem Befehl *Patch* können Sie, wie in Listing 7.2 dargestellt, die Informationen aus den Variablen an die Datenverbindung senden und auf diese Weise ein Listenelement erzeugen.

```
Patch(
    Lagerentnahmen;
    {
```

```
            Title: _artikelNr;
            Beschreibung: _beschreibung;
            Anzahl: _anzahl;
            Projektnummer: _projektnr;
            Bestellnummer: _bestellnr;
            Seriennummer: _seriennr;
            Herstellerartikelnummer: _hartikelnr
        }
);;
Navigate(
    BrowseScreen1;
    ScreenTransition.Cover
)
```

Listing 7.2 Erstellen Sie ein Listenelement mit den ausgelesenen Informationen.

Nachdem die Daten in der Liste des Projektarbeitsraums gespeichert wurden, führen Sie dem Listing entsprechend mit der Funktion »Navigate« auch eine Weiterleitung zu dem Bildschirm mit der Auflistung der Listenelemente durch. Dadurch kann der Nutzer der App direkt sehen, ob seine Daten ordnungsgemäß übertragen wurden und den Kollegen zur Verfügung stehen.

Was sollte ich bei mehreren Befehlen im Formelbereich beachten?

Ich bin bisher nicht explizit auf dieses Thema eingegangen: Gerade in der Anfangsphase kann die Durchführung mehrerer Aktionen, wie das Speichern der Daten und das Einrichten des anschließenden Wechsels zu einem anderen Bildschirm (siehe z. B. Listing 7.2), schnell zu einem Problem werden.

Wenn Sie mehrere Aktionen durchführen möchten, sollten Sie diese mit zwei Semikolons voneinander trennen. Das ist nicht in allen Sprachen der Fall. Bei einer Recherche hierzu werden Sie in der Regel kaum fündig, da die Beispiele typischerweise für die englische Sprache bereitgestellt werden. Dort reicht ein einfaches Semikolon aus.

Veröffentlichen der App

Es ist an der Zeit, dass Sie Ihre App ausprobieren. Dafür müssen Sie sie veröffentlichen. Klicken Sie dazu auf den Reiter DATEI, um die in Abbildung 7.38 dargestellte Schaltfläche SPEICHERN betätigen zu können.

7.3 Lagerverwaltung mithilfe einer mobilen App

Abbildung 7.38 Speichern Sie Ihre App vor der Veröffentlichung.

Nach der Speicherung erhalten Sie eine Bestätigung hierüber und können die in Abbildung 7.39 dargestellte Schaltfläche Veröffentlichen betätigen.

Abbildung 7.39 Veröffentlichen Sie Ihre App.

Abbildung 7.40 zeigt Ihnen, dass Sie vor der eigentlichen Veröffentlichung noch einmal gefragt werden, ob Sie bestimmte Einstellungen Ihrer App ändern möchten. Hierzu gehören beispielsweise der Name, der Startbildschirm sowie das Icon der App.

Wenn Sie mit den Einstellungen zufrieden sind, betätigen Sie die Schaltfläche Diese Version veröffentlichen.

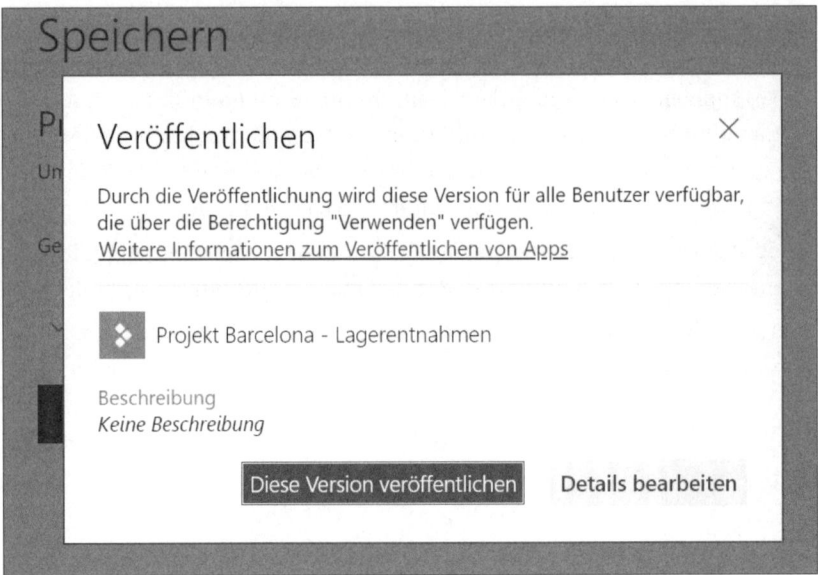

Abbildung 7.40 Bestätigen Sie die Veröffentlichung oder bearbeiten Sie zuvor die Einstellungen (Logo, Name usw.).

Nun können Sie die App über die Power-Apps-App auf Ihrem Smartphone nutzen (siehe Abschnitt 8.9) und testen. Sollten Sie die App später für Ihre Kollegen freigeben wollen, so erhalten Sie über die Schaltfläche DIESE APP FREIGEBEN die Möglichkeit hierzu (siehe Abbildung 7.41).

Abbildung 7.41 Geben Sie Ihre App für ausgewählte Personen oder für das gesamte Unternehmen frei.

Sie werden daraufhin zu einem Konfigurationsdialog geleitet, über den Sie die gewünschten Personen auswählen und bei Bedarf per E-Mail benachrichtigen können.

7.3.3 Mobile App nutzen

Um die von Ihnen selbst erstellte App zu nutzen, müssen Sie die von Microsoft für Android und iOS angebotene App *Power Apps* auf Ihrem Smartphone installieren. Nach der Installation werden Sie einmalig dazu aufgefordert, Ihre für Microsoft 365 verwendeten Anmeldeinformationen anzugeben.

Wenn Sie anschließend die App öffnen, sollten Sie bereits die von Ihnen erstellte App für die Lagerentnahmen sehen. Wählen Sie die App durch ein Antippen aus. Da Sie mit dem von Ihnen verwendeten Scanner auf die Kamera Ihres Smartphones zugreifen, erfolgt nun – wie auch bei anderen Apps üblich – eine Abfrage, ob Sie der App den Zugriff auf die Kamera erlauben möchten (siehe Abbildung 7.42).

Abbildung 7.42 Erlauben Sie der App den Zugriff auf die Kamera Ihres Smartphones. Andernfalls können Sie die Scanfunktion zum Auslesen des QR-Codes nicht nutzen.

Nachdem Sie die Schaltfläche ZULASSEN betätigt haben, öffnet sich der linke der in Abbildung 7.43 dargestellten Screens. In meinem Fall habe ich bereits einen Artikel in der Liste »Lagerverwaltung« erfasst, bei Ihnen wird die Liste dagegen leer sein. Um dies zu ändern, tippen Sie auf das Pluszeichen oben rechts und gelangen so zu dem in Abbildung 7.43 rechts dargestellten Screen.

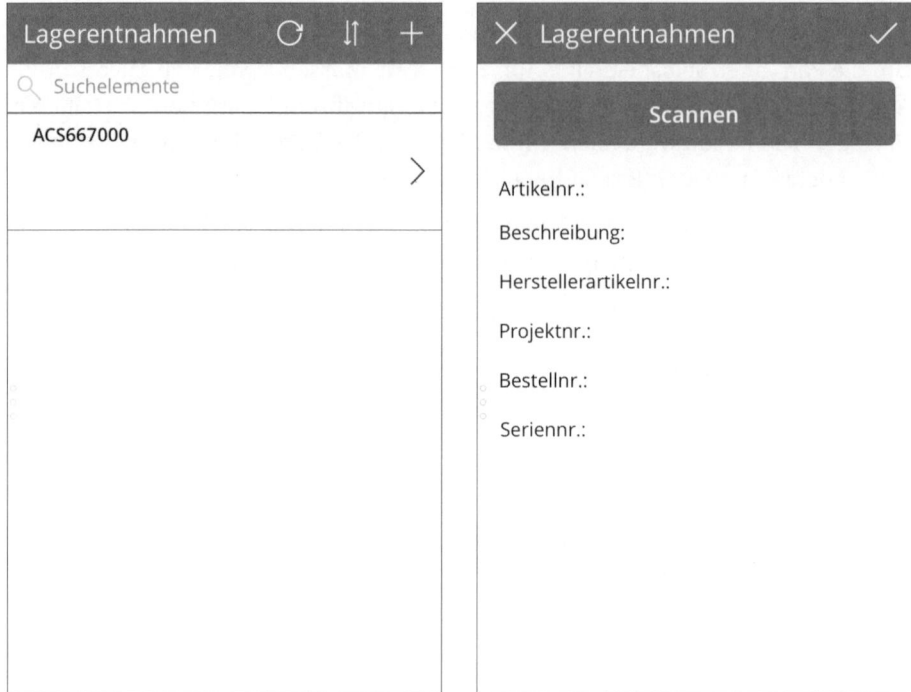

Abbildung 7.43 Nach dem Start der App erhalten Sie eine Auflistung der in der Liste »Lagerentnahmen« bereits erfassten Artikel und können über das Pluszeichen neue Daten erfassen.

Hierüber können Sie nun mit dem Scannen eines QR-Codes beginnen. Stellen Sie sich vor, Sie stehen gerade im Lager und möchten einen Artikel entnehmen. An dem Artikel selbst oder am Fach mit dem gewünschten Artikel ist der QR-Code angebracht.

Sie tippen auf die Schaltfläche SCANNEN, und schon aktiviert sich wie in dem links in Abbildung 7.44 dargestellten Screen die Kamera Ihres Smartphones. Über einen grün markierten Rahmen am Bildschirmrand wird Ihnen angezeigt, in welchem Bereich der QR-Code aufgezeichnet werden soll. Sobald ein QR-Code erkannt wurde, wird die Kamera wieder deaktiviert, und die Informationen werden nun analog zu dem rechten Screen aus Abbildung 7.44 angezeigt.

So können Sie prüfen, ob es sich wirklich um den Artikel handelt, den Sie gerade aus dem Lager entnehmen möchten. Wenn die Daten stimmen, tippen Sie schließlich auf den Haken oben rechts, und ein neuer Datensatz in der Liste »Lagerentnahmen« wird angelegt.

7.3 Lagerverwaltung mithilfe einer mobilen App

Abbildung 7.44 Scannen Sie einen QR-Code und prüfen Sie die ausgelesenen Daten, bevor Sie sie im Projektarbeitsraum speichern.

Anschließend sind Sie wieder in der Auflistung der in der Liste erfassten Daten und können den Vorgang wiederholen, falls Sie mehrere Artikel aus dem Lager entnehmen möchten.

> **Weitere Möglichkeiten zur Unterstützung der Lagerverwaltung**
>
> Ihnen stehen noch viele weitere Möglichkeiten offen, um Ihre App zu verbessern und Ihren Prozess noch weiter zu unterstützen. So könnten Sie beispielsweise eine Regel einrichten, die erkennen lässt, ob es sich um einen Artikel wie Schrauben handelt. In diesem Fall könnte unterhalb der ausgelesenen Daten ein Eingabefeld erscheinen, das Ihnen ermöglicht, die Anzahl der entnommenen Schrauben anzugeben.
>
> Für eine zusätzliche Abfrage des Lagerbestands in Ihrer App wäre eine farbliche Kennzeichnung bei Unterschreiten einer verbleibenden Minimalmenge denkbar.

7.3.4 Lagerentnahmen verwalten

Da nun die Lagerentnahmen in diesem bewusst sehr klein gewählten Szenario so unkompliziert erfasst und in einer Liste zentral im Projektarbeitsraum gespeichert werden können, haben Sie einen guten Überblick über die im Rahmen des Projektes benötigten Materialien. Sie können je nach Bedarf verschiedene Ansichten für die Liste erstellen und so nach den erfassten Informationen – wie zum Beispiel den Mitarbeitern oder dem Lager, aus dem die Materialien entnommen wurden – gruppieren, filtern und sortieren. Auch eine Summierung der entnommenen Menge nach bestimmten Kriterien kann hilfreich sein.

Doch wie sieht es mit der weiteren Verarbeitung dieser Informationen aus? Wie werden sie im ERP-System aktualisiert? Und wie erhalten Sie über verschiedene Projekte hinweg eine Übersicht über die ad hoc entnommenen Artikel? Hierzu gibt es verschiedene Herangehensweisen:

- **Power Automate**: Sie können die Daten aus der Liste auch an weitere Systeme senden. Dazu wählen Sie lediglich innerhalb der Liste den Menüpunkt AUTOMATISIEREN • POWER AUTOMATE • FLOW ERSTELLEN aus. Wenn Sie bei den bestehenden Vorlagen nicht fündig werden, können Sie auch selbst einen Flow erstellen, der beispielsweise einen Webservice aufruft und Ihr ERP-System mit den erforderlichen Daten versorgt.
- **Power BI**: Mithilfe von Power BI können Sie die Daten aus verschiedenen Arbeitsräumen aggregieren und darüber Aussagen zum unternehmensweiten Handeln im Hinblick auf ungeplante Lagerentnahmen treffen.

Wie Sie sehen, sind Ihnen im Hinblick auf die Unterstützung Ihrer Unternehmensprozesse nahezu keine Grenzen gesetzt. Bereits mit den in Microsoft 365 angebotenen Diensten können Sie zahlreiche Prozesse unterstützen. Wenn Sie darüber hinaus weitere Funktionen anbieten möchten, können Sie auf Drittanbieterlösungen zugreifen oder Erweiterungen entwickeln (lassen).

Weitere Einsatzszenarien für QR-Codes im Unternehmen

Auch, wenn wir uns in diesem Beispiel auf eine Lagerverwaltung für die benötigten Materialien in verschiedenen Projekten konzentriert haben, ist diese Art von Lösung auf viele verschiedene Einsatzgebiete innerhalb eines Unternehmens übertragbar. Im einfachsten Fall können Sie solchermaßen auch die Bestände von anderen Ressourcen wie beispielsweise Büroausstattung (Stifte, Blöcke usw.) oder auch Genussmittel wie Kaffee, Milch und Wasser verwalten. So können Sie schneller erkennen, wann sich der Bestand dem Ende zuneigt und Sie nachbestellen müssen.

Aber es sind auch komplett andere Szenarien denkbar. So können Sie über einen solchen Mechanismus auch Ihre **Besucherverwaltung** abwickeln. Wie wäre es, wenn Sie Ihren Besuchern bereits im Rahmen der Terminvereinbarung einen QR-Code mit den für das Meeting relevanten Informationen zukommen lassen könnten? Ihr Besuch ließe dann bei Eintreffen an Ihrem Empfang seinen QR-Code einscannen, und sämtliche Informationen wären in diesem Moment im System erfasst. Sie werden vielleicht sogar automatisch darüber benachrichtigt, dass Ihr Besuch eingetroffen ist. Sollten Sie gerade nicht erreichbar sein, so erhalten Ihre Kollegen vom Empfang hierüber direkt eine Mitteilung und können sich bis zu Ihrem Eintreffen um Ihren Besuch kümmern.

Ein anderes Einsatzszenario wäre zum Beispiel das bewusste »Einchecken« an einem Arbeitsplatz. Gerade bei **Wechselarbeitsplätzen** ist dieses Szenario interessant. Stellen Sie sich einmal vor, sämtliche Arbeitsplätze wären bei Ihnen gleich ausgestattet und Sie könnten morgens auswählen, wo Sie heute sitzen möchten. Sie wählen einen Platz aus und scannen den QR-Code, der an dem entsprechenden Platz angebracht ist. Sofort sind Sie mit Ihrem Namen für den Platz eingecheckt. Sie und Ihre Kollegen können dann über eine zentrale Seite einsehen, wer heute an welchem Platz sitzt. So können Sie abhängig von den jeweils anstehenden Aufgaben spontan im selben Raum zusammensitzen und so noch besser zusammenarbeiten.

Mit Blick auf Ihr Unternehmen kommen Ihnen sicher noch weitere Ideen. Sie besitzen nun die Werkzeuge, um auszuprobieren, was Ihnen in der Praxis weiterhilft.

7.4 Unternehmensweite Prozesse mit Dynamics 365

Sie haben unter Umständen schon viele Ideen, wie Sie mit den bereits kennengelernten Werkzeugen Ihre Unternehmensprozesse zukünftig besser unterstützen können. Ich möchte Ihnen nun eine mit *Microsoft 365* zusammen einsetzbare Prozesslösung vorstellen, wobei es sich hier nur um einen groben Überblick handeln kann. *Dynamics 365* erlaubt Ihnen, viele Ihrer Unternehmensprozesse mit bereits fertigen Basislösungen auf einer gemeinsamen Plattform zu verwalten. Diese Lösungen basieren auf der *Power Platform* (inkl. Power Apps und Power Automate) und können an Ihre Bedürfnisse angepasst werden.

Mit unternehmensweiten Anwendungen vermeiden Sie Datensilos, wie sie bei einzelnen kleineren Lösungen unweigerlich entstehen. Stellen Sie sich beispielsweise ein mittelständisches Unternehmen vor, das für die Kundenakquise eine interne Anwendung als *Customer-Relationship-Management-System (CRM)* einsetzt. Sämtliche Kunden- und Kontaktinformationen werden darin verwaltet. Wenn sich eine neue *Opportunity* oder ein *Lead* ergibt, wird diese Information im System erfasst und kann dort weiterverfolgt werden. Sobald aber die Erstellung eines Angebots im Fokus steht, kann es sinnvoll sein, zu einem Arbeitsraum in SharePoint zu wechseln, da dort die Möglichkeiten zur gemeinsamen Bearbeitung des Angebots einfach besser sind. Um eine Zuordnung zwischen der Information im CRM-System und dem Dokument in SharePoint vorzunehmen, müssen Sie mindestens eine Verknüpfung einrichten. Um die Arbeit im Arbeitsraum auch ein wenig komfortabler zu gestalten, übertragen Sie (manuell) weitere Metadaten wie beispielsweise den Namen des Kunden bzw. Kontakts und die Information, was sich der Kunde in dem Angebot wünscht. Und schon haben Sie Informationen redundant gespeichert und hatten zusätzlichen manuellen

Aufwand. Sie können jetzt natürlich prüfen, ob sich dieser Prozessschritt nicht automatisieren lässt, aber gehen wir noch ein paar Schritte weiter. Angenommen, der Kunde nimmt unser Angebot an, und ein Projekt entsteht daraus. In diesem Fall werden Sie Ihr Team zusammenstellen und hierfür in *Teams* ein Team einrichten. Im Rahmen des Projekt-Kick-Offs – aber vielleicht auch später, etwa, wenn neue Teammitglieder hinzukommen – wird die Frage aufkommen, welche Leistungen ursprünglich im Angebot vereinbart wurden und für welchen Kunden die Leistungen erbracht werden sollen. Außerdem kann es während des Projektes auch hilfreich sein, zu wissen, welche anderen Aktivitäten zurzeit bei dem Kunden laufen. Dann sind Sie nicht überrascht, wenn der Kunde Sie auf eine andere *Opportunity* anspricht, die von Kollegen einer anderen Abteilung betreut wird und ggf. Auswirkungen auf Ihre Tätigkeiten bei diesem Kunden haben könnte.

In der Regel haben Sie nicht auf alle Systeme innerhalb Ihres Unternehmens Zugriff. Das führt dazu, dass Informationen redundant in verschiedenen Applikationen gespeichert werden, damit Sie beispielsweise aus Ihrem Projektarbeitsraum heraus auf die Kontaktdaten der relevanten Ansprechpartner auf Kundenseite zugreifen können. Damit sind Sie scheinbar unabhängig vom CRM-System. Was geschieht allerdings, wenn sich die Kontaktinformationen Ihres Ansprechpartners ändern? Wenn Sie hiervon als erste Person erfahren, werden Sie vermutlich die Informationen in Ihrem Projektarbeitsraum aktualisieren und nicht bedenken, dass die Daten auch im CRM-System geändert werden müssen. Ihre Kollegen aus dem Vertrieb arbeiten auf diese Weise zunächst mit veralteten Daten weiter. Bis diese Tatsache auffällt, kann bereits ein Unternehmensschaden entstanden sein, weil beispielsweise der Kollege aus dem Vertrieb nicht mit dem Kunden über eine neue *Opportunity* sprechen konnte.

Sie sehen, Datensilos führen zu fehlenden oder falschen Informationen oder zu erhöhten Aufwänden für die Synchronisation der Daten. Sie benötigen in Ihrem Unternehmen aber stets einen aktuellen Informationsstand und sollten die Zusammenarbeit in Ihrem Unternehmen über die gesamte Wertschöpfungskette hinweg unterstützen – von den vertrieblichen Aktivitäten über die eigentliche Leistungserbringung bis hin zu Marketing-Aktivitäten.

Dabei kann eine *Prozesslösung* wie *Dynamics 365* helfen. Ihnen werden verschiedene Module angeboten, die sich an dem Bedarf und den Prozessen eines durchschnittlichen Unternehmens orientieren. Sie können direkt mit den angebotenen Lösungen starten oder sie an Ihre Prozesse anpassen. Denken Sie dabei wieder daran, wie hoch der Nutzen wäre, würden Sie die Lösungen exakt an Ihren bestehenden Prozess anpassen. Unter Umständen ist die Einführung einer neuen Prozesslösung auch eine Gelegenheit, um Ihre Prozesse zu verändern und dadurch Ihren Arbeitsalltag zu vereinfachen.

Ich möchte Ihnen nun kurz die einzelnen Module vorstellen und sie voneinander abgrenzen, bevor ich im weiteren Verlauf im Detail auf sie eingehe:

- **Sales**: Hierbei handelt es sich um das klassische Customer-Relationship-Management. Viele Menschen denken bei Dynamics direkt an das CRM-System, weil dieses die bekannteste Komponente in dem Angebot repräsentiert. Hier finden Sie Dienste zur Unterstützung einer zentralen Datenbasis für Kunden- und Kontaktdaten und können darauf aufbauend Ihren Vertriebsprozess bis hin zum Abschluss eines Auftrags verwalten.
- **Service**: In diesem Bereich geht es um die Unterstützung Ihres Kundenservices und um die Projektabwicklung. Sorgen Sie dafür, dass die Mitarbeiter im Kundenservice auch von unterwegs auf die relevanten Informationen zugreifen können. Verändern Sie sogar Ihr Leistungsspektrum, indem Sie mittels IoT-Daten Probleme bereits vor ihrem Auftreten erkennen und beheben können und dadurch den Techniker nur bei tatsächlichem Bedarf einsetzen. Wie wäre es außerdem, wenn Sie die Zusammenarbeit zwischen einem Techniker vor Ort und dem Team im Backoffice gezielter unterstützen könnten?
- **Finance & Operations**: In diesen Bereich fallen sämtliche Prozesse, bei denen die Finanzleistung Ihres Unternehmens, Lager und Logistik, Ressourcenplanung oder Lieferketten betroffen sind.
- **Talent**: Jedes Unternehmen benötigt passende Mitarbeiter, um die gewünschten Leistungen zu erbringen. Dieses Modul unterstützt Sie dabei, neue Mitarbeiter zu rekrutieren. Dabei können Sie beispielsweise Funktionen von LinkedIn nutzen, um Informationen zu einem Bewerber einzuholen, seine Daten in einem Talentpool zu verwalten oder ihn auf eine bestimmte Stelle aufmerksam zu machen. Sie können auch ein Portal aufbauen, über das sich die Kandidaten bei Ihrem Unternehmen bewerben können. Nachdem Sie einen Vertrag mit Ihrem neuen Mitarbeiter geschlossen haben, können Sie bereits mit den Maßnahmen für das Onboarding beginnen. Mit einem standardisierten und doch individuell anpassbaren Onboarding-Leitfaden können Sie den neuen Mitarbeiter im Unternehmen begrüßen und ihm die ersten Schritte im neuen Job erleichtern. Darüber hinaus erhalten Sie mit diesem Modul noch weitere Funktionen zur Verwaltung der Mitarbeiter inklusive Weiterbildungsplanung und Feedback-Mechanismen.
- **Marketing**: Dieses Modul ist eng verzahnt mit dem Modul *Sales* und wird daher im weiteren Verlauf von mir auch zusammen betrachtet. Dieses Modul erlaubt die gesamtheitliche Betreuung eines Kunden, aber auch Planung und Durchführung von Veranstaltungen wie beispielsweise Messeauftritte, Webinare oder Kundenumfragen.

Der Dienst *Dynamics 365* ist zwar außerhalb von *Microsoft 365* anzusiedeln, nutzt aber viele Dienste von Microsoft 365 und wird daher meistens in Kombination eingesetzt.

So werden Sie im weiteren Verlauf u. a. *SharePoint*, *Teams*, *Power Apps*, *Power Automate* und *Power BI* kennenlernen.

> **Ich werde Dynamics 365 wahrscheinlich nicht einsetzen**
>
> Wenn Sie Dynamics 365 bisher nicht einsetzen, überfliegen Sie diesen Abschnitt und erhalten so einen groben Überblick über die möglichen Einsatzszenarien sowie die Anwendung der verschiedenen Microsoft-365-Dienste. In Kapitel 8 gehe ich dann wieder auf Funktionen aus Microsoft 365 und insbesondere auf die mobile Unterstützung ein.

7.4.1 Kurzvorstellung: Customer-Relationship-Management, Vertrieb und Marketing

Beginnen wir mit der bekanntesten Komponente, dem CRM-System, zur Unterstützung der vertrieblichen Aktivitäten. Rufen Sie dazu im App Launcher ⊞ die App DYNAMICS 365 auf. Sie gelangen daraufhin in eine mit Abbildung 7.45 vergleichbare Ansicht, das sogenannte *Dynamics 365 Home*. Die Anzahl der angezeigten Kacheln kann von der hier gezeigten Darstellung abweichen; sie ist abhängig davon, welche Module Sie lizenziert haben.

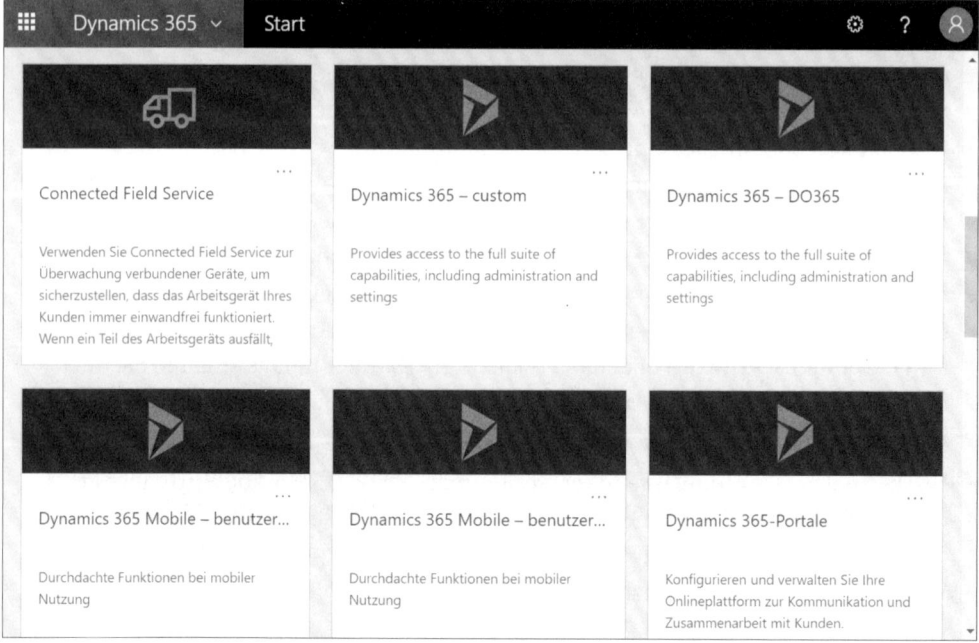

Abbildung 7.45 Willkommen bei Dynamics 365! Sie haben auf der Startseite Zugriff auf die von Ihnen lizenzierten Module.

Ich finde die App für Dynamics 365 nicht im App Launcher!

In diesem Fall sollten Sie als erstes mit Ihrem Administrator klären, ob Dynamics 365 bei Ihnen im Unternehmen bereits lizenziert ist. Ist dies der Fall, fehlt Ihnen persönlich u. U. nur die Lizenz, und der Kollege kann sie Ihnen zuweisen. Alternativ können Sie auch die Website für Dynamics 365 unter *https://dynamics.microsoft.com/de-de/* aufsuchen und sich für eine Testversion registrieren. Hierfür müssen Sie das gewünschte Modul auswählen. Diese Vorgehensweise bietet sich auch dann an, wenn Sie nur auf ein bestimmtes Modul nicht zugreifen können.

Wählen Sie die App DYNAMICS 365 – CUSTOM aus, und Sie befinden sich anschließend auf einem Dashboard mit einer Übersicht über Ihre Vertriebsaktivitäten (siehe Abbildung 7.46). Sie erkennen in der oberen Navigationsleiste schnell, in welchem Modul Sie sich gerade befinden. In unserem Fall handelt es sich um das Vertriebsmodul.

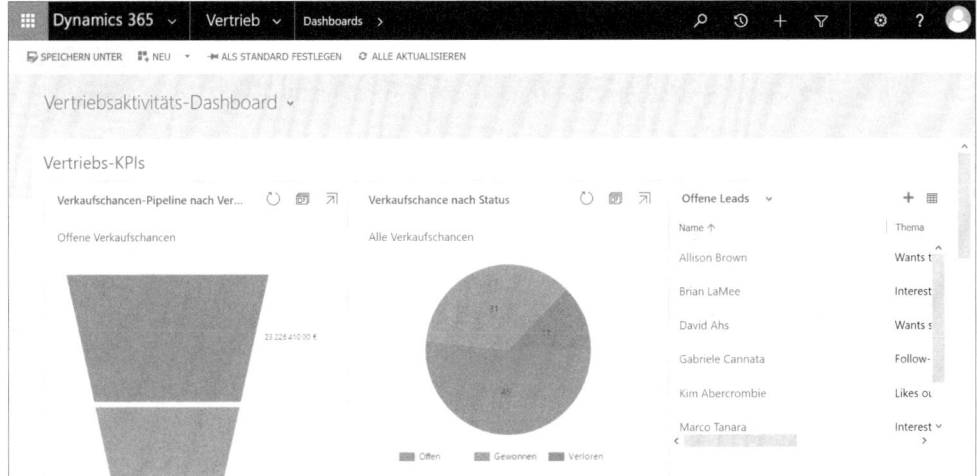

Abbildung 7.46 Willkommen in Microsoft Dynamics! Werfen Sie einen Blick auf Ihre vertrieblichen Aktivitäten im Unternehmen.

Wenn Sie einmal auf den Pfeil nach unten rechts neben der Bezeichnung »Vertrieb« klicken, erscheint ein Menü ähnlich demjenigen in Abbildung 7.47.

Durch große Kacheln (z. B. VERTRIEB, SERVICE und MARKETING) können Sie schnell zwischen den verschiedenen Geschäftsbereichen in Ihrem Unternehmen wechseln. Wir befinden uns momentan im Geschäftsbereich »Vertrieb«. Aktive Geschäftsbereiche können Sie daran erkennen, dass die Kachel dafür etwas größer ist als die übrigen Kacheln.

Unterhalb der Kacheln finden Sie nach Kategorien gruppiert die verschiedenen Lösungen. So werden Sie beispielsweise im Folgenden einen neuen Kunden mit seiner Firma und die bisher bekannten Ansprechpartner erfassen.

Abbildung 7.47 Rufen Sie über das Menü den Bereich auf, in dem Sie arbeiten möchten.

Geschäftsbereichsübergreifende Zusammenarbeit fördern

Auch wenn wir in unserem aktuellen Beispiel vielleicht ein Mitarbeiter aus dem Vertrieb sind und damit in unserem Arbeitsalltag einen klaren Fokus auf die Betreuung unserer Kunden legen, sollten wir trotzdem eng mit den Kollegen aus dem Marketing zusammenarbeiten.

Die Kollegen planen und führen Kampagnen durch, die auch unsere Bestandskunden erreichen können oder uns helfen, neue Kunden für uns zu gewinnen. Wie Sie in Abbildung 7.47 sehen, haben Sie im Geschäftsbereich VERTRIEB bereits Zugriff auf bestimmte Marketingaktivitäten wie beispielsweise die Schnellkampagnen.

Mit einem reinen Zugriff auf die Informationen des anderen Geschäftsbereichs ist es aber noch nicht getan. Erst, wenn beide Geschäftsbereiche an einer gemeinsamen Datenbasis wie beispielsweise einer Kundendatenbank arbeiten und dort untereinander Informationen austauschen, ist die Zusammenarbeit nutzbringend für beide Seiten.

Klicken Sie einmal auf die Kachel MARKETING, wie in Abbildung 7.48 dargestellt. Sie sehen, es gibt eine große Schnittmenge an Menüpunkten, die in beiden Geschäftsbereichen gleichermaßen zur Verfügung stehen. Dynamics fördert den Informationsaustausch über organisatorische Grenzen hinweg und sorgt damit für möglichst reibungslose Prozessabläufe.

Abbildung 7.48 Im Geschäftsbereich »Marketing« werden zum Teil dieselben Daten benötigt wie im Vertrieb.

Neuen Kunden im System erfassen

Wenn Sie gerade mit der Arbeit in Dynamics beginnen oder eine Testversion nutzen, sollten Sie einige Daten im System erfassen, um die Möglichkeiten der Plattform besser kennenzulernen. Wählen Sie daher im Menü den Menüpunkt KUNDEN • FIRMEN aus.

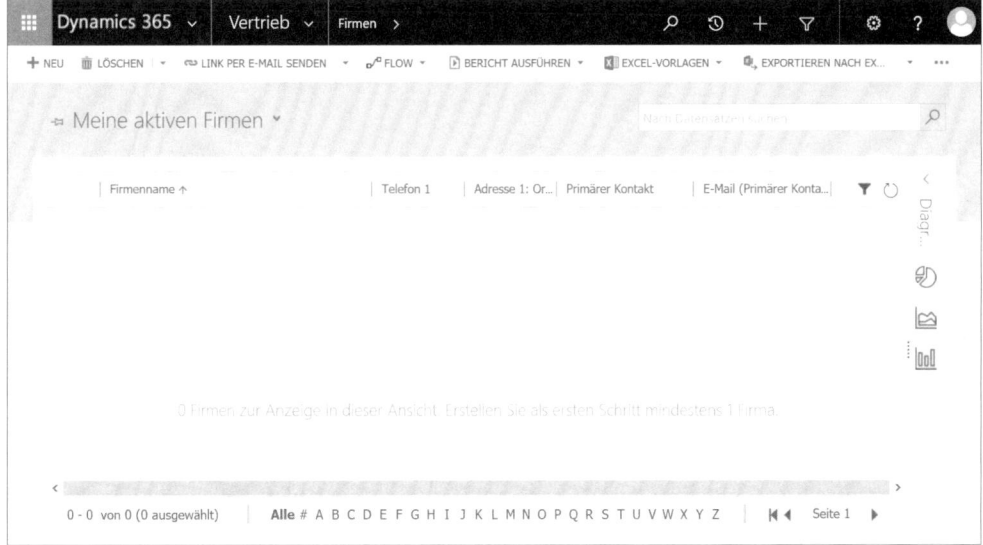

Abbildung 7.49 Firmen sind die Unternehmen Ihrer Kunden, Partner, Mitbewerber und Dienstleister oder Lieferanten.

Wie Sie in Abbildung 7.49 sehen können, ist die Liste zu Beginn leer. Falls Sie Dynamics 365 bereits einsetzen, sollten hier einige Einträge zu finden sein. Achten Sie dabei darauf, dass Sie automatisch eine gefilterte Ansicht aufgerufen haben. Hier werden Sie nur diejenigen Firmen aufgelistet bekommen, die Ihnen als verantwortlichem Kontakt zugewiesen wurden. Um alle Firmen zu sehen, klicken Sie auf den Pfeil nach unten neben MEINE AKTIVEN FIRMEN und wählen eine andere Ansicht.

Sie legen nun eine neue Firma an und wählen dafür in der Aktionsleiste oben den Menüpunkt NEU aus. Sie sind nun in der in Abbildung 7.50 dargestellten Erfassungsmaske. Geben Sie zuerst den Namen der Firma und die allgemeinen Kontaktinformationen wie die Adresse, die zentrale Telefonnummer oder auch die Website-Adresse ein. Standardmäßig ist nur der Firmenname anzugeben, bevor Sie durch das erste Betätigen der Schaltfläche SPEICHERN die Firma anlegen können.

Sie sind als Erfasser der Firma automatisch als verantwortliche Person hinterlegt. Sie können bei Bedarf jedoch einen anderen Mitarbeiter angeben, indem Sie oben rechts in das Feld BESITZER klicken und eine andere Person auswählen.

7 Ausgewählte Unternehmensprozesse unterstützen

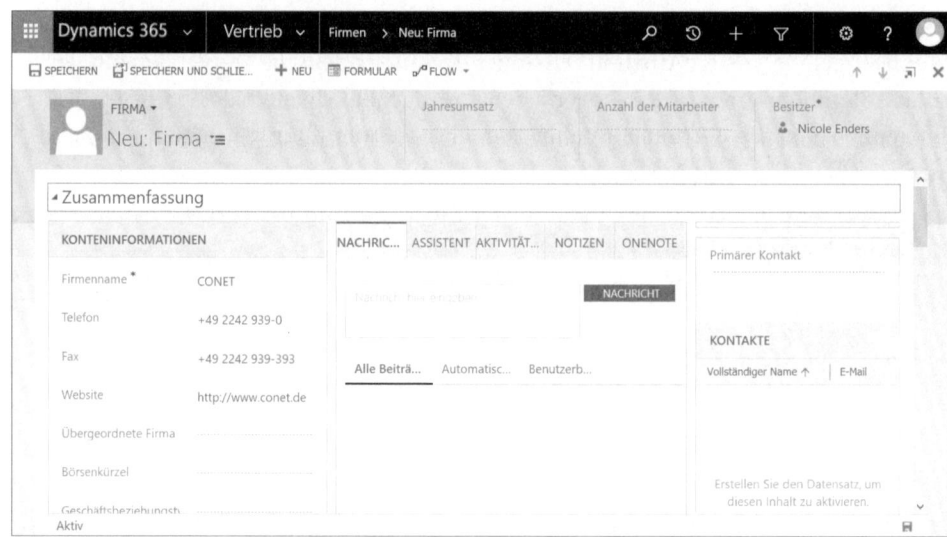

Abbildung 7.50 Erfassen Sie die Firma Ihres neuen Kunden mit allen Informationen, die Ihnen vorliegen.

Doch warum sollten Sie die Firma nur Ihnen selbst zuweisen, wenn Sie doch lieber in einem Team arbeiten möchten? Nachdem Sie das erste Mal gespeichert haben, verändert sich die Aktionsleiste im oberen Bereich des Bildschirms. Hier finden Sie nun einen Menüpunkt ZUWEISEN. Wenn Sie diesen Menüpunkt auswählen, erscheint ein Dialog, in dem Sie anstelle der Einstellung ZUWEISEN ZU MIR durch einen Klick auf MIR die Einstellung ZUWEISEN ZU BENUTZER ODER TEAM auswählen können. Anschließend müssen Sie nur noch das Team auswählen.

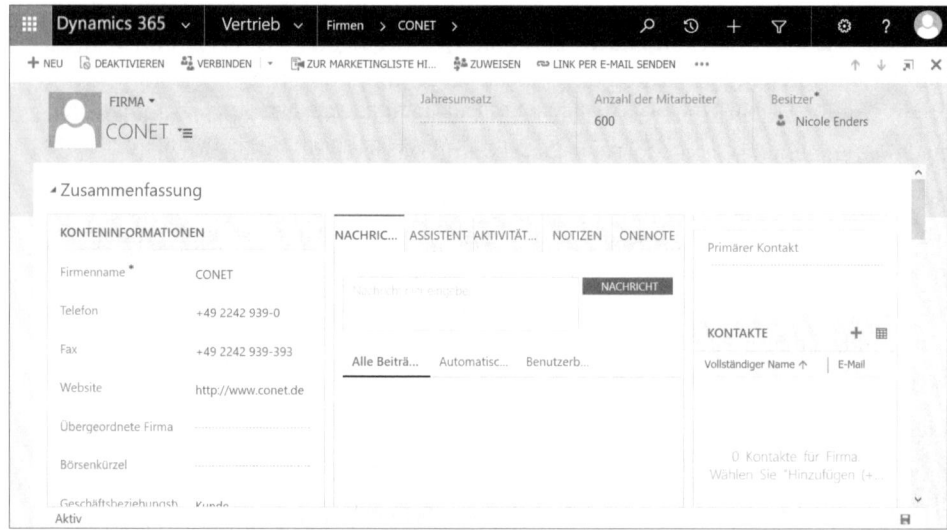

Abbildung 7.51 Weisen Sie die Firma einem Team zu.

Kontaktvoreinstellungen konfigurieren

Scrollen Sie ein wenig weiter nach unten, um den in Abbildung 7.52 dargestellten Bereich mit Detailinformationen zu erreichen. Hier können Sie folgende Informationen hinterlegen:

Abbildung 7.52 Tragen Sie ein, wie Sie für Ansprechpartner dieses Unternehmens am besten den Kontakt herstellen können.

- **Branche**: Wenn Sie für Ihren neuen Kunden die zugehörige Branche festlegen, können Sie später danach filtern und beispielsweise alle Kunden aus der Metallindustrie ermitteln. Das ist vor allen Dingen im Bereich des Marketings für die Planung von Kampagnen relevant, aber auch für Auswertungen hinsichtlich der Ausrichtung Ihres Unternehmens werden damit vielschichtige Auswertungen möglich.

- **Kontaktmethode**: Sie können festlegen, über welchen Kommunikationsweg Sie Ihren Kunden normalerweise kontaktieren. Wenn Sie beispielsweise genau wissen, dass der neue Kunde sich lieber per E-Mail mit Ihnen austauscht, sollten Sie diese Information im System hinterlegen. Ihre Kollegen können dadurch den richtigen Kommunikationskanal wählen, wenn sie einmal für Sie einspringen. Wenn Sie sich nicht sicher sind, können Sie auch die Standardeinstellung BELIEBIG belassen.

- **Kontaktmöglichkeiten**: Sie können weiterhin festlegen, welche Kommunikationskanäle überhaupt bei diesem Kunden genutzt werden können. Dazu gehört auch die Angabe, ob dieser Kunde für Massen-E-Mails in Frage kommt. Bei dieser Art von Nachrichten verwenden Sie standardisierte Texte, die um die Kontaktinformationen Ihres Kunden ergänzt werden. Wenn Ihr Kunde aber dafür nicht empfänglich ist und lieber eine individuelle Nachricht erhalten möchte, sollten Sie die Option MASSEN-E-MAIL deaktivieren.

Diese Einstellungen sind auch für Ihre Kollegen aus dem Marketing relevant, um ihre Kampagnen zielgruppengerecht zuschneiden zu können. Beachten Sie, dass diese Einstellungen als Standardeinstellung für alle Kontakte der Firma verwendet werden. Sie können die Einstellungen jedoch für den einzelnen Kontakt verändern.

Ansprechpartner erfassen

In vielen Fällen werden Sie die Firma bereits im System erfasst haben und möchten nur einen neuen Kontakt anlegen. Das können Sie entweder direkt aus dem Firmeneintrag im Bereich KONTAKTE tun (siehe Abbildung 7.50), oder Sie rufen im Menü unter VERTRIEB den Menüpunkt KUNDEN • KONTAKTE auf. Sie gelangen so zur Auflistung der Kontakte, die Ihnen zugeordnet sind. Klicken Sie nun auf den Menüpunkt NEU in der Aktionsleiste.

In Abbildung 7.53 sehen Sie den oberen Teil der Erfassungsmaske für einen neuen Kontakt. Als erstes habe ich die Firma ausgewählt, der ich den Kontakt zuordnen möchte. Danach können Sie die Kontaktinformationen erfassen. Scrollen Sie anschließend nach unten, um zu dem in Abbildung 7.54 dargestellten Bereich zu gelangen. Hier können Sie persönliche Informationen zu Ihrem Ansprechpartner hinterlegen. Wenn Sie beispielsweise in einem persönlichen Gespräch erfahren, dass Ihr Ansprechpartner verheiratet ist und er Ihnen vielleicht sogar den Namen seiner Frau nennt, sollten Sie diese Information im System speichern. So können Sie bei einer anderen Gelegenheit, wenn Sie mit ihm telefonieren, auf diese Information zurückgreifen und sich beispielsweise nach dem Befinden seiner Frau erkundigen. Durch dieses persönliche Element können Sie die Kundenbindung erhöhen und auf diese Weise die Geschäftsanbahnung potenziell erleichtern.

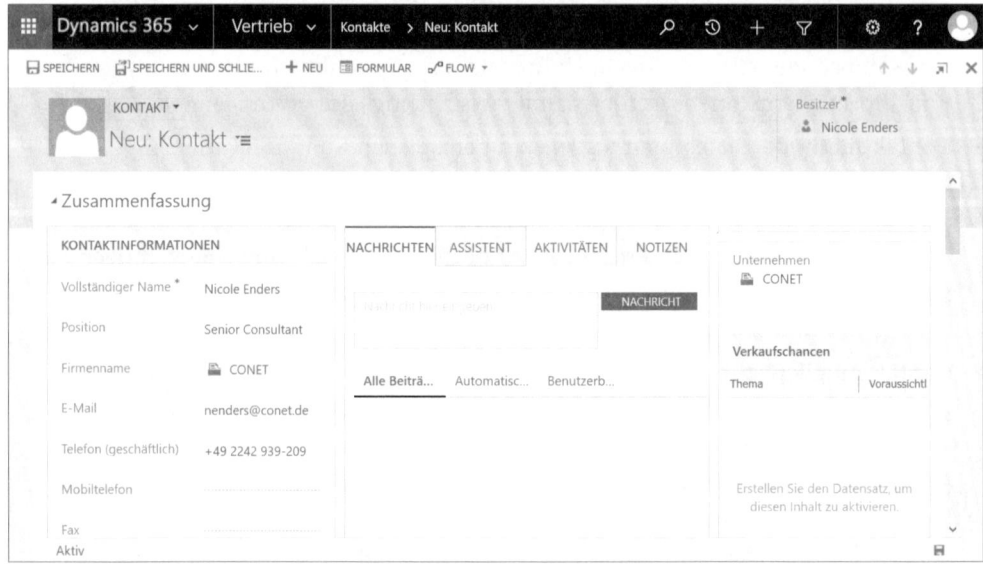

Abbildung 7.53 Legen Sie einen neuen Kontakt für Ihren Ansprechpartner an.

Auch weitere persönliche Informationen wie Geburtstag oder Jahrestag Ihres Ansprechpartners können hinterlegt werden. Außerdem steht Ihnen für weitere persönliche Informationen der Bereich PERSÖNLICHE HINWEISE zur Verfügung.

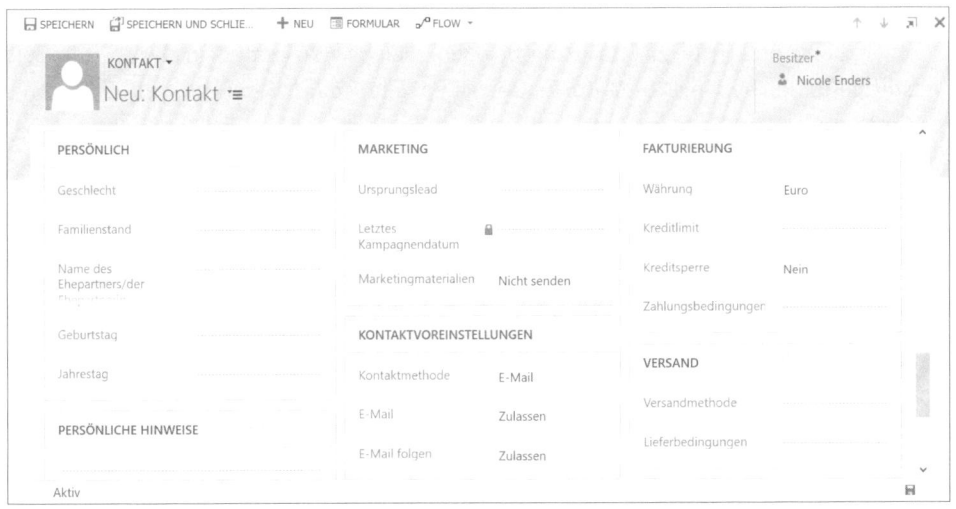

Abbildung 7.54 Geben Sie persönliche Informationen zu Ihrem Kontakt an.

Aus Sicht des Marketings sind die Zuordnung des Ursprungsleads sowie das Datum der letzten Kampagne, die den Kontakt betraf, relevant. Da Sie den Kontakt aber gerade erst anlegen, sind diese Felder noch leer. Wir kommen aber an späterer Stelle darauf zurück.

Sie schließen den Vorgang über die Schaltfläche SPEICHERN UND SCHLIESSEN ab und gelangen wieder zurück zu der in Abbildung 7.55 dargestellten Übersicht Ihrer Kontakte.

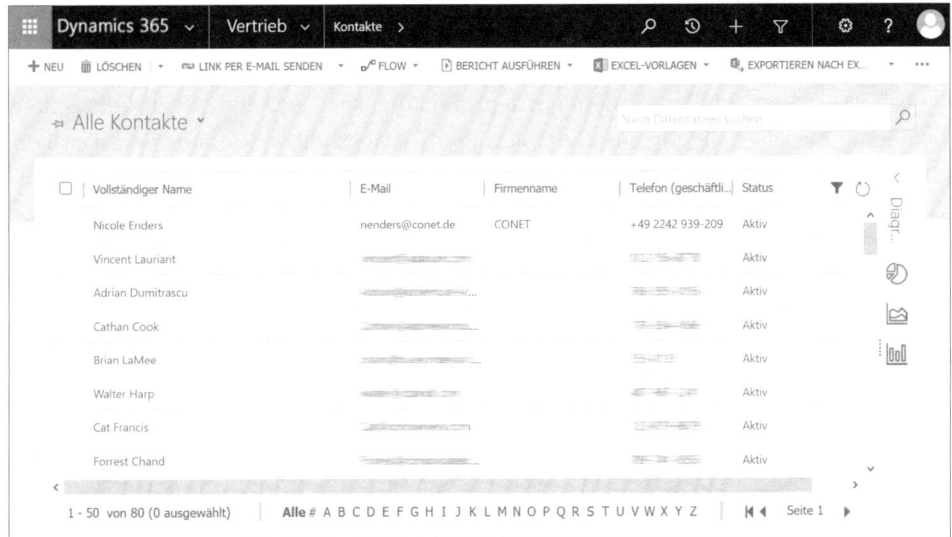

Abbildung 7.55 Nutzen Sie die Kontaktliste als Informationsbasis zur Kundenkommunikation.

Wenn nun Ihr Ansprechpartner anruft oder der nächste Termin ansteht, können Sie über die Kontaktliste in Erfahrung bringen, welche Aktivitäten in der letzten Zeit stattgefunden haben. Diese Information ist vor allem dann besonders hilfreich, wenn Sie in einem Vertriebsteam arbeiten.

Leads verwalten

Wahrscheinlich haben Sie, als Sie Ihren neuen Kunden kennengelernt haben, über eine mögliche Zusammenarbeit gesprochen. Je nachdem, wie viele Informationen Ihnen zum jetzigen Zeitpunkt bereits vorliegen, handelt es sich entweder noch um einen nicht qualifizierten Lead oder bereits um eine Verkaufschance.

> **Was ist der Unterschied zwischen einem Lead und einer Verkaufschance oder Opportunity?**
>
> Der Prozess des Lead-Managements umfasst die Kundenqualifizierung und den Übergang eines Leads in den Vertrieb zur Kundengewinnung. Wenn Sie einen vielversprechenden Lead an den Vertrieb weitergeben, beginnt das Opportunity-Management. Eine Opportunity stellt eine überprüfte und qualifizierte Verkaufschance dar.
>
> Wenn Sie feststellen, dass eine Opportunity noch nicht in ausreichendem Maße qualifiziert ist, muss sie in den Status eines zu qualifizierenden Leads zurückgestuft werden. Falls bei Ihnen das Marketing für die Qualifizierung der Leads zuständig ist, wechselt an dieser Stelle daher auch die Verantwortlichkeit vom Vertrieb wieder zurück zum Marketing.

Auch in diesem Fall könnten Sie direkt aus Ihrem Kontakt heraus einen neuen Lead oder eine Verkaufschance erfassen. Sie rufen aber stattdessen über das Menü VERTRIEB den Menüpunkt VERTRIEB • LEADS auf. Aktuell liegen für Sie wahrscheinlich keine Leads vor. Wählen Sie daher in der Auflistung der Leads den Menüpunkt NEU in der Aktionsleiste aus, um zur in Abbildung 7.56 dargestellten Erfassungsmaske zu gelangen.

Sie können in dieser Maske alle für den Lead relevanten Informationen erfassen. Dazu gehören folgende Angaben:

- **Leadursprung**: Wie sind Sie mit Ihrem Ansprechpartner ins Gespräch gekommen? Sie können aus einer Liste an möglichen Auslösern wie beispielsweise eine Messe, externe Empfehlung oder das Internet wählen.
- **Thema**: Worum geht es bei der möglichen Zusammenarbeit? Vielleicht hat Ihnen Ihr Ansprechpartner über ein anstehendes Projekt zur Modernisierung seiner IT-Infrastruktur berichtet.
- **Kontakt**: Ein Lead muss einem Kunden und somit einer Firma und einem Kontakt zugeordnet werden. Ihr Kontakt sollte nach Möglichkeit der Entscheider seitens des Kunden für die Zusammenarbeit sein.

- **Einkaufszeitrahmen**: Ist vielleicht bereits bekannt, in welchem Zeitraum sich Ihr Kontakt für oder gegen die Zusammenarbeit entscheiden wird? Diese Angabe hilft Ihnen bei Priorisierung und zeitlicher Planung für die Bearbeitung Ihrer Leads.
- **Geschätztes Budget**: Neben dem zeitlichen Rahmen ist das ungefähre Budget des Kunden ein wichtiger Indikator zur Einordnung des Leads.

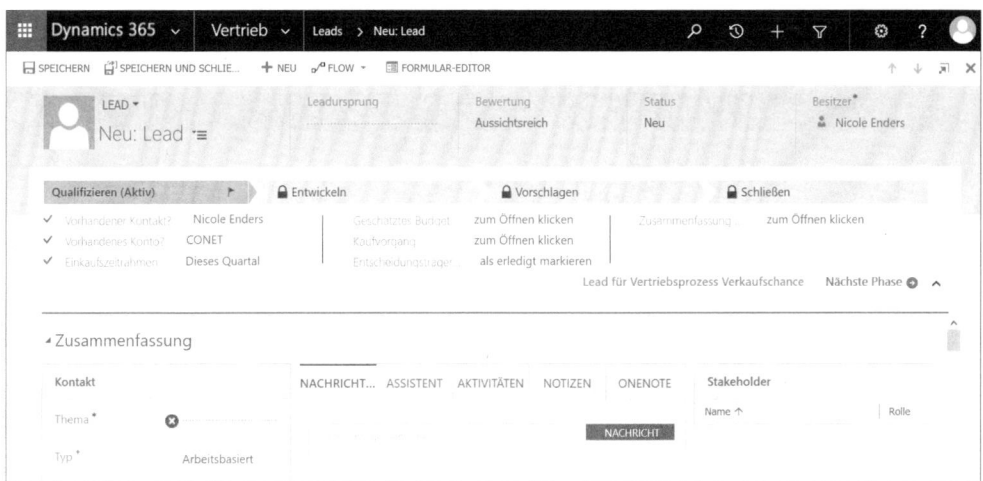

Abbildung 7.56 Legen Sie einen Lead für Ihren neuen Kontakt an.

Wenn Sie alle erforderlichen Informationen zusammengetragen haben und sich sicher sind, dass es sich bei dem Kunden mittlerweile um eine Verkaufschance handelt, betätigen Sie die Schaltfläche NÄCHSTE PHASE. Wie Sie aus Abbildung 7.57 ersehen, verändert sich damit auch die Ansicht.

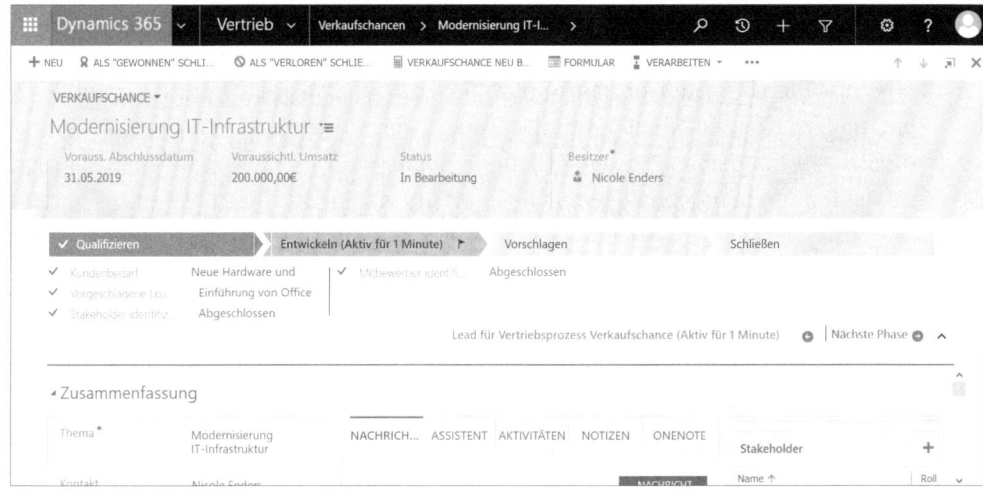

Abbildung 7.57 Entwickeln Sie Ihre Verkaufschance bis hin zu einem Angebot.

Aufbauend auf den bisher gesammelten Informationen können Sie spätestens an dieser Stelle prüfen, welche Mitbewerber Sie haben, und ermitteln, wer Ihre Stakeholder sind. Außerdem tragen Sie mit der Zeit immer mehr Informationen zusammen, um anschließend eines oder mehrere Angebote für Ihren Kunden zu erstellen.

Angebotserstellung

Scrollen Sie dazu in der aufgerufenen Verkaufschance nach unten bis zum Bereich ANGEBOTE und klicken Sie dort auf das Pluszeichen oben rechts.

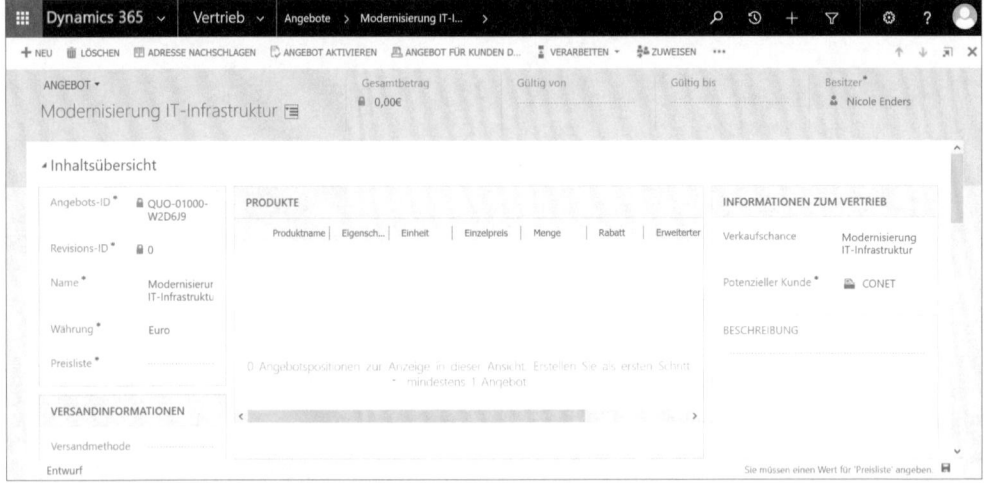

Abbildung 7.58 Erstellen Sie ein Angebot inklusive der anzubietenden Produkte und Rabatte.

Sie gelangen damit in die in Abbildung 7.58 dargestellte Ansicht zur Erfassung aller angebotsrelevanten Informationen, wie zum Beispiel:

- **Angebots-ID**: Eine eindeutige automatisch generierte ID zur Kennzeichnung des Angebots. Über diese ID können Sie im System nach dem Angebot suchen.
- **Name**: Der Name ist standardmäßig die Bezeichnung Ihrer Verkaufschance. Bei Bedarf können Sie die Bezeichnung anpassen. Das kann zum Beispiel dann sinnvoll sein, wenn Sie während der Angebotserstellung festlegen, was Sie genau anbieten möchten.
- **Gesamtbetrag**: Dieser Wert berechnet sich automatisch aus der Anzahl der angebotenen Produkte und ihren Einzelpreisen.
- **Gültigkeitszeitraum**: Hier wird angegeben, von wann bis wann das Angebot gültig sein soll.

- **Produkte**: Im mittleren Bereich der Maske können Sie die Angebotspositionen (z. B. Produkte) erfassen, die Sie dem Kunden anbieten möchten.
- **Rabatte**: Sie können bereits für jede einzelne Angebotsposition einen Rabatt einräumen. Sie können aber auch in Summe, in Form eines Prozentsatzes oder eines absoluten Betrags, eine Rabattierung vornehmen.
- **Aktivitäten**: Hier können Sie alle für das Angebot relevanten Tätigkeiten und Ereignisse verwalten (siehe Abbildung 7.59).

Abbildung 7.59 Verwalten Sie sämtliche Aktivitäten während der Angebotsphase, damit Ihre Kollegen Sie jederzeit unterstützen können.

Erstellen und Bearbeiten eines Angebotsdokuments in SharePoint

Bisher haben wir uns ausschließlich in Dynamics 365 aufgehalten, aber gerade im Bereich der Angebotserstellung könnten Sie von den Möglichkeiten von SharePoint Online profitieren. Dort könnten Sie gemeinsam mit Kollegen aus den Fachabteilungen an dem Angebotsdokument und ggf. weiteren Dokumenten wie einer Angebotspräsentation oder weiteren Begleitdokumenten arbeiten. Durch die automatische Versionierung und die Option, bewusst eine Datei auschecken zu können und damit temporär gegen Veränderungen durch andere Personen zu sperren, könnten Sie schnell ans Ziel gelangen.

Damit die Zusammenarbeit aber solchermaßen funktioniert, müssen Sie zuvor Ihre Umgebung dafür einrichten. Unter der Website-Adresse *https://docs.microsoft.com/de-de/dynamics365/customer-engagement/admin/set-up-dynamics-365-online-to-use-sharepoint-online* finden Sie die für die Einrichtung erforderlichen Informationen.

Nachdem die Einrichtung durch einen Administrator erfolgreich durchgeführt wurde, können Sie sowohl über SharePoint als auch über Dynamics auf die Angebote zugreifen.

Entwickeln eines Leads

Während der Erstellung eines Angebots entwickeln Sie auch gleichzeitig Ihren Lead oder Ihre Verkaufschance. Über die Prozessleiste im oberen Bereich der Seite sehen Sie den jeweiligen Fortschritt (siehe Abbildung 7.60).

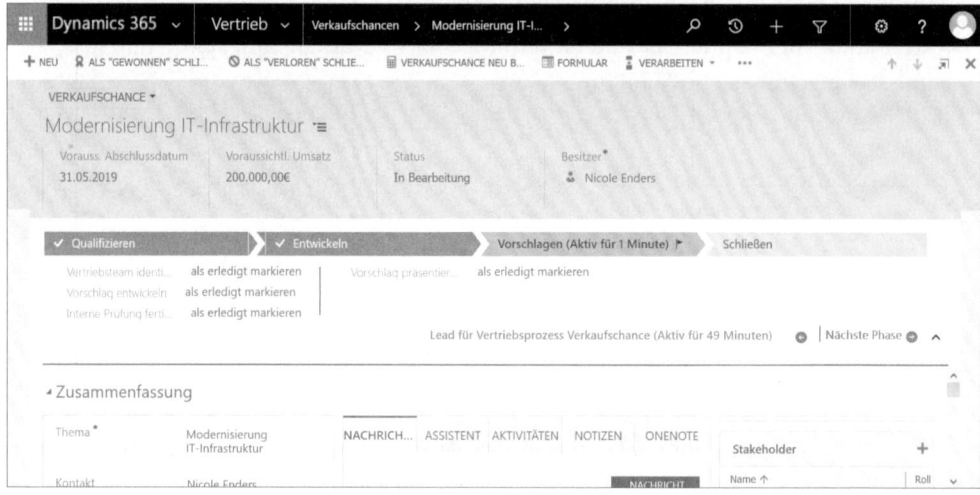

Abbildung 7.60 Dieser Lead ist bereits zur Verkaufschance entwickelt.

Während Sie im Status *Entwickeln* noch prüfen, ob Sie ein Angebot abgeben werden (Sie können hier bereits mit der Angebotserstellung beginnen), haben Sie sich im Status *Vorschlagen* bewusst für die Abgabe eines Angebots entschieden (siehe Abbildung 7.61).

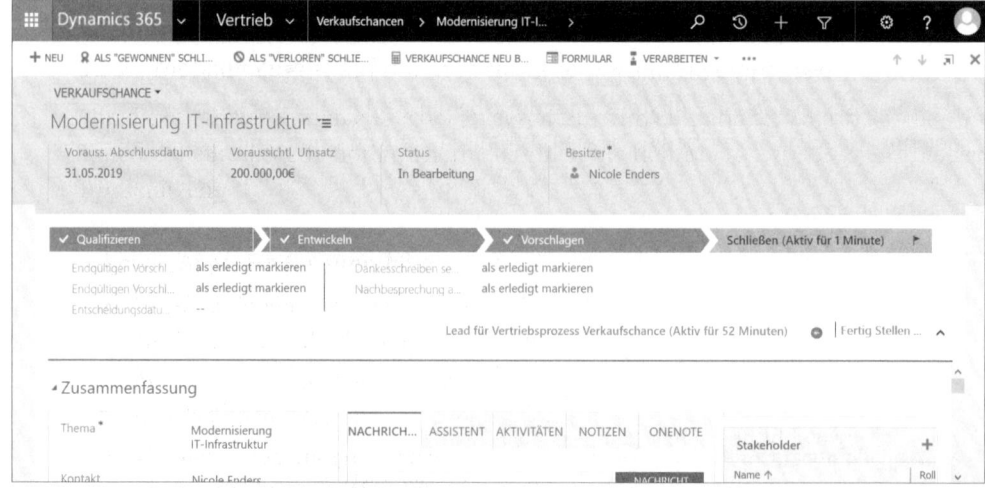

Abbildung 7.61 Entwickeln Sie Ihre Verkaufschance weiter bis hin zu einem Angebot.

Zuvor haben Sie den Statuswechsel immer über die Schaltfläche NÄCHSTE PHASE vorgenommen. Zum Abschluss betätigen Sie nun aber die Schaltfläche FERTIG STELLEN und gelangen so zu der in Abbildung 7.62 dargestellten Ansicht.

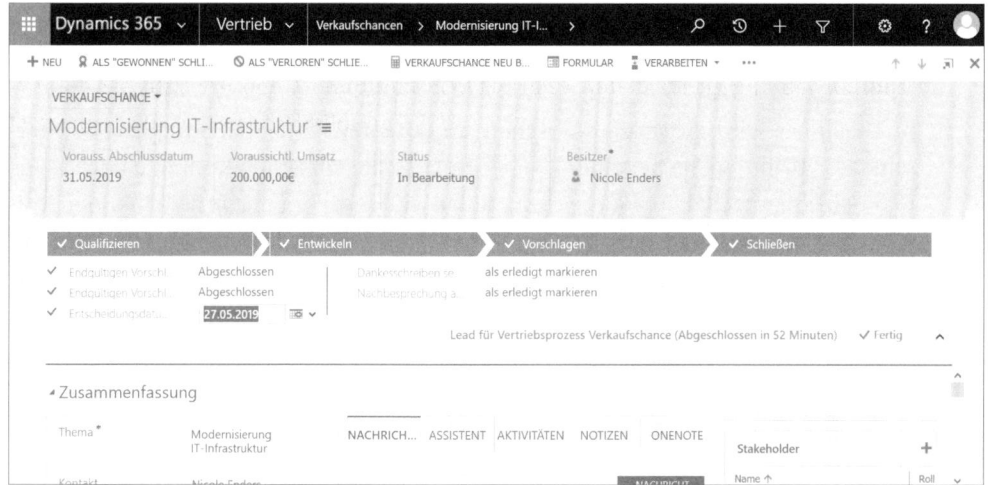

Abbildung 7.62 Schließen Sie den Lead ab, sobald Ihr Angebot angenommen oder abgelehnt wurde.

Schließen eines Leads

Sie können auch bereits in einem früheren Stadium Ihren Lead schließen. Nutzen Sie dazu in der oberen Aktionsleiste die Menüpunkte ALS »GEWONNEN« SCHLIESSEN oder ALS »VERLOREN« SCHLIESSEN. Unerheblich, für welchen Weg Sie sich entscheiden, wird Ihnen in jedem Fall in der Prozessleiste angezeigt, wieviel Zeit der Vertriebsprozess verbraucht hat. In Ihrem beispielhaften Fall ist die Dauer relativ gering (siehe Abbildung 7.63). In Ihrem Arbeitsalltag können Sie über diese Information die Effektivität Ihres Vertriebsprozesses überprüfen.

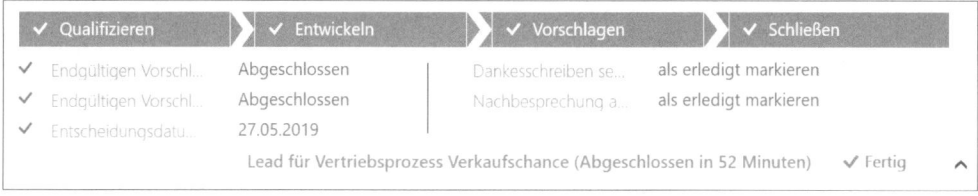

Abbildung 7.63 Über die Prozessleiste können Sie genau sehen, wo im Vertriebsprozess Sie sich gerade befinden, und auch, wie lange der Prozess gedauert hat.

Kunden mithilfe von Marketinglisten kategorisieren

Wechseln wir nun in den Geschäftsbereich des Marketings. Die Kollegen aus diesem Bereich sollten eng mit dem Vertrieb zusammenarbeiten. Zu den Aufgaben des Marketings gehört neben anderem die Erstellung von Marketinglisten sowie die darauf aufbauende Planung und Durchführung von Kampagnen.

Marketinglisten werden zur schnellen und übersichtlichen Kategorisierung von Leads und Kontakten genutzt. So können Sie ermitteln, wen Sie zur nächsten Messe einladen sollten oder welche Kontakte für die anstehende Mailing-Kampagne wichtig sind.

In Dynamics wird zwischen statischen und dynamischen Marketinglisten unterschieden. Während Sie bei einer statischen Liste die einzelnen Kontakte oder Leads manuell einer nach dem anderen auswählen müssen, können Sie bei einer dynamischen Liste die Kontakte oder Leads nach bestimmten Kriterien suchen. Eine dynamische Liste ist in der Regel immer das effektivere Instrument. So können Sie zum Beispiel alle Leads mit einem Umsatz ab 100.000 € aus dem Postleitzahlen-Gebiet 5 ermitteln.

Wählen Sie im Menü VERTRIEB den Menüpunkt MARKETING • MARKETINGLISTEN aus. Über den Menüpunkt NEU in der daraufhin erscheinenden Übersicht der von Ihnen betreuten Marketinglisten gelangen Sie zu der in Abbildung 7.64 dargestellten Erfassungsmaske.

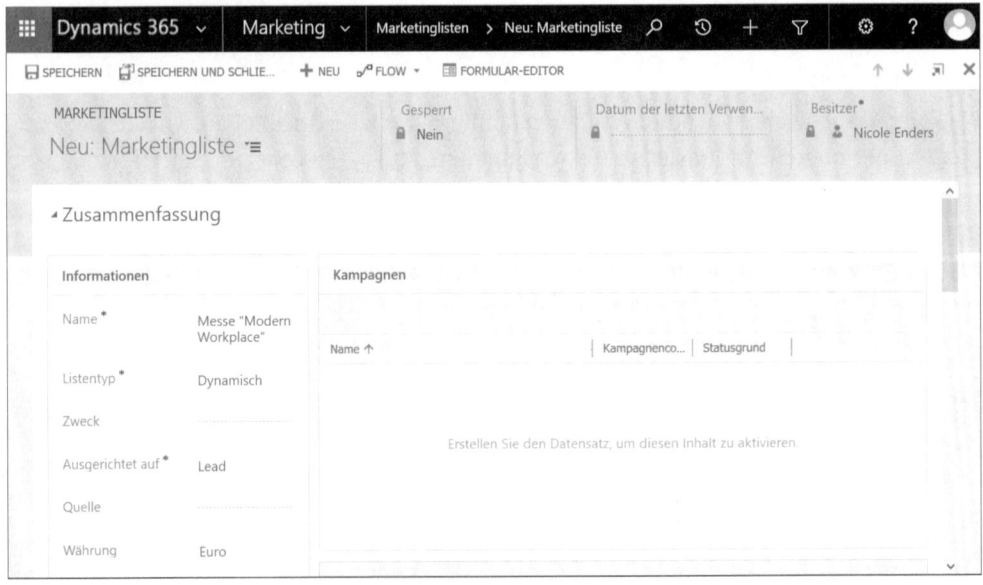

Abbildung 7.64 Legen Sie eine neue dynamische Marketingliste an.

Geben Sie einen Namen für die Marketingliste an. Die von Ihnen gewählte Bezeichnung sollte Aufschluss darüber geben, welche Kontakte oder Leads in der Liste verwaltet werden. Dem mit dieser Liste zusammengestellten Personenkreis können später Kampagnen zugeordnet werden, doch zunächst bearbeiten Sie Ihre Liste weiter:

- **Listentyp**: Legen Sie den Listentyp auf *Dynamisch* fest, damit Sie gleich eine Suchabfrage erstellen können, die Ihnen die Mitglieder Ihrer Liste zusammenstellt.
- **Ausgerichtet auf**: Entscheiden Sie sich, ob Sie eine Liste für Leads oder Kontakte erstellen möchten. Eine Mischung aus Leads und Kontakten ist nicht möglich. Wenn Sie beides wünschen, müssen Sie zwei Listen erstellen.

Bei einer statischen Liste würden Sie nun nach unten scrollen und dort im Bereich Mitglieder die einzelnen Leads oder Kontakte hinzufügen. Im Fall einer dynamischen Liste können Sie jedoch den Menüpunkt MITGLIEDER VERWALTEN in der Aktionsleiste aufrufen, woraufhin der in Abbildung 7.65 dargestellte Dialog eingeblendet wird.

Hier können Sie alle für einen Lead bzw. Kontakt (je nachdem, welche Option Sie ausgewählt haben) verfügbaren Felder auswählen und filtern. Fürs erste genügt aber wahrscheinlich schon die Nutzung einer bereits bestehenden Ansicht aus. So habe ich beispielsweise die Ansicht »Meine offenen Leads« verwendet, um die Mitglieder dieser Beispiel-Marketingliste zusammenzustellen. Eine Ansicht kann ferner eine gute Ausgangslage sein, um darauf aufbauend Ihren eigenen Filter zu erstellen.

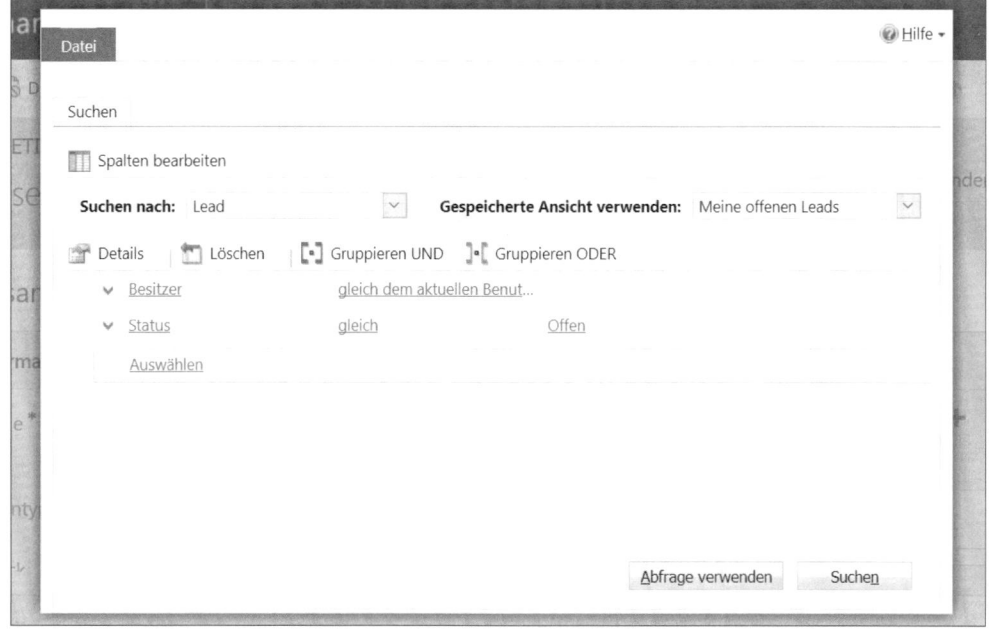

Abbildung 7.65 Konfigurieren Sie den Filter für eine dynamische Marketingliste.

Kampagnen planen und durchführen

Für die Planung und Durchführung von Kampagnen lässt sich eine Marketingliste sehr gut nutzen. Im Optimalfall haben Sie die Marketinglisten gemeinsam und in Abstimmung mit den Kollegen aus dem Vertrieb erstellt und so die Kunden Ihres Unternehmens sowie die dazugehörenden Ansprechpartner bereits nach unterschiedlichen Kriterien gruppiert und kategorisiert.

Wenn Sie nun eine neue Kampagne planen, müssen Sie nicht mehr bei einzelnen Kollegen nachfragen, für welche Kunden die Kampagne interessant sein kann. Sie können stattdessen direkt auf die Informationen in Ihrem CRM-System zugreifen und sich auf die Planung der eigentlichen Kampagne konzentrieren.

Rufen Sie dazu im Menü MARKETING den Menüpunkt MARKETING • KAMPAGNEN auf. Über den Menüpunkt NEU gelangen Sie, wie bei den übrigen Listen auch, zur Erfassungsmaske für eine neue Kampagne (siehe Abbildung 7.66).

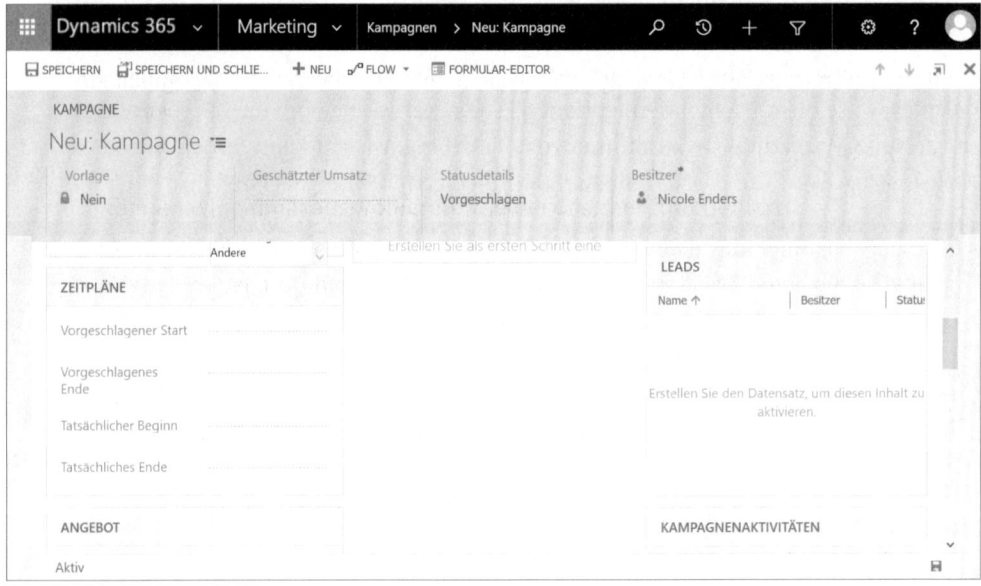

Abbildung 7.66 Erstellen Sie eine neue Kampagne inklusive Zeitplan.

> **Was ist der Unterschied zwischen einer Kampagne und einer Schnellkampagne?**
>
> Bei einer Kampagne hinterlegen Sie in der Regel mehrere Aktivitäten, die Sie für den ausgewählten Kundenkreis der Reihe nach durchführen werden. Diese Aktivitäten werden überwacht und können im Hinblick auf ihre Effektivität geprüft werden. Bei einer Schnellkampagne handelt es sich gewissermaßen um eine verkürzte Form der Kampagne, in der – obwohl es technisch möglich wäre – nur eine Aktivität, wie beispielsweise der Versand einer E-Mail, erfolgt und keine Auswertungen durchgeführt werden. Ein Beispiel hierfür stellt der Versand eines Weihnachtsgrußes dar.

7.4 Unternehmensweite Prozesse mit Dynamics 365

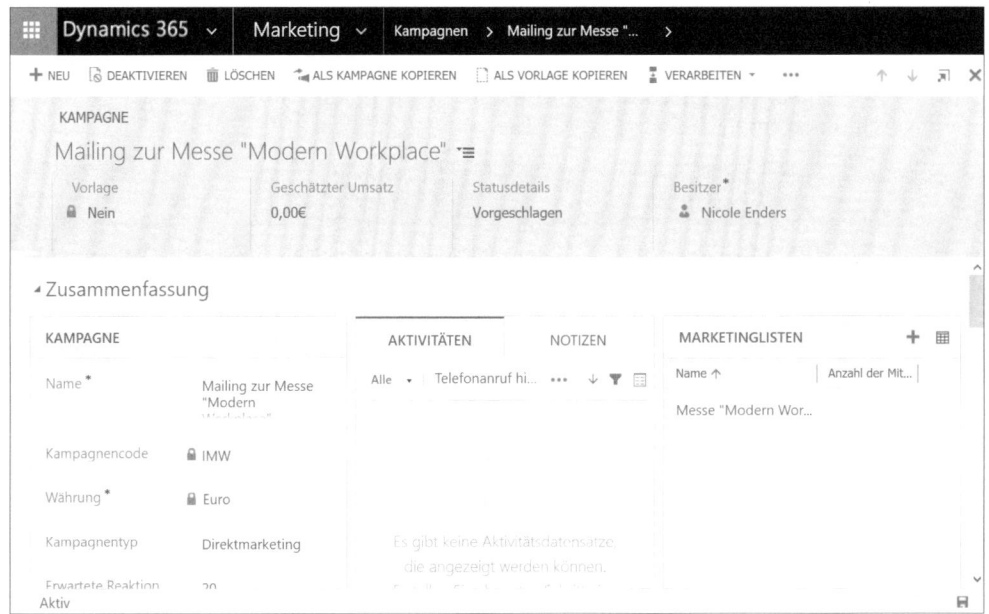

Abbildung 7.67 Ordnen Sie der Kampagne eine Marketingliste zu.

Im Rahmen einer Kampagne können Sie verschiedene Informationen erfassen und Aktionen durchführen:

- **Kampagnentyp festlegen**: Sie können hier aus einer Liste an Typen wie u. a. Anzeige, Direktmarketing oder Ereignis wählen.
- **Zeitplanung**: Legen Sie fest, wann Sie mit der Kampagne beginnen möchten und für welchen Tag Sie den Abschluss der Kampagne vorsehen. Zusätzlich lassen sich hier auch der tatsächliche Beginn und das Ende erfassen.
- **Zielgruppe festlegen**: Wählen Sie eine oder mehrere Marketinglisten aus und stellen Sie so die Zielgruppe für die Kampagne zusammen.
- **Aktivitäten planen**: Im unteren Bereich der Maske können Sie die Kampagnenaktivitäten für die Kampagne festlegen. Wenn Sie dort auf das Pluszeichen klicken, erscheint der in Abbildung 7.68 dargestellte Dialog. Die als Typ für die Aktivität verfügbaren Optionen sollen Ihnen zeigen, wie granular Sie Ihre Kampagne planen können.
- **Leads erfassen**: Wenn sich aus der Kampagne heraus neue Leads ergeben, können Sie diese direkt innerhalb der Kampagne erfassen oder explizit dieser Kampagne zuordnen (wenn beispielsweise ein Kollege aus dem Vertrieb den Lead anlegt und selbst nicht an der Kampagne mitarbeitet).

Achten Sie außerdem darauf, den Status im Kopfbereich stets aktuell zu halten. Nur so behalten Sie den Überblick darüber, welche Kampagnen gerade durchgeführt werden, welche sich noch im Entwurfsstadium befinden und welche vielleicht bereits abgeschlossen sind.

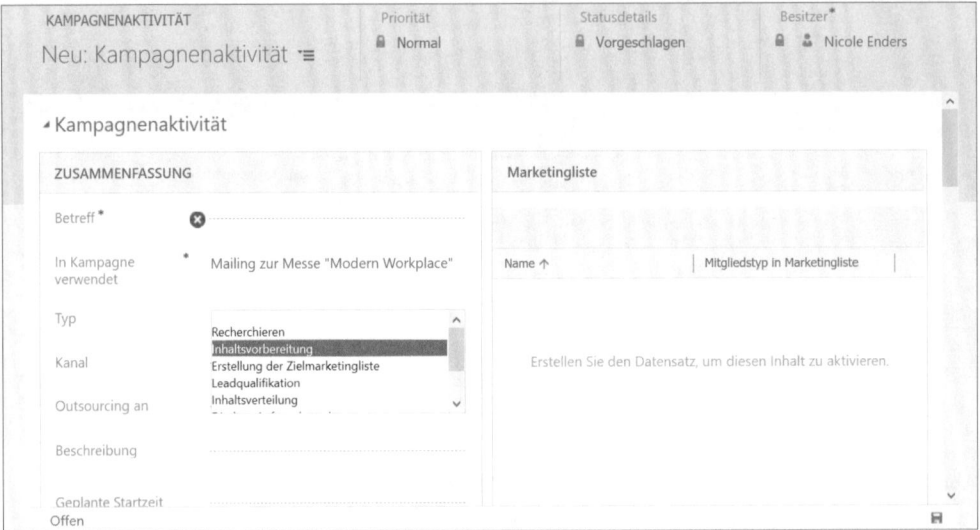

Abbildung 7.68 Planen Sie die Aktivitäten für die Kampagne.

Außerdem können Sie, wie bei allen anderen Bereichen (Firmen, Kontakte und Leads), die wir bisher betrachtet haben, Aktivitäten und Notizen erfassen und somit auch Detailinformationen mit Ihren Kollegen teilen.

7.4.2 Kurzvorstellung: Kundenservice und Projektabwicklung

Auch, wenn das CRM-System die bekannteste Komponente in Dynamics ist, werden wir uns im Hinblick auf die unternehmensweite Unterstützung von Geschäftsprozessen nun die weiteren Module anschauen. Hierzu gehören auch die Funktionen zur Unterstützung Ihres Kundenservices.

Klicken Sie rechts neben dem Menüpunkt DYNAMICS 365 auf den Pfeil nach unten, um das in Abbildung 7.69 dargestellte Menü zu öffnen.

Hier sehen Sie, dass Sie auch aus dem Bereich *Marketing* auf Dienste des Bereichs *Service* zugreifen können. Wählen Sie nun den Menüpunkt KUNDENSERVICE aus.

7.4 Unternehmensweite Prozesse mit Dynamics 365

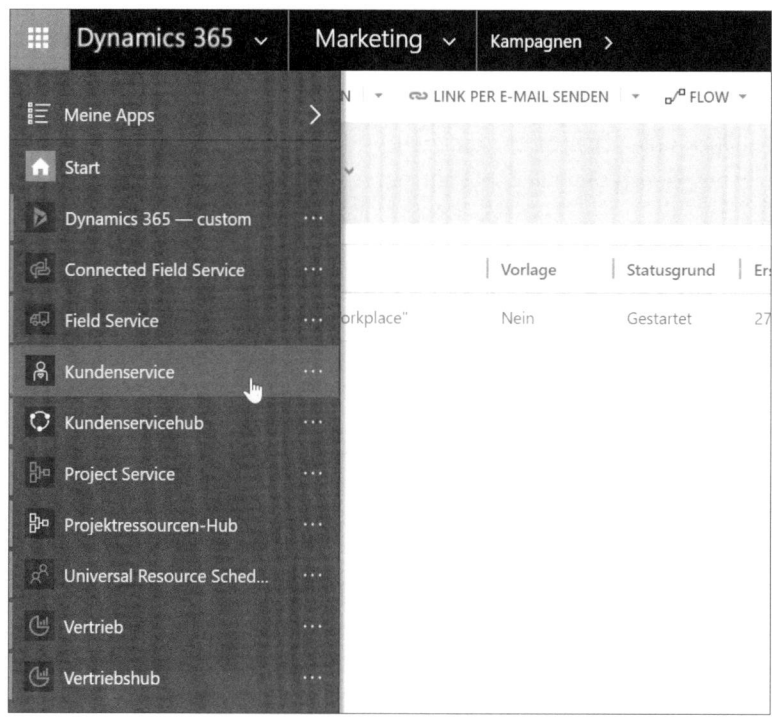

Abbildung 7.69 Sie können über das Hauptmenü andere Dienste aufrufen.

Wofür ist das Social-Media-Dashboard gedacht?

Wenn Sie den Dienst *Kundenservice* aufrufen, gelangen Sie zu einem Dashboard. Standardmäßig handelt es sich dabei um das Social-Media-Dashboard, in dem Sie Informationen zu den eingegangenen Anfragen/Tickets, gruppiert nach unterschiedlichen Kriterien, erhalten. Dazu gehört beispielsweise, von welchen Kunden die meisten Tickets gemeldet werden.

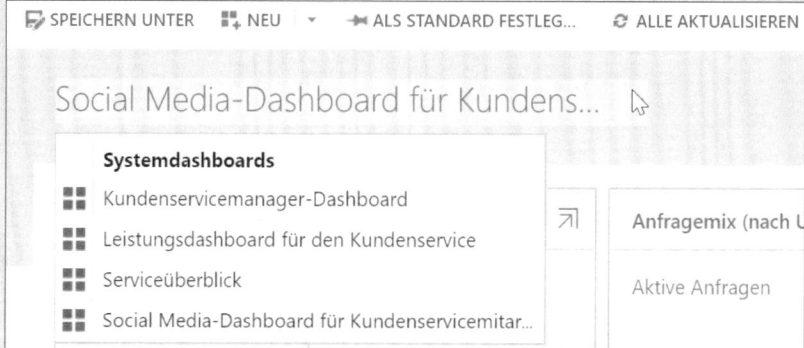

Abbildung 7.70 Wählen Sie ein anderes Dashboard aus und legen Sie es als Standard fest.

> Wechseln Sie auf ein anderes Dashboard, in dem Sie neben dem Namen des aktuell angezeigten Dashboards auf den Pfeil nach unten klicken (siehe Abbildung 7.70).
>
> Wählen Sie beispielsweise das Kundenservicemanager-Dashboard aus und betätigen Sie anschließend die Schaltfläche ALS STANDARD FESTLEGEN. Zukünftig werden Sie beim Aufruf des Dienstes immer direkt auf dieses Dashboard geleitet.

Anfragen in einem Ticketsystem bearbeiten

Teile des Moduls *Kundenservice* können Sie in etwa mit einem **Ticketsystem** vergleichen. Ihre Kunden werden sich mit Fragen oder Problemen bei Ihnen melden. Sie können für die Anfrage

- ein Ticket erstellen (d. h. die Anfrage im System festhalten),
- einen Bearbeiter auswählen,
- das Problem identifizieren,
- mögliche Lösungen ermitteln,
- das Problem lösen oder
- das Ticket schließen.

Ich gehe im Folgenden näher auf die einzelnen Schritte ein.

Anfrage erfassen

Wählen Sie im Menü SERVICE den Menüpunkt SERVICE • ANFRAGEN aus (siehe Abbildung 7.71), um die in Abbildung 7.72 dargestellte Übersicht mit den Ihnen zugeordneten Tickets aufzurufen.

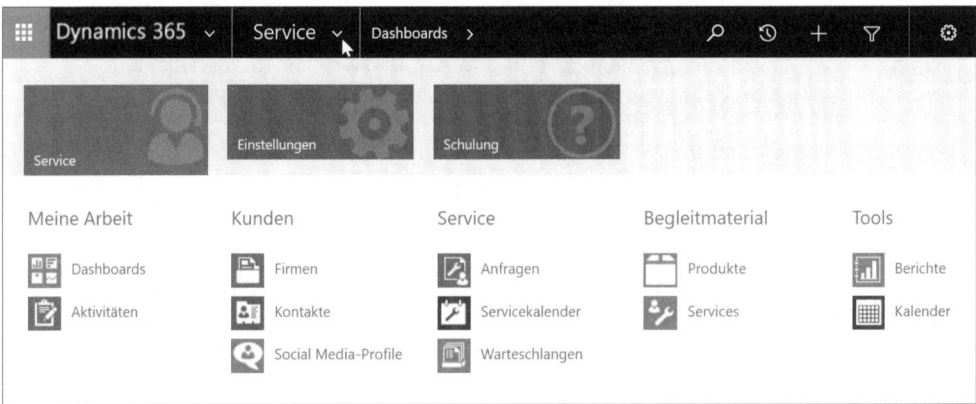

Abbildung 7.71 Auch im Kundenservice greifen Sie zum Teil auf dieselben Informationen wie der Vertrieb und das Marketing zu.

Durch einen Klick auf das entsprechende Ticket können die Bearbeitung fortgesetzt oder Informationen nachgeschlagen werden. Über die Anfragennummer für das Ticket, die automatisch generiert und für die Kommunikation mit dem Kunden genutzt wird, können Sie mehrere Anfragen voneinander unterscheiden.

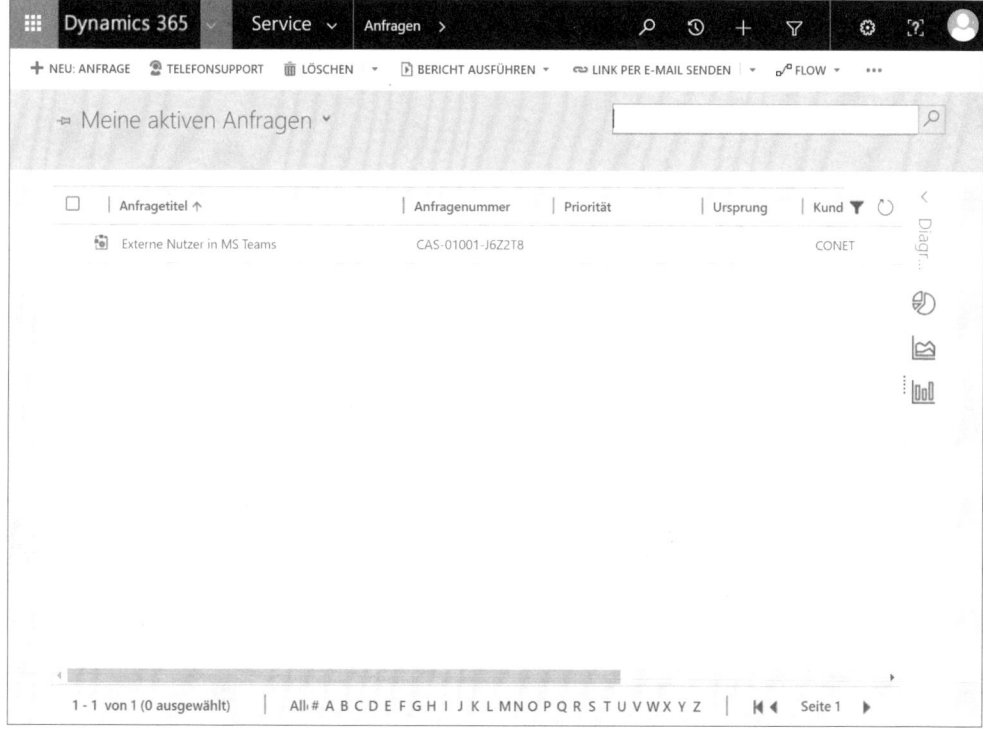

Abbildung 7.72 Behalten Sie den Überblick über Ihre Tickets!

Klicken Sie in der Liste auf den Menüpunkt NEU: ANFRAGE in der Aktionsleiste, um die in Abbildung 7.73 dargestellte Erfassungsmaske zu öffnen. Hier können Sie alle Informationen für einen Fall zusammentragen und das Problem identifizieren. Vergessen Sie nicht, Ihre Eingaben zu speichern.

Wenn Sie mit der Bearbeitung beginnen möchten, können Sie die Schaltfläche NÄCHSTE PHASE betätigen.

> **Kann auch der Kunde eine Anfrage direkt im System eröffnen?**
>
> Ja, Dynamics 365 ist an vielen Stellen erweiterbar. Sie können beispielsweise ein sogenanntes *Portal* einrichten, über das ein Kunde ein Ticket erstellen und überdies den Status seiner Tickets einsehen kann.

7   Ausgewählte Unternehmensprozesse unterstützen

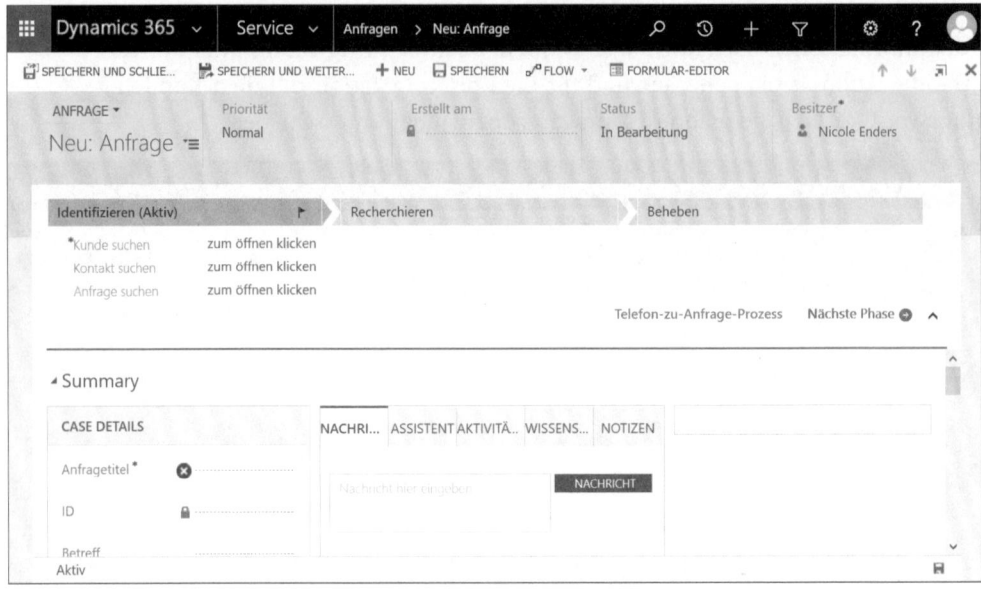

Abbildung 7.73 Erstellen Sie ein neues Ticket und nehmen Sie das Problem auf.

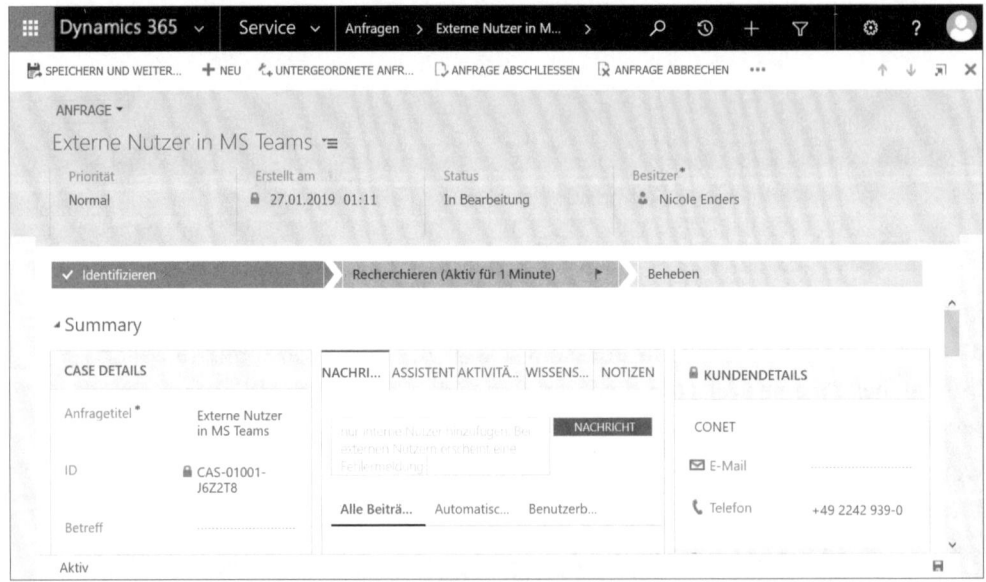

Abbildung 7.74 Suchen Sie nach der Problemursache und Lösungen.

Anfrage bearbeiten

Während der Bearbeitung einer Anfrage können Sie weitere Informationen zusammentragen, diese im Bereich NACHRICHTEN erfassen und sich so mit Ihren Kollegen austauschen. Im Kopfbereich, wie in Abbildung 7.75 dargestellt, wird der Status Ihres Tickets gepflegt.

Abbildung 7.75 Legen Sie den Status Ihres Tickets fest.

In der Regel werden Sie das Ticket wahrscheinlich in den Status »In Bearbeitung« oder »Recherchieren« setzen. Wenn Sie aber während der Bearbeitung gemeinsam mit Ihrem Kunden feststellen, dass das Problem gerade nicht mehr auftritt und Sie die Ursache nicht ermitteln können, sollten Sie den Status auf ZURÜCKGESTELLT setzen.

Außerdem werden Sie in vielen Fällen während der Bearbeitung Rückfragen stellen müssen. Sollten Sie nicht direkt eine Antwort erhalten, wählen Sie den Status »Warten auf Details«. So können Sie bereits in der Ticketliste erkennen, welche Tickets Sie weiterbearbeiten können.

Wenn Sie die Recherche nach der Ursache des gemeldeten Problems und den möglichen Lösungsoptionen abgeschlossen haben, können Sie erneut die Schaltfläche NÄCHSTE PHASE betätigen. Sie gelangen danach, wie in Abbildung 7.76 dargestellt, in die Phase der Problembehebung. Sobald Sie das Problem gelöst haben, können Sie in der Prozessleiste die Schaltfläche FERTIG STELLEN betätigen.

Abbildung 7.76 Nach der Recherche zu den Ursachen und möglichen Lösungen erfolgt in der Regel die Lösung des gemeldeten Problems.

In Abbildung 7.77 sehen Sie ein abgeschlossenes Ticket. Sie können an dieser Stelle mit einem Klick kennzeichnen, dass Sie das Problem lösen konnten, und sehen außerdem, wieviel Zeit Sie für die Bearbeitung des Tickets benötigt haben.

Abbildung 7.77 Markieren Sie ein abgeschlossenes Ticket als »behoben« und prüfen Sie, wieviel Zeit Sie für die Ticketbearbeitung benötigt haben.

> **Zu einem Ticketsystem gehört aber noch viel mehr!**
>
> Falls Sie bei sich ein Ticketsystem einsetzen, werden Sie in Ihrem Unternehmen sicherlich einen Prozess etabliert haben, der über die einfache Erfassung und Bearbeitung eines Tickets hinausgeht. Sie können auf den standardmäßig bereitgestellten Funktionen aufbauen und beispielsweise SLAs vereinbaren oder weitere Prozessschritte und Felder hinzufügen. Damit können Sie ein Ticketsystem aufbauen, das Ihren Bedürfnissen entspricht. Wie Sie Anpassungen vornehmen oder komplett individuelle Lösungen erstellen, zeige ich Ihnen in Abschnitt 7.4.5.

Servicemanagement

Welche Leistungen erbringen Sie mit Ihrem Unternehmen? Grundsätzlich kann in Kundenservice und Projektarbeit unterschieden werden. Beim Kundenservice können Sie Unterstützung bei der Planung von Serviceeinsätzen erhalten. Hierzu bietet Ihnen Dynamics, wie in Abbildung 7.78 dargestellt, als flexible Alternative zur Schichtplanung in *Teams* einen Servicekalender an, den Sie im Menü SERVICE über den Menüpunkt SERVICE • SERVICEKALENDER erreichen. Hier können Sie die Terminplanung für Ihre Servicemitarbeiter vornehmen. Sie werden dabei durch verschiedene Filtermöglichkeiten unterstützt und können so je nach Bedarf den Fokus mehr auf den einzelnen Servicemitarbeiter, die geplanten Serviceaktivitäten oder Planungskonflikte legen.

7.4 Unternehmensweite Prozesse mit Dynamics 365

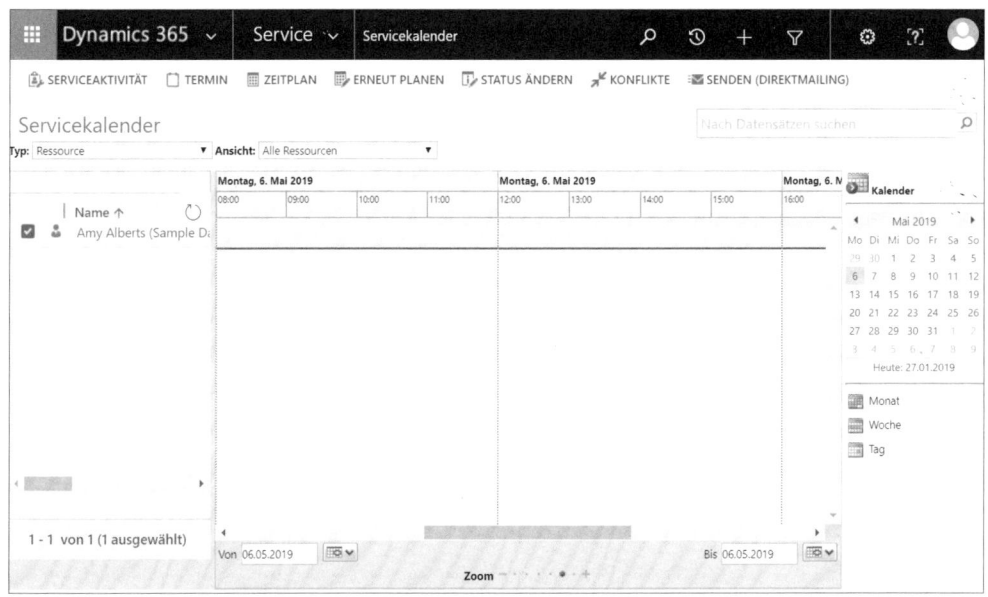

Abbildung 7.78 Planen Sie Ihre Serviceaktivitäten gemeinsam im Team.

Über den Menüpunkt SERVICEAKTIVITÄT in der Aktionsleiste öffnen Sie den in Abbildung 7.79 dargestellten Dialog zur Erfassung einer neuen Serviceaktivität.

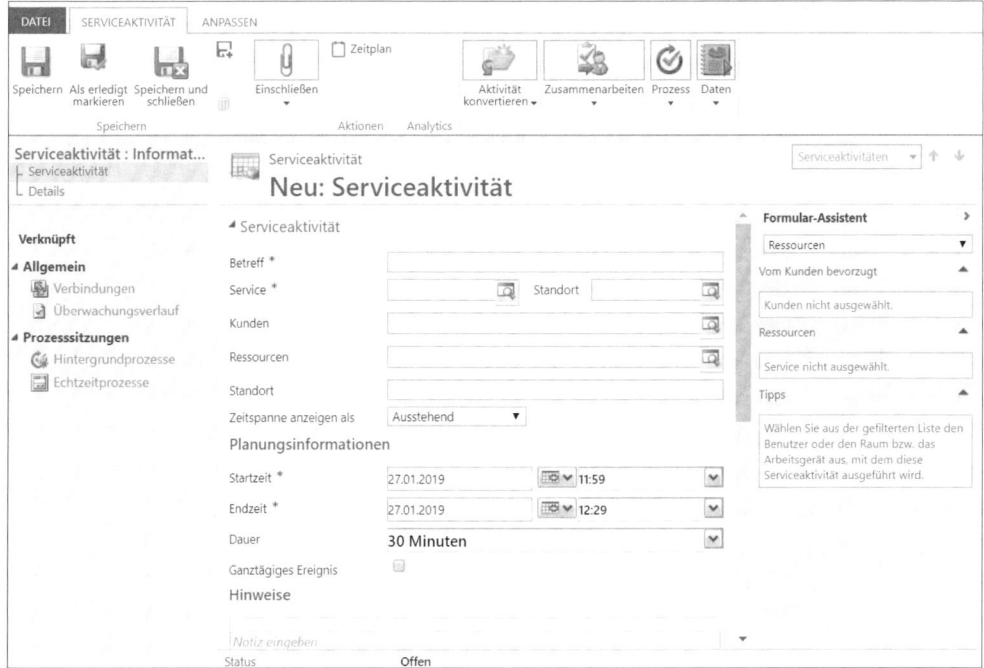

Abbildung 7.79 Erfassen Sie eine neue Serviceaktivität.

357

Hier stehen Ihnen folgende Aktionen zur Auswahl:

- **Aktivität planen**: Geben Sie alle erforderlichen Informationen für den durchzuführenden Service an. Hierzu gehören beispielsweise die Beschreibung der durchzuführenden Tätigkeiten und die Zeitplanung.
- **Bearbeiter festlegen**: Unter dem Menüpunkt »Zusammenarbeiten« können Sie den Bearbeiter für die Serviceaktivität auswählen.
- **Ticket erstellen**: Wenn während der Durchführung der Serviceaktivität Probleme auftreten, können Sie direkt an dieser Stelle ein Ticket erstellen.
- **In Verkaufschance umwandeln**: Im Rahmen eines Service-Auftrags können sich neue Verkaufschancen ergeben. Sie können diese im System erfassen, und Ihre Kollegen aus dem Vertrieb werden hierüber automatisch benachrichtigt.
- **Prozess auslösen**: Sie können eigene Prozesse für Ihren Kundenservice einrichten und entweder manuell ausführen oder auf Basis bestimmter Datenkonstellationen automatisiert ablaufen lassen.

Unterstützen Sie den Kundenservice mit Teams

Im Rahmen des Kundenservices werden Sie häufig mit Ihren Kunden telefonieren. Es kann dabei um die Meldung eines Problems, die Vereinbarung eines Service-Termins oder eine Nachfrage während der Bearbeitung eines Tickets gehen.

Sie können *Teams* so konfigurieren, dass Sie auch von außerhalb des Unternehmens erreicht werden können. Wenn Ihre Kunden nun Ihren Empfang oder einen zentralen Servicemitarbeiter anrufen, ist der gewünschte Ansprechpartner bei Ihnen möglicherweise gerade nicht verfügbar.

Sie können einen Anruf in *Teams* »parken« und damit u. a. folgende Szenarien unterstützen:

- Der benötigte Experte in Ihrem Unternehmen wird über eine Nachricht im Chat-Bereich eines Kanals benachrichtigt und kann hierüber den Anruf entgegennehmen.
- Sie können von einem mobilen Gerät zur Desktop-Applikation von *Teams* wechseln. Sie müssen dazu lediglich den Code für das Telefonat angeben.
- Wenn Sie beispielsweise im produzierenden Gewerbe arbeiten und die meisten Mitarbeiter nicht an einem Büroarbeitsplatz arbeiten, können Sie ein Terminal mit *Teams* bereitstellen. Durch die Benachrichtigung über einen geparkten Anruf kann der gewünschte Mitarbeiter den Anruf entgegennehmen.

Weitere Informationen hierzu finden Sie bei Microsoft unter der Website *https://docs.microsoft.com/de-de/microsoftteams/call-park-and-retrieve*.

Projektplanung und -steuerung

Wenn Sie mehr im Bereich des Projektgeschäfts aktiv sind, haben Sie mit *Teams* und *SharePoint* zwar bereits verschiedene Möglichkeiten kennengelernt; diese bezogen sich aber eher auf die Zusammenarbeit innerhalb des Projektteams. Bei Dynamics liegt der Fokus ähnlich wie bei Project auf der Projektplanung und -steuerung, wobei die Stärken von Dynamics in der Verknüpfung zwischen den projektrelevanten Informationen sowie den Kundendaten und den Mitarbeiterinformationen liegen.

Wir gehen in unserem Szenario davon aus, dass wir gerade einen neuen Kundenauftrag erhalten haben. Zuvor haben Sie bereits im CRM-System den Lead- und Angebotsprozess durchlaufen und nutzen *Teams* zur teaminternen Organisation des Projektes. Zur Unterstützung des Projektleiters legen Sie jetzt aber auch das Projekt in Ihrer Prozesslösung an, um bei der Projektsteuerung zukünftig durch ein Tool unterstützt zu werden.

Rufen Sie dafür über den Pfeil nach unten neben dem Menüpunkt DYNAMICS das Menü mit den verfügbaren Diensten auf. Darin wählen Sie den Menüpunkt PROJECT SERVICE aus.

Rufen Sie in der linken Navigation den Menüpunkt PROJEKTE auf und betätigen Sie anschließend die Schaltfläche NEUES PROJEKT oben in der Aktionsleiste, um auf die in Abbildung 7.80 dargestellte Erfassungsmaske zu gelangen.

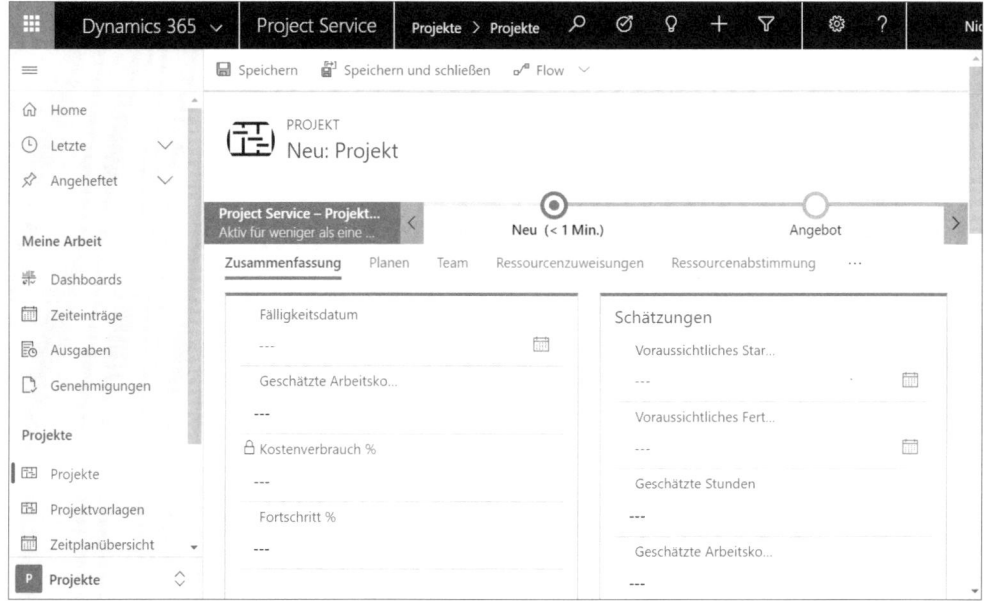

Abbildung 7.80 Legen Sie ein neues Projekt an.

Auch in dieser Maske finden Sie wieder eine Prozessleiste vor, die Ihnen Aufschluss darüber gibt, welcher Geschäftsprozess den Projekten zugrunde liegt und wie Sie ihn nach Bedarf an Ihre Bedürfnisse anpassen können.

Wir beginnen mit der Erfassung der allgemeinen Projektinformationen, die aus der Beauftragung eines Angebots stammen (auch hier arbeiten Sie also wieder geschäftsbereichsübergreifend zusammen). Legen Sie das Projekt anschließend über die Schaltfläche SPEICHERN in der Aktionsleiste an.

Anschließend können Sie Ihre Arbeitspakete über den Reiter PLANEN, wie aus Abbildung 7.81 ersichtlich, in Form einer sogenannten *Work Breakdown Structure* planen. Sie können die Planung Ihres Projektes auch mithilfe von *Project* vornehmen, indem Sie den Menüpunkt IN MS PROJECT ÖFFNEN in der Aktionsleiste aufrufen.

Neben den anstehenden Tätigkeiten ist es für Sie im Projekt elementar, dass Sie die für die Erfüllung der jeweiligen Tätigkeit erforderlichen Rollen bzw. Skill-Sets festlegen. Auf dieser Basis stellen Sie Ihr Team zusammen und können prüfen, welche Mitarbeiter gerade verfügbar sind und für die entsprechende Rolle in Frage kommen.

Hier zeigt sich wieder eine enge Verbindung zu einem anderen Geschäftsbereich, der Personalabteilung (separates Modul in Dynamics). Nur, wenn die Fähigkeiten eines Mitarbeiters im Rahmen eines Skillmanagements gepflegt und kontinuierlich aktualisiert werden, können Sie diese Informationen während der Projektplanung nutzen.

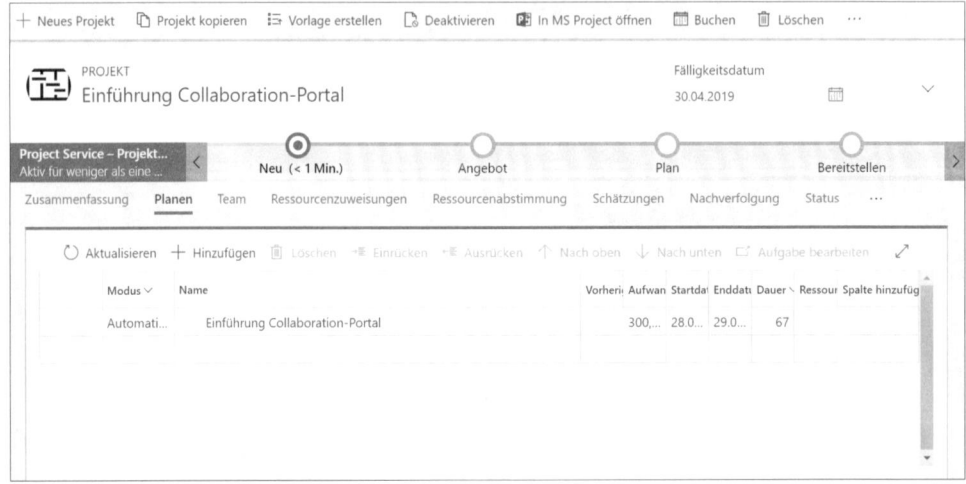

Abbildung 7.81 Planen Sie die im Projekt anstehenden Tätigkeiten und weisen Sie diese Rollen bzw. Personen zu.

Auch hier sind Anpassungen erlaubt, Sie können beispielsweise eine Verknüpfung zwischen dem Projektteam in *Teams* und der primär für den Projektleiter und das Management relevanten Projektplanung und -steuerung einrichten. Es wäre auch denkbar, dass Sie beispielsweise bei Änderungen der Planung automatisch eine entsprechende Nachricht in einem Kanal Ihres Teams posten. Lassen Sie Ihrer Kreativität freien Lauf!

7.4.3 Kurzvorstellung: Finanzwesen, Fertigung und Supply Chain Management

Für die Unterstützung der zentralen Steuerung der Unternehmensfinanzen und für den gesamtheitlichen Blick auf Ihre Wertschöpfungskette ist eine zentrale Prozesslösung empfehlenswert. Durch die Auflösung von Datensilos und Einrichtung einer gemeinsamen Datenbasis für beispielsweise Kunden, Leads und Projekte können Sie auf alle unternehmensrelevanten Informationen zugreifen und Querverbindungen herstellen, die vorher nahezu unmöglich waren.

Ich beleuchte nun einige Vorteile, die sich Ihnen mit einer unternehmensweiten Prozesslösung bieten:

- **Mitarbeiterproduktivität erhöhen**: Durch die auf Ihre Rolle zugeschnittene Arbeitsumgebung inklusive intelligenter Automatismen sowie eine bereits vom System vorgenommene Priorisierung Ihrer Aufgaben werden Sie produktiver. Mit der Integration in Microsoft 365 wird Ihnen außerdem eine nahtlose Zusammenarbeit mit Ihren Kollegen erlaubt.
- **Qualität steigern**: Verbessern Sie die Produktqualität und erhöhen Sie damit die Kundenzufriedenheit, indem Sie Probleme anhand von Echtzeitdaten und *Predictive Intelligence* identifizieren und lösen.
- **Kundenanforderungen individuell umsetzen**: Sie können schneller auf Kundenanforderungen reagieren, wenn Sie Ihre Prozesse automatisieren.
- **Arbeitsabläufe verbessern**: Sie können die Fertigungsparameter für jede Produktfamilie, einschließlich Lagerfertigung, Auftragsfertigung und weiterer Verfahren, anpassen und optimieren.
- **Unternehmenslogistik optimieren**: Optimieren Sie den Warenfluss für Rohmaterialien und Ihre Fertigungserzeugnisse durch eine an Ihre individuellen Bedürfnisse angepasste Lager- und Logistikverwaltung. Optimieren Sie darüber die Auftragserfüllung und senken Sie Kosten, indem Sie die Logistik an allen Standorten und Lagern sowie für alle Transportarten synchronisieren.
- **Einheitliches Warenwirtschaftssystem aufbauen**: Vernetzen Sie Verkauf und Einkauf nahtlos mit Logistik, Produktion und Lagerverwaltung und erhalten Sie einen umfassenden Überblick über Ihre Lieferkette.
- **Betriebsausgaben senken**: Sie können die Betriebskosten aller Geschäftsbereiche und Standorte reduzieren, indem Sie Ihre Finanzprozesse sowie die Budgetplanung und Budgetkontrolle automatisieren.

Wie Sie sehen, handelt es sich hierbei weniger um ein einzelnes Modul als vielmehr um die mit dem Einsatz einer unternehmensweiten Prozesslösung verbundenen Vorteile. Durch die an einer zentralen Stelle zusammenfließenden Informationen können an leitender Stelle im Finanzwesen oder operativen Geschäft wesentlich fundiertere Entscheidungen gefällt werden.

7.4.4 Kurzvorstellung: Rekrutierung und Onboarding neuer Mitarbeiter

Im Rahmen der Projektplanung haben wir bereits über die Mitarbeiter und die Zusammenarbeit mit der Personalabteilung gesprochen. An dieser Stelle betrachten wir die Möglichkeiten von Dynamics etwas genauer.

Rekrutierung neuer Mitarbeiter

Wir beginnen mit dem Rekrutierungsprozess inkl. des Personalauswahlverfahrens, das ich bereits in Abschnitt 1.4.2 im Rahmen der Auswirkungen der Digitalisierung auf unseren Arbeitsalltag beleuchtet habe.

Das Modul *Talent: Attract* erlaubt es Ihnen, den Bewerbungsprozess nach Ihren Bedürfnissen auszurichten. So können Sie beispielsweise auf einer gemeinsamen Plattform eng mit Personalvermittlern zusammenarbeiten und auf diese Weise möglichst die besten Talente anwerben.

Ihnen werden dabei folgende relevante Funktionen angeboten:

- Konfiguration der Phasen und Aktivitäten des Rekrutierungsprozesses
- Verfassen von Stellenausschreibungen
- Veröffentlichen von Stellenausschreibungen auf Ihrer Website und auf Jobvermittlungsportalen
- Verknüpfung mit *LinkedIn Recruiter* mittels der Integration »Recruiter-System vernetzen« (RSC)
- Standardisierung von Kandidatenprofilen, -pools und -pipelines
- Vereinfachung von Interviews
- Optimierung der Angebotserstellung

Mit der automatisierten Veröffentlichung Ihrer Stellenausschreibungen können Sie auch Ihren Kollegen aus der Personalabteilung viel Arbeit ersparen. Einmal im System hinterlegt, ist es kinderleicht, potenzielle Kandidaten über eine neue Vakanz zu informieren.

Neben der Veröffentlichung von Stellenausschreibungen ist es heutzutage umso wichtiger, einen sogenannten *Talentpool* zu pflegen. Hier stehen Sie bereits mit potenziellen Kandidaten im Kontakt, auch wenn aktuell keine für sie passende Stelle im Unternehmen verfügbar ist. Hier kann das Talentportal *LinkedIn* hilfreich sein, weil

Sie dort zusätzliche Informationen zu den Kandidaten einholen können. So lässt sich hier z. B. bereits prüfen, über welche Qualifikationen der Kandidat verfügt, ob er sich bereits schon einmal bei Ihnen beworben hat und bis zu welchem Punkt im Personalauswahlverfahren er gelangt ist.

Falls Sie bisher kein zentrales System für das Personalauswahlverfahren eingesetzt haben, können Sie mit diesem Modul auch für eine Standardisierung der erfassten Informationen sorgen. Dadurch lassen sich Kandidaten besser miteinander vergleichen, Ihnen wird damit die Auswahl für die Besetzung einer Stelle erleichtert.

Eine weitere Aufgabe im Personalauswahlverfahren ist die Vereinbarung von Interview-Terminen. Gewöhnlich kümmert sich darum ein Mitarbeiter der Personalabteilung, der oft in den Kalendern der Beteiligten mühsam nach einem gemeinsamen freien Termin suchen muss. Durch die enge Verbindung zu Microsoft 365 können Sie die Terminvereinbarung automatisieren und sich dadurch auf die eigentliche Kernaufgabe konzentrieren.

Kommen wir zum Schluss auf die wichtige Anwendergruppe der Bewerber zu sprechen. Bisher war es wahrscheinlich häufig der Fall, dass Sie selbst eine Bewerbung bei einem Unternehmen eingereicht haben und von diesem Moment an auf Informationen warten mussten. Mögliche Fragen, die Sie sich stellten: Ist die Bewerbung eingegangen? Werde ich zu einem Vorstellungsgespräch eingeladen oder wartet das Unternehmen noch, ob sich jemand bewirbt, der besser als ich zu der Stelle passt? Wenn Sie nicht länger warten mochten, half nur noch der Griff zum Telefon, um bei dem Unternehmen nachzufragen. Mit Dynamics können Sie nun etwas für Ihre Bewerber tun. Erstellen Sie ein Portal, über das nicht nur die Bewerbungen eingereicht werden können, sondern in einer Art Self-Service auch wesentliche Informationen zum Status der Bewerbung verfügbar sind. Damit sind die Zeiten von hin und her gesendeten E-Mails vorbei. Auch die Vereinbarung von Terminen oder der Austausch von Dokumenten wird deutlich vereinfacht.

Onboarding

Wenn Sie einen neuen Mitarbeiter für sich gewinnen konnten, steht irgendwann sein erster Arbeitstag an. Viele Kandidaten stellen bereits im Rahmen ihres Interviews die Frage, wie sie sich auf die neue Stelle vorbereiten können. Haben Sie hierfür bereits einen Prozess in Ihrem Unternehmen etabliert? Falls nicht, sollten Sie das Modul *Talent: Onboard* ausprobieren.

Sie können damit individuelle Onboarding-Leitfäden erstellen, die Sie dem neuen Mitarbeiter entweder vorab über ein *Portal* oder am ersten Arbeitstag zur Verfügung stellen. Auch die intern in Ihrem Unternehmen erforderlichen Vorbereitungen auf den neuen Mitarbeiter können so abgebildet und zum Teil automatisiert werden.

Die Erstellung eines Onboarding-Leitfadens kann von Ihnen allein oder auch gemeinsam in einem Team durchgeführt werden. Auch wenn Sie einen Leitfaden vollkommen individuell erstellen können, werden Sie wahrscheinlich abhängig von der jeweiligen Stelle oder Rolle immer wieder ähnliche Leitfäden benötigen. Daher können Sie den ersten als Vorlage speichern und bei Leitfäden für neue Mitarbeiter jeweils bereits auf einer Auswahl an zu erledigenden Punkten aufbauen.

Bei den in dem Leitfaden zu erfassenden Informationen muss es sich nicht zwingenderweise um reinen Text handeln. Sie können auch Videos, Abbildungen und Verlinkungen integrieren und den Leitfaden auch gleichzeitig mit einer Willkommensnachricht ausstatten. So kann sich der neue Kollege direkt bei Ihnen wohlfühlen.

Zusätzlich sollten Sie den neuen Kollegen auch mit den wichtigen Ansprechpartnern im Unternehmen vernetzen und den Austausch untereinander fördern. Auch dazu können Sie Vorbereitungen treffen, sodass der neue Mitarbeiter direkt auf einen Blick sieht, wer für welche Bereiche im Unternehmen verantwortlich ist.

Mitarbeiterverwaltung

Wie sieht es aber mit den bereits eingestellten Mitarbeitern aus? Mit dem Modul *Core HR* werden Ihnen im Rahmen eines Self-Service einige Funktionen angeboten, die Ihnen als Mitarbeiter mehr Freiraum geben und gleichzeitig die Personalabteilung entlasten können.

So können Vorgesetzte beispielsweise Änderungen wie den Abteilungswechsel eines Mitarbeiters selbst vornehmen, ohne dass die Personalabteilung involviert werden muss. Mitarbeiter dagegen können ihre persönlichen Daten z. B. nach einem Umzug verändern. Mit den neuen Möglichkeiten können Sie also einige Zeit einsparen. Dies betrifft natürlich neben diesem Beispiel noch viele weitere Prozesse.

Als eine weitere wichtige Komponente in diesem Bereich sind noch die möglichen Feedback-Prozesse zu nennen. Sie können einen Bereich einrichten, in dem schnell und unkompliziert Feedback ausgetauscht werden kann. Sie können beispielsweise der Kollegin aus der Personalabteilung mitteilen, wie hilfreich ihre Antwort auf eine von Ihnen gestellte Frage war. Durch den persönlichen Austausch untereinander verbessern Sie ganz allgemein die Zusammenarbeit in Ihrem Unternehmen.

Sorgen Sie außerdem dafür, dass jeder Mitarbeiter seine Fähigkeiten pflegen und mit möglichen Karrierewegen abgleichen kann, um so seine nächsten Weiterbildungsmaßnahmen selbst planen zu können. Ermutigen Sie damit die Mitarbeiter zur aktiven Förderung ihrer Karriere. Wenn in Ihrem Unternehmen transparent mit den möglichen Entwicklungsschritten umgegangen wird, können Sie ein Expertenportal aufbauen. Die hier erfassten Informationen helfen Ihnen wiederum im Bereich der Projektdurchführung, sobald Sie nach einem Experten für ein bestimmtes Thema suchen.

7.4.5 Anpassungsmöglichkeiten – Ihre individuellen Prozesse

Wir haben bisher ausschließlich die bereits im Standard angebotenen Funktionen von *Dynamics* betrachtet. In vielen Fällen wird diese Konfiguration bereits ausreichen. Die große Stärke des Dienstes besteht aber in seiner Anpassungsfähigkeit. Sie können nahezu jedes Formular anpassen, Prozesse einrichten und automatisieren, eigene Dashboards erstellen oder auch Schnittstellen zu externen Systemen schaffen.

Prozesse mit Power Automate unterstützen

Wenn Sie noch einmal dieses Kapitel Revue passieren lassen und die Aktionsleiste in den unterschiedlichen Masken genauer betrachten, so werden Sie häufig einen Menüpunkt AUTOMATISIEREN finden, wie er in Abbildung 7.82 dargestellt ist.

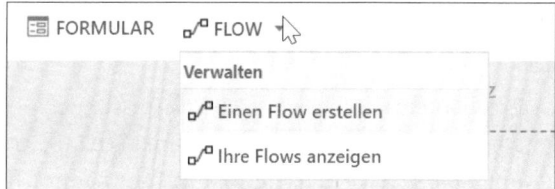

Abbildung 7.82 Automatisieren Sie Ihre Prozesse mithilfe von Power Automate.

Genau wie bei einer SharePoint-Liste können Sie über Power Automate Prozesse manuell oder auf Basis bestimmter Regeln automatisiert auslösen. Wenn Sie den Menüpunkt EINEN FLOW ERSTELLEN auswählen, öffnet sich in einem neuen Browser-Fenster oder -Tab *Power Automate* mit der in Abbildung 7.83 dargestellten Information.

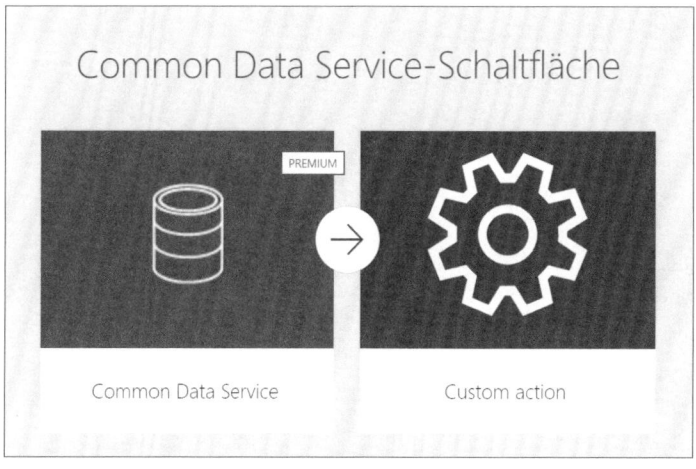

Abbildung 7.83 Fügen Sie einen neuen Flow als Custom Action zu Ihrer Entität hinzu.

Aus SharePoint ist der Begriff der *Custom Action* für technische Berater und Entwickler etwas Bekanntes. Hiermit wird ein eigens hinzugefügter Menüpunkt bezeichnet,

7 Ausgewählte Unternehmensprozesse unterstützen

der beliebige Aktionen ausführen kann. Doch was hat es mit dem Begriff des *Common Data Service* auf sich?

Ich habe in den vergangenen Abschnitten mehrfach davon gesprochen, dass Sie aus verschiedenen Geschäftsbereichen heraus auf gemeinsame Daten zugreifen. Das waren beispielsweise die Kundendaten. Für die Kunden haben Sie verschiedene sogenannte *Entitäten* genutzt, wie beispielsweise »Firma« und »Kontakt«. Diese gemeinsamen Daten werden in einem Set über den *Common Data Service* – also einen Dienst – angeboten und können von verschiedenen Anwendungen genutzt werden. Durch dieses Modell müssen Sie nicht immer wieder dieselben Entitäten für jede Anwendung neu aufbauen, sondern können diese für Ihre jeweilige Anwendung nutzen und sogar auf die durch die verschiedenen Anwendungen erfassten bzw. geänderten Daten zugreifen.

Formulare mit Power Apps gestalten

Sie können die Erfassungsmaske einer jeden Entität nach Ihren Bedürfnissen anpassen. Dazu rufen Sie innerhalb der entsprechenden Maske den Menüpunkt FORMULAR in der Aktionsleiste auf (siehe Abbildung 7.82). Je nach Bildschirmauflösung kann sich der Menüpunkt hinter der 3-Punkte-Schaltfläche verbergen.

Wie Sie in Abbildung 7.84 sehen können, sind Sie nun in Power Apps und können Ihr Formular nach Belieben verändern.

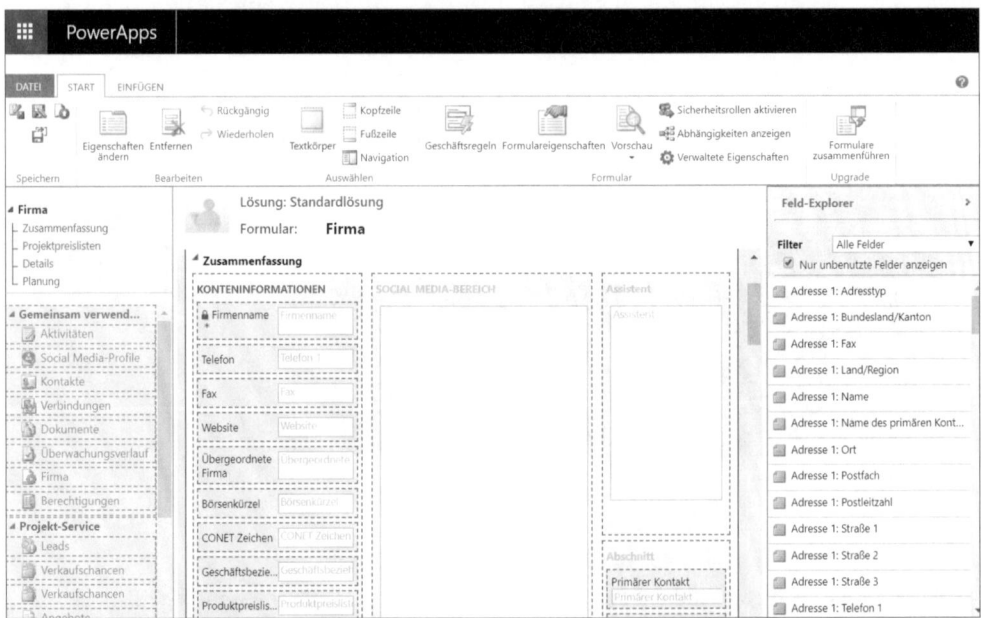

Abbildung 7.84 Gestalten Sie Ihre Formulare über einen Designer ganz nach Ihren Anforderungen.

Im mittleren Bereich des Designers sehen Sie Ihr Formular und können aus dem rechten Bereich mittels Drag & Drop die Felder Ihrer Entität im Formular positionieren. Außerdem werden Ihnen weitere Anpassungsmöglichkeiten angeboten:

- **Geschäftsregeln**: Geschäftsregeln werden zentral für Ihr Unternehmen definiert. So kann beispielsweise geregelt sein, dass ab einem Wert von 100.000 € eine weitere Rolle in den Prozess einbezogen werden muss. Sie können in Ihrem Formular festlegen, ob und für welches Feld eine solche Regel angewendet werden soll.
- **Layout**: Sie können neue Abschnitte, Registerkarten und Steuerelemente hinzufügen und darüber den inhaltlichen Aufbau anpassen.
- **Formulareigenschaften**: Hier können Sie Aktionen (in Form einer Javascript-Datei definiert) konfigurieren, die beispielsweise beim Laden des Formulars ausgeführt werden sollen.

Sie können Ihre Änderungen jederzeit speichern. Die neue Version steht aber erst nach der Veröffentlichung als separatem Schritt allen Anwendern zur Verfügung.

Individuelle Lösungen erstellen

Auch wenn Sie nun die allgemeingültigen Prozesse innerhalb Ihres Unternehmens mit den Standardfunktionen sowie einzelnen Anpassungen unterstützen können, wird es doch eine Reihe an Prozessen geben, für die Sie entweder heute schon eigene Lösungen einsetzen oder für die Sie nun eine neue Lösung erstellen möchten. Auch das können Sie mit Dynamics umsetzen. Rufen Sie dazu die Kachel EINSTELLUNGEN und anschließend den Menüpunkt ANPASSUNG • LÖSUNGEN auf (siehe in Abbildung 7.85).

Abbildung 7.85 Rufen Sie die in Dynamics eingerichteten Lösungen auf.

Klicken Sie auf das Icon ganz links in der Aktionsleiste (siehe Abbildung 7.86), um Ihre eigene Anwendung zu erstellen.

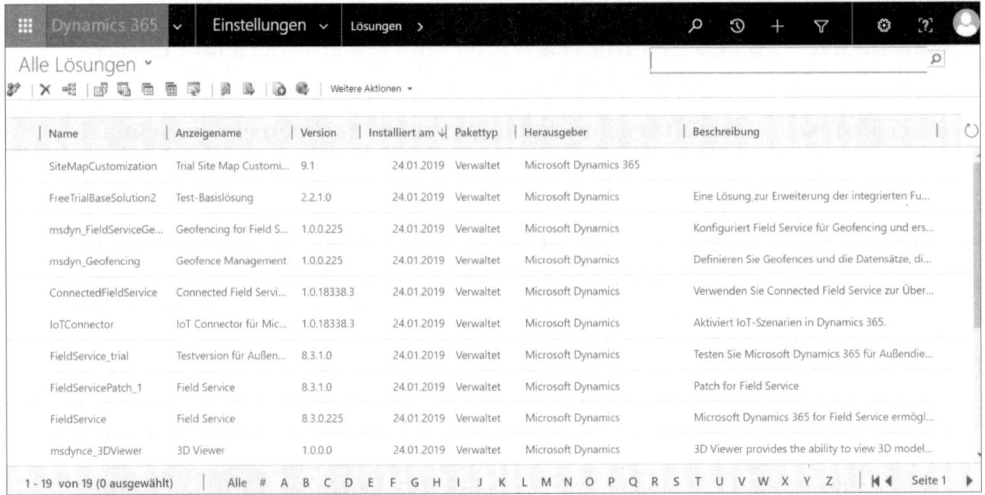

Abbildung 7.86 Aus der Auflistung heraus können Sie eine eigene individuelle Lösung erstellen.

Sie gelangen dadurch in den in Abbildung 7.87 dargestellten Konfigurationsdialog. Geben Sie als Erstes einen Namen für Ihre Lösung an und speichern Sie die Eingabe. Anschließend können Sie die in Ihrer Lösung benötigten Entitäten verwalten. Dabei kann es sich um bereits in anderen Lösungen verwendete Entitäten wie beispielsweise die Mitarbeiter oder Projekte oder auch um ganz individuell zu dieser Anwendung gehörende Entitäten handeln. Prüfen Sie dabei gründlich, ob die hier angelegten Entitäten nicht auch für andere Lösungen interessant sein könnten.

Sie können hier u. a. Formulare und Formularübergänge, Regeln und Prozesse definieren und den Prozess Ihren Bedürfnissen gemäß unterstützen.

> **Heißt das, dass ich komplett ohne Programmierung meine Lösungen erstellen kann?**
>
> In vielen Fällen können Sie über den Designer tatsächlich Ihre gesamte Lösung durch Konfiguration einrichten. Wenn Ihnen die angebotenen Möglichkeiten zur Erstellung der Formulare, Regeln und Workflows ausreichen, besteht kein Bedarf mehr, einen Entwickler hierfür hinzuzuziehen.
>
> Manchmal sind Anforderungen jedoch so speziell, dass sie nicht mehr mit den gegebenen Funktionen realisiert werden können. In diesem Fall wird ein sogenanntes *Plug-In* erstellt. Dieses können Sie im Designer über den Menüpunkt PLUG-IN-ASSEMBLYS in der linken Menüleiste zu Ihrer Lösung hinzufügen.

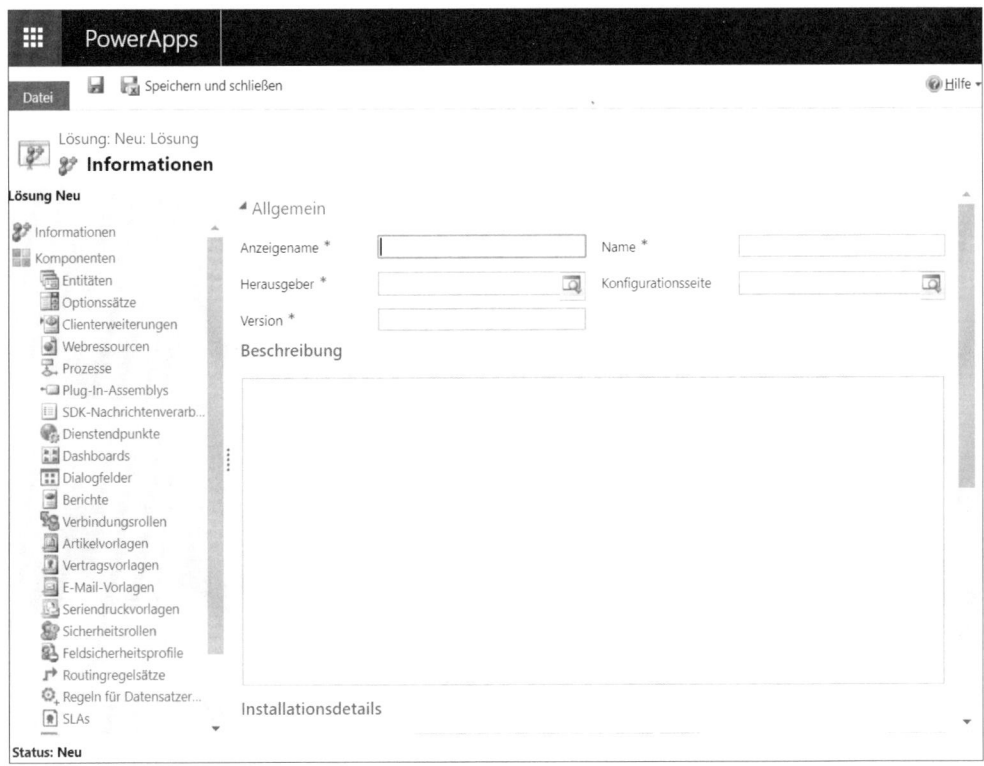

Abbildung 7.87 Gestalten Sie Ihre Anwendung über einen Designer nahezu ohne Programmierkenntnisse.

Erweitern Sie Ihr Collaboration-Portal um eine Prozessplattform

Sie haben in diesem Kapitel einen Überblick über die vielfältigen Möglichkeiten der Prozessunterstützung sowie die enge Verbindung zwischen dem Collaboration- und dem Prozessbereich erhalten. Sie können Ihre Plattform ganz nach Ihren Bedürfnissen gestalten und Ihre Arbeitsabläufe optimieren, damit Sie und Ihre Kollegen von administrativen bzw. Routineaufgaben entlastet werden und mehr Freude bei der Bearbeitung Ihrer Kernaufgaben haben.

Dieses Kapitel konnte Ihnen aber lediglich einen Überblick über die verschiedenen Funktionen geben. Weiterführende Informationen finden Sie unter:

- **Dynamics 365**: *https://docs.microsoft.com/de-de/dynamics365/*
- **Power Automate**: *https://docs.microsoft.com/de-de/power-automate/*
- **Power Apps**: *https://docs.microsoft.com/de-de/PowerApps/PowerApps-overview*

Kapitel 8
»Mobile first« – Zusammenarbeit auch von unterwegs

»Wir sind nur so stark, wie wir vereint sind, und so schwach, wie wir getrennt sind.« (Joanne K. Rowling)

Arbeit findet gerade in der heutigen Zeit nicht mehr zwingend im Büro statt. Ob im Homeoffice oder unterwegs während einer Dienstreise, wir sind in vielen Fällen darauf angewiesen, auch von dort aus mit unserem Team zusammenzuarbeiten. In diesem Kapitel betrachten wir die von Microsoft angebotenen Apps (siehe Abbildung 8.1), und Sie lernen, wie Sie sie am sinnvollsten einsetzen können.

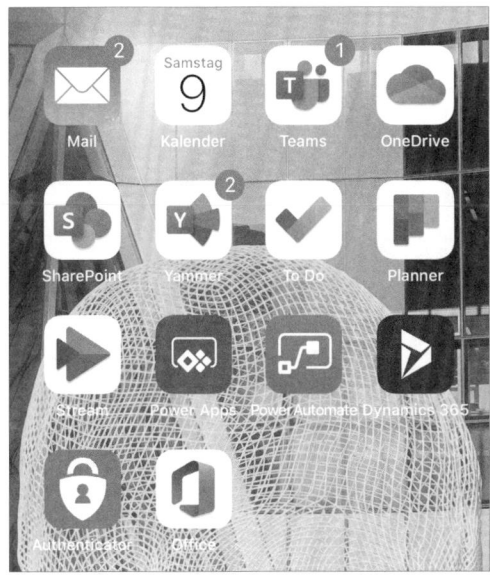

Abbildung 8.1 Für nahezu jeden Microsoft-365-Dienst wird Ihnen eine mobile App zur Verfügung gestellt.

8.1 E-Mail-Kommunikation und Terminverwaltung mit Outlook

Für die Kommunikation per E-Mail können Sie in der Regel die standardmäßig auf Ihrem Smartphone installierte E-Mail-App verwenden. Über eine entsprechende Konfiguration durch Ihren Administrator erhalten Sie anschließend Ihre E-Mails und Termineinladungen ohne die Installation einer weiteren App. Auch für die Terminverwaltung können Sie normalerweise die App Ihres Smartphones verwenden. Falls diese Apps aber Ihre Ansprüche nicht erfüllen oder Sie diese bereits für andere Konten nutzen, steht Ihnen die die mobile App von Outlook zur Verfügung.

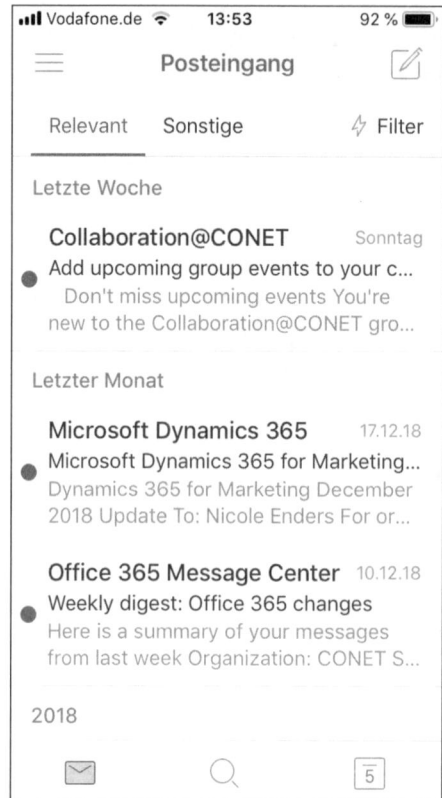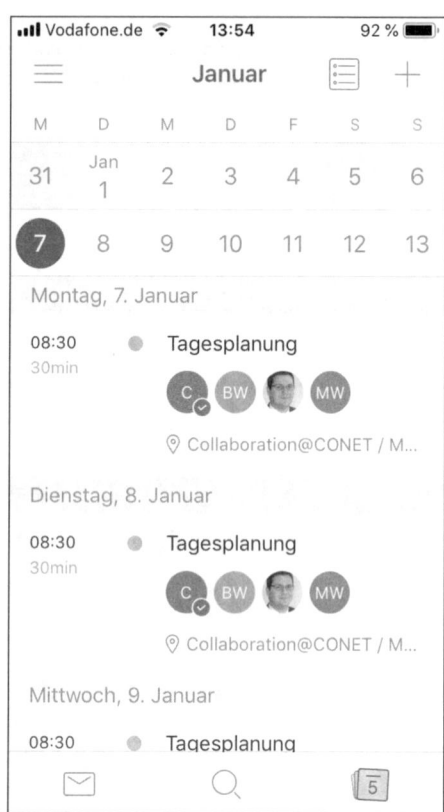

Abbildung 8.2 Nutzen Sie Outlook zur E-Mail-Kommunikation und Terminverwaltung

In Abbildung 8.2 sehen Sie links eine Übersicht über Ihre E-Mails. Sie können hier Nachrichten lesen, beantworten und weiterleiten oder neue Nachrichten versenden. Im rechten Bereich sehen Sie die Ansicht für die Terminverwaltung. Hier können Sie anstehende Termine einsehen oder selbst Termine planen.

8.2 Microsoft Teams

Auch wenn Sie unterwegs sind, können Sie mit Ihrem Team zusammenarbeiten. Abbildung 8.3 zeigt im linken Bereich eine Übersicht über Ihre Teams, die Sie in der Desktop-Applikation von *Teams* als Favoriten gekennzeichnet haben.

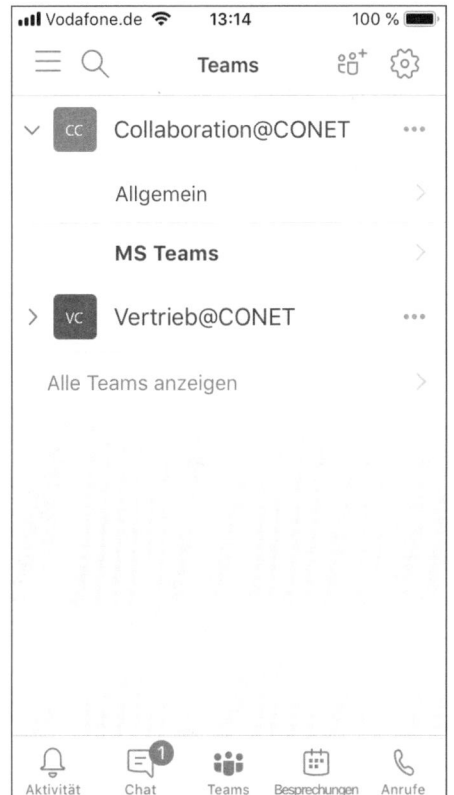 

Abbildung 8.3 Arbeiten Sie von überall aus gemeinsam mit Ihrem Team.

Die App erlaubt folgende Aktionen:

- **Chat**: Sie können mit einem beliebigen Kollegen chatten und auf diese Weise ad hoc Informationen einholen oder teilen.
- **Teams**: Sie können auf Ihre Teams zugreifen und sehen durch eine optische Hervorhebung, in welchen Kanälen ungelesene Neuigkeiten auf Sie warten (in diesem Beispiel im Kanal »MS Teams«).
- **Besprechungen**: An Besprechungen können Sie auch von unterwegs aus teilnehmen oder von dort neue Besprechungen planen.
- **Anrufe**: Sie können über die App angerufen und in bestehende Videokonferenzen eingebunden werden oder selbst einen Kollegen anrufen.

Pushbenachrichtigungen informieren Sie über Neuigkeiten. In der Menüleiste unten erhalten Sie außerdem direkt einen Überblick über die Anzahl der ungelesenen Nachrichten in den unterschiedlichen Kommunikationsbereichen.

Sie wählen den Kanal »MS Teams« aus, da es dort offenbar neue Informationen gibt; erkennbar daran, dass der Name des Kanals fett markiert hervorgehoben wird. In Abbildung 8.3 sehen Sie im rechten Bereich den Screen für einen geöffneten Kanal. Dort können Sie Nachrichten lesen oder Ihre eigenen Beiträge verfassen.

Wenn Sie den Menüpunkt BESPRECHUNGEN auswählen, sehen Sie teamübergreifend alle anstehenden Termine und können über die App auch daran teilnehmen. Wenn ein Kollege Sie über die Desktop-Anwendung zu einer laufenden Besprechung einlädt, erhalten Sie in der App einen Anruf und nehmen durch Annahme des Anrufs an der Besprechung teil.

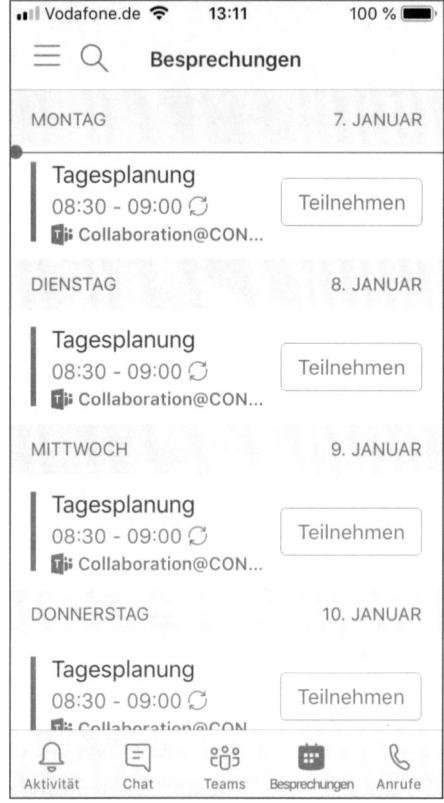

Abbildung 8.4 Behalten Sie den Überblick über die anstehenden Teambesprechungen.

Unter Umständen erhalten Sie den Anruf auch in der App, obwohl Sie gerade die Desktop-Anwendung nutzen. An welchem Gerät nehmen Sie den Anruf nun entgegen? Werfen wir doch einmal einen Blick in die Konfigurationsmöglichkeiten der App.

Tippen Sie auf das Hamburger-Menü ≡ oben links in der App, um das in Abbildung 8.5 links dargestellte Menü aufzurufen. Dort können Sie auf Ihre persönlichen Informationen, aber auch auf die Einstellungen der App zugreifen. Wählen Sie dazu den Menüpunkt EINSTELLUNGEN, und Sie gelangen in den im rechten Bereich der Abbildung dargestellten Konfigurationsbereich. Hier können Sie genau einstellen, welche Benachrichtigungen Sie erhalten möchten. Die wichtigste Einstellung ist dabei die Option ganz oben WENN ICH AM DESKTOP NICHT AKTIV BIN. Solange Sie diese Option nicht aktiviert haben, erscheinen die Benachrichtigungen sowohl in der App als auch in der Desktop-Anwendung.

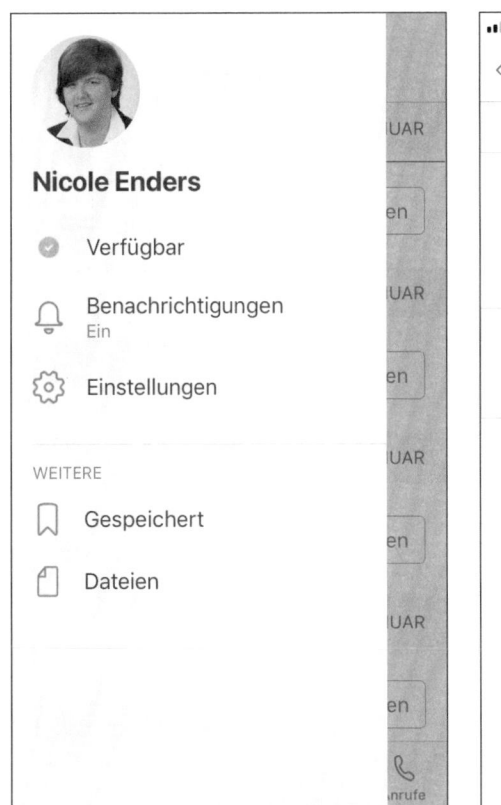
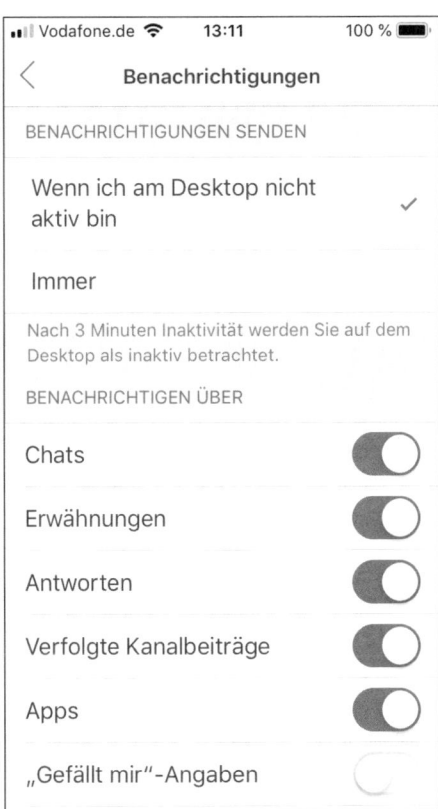

Abbildung 8.5 Rufen Sie über das Hamburger-Menü oben links in der App die Einstellungen auf.

8.3 Community-Arbeit mit Yammer

Neben *Teams* stellt Yammer eine weitere Komponente für den Austausch von sehr schnelllebigen Informationen dar. Um stets auf dem neuesten Stand zu bleiben, können Sie die Yammer-App nutzen.

Wenn Sie die App aufrufen, werden Ihnen, wie in Abbildung 8.6 links dargestellt, die Communities, in denen Sie Mitglied sind, mit den neuesten Beiträgen aufgelistet. Indem Sie auf eine Community tippen, rufen Sie deren Beiträge auf (siehe rechter Bereich). Dort stehen Ihnen folgende Aktionen zur Verfügung:

- Beiträge lesen
- Beiträge liken und kommentieren
- Eigene Beiträge erfassen (siehe Abbildung 8.7 rechts)

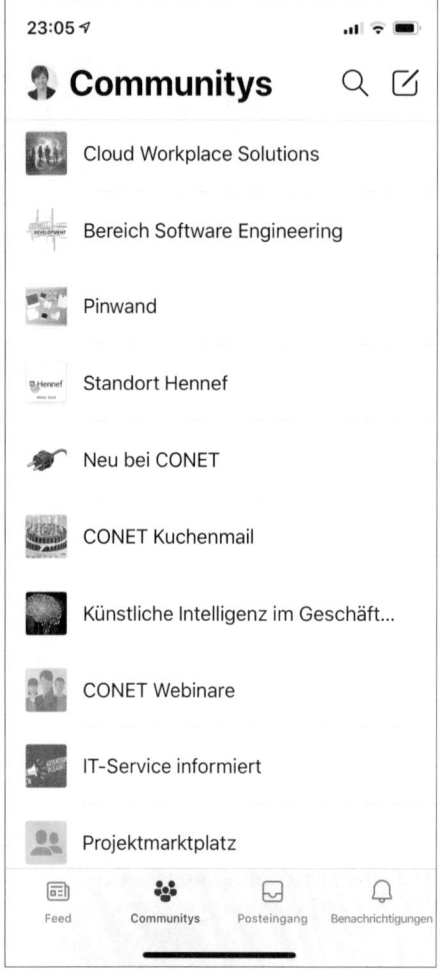 

Abbildung 8.6 Nutzen Sie Yammer zum schnellen Informationsaustausch in Ihren Communities.

Über die 3-Punkte-Schaltfläche unten rechts können Sie auch die GRUPPEN-PUSH-BENACHRICHTIGUNGEN konfigurieren. Wie Sie in Abbildung 8.7 links sehen, können Sie dort die für Sie wichtigen Communities auswählen.

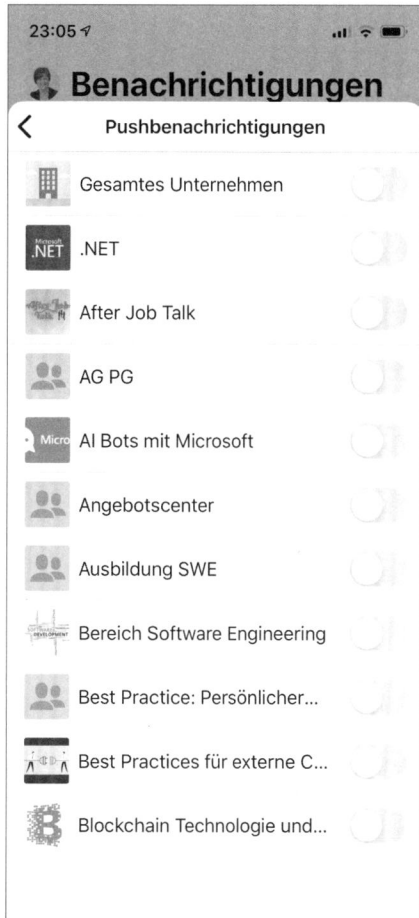
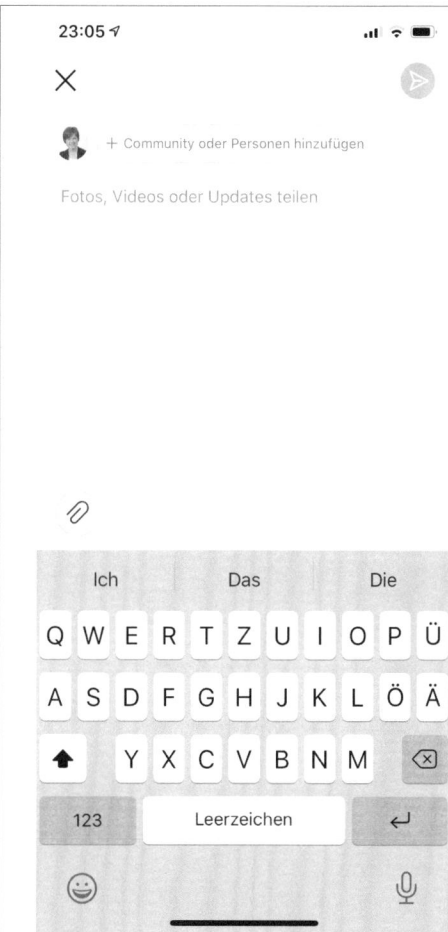

Abbildung 8.7 Stellen Sie ein, bei welchen Communities Sie Benachrichtigungen erhalten möchten, und schreiben Sie eigene Beiträge.

8.4 Aufgabenmanagement mit Planner

Kommen wir nun zum Bereich des Aufgabenmanagements. Sie haben dafür in den vorangegangenen Kapiteln dieses Buches den Dienst *Planner* kennengelernt. Auch hierfür gibt es eine App, um von unterwegs Ihre Aufgaben zu bearbeiten oder den Überblick über den aktuellen Stand Ihres Projektes zu behalten.

In Abbildung 8.8 sehen Sie links unter dem Menüpunkt PLANNER-HUB alle Pläne, in denen Sie Mitglied sind. Durch Auswahl eines Plans können Sie direkt in diesem Plan auf sämtliche darin enthaltenen Aufgaben zugreifen, neue Aufgaben erstellen oder Aufgaben bearbeiten sowie Ihren Status ändern.

 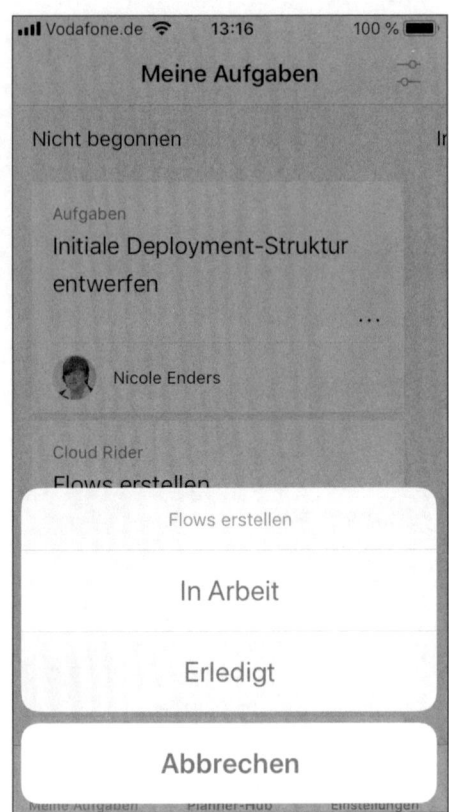

Abbildung 8.8 Mit der Planner-App können Sie von überall Ihre Aufgaben und Projekte verwalten.

Ich persönlich nutze Planner eher für die Verwaltung meiner eigenen Aufgaben, die ich über den Menüpunkt MEINE AUFGABEN erreichen kann. In Abbildung 8.8 sehen Sie rechts das persönliche Aufgaben-Board und können über die 3-Punkte-Schaltfläche einer Aufgabenkarte schnell den Status Ihrer Aufgabe ändern. So können auch Ihre Kollegen fortlaufend sehen, woran Sie gerade arbeiten und welche Aufgaben bereits erledigt sind.

8.5 Unternehmensweite Informationen in SharePoint

Da Sie Ihre unternehmensweit relevanten Informationen in SharePoint verwalten, sollten sie auch allen Mitarbeitern des Unternehmens möglichst einfach zur Verfügung stehen. Vielleicht haben Sie auch Mitarbeiter, die besonders viel reisen und primär ihr Smartphone statt eines Notebooks oder eines PCs nutzen.

Für diesen Fall ist die SharePoint-App sehr hilfreich. Wie Sie in Abbildung 8.9 links sehen, haben Sie in der App über den Menüpunkt NEUIGKEITEN den gleichen Überblick über die Unternehmensinformationen wie auf der Startseite Ihres Social Intranets.

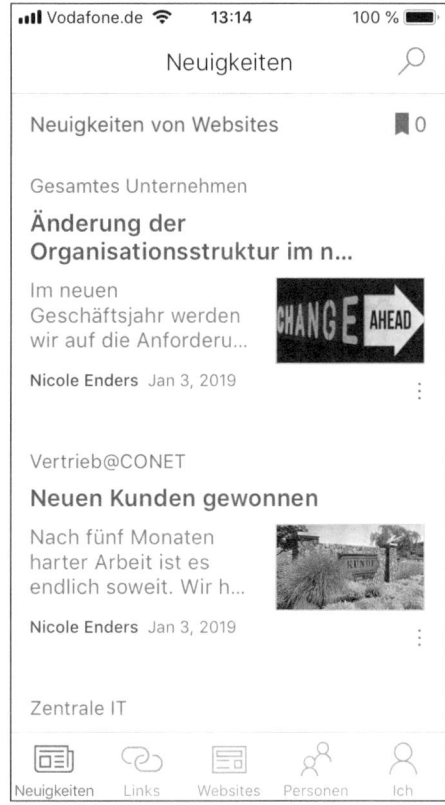 

Abbildung 8.9 Greifen Sie auch unterwegs auf wichtige Unternehmensinformationen zu.

Sie können einen der Beiträge antippen, den vollen Beitrag lesen und folgende Aktionen ausführen (siehe rechter Screen):

- mit »Gefällt mir« markieren
- kommentieren
- mit anderen Personen teilen

Auch, wenn der Zugriff auf die Neuigkeiten der primäre Einsatzzweck der App ist, können Sie zusätzlich auf zentral bereitgestellte Links, die verschiedenen Arbeitsräume sowie die Profilseiten Ihrer Kollegen zugreifen.

8.6 Dateien mit OneDrive verwalten

Sie haben OneDrive zur Verwaltung Ihrer persönlichen Ablage kennengelernt. Wenn Sie unterwegs sind und auf eine Datei zugreifen möchten, sollten Sie es so einfach wie möglich haben. Installieren Sie dafür die OneDrive-App. Sobald Sie die App gestartet haben, sehen Sie die in Abbildung 8.10 dargestellten Ordner der obersten Ebene Ihrer Ablage.

Abbildung 8.10 Mit der OneDrive-App haben Sie jederzeit Zugriff auf Ihre persönliche Ablage.

Wie Sie dort sehen, wird Ihnen eine Funktion besonders empfohlen. Diese erlaubt es Ihnen, mithilfe der Kamera Ihres Smartphones Dokumente, Whiteboards oder Visitenkarten zu fotografieren und anschließend in Ihre Ablage hochzuladen.

Scan-Funktion

Tippen Sie auf den Menüpunkt unten in der Mitte, um die Kamera Ihres Smartphones zu aktivieren. In dem in Abbildung 8.11 dargestellten Beispiel habe ich eine Visitenkarte ausgewählt. Sie sehen links, dass die Karte ein wenig von der Seite aufgenommen wird und auch die Unterlage zu erkennen ist, auf der die Visitenkarte liegt. Nachdem Sie den Aufnahmeknopf unten angetippt haben, wird das Bild aufbereitet. Das Ergebnis sehen Sie im rechten Screen der Abbildung.

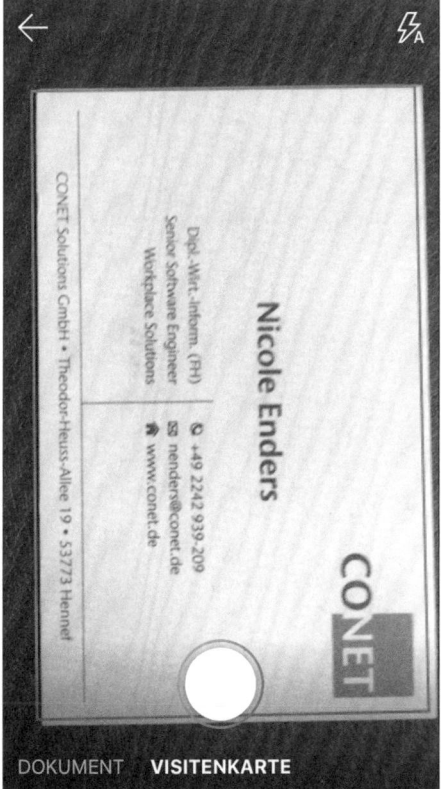 

Abbildung 8.11 Nutzen Sie die Scan-Funktion, um Visitenkarten, Dokumente und Arbeitsergebnisse zu fotografieren und digital abzulegen.

Wenn Sie mehrere Fotos einscannen möchten, können Sie auf das Pluszeichen tippen und einen erneuten Scanvorgang ausführen. Sobald Sie den Scan abgeschlossen haben, wird der Vorgang über die Schaltfläche FERTIG abgeschlossen.

Anschließend haben Sie in dem in Abbildung 8.12 gezeigten Dialog die Möglichkeit, einen Namen für Ihren Scan anzugeben und den Ordner auszuwählen, in dem die Datei gespeichert werden soll. Standardmäßig wird der Scan auf oberster Ebene in Ihrem OneDrive gespeichert. Über Antippen des Speicherorts DATEIEN können Sie einen beliebigen anderen Ordner auswählen.

In Abbildung 8.12 sehen Sie rechts den gespeicherten Scan und können die Datei nun mit Ihren Kollegen teilen.

Ein anderer Anwendungsfall aus der Praxis wäre ein Besuch bei Ihrem Kunden, bei dem Sie gemeinsam Themen am Whiteboard erarbeiten. Mit den oben dargestellten Funktionen können Sie diese Arbeitsergebnisse schnell aufbereiten und anschließend mit Ihrem Team teilen.

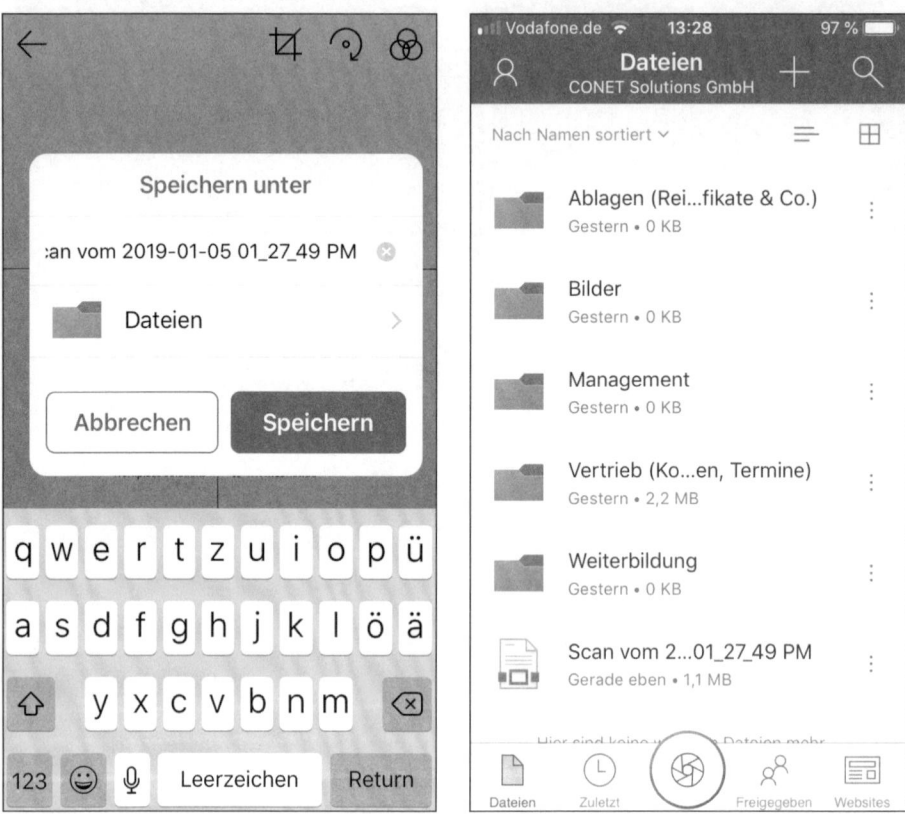

Abbildung 8.12 Speichern Sie Ihren Scan im gewünschten Ordner Ihrer Ablage und teilen Sie ihn anschließend mit Ihren Kollegen.

Teilen Sie Ihre Fotos mit den Kollegen

In der Regel haben Sie über die Funktionen Ihres Smartphones auch die Möglichkeit, Informationen mit Ihren Kollegen zu teilen (siehe Abbildung 8.13).

Mit iOS beispielsweise können Sie Fotos direkt in OneDrive (oder *Teams*) veröffentlichen. Wählen Sie dazu einfach die entsprechenden Fotos aus und tippen Sie anschließend für das Ziel der Freigabe auf die Kachel ONEDRIVE. Sollte die Option nicht angezeigt werden, müssen Sie ggf. in die Einstellungen Ihres Smartphones wechseln und dort OneDrive als mögliches Ziel aktivieren.

Wenn Sie OneDrive ausgewählt haben, erscheint auch hier ein Dialog (siehe Abbildung 8.13 rechts), in dem Sie einen Ordner als Speicherort für Ihre Fotos auswählen können. Auf diese Weise habe ich beispielsweise sämtliche Screenshots für dieses Kapitel erstellt und verwaltet.

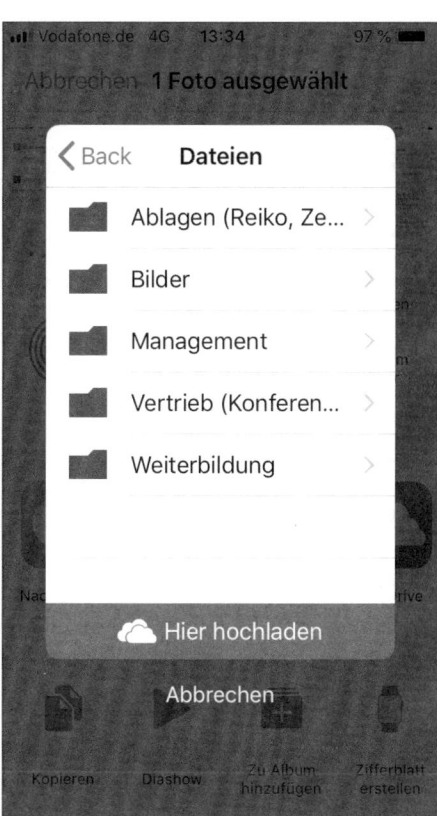

Abbildung 8.13 Laden Sie Ihre Fotos explizit nach OneDrive oder Teams hoch, um sie weiterzuverarbeiten.

8.7 Word, PowerPoint, Excel & Co.

Auch für die Standard-Office-Anwendungen wie Word, Excel und PowerPoint, aber auch für OneNote wird eine mobile App angeboten. Hiermit können Sie von jedem Ort aus Ihre Dateien öffnen und bearbeiten.

Ich persönlich nutze für die Bearbeitung lieber mein Notebook oder meinen PC, da dort der Bildschirm größer ist und ich die Maus einem Touchscreen vorziehe.

Wenn Sie lesend auf Informationen zugreifen können, erhöht dies die Flexibilität. So können Sie auch von unterwegs ein Dokument einsehen oder über Ihr Smartphone oder Tablet eine Präsentation durchführen.

8.8 Videos für das Wissensmanagement mit Stream

Stream haben Sie im Rahmen des unternehmensweiten Wissensmanagements kennengelernt. Über Stream können Sie Ihr Wissen in Form von Videos miteinander teilen. Wäre es nicht hilfreich, wenn Sie Videos auch beim Kundeneinsatz im Zugriff hätten?

Dafür können Sie die App für Stream nutzen. Wie Abbildung 8.14 zeigt, haben Sie damit Zugriff auf alle Videos in Ihrem Unternehmen und können so auf einfachem Weg auf die gewünschte Information zurückgreifen.

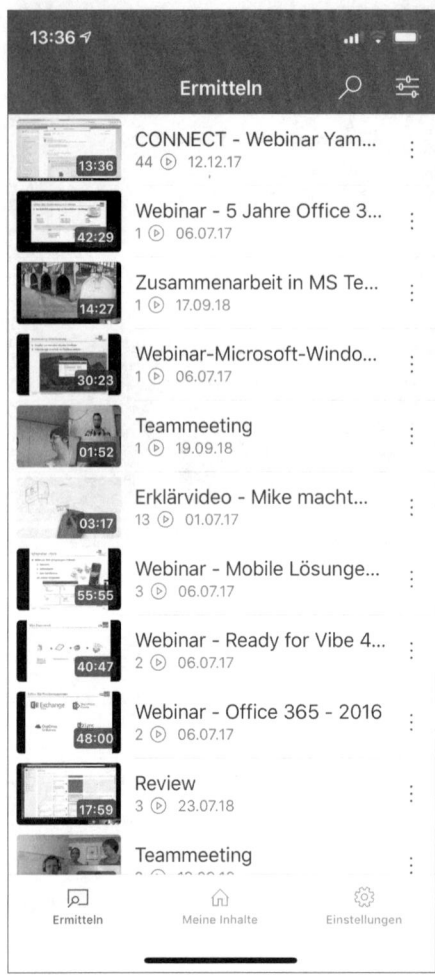

Abbildung 8.14 Nutzen Sie auch unterwegs das in Ihrem Unternehmen verfügbare Wissen, das in Stream gespeichert ist.

Sie sehen zunächst die empfohlenen Videos, können aber die Sortierung ändern und so beispielsweise die neuesten oder meistaufgerufenen Videos zuoberst anzeigen lassen.

Alternativ können Sie auch über das Lupensymbol oben rechts nach einem bestimmten Video suchen. Haben Sie das gesuchte Video vielleicht bereits früher in Ihre Watchlist aufgenommen? In diesem Fall tippen Sie unten auf den Menüpunkt MEINE INHALTE, gelangen darüber in Ihre Watchlist und können das Video abrufen (siehe Abbildung 8.15 links). Die Watchlist ist damit für solche Videos geeignet, die Ihnen besonders wichtig sind oder die Sie bei Gelegenheit noch anschauen möchten.

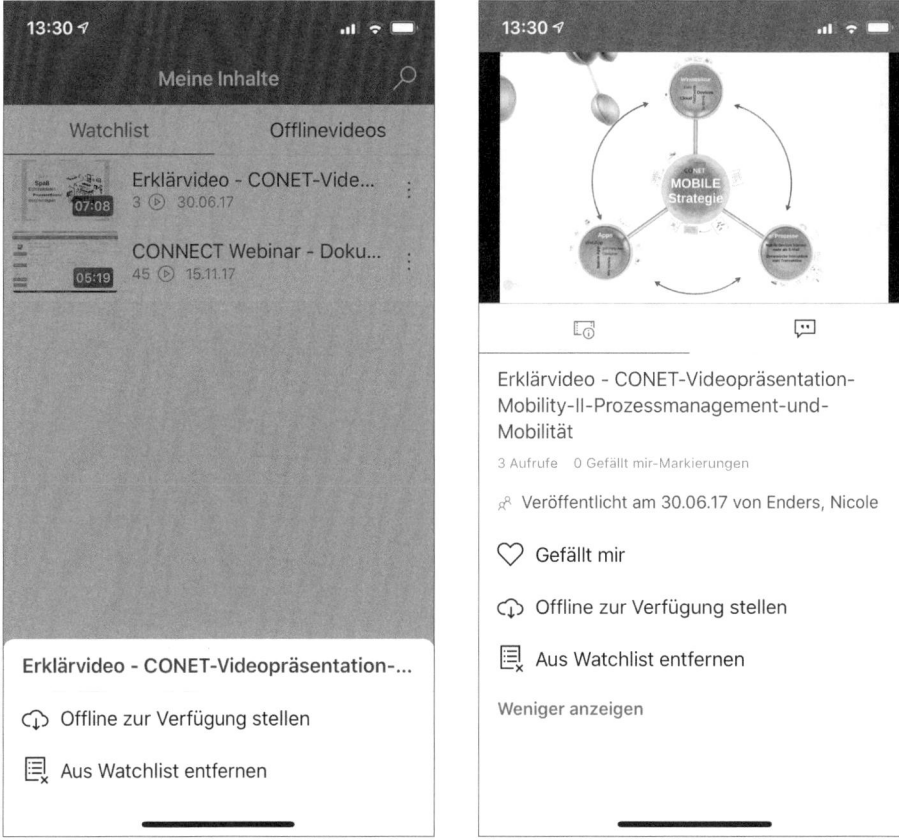

Abbildung 8.15 Nutzen Sie Ihre Watchlist, um Videos auch unterwegs unkompliziert aufrufen zu können.

Sowohl aus der Watchlist heraus als auch während der Wiedergabe des Videos (siehe Abbildung 8.15 rechts) können Sie außerdem das Video herunterladen und somit künftig auch offline nutzen. Dies ist gerade dann hilfreich, wenn Sie an Ihrem Einsatzort mit einer schlechten Datenverbindung rechnen müssen, aber auf das Video angewiesen sind.

8.9 Prozessunterstützung mit Power Apps und Power Automate

Haben Sie Unternehmensprozesse mit Power Apps und Power Automate unterstützt und so beispielsweise bereits Genehmigungsprozesse digitalisiert? Dann haben Sie einen ersten Schritt in die richtige Richtung getan. Was wäre allerdings, wenn die für die Genehmigung verantwortlichen Personen die meiste Zeit Ihres Arbeitstages überhaupt nicht an ihrem Schreibtisch säßen und daher nicht genügend Zeit für die Bearbeitung von Genehmigungsanträgen hätten?

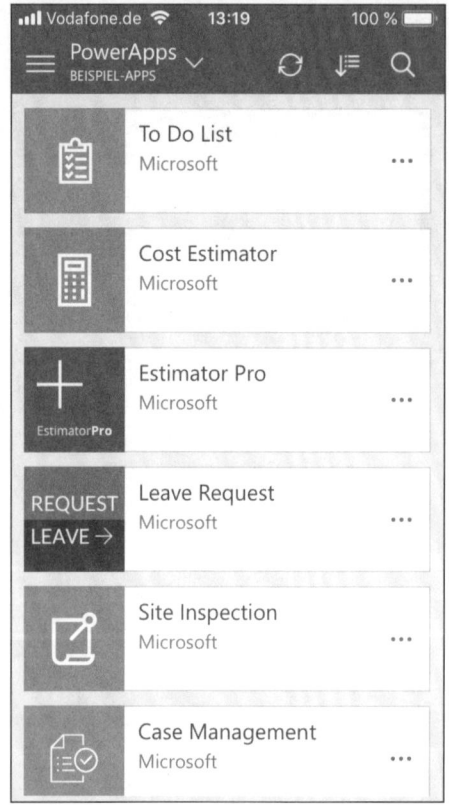 

Abbildung 8.16 Nutzen Sie Power Apps, um mobile Lösungen zu realisieren und Prozesse besser zu unterstützen.

In diesem Fall sollten diese Mitarbeiter die Power-Apps-App von Microsoft (und ggf. die App für Power Automate) nutzen, um beispielsweise auch unterwegs die Genehmigungen vornehmen zu können. Dadurch kann sich die Gesamtdauer für einen Prozess deutlich verkürzen.

In Abbildung 8.16 sehen Sie links das standardmäßige Layout der PowerApps-App. Sie können dort jede für Sie bereitgestellte App aufrufen und die für Sie vorgesehenen Aktionen durchführen. Der Inhalt einer solchen App kann beliebig variieren und hängt vom Verwendungszweck ab. Im rechten Screen der Abbildung sehen Sie beispielsweise die Erfassungsmaske für einen neuen Kontakt, zu dem mittels der im Smartphone verfügbaren Kamera auch direkt ein Profilbild aufgenommen wird.

8.10 Einsatz von mobilen Endgeräten

Wenn Sie mobile Endgeräte nutzen, müssen Sie sich auch mit den verschiedenen Sicherheitsaspekten auseinandersetzen. Hierzu gehören u. a. die Verwaltung mobiler Endgeräte in Ihrer Microsoft-365-Umgebung, die Einrichtung einer Multi-Faktor-Authentifizierung sowie Unternehmensregeln, wie beispielsweise bei Verlust des Smartphones vorgegangen werden muss. Auf einzelne Aspekte gehe ich kurz im nächsten Kapitel ein. Für einen genaueren technischen Überblick finden Sie unter *https://support.microsoft.com/de-de/office/einrichten-der-mobile-device-management-mdm-in-microsoft-365-dd892318-bc44-4eb1-af00-9db5430be3cd?ui=de-de&rs=de-de&ad=de* weitere Informationen.

> **Mit mobilen Apps bringen Sie Menschen zusammen!**
>
> Sie haben in diesem Kapitel gesehen, dass sich Microsoft entsprechend seiner Strategie »Mobile first!« gründliche Gedanken darüber gemacht hat, wie man Menschen zusammenbringen kann. Bieten Sie den Mitarbeitern die verschiedenen Apps für die in Ihrem Kontext eingesetzten Microsoft-365-Dienste an und holen Sie regelmäßig (zum Beispiel über eine Umfrage) Feedback darüber ein, welche angebotenen Möglichkeiten besonders beliebt sind und welche Optionen aktuell noch fehlen, um die Zusammenarbeit besser zu unterstützen. So werden Sie genau das Collaboration-Portal bereitstellen können, das Ihre Mitarbeiter für eine optimale Zusammenarbeit benötigen. Ich wünsche Ihnen hierbei viel Erfolg!

Kapitel 9
Verwalten und Sichern von Informationen

»Vertrauliche Informationen sind heutzutage tatsächlich der Ursprung eines jeden großen Vermögens.« (Oscar Wilde)

Wenn Sie Informationen untereinander austauschen und dafür Microsoft 365 und somit die Cloud als Plattform nutzen, ist eine sichere Verwaltung dabei unverzichtbar. In diesem Kapitel betrachten wir die Funktionen des *Security & Compliance Centers* von *Microsoft 365* und klären dabei unter anderem folgende Fragen:

- **Sicherheit**: Sind meine Informationen sicher?
- **Aufbewahrung**: Was soll geschehen, wenn ein Mitarbeiter das Unternehmen verlässt?
- **Governance & Auditing**: Wie verwalten wir unsere Informationen?
- **Berechtigungen**: Wer hat Zugriff auf die Informationen?
- **Berichte und Benachrichtigungen**: Wie weiß ich, was mit den Informationen passiert?

Dabei behandele ich zunächst Themen wie die *Klassifizierung* von Informationen sowie die Einrichtung von *Aufbewahrungs- und Löschrichtlinien*. Anschließend schauen wir uns die Möglichkeiten zur Umsetzung und Unterstützung der *Datenschutz-Grundverordnung (DSGVO)* genauer an, bevor ich abschließend auf die Themen *Secure Score*, *Bedrohungsmanagement* sowie die Nutzung von *Berichten* und *Benachrichtigungen* eingehe.

Mit den hier vorgestellten Möglichkeiten können Sie (falls noch nicht geschehen) in Ihrem Unternehmen ein Team von *Compliance-Managern* aufbauen und mit den passenden Werkzeugen ausstatten.

9.1 Suche und Untersuchung von Informationen

Grundlage für sämtliche in diesem Kapitel behandelten Komponenten stellt die Suche nach Informationen dar. Als Erstes gehe ich daher kurz auf die Suchfunktion ein, die Ihnen und Ihren Kollegen innerhalb des Collaboration-Portals tagtäglich zur Verfügung steht. Danach behandele ich im weiteren Verlauf des Kapitels die Möglichkeiten des Security & Compliance Centers.

9.1.1 Suche im Collaboration-Portal

Sie und Ihre Kollegen können jederzeit in Ihren Arbeitsräumen oder auch in Ihrem Social Intranet sowie global nach Informationen suchen.

Suche in SharePoint Home und Delve

Wir beginnen mit der Suchfunktion, die Ihnen in SharePoint Online direkt von Anfang an vor der Einrichtung des ersten Arbeitsraums zur Verfügung steht. Rufen Sie dazu in Microsoft 365 die App *SharePoint* oder *Delve* im App Launcher auf.

Sie befinden sich damit auf der Übersicht *SharePoint Home*. Dort werden Ihnen die neuesten Nachrichten sowie von Ihnen häufig besuchte Websites aufgelistet. Wenn Sie eine bestimmte Information suchen, können Sie dafür das Suchfeld oben links auf der Seite nutzen. Klicken Sie einfach in das Suchfeld mit dem Platzhaltertext IN SHAREPOINT SUCHEN und geben Sie den gewünschten Suchbegriff ein. Für Abbildung 9.1 habe ich zum Beispiel den Suchbegriff »Collaboration« eingegeben.

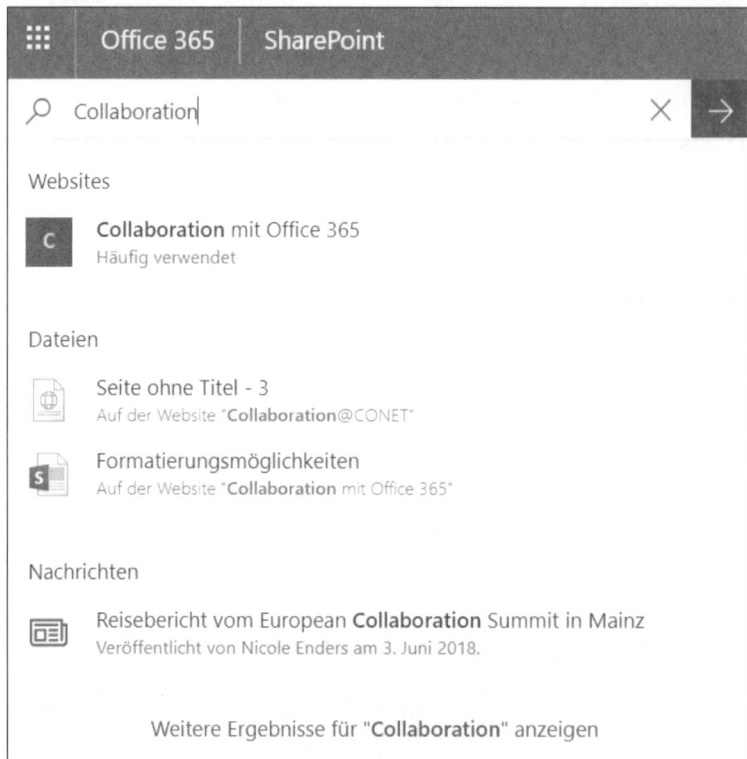

Abbildung 9.1 In SharePoint Home nach Informationen suchen

Wie Sie dort sehen können, werden Ihnen bereits bei der Eingabe eines Suchbegriffs mögliche passende Suchergebnisse vorgeschlagen. Dabei wird zwischen drei verschiedenen Kategorien von Suchergebnissen unterschieden:

- Websites
- Dateien
- Nachrichten

Falls eines der vorgeschlagenen Suchergebnisse für Sie interessant ist, können Sie mit einem Klick auf das Suchergebnis direkt dorthin navigieren. Falls Sie jedoch nach allen zu dem Suchbegriff passenden Informationen suchen möchten, klicken Sie auf den Link WEITERE ERGEBNISSE FÜR »COLLABORATION« ANZEIGEN oder lösen die Suche mit ⏎ aus.

Darstellung der Suchergebnisse

Abbildung 9.2 zeigt Ihnen, wie Suchergebnisse in SharePoint Online dargestellt werden. Die zu dem Suchbegriff passenden Informationen werden untereinander aufgelistet.

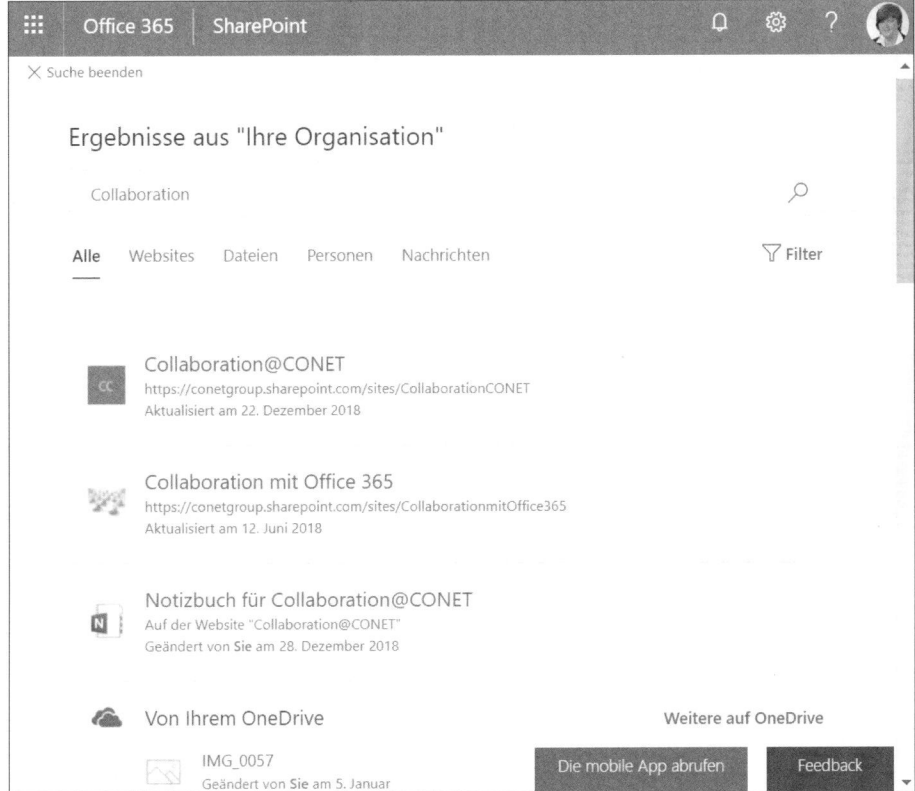

Abbildung 9.2 Darstellung der Ergebnisse einer Suche

Sie können anhand des für das einzelne Suchergebnis angezeigten Icons erkennen, worum es sich dabei handelt:

- **Office-Dokument**: Bei einem Word-Dokument oder einer PowerPoint-Präsentation sowie sämtlichen anderen Office-Dokumenten wird das jeweils zugehörige Produkticon verwendet.
- **SharePoint-Website**: Bei einer Website in SharePoint, wie beispielsweise einem Arbeitsraum, wird das für die entsprechende Website konfigurierte Website-Logo angezeigt.
- **SharePoint-Liste**: Bei einer Liste oder Bibliothek innerhalb einer Website wird das SharePoint-Logo genutzt.
- **OneDrive**: Liegt die gefundene Datei in einem OneDrive-Verzeichnis, so wird das OneDrive-Logo verwendet.
- **Neuigkeiten**: Für alle in SharePoint veröffentlichten Neuigkeiten wird ein gemeinsames Icon zur Darstellung des Suchergebnisses verwendet.

Bei Dokumenten und Neuigkeiten wird außerdem im rechten Bereich der Suchergebnis-Darstellung ein Einblick in das Dokument gegeben.

Details zu einem Suchergebnis

Wenn Sie auf eines der Suchergebnisse klicken, werden Ihnen wie in Abbildung 9.3 weitere Informationen angezeigt. Handelt es sich bei dem Suchergebnis um eine Website, so werden zusätzlich die innerhalb der Website ebenfalls zum Suchbegriff passenden Dokumente angezeigt, und Sie können über den Link DIESE WEBSITE DURCHSUCHEN zur entsprechenden Website navigieren.

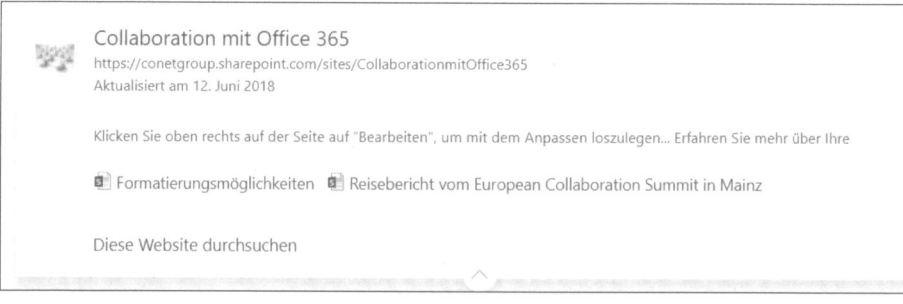

Abbildung 9.3 Mit einem Klick auf ein Suchergebnis können Sie weitere Informationen abrufen.

Suchergebnisse filtern

Gerade bei einer großen Anzahl von Suchergebnissen ist es hilfreich, die Ergebnismenge einschränken zu können. Klicken Sie dazu unterhalb des Suchfeldes auf eine der angebotenen Kategorien:

9.1 Suche und Untersuchung von Informationen

- Alle
- Websites
- Dateien
- Personen
- Nachrichten

So werden Ihnen beispielsweise bei Auswahl von »Dateien« nur Dateien angezeigt, wie in Abbildung 9.4 dargestellt. Zusätzlich können Sie oben rechts oberhalb der Suchergebnisse die Schaltfläche FILTER verwenden.

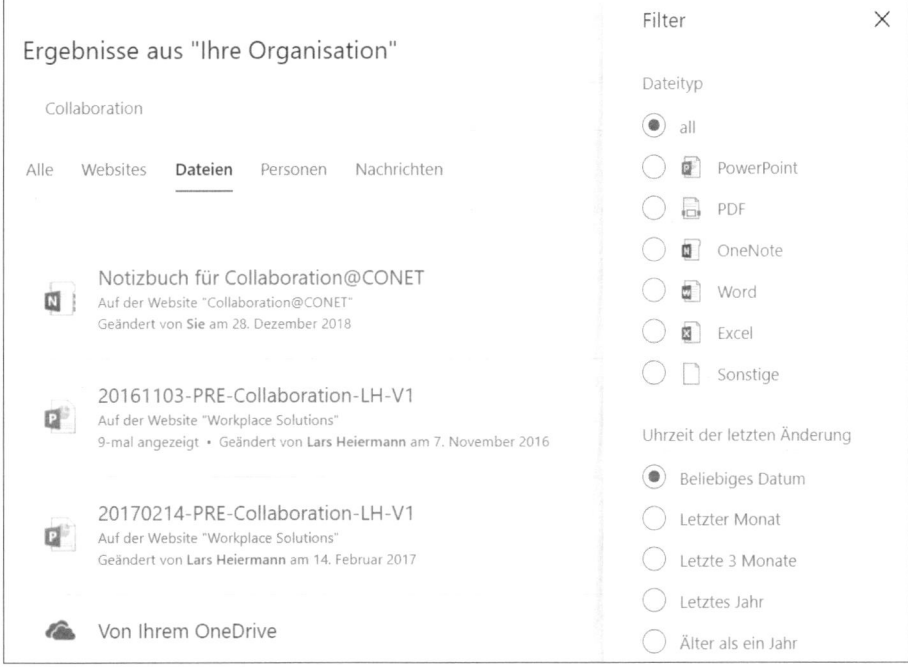

Abbildung 9.4 Nutzen Sie die angebotenen Filteroptionen, um schneller zur gesuchten Information zu navigieren.

Über den gesonderten Filterbereich, der im rechten Bereich der Seite geöffnet wird, können Sie beispielsweise nur Word-Dateien anzeigen lassen, die im letzten Monat geändert wurden. Damit können Sie die gewünschte Information wesentlich schneller finden.

Nach Ansprechpartnern zu einem Thema suchen

Neben Informationen in Dateien oder Arbeitsräumen können Sie auch nach Personen in Ihrem Unternehmen suchen, die sich mit einem bestimmten Thema auskennen. Abbildung 9.5 zeigt beispielsweise die Personen an, die aufgrund ihres Profils

(z. B. Job-Titel oder Skills) für das Thema »Collaboration« als Ansprechpartner in Frage kommen.

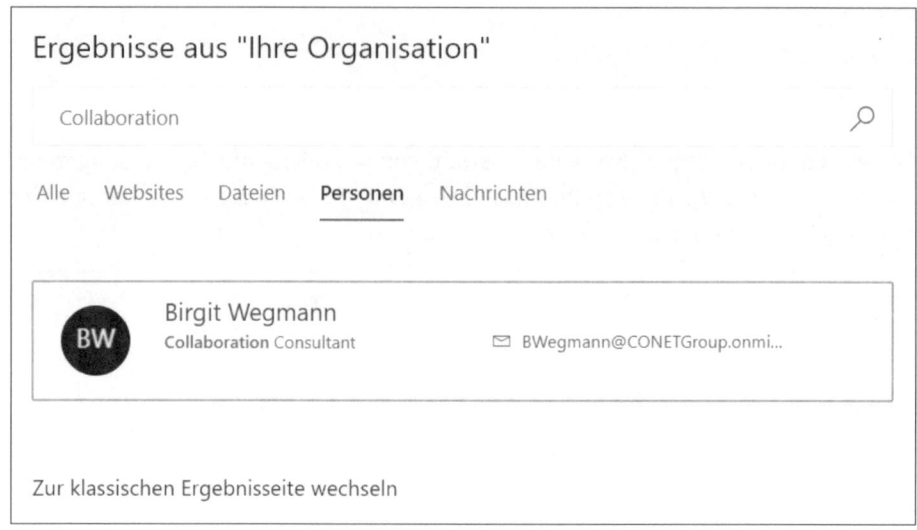

Abbildung 9.5 Finden Sie in Ihrem Unternehmen Ansprechpartner und Experten für ein bestimmtes Thema.

Klassische Suchergebnisseite aufrufen

Die bisher präsentierte Darstellung der Suchergebnisse und die Filtermöglichkeiten sind aktuell nicht anpassbar.

Falls Sie SharePoint bereits zuvor eingesetzt haben und eventuell individuell angepasste Suchfunktionen nutzen oder spezielle Anforderungen an die Suchfunktion haben, können Sie unterhalb der Suchergebnisse über den Link ZUR KLASSISCHEN ERGEBNISSEITE WECHSELN die klassische Ansicht für die Darstellung von Suchergebnissen aufrufen.

Wie Sie Abbildung 9.6 entnehmen können, gibt es bei der klassischen Ansicht im Vergleich mit der sogenannten modernen Ansicht einige Unterschiede:

- **Filter**: Während die Filteroptionen bei der modernen Ansicht explizit über eine Schaltfläche eingeblendet werden müssen und dann im rechten Bereich der Seite verfügbar sind, werden sie in der klassischen Ansicht von Anfang an im linken Bereich der Seite angeboten.
- **Details eines Suchergebnisses**: In der modernen Ansicht lassen sich Details eines Ergebnisses mit einem Klick darauf aufrufen. Bei der klassischen Ansicht müssen Sie lediglich den Cursor über das entsprechende Suchergebnis führen, und die Vorschau mit zusätzlichen Informationen wird angezeigt.

- **Anpassungsmöglichkeiten**: Bei der klassischen Ansicht können Sie die Filtermöglichkeit nach Kategorien frei definieren und die Darstellung der Suchergebnisse und Filteroptionen nach Ihren Wünschen anpassen.

Abbildung 9.6 Die klassische Ansicht der Suchergebnisse kann an Ihre individuellen Bedürfnisse angepasst werden.

Sollten Sie mit der standardmäßig angebotenen Suchfunktion nicht zufrieden sein, wissen Sie nun, dass Sie grundsätzlich Anpassungen vornehmen können.

Innerhalb einer Teamwebsite oder Kommunikationswebsite suchen

In SharePoint Home suchen Sie in Ihrer gesamten Microsoft-365-Umgebung. Wenn Sie nur in einem Arbeitsraum suchen möchten, können Sie dafür das innerhalb der Website angebotene Suchfeld nutzen.

Abbildung 9.7 In einer Teamwebsite befindet sich das Suchfeld oberhalb der linken Navigation.

Bei einer Teamwebsite befindet sich das Suchfeld oberhalb der linken Navigation (siehe Abbildung 9.7), während Sie es bei einer Kommunikationswebsite oben rechts auf jeder Seite finden (siehe Abbildung 9.8).

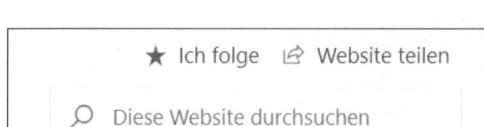

Abbildung 9.8 Bei einer Kommunikationswebsite wird das Suchfeld oben rechts auf jeder Seite angeboten.

Die Suchfunktion selbst sowie die Anzeige der Suchergebnisse entsprechen der von SharePoint Home (siehe Abbildung 9.9).

Der Bereich der zu durchsuchenden Informationsmenge ist allerdings auf die einzelne Website eingeschränkt, was Sie u. a. durch die Navigationshierarchie oberhalb des Suchfeldes erkennen können.

Abbildung 9.9 Suchen Sie innerhalb einer Teamwebsite »[Extern] Coaching Microsoft 365« nach einem Angebot.

Websiteübergreifend in einer Hubwebsite suchen

Falls Sie für Ihr Social Intranet zum Beispiel eine *Hubwebsite* nutzen, können Sie auch websiteübergreifend nach Informationen in allen mit der Hubwebsite verbundenen Websites suchen.

Wie Sie in Abbildung 9.10 sehen können, werden Ihnen auch hier bereits bei der Eingabe eines Suchbegriffs einige Informationen vorgeschlagen. Zuoberst befinden sich dabei die Neuigkeiten Ihres Portals. So können Sie gezielt nach Informationen in Ihrem Portal suchen.

Wenn Sie sich auf der Seite für die Suchergebnisse aufhalten, können Sie nach Auswahl der Kategorie NEUIGKEITEN ausschließlich die in Ihrem Social Intranet veröffentlichten Neuigkeiten aufrufen. So erhalten Sie auch dann, wenn Sie nicht jeden Tag auf Ihr Portal zugreifen können, die Gelegenheit, sich auf den neuesten Stand zu bringen, sobald Sie Zeit dafür haben (siehe Abbildung 9.11).

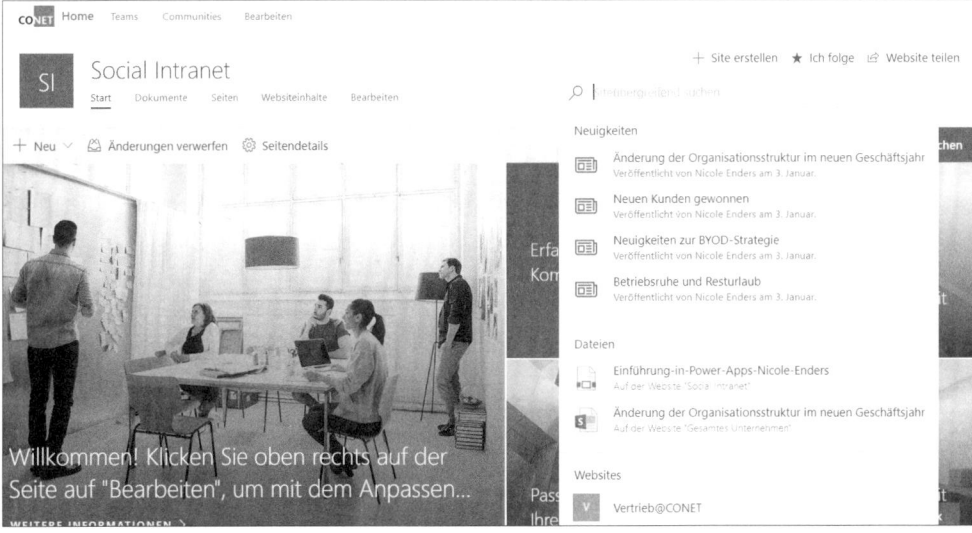

Abbildung 9.10 Suchen Sie in Ihrem Social Intranet nach neuen Informationen.

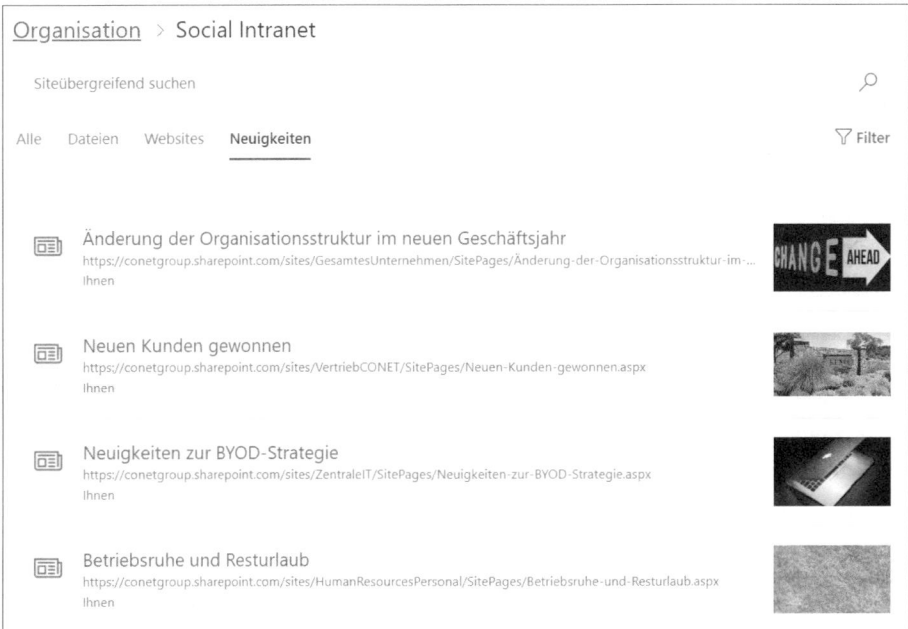

Abbildung 9.11 So finden Sie alle Neuigkeiten Ihres Social Intranets auf einen Blick, absteigend nach ihrer Veröffentlichung sortiert.

9.1.2 eDiscovery

Eine besondere Form der Suche stellt das sogenannte *eDiscovery-Center* dar. Hiermit können Sie Informationen suchen, »halten« (d. h. vor der Löschung schützen) und die gefundenen Ergebnisse exportieren. Mögliche Einsatzszenarien können Audits, sonstige Untersuchungen oder im schlimmsten Fall auch ein Rechtsstreit sein.

Das eDiscovery-Center ist Teil des *Security & Compliance Centers*. Rufen Sie über den App Launcher die App SECURITY & COMPLIANCE auf und wählen Sie anschließend wie in Abbildung 9.12 ersichtlich den Menüpunkt SUCHE UND UNTERSUCHUNG • EDISCOVERY aus.

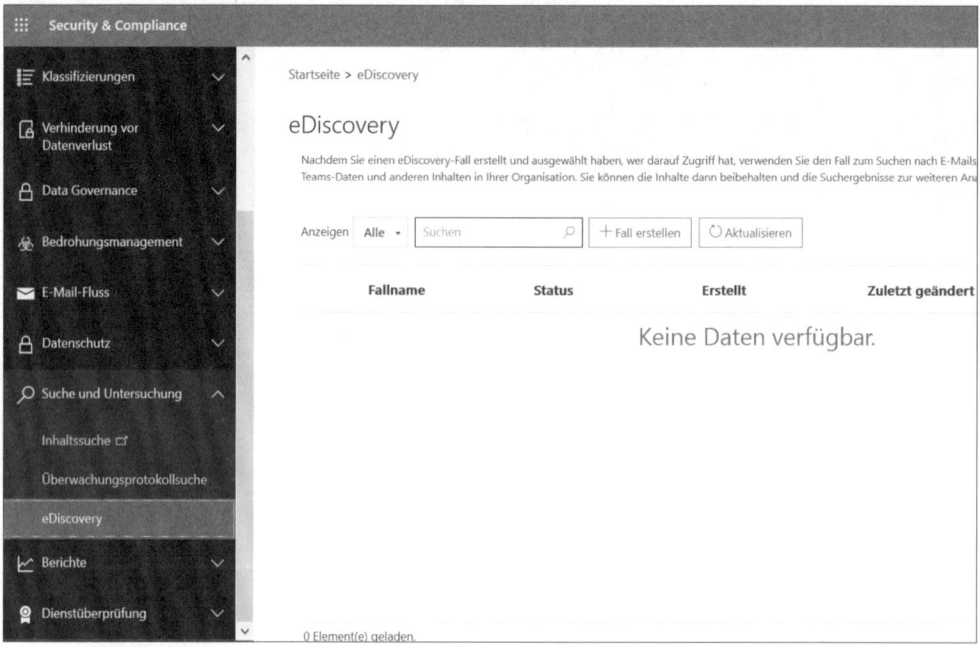

Abbildung 9.12 Im Security & Compliance Center können Sie mithilfe der eDiscovery-Funktionen gezielt nach Informationen suchen.

Ursprünglich wurden die Funktionen zur Unterstützung bei Rechtsstreitfällen entwickelt und bereitgestellt. Da hiermit aber die Suche nach gezielten Informationen wie beispielsweise sämtlichen Dokumenten mit einer bestimmten Bezeichnung (z. B. einem Kundennamen oder einer Auftragsbezeichnung) ermöglicht wird, sind sie in nahezu jedem Unternehmenskontext sinnvoll einsetzbar.

Betätigen Sie die Schaltfläche FALL ERSTELLEN (der Name der Schaltfläche lässt die ursprüngliche Intention noch erkennen), um mit der Konfiguration Ihrer ersten Suche zu beginnen.

Neuen Fall erstellen

Als Erstes müssen Sie einen Namen und eine Beschreibung für den neuen Fall angeben. Ich habe beispielsweise eine Auftragsbezeichnung gewählt (siehe Abbildung 9.13).

Abbildung 9.13 Legen Sie einen neuen Fall an, um alle Informationen zu einem bestimmten Kundenauftrag zusammenzutragen.

Nachdem Sie die Schaltfläche SPEICHERN betätigt haben, wird der Fall im eDiscovery-Center aufgelistet (siehe Abbildung 9.14) und kann von Ihnen über die Schaltfläche ÖFFNEN zur weiteren Konfiguration aufgerufen werden. Wie Abbildung 9.15 darstellt, erhalten Sie über die Registerkarte START zunächst allgemeine Informationen wie den Namen und die Beschreibung Ihres Falls, aber auch das Erstellungsdatum und den Status.

Abbildung 9.14 Nach Anlegen des Falls können Sie diesen zur weiteren Konfiguration öffnen.

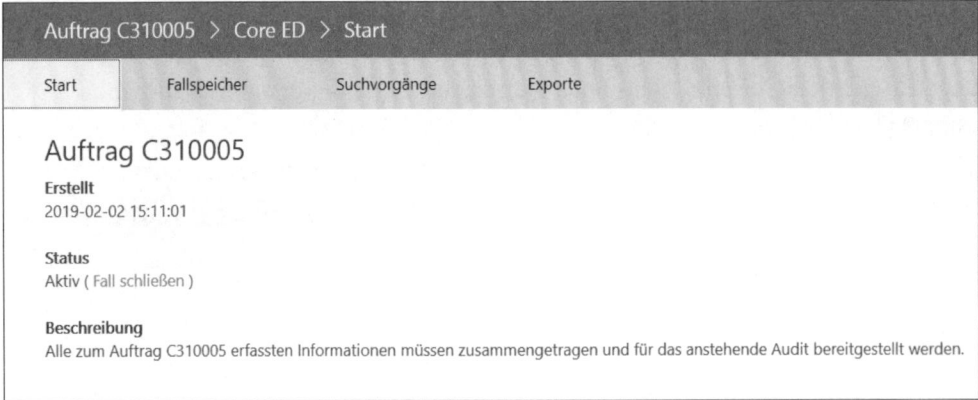

Abbildung 9.15 Konfigurieren Sie Ihren Fall oder rufen Sie die zu dem Fall gehörenden Informationen ab, um sie ggf. zu exportieren.

Fallspeicher konfigurieren

Über die Registerkarte FALLSPEICHER können Sie für Ihren Fall festlegen, welche Informationen auf Basis bestimmter Suchkriterien »gehalten« und somit gegen Veränderung und Löschung geschützt werden sollen (siehe Abbildung 9.16).

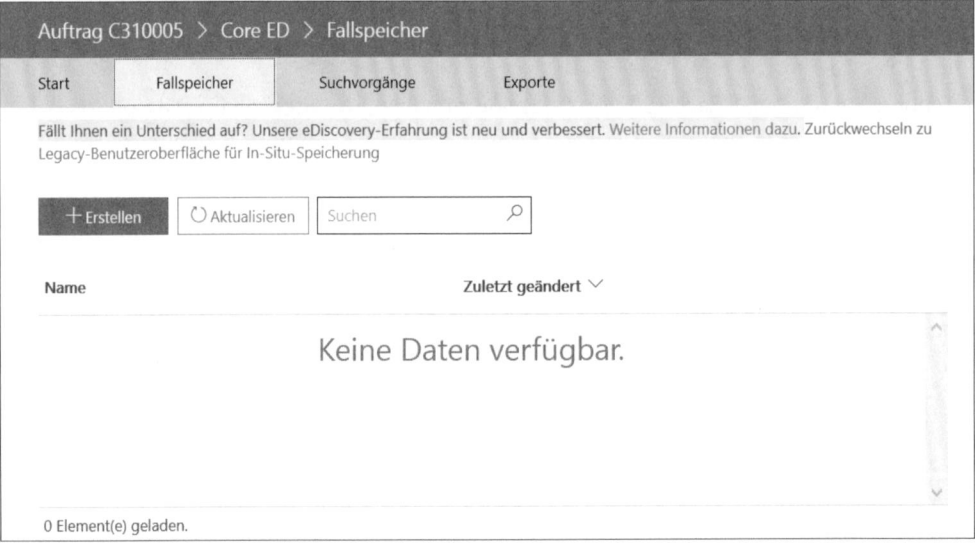

Abbildung 9.16 Schützen Sie die Informationen Ihres Falls vor Veränderungen und Löschungen.

Dies ist gerade bei einem Rechtsstreit entscheidend, da in diesem Zusammenhang möglicherweise ein genauer Informationsstand zu einem bestimmten Zeitpunkt nachgewiesen werden können muss.

Betätigen Sie die Schaltfläche ERSTELLEN, um eine neue Speicherrichtlinie für den Fall anzulegen (siehe Abbildung 9.17). Als Erstes geben Sie auch hier einen Namen und eine Beschreibung an.

Abbildung 9.17 Geben Sie einen Namen und eine Beschreibung für Ihre Speicherrichtlinie an.

Nachdem Sie die Schaltfläche WEITER betätigt haben, wählen Sie die Speicherorte aus, die für diesen Fall relevant sind. Wie Sie Abbildung 9.18 und Abbildung 9.19 entnehmen können, werden Ihnen alle Dienste aus Ihrem Collaboration-Portal angeboten, in denen Sie Daten abgelegt haben könnten.

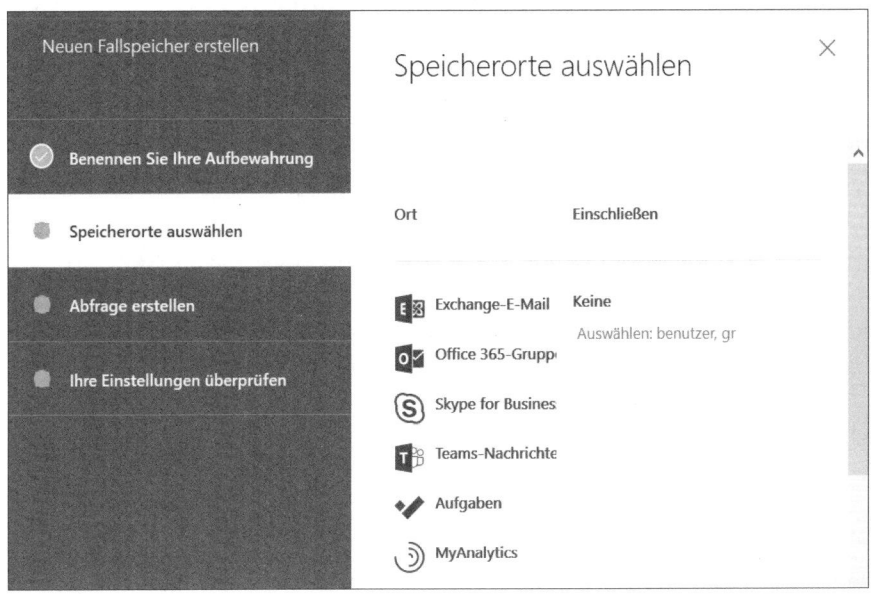

Abbildung 9.18 Wählen Sie die Speicherorte aus, in denen nach den für den Fall relevanten Informationen gesucht werden soll.

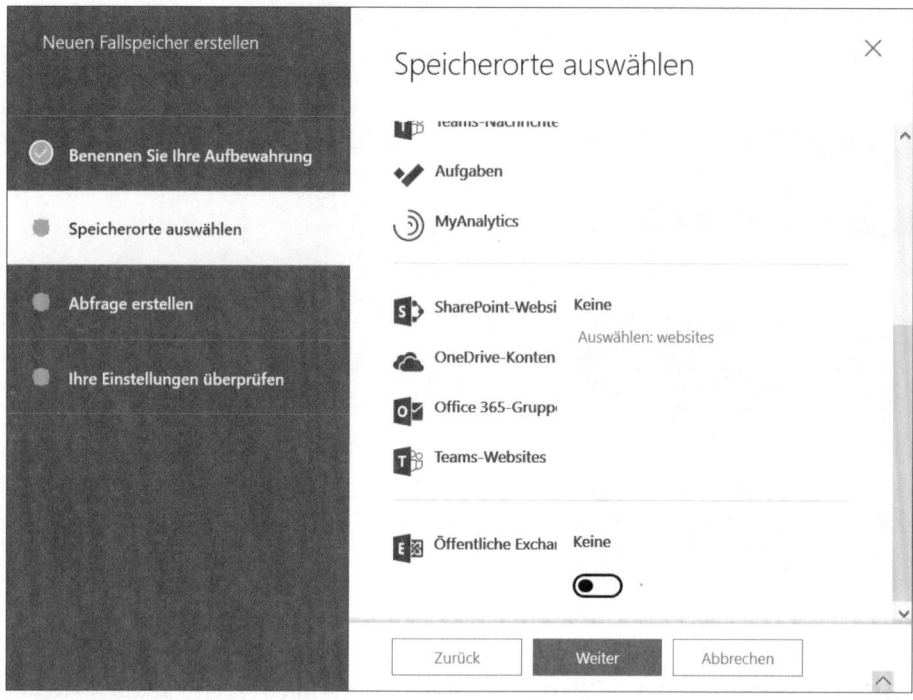

Abbildung 9.19 Wählen Sie neben den Microsoft-365-Gruppen auch die relevanten SharePoint-Websites aus.

Dazu gehören beispielsweise die Microsoft-365-Gruppen mit ihren unterschiedlichen Ausprägungen und damit verbundenen Speicherorten wie Exchange E-Mails oder *Teams*-Nachrichten, aber auch SharePoint-Websites und OneDrive-Konten.

> **Yammer kann nicht als Quelle für Compliance-Themen ausgewählt werden!**
>
> Der Dienst Yammer war ursprünglich ein externes Tool, das von Microsoft zugekauft wurde, und ist leider immer noch nicht komplett in die Microsoft-365-Welt integriert. Das zeigt sich schon dadurch, dass dieser Dienst lange Zeit ausschließlich in den USA betrieben wurde, selbst dann, wenn Sie Ihre Microsoft-365-Umgebung grundsätzlich aus der europäischen Cloud bezogen. Durch die fehlende gemeinsame Basis mit anderen Microsoft-365-Diensten wie z. B. *Teams* oder Exchange stehen die in diesem Kapitel behandelten Funktionen zur Verwaltung und Sicherung von Informationen für Yammer momentan nicht zur Verfügung.

Benutzer, Gruppen oder Teams auswählen

Beginnen wir mit der Auswahl der relevanten Microsoft-365-Gruppen, wozu u. a. auch die Teams in *Teams* gehören. Klicken Sie dazu auf den Link AUSWÄHLEN: BENUTZER,

GRUPPEN ODER TEAMS, woraufhin der in Abbildung 9.20 dargestellte Dialog erscheint. Betätigen Sie hier die Schaltfläche AUSWÄHLEN: BENUTZER, GRUPPEN ODER TEAMS, um nach den für Ihren Fall relevanten Gruppen zu suchen (siehe Abbildung 9.21). Ich habe beispielsweise den Begriff »Projekt« eingegeben und erhalte daraufhin alle projektbezogenen Gruppen.

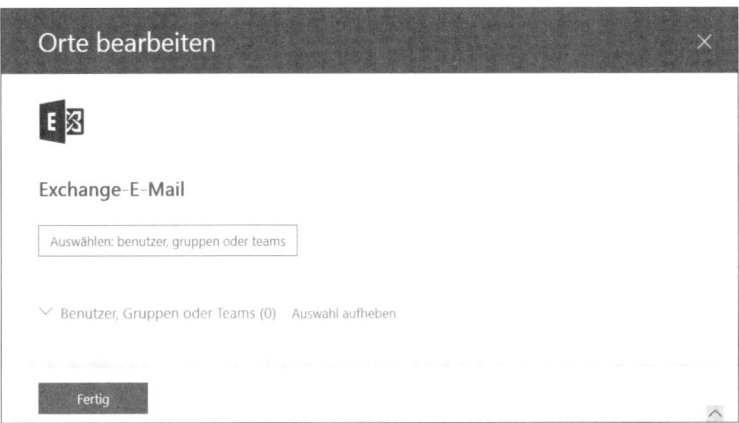

Abbildung 9.20 Verwalten Sie die Microsoft-365-Gruppen, deren Nachrichten durchsucht werden sollen.

Abbildung 9.21 Über eine Suchfunktion können die gewünschten Gruppen ermittelt und ausgewählt werden.

Durch das Setzen eines Hakens links in der Zeile der gewünschten Gruppen und der anschließenden Bestätigung der Auswahl über die Schaltfläche AUSWÄHLEN bestimmen Sie die Speicherorte, die durchsucht werden sollen.

In den Dialogen wird immer wieder von EXCHANGE E-MAIL gesprochen, denn jede Gruppe basiert letztlich auf einem Exchange-Konto. Durch die gemeinsame Basis können die bereits in Exchange Online verfügbaren Funktionen zum Ermitteln und Sichern von Informationen auch für Ihre Anforderungen genutzt werden.

SharePoint-Websites auswählen

Eine andere Art von Speicherort stellen die SharePoint-Websites dar. Hierzu gehören auch die persönlichen OneDrive-Konten. Klicken Sie im unteren Bereich des Dialogs auf den Link AUSWÄHLEN: WEBSITES.

Ähnlich wie bei den Nachrichten erscheint auch bei der Auswahl der Websites zunächst ein Dialog, in dem Sie über eine Schaltfläche zur weiteren Konfiguration gelangen (siehe Abbildung 9.22). Wie Sie aber Abbildung 9.23 entnehmen können, wird nun die URL zu einer für den Fall relevanten SharePoint-Website angegeben. Eine Auswahlmöglichkeit wie bei den Gruppen und Teams fehlt.

Abbildung 9.22 Legen Sie die zu durchsuchenden Websites fest.

Nachdem Sie die URL angegeben haben, müssen Sie rechts im Suchfeld die Schaltfläche mit dem Pluszeichen betätigen, anschließend in der Auflistung unterhalb des Suchfeldes den Haken für die Website setzen und die Schaltfläche AUSWÄHLEN betätigen.

Wenn Sie die Gruppen und Websites für Ihren Fall ausgewählt und die jeweiligen Dialoge über die Schaltfläche Fertig verlassen haben, fahren Sie über die Schaltfläche Weiter mit dem nächsten Schritt fort.

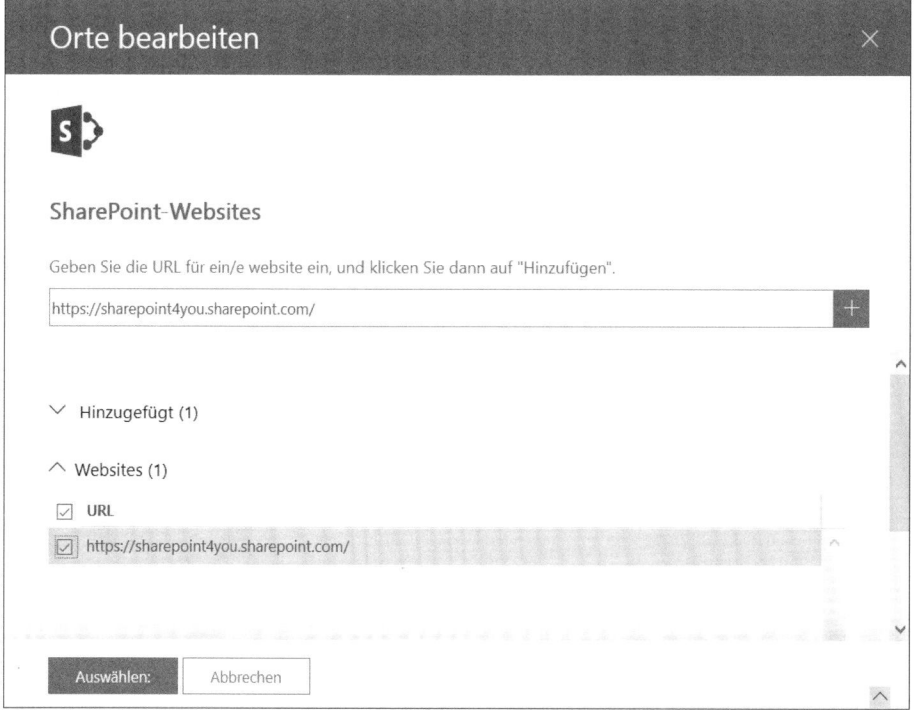

Abbildung 9.23 Geben Sie die URL der gewünschten Website an.

Abfrage erstellen

Sie definieren nun die Suchabfrage, die auf den zuvor von Ihnen ausgewählten Speicherorten angewendet werden soll. Standardmäßig wird Ihnen ein Eingabefeld für eine Freitextsuche analog zu Abbildung 9.24 angeboten. Das bietet sich zum Beispiel für die Suche nach einer Auftrags- oder Projektnummer oder nach einem Kundennamen an.

Neben dieser freien Suche können Sie aber auch nach ganz bestimmten Kriterien suchen. Betätigen Sie hierzu die Schaltfläche Bedingungen hinzufügen. Sie können im Anschluss aus verschiedenen Feldern wie zum Beispiel Absender, Betreff oder Datum wählen (siehe Abbildung 9.25) und hierüber beispielsweise alle Informationen von einer bestimmten Person zu einem Auftrag zusammentragen, die zu einem ausgewählten Zeitpunkt im System vorlagen. Durch die Kombination verschiedener Filter können Sie alle auftretenden Fragestellungen für Ihren Fall beantworten.

9 Verwalten und Sichern von Informationen

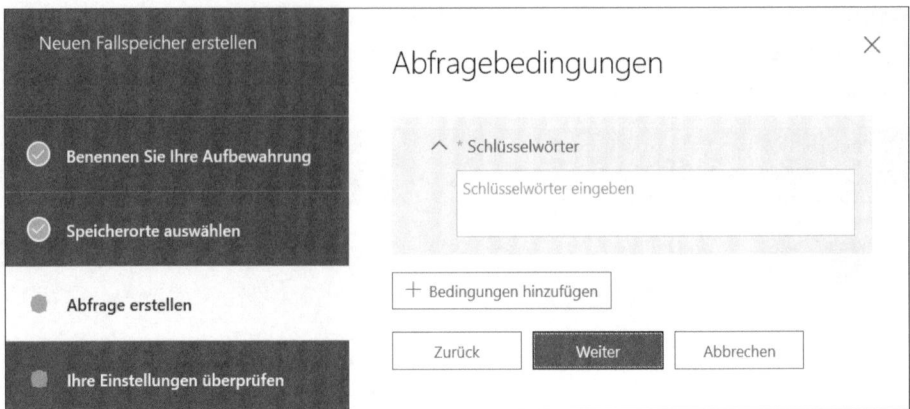

Abbildung 9.24 Suchen Sie nach einem oder mehreren für den Fall relevanten Stichwörtern.

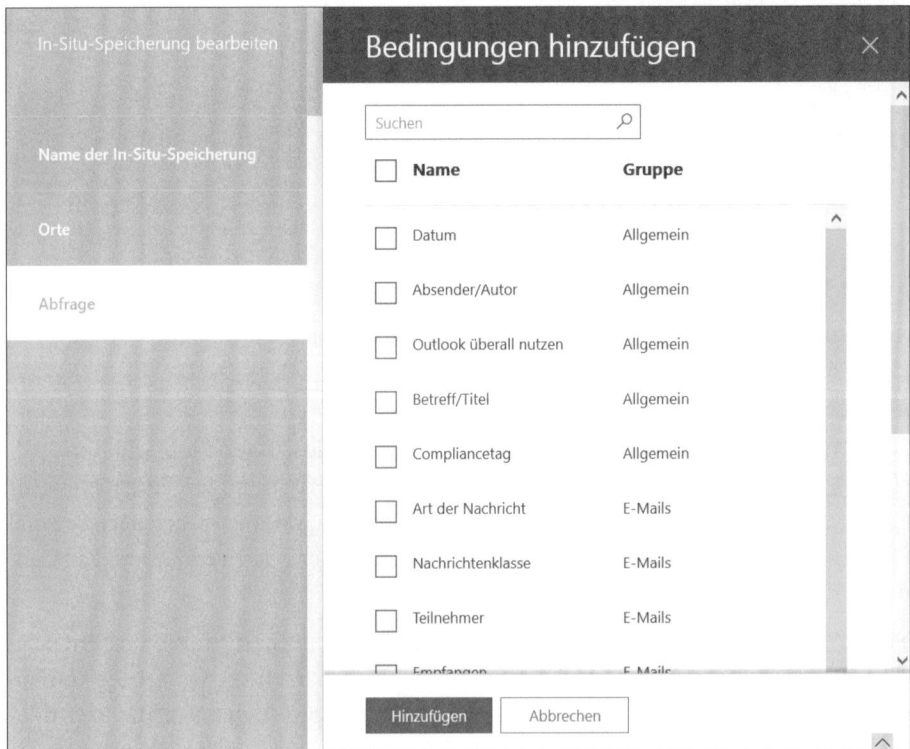

Abbildung 9.25 Schränken Sie Ihre Suchabfrage durch weitere Bedingungen ein.

Wenn Sie alle Bedingungen für Ihre Suchabfrage erfasst haben, führen Sie über die Schaltfläche WEITER den abschließenden Schritt durch (siehe Abbildung 9.26). Sie befinden sich auf der letzten Seite des Assistenten und können Ihre Einstellungen über-

prüfen, bevor Sie, wie Abbildung 9.27 darstellt, die Schaltfläche DIESE AUFBEWAH-
RUNG (IN-SITU) ERSTELLEN betätigen.

Abbildung 9.26 Suchen Sie beispielsweise nach allen Informationen, die im Zusammenhang mit einer bestimmten Person stehen.

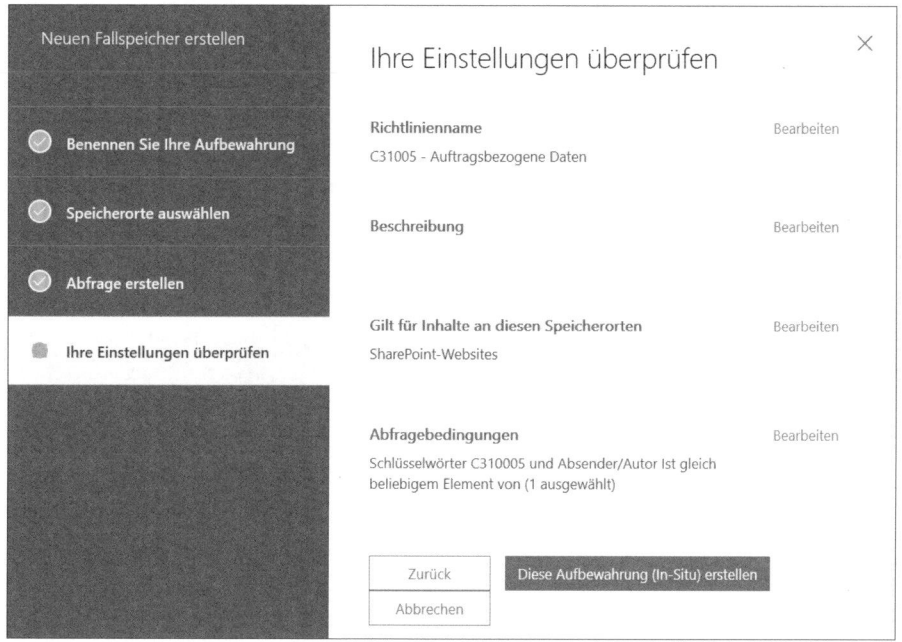

Abbildung 9.27 Prüfen Sie die von Ihnen vorgenommenen Einstellungen und schließen Sie den Vorgang ab.

9 Verwalten und Sichern von Informationen

Wie Sie in Abbildung 9.28 sehen können, ist damit der Vorgang abgeschlossen. Sie können die eingerichtete Richtlinie nun bei Bedarf ändern oder löschen.

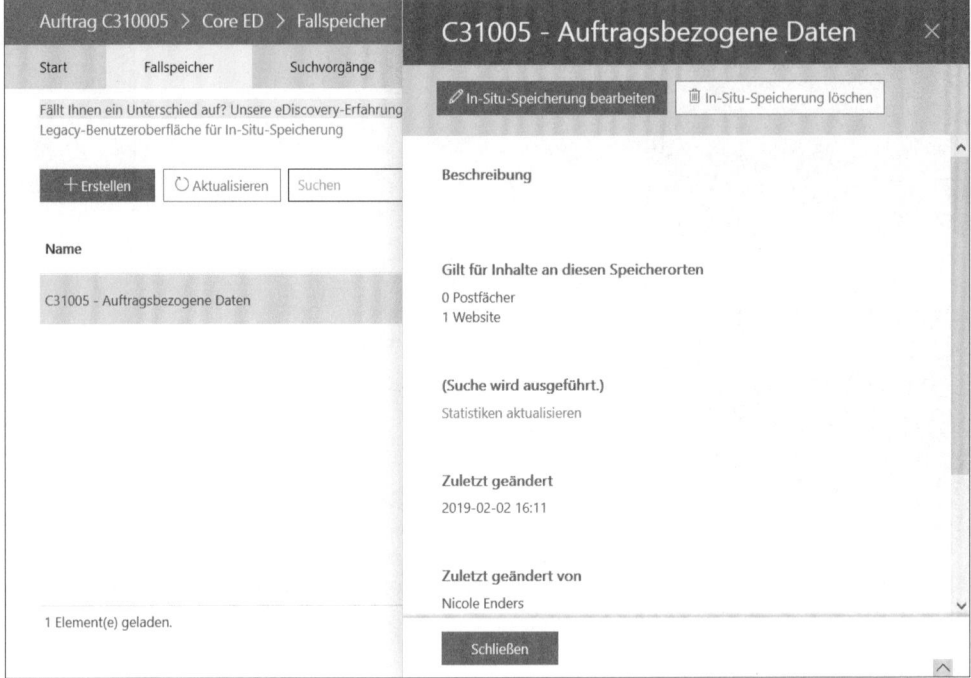

Abbildung 9.28 Sie haben nun die Speicherrichtlinie erstellt und schützen damit die Informationen vor Veränderung und Löschung.

Suchvorgänge verwalten

Zusätzlich zu dem Schutz der Daten vor Veränderungen und Löschung werden Sie für einen Rechtsstreit oder ein Audit auch gezielte Suchabfragen durchführen müssen. Wechseln Sie hierzu in dem entsprechenden Fall auf die Registerkarte SUCHVORGÄNGE (siehe Abbildung 9.29).

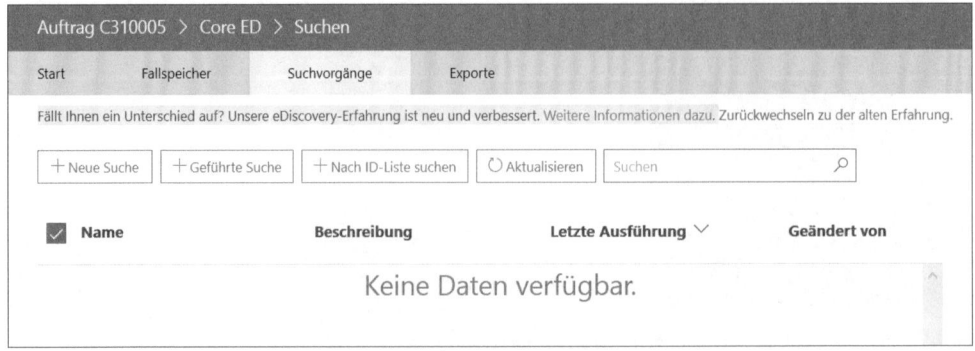

Abbildung 9.29 Speichern Sie die für Ihren Fall wichtigen Suchabfragen ab.

Wenn Sie die Schaltfläche GEFÜHRTE SUCHE betätigen, werden Sie bei der Konfiguration Ihrer Suchabfrage durch einen Assistenten unterstützt. Nach einiger Zeit der Anwendung kennen Sie die einzelnen Schritte aber bereits so gut, dass Sie den Assistenten nicht mehr benötigen und stattdessen die Schaltfläche NEUE SUCHE verwenden werden.

Eine Suchabfrage besteht dabei aus folgenden drei Bestandteilen:

- **Name und Beschreibung**: Damit Sie eine gespeicherte Suchabfrage schnell ihrem Einsatzzweck zuordnen können, sollten Sie einen prägnanten Namen und eine Beschreibung angeben (siehe Abbildung 9.30).

Abbildung 9.30 Jede Suchabfrage sollte über einen aussagekräftigen Namen und eine Beschreibung verfügen.

- **Speicherorte**: Standardmäßig werden für die Suchabfragen die für den Fall konfigurierten Fallspeicher verwendet (siehe Abbildung 9.31). Sie können aber auch sämtliche Speicherorte in Ihrer Microsoft-365-Umgebung in die Suche miteinbeziehen oder ganz bestimmte Speicherorte auswählen.
- **Abfrage**: Hier legen Sie die eigentliche Suchabfrage fest. Wie auch bei den Fallspeichern können Sie hier eine Freitextsuche einrichten und diese um weitere Filterkriterien einschränken (siehe Abbildung 9.32).

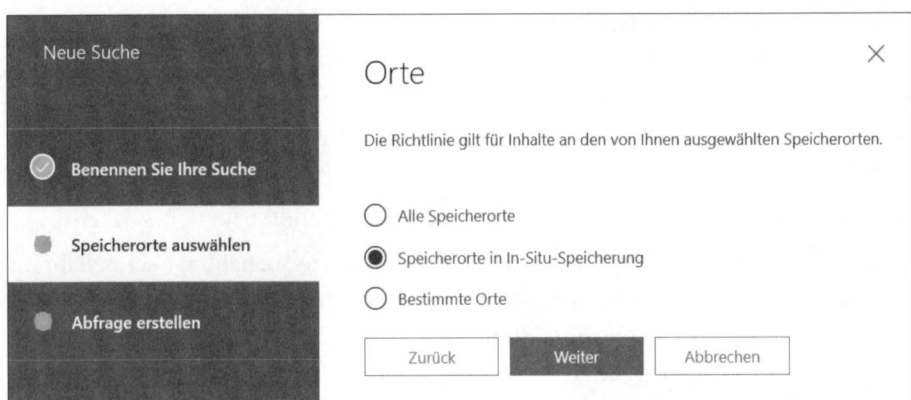

Abbildung 9.31 Wählen Sie die Speicherorte für die Suchabfrage aus.

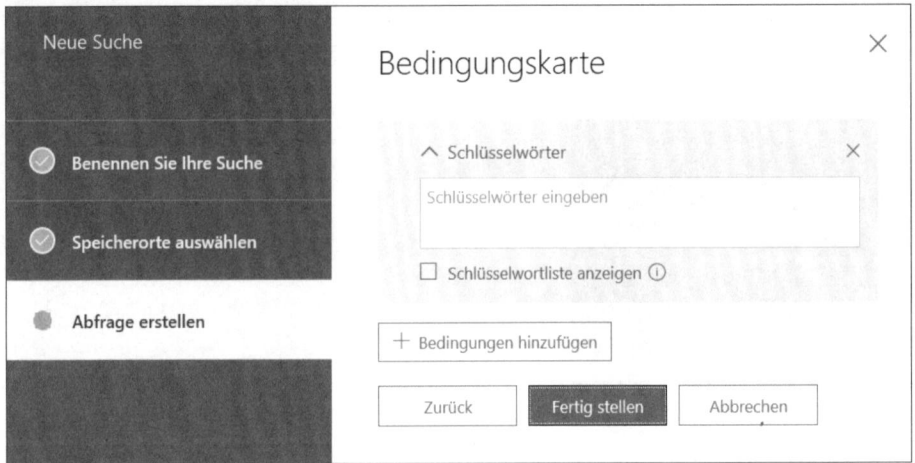

Abbildung 9.32 Stellen Sie die Abfrage für die Suche ein.

Sobald Sie die Konfiguration abgeschlossen haben, werden Ihnen analog zu Abbildung 9.33 die gefundenen Suchergebnisse präsentiert. Zusätzlich können Sie im linken Bereich der Seite die Suchabfrage bearbeiten. Diese Ansicht nutzen Sie auch bei der Option ohne Assistenten.

> **Warum kann ich die Vorschau der Suchergebnisse nicht sehen?**
>
> Wie in Abbildung 9.31 erkennbar, werden Ihnen die gefundenen Suchergebnisse nicht angezeigt. Stattdessen erhalten Sie möglicherweise eine Meldung, dass Sie den Complianceadministrator um weitere Rechte bitten sollen. Unter *https://docs.microsoft.com/de-de/microsoft-365/security/office-365-security/permissions-in-the-security-and-compliance-center* finden Sie die nötigen Informationen, um die Berechtigungen zu ändern.

9.1 Suche und Untersuchung von Informationen

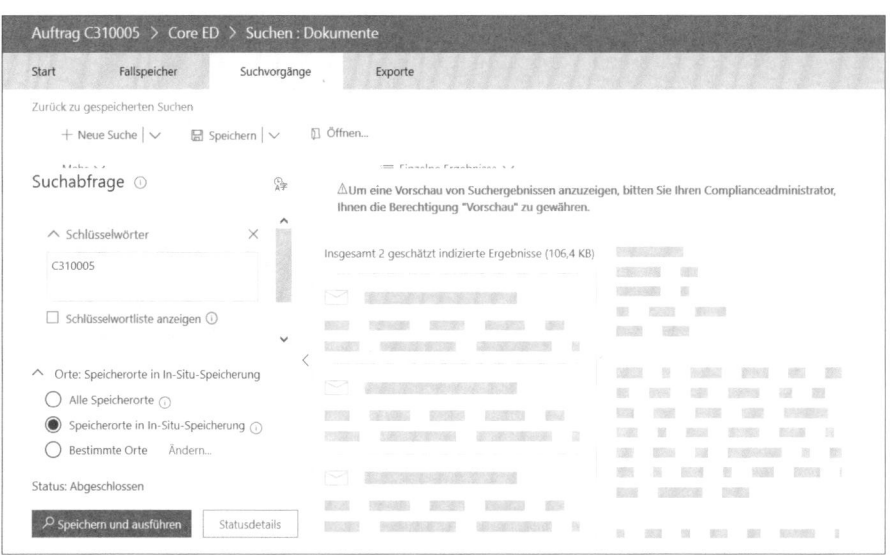

Abbildung 9.33 Führen Sie Ihre Suchabfrage aus oder bearbeiten Sie sie.

Exportieren von Daten

Über die Schaltfläche MEHR • BERICHT EXPORTIEREN lassen sich die angezeigten Suchergebnisse exportieren. In dem in Abbildung 9.34 dargestellten Dialog können Sie zusätzlich die Ausgabeoption auswählen und erhalten eine Schätzung über das im Download befindliche Datenvolumen.

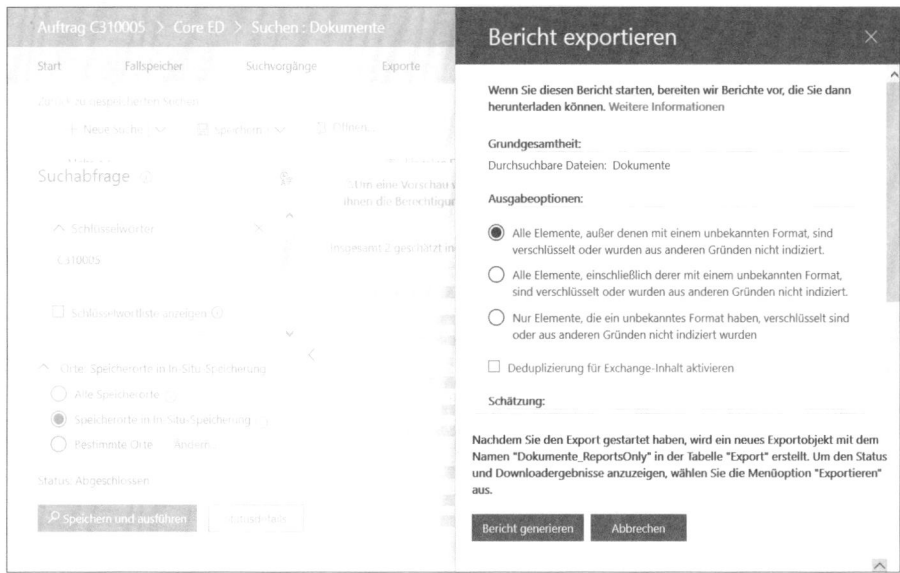

Abbildung 9.34 Wählen Sie die Ausgabeoption für den Export aus und prüfen Sie, ob die herunterzuladende Datenmenge passt.

Sobald Sie die Schaltfläche BERICHT GENERIEREN betätigt haben, wechseln Sie zur Registerkarte EXPORTE (siehe Abbildung 9.35).

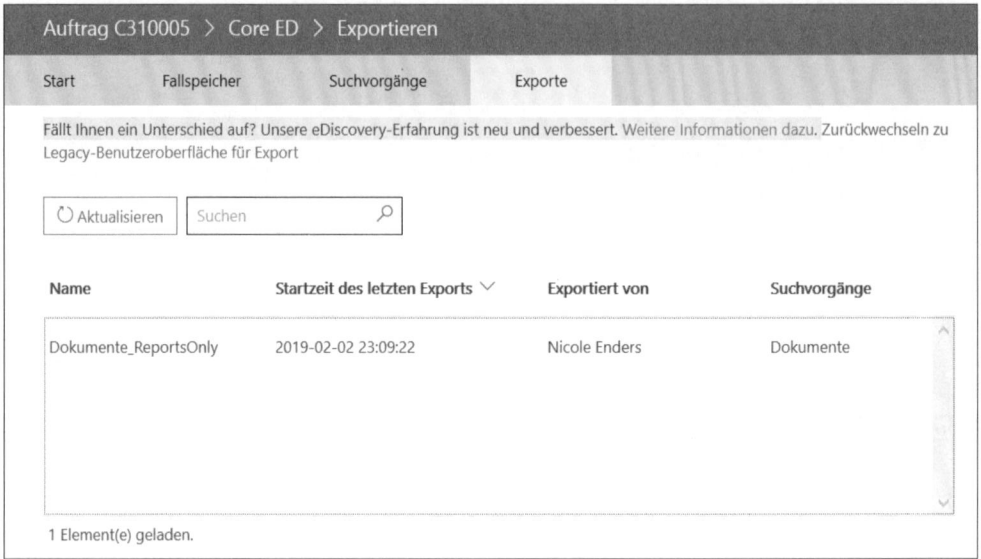

Abbildung 9.35 Alle generierten Berichte stehen zum Export bereit.

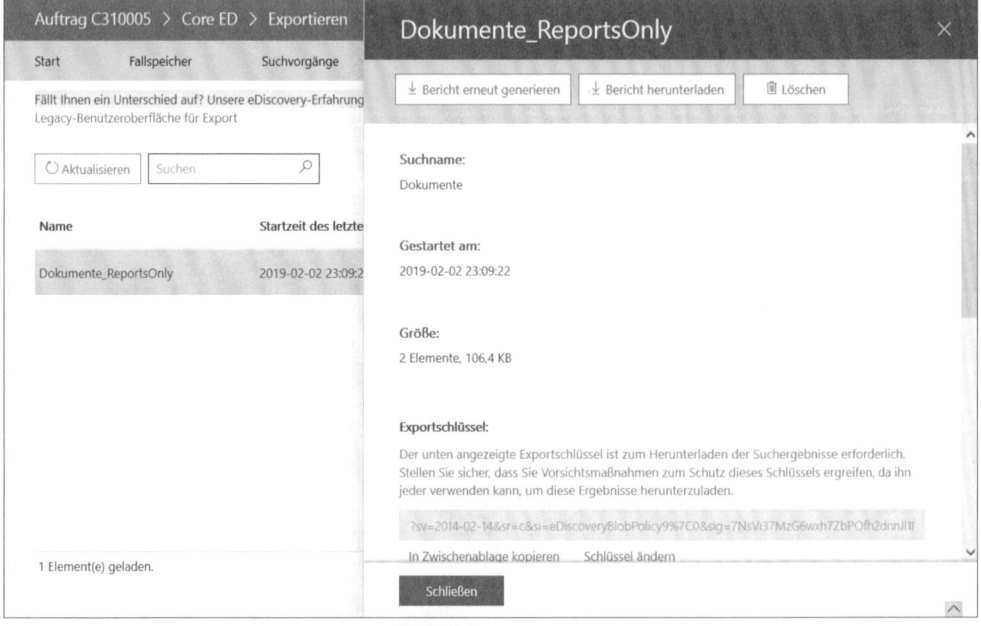

Abbildung 9.36 Aktualisieren Sie Ihren Bericht oder laden Sie ihn herunter.

Hier finden Sie den soeben erstellten Bericht wieder und können gemäß Abbildung 9.36 mit einem Klick auf die entsprechende Zeile die Details des Berichts aufrufen.

Zu diesen Informationen gehören beispielsweise:

- Name der zugrunde liegenden Suchabfrage
- Datum und Uhrzeit der Berichtserstellung
- Anzahl der Suchergebnisse und Datenvolumen
- Exportschlüssel, der zum Herunterladen der Daten benötigt wird.

Je nachdem, wie viel Zeit seit der Berichtserstellung vergangen ist, kann es sinnvoll sein, den Bericht über die Schaltfläche BERICHT ERNEUT GENERIEREN erneut zu generieren.

Wenn der Bericht aktuell ist, können Sie direkt die Schaltfläche BERICHT HERUNTERLADEN betätigen.

Abbildung 9.37 Für das Herunterladen des Berichts wird ein spezielles Tool benötigt.

Wie Sie Abbildung 9.37 entnehmen können, wird ein spezielles Tool zum Herunterladen der Berichte benötigt. Falls Sie einen anderen Browser als den Internet Explorer oder Edge nutzen, erhalten Sie einen Hinweis, zuvor auf diese Browser zu wechseln. Führen Sie die Installation über die Schaltfläche INSTALLIEREN aus. Nach Abschluss der Installation wird automatisch das *eDiscovery-Exporttool* gestartet (siehe Abbildung 9.38).

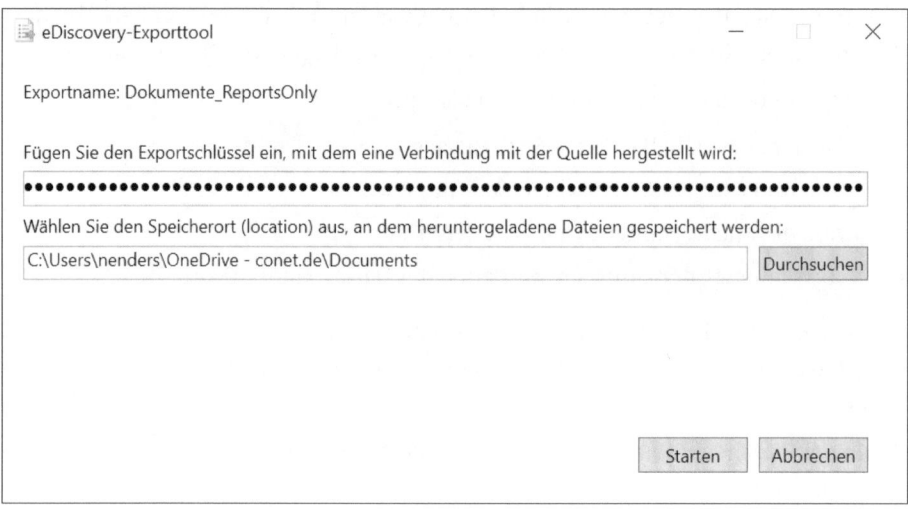

Abbildung 9.38 Geben Sie im Exporttool den Exportschlüssel an, der den zu exportierenden Bericht eindeutig kennzeichnet.

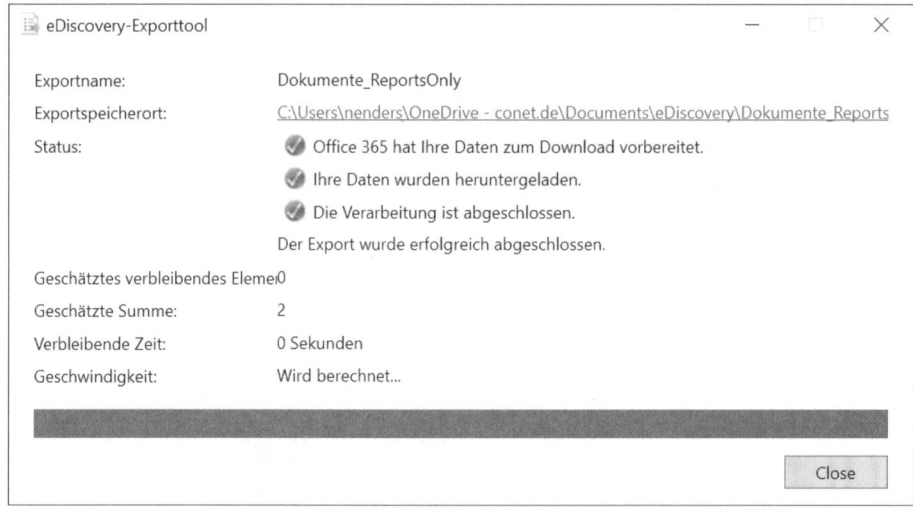

Abbildung 9.39 Nach Abschluss des Exports erhalten Sie eine Zusammenfassung und können zu dem von Ihnen ausgewählten Download-Verzeichnis wechseln.

Sie benötigen für den Export den in Abbildung 9.36 exemplarisch dargestellten Exportschlüssel, den Sie über den Link IN ZWISCHENABLAGE KOPIEREN schnell und einfach übernehmen und in das Eingabefeld des Exporttools einfügen. Außerdem sollten Sie ein Zielverzeichnis angeben, in dem die herunterzuladenden Informationen abgelegt werden sollen.

Während die Daten exportiert werden, erhalten Sie eine Fortschrittsmeldung, die nach Abschluss des Exports zu einer mit Abbildung 9.39 vergleichbaren Darstellung wechselt. Sie können danach in das Verzeichnis mit den exportierten Daten wechseln und entweder die Informationen selbst weiterverarbeiten oder sie einer externen Person, wie beispielsweise einem Anwalt oder einem Auditor, zur Verfügung stellen.

9.2 Klassifizierung von Informationen

Im Rahmen von Compliance fällt der Klassifizierung von Informationen eine besondere Bedeutung zu. Jeder Mitarbeiter in Ihrem Unternehmen sollte sich darüber im Klaren sein, mit welcher Art von Informationen er in Berührung kommt und wie diese Informationen zu behandeln sind. In der Praxis wird mindestens in unternehmensinterne Informationen, Kunden- bzw. auftragsbezogene Informationen und extern veröffentlichte Informationen unterschieden.

Doch woher wissen Sie, um welche Art der Information es sich bei dem Dokument handelt, das Sie beispielsweise gerade bearbeiten? Und wissen Sie auch, ob Sie das Dokument an Dritte weitergeben oder ausdrucken dürfen? Microsoft bietet mit *Azure Information Protection* die passende Antwort auf diese Fragen.

So können Sie beispielsweise jedes Dokument mit einer *Bezeichnung* (engl. *Label*) kennzeichnen oder auf Basis bestimmter Regeln sogar automatisch kennzeichnen lassen. Über die Bezeichnung erkennen Sie schnell, ob Sie beispielsweise gerade eine unternehmensinterne Information verarbeiten, die auf keinen Fall das Unternehmen verlassen darf. Da es in unserem Arbeitsalltag aber häufig anstrengend werden kann und Menschen bedingt durch Zeitmangel Fehler unterlaufen können, bietet Microsoft auch hier Unterstützung an. So können Sie für eine Bezeichnung zusätzlich Regeln hinterlegen, wodurch es beispielsweise technisch nicht mehr möglich ist, als unternehmensintern gekennzeichnete Informationen mit externen Personen zu teilen. Durch diese Schutzmechanismen können Sie sich ganz auf Ihre Kernaufgaben konzentrieren und sich trotzdem sicher sein, dass Informationen stets ausschließlich dem gewünschten Personenkreis zur Verfügung stehen.

9.2.1 Bezeichnungen verwalten

Beginnen wir mit der Verwaltung der für Ihr Unternehmen relevanten Bezeichnungen, bevor Sie im späteren Verlauf dieses Abschnitts Richtlinien zur automatischen Anwendung der Bezeichnungen sowie eines damit verbundenen Regelwerks einrichten.

Rufen Sie im *Compliance & Security Center* den Menüpunkt KLASSIFIZIERUNGEN • BEZEICHNUNGEN auf, um zur Übersicht aller für Ihr Unternehmen eingerichteten Bezeichnungen zu gelangen (siehe Abbildung 9.40). Momentan ist die Auflistung noch leer, aber das werden Sie gleich ändern.

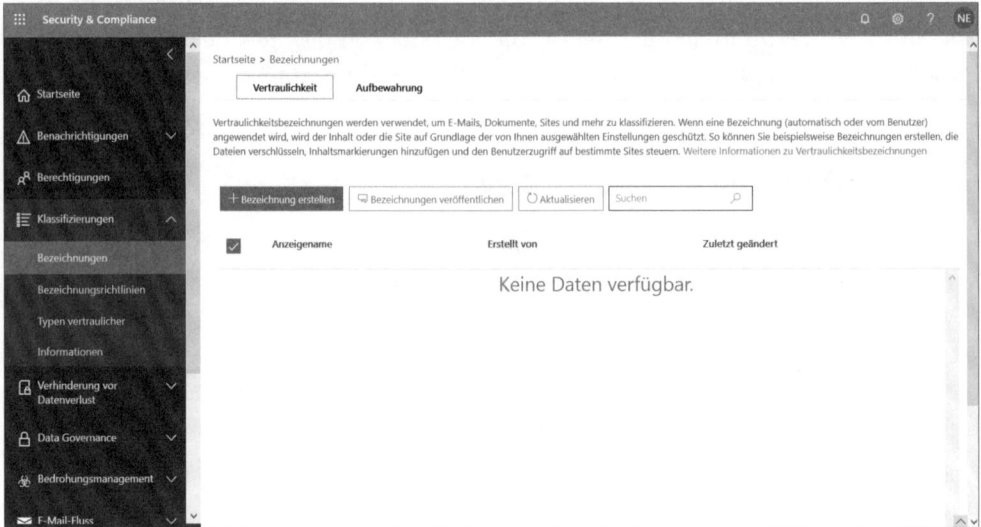

Abbildung 9.40 Verwalten Sie die für Ihr Unternehmen relevanten Bezeichnungen zur Klassifizierung Ihrer Informationen.

Wir unterscheiden zwischen zwei verschiedenen Arten von Bezeichnungen:

- **Vertraulichkeit**: Bei diesen Bezeichnungen geht es um die Kennzeichnung der Art der Information im Hinblick auf den Empfängerkreis. Darf eine Information beispielsweise nur internen Mitarbeitern des Unternehmens zur Verfügung gestellt werden, oder dürfen auch externe Mitarbeiter diese Information erhalten?
- **Aufbewahrung**: Muss eine Information beispielsweise aufgrund gesetzlicher Bestimmungen mindestens eine bestimmte Zeit lang aufbewahrt und bei Bedarf schnell abgerufen werden? Hier müssen Sie Sorge dafür tragen, dass diese Informationen nicht gelöscht werden können.

In Abschnitt 9.3, »Aufbewahrungs- und Löschrichtlinien«, gehe ich näher auf dieses Thema ein.

Legen Sie nun eine erste Bezeichnung im Bereich VERTRAULICHKEIT an. Hierzu betätigen Sie die in Abbildung 9.40 oberhalb der leeren Auflistung dargestellte Schaltfläche BEZEICHNUNG ERSTELLEN.

Daraufhin erscheint der in Abbildung 9.41 dargestellte Dialog. Geben Sie hier einen aussagekräftigen Namen und eine kurze Beschreibung als *QuickInfo* an, damit Sie und Ihre Kollegen schnell einen Eindruck davon bekommen, wofür die Bezeichnung steht. In das untere Beschreibungsfeld können Sie eine längere Beschreibung eingeben, die jedoch für die Administratoren gedacht ist.

9.2 Klassifizierung von Informationen

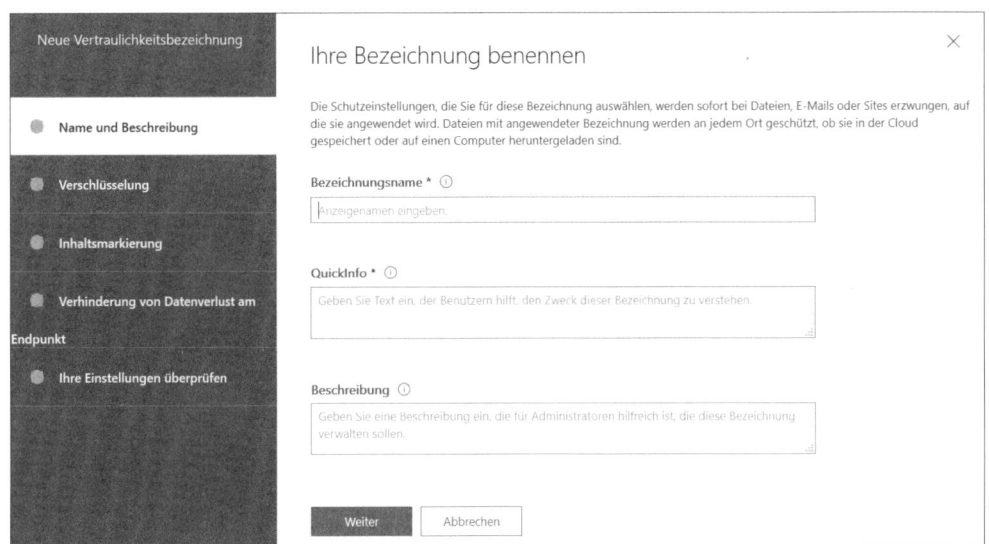

Abbildung 9.41 Geben Sie einen Namen und Beschreibungen für die neue Bezeichnung an.

Abbildung 9.42 Bestimmen Sie, ob die mit dieser Bezeichnung gekennzeichneten Informationen verschlüsselt werden sollen.

Verschlüsselung von Informationen

Über die Schaltfläche WEITER gelangen Sie zum nächsten Schritt im Assistenten, in dem Sie festlegen können, ob die Informationen verschlüsselt werden sollen. Im Standard ist die Verschlüsselung deaktiviert.

Sie können aber analog zu Abbildung 9.42 die Verschlüsselung aktivieren und dabei folgende Optionen konfigurieren:

- **Inhalte**: Welche Inhalte sollen verschlüsselt werden? Sie haben die Auswahl zwischen E-MAILS UND DATEIEN oder NUR E-MAILS IN OUTLOOK.
- **Gültigkeit**: Sie können festlegen, wie lange auf die Informationen zugegriffen werden kann bzw. wann der Zugriff auf die Information abläuft, und können dabei aus folgenden Optionen wählen:
  - Nie
  - An einem bestimmten Datum
  - Eine Anzahl von Tagen, nachdem die Bezeichnung angewendet wurde (das System erlaubt bis zu 100 Tage)
- **Offline-Zugriff**: Möchten Sie die Informationen offline nutzen können, oder möchten Sie den Zugriff bewusst unterbinden? Sie können hierfür aus folgenden Optionen wählen:
  - Immer
  - Nie
  - Nur für eine Anzahl von Tagen (auch hier können Sie eine Zahl zwischen 1 und 100 angeben)

Neben diesen grundlegenden Einstellungen lassen sich besondere Berechtigungen für die Benutzer und Gruppen aber auch frei vergeben. So können Sie beispielsweise folgendes Rollenmodell realisieren:

- **Bearbeiter**: Diese Mitarbeiter erstellen in gemeinsamer Arbeit Dokumente. Sie müssen auf die Inhalte zugreifen, diese bearbeiten und speichern dürfen.
- **Besitzer**: Diese Person ist für die Information verantwortlich und kann diese zusätzlich noch weiterleiten, drucken sowie die Zugriffsrechte ändern.
- **Assistenten**: Diese Mitarbeiter sind beispielsweise für den Versand des Dokuments verantwortlich. Sie sollen die Inhalte nicht verändern dürfen, müssen aber lesend darauf zugreifen und drucken dürfen.

Dieses Szenario können Sie unterstützen, indem Sie etwas weiter nach unten scrollen und auf den Link RECHTE ZUWEISEN klicken. Wie Sie Abbildung 9.43 entnehmen können, haben Sie nun die Wahl zwischen allen Nutzern Ihrer Microsoft-365-Umgebung, ausgewählten Benutzern oder Gruppen bzw. ausgewählten E-Mail-Adressen oder Domänen.

Wählen Sie in diesem Szenario den Link BENUTZER ODER GRUPPEN HINZUFÜGEN aus und betätigen Sie anschließend die Schaltfläche HINZUFÜGEN. Sie können nun die gewünschten Personen oder Gruppen suchen und auswählen. Sobald Sie wieder auf der in Abbildung 9.43 dargestellten Konfigurationsseite angelangt sind, legen Sie über den Link Berechtigungen aus vorhandenem oder benutzerdefiniertem Kontext auswählen die Berechtigungen für die ausgewählten Benutzer oder Gruppen fest.

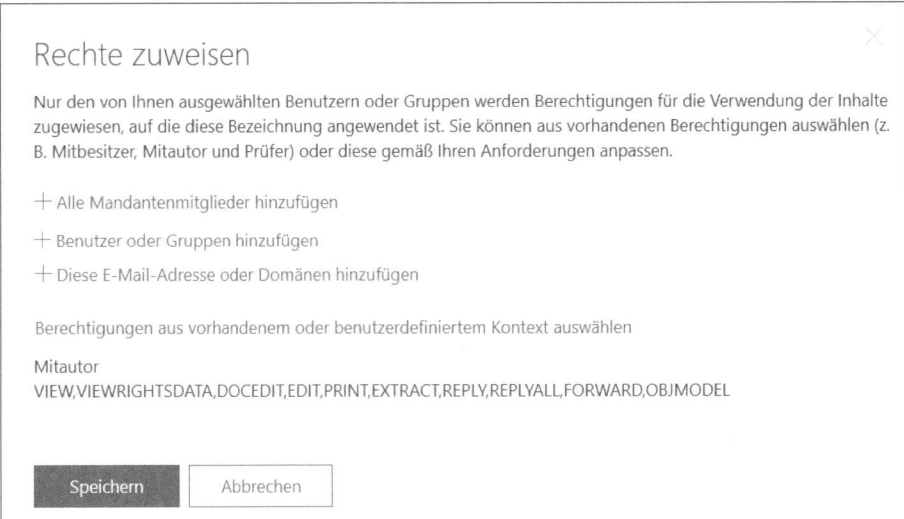

Abbildung 9.43 Wählen Sie die Personen oder Gruppen aus, denen Sie für Informationen (gekennzeichnet mit der neuen Bezeichnung) besondere Zugriffsrechte erteilen möchten.

Wie Sie der Darstellung in Abbildung 9.44 entnehmen können, haben Sie bei der Definition der Zugriffsrechte sehr viel Gestaltungsspielraum. Da sich aber in der Praxis bestimmte Muster immer wiederholen, werden Ihnen über eine Auswahlbox jeweils in Form eines Rollenmodells einige Sets an Zugriffsrechten vorgeschlagen:

- **Mitbesitzer**: Der Mitbesitzer verfügt über uneingeschränkte Zugriffsrechte und kann somit selbst die Berechtigungen verwalten, den Inhalt bearbeiten und weitergeben.
- **Mitautor**: Diese Rolle reicht in der Regel für die tägliche Arbeit bereits aus, da Sie hiermit Inhalte bearbeiten, drucken und weitergeben können. Im Wesentlichen fehlt Ihnen die Möglichkeit, die Berechtigungen zu verändern.
- **Prüfer**: Diese Rolle darf wie ein Mitautor die Inhalte bearbeiten, kann die Inhalte aber beispielsweise nicht drucken.
- **Anzeigender**: Von allen vordefinierten Rollen verfügt diese über die wenigsten Rechte und kann lediglich Inhalte anzeigen lassen.
- **Benutzerdefiniert**: Wenn keine der vorgeschlagenen Rollen passen sollte, konfigurieren Sie hiermit Ihre individuelle Rolle.

Abbildung 9.44 Legen Sie die Zugriffsrechte für die ausgewählten Personen oder Gruppen fest.

Wenn Sie die gewünschten Berechtigungen konfiguriert haben, wenden Sie diese über die Schaltfläche SPEICHERN auf die zuvor von Ihnen ausgewählten Personen oder Gruppen an und gelangen schließlich wieder zur Übersichtsseite für die Verschlüsselung (siehe Abbildung 9.45).

Abbildung 9.45 Prüfen Sie die vergebenen Berechtigungen!

Achten Sie dabei darauf, dass Sie für die Einstellung unterschiedlicher Berechtigungen (wie in Abbildung 9.45 mit den Rollen MITBESITZER und MITAUTOR exemplarisch dargestellt) immer von der Übersichtsseite ausgehend starten. Wenn Sie erst einmal in dem Dialog zur Auswahl der Personen oder Gruppen sind, wenden Sie immer eine gemeinsame Rolle und die damit verbunden Zugriffsrechte an.

> **Achtung bei der Verschlüsselung von Informationen!**
> Bedenken Sie, dass die Verschlüsselung von Informationen zwar deren Sicherheit erhöht, gleichzeitig jedoch einige Einschränkungen mit sich bringt. So können Sie beispielsweise nicht mehr gemeinsam an Dokumenten arbeiten, weil der heutige Stand der Tools (wie z. B. Microsoft Word) die Verschlüsselung nur für die Einzelbearbeitung auflösen kann. Auch die Suchfunktion ist bei einer Verschlüsselung beeinträchtigt. Ihnen werden zwar die relevanten Dokumente als Suchergebnis angeboten, aber die standardmäßige Vorschau mit der Möglichkeit, durch das Dokument zu navigieren, ohne es öffnen zu müssen, steht hierbei nicht mehr zur Verfügung.

Inhaltsmarkierung

Über die Schaltfläche WEITER gelangen Sie von der Verschlüsselung zur sogenannten *Inhaltsmarkierung* (siehe Abbildung 9.46).

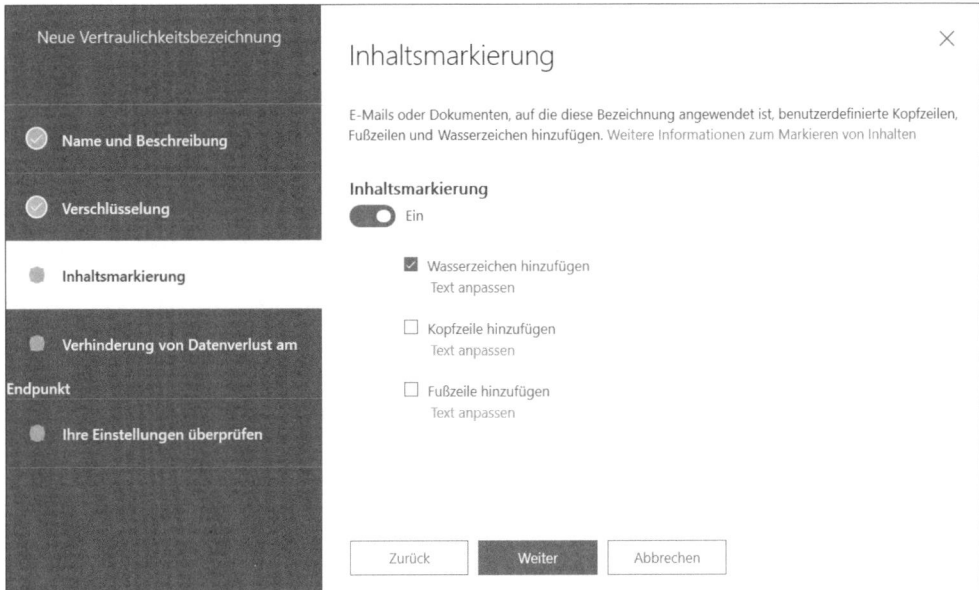

Abbildung 9.46 Wählen Sie aus, ob Sie ein Wasserzeichen oder einen bestimmten Hinweis in der Kopf- oder Fußzeile des klassifizierten Dokuments einrichten möchten.

Im Standard ist die Funktion der Inhaltsmarkierung deaktiviert. Sobald Sie die Option aktiviert haben, können Sie auswählen, ob Sie ein Wasserzeichen, einen Hinweis in Kopf- oder Fußzeile oder eine Kombination aus beidem verwenden möchten, um ein Dokument zu markieren.

Ein Wasserzeichen oder ein Hinweis in der Kopf- oder Fußzeile eines Dokuments kann Ihnen und Ihren Kollegen dabei helfen, sofort zu erkennen ob es sich zum Beispiel um ein vertrauliches Dokument handelt, das gar nicht erst ausgedruckt werden sollte.

Sobald Sie eine der Optionen ausgewählt haben, klicken Sie auf den Link TEXT ANPASSEN und nehmen wie in Abbildung 9.47 dargestellt die weitere Konfiguration vor.

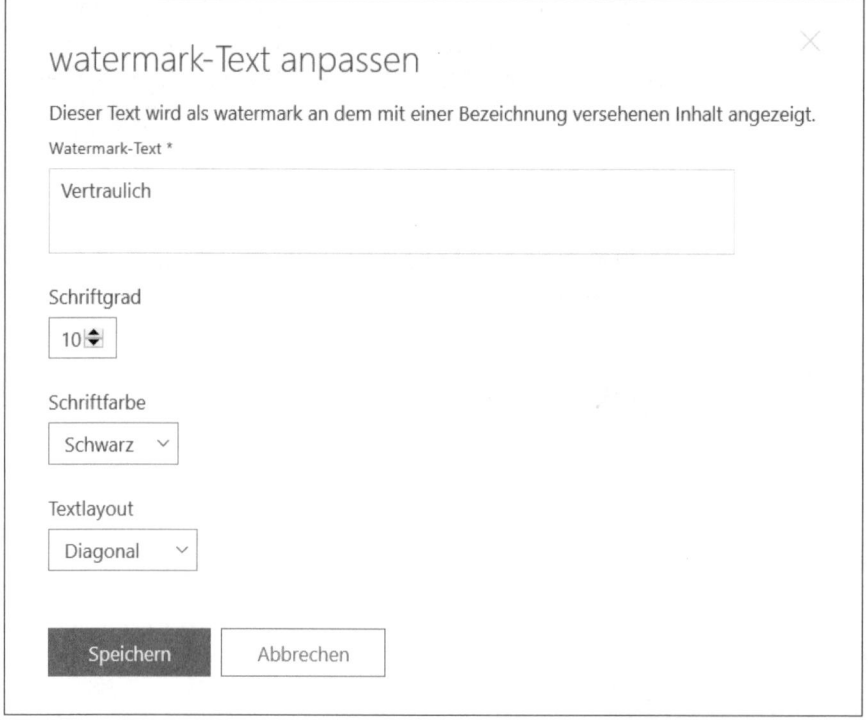

Abbildung 9.47 Legen Sie Text und Erscheinungsbild für das Wasserzeichen fest.

Nachdem Sie die Konfiguration über die Schaltfläche SPEICHERN abgeschlossen haben, wechseln Sie mit WEITER zum nächsten Schritt.

Verhinderung von Datenverlust

Im nächsten Abschnitt gehe ich genauer auf das Thema *Data Loss Prevention* ein. Aus diesem Grund überspringen wir an dieser Stelle die Einrichtung und fahren mit der Schaltfläche WEITER fort.

9.2 Klassifizierung von Informationen

Abbildung 9.48 Verhindern Sie Datenverlust für vertrauliche Informationen. Sie können diesen Schritt nachholen, sobald wir im nächsten Abschnitt besprochen haben, worum es sich dabei handelt.

Bezeichnung anlegen

Der letzte Schritt des Assistenten dient lediglich der Überprüfung der von Ihnen vorgenommenen Konfiguration. An dieser Stelle können Sie bei Bedarf noch Änderungen vornehmen oder den Vorgang über die Schaltfläche ERSTELLEN abschließen (siehe Abbildung 9.49 und Abbildung 9.50).

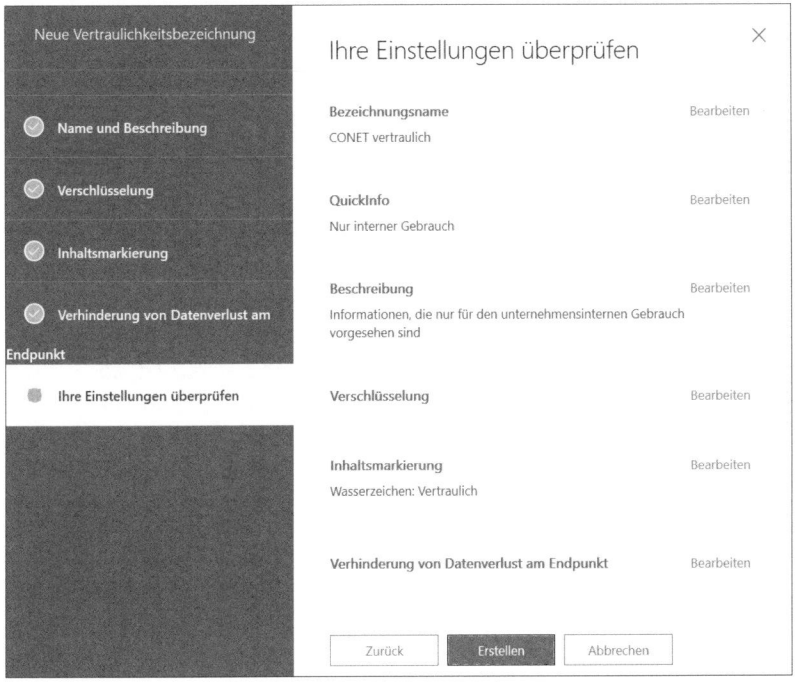

Abbildung 9.49 Prüfen Sie Ihre Einstellungen und schließen Sie den Vorgang ab.

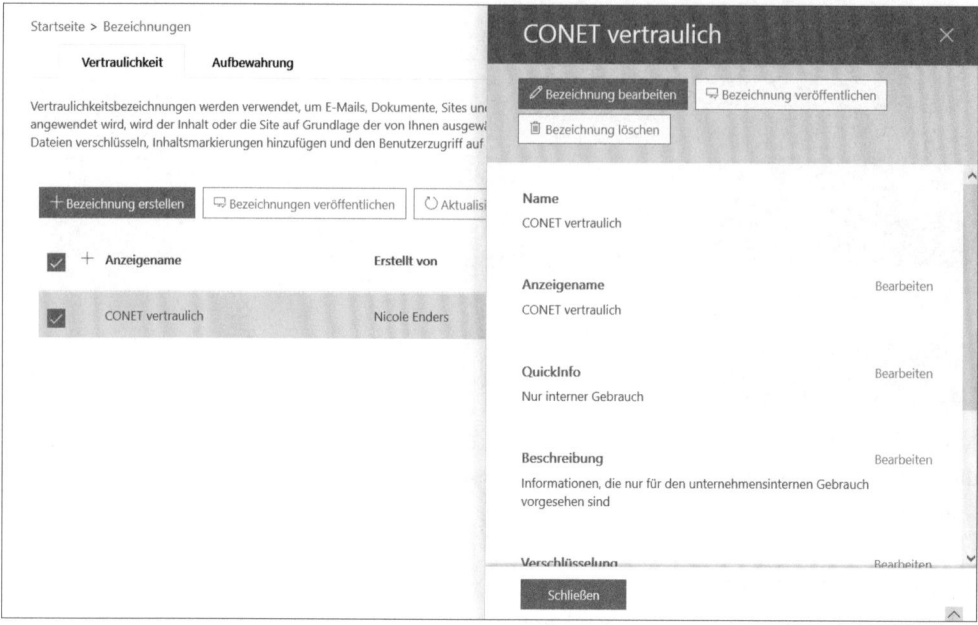

Abbildung 9.50 Die Bezeichnung wurde erfolgreich angelegt.

> **Aktueller Zwischenstand**
>
> In diesem Abschnitt haben Sie eine Bezeichnung (engl. Label) für unternehmensinterne Informationen erstellt. Auf eine Verschlüsselung haben Sie erst einmal verzichtet, haben jedoch ein Wasserzeichen zur Kennzeichnung dieser internen Informationen eingerichtet. Der nächste Abschnitt befasst Sich mit der Anwendung dieser Bezeichnung und den Auswirkungen auf die tägliche Arbeit mit klassifizierten Dokumenten.

9.2.2 Bezeichnungsrichtlinien

Noch ist die angelegte Bezeichnung für die Mitarbeiter nicht verfügbar. Sie ist erst nach ihrer Veröffentlichung nutzbar. Auf diese Weise können Sie eine Auswahl an Bezeichnungen vorbereiten und zu einem bestimmten Zeitpunkt bereitstellen.

Sie können auch, wie in Abbildung 9.50 dargestellt, über die Schaltfläche BEZEICHNUNG VERÖFFENTLICHEN eine einzelne Bezeichnung zur Verfügung stellen. Ich schlage jedoch vor, dass Sie neben der Bezeichnung für vertrauliche Informationen auch eine für öffentliche Informationen anlegen. Sobald Sie beide Bezeichnungen erfolgreich angelegt haben und sich wieder auf der Übersichtsseite befinden, betätigen Sie die Schaltfläche BEZEICHNUNGEN VERÖFFENTLICHEN.

Im Folgenden erstellen Sie eine sogenannte Vertraulichkeitsbezeichnungsrichtlinie (siehe Abbildung 9.51). Hierzu wählen Sie im ersten Schritt die zu veröffentlichenden Bezeichnungen aus. Klicken Sie dazu auf den Link ZU VERÖFFENTLICHENDE BEZEICHNUNGEN AUSWÄHLEN.

Abbildung 9.51 Für eine neue Bezeichnungsrichtlinie wählen Sie die darin enthaltenen Bezeichnungen aus. Standardmäßig ist die Liste erst einmal leer.

In dem daraufhin eingeblendeten Konfigurationsbereich können Sie über die Schaltfläche HINZUFÜGEN nach den gewünschten Bezeichnungen suchen. Nach einem kurzen Ladevorgang sollten Ihnen alle bisher in Ihrer Umgebung angelegten Bezeichnungen zur Auswahl angeboten werden.

Wählen Sie in unserem Fall die beiden angelegten Bezeichnungen für vertrauliche und öffentliche Informationen aus und kehren Sie zum eigentlichen Konfigurationsdialog zurück.

Dieser sollte nun analog zu Abbildung 9.52 Ihre beiden Bezeichnungen auflisten. Fahren Sie über die Schaltfläche WEITER mit dem nächsten Schritt fort.

Abbildung 9.52 Prüfen Sie, ob die richtigen Bezeichnungen ausgewählt wurden, und fahren Sie mit der Einrichtung der Richtlinie fort.

Personenkreis für die Richtlinie festlegen

Als nächstes sollten Sie festlegen, für welche Benutzer oder Gruppen die Bezeichnungen verfügbar sein sollen. Damit lassen sich vielfältige Szenarien realisieren. So könnte es beispielsweise Bezeichnungen geben, die lediglich vom Management verwendet oder gesetzt werden dürfen. Auch eine Unterstützung der Anforderungen verschiedener Geschäftsbereiche ist durch die Konfigurationsmöglichkeit umsetzbar.

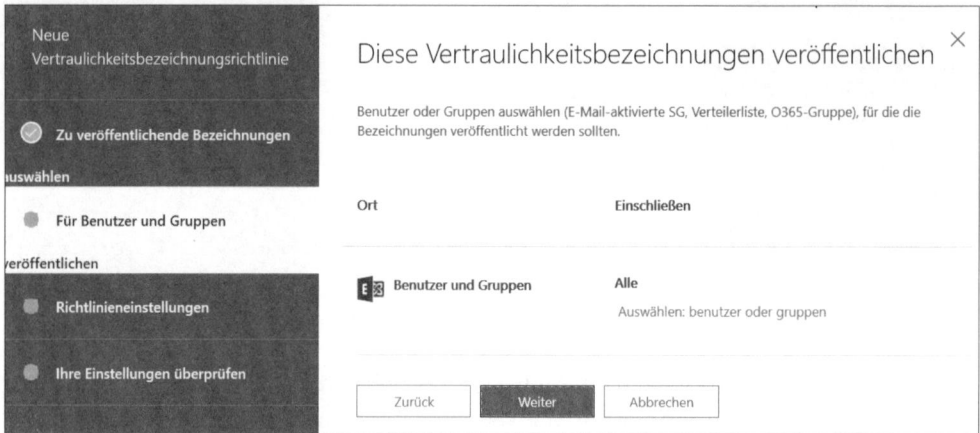

Abbildung 9.53 Legen Sie fest, für welche Benutzer oder Gruppen die Bezeichnungen verfügbar sein sollen.

Sie können über den Link AUSWÄHLEN: BENUTZER ODER GRUPPEN einen gewünschten Personenkreis festlegen, der die Bezeichnungen zukünftig nutzen soll. Standardmäßig sind alle Nutzer Ihrer Microsoft-365-Umgebung vorgesehen. Wir belassen es an dieser Stelle auch bei dieser Einstellung, und Sie gehen mit der Schaltfläche WEITER zum nächsten Schritt.

Regeln definieren

Aufbauend auf den der Richtlinie zugeordneten Bezeichnungen legen Sie nun ein Regelwerk fest. Sie können die Mitarbeiter beispielsweise in ihrer täglichen Arbeit unterstützen, indem Sie eine Bezeichnung auswählen, die standardmäßig für Dokumente vergeben wird. In Abbildung 9.54 habe ich die Bezeichnung für vertrauliche Dokumente als Standard definiert. Mit dieser Einstellung sorgen Sie dafür, dass jedes Dokument automatisch klassifiziert wird, auch, wenn der einzelne Mitarbeiter dies vielleicht von sich aus so nicht einstellen würde.

Ferner können Sie auch bestimmen, ob bei einer Änderung der standardmäßig vergebenen Bezeichnung eine Begründung angegeben werden muss. In diesem Fall wird jeder Mitarbeiter dahingehend sensibilisiert, sich genau zu überlegen, warum es sich nicht um eine vertrauliche Information handelt.

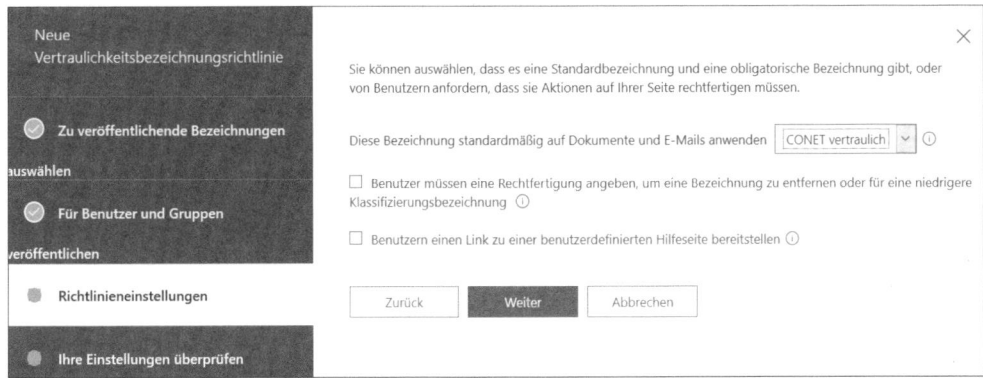

Abbildung 9.54 Legen Sie fest, ob standardmäßig eine Klassifizierung von Informationen vorgenommen werden soll und wie mit einer Änderung des Standardwertes umgegangen wird.

Helfen Sie Ihren Kollegen, sich an die Klassifizierung von Informationen zu gewöhnen!

Wenn Sie in Ihrem Unternehmen die Möglichkeiten der Klassifizierung von Informationen einführen möchten, werden Sie sich zunächst Gedanken über die verschiedenen Bezeichnungen, ihre Bedeutung und ihre Auswirkungen machen. Dokumentieren Sie diese Überlegungen und stellen Sie sie Ihren Kollegen zur Verfügung. Dazu können Sie beispielsweise die unterste der in Abbildung 9.54 dargestellten Optionen nutzen. Damit erhalten Ihre Kollegen einen Link, über den sie die von Ihnen bereitgestellten Informationen bzw. Entscheidungshilfen für oder gegen eine Bezeichnung finden können. Auch, wenn Ihre Kollegen nach einiger Zeit ohne weitere Hilfe auskommen werden, ist diese Hilfestellung für neue Mitarbeiter oder solche nach einem Abteilungswechsel interessant.

Richtlinie benennen und anlegen

Im nächsten Schritt können Sie Ihrer Richtlinie einen Namen und eine Beschreibung geben (siehe Abbildung 9.55), bevor Sie mit Betätigen der Schaltfläche WEITER zum obligatorischen Schritt mit der Zusammenfassung Ihrer Einstellungen gelangen (siehe Abbildung 9.56), von wo aus Sie über die Schaltfläche VERÖFFENTLICHEN den Vorgang abschließen. Danach stehen die Bezeichnungen dem von Ihnen definierten Personenkreis zur Verfügung.

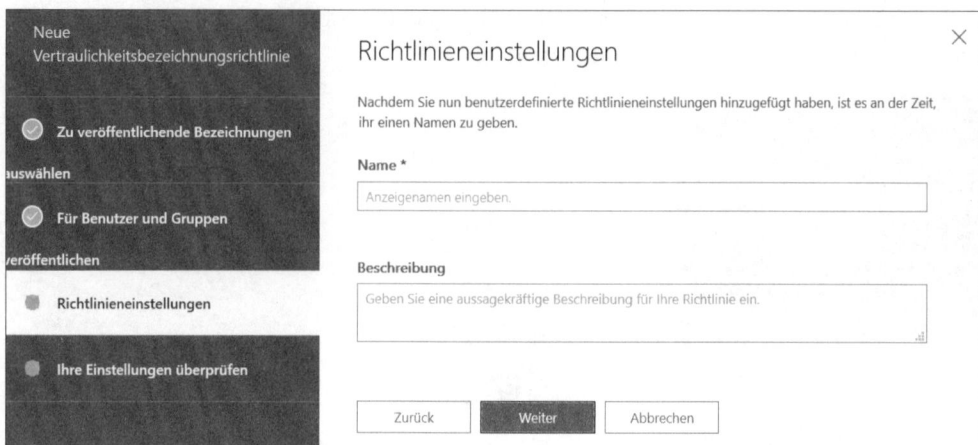

Abbildung 9.55 Vergeben Sie einen Namen und eine aussagekräftige Beschreibung für die neue Vertrauensbezeichnungsrichtlinie.

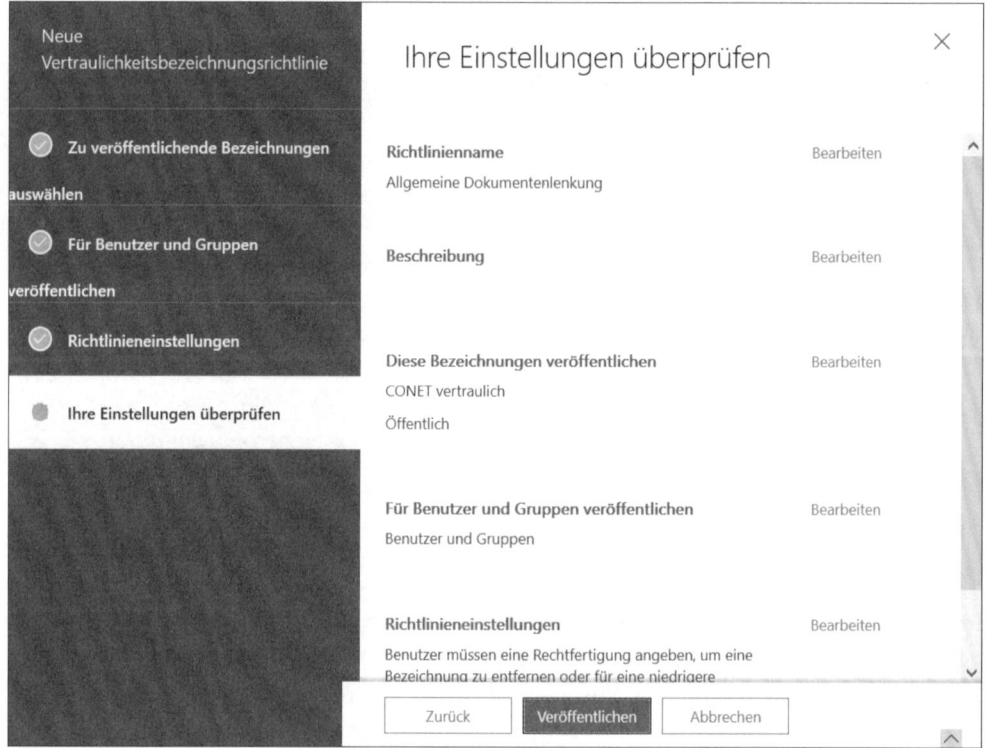

Abbildung 9.56 Prüfen Sie Ihre Einstellungen und schließen Sie den Vorgang ab, indem Sie die Richtlinie veröffentlichen.

Wie machen sich die für mein Unternehmen eingerichteten Bezeichnungen zur Klassifizierung bemerkbar?

Neben der automatischen Klassifizierung liegt es in der Hand jedes einzelnen Mitarbeiters, die von ihm verwalteten Informationen richtig zu kennzeichnen. Zur Unterstützung dessen kann eine Erweiterung für die Office-Produkte installiert werden. Nach deren Installation erscheint in der Menüleiste ein weiterer Menüpunkt VERTRAULICHKEIT, über den Sie die zu dem Inhalt des Dokuments passende Bezeichnung auswählen können. Die im Security & Compliance Center für die Bezeichnung hinterlegten Regeln werden automatisch angewendet und verhindern daher unerwünschte Aktionen wie Ausdrucken oder Weiterleiten der Informationen. Weitere Informationen hierzu finden Sie unter *https://docs.microsoft.com/de-de/microsoft-365/compliance/sensitivity-labels*.

9.2.3 Verhinderung von Datenverlust

Einige Daten benötigen einen besonderen Schutz. Beispielsweise sollten Kreditkarteninformationen, Gesundheitsdaten und Informationen aus Ausweisdokumenten nicht in Dokumenten enthalten sein, die Sie mit anderen Personen teilen möchten. Bereits eine Unachtsamkeit reicht aus, um einen Schaden entstehen zu lassen. Dagegen bietet Microsoft die sogenannten *DLP-Richtlinien* an. DLP steht für *Data Loss Prevention*; im Deutschen *Verhinderung von Datenverlust*. Auf Basis bestimmter Muster werden sensible Informationen in den Dokumenten erkannt, und der Besitzer der Information wird darauf aufmerksam gemacht.

Abbildung 9.57 Legen Sie eine neue DLP-Richtlinie an.

Um eine neue DLP-Richtlinie anzulegen, rufen Sie im Security & Compliance Center den Menüpunkt VERHINDERUNG VOR DATENVERLUST • RICHTLINIE auf und betätigen anschließend die Schaltfläche RICHTLINIE ERSTELLEN.

Für die gängigen Fälle werden Ihnen bereits Vorlagen angeboten (siehe Abbildung 9.57). Darunter sind beispielsweise Muster zur Erkennung von Gesundheitsdaten oder Bankinformationen enthalten. Um einen Überblick über die bereits standardmäßig verfügbaren Muster zu erhalten, wählen Sie die Option CUSTOM aus und betätigen die Schaltfläche WEITER.

Speicherorte auswählen

Sie können nun bestimmen, auf welche Speicherorte die DLP-Richtlinie angewendet werden soll. Ich empfehle Ihnen, die Standardeinstellung zu verwenden und die Richtlinie damit auf Ihre gesamte Microsoft-365-Umgebung – also auch auf SharePoint, *Teams*, OneDrive und Exchange – anzuwenden. Nur so können Sie sicherstellen, dass in Ihrem Unternehmen sensible Informationen angemessen behandelt werden.

Wenn Sie sich aber sicher sind, dass nur in bestimmten Bereichen nach sensiblen Informationen gesucht werden soll, können Sie auch die untere Option aus Abbildung 9.58 auswählen.

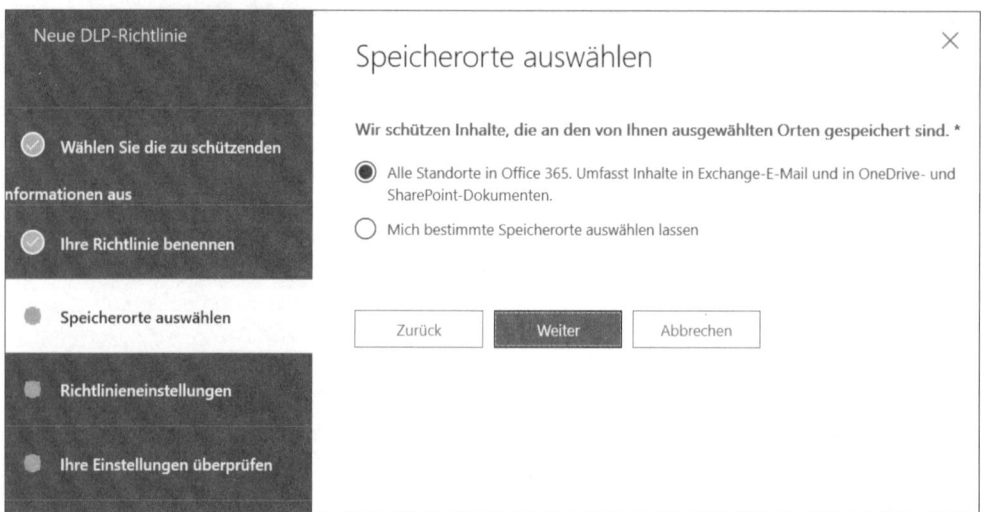

Abbildung 9.58 Wählen Sie aus, wo nach sensiblen Informationen gesucht werden soll.

Zu erkennende Muster auswählen

Nachdem Sie zum nächsten Schritt gewechselt sind, wählen Sie die zu erkennenden Muster für die sensiblen Daten aus. Standardmäßig sind keine Klassifizierungstypen ausgewählt, wie Abbildung 9.59 zeigt. Klicken Sie daher auf den Link BEARBEITEN und wählen Sie im daraufhin erscheinenden Dialog (siehe Abbildung 9.60) in der Auswahlbox HINZUFÜGEN die Option TYPEN VERTRAULICHER INFORMATIONEN aus.

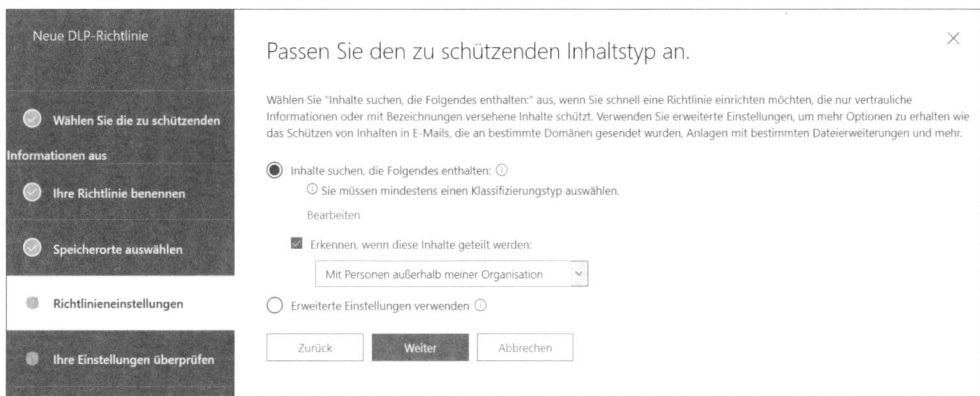

Abbildung 9.59 Wählen Sie die zu erkennenden Muster aus.

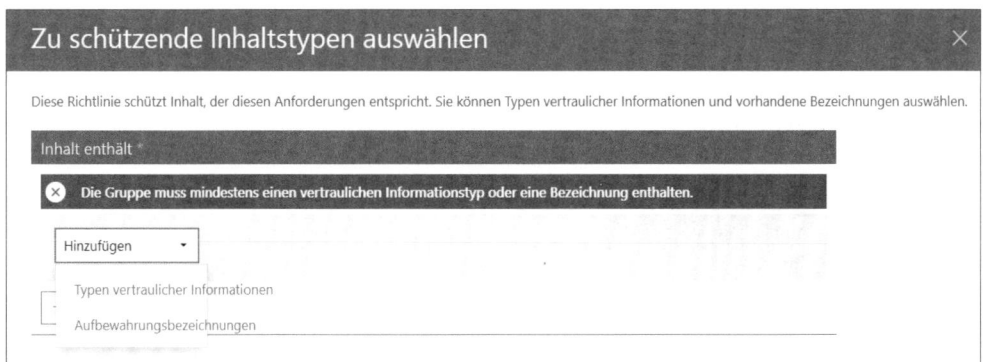

Abbildung 9.60 Ihnen werden sowohl vordefinierte Muster als auch die zur Aufbewahrung von Informationen eingerichteten Bezeichnungen angeboten.

Sie können nun aus den in Abbildung 9.61 dargestellten Mustern wählen. Es ist zwar bereits eine große Menge an Mustern vordefiniert, aber wahrscheinlich wird es auch in Ihrem Unternehmen Informationen geben, die Sie auf die beschriebene Weise schützen möchten, die aber keinem der vorgegebenen Muster entsprechen. Sie können dafür einen eigenen *Typ vertraulicher Informationen* erfassen, indem Sie im Security & Compliance Center den Menüpunkt KLASSIFIZIERUNGEN • TYPEN VERTRAULICHER INFORMATIONEN aufrufen und anschließend die Schaltfläche ERSTELLEN betätigen. Wie Sie in Abbildung 9.62 erkennen können, kann das Muster aus einem oder mehreren Schlüsselwörtern oder auch aus einem *regulären Ausdruck* bestehen.

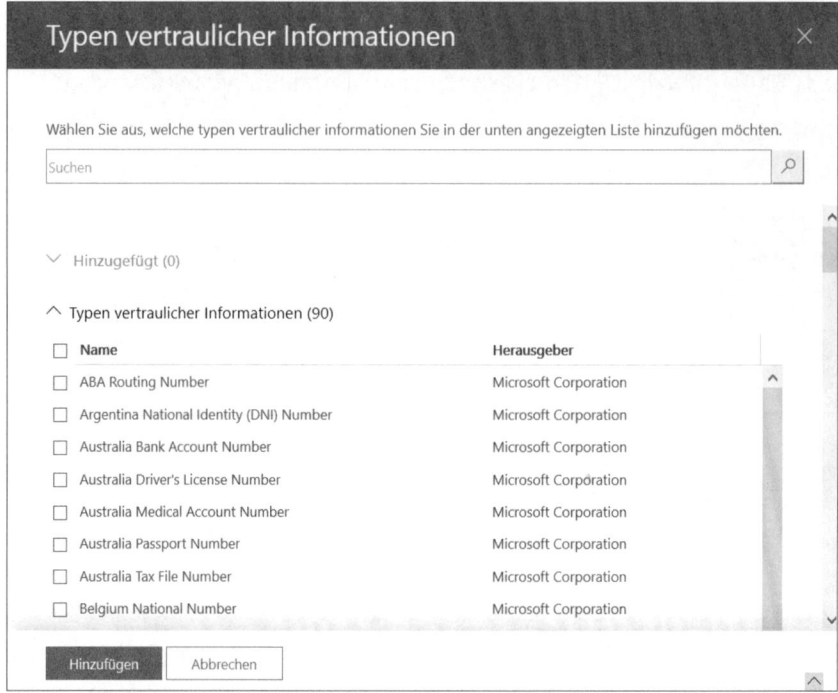

Abbildung 9.61 Wählen Sie die gewünschten Muster aus.

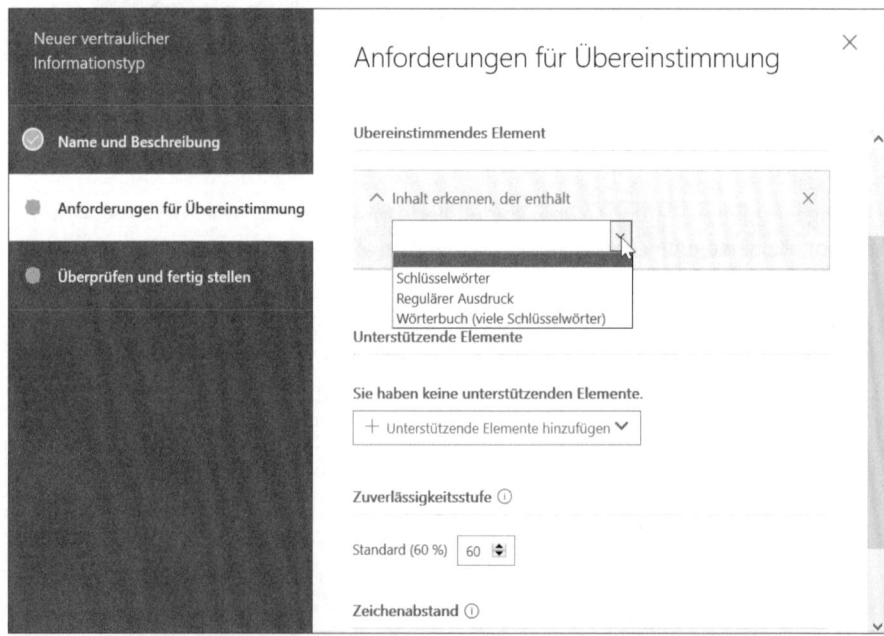

Abbildung 9.62 Definieren Sie Ihr individuelles Muster, um beispielsweise Auftrags- oder Kundendaten erkennen zu lassen.

9.2 Klassifizierung von Informationen

Wenn Sie die zu erkennenden Muster für die DLP-Richtlinie ausgewählt haben, können Sie die Auswahl noch einmal im Hinblick auf Ihre Treffergenauigkeit prüfen und dann über die Schaltfläche SPEICHERN und WEITER fortfahren.

Abbildung 9.63 Prüfen Sie, ob Sie alle nötigen Muster ausgewählt haben.

Anzuwendende Regeln festlegen

Bisher stand die Erkennung der sensiblen Daten im Mittelpunkt dieses Abschnitts. Doch welche Aktionen sollen ausgelöst werden, wenn ein Muster erkannt wurde? Diese Frage beantworte ich Ihnen im nun folgenden Konfigurationsschritt.

Wie Sie Abbildung 9.64 entnehmen können, stehen Ihnen nun verschiedene Optionen zur Verfügung:

- **Tipp und E-Mail**: Sie können die für die entsprechende Information verantwortlichen Personen entweder bereits während der Bearbeitung eines Dokuments in der Office-Applikation, aber auch per E-Mail über eine Verletzung der Richtlinie aufmerksam machen.

  Falls Ihnen die standardmäßig verwendeten Texte nicht zusagen, wechseln Sie über den Link TIPP UND E-MAIL ANPASSEN zu dem in Abbildung 9.65 dargestellten Konfigurationsdialog. Im Standard erhält der aktuelle Bearbeiter die Benachrichtigung bezüglich der erkannten sensiblen Information. Wenn Sie aber aus bestimmten Gründen Ihren Compliance-Manager oder andere Personengruppen benachrichtigen möchten, können Sie auch diese Einstellung hier vornehmen.

Abbildung 9.64 Bestimmen Sie die auszulösenden Aktionen bei Erkennen von sensiblen Informationen.

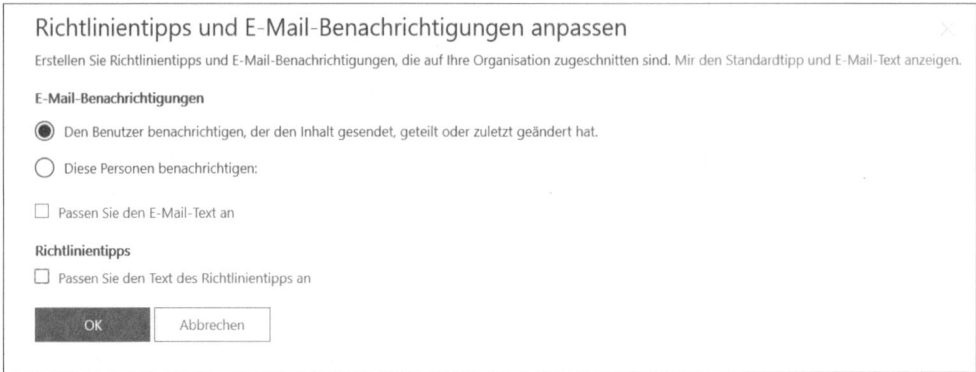

Abbildung 9.65 Konfigurieren Sie die Benachrichtigungsmechanismen bei Erkennen sensibler Informationen.

- **Schadensberichte**: Legen Sie fest, ab wie vielen erkannten Vorkommen von sensiblen Daten ein Schadensbericht generiert werden soll. Sie können auch hier bestimmen, wie der Schadensbericht aufgebaut sein und an wen er gesendet werden soll.

- **Zugriff einschränken**: Wenn sensible Informationen vorliegen, sollte der Zugriff auf diese Daten solcherart eingeschränkt werden, dass möglichst kein Schaden entsteht. Unterbinden Sie als Erstes, dass das Dokument mit weiteren Personen geteilt werden kann. Der Besitzer des Dokuments kann die sensiblen Informationen entfernen und das Dokument erst danach weiterverteilen.

Wenn Sie die Schaltfläche WEITER betätigen, können Sie die Zugriffsrechte noch weiter einschränken, indem Sie externen Personen oder sogar allen Personen den Zugriff verweigern, solange die sensiblen Informationen im Dokument enthalten sind (siehe Abbildung 9.66).

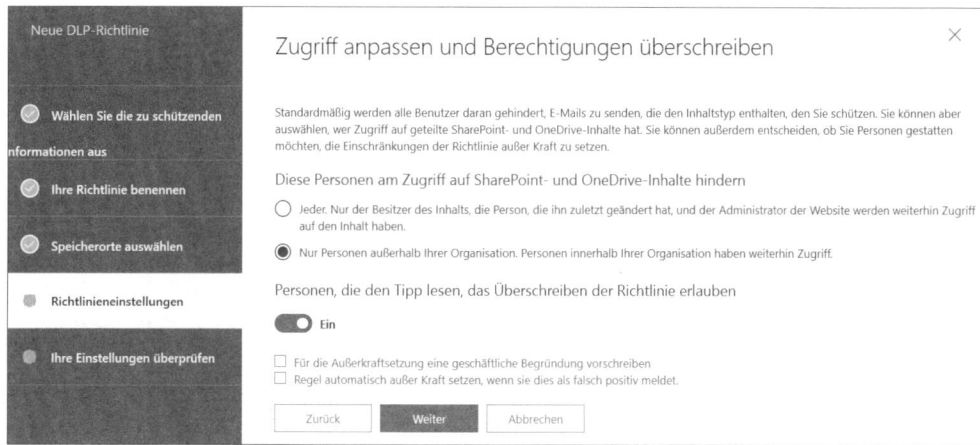

Abbildung 9.66 Passen Sie die Zugriffsrechte für sensible Informationen an und bestimmen Sie, ob die Richtlinie überschrieben werden kann.

Zum Abschluss werden Sie gefragt, ob Sie die Richtlinie sofort aktivieren oder zunächst in einem Testmodus bereitstellen möchten (siehe Abbildung 9.67). Dieser Modus bietet sich während der Einführungsphase an, damit sich die Mitarbeiter an die Richtlinie gewöhnen können.

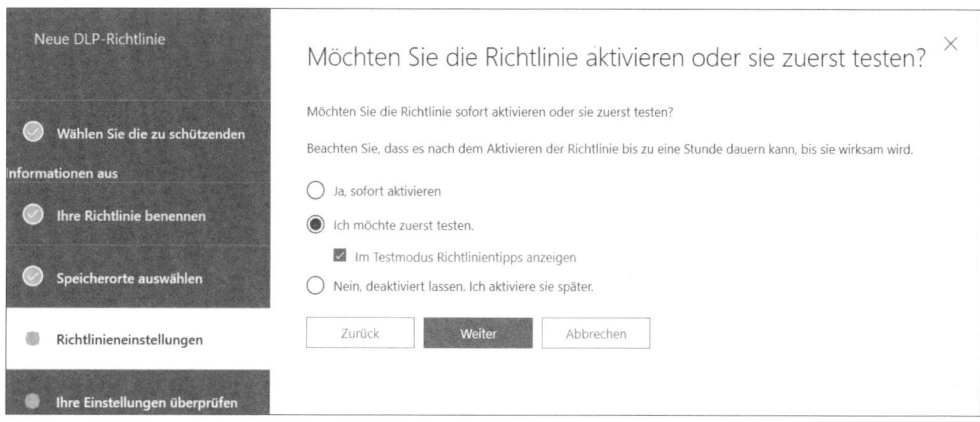

Abbildung 9.67 Entscheiden Sie, ob sie die DLP-Richtlinie sofort aktivieren oder lieber in einem Testmodus bereitstellen möchten.

Nachdem Sie über die Schaltfläche WEITER bis zum obligatorischen Schritt mit der Zusammenfassung Ihrer Konfiguration gelangt sind, betätigen Sie die Schaltfläche ERSTELLEN und legen die DLP-Richtlinie damit an.

> **Zielgruppe sind Verantwortliche für Datenschutz und Sicherheitsbeauftragte: Einsatzmöglichkeiten von DLP-Richtlinien**
>
> Überlegen Sie, welche sensiblen Informationen in Ihrem Unternehmen verarbeitet werden. Welche Daten sollen beispielsweise niemals den Unternehmenskontext verlassen? Welche Daten bedeuteten einen Unternehmensschaden, wenn sie veröffentlicht würden?
>
> Wenn Sie diese Fragen beantwortet haben, können Sie analysieren, wie Sie diese Informationen erkennen können: Folgen die Daten einem bestimmten Muster oder enthalten die entsprechenden Dokumente beispielsweise immer wieder bestimmte Schlüsselwörter?
>
> Mit diesen Informationen können Sie bereits anfangen, eine DLP-Richtlinie zu erstellen. Wichtig ist dabei, wie Sie damit umgehen, wenn vom System sensible Informationen gefunden wurden. Wenn Sie sich über den Prozess hierfür im Klaren sind, können Sie die Compliance-Anforderungen in Ihrem Unternehmen noch effektiver erfüllen.

9.3 Aufbewahrungs- und Löschrichtlinien

Sie haben im vorangegangenen Abschnitt die Grundlagen der Klassifizierung von Informationen sowie die Erstellung und Anwendung von Unternehmensrichtlinien zur Unterstützung der täglichen Verarbeitung von Informationen unterschiedlichster Art kennengelernt.

Zusätzlich zu den bisher behandelten Richtlinien mit einem Fokus auf Verschlüsselung und Berechtigungen möchte ich nun mit Ihnen die Möglichkeiten zur Aufbewahrung von Informationen betrachten. In vielen Fällen ist es beispielsweise vorgeschrieben, dass Informationen sieben, zehn oder mehr Jahre lang aufbewahrt werden. Sie müssen in Ihrem Unternehmen daher sicherstellen, dass im Zeitalter der Digitalisierung nicht einfach Informationen gelöscht werden können, weil sie jemand für veraltet hält.

Richten Sie für diese Fälle *Aufbewahrungsrichtlinien* ein, indem Sie im Security & Compliance Center den Menüpunkt DATA GOVERNANCE • AUFBEWAHRUNG auswählen und die Schaltfläche ERSTELLEN betätigen. Im darauf folgenden Dialog müssen Sie zunächst einen Namen und eine Beschreibung für die neue Richtlinie angeben.

In meinem Beispiel wähle ich den Namen »7 Jahre Aufbewahrung« und fahre mit der Schaltfläche WEITER fort.

Im nächsten Schritt können Sie, wie in Abbildung 9.68 dargestellt, auswählen, ob Sie Informationen

- für eine bestimmte Zeit aufbewahren möchten und nach Ablauf einer bestimmten Zeit anschließend löschen oder
- direkt nach Ablauf einer bestimmten Zeit löschen.

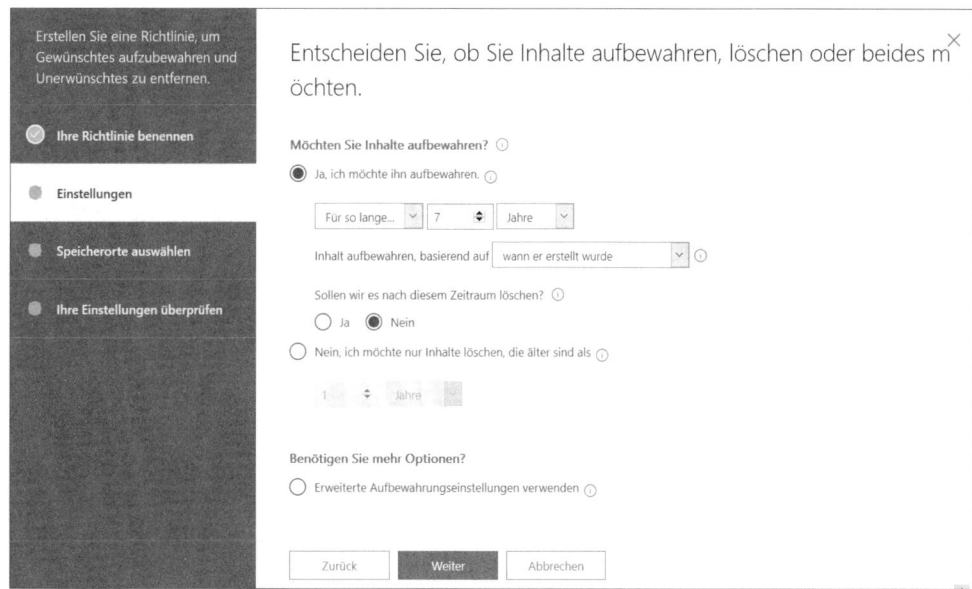

Abbildung 9.68 Legen Sie fest, ob Sie Informationen nach einer bestimmten Zeit löschen oder für eine bestimmte Zeit aufbewahren möchten.

Sie können dabei auch festlegen, ob Sie sich bei der Angabe der Frist auf das Erstelldatum oder das Datum der letzten Änderung beziehen.

Sie haben ferner die Option, die sogenannten erweiterten Aufbewahrungseinstellungen zu verwenden. Wenn Sie diese Option auswählen, erhalten Sie einen zusätzlichen Konfigurationsschritt analog zu Abbildung 9.69, in dem Sie Informationen auf Basis bestimmter Schlüsselwörter für die Aufbewahrung vorsehen. Diese Funktion ist Ihnen bereits aus dem *eDiscovery-Center* bekannt. Damit können Sie Informationen zu einem bestimmten Thema vor der Löschung schützen.

Nach der Auswahl der Kriterien für die Aufbewahrung wählen Sie die Speicherorte aus, für die die Richtlinie gelten soll (siehe Abbildung 9.70).

Abbildung 9.69 Im erweiterten Modus können Sie die Aufbewahrung von Informationen zu einem bestimmten Thema einrichten.

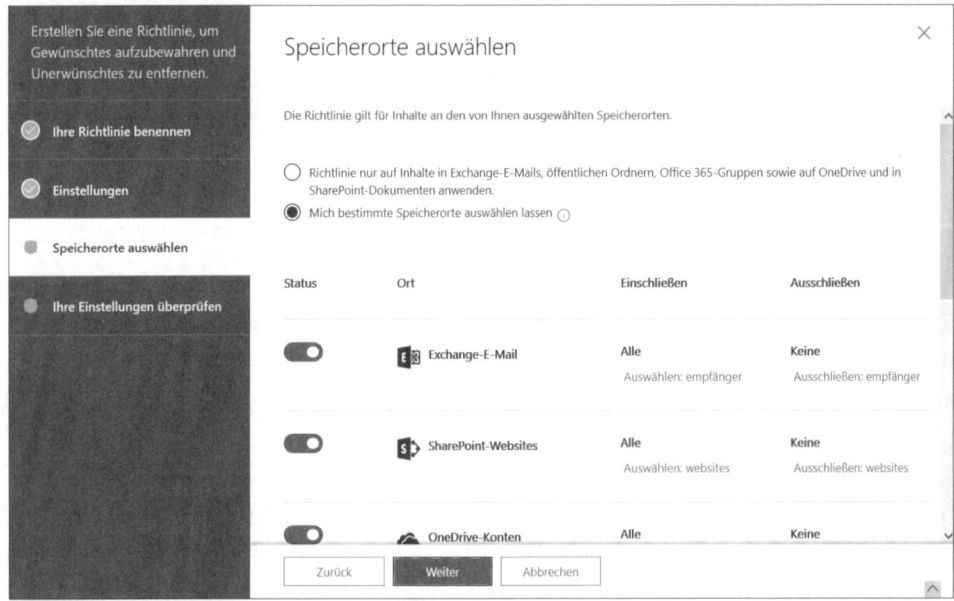

Abbildung 9.70 Wählen Sie die Speicherorte aus, für die die Richtlinie gelten soll.

Wenn Sie mit der Auswahl zufrieden sind, können Sie über die Schaltfläche WEITER zur obligatorischen Zusammenfassung navigieren und erhalten hier, wie Abbildung 9.71 zeigt, eine Information darüber, wann die Richtlinie voraussichtlich auf sämtliche Inhalte angewendet sein wird. Sie können die Richtlinie für später speichern oder über die Schaltfläche DIESE RICHTLINIE ERSTELLEN anlegen und direkt aktivieren.

Abbildung 9.71 Prüfen Sie Ihre Konfiguration!

Die Anlage und Aktivierung der Richtlinie kann einige Sekunden in Anspruch nehmen. Sobald der Vorgang abgeschlossen ist, werden Sie wieder in die Übersicht der bisher in Ihrem System erfassten Aufbewahrungsrichtlinien geführt (siehe Abbildung 9.72).

Abbildung 9.72 Die Richtlinie wurde erfolgreich angelegt.

Wo kann ich Löschrichtlinien verwalten?

Sie können eine Aufbewahrungsrichtlinie konfigurieren, die nach Ablauf einer bestimmten Zeit die entsprechenden Informationen löscht. Damit entspricht sie fachlich gesehen einer Löschrichtlinie, auch wenn die Bezeichnung nirgendwo an der Benutzeroberfläche erscheint.

Zusätzlich können Sie über den Menüpunkt DATA GOVERNANCE • LÖSCHUNGEN die für die Löschung vorgesehen oder bereits auf Basis einer Richtlinie gelöschten Informationen für eine eingeschränkte Zeit einsehen und die weitere Vorgehensweise (z. B. die Anwendung einer anderen Richtlinie) festlegen.

Abbildung 9.73 Prüfen Sie die weitere Vorgehensweise für auf Basis einer Richtlinie gelöschte oder für die Löschung vorgesehene Informationen.

9.4 Datenschutz nach der DSGVO

Seit Mai 2018 ist die EU-Datenschutz-Grundverordnung (DSGVO) wirksam. Die DSGVO legt fest, wie personenbezogene Daten erhoben, gespeichert, verarbeitet und gelöscht werden müssen. Im Security & Compliance Center werden auch hierfür Funktionen zur Unterstützung angeboten. Rufen Sie den Menüpunkt DATENSCHUTZ • DSGVO-DASHBOARD oder die Adresse *https://protection.office.com/gdprdashboard* auf, um zum DSGVO-Dashboard zu gelangen.

Wie Sie Abbildung 9.74 und Abbildung 9.75 entnehmen können, stehen Ihnen über die sogenannte *DSGVO-Toolbox* sämtliche Funktionen zur Ermittlung und Sicherung personenbezogener Daten zur Verfügung. Dabei werden Komponenten wie beispielsweise eDiscovery, Klassifizierung von Informationen sowie die Einrichtung von Richtlinien verwendet, die Sie bereits in den vorangegangenen Abschnitten kennengelernt haben.

Neben den prophylaktischen Maßnahmen, die Sie zur ordnungsgemäßen Verarbeitung personenbezogener Daten ergreifen können, müssen Sie auch aussagefähig sein, falls Sie eine Anfrage von jemandem hinsichtlich der zu seiner Person in Ihrem Unternehmen erfassten Daten erhalten.

9.4 Datenschutz nach der DSGVO

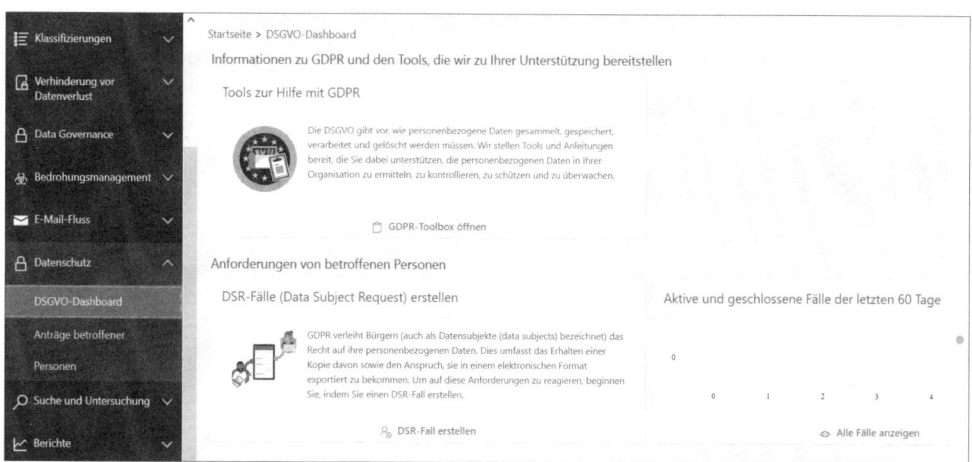

Abbildung 9.74 Nutzen Sie das DSGVO-Dashboard, um alle zur Einhaltung der gesetzlichen Bestimmungen nötigen Maßnahmen zu ergreifen.

Abbildung 9.75 Die DSGVO-Toolbox gibt Ihnen die nötigen Werkzeuge an die Hand.

Jeder kann von Ihnen verlangen, dass Sie ihm eine Kopie sämtlicher zu ihm gehörenden Daten in elektronischer Form zur Verfügung stellen. Eine Person wird dabei als *Datensubjekt* (engl. *Data Subject*) bezeichnet. Nehmen wir einmal an, Sie würden einen solchen Antrag stellen wollen. In diesem Fall können Sie im DSGVO-Dashboard die Schaltfläche DSR-FALL ERSTELLEN (Data Subject Request) betätigen. Erinnert Sie der in Abbildung 9.76 dargestellte Dialog an eine andere Funktion, die wir bereits betrachtet haben? Sie befinden sich tatsächlich in einem separierten Bereich des *eDiscovery-Centers*, das Sie bereits kennen, und erstellen nun einen neuen Fall.

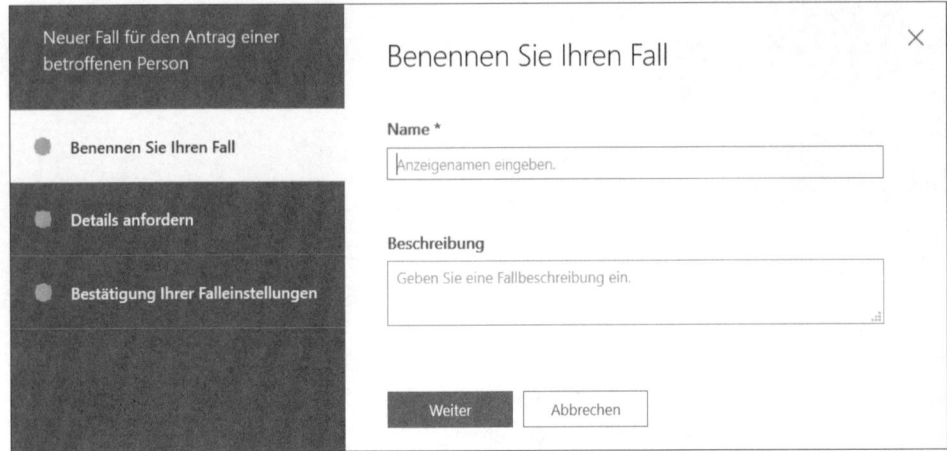

Abbildung 9.76 Legen Sie einen neuen Fall für den Data Subject Request (DSR) an.

Nachdem Sie einen Namen und eine Beschreibung für den Fall angegeben haben, wählen Sie im nächsten Schritt die Person (Datensubjekt) aus, zu der Sie sämtliche Informationen in Ihrer Microsoft-365-Umgebung ermitteln müssen (siehe Abbildung 9.77).

Abbildung 9.77 Wählen Sie das Datensubjekt für den neuen Fall aus.

Damit haben Sie die Konfiguration im Wesentlichen bereits abgeschlossen, navigieren über die Schaltfläche WEITER zum in Abbildung 9.78 dargestellten Schritt mit der Zusammenfassung Ihrer Einstellungen und passen diese bei Bedarf an.

Nachdem Sie die Schaltfläche SPEICHERN betätigt haben, erhalten Sie eine Bestätigung über die erfolgreiche Anlage und können über die Schaltfläche MIR SUCHERGEBNISSE ANZEIGEN nach Informationen zur ausgewählten Person suchen (siehe Abbildung 9.79).

9.4 Datenschutz nach der DSGVO

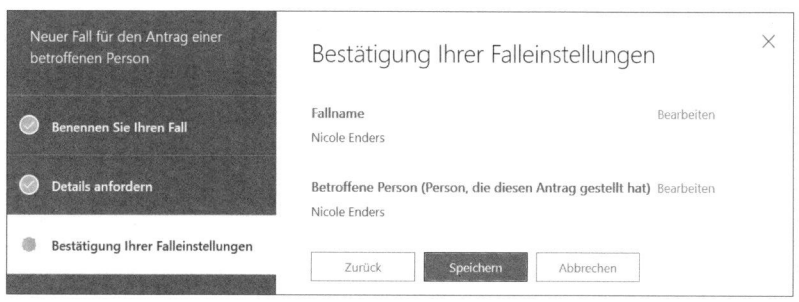

Abbildung 9.78 Bestätigen Sie die Konfiguration und legen Sie den Fall an.

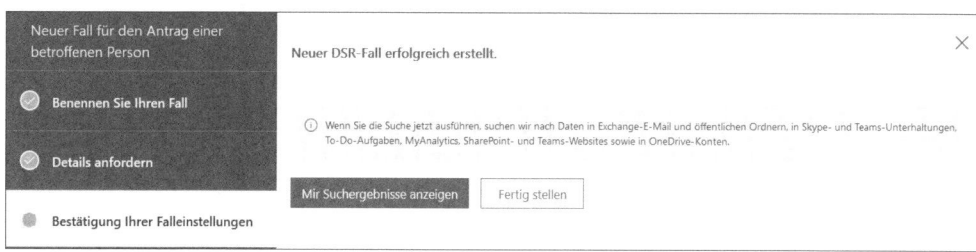

Abbildung 9.79 Rufen Sie die Suchergebnisse für den Fall auf.

Spätestens hier wird ersichtlich, dass Sie sich im eDiscovery-Center befinden. Damit stehen Ihnen neben den Suchfunktionen auch Exportmöglichkeiten zur Verfügung, um die Anforderungen der DSGVO zu erfüllen.

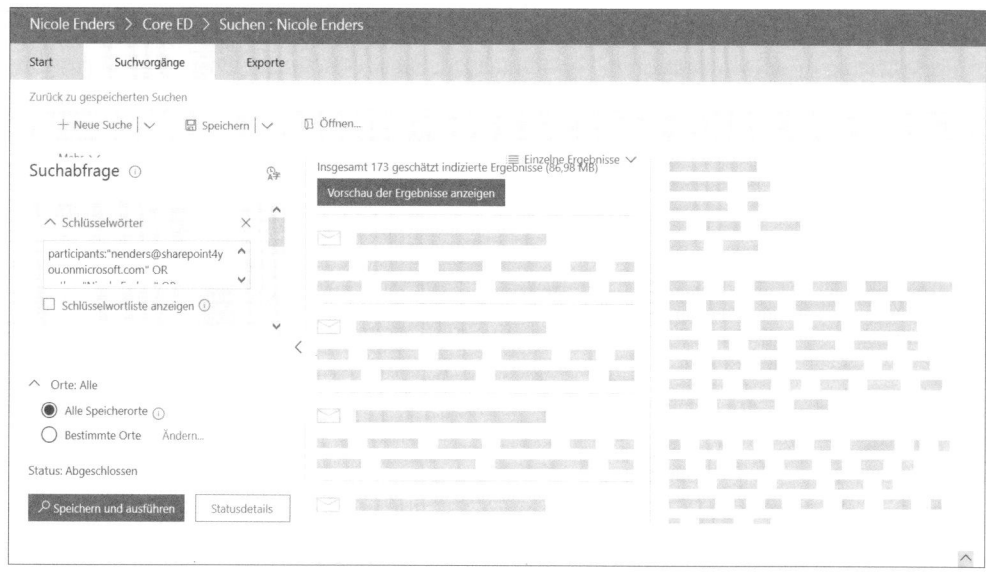

Abbildung 9.80 Nutzen Sie die eDiscovery-Funktionen, um alle zu einer Person gehörenden Informationen zu ermitteln und zu exportieren.

9.5 Weitere Möglichkeiten zur Sicherung von Informationen

Sie werden im Security & Compliance Center noch viele weitere Möglichkeiten zur Absicherung der in Ihrer Microsoft-365-Umgebung verwalteten Informationen finden. Dazu gehören u. a. folgende Komponenten:

- **Secure Score**: Unter der Website-Adresse *https://security.microsoft.com/securescore* können Sie prüfen lassen, wie gut Ihre Microsoft-365-Umgebung abgesichert ist. Neben einer grafischen Darstellung und der erreichten Punktzahl erhalten Sie eine genaue Aufstellung der empfohlenen Maßnahmen, um Ihre Umgebung zukünftig noch besser abzusichern. Eine der ersten Empfehlungen besteht beispielsweise in der Einrichtung einer Multifaktor-Authentifizierung, die ich bereits in Abschnitt 8.10 im Zusammenhang mit mobilen Endgeräten angesprochen habe.

- **Bedrohungsmanagement:** Stellen Sie im Security & Compliance Center unter *https://protection.office.com/#/searchandinvestigation/dashboard* sicher, dass Sie ausreichende Maßnahmen zum Schutz gegen Malware, Spam- und Phishing-Mails getroffen haben.

- **Mobile Device Management**: Sie können festlegen, mit welchen Geräten oder aus welchen Domänen oder IP-Bereichen auf Informationen zugegriffen werden darf.

- **Berichte**: Ihnen werden verschiedene Berichte zum Sicherheitsstatus oder zu den protokollierten Aktionen in Ihrer Microsoft-365-Umgebung zur Verfügung gestellt. Hieraus können Sie weitere Maßnahmen zum Schutz Ihrer Umgebung ableiten.

Sie haben in diesem Kapitel die verschiedenen Möglichkeiten zur Verwaltung und Sicherung Ihrer Informationen kennengelernt. Dieses Thema ist bei der Einführung Ihrer Collaboration-Plattform nicht zu vernachlässigen. Mein Vorschlag lautet daher, dass Sie im Rahmen eines Einführungsprojektes ein Team von Compliance-Managern gründen und diese mit den verschiedenen Möglichkeiten vertraut machen. Dieses Team besteht klassischerweise aus den für den Datenschutz verantwortlichen Mitarbeitern, Vertretern aus der IT-Abteilung und den Sicherheitsbeauftragten.

Mit diesem Wissen können Sie die für Ihr Unternehmen spezifischen Informationsklassen ermitteln und Richtlinien definieren. So können Sie und Ihre Kollegen sich auf Ihre Kernaufgaben fokussieren und gleichzeitig sicher sein, dass die Informationen angemessen verwaltet werden.

Änderungen im Security & Compliance Center

Microsoft überarbeitet aktuell (Stand Frühjahr 2020) die Funktionen zur Absicherung und Verwaltung von Informationen, die innerhalb der verschiedenen Microsoft-365-Dienste (u. a. SharePoint und *Teams*) verwaltet werden. Während Sie das Security & Compliance Center mit all seinen Konfigurationsoptionen auch weiterhin über die URL *https://protection.office.com* aufrufen können, besteht zusätzlich die Möglichkeit, die Administrationsbereiche getrennt voneinander aufzurufen:

- Security: *https://security.microsoft.com*
- Compliance: *https://compliance.microsoft.com*

Somit können Sie bei Bedarf getrennte Gruppen von Administratoren bilden und die damit verbundenen Tätigkeiten aufteilen.

TEIL IV
Weiterführende Informationen

Kapitel 10
Möglichkeiten des Customizings

»Entweder wir finden einen Weg, oder wir machen einen.«
(Hannibal, Feldherr der Antike)

Sie haben mittlerweile alle Werkzeuge kennengelernt, um mit Microsoft 365 und Dynamics 365 Ihre Collaboration- und Prozessplattform im Unternehmen aufzubauen und so die Zusammenarbeit Ihrer Teams in unterschiedlichsten Konstellationen unterstützen zu können. Standardisierte Umgebungen haben zwar ihre Vorteile im Hinblick auf leichte Erlernbarkeit und Wartbarkeit; ein gewisser Grad an Anpassungsfähigkeit erhöht aber gleichzeitig die Identifikation mit den angebotenen Tools und damit auch die Motivation für deren Nutzung.

In diesem Kapitel betrachten wir die Anpassungsmöglichkeiten aus verschiedenen Blickwinkeln. Wir beginnen mit den möglichen Design- und Layoutanpassungen, die Ihnen als Anwender bzw. als Verantwortlichem eines Teams zur Verfügung stehen. Im zweiten Teil zeige ich Ihnen, wie Sie Erweiterungen für *Teams* oder SharePoint entwickeln (lassen) können.

> **Zielgruppe dieses Kapitels**
>
> Das gesamte Kapitel hat mit Ausnahme des Abschnitt 10.1.1, »Designänderungen in Microsoft Teams«, und des Abschnitt 10.1.2, »Aussehen einer SharePoint-Website ändern«, einen sehr starken technischen Fokus und richtet sich daher mit seinem Detaillierungsgrad primär an technische Berater. Für Anwender kann es aber dennoch interessant sein, zu erfahren, welche grundsätzlichen Möglichkeiten zur Anpassung und Erweiterung ihrer Collaboration-Plattform bestehen.

10.1 Design- und Layoutanpassungen

Ihnen stehen, wie bereits in vorangegangenen Abschnitten angerissen, verschiedene Möglichkeiten zur optischen Gestaltung Ihres Collaboration-Portals zur Verfügung. Dazu gehört beispielsweise die farbliche Kennzeichnung von Arbeitsraumtypen, um direkt zu erkennen, ob Sie sich gerade in einem Projektarbeitsraum oder in einem Organisationsraum befinden. Darauf aufbauend können Sie auch die Eingabeformulare von Listen oder grundsätzliche Menüelemente (zum Beispiel Kopf- und Fußzeile) in Ihrem Social Intranet gestalten.

Die einzelnen Abschnitte dieses Kapitels bauen zwar im Hinblick auf die mit ihnen verbundenen Anwendungsfällen nicht aufeinander auf, stehen jedoch aufgrund ihres technischen Anspruchs in einer bestimmten Reihenfolge:

Abschnitt	Anspruch
Persönliches Design in *Teams* auswählen	Gering
Aussehen einer SharePoint-Website ändern	Gering
Individuelle Spaltenformate definieren	Mittel
Formulare mit Power Apps anpassen	Mittel
Site-Design entwickeln und bereitstellen	Hoch

Tabelle 10.1 Technischer Anspruch der Übungen in diesem Kapitel

10.1.1 Designänderungen in Microsoft Teams

Ich beginne mit den Anpassungsmöglichkeiten, die Ihnen in *Teams* geboten werden und sich auch für einen Anwender ohne tiefere technische Kenntnisse eignen. Mit diesem Tool hatten Sie im Verlauf dieses Buches die meisten Berührungspunkte, weil hierüber die Teamarbeit in unterschiedlichsten Konstellationen unterstützt wird und Sie dadurch bedingt viele verschiedene Einsatzmöglichkeiten betrachten konnten.

Abbildung 10.1 Sie können in Microsoft Teams einige persönliche Einstellungen vornehmen.

10.1 Design- und Layoutanpassungen

Bei *Teams* handelt es sich um ein Standardprodukt von Microsoft, wodurch die optischen Anpassungsmöglichkeiten relativ eingeschränkt sind. Wenn Sie auf Ihr Profilbild oben rechts klicken, erscheint analog zu Abbildung 10.1 ein Menü, in dem Sie über den Menüpunkt EINSTELLUNGEN einen Konfigurationsdialog aufrufen können (siehe Abbildung 10.2).

Abbildung 10.2 Wählen Sie eines von drei Designs für Ihren Client aus.

Wie Sie Abbildung 10.2 entnehmen können, können Sie neben diversen anderen Konfigurationsoptionen auch eines von drei verschiedenen Designs auswählen. Regulär ist das Design »Standard« ganz links ausgewählt. Damit sind die diesbezüglichen Anpassungsmöglichkeiten bereits erschöpft.

10.1.2 Aussehen einer SharePoint-Website ändern

In einer SharePoint-Website, die im Hintergrund automatisch für jedes Team in *Teams* bereitgestellt wird, stehen Ihnen einige weitere Optionen zur Verfügung. Rufen Sie eine beliebige SharePoint-Website auf und klicken Sie oben rechts auf das Zahnradsymbol, um das in Abbildung 10.3 dargestellte Menü aufzurufen.

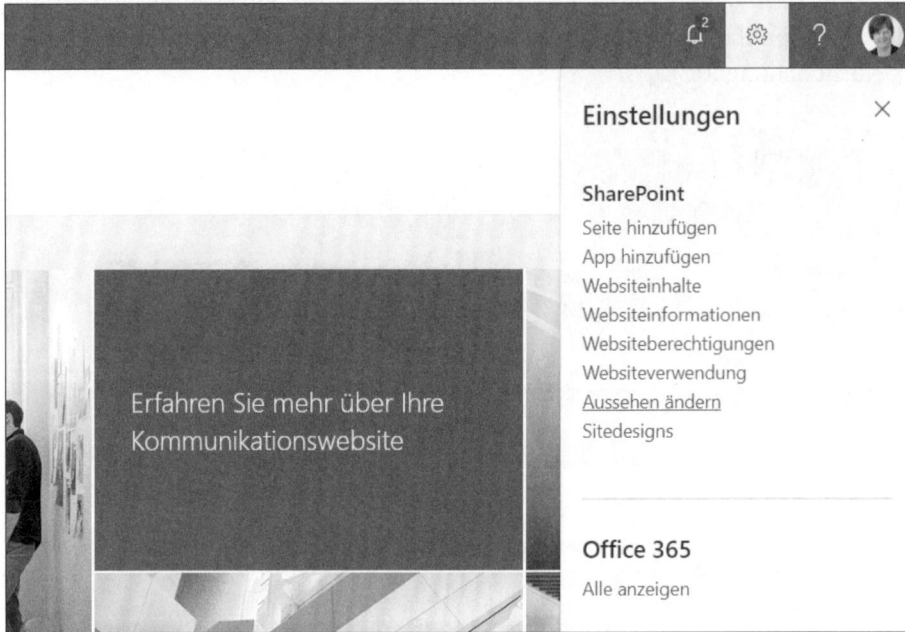

Abbildung 10.3 Sie können das Aussehen Ihres Arbeitsraums oder Ihrer Kommunikationswebsite in SharePoint anpassen.

Wenn Sie den Menüpunkt AUSSEHEN ÄNDERN auswählen, erscheint ein mit Abbildung 10.4 oder Abbildung 10.5 vergleichbarer Konfigurationsdialog.

Hier werden Sie einen Unterschied zwischen Teamwebsites und Kommunikationswebsites feststellen:

- **Teamwebsite**: Diese Art von Website wird automatisch angelegt, wenn Sie ein Team in *Teams* erstellen. In diesen auch als Arbeitsraum bezeichneten Websites stehen die gemeinsame Arbeit an Dokumenten und der Informationsaustausch im Team im Fokus. Daher können Sie hier das Design (im Wesentlichen die Farbgebung) festlegen und das Layout für die Kopfzeile mit dem Raumnamen und der Navigation auswählen.

- **Kommunikationswebsite**: Über die o.g. Möglichkeiten hinaus können Sie bei einer Kommunikationswebsite (die primär zur Präsentation von Informationen vorgesehen ist) auch eine Fußzeile definieren und ein anderes Layout für die globale Navigation auswählen.

Abbildung 10.4 In einer Teamwebsite (z. B. automatisch via Microsoft Teams erstellt) stehen weniger Anpassungsmöglichkeiten zur Verfügung …

Abbildung 10.5 … als in einer Kommunikationswebsite, die beispielsweise als Einstieg in Ihr Social Intranet fungieren kann.

Design auswählen

Wenn Sie den Menüpunkt DESIGN auswählen, erscheint eine mit Abbildung 10.6 vergleichbare Auswahl möglicher Designs. Zuoberst erscheint unter der Rubrik WEBSITEDESIGN immer das gerade ausgewählte Design. Danach werden unter der Rubrik FIRMEN-DESIGNS die in Ihrer Umgebung bereitgestellten individuellen Designs angeboten (siehe Abschnitt 10.1.5), und schließlich können Sie auch aus den standardmäßig bereitgestellten SHAREPOINT-DESIGNS wählen.

Sobald Sie ein Design ausgewählt haben, können Sie im Rahmen einer Vorschau unmittelbar die Auswirkungen prüfen, die mit der Anwendung des Designs einhergehen. Wenn Ihnen das Design zusagt, können Sie die Auswahl über die Schaltfläche ÜBERNEHMEN bestätigen. Danach steht das neue Design allen Anwendern zur Verfügung, und Sie befinden sich wieder im ursprünglichen Konfigurationsdialog.

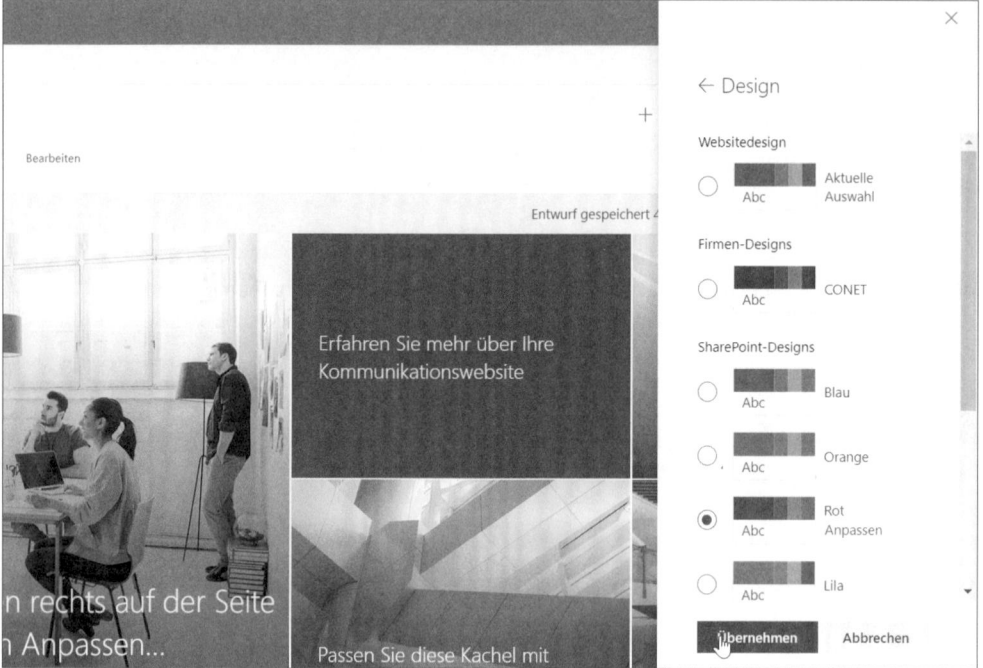

Abbildung 10.6 Wählen Sie eines der angebotenen Designs aus.

Aussehen der Kopfzeile anpassen

Die Anpassungsmöglichkeiten hinsichtlich der Kopfzeile stehen Ihnen sowohl für Teamwebsites als auch für Kommunikationswebsites zur Verfügung. Nachdem Sie den Menüpunkt KOPFZEILE ausgewählt haben, gelangen Sie zu der in Abbildung 10.7 dargestellten Ansicht. Hier können Sie beispielsweise die Höhe der Kopfzeile festlegen. Bei der Option STANDARD wird der Titel der Website oberhalb der Navigation angezeigt, während bei der Option KOMPAKT Titel und Navigation nebeneinander in einer Zeile erscheinen.

Sie können außerdem das Logo für Ihre Website ändern und die Hintergrundfarbe der Kopfzeile auswählen. Nachdem Sie die gewünschten Anpassungen vorgenommen haben, betätigen Sie auch hier die Schaltfläche ÜBERNEHMEN, um die Einstellungen zu speichern.

10.1 Design- und Layoutanpassungen

Abbildung 10.7 Legen Sie das Layout für die Kopfzeile mit dem Titel und der globalen Navigation Ihrer Website fest.

Aussehen der Fußzeile anpassen

Kommunikationswebsites werden im Gegensatz zu Teamwebsites verstärkt für die Präsentation von Informationen eingesetzt. Vor diesem Hintergrund ergeben sich verschiedenste Anforderungen hinsichtlich ihrer optischen Gestaltung. Wahrscheinlich sind Sie es von öffentlichen Websites gewohnt, dass Ihnen bestimmte Links in einer Fußzeile angeboten werden.

Abbildung 10.8 Konfigurieren Sie eine Fußzeile für Ihre Website.

Wenn Sie im Konfigurationsdialog den Menüpunkt FUSSZEILE auswählen, gelangen Sie in die in Abbildung 10.8 dargestellte Ansicht und können folgende Einstellungen vornehmen:

▶ **Sichtbarkeit**: Sie müssen keine Fußzeile anzeigen lassen, wenn Sie keinen Einsatzzweck dafür sehen oder sie aus anderen Gründen nicht wünschen. Erst dann, wenn Sie diese Option aktivieren, werden die übrigen Einstellungen relevant.

- **Logo**: Sie können ganz links in der Fußzeile ein Logo anzeigen lassen. Über die Schaltflächen ÄNDERN und ENTFERNEN lässt sich ein einmal ausgewähltes bzw. hochgeladenes Logo austauschen, oder Sie können sich auch wieder gegen die Anzeige eines Logos entscheiden. Oberhalb der Schaltflächen sehen Sie eine Vorschau auf das aktuell ausgewählte Logo.
- **Name**: Sie können einen Namen für die Fußzeile vergeben und diesen rechts neben dem Logo anzeigen lassen. Das könnten beispielsweise ein Copyright-Vermerk oder eine Anmerkung zum Zweck der Website sein.
- **Links**: Über die Schaltfläche FUSSZEILEN-NAVIGATIONSLINKS BEARBEITEN können Sie, wie in Abbildung 10.9 dargestellt, die in der Fußzeile anzuzeigenden Links erfassen (siehe linker Bereich). Verweisen Sie zum Beispiel auf wichtige zentrale Systeme wie eine Prozessplattform oder eine Hilfefunktion.

Vergessen Sie bitte auch hier nicht, die Konfiguration über die Schaltfläche ÜBERNEHMEN abzuschließen. Die Fußzeile steht Ihnen und Ihren Kollegen anschließend auf jeder Seite innerhalb Ihrer Website zur Verfügung. Aktuell ausgenommen davon sind Listen und Bibliotheken.

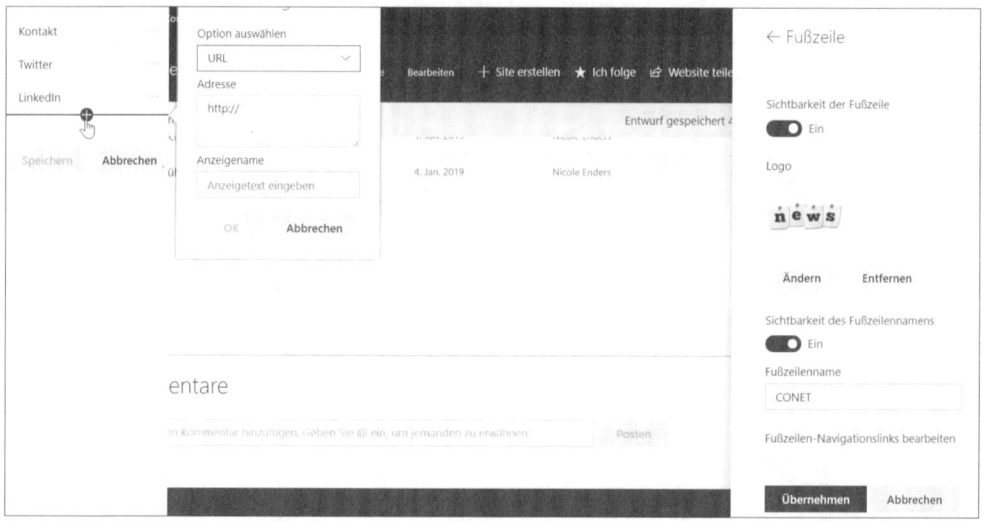

Abbildung 10.9 Konfigurieren Sie die Fußzeile Ihrer Website, indem Sie ein Logo, einen Namen und diverse Navigationslinks festlegen.

Navigation konfigurieren

Wieder zurück im ursprünglichen Konfigurationsdialog, wählen Sie nun den Menüpunkt NAVIGATION aus, der genau wie die Option der Fußzeile nur für Kommunikationswebsites angeboten wird. Sie sind damit in der in Abbildung 10.10 dargestellten Ansicht und können zwischen zwei Darstellungsoptionen wählen:

▶ **Überlappend**: Die Menüpunkte der obersten Ebene werden in einer Zeile dargestellt. Eventuell vorhandene Untermenüpunkte werden durch einen Pfeil nach unten gekennzeichnet, und wenn Sie mit der Maus über den jeweiligen Menüpunkt fahren, öffnet sich das Menü mit den Menüpunkten der zweiten Ebene. Sollte es auch hier für einen Menüpunkt weitere Untermenüpunkte geben, so wird dies durch einen Pfeil nach rechts gekennzeichnet. Die nächste Ebene öffnet sich ebenfalls, indem Sie mit der Maus über den jeweiligen Menüpunkt in der 2. Ebene fahren (siehe Abbildung 10.10).

Abbildung 10.10 Bei einem klassischen Menü sehen Sie jeweils nur die nächste Ebene an Menüpunkten.

▶ **Megamenü**: Wenn Sie schnell alle Menüpunkte auf einen Blick sehen möchten, bietet sich diese Option an. Hierbei werden die Menüpunkte der obersten Ebene wie bei der ersten Option dargestellt. Zweite und dritte Ebene werden analog zu Abbildung 10.11 in einem großen Kasten dargestellt. Im Gegensatz zu der ersten Option können Sie im Megamenü die gesamte Menüstruktur einsehen.

Abbildung 10.11 Ein Megamenü bietet Ihnen einen schnellen Überblick über Ihre Menüstruktur.

Wenn Sie eine Option auswählen, sehen Sie sofort deren Auswirkungen und können so Ihre bevorzugte Option identifizieren. Bestätigen Sie die Auswahl über die Schaltfläche ÜBERNEHMEN und schließen Sie damit die Konfiguration ab.

10.1.3 Listenansichten mithilfe von Spaltenformatierungen aufwerten

Sie können in Ihren Arbeitsräumen in SharePoint verschiedenste Informationen verwalten. Um möglichst schnell an die für Sie wichtigen Informationen zu gelangen, können Sie die Darstellung der Daten verändern. So ist es beispielsweise möglich, Ortsinformationen auf einer Landkarte oder den Bearbeitungsstand einer Aufgabe in Form eines Fortschrittsbalkens darzustellen.

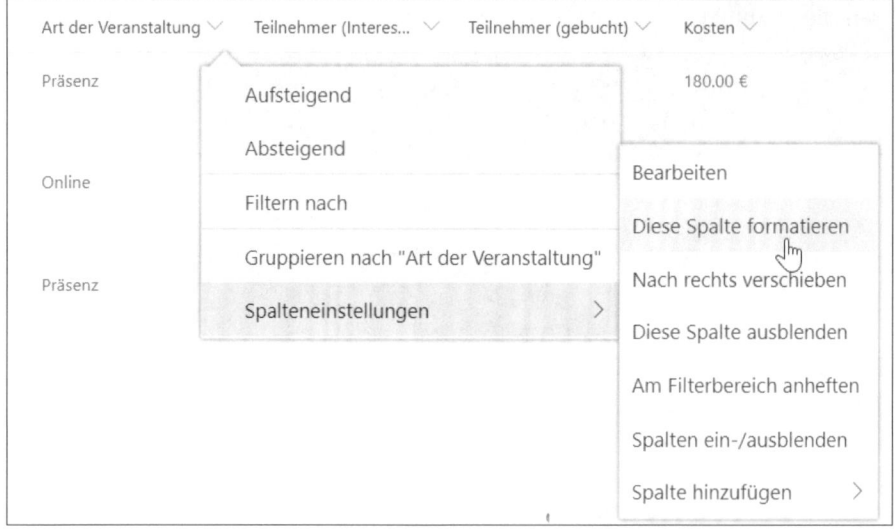

Abbildung 10.12 Sie können eine Spalte formatieren und dadurch die darin enthaltenen Informationen ansprechender darstellen.

Wenn Sie sich in einer Listenansicht befinden, klicken Sie auf den Pfeil nach unten neben der Spaltenüberschrift und öffnen damit das in Abbildung 10.12 dargestellte Kontextmenü. Wenn Sie den Menüpunkt DIESE SPALTE FORMATIEREN auswählen, öffnet sich der in Abbildung 10.14 dargestellte Konfigurationsdialog, der abhängig vom Spaltentyp bzw. den enthaltenen Daten unterschiedliche Optionen anbietet.

> **Wo finde ich Informationen und Beispiele zur Formatierung verschiedener Inhalte?**
>
> Microsoft bietet Ihnen unter *https://docs.microsoft.com/de-de/sharepoint/dev/declarative-customization/column-formatting* Informationen und viele Beispiele, wie Sie u. a. Geoinformationen, Personendaten oder Statusinformationen darstellen können. Ich empfehle Ihnen aber darüber hinaus das Community-Projekt unter *https://github.com/SharePoint/sp-dev-solutions/tree/master/solutions/ColumnFormatter*. Hierbei handelt es sich um einen Editor, den Sie als Webpart in Ihrer SharePoint-Umgebung zur Konfiguration verschiedenster Spaltenformate nutzen können.

10.1 Design- und Layoutanpassungen

Abbildung 10.13 Erleichtern Sie sich die Arbeit und nutzen Sie den Column Formatter.

Formatierung einer Spalte vom Typ »Auswahl«

Wenn Sie beispielsweise eine Spalte vom Typ »Auswahl« (also mit einer feststehenden Menge an möglichen Werten) formatieren möchten, wird Ihnen bereits eine Vorlage für die Darstellung mit verschiedenen möglichen Hintergrundfarben angeboten (siehe Abbildung 10.14).

Abbildung 10.14 Formatieren Sie eine Spalte vom Typ »Auswahl« mithilfe von Füllfarben für den Hintergrund.

Wählen Sie die angebotene Vorlage aus und klicken Sie auf den Menüpunkt VORLAGE BEARBEITEN. Ihnen werden standardmäßig unterschiedliche Farben angeboten. Sie können diese Farben verwenden oder durch einen Klick auf die Farbpalette rechts neben dem entsprechenden Auswahlwert eine andere Farbe auswählen. Sie können die Änderungen direkt in der Listenansicht links überprüfen und den Vorgang danach über die Schaltfläche ÜBERNEHMEN abschließen (siehe Abbildung 10.15).

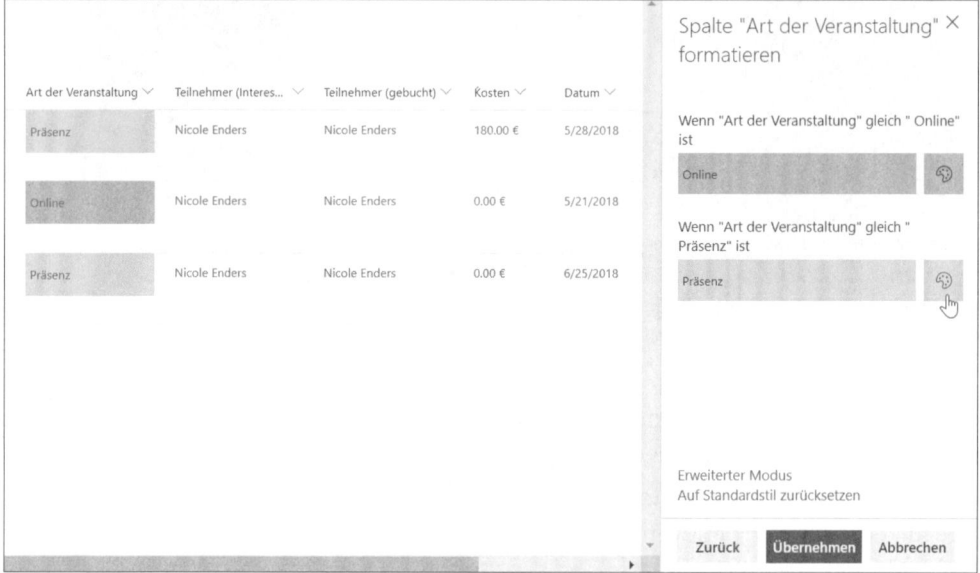

Abbildung 10.15 Legen Sie die Farben für die Auswahlwerte fest.

Erweiterter Modus für besondere Spaltentypen

Bei vielen Spaltentypen werden Ihnen keine Vorlagen für die Formatierung angeboten. Sie befinden sich dann automatisch im sogenannten *erweiterten Modus* (siehe Abbildung 10.17).

Sie können aber bei einer Spalte mit verfügbarer Vorlage auch über den Menüpunkt ERWEITERTER MODUS hierhin wechseln. Dabei werden Ihre bis dahin vorgenommenen Einstellungen übernommen und stehen Ihnen, wie aus Abbildung 10.16 ersichtlich, zur weiteren Konfiguration zur Verfügung.

Die Konfiguration selbst müssen Sie im *JSON*-Format vornehmen. Die *JavaScript Object Notation (JSON)* ist ein kompaktes Datenformat in einer einfach lesbaren Textform zum Zweck des Datenaustauschs zwischen verschiedenen Anwendungen. Sie können damit schnell und einfach Daten beschreiben, wie beispielsweise in Listing 10.1 einen Autor und seine Werke.

10.1 Design- und Layoutanpassungen

Abbildung 10.16 Passen Sie eine bestehende Formatierung entsprechend Ihren Bedürfnissen an.

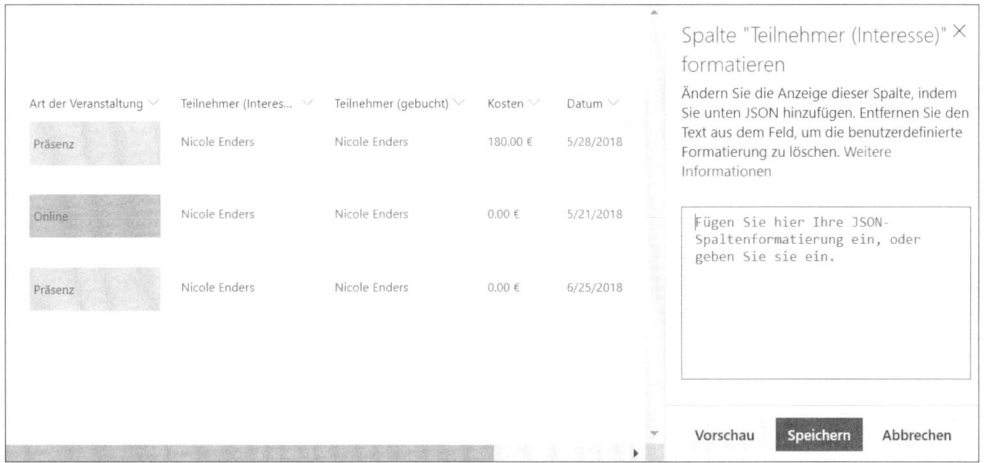

Abbildung 10.17 Bei einer Spalte ohne Vorlage müssen Sie die Formatierung im JSON-Format komplett frei vornehmen.

```
{
    "Name": "Enders",
    "Vorname": "Nicole",
    "Werke": [
        {
            "Titel": "Collaboration mit Microsoft 365",
            "Veröffentlicht": "2020"
        },
```

```
    {
       "Titel": "Collaboration mit Office 365",
       "Veröffentlicht": "2019"
    },
    {
       "Titel": "SharePoint 2019 für Anwender",
       "Veröffentlicht": "2019"
    },
    {
       "Titel": "SharePoint 2016 für Anwender",
       "Veröffentlicht": "2016"
    }
  ]
}
```

Listing 10.1 Beispiel für ein JSON-Objekt

In der Software-Entwicklung wird das JSON-Format nicht nur für die Übertragung von Daten, sondern auch für die Konfiguration von auszuführenden Aktionen bzw. Prozessen genutzt.

Erster Schritt zur eigenen Formatierung

Sie werden sich nun langsam den verschiedenen Formatierungsmöglichkeiten annähern. In Listing 10.2 sehen Sie die einfachste Form einer Formatierung.

```
{
    "$schema": "https://developer.microsoft.com/json-schemas/sp/column-
              formatting.schema.json",
    "elmType": "div",
    "txtContent": "@currentField"
}
```

Listing 10.2 Stellen Sie den Feldwert in einem DIV-Tag dar.

Mit $schema verweisen Sie auf das von Microsoft unterstützte Schema mit all seinen möglichen Formatierungsoptionen. Als elmType legen Sie fest, welches HTML-Tag Sie auf oberster Ebene zur Darstellung Ihrer Informationen verwenden möchten. Unter txtContent wiederum legen Sie den Inhalt des HTML-Tags fest. In Listing 10.2 wird als Inhalt @currentField festgelegt. Es handelt sich dabei um die direkt in einem Feld dargestellte Information.

Formatierung von Personen- oder Nachschlagefeldern

Bei manchen Spaltentypen ist die Information nicht in einer einfachen Textform im entsprechenden Feld enthalten. Es handelt sich vielmehr um ein Objekt mit mehreren Eigenschaften. Zum Beispiel kann bei einem Personenauswahlfeld Name, E-Mail-Adresse oder Profilbild der ausgewählten Person enthalten sein.

```
{
  "$schema": "https://developer.microsoft.com/json-schemas/sp/column-
             formatting.schema.json",
  "elmType": "div",
  "txtContent": "@currentField.title"
}
```

Listing 10.3 Wenn Sie den Namen einer Person aus einem Personenfeld anzeigen lassen möchten, müssen Sie die Eigenschaft »title« auswählen.

```
{
  "$schema": "https://developer.microsoft.com/json-schemas/sp/column
             formatting.schema.json",
  "elmType": "div",
  "txtContent": "@currentField.lookupValue"
}
```

Listing 10.4 Bei einem Nachschlagefeld müssen Sie die Eigenschaft »lookupValue« verwenden.

Bedingte Formatierung

Sie können auch Bedingungen für die Darstellung von Informationen hinterlegen und auf diese Weise beispielsweise überfällige Aufgaben optisch hervorheben oder unterschiedliche Farben und Icons für den jeweiligen Status wählen.

In Listing 10.5 sehen Sie ein Beispiel für die Formatierung einer Auswahlspalte, wie Sie sie eingangs mithilfe einer Vorlage konfiguriert haben. In diesem Fall haben Sie die farbliche Kennzeichnung um ein Icon erweitert.

```
{
  "$schema": "https://developer.microsoft.com/json-schemas/sp/column-
             formatting.schema.json",
  "elmType": "div",
  "attributes": {
    "class": "=if(@currentField == 'Erledigt', 'sp-field-severity--good',
             if(@currentField == 'In Bearbeitung', 'sp-field-severity--low',
             'sp-field-severity--blocked')) "
  },
  "children": [
    {
      "elmType": "span",
      "style": {
```

```
          "display": "inline-block",
          "padding": "0 4px"
        },
        "attributes": {
          "iconName": "=if(@currentField == 'Erledigt', 'CheckMark',
                       if(@currentField == 'In Bearbeitung', 'Forward',
                       'ErrorBadge'))"
        }
      },
      {
        "elmType": "span",
        "txtContent": "@currentField"
      }
    ]
}
```

Listing 10.5 Statten Sie die Statusspalte mit einer Hintergrundfarbe und einem Icon aus, um schnell eine Übersicht über den aktuellen Stand der Daten zu erhalten.

Werte aus anderen Feldern zur Formatierung nutzen

Sie sind bei der Formatierung einer Spalte nicht auf die in dieser Spalte enthaltene Information beschränkt. Sie können auch auf weitere Felder zugreifen. In Listing 10.6 sehen Sie ein Beispiel für die Formatierung einer Statusspalte vom Typ »Auswahl«, bei der die Schriftfarbe auf Rot gesetzt wird, wenn der Wert im Feld »DueDate« (interner Name des Feldes) in der Vergangenheit liegt.

```
{
  "$schema": "https://developer.microsoft.com/json-schemas/sp/column-
              formatting.schema.json",
  "elmType": "div",
  "debugMode": true,
  "txtContent": "@currentField",
  "style": {
    "color": "=if([$DueDate] <= @now, '#ff0000', '')"
  }
}
```

Listing 10.6 Formatieren Sie eine Statusspalte auf Basis des Fälligkeitsdatums in der Spalte »DueDate« (interner Spaltenname)

Darstellung in Form eines Hyperlinks

Neben der reinen Darstellung von Informationen können Sie zur Abbildung verschiedenster Prozesse aber auch klickbare Aktionen wie Links oder Schaltflächen bereitstellen. In Listing 10.7 sehen Sie ein Beispiel für einen Hyperlink. Als elmType ist das a-Tag ausgewählt, und über die Attribute erfolgt die weitere Konfiguration, im Beispiel der aufzurufende Link und die Option, dass er in einem neuen Browserfenster oder -tab geöffnet werden soll.

```
{
   "$schema": "https://developer.microsoft.com/json-schemas/sp/column-
              formatting.schema.json",
   "elmType": "a",
   "txtContent": "@currentField",
   "attributes": {
      "target": "_blank",
      "href": "='http://conet.sharepoint.com/sites/example/' + @currentField"
   }
}
```

Listing 10.7 Sie können als Format auch klickbare Aktionen wählen und darüber unterschiedliche Informationen miteinander verbinden.

Darstellung von Geoinformationen

Als letztes Beispiel möchte ich Ihnen zeigen, wie Sie Geoinformationen darstellen können. Hierbei werden Sie den Dienst Google Maps verwenden.

```
{
  "$schema": "http://columnformatting.sharepointpnp.com/
             columnFormattingSchema.json",
  "elmType": "div",
  "style": {
    "border": "2px solid #666666",
    "width": "128px",
    "height": "64px"
  },
  "children": [
    {
      "elmType": "a",
      "attributes": {
        "href": {
          "operator": "+",
          "operands": [
            "https://www.google.com/maps/place/",
            "@currentField",
            "/"
          ]
        },
        "target": "_blank"
```

```
      },
      "style": {
        "height": "100%"
      },
      "children": [
        {
          "elmType": "img",
          "attributes": {
            "src": {
              "operator": "+",
              "operands": [
                "https://maps.googleapis.com/maps/api/staticmap?",
                "center=",
                "@currentField",
                "&size=128x64",
                "&key=AIzaSyDKNauYNcs4ZOq7sQMWYDyz1x82lOOek34"
              ]
            }
          }
        }
      ]
    }
  ]
}
```

Listing 10.8 Nutzen Sie Google Maps zur Darstellung von Geoinformationen.

In Listing 10.8 sehen Sie, dass zunächst ein HTML-Objekt (div) mit fester Größe definiert wird, in dem ein Hyperlink enthalten ist, der wiederum ein Bild enthalten soll. Sowohl der Link als auch das Bild werden von Google Maps in Kombination mit dem im Feld befindlichen Wert wie beispielsweise »Frankfurt« oder »Wien« geliefert.

Wie Sie Abbildung 10.18 entnehmen können, werden Ihnen mit dieser Konfiguration die Daten nun in einer optisch ansprechenden Kartendarstellung angeboten.

Wie Sie anhand dieser Beispiele gesehen haben, stehen Ihnen mit der Spaltenformatierung vielfältige Möglichkeiten zur Verfügung, um zum einen Informationen optisch aufzubereiten und zum anderen weitere Funktionen/Aktionen direkt innerhalb einer Listenansicht anbieten zu können.

Im nächsten Abschnitt gehen Sie einen Schritt weiter und werden anstelle einer Listenansicht das Formular zur Erfassung und Bearbeitung eines Listeneintrags anpassen.

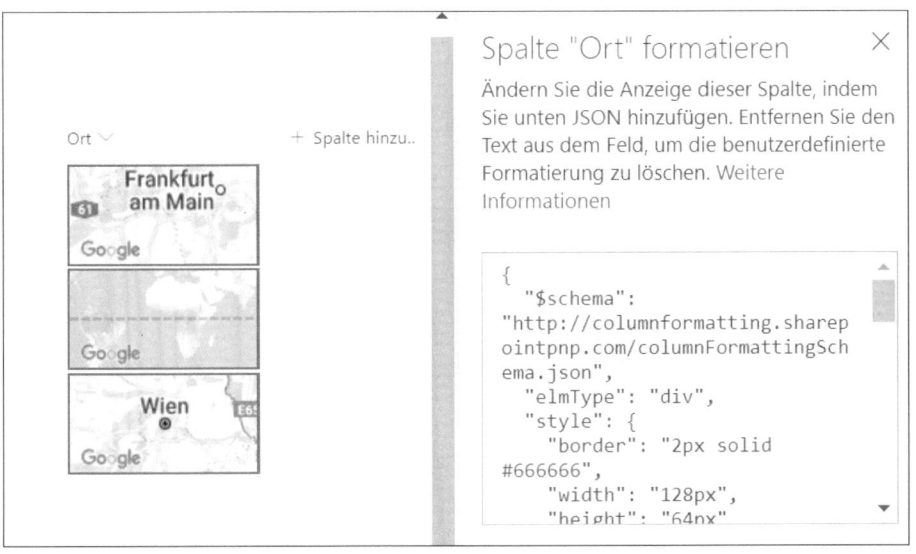

Abbildung 10.18 Lassen Sie mithilfe eines Kartendienstes wie Google Maps Geoinformationen optisch ansprechend anzeigen.

10.1.4 Formular mit Power Apps anpassen

Wenn Sie ein Element aus einer Liste oder Bibliothek öffnen, sind Sie in einer mit Abbildung 10.19 vergleichbaren Ansicht, in der alle Felder untereinander dargestellt werden. Diese Darstellung ist meistens nicht ausreichend. In vielen Fällen gibt es die Anforderung, die Felder beispielsweise in einem zweispaltigen Layout zu gruppieren oder bestimmte Felder optisch hervorzuheben oder zu validieren.

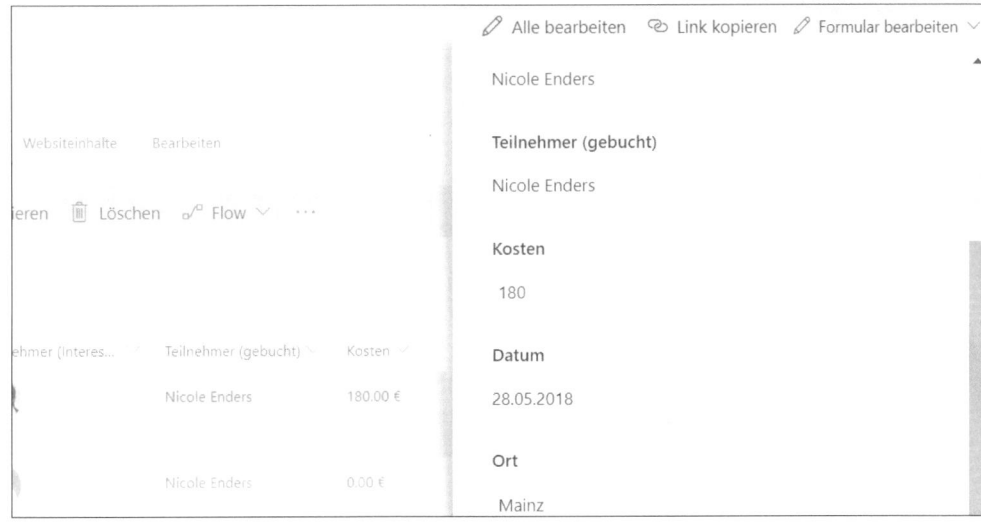

Abbildung 10.19 Möchten Sie ein Standardeingabeformular anpassen?

Wenn Sie den Menüpunkt FORMULAR BEARBEITEN • MIT POWERAPPS ANPASSEN oben rechts im Anzeige- bzw. Bearbeitungsformular auswählen, öffnet sich das Formular in *Power Apps*, und Sie können Ihr Formular frei gestalten (siehe Abbildung 10.20). Felder können beispielsweise ausgeblendet werden, wenn eine bestimmte Bedingung erfüllt oder nicht erfüllt ist.

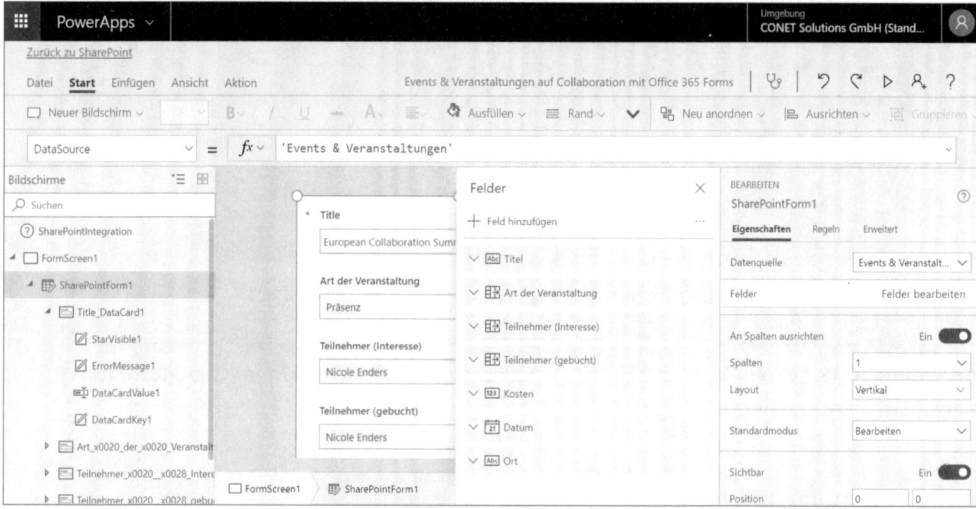

Abbildung 10.20 Passen Sie ein Listenformular (Layout und/oder Logik) Ihren Bedürfnissen entsprechend an.

> **Achtung bei der Verwaltung von Umgebungen in Power Apps!**
>
> Power Apps erlaubt Ihnen, mit sogenannten *Umgebungen* die in Ihrem Unternehmen verwalteten Apps zu gruppieren. In der Praxis kann es sich als sinnvoll erweisen, unterschiedliche Umgebungen für die verschiedenen Geschäftsbereiche in Ihrem Unternehmen einzurichten, da Sie dort auch die Berechtigungen verwalten können. Damit stellen Sie sicher, dass beispielsweise nur die Mitarbeiter der Personalabteilung auf die bereitgestellten HR-Apps zugreifen können.
>
> Die angepassten Listenformulare werden in einer weiteren standardmäßigen Umgebung verwaltet. Beachten Sie bitte, dass alle Mitarbeiter Ihres Unternehmens auf diese Umgebung berechtigt sind. Andernfalls würden die Mitarbeiter eine Fehlermeldung erhalten, wenn sie mit der entsprechenden Liste arbeiten. Ein angepasstes Formular kann in keiner anderen Umgebung gespeichert werden.
>
> Unter *https://docs.microsoft.com/de-de/powerapps/administrator/environments-overview* finden Sie weitere Informationen zur Verwaltung von Umgebungen in Power Apps.

10.1.5 Ein eigenes Site-Design bereitstellen

Wir kommen nun zur letzten Übung im Bereich angebotener Designanpassungen. Wie Ihnen vielleicht aufgefallen ist, liegt der gesamte Fokus dieses Kapitels bisher auf dem Dienst *SharePoint*. Das liegt daran, dass überhaupt nur hier Anpassungen realisiert werden können. Bei den übrigen Diensten wie z. B. *Teams* bestehen diese Möglichkeiten derzeit nicht.

In SharePoint werden verschiedene Designs zur Auswahl angeboten. Diese müssen aber nicht Ihren Ansprüchen an ein Design entsprechen und erfüllen ggf. auch die Richtlinien Ihres Unternehmens nicht. Aus diesem Grund können Sie eigene Designs entwerfen und zur Nutzung bereitstellen.

Unter *https://fabricweb.z5.web.core.windows.net/pr-deploy-site/refs/heads/master/theming-designer/index.html* stellt Ihnen Microsoft einen sogenannten *Fluent UI Theme Designer* zur Verfügung.

Wie Ihnen Abbildung 10.21 zeigt, werden Sie bei der Definition Ihrer Farbpalette unterstützt, indem Sie die Farben entweder hexadezimal oder als RGB-Wert direkt eingeben oder grafisch auswählen können.

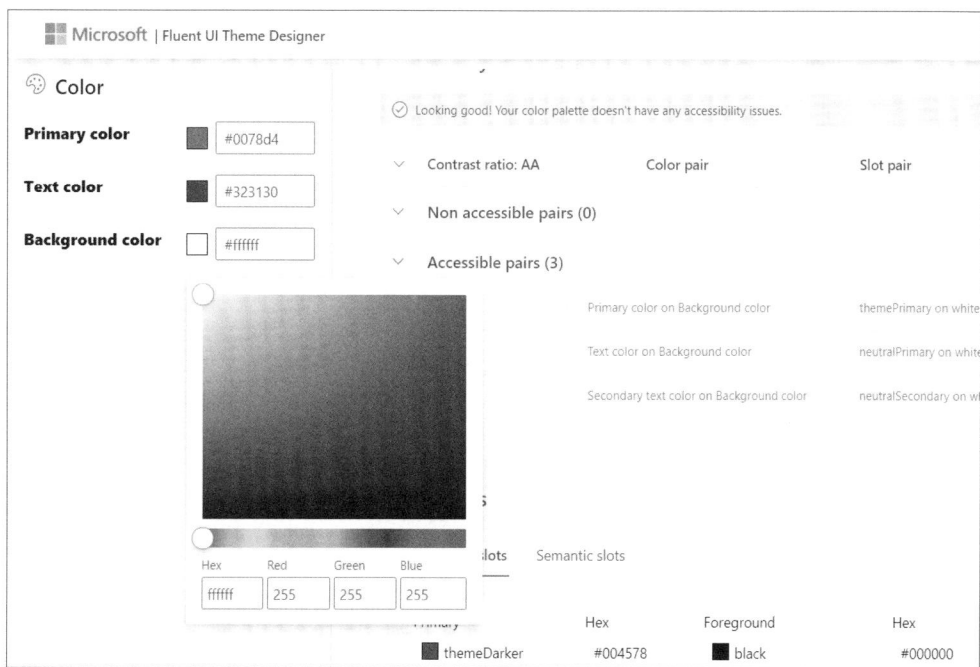

Abbildung 10.21 Bestimmen Sie Ihre Farbpalette durch Auswahl oder Angabe der Farben.

Oben rechts auf der Seite erhalten Sie nach Betätigen der Schaltfläche EXPORT THEME die von Ihnen definierte Farbpalette in unterschiedlichen Formaten, um sie weitergeben zu können. Sie wählen für diese Übung die Variante für PowerShell aus und kopieren den Inhalt des Outputs (siehe Abbildung 10.22) in die Zwischenablage.

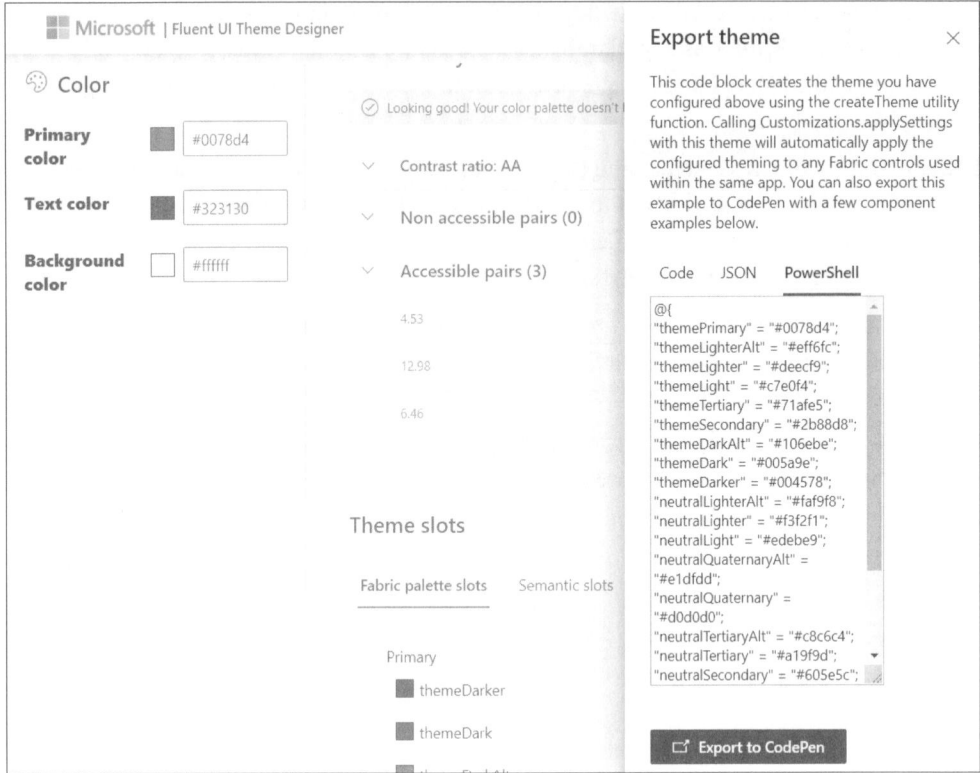

Abbildung 10.22 Die von Ihnen definierten Farben werden Ihnen in unterschiedlichen Formaten zur Weiterverarbeitung angeboten.

Außerdem können Sie Ihre Farbpalette über die Darstellung in Abbildung 10.23 noch einmal prüfen. Bereits hier lässt sich erkennen, welche Farbabstufen später in Ihren Arbeitsräumen verwendet werden. Sollte Ihnen eine Farbkonstellation bereits hier nicht zusagen, können Sie sie direkt in diesem Schritt ändern.

Sie beginnen nun mit der Bereitstellung Ihres Designs. Öffnen Sie dazu die Windows-PowerShell-Konsole und führen Sie die in Listing 10.9 enthaltenen Befehle aus. Achten Sie dabei darauf, dass Sie den Link auf Ihr Microsoft-365-Admin-Center verwenden. Außerdem handelt es sich hier lediglich um ein Beispiel für eine Farbpalette, die Sie bitte durch Ihre eigene (mit dem Theme Designer erstellte) Farbpalette ersetzen. Außerdem sollten Sie den Namen Ihres Designs so festlegen, dass Sie schon bei der Auswahl des Designs wissen, welche Auswirkungen es haben wird.

10.1 Design- und Layoutanpassungen

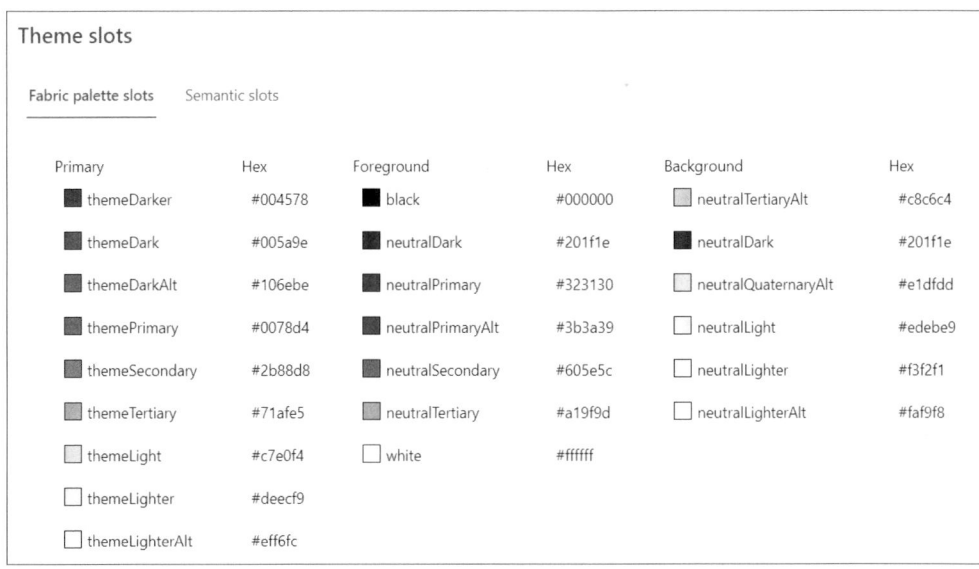

Abbildung 10.23 Prüfen Sie Ihre Farbpalette, bevor Sie mit der Bereitstellung Ihres Designs fortfahren.

```
$farbpalette = @{
    "themePrimary" = "#0078d4";
    "themeLighterAlt" = "#eff6fc";
    "themeLighter" = "#deecf9";
    "themeLight" = "#c7e0f4";
    "themeTertiary" = "#71afe5";
    "themeSecondary" = "#2b88d8";
    "themeDarkAlt" = "#106ebe";
    "themeDark" = "#005a9e";
    "themeDarker" = "#004578";
    "neutralLighterAlt" = "#faf9f8";
    "neutralLighter" = "#f3f2f1";
    "neutralLight" = "#edebe9";
    "neutralQuaternaryAlt" = "#e1dfdd";
    "neutralQuaternary" = "#d0d0d0";
    "neutralTertiaryAlt" = "#c8c6c4";
    "neutralTertiary" = "#a19f9d";
    "neutralSecondary" = "#605e5c";
    "neutralPrimaryAlt" = "#3b3a39";
    "neutralPrimary" = "#323130";
    "neutralDark" = "#201f1e";
    "black" = "#000000";
    "white" = "#ffffff";
```

```
}
Connect-SPOService -Url https://<IhrSharepoint>-admin.sharepoint.com
Add-SPOTheme -Name "Externer Arbeitsraum" -Palette $farbpallette -
IsInverted $false
```

Listing 10.9 Stellen Sie Ihr eigenes Design in SharePoint bereit.

Unter *https://docs.microsoft.com/en-us/sharepoint/dev/declarative-customization/site-theming/sharepoint-site-theming-powershell* finden Sie weitere Informationen von Microsoft zur Arbeit mit eigenen Designs.

10.2 Neue Funktionen bereitstellen

Im vorherigen Abschnitt haben wir verschiedene Optionen zur optischen Gestaltung Ihrer Collaboration-Plattform betrachtet. Wie sieht es aber mit gänzlich neuen Funktionen aus? Benötigen Sie beispielsweise eine Komponente, die Informationen aus unterschiedlichen Datenquellen miteinander verbindet? Und möchten Sie diese Komponente sowohl als Registerkarte in *Teams* als auch in einem Arbeitsraum in SharePoint nutzen können?

> **Achtung: Zielgruppe sind technische Berater oder angehende Entwickler!**
>
> Dieser Abschnitt geht auf die technischen Möglichkeiten zur Erweiterung von *Teams* und SharePoint ein. Für Anwender soll der Abschnitt als kurzer Einblick dienen, um die grundsätzliche Realisierbarkeit spezieller Anforderungen besser einschätzen zu können. Für technische Berater und angehende Entwickler kann dieser Abschnitt als Einstieg in die Entwicklung verstanden werden. Darauf aufbauend werden Sie jedoch weitergehende Informationen benötigen, die dieses Buch aufgrund seines Schwerpunkts auf der Nutzung der bestehenden Microsoft-365-Dienste nicht liefern kann.

10.2.1 SharePoint Framework (SPFx)

Ich werde Ihnen nun einen kurzen Überblick über das sogenannte *SharePoint Framework (SPFx)* geben. Mit diesem Framework können Sie Erweiterungen entwickeln und gezielt bereitstellen. Im Gegensatz zu den bisher vor allem im SharePoint-Bereich genutzten Werkzeugen können Sie mit SharePoint Framework Lösungen erstellen, die in mehreren Diensten wie beispielsweise SharePoint und *Teams* genutzt werden können. Unter *https://docs.microsoft.com/de-de/sharepoint/dev/spfx/sharepoint-framework-overview* erhalten Sie einen Überblick über diese Möglichkeiten.

Wenn Sie die erforderlichen Tools installiert haben, können Sie den sogenannten *SharePoint Client-side Solution Generator* nutzen und werden bei der Initialisierung

Ihrer Lösung durch einen Assistenten unterstützt (siehe Abbildung 10.24). Dieser stellt Ihnen verschiedene Fragen, wie zum Beispiel im ersten Schritt diejenige nach dem Namen Ihrer Erweiterung.

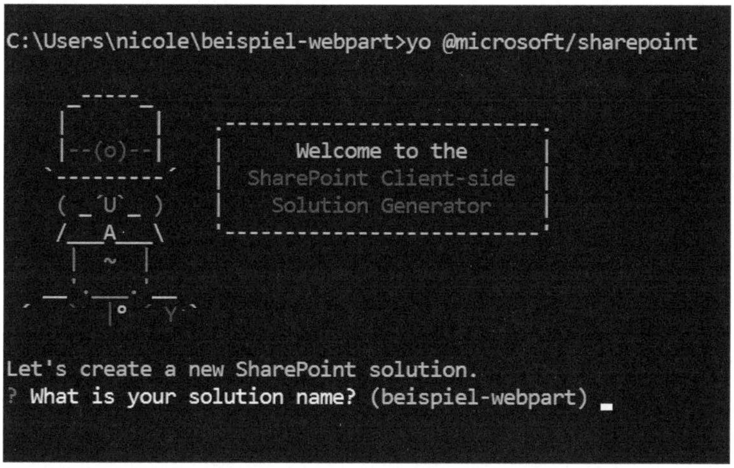

```
C:\Users\nicole\beispiel-webpart>yo @microsoft/sharepoint
      _-----_
     |       |    .--------------------------.
     |--(o)--|    |      Welcome to the      |
    `---------´   |   SharePoint Client-side  |
     ( _´U`_ )    |    Solution Generator    |
     /___A___\    '--------------------------'
      |  ~  |
    __'.___.'__
  ´   `  |° ´ Y `

Let's create a new SharePoint solution.
? What is your solution name? (beispiel-webpart)
```

Abbildung 10.24 Initialisieren Sie Ihre Lösung und geben Sie als Erstes einen Namen für die Erweiterung an.

Im nächsten Schritt müssen Sie angeben, ob Sie Ihre Erweiterung für SharePoint Online oder auch für SharePoint On-Premises bereitstellen möchten (siehe Abbildung 10.25). Somit können Sie die Werkzeuge auch für hybride Einsatzszenarien – wie wir sie im nächsten Kapitel betrachten – nutzen.

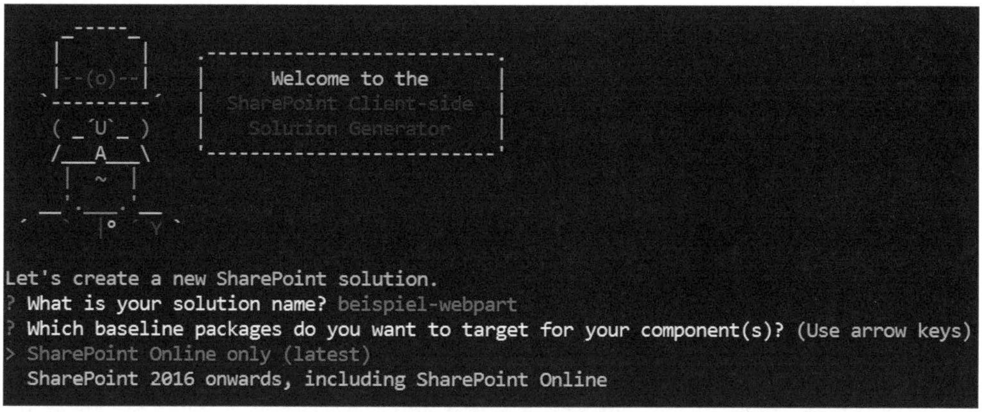

```
      _-----_
     |       |    .--------------------------.
     |--(o)--|    |      Welcome to the      |
    `---------´   |   SharePoint Client-side  |
     ( _´U`_ )    |    Solution Generator    |
     /___A___\    '--------------------------'
      |  ~  |
    __'.___.'__
  ´   `  |° ´ Y `

Let's create a new SharePoint solution.
? What is your solution name? beispiel-webpart
? Which baseline packages do you want to target for your component(s)? (Use arrow keys)
> SharePoint Online only (latest)
  SharePoint 2016 onwards, including SharePoint Online
```

Abbildung 10.25 Legen Sie fest, für welche Umgebungen Ihre Erweiterung geeignet sein soll.

Bei den nächsten Fragen entscheiden Sie, ob Sie für die Erweiterung einen Unterordner im aktuellen Dateiverzeichnis anlegen möchten und ob der Administrator Ihrer SharePoint-Umgebung eine einfache Möglichkeit für die Bereitstellung erhalten soll.

```
    Welcome to the
    SharePoint Client-side
    Solution Generator

Let's create a new SharePoint solution.
? What is your solution name? beispiel-webpart
? Which baseline packages do you want to target for your component(s)? SharePoint Online only (latest)
? Where do you want to place the files? Use the current folder
Found npm version 5.6.0
? Do you want to allow the tenant admin the choice of being able to deploy the solution to all sites immediately without
  running any feature deployment or adding apps in sites? Yes
? Which type of client-side component to create?
> WebPart
  Extension
```

Abbildung 10.26 Welche Art der Erweiterung möchten Sie entwickeln?

Danach kommen Sie zum wichtigsten Schritt, in dem Sie auswählen, welche Art von Erweiterung Sie entwickeln möchten. Wählen Sie die Option »Webpart« aus, da Sie damit eine Komponente erstellen können, die Sie sowohl in SharePoint als auch in *Teams* verwenden können. Mit der Option »Extensions« können Sie verschiedene andere Erweiterungen wie zum Beispiel Hintergrundoperationen oder zentral auszurollende Formatierungen realisieren. Nachdem Sie die Option »Webpart« ausgewählt haben, werden Sie abschließend gefragt, welches Javascript-Framework Sie zur Entwicklung des Webparts nutzen möchten. Nach Einrichtung – wofür Sie eine Internetverbindung benötigen – können Sie die Lösung öffnen und mit der eigentlichen Entwicklung beginnen (siehe Abbildung 10.27).

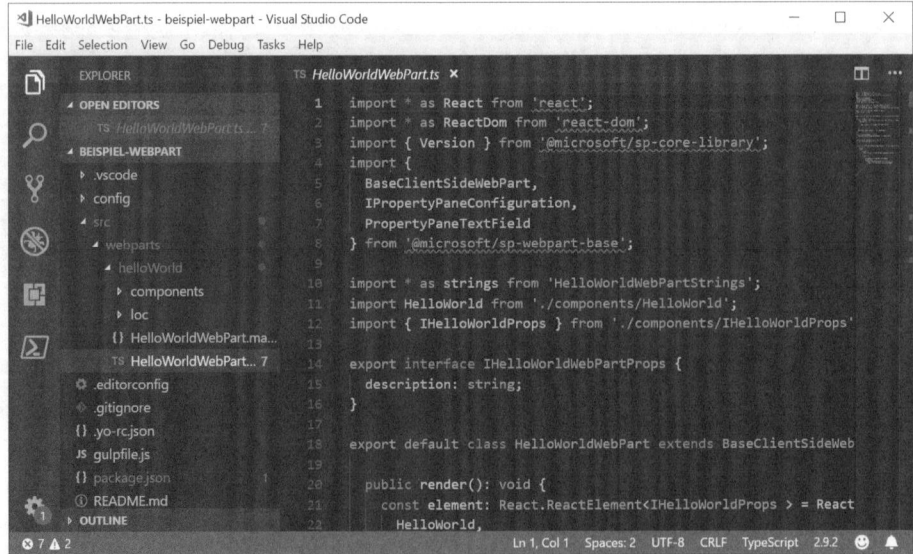

Abbildung 10.27 Über den Generator wird bereits ein erstes Webpart in Ihrer Lösung angelegt.

> **Bei SharePoint und Teams handelt es sich doch um verschiedene Produkte. Muss ich bei der Entwicklung nicht noch etwas berücksichtigen?**
>
> Grundsätzlich können Sie ein entwickeltes Webpart sowohl in einer Seite in Ihrem SharePoint-Arbeitsraum als auch in Form einer Registerkarte in *Teams* nutzen. Unter *https://docs.microsoft.com/de-de/sharepoint/dev/spfx/web-parts/get-started/using-web-part-as-ms-teams-tab* können Sie prüfen, ob Sie bei der Entwicklung bestimmter Komponenten einen Aspekt besonders berücksichtigen müssen.

10.2.2 Optische Integration von Erweiterungen in die Standardprodukte

Wenn Sie Erweiterungen für Microsoft 365 entwickeln, kann es von Vorteil sein, dass sie sich möglichst nahtlos in die bestehenden Microsoft-365-Komponenten einfügen. Damit können Sie Komponenten in Ihrer Umgebung einsetzen, ohne dass die Anwender einen Unterschied zu den Standardfunktionen bemerken.

Microsoft bietet Ihnen hierfür unter *https://developer.microsoft.com/en-us/fluent-ui#/* mit dem sogenannten *Fluent UI Framework* sowohl Styles und Icons als auch bereits fertige Komponenten an, die Sie bei der Erstellung Ihrer Erweiterungen nutzen können (siehe Abbildung 10.28).

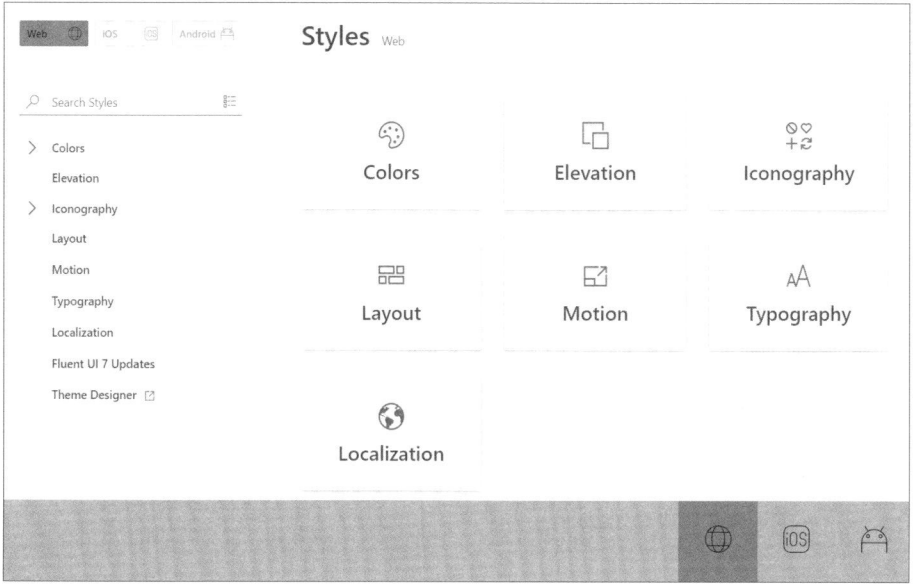

Abbildung 10.28 Mithilfe des Fluent UI Frameworks können Sie für Ihre eigenen Lösungen sowohl Styles als auch Icons und Komponenten aus Microsoft 365 verwenden.

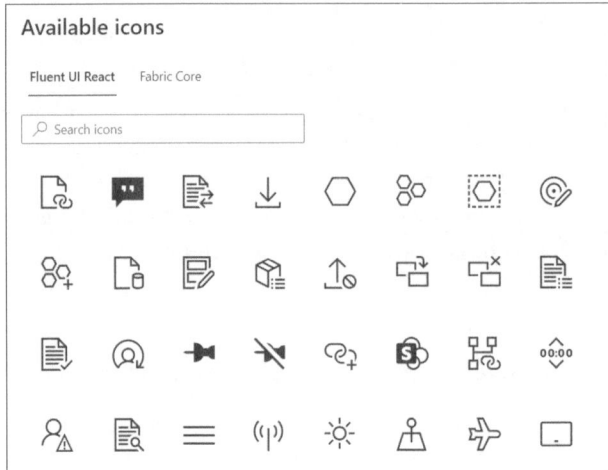

Abbildung 10.29 Verwenden Sie dem Anwender durch das Standardprodukt bereits bekannte Icons für Menüpunkte und Schaltflächen in Ihren eigenen Lösungen.

Neben den Styles und Icons stellen die angebotenen Komponenten (siehe Abbildung 10.30) eine große Arbeitserleichterung für Sie dar. Die Komponenten lassen sich in Ihre Lösung integrieren und an Ihre Bedürfnisse anpassen. So stellen Sie einerseits deren optische Integration sicher und können andererseits Ihre neuen Funktionen bereitstellen.

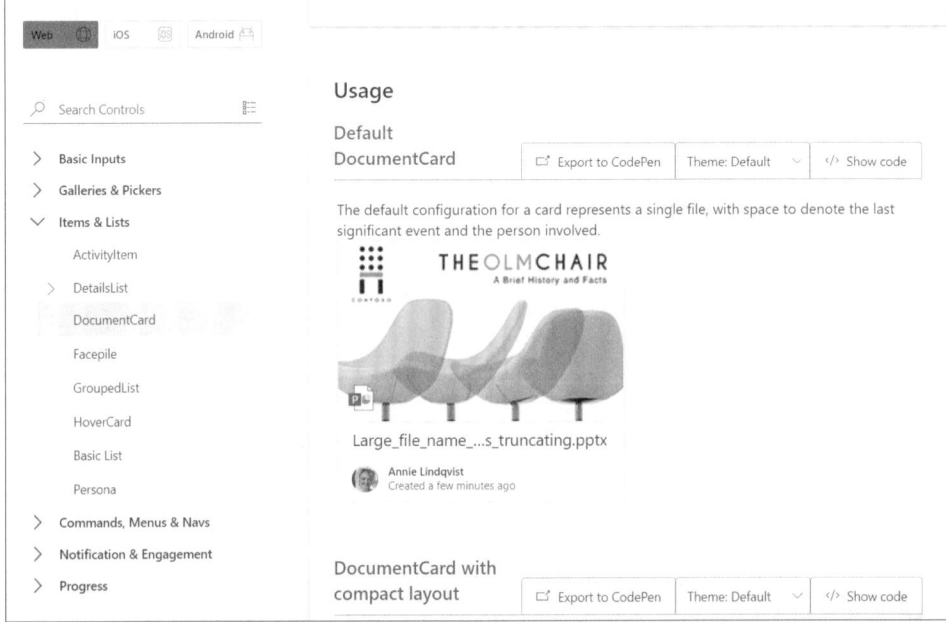

Abbildung 10.30 Verwenden Sie in Ihrer Lösung Komponenten, die beispielsweise bereits in SharePoint Online verfügbar sind.

10.2.3 Von Community-Projekten profitieren

Wenn Sie an der Entwicklung eigener Komponenten interessiert sind, lohnt sich für Sie auch ein Blick auf die aktuellen Projekte der Microsoft-365-Community. Diese wird aktiv von Microsoft unterstützt, um immer mehr Arbeitserleichterungen für die Software-Entwickler bereitstellen zu können. Eine dieser Communities ist die *SharePoint Patterns & Practices (PnP)*:

- *https://docs.microsoft.com/en-us/sharepoint/dev/community/community*
- *https://github.com/SharePoint/PnP-PowerShell*

> **Gibt es nicht noch mehr Informationen zur Entwicklung meiner eigenen Lösungen und Erweiterungen?**
>
> In der Theorie könnte ich die Thematik noch wesentlich tiefer behandeln, praktisch würde dies jedoch den Rahmen des vorliegenden Buches sprengen. Fraglich ist außerdem, wie schnell sich die Rahmenbedingungen in der Cloud und im Community-Bereich ändern werden. Vor diesem Hintergrund ist für weitere Details hierzu ein Blog (*www.conet.de/blog/author/nenders*) besser geeignet als ein Buch.

Kapitel 11
Hybride Einsatzmöglichkeiten von Microsoft 365 und SharePoint On-Premises

»Es ist besser, unvollkommen anzupacken als perfekt zu zögern.«
(Thomas A. Edison)

Gerade Unternehmen, die noch nicht so weit sind, als dass sie komplett in die Cloud gehen könnten, oder die das Cloud-Angebot noch nicht als hinreichend geeignet für ihr Unternehmen erachten, haben häufig Interesse an einem hybriden Szenario. In diesem Kapitel stelle ich Ihnen vor, worauf Sie dabei achten sollten, für den Fall, dass Sie später möglicherweise doch ohne allzu viel Aufwand in die Cloud gehen möchten. Außerdem erfahren Sie, wie Sie eine hybride Umgebung einrichten können.

> **Zielgruppe dieses Kapitels**
> Dieses Kapitel behandelt in den ersten zwei Abschnitten primär administrative Themen und richtet sich somit an technische Berater und Administratoren. Für Anwender und Entscheider sind dagegen die darauffolgenden Abschnitte relevant, um bei der inhaltlichen Gestaltung einer hybriden Umgebung zu unterstützen.

11.1 SharePoint On-Premises vs. Microsoft 365

In der Regel ist der Einsatz von SharePoint in der On-Premises-Variante eine sehr bewusste Entscheidung, beispielsweise sollen sensible Informationen den Einflussbereich des Unternehmens nicht verlassen. Was genau aber versteht man unter sensiblen Informationen? Werden diese überhaupt in SharePoint verwaltet, oder nutzen Sie dafür nicht bereits andere Tools?

Wie wäre es außerdem, wenn Sie Ihre Teamarbeit nach Microsoft 365 verlagern könnten und in Ihrem SharePoint On-Premises genau die Themen bearbeiten, die nicht in der Cloud gespeichert werden sollen?

Microsoft bietet mit Microsoft 365 über SharePoint Online hinaus viele weitere Dienste wie beispielsweise *Teams* und Planner an, deren Einsatz Sie in diesem Buch bereits kennengelernt haben. Außerdem werden in der Cloud in regelmäßigen Intervallen neue Funktionen eingeführt, auf die man bei der On-Premises-Variante von SharePoint entweder bis zur nächsten Version oder bis zu einem Feature Pack warten muss. Microsoft verfolgt hier konsequent seine Strategie »Cloud first«. So ist auch der neue SharePoint-Server 2019 ein Abzug aus der Cloud-Variante (SharePoint Online) und entspricht in etwa dem Stand vom Frühjahr 2018. Ihnen sollte klar sein, dass Sie mit On-Premises immer ein wenig »hinterherhinken« werden.

Vor diesem Hintergrund müssen Sie sich die Frage stellen, ob Sie Microsoft 365 einsetzen oder eine lokale Installation nutzen möchten. Sie müssen sich aber nicht für das eine oder das andere entscheiden. Es besteht auch die Möglichkeit, die Vorteile beider Varianten zu nutzen und eine sogenannte hybride Umgebung einzurichten.

Wichtig ist dabei, dass Sie sich Gedanken darüber machen, welche Inhalte Sie in der Cloud ablegen möchten und welche Inhalte auf Ihrem lokalen SharePoint Server gespeichert werden sollen. Eine pauschale Antwort darauf gibt es nicht – die Entscheidung treffen Sie allein auf Basis Ihrer individuellen Anforderungen. Sie könnten andererseits aber auch mit einem Szenario beginnen, in dem Sie SharePoint sowie eine ausgewählte Funktion nutzen, die nur in Microsoft 365 zur Verfügung steht.

Beispiel für ein hybrides Einsatzszenario
Sie haben in Teil II dieses Buches ein Collaboration-Portal aufgebaut. Da Sie in dieses Portal eventuell verschiedene Prozesse integrieren möchten, die mit weiteren unternehmensinternen Applikationen agieren, wäre der Einsatz einer On-Premises-Installation denkbar. Damit für die Mitarbeiter ein einheitliches Benutzererlebnis gewährleistet wird und sie bei einem Wechsel zwischen den Umgebungen keinen Unterschied wahrnehmen, könnten beide Plattformen in Form einer hybriden Umgebung miteinander gekoppelt werden.

Bei Projektteams, die von außerhalb der Firma auf die Informationen eines Projektarbeitsraums zugreifen möchten, sind SharePoint Online und *Teams* eine gute Lösung. So können sie von überall über das Internet auf die erforderlichen Dokumente und weiteren Informationen zugreifen und beispielsweise den Status der ihnen zugewiesenen Aufgaben ändern. Sobald sie sich wieder im Unternehmensnetzwerk befinden, können sie dann zusätzlich zu diesen Informationen auch auf interne Daten zugreifen, die sie während ihrer Dienstreise beispielsweise nicht benötigten.

11.2   Einrichtung einer hybriden Umgebung

Die Einrichtung einer hybriden Umgebung sollte von einem Serveradministrator für die lokale Installation und von einem Administrator Ihrer Microsoft-365-Umgebung durchgeführt werden. Sie werden in diesem Abschnitt keine Konfiguration vornehmen, sondern nur die Konfigurationsseiten betrachten, die Sie mit Administrationsrechten aufrufen können. Lassen Sie die Konfiguration Ihrer Umgebung von Ihrem Administrator vornehmen, und genießen Sie die Vorteile einer hybriden Umgebung, in der Sie nahtlos zwischen den Websites in Ihrer lokalen Installation und den Websites in der Cloud wechseln können.

Wenn Sie in Microsoft 365 das *SharePoint Admin Center* aufrufen und in der linken Menüleiste den Menüpunkt HYBRIDKONFIGURATION aufrufen, wird Ihnen die Seite aus Abbildung 11.1 angezeigt.

Abbildung 11.1 Hybridkonfiguration im SharePoint Admin Center aufrufen

Sie können über den Link ZUR HYBRIDAUSWAHL-DOWNLOADSEITE WECHSELN einen Assistenten herunterladen, um ihn auf Ihrem lokalen SharePoint-Server zur Einrichtung der hybriden Umgebung auszuführen. Für ein hybrides Einsatzszenario können Sie folgende Komponenten konfigurieren:

▶ **OneDrive**: Bei einer lokalen Installation werden die unter dem Menüpunkt ONEDRIVE verwalteten Dokumente in *Meine Website* des jeweiligen Mitarbeiters gespeichert. Mit einer hybriden Konfiguration können Sie die Dokumente auch aus der lokalen Installation heraus in der Cloud speichern. Es erfolgt eine einfache Weiterleitung für den Mitarbeiter.

▶ **Websites**: Sie können die Website-Erstellung so konfigurieren, dass Websites in der Cloud anstelle On-Premises angelegt werden. Diese Funktion wird in der Regel am wenigsten genutzt, da Sie gute Gründe für die Verwaltung bestimmter Informationen außerhalb der Cloud haben. Die Mitarbeiter sollen sich bewusst entscheiden, wo sie ihre Arbeitsräume anlegen.

- **Suche**: Eine der wichtigsten Funktionen in Ihrem Collaboration-Portal ist eine verlässliche Suche. Sie sollte Ihnen schnell die gewünschten Informationen liefern. Bei einer hybriden Umgebung ist es umso wichtiger, dass Sie gleichzeitig in beiden Umgebungen suchen können. Im nächsten Abschnitt gehe ich genauer auf diese Funktion ein.
- **Taxonomie & Navigation**: Wenn Sie beispielsweise eine Taxonomie für Ihre Navigation verwenden oder allgemeingültige Metadaten in Form einer Taxonomie verwalten, sollte dies in beiden Umgebungen gleichermaßen zur Verfügung stehen, sonst werden sich die Mitarbeiter automatisch für diejenige Umgebung entscheiden, in der sie die Taxonomien nutzen können, es sei denn, sie lassen sich durch alternative Funktionen von der anderen Umgebung überzeugen.
- **App Launcher**: Sie können die im App Launcher ▦ verfügbaren Apps in beiden Umgebungen gemeinsam pflegen und darüber zu einem einheitlichen Erscheinungsbild beitragen.

Die weiteren Schritte überspringe ich, weil sie von einem Administrator durchgeführt werden. Schauen Sie sich aber bei der lokalen Installation in der Zentraladministration den Menüpunkt KONFIGURIEREN VON HYBRIDEN ONEDRIVE- UND WEBSITES-EINSTELLUNGEN an.

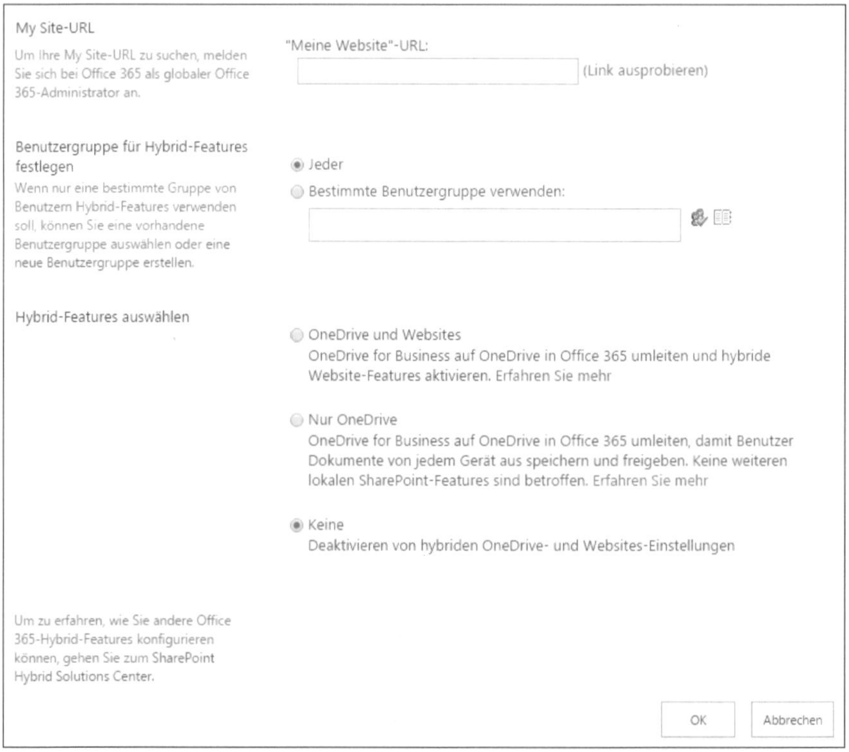

Abbildung 11.2 Hybridkonfiguration in der lokalen Installation von SharePoint

In Abbildung 11.2 sehen Sie den unteren Bereich der Konfigurationsseite. Sie können beispielsweise die Funktion *Meine Website* in Ihrer lokalen Form abschalten und durch die in der Cloud verfügbare Funktion zusammen mit *Delve* ersetzen. Dadurch wird ein Anwender, wenn er sein Profil aufruft, nicht mehr auf seine bisherige persönliche Website, sondern auf die Profilseite in SharePoint Online weitergeleitet.

11.3 Inhalte in einer hybriden Umgebung suchen

Wenn Sie in beiden Umgebungen Informationen einstellen, werden Sie diese später nicht über zwei separate Suchanfragen wiederfinden wollen. Eine gemeinsame Suche ist daher zwingend erforderlich, um Benutzerakzeptanz zu gewährleisten.

Abbildung 11.3 In einem hybriden Einsatzszenario Suchdienstanwendung zum Durchsuchen der lokalen Inhalte erstellen

Im Unterschied zu den früheren Möglichkeiten können Sie ab SharePoint 2016 einen gemeinsamen Suchindex aufbauen. Dazu erstellen Sie lediglich in der Zentraladministration Ihrer lokalen Installation eine Suchdienstanwendung, die für das Durchsuchen der lokalen Inhalte in der hybriden Umgebung zuständig ist. Wichtig ist dabei, dass Sie die in Abbildung 11.3 dargestellte Option CLOUD-SUCHDIENSTANWENDUNG aktiviert haben.

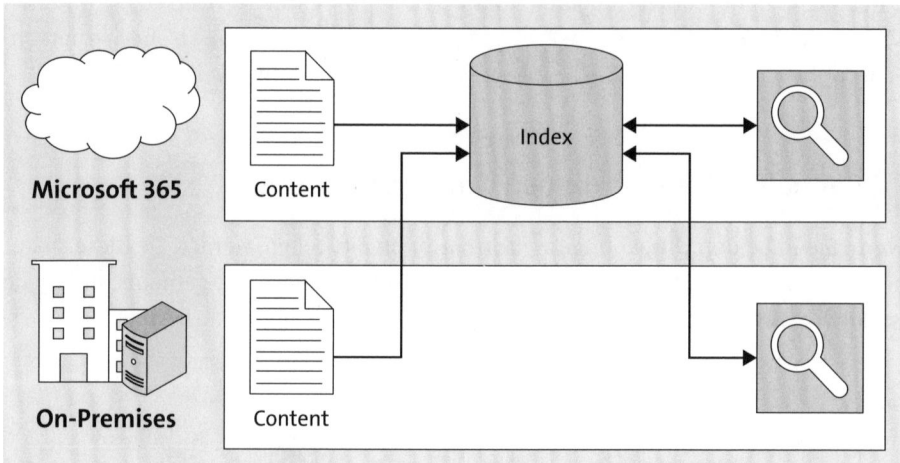

Abbildung 11.4 Funktionsweise der Suche in einer hybriden Umgebung

Abbildung 11.4 zeigt die generelle Funktionsweise der hybriden Suche. Anstelle von zwei getrennten Suchanfragen (wie bis SharePoint 2013) wird nur eine einzige Suchanfrage bearbeitet. Voraussetzung dafür ist ein gemeinsamer Suchindex. Dieser liegt entsprechend der Darstellung in Abbildung 11.4 in der Cloud. Auch hier werden die Berechtigungen des jeweiligen Anwenders berücksichtigt, sodass er nur die Suchergebnisse erhält, auf die er mindestens lesenden Zugriff besitzt.

Wichtig für Sie ist, dass die Inhalte Ihrer lokalen Umgebung weiterhin lokal verbleiben, die Einträge im Index allerdings in der Cloud gespeichert sind. Wenn Sie nicht möchten, dass Daten aus Ihrer On-Premises-Umgebung in einem Index in der Cloud gespeichert werden, können Sie Ihre Umgebung auch für eine hybride Sammelsuche konfigurieren. Microsoft stellt Ihnen auf seiner Dokumentationsplattform unter *https://docs.microsoft.com/de-de/previous-versions/office/mt844710(v=office.16)* eine Anleitung zur Einrichtung zur Verfügung.

11.4 Entscheidungshilfe: Welche Inhalte kommen auf welche Plattform?

Ohne Sie und Ihr Unternehmen genauer zu kennen, kann ich Ihnen keinen konkreten Rat geben, welche Informationen Sie nicht in Microsoft 365 verwalten sollten. Um Ihnen aber dennoch eine Hilfestellung anzubieten, berichte ich Ihnen einfach von Beispielen, die mir in meinem Arbeitsalltag begegnet sind.

Microsoft 365 als Ablageort:

- Arbeitsräume werden zur Unterstützung der Zusammenarbeit zwischen Mitarbeitern des Unternehmens und Kunden, Partnern oder (Unter-) Auftragnehmern genutzt.
- Das Team möchte *Teams* als Collaboration-Tool mit vielen für die moderne Teamarbeit erforderlichen Funktionalitäten verwenden.
- Auch von unterwegs möchten Sie an Aufgaben arbeiten oder sich mit dem Team austauschen können.
- Sie möchten Ihre Prozesse mithilfe von Power Automate und Power Apps vereinfachen. Auch, wenn es in SharePoint 2019 Absprungpunkte für die beiden Dienste gibt; so verbleiben sie weiterhin ausschließlich in der Cloud.

SharePoint On-Premises als Ablageort:

- Der Kunde hat keine Erlaubnis dazu erteilt, Informationen aus seinem Projekt in der Cloud zu speichern.
- Durch rechtliche Vorgaben dürfen bestimmte Daten nicht in der Cloud gespeichert werden. Hier sind in der Regel häufig sogar weitere Verschlüsselungsmechanismen notwendig, die eine sinnvolle Nutzung von SharePoint On-Premises ausschließen können.
- Firmengeheimnisse wie Patente, Rezepturen, geheime technische Zeichnungen oder sensible Akten sollen nicht außerhalb des Unternehmens gespeichert werden. Häufig werden für die Verwaltung dieser Art von Informationen so weitreichende Sicherheitsanforderungen gestellt, dass dafür sogar spezielle Tools eingesetzt werden müssen. Häufig wird aber zunächst die Entscheidung für On-Premises als Ablageort fallen.

Diese Liste der Beispiele soll Ihnen lediglich ein paar Denkanstöße geben, wie Sie für Ihr Unternehmen zu einer Entscheidung gelangen können. Nehmen Sie aus diesem Kapitel mit, dass es beim Thema der Speicherorte für Daten nicht nur schwarz und weiß gibt. Mithilfe einer Hybridumgebung können Sie die individuell zu Ihnen passende Mischung aus Cloud und On-Premises zur Unterstützung der Zusammenarbeit innerhalb und außerhalb Ihres Unternehmens finden.

Kapitel 12
Migration von Arbeitsräumen

»Wir müssen der Wandel sein, den wir in der Welt zu sehen wünschen.« (Mahatma Gandhi)

Ob von On-Premises in die Cloud oder von einer Test- in eine Produktivumgebung: Wenn Sie Daten oder ganze Arbeitsräume migrieren möchten, stehen Sie vor der Frage der richtigen Herangehensweise. In diesem Kapitel werden Sie verschiedene Möglichkeiten und Tools dafür kennenlernen.

> **Was sollte ich bei einer Migration als Erstes erledigen?**
>
> Sie können losgelöst von der bisherigen Umgebung eine neue Struktur konzipieren und bestimmen, wo zukünftig welche Informationen ausgetauscht werden und wie welche Prozesse am besten unterstützt werden. Sobald Sie die neue Struktur aufgebaut haben, migrieren Sie dann »nur« noch die Inhalte aus der alten Umgebung in die neue.

12.1 Einzelne Informationen übertragen

Manchmal müssen nur wenige Informationen (bspw. Dokumente und Inhalte aus SharePoint-Listen) migriert werden, sodass es das Einfachste ist, die Standardfunktionen von Microsoft 365 bzw. SharePoint zu nutzen, um diese Daten zu migrieren.

Typischerweise werden Sie Ihre Informationen in einer SharePoint-Website gespeichert haben. Legen Sie in Ihrer zukünftigen Umgebung eine SharePoint-Website oder ein Team an. Anschließend können Sie die ausgewählten Inhalte manuell migrieren.

12.1.1 Listen zur schnellen Bearbeitung öffnen

In Abbildung 12.1 wurde exemplarisch eine Liste in SharePoint geöffnet. Sie können die Liste über den Menüpunkt SCHNELL BEARBEITEN in der oberen Aktionsleiste in einer Excel-ähnlichen Ansicht öffnen.

Über diesen sogenannten *QuickEdit*-Modus können Sie Listenelemente (z. B. Aufgaben, Kontakte oder auch benutzerdefinierte Listen) ähnlich wie in Excel markieren, über [Strg] + [C] in die Zwischenablage kopieren und in dem zukünftig zu nutzenden Arbeitsraum mit [Strg] + [V] in eine Liste einfügen, die ebenfalls im QuickEdit-Modus geöffnet ist.

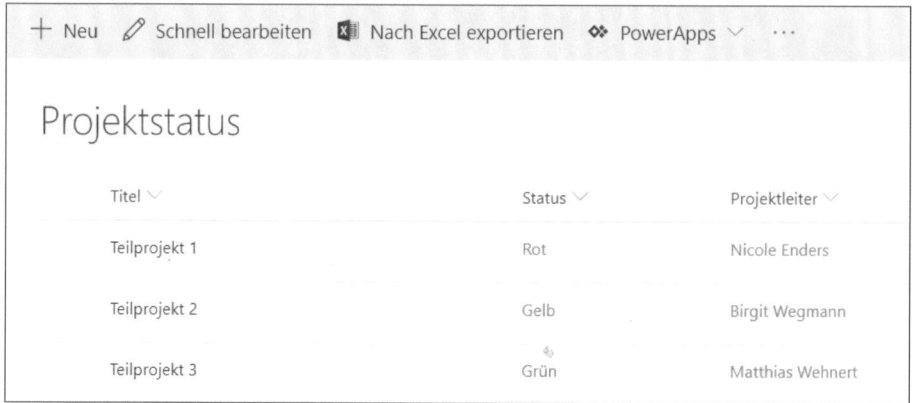

Abbildung 12.1 Sie können eine Liste im sogenannten QuickEdit-Modus öffnen und so deren Inhalte schneller bearbeiten oder kopieren.

Bevor Sie die Daten kopieren, müssen Sie allerdings sicherstellen, dass in beiden Listen die gleichen Felder in der gleichen Reihenfolge von links nach rechts dargestellt werden und dass sich darunter kein schreibgeschütztes Feld, wie beispielsweise GEÄNDERT oder ID, befindet. Andernfalls tritt beim Einfügen ein Fehler auf.

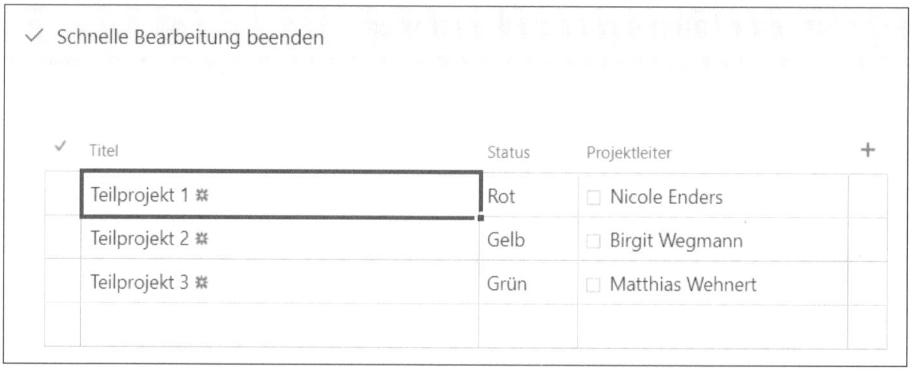

Abbildung 12.2 Im Quick-Edit-Modus sind Massenbearbeitungen Ihrer Informationen möglich.

Über den Menüpunkt SCHNELLE BEARBEITUNG BEENDEN schließen Sie den Vorgang ab (siehe Abbildung 12.2). Sollten die von Ihnen im neuen Arbeitsraum eingefügten Zeilen noch nicht gespeichert sein, erhalten Sie eine entsprechende Meldung.

12.1.2 Dokumente kopieren oder verschieben

Neben den in Listen verwalteten Informationen werden Sie aber insbesondere den Bedarf haben, Dokumente in Ihre neuen Arbeitsräume zu übertragen.

Übertragung über den Windows Explorer

Aus Szenarien mit Fileshares kennen wir die Vorgehensweise, mithilfe des Windows Explorer sowohl die bisherige als auch die neue Umgebung zu öffnen, in der Ursprungsumgebung die gewünschten Dateien zu markieren und in die Zielumgebung zu kopieren bzw. zu verschieben. In SharePoint gab es zudem lange Zeit die Möglichkeit, eine Bibliothek im Windows Explorer zu öffnen und zum Kopieren genau diese gewohnte Vorgehensweise anzuwenden.

Abbildung 12.3 Synchronisieren Sie die Inhalte der Bibliothek mit Ihrem PC.

Mit dem Einsatz von *OneDrive for Business* besteht diese Möglichkeit immer noch, auch wenn sich der Weg dahin ein wenig verändert hat. Sie laden dafür über den Menüpunkt SYNCHRONISIEREN in der Aktionsleiste einer Bibliothek (siehe Abbildung 12.3) die Inhalte dieser Bibliothek auf Ihren lokalen PC herunter. Dabei handelt es sich übrigens, wie Sie in Abschnitt 6.3 erfahren haben, nicht um eine reine Kopie dieser Datei. Wenn sich die Datei in der Quellbibliothek verändert, wird diese Änderung auf Ihre lokale Version übertragen. So können Sie die Verbindung schon früher einrichten, auch, wenn Sie die Migration eventuell erst in einigen Tagen durchführen möchten.

Synchronisieren Sie auch die Bibliothek in Ihrem zukünftigen Arbeitsraum mit Ihrem PC und kopieren oder verschieben Sie anschließend über den Windows Explorer die ausgewählten Dateien dorthin. Die Synchronisation erfolgt auch von Ihrem PC aus in Richtung SharePoint. Nach Abschluss der Synchronisation sind die gewünschten Dokumente in Ihrem neuen Arbeitsraum verfügbar, und Sie können deren weitere Bearbeitung vornehmen.

Diese Möglichkeit der Migration ist auch bei vollkommen voneinander getrennten Umgebungen eine gute Option, zum Beispiel bei einer Migration von On-Premises in Richtung Cloud oder zwischen verschiedenen SharePoint-Versionen.

Einzelne Dokumente innerhalb Ihrer Microsoft-365-Umgebung kopieren oder verschieben

Wenn Sie Dokumente zwischen verschiedenen Arbeitsräumen innerhalb ein und derselben Microsoft-365-Umgebung austauschen möchten, haben Sie noch eine andere Option. Sie können nach Auswahl eines Dokuments über die 3-Punkte-Schaltfläche rechts neben dem Dateinamen im Kontextmenü den Menüpunkt VERSCHIEBEN NACH bzw. KOPIEREN NACH auswählen.

Abbildung 12.4 Sie können einzelne Dokumente innerhalb Ihres Microsoft-365-Tenants kopieren oder verschieben.

Abbildung 12.4 zeigt einen geplanten Kopiervorgang. Sie können in einem Dialog das Ziel auswählen. Dabei kann es sich um einen anderen Ordner in derselben Bibliothek, Ihr persönliches OneDrive oder eine beliebige andere SharePoint-Website handeln.

Einrichten eines Flows zur Übertragung

Eine dritte, etwas ungewöhnliche Option stellt die Einrichtung eines eigenen Flows für die Übertragung der Dateien dar.

Wie in Abbildung 12.5 zu sehen, werden Ihnen auch in Power Automate Aktionen zum Kopieren oder Verschieben einer Datei angeboten. Warum sollten Sie jedoch einen Flow konfigurieren, wenn Sie in derselben Zeit die Datei auch manuell kopieren bzw. verschieben könnten?

Abbildung 12.5 Sie können auch mit Power Automate Dateien verschieben oder kopieren.

Bei einer Datei mag es sich noch um denselben zeitlichen Aufwand handeln. Bei einer Vielzahl an Dateien oder bestimmten Schritten wie beispielsweise dem Setzen bestimmter Metadaten kann der Aufwand jedoch schnell exponentiell steigen. In einem solchen Fall kann Ihnen der Einsatz eines Flows viel Arbeit abnehmen.

12.1.3 Achtung bei der Übertragung von Metadaten

Bei der Übertragung gehen die Versionsinformationen sowie das Datum für die Erstellung und die letzte Bearbeitung verloren. Die übertragenen Inhalte werden unter Ihrem Namen und mit dem aktuellen Datum angelegt. Wenn Sie die alten Informationen übernehmen möchten, müssen Sie auf Tools von Drittanbietern zurückgreifen.

Falls es sich bei den Metadaten eines Elements oder Dokuments um Personen, Gruppen oder verwaltete Metadaten handelt, so können auch diese Informationen nicht korrekt übertragen werden.

So hat beispielsweise jede Person in einer Websitesammlung eine eindeutige ID. Diese hängt davon ab, in welcher Reihenfolge die Personen in der Websitesammlung bekannt gemacht wurden. Der primäre Websitesammlungsadministrator hat zum Beispiel immer die ID »1«, der sekundäre Websitesammlungsadministrator die ID »2«. Danach kommen die automatisch auf Basis der Websitevorlage erstellten Gruppen und danach die Personen, die Sie der Reihe nach den Gruppen hinzufügen.

In den Personenfeldern wird die ID der Personen oder Gruppen gespeichert. Wenn Sie nun also z. B. Aufgaben, die der Person mit der ID »2« (Nicole Enders) zugewiesen waren, in die neue Umgebung kopieren, werden sie auch in der Zielumgebung der Person mit der ID »2« (Thorsten Klein) zugewiesen. Damit verfälschen Sie jedoch die Daten. Im schlimmsten Fall tritt beim Einfügen der Daten sogar ein Fehler auf, weil in der Zielwebsite kein Benutzer mit der entsprechenden ID existiert.

Für die verwalteten Metadaten besteht das gleiche Problem, da für die einzelnen Ausdrücke automatisch IDs generiert werden, die in der neuen Umgebung noch nicht vorhanden sein können, da diese soeben erst bereitgestellt wurde.

12.2 Drittanbietertools zur Unterstützung der Migration

Mit den Standardfunktionen können Inhalte nur begrenzt übertragen werden. Allerdings wird Ihnen eine Reihe von Drittanbieterlösungen zur Unterstützung einer Migration angeboten. Diese ermöglichen es Ihnen, einzelne Websitesammlungen, Websites, Listen und Bibliotheken oder auch einen einzelnen Inhaltstyp oder Dokumentenmappen zu migrieren.

Diese granularen Möglichkeiten eignen sich auch bestens für die Einrichtung einer hybriden Umgebung, wenn Sie Inhalte aus einer lokalen Installation in die Cloud übertragen möchten. Bei einem Wechsel nach Microsoft 365 und SharePoint Online müssen Sie daher nicht mit einer leeren Website beginnen, sondern können bereits etablierte Bereiche aus Ihrer Umgebung in die Cloud verschieben.

Ich stelle Ihnen nun zwei Migrationstools vor, mit denen ich persönlich gute Erfahrungen gemacht habe.

12.2.1 Sharegate

Als erste Migrationslösung betrachten wir das Angebot von Sharegate. Unter *http://yourock.share-gate.com/sharegate-migration-management* können Sie sich für eine kostenlose Testversion registrieren. Nach Angabe Ihres Namens, einer E-Mail-Adresse und einer Telefonnummer laden Sie die Lösung herunter und erhalten per E-Mail einen Produktschlüssel.

Folgen Sie bei der Installation den Anweisungen des Assistenten, und starten Sie anschließend die Anwendung. Als Erstes geben Sie den Produktschlüssel ein. Wählen Sie die Option I WANT TO TRY SHAREGATE aus, und klicken Sie auf die Schaltfläche NEXT.

Geben Sie auf der nächsten Seite den Schlüssel an, und klicken Sie auf ACTIVATE. Nach der Aktivierung erscheint eine Bestätigungsmeldung, die Sie über die Schaltfläche CLOSE verlassen. Sie befinden sich daraufhin auf der Startseite der Anwendung *Sharegate* (siehe Abbildung 12.6).

Der Fokus des Angebots von Sharegate liegt zwar auf der Migration von Komponenten und Inhalten, allerdings kann die Lösung auch zur Verwaltung von Websites verwendet werden. Diese zwei unterschiedlichen Aufgabenbereiche werden auch durch zwei separate Anwendungen unterstützt. Sie befinden sich aktuell in der Anwendung *Sharegate* für die Verwaltung von Websites. Sie möchten zwar gerade keine Migration durchführen, ein kurzer Blick auf die Anwendung kann aber nicht schaden. Deshalb klicken Sie auf die große Schaltfläche CONNECT AND MANAGE und nicht auf den darunter befindlichen Link OR MIGRATE, wodurch die Anwendung *Sharegate Migration* aufgerufen würde.

Als Erstes müssen Sie sich mit einer Website oder Websitesammlung verbinden. Dazu geben Sie, wie in Abbildung 12.7 dargestellt, den Link auf eine Website und die Anmeldeinformationen für den Benutzer an, mit dem Sie die Website verwalten möchten. Hier sollten Sie darauf achten, dass der Benutzer die erforderlichen Berechtigungen besitzt.

12.2 Drittanbietertools zur Unterstützung der Migration

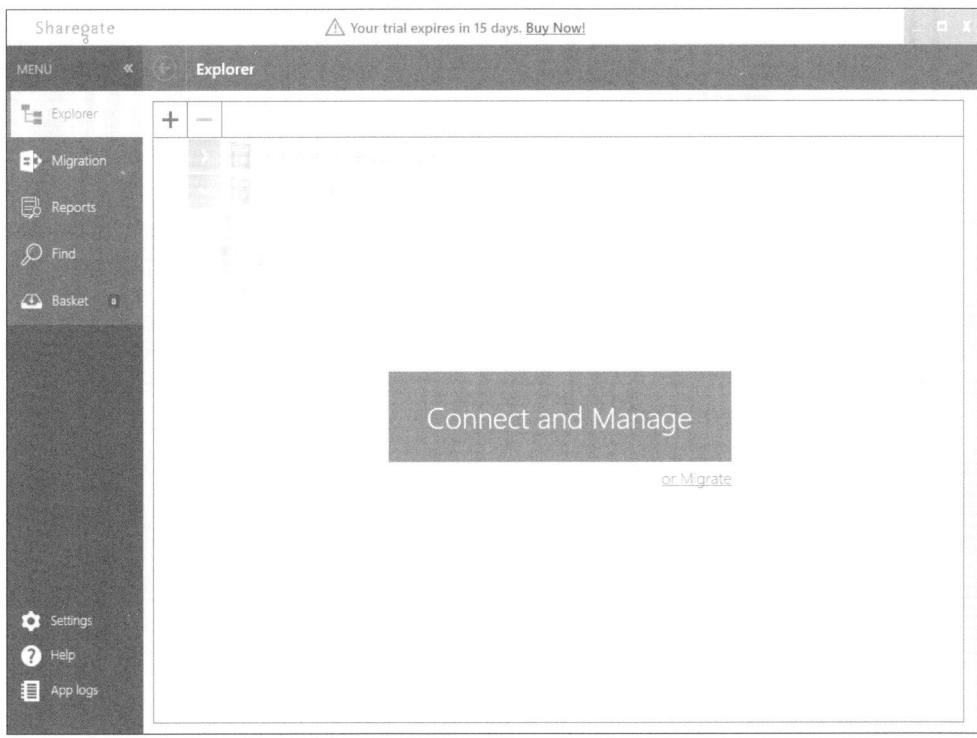

Abbildung 12.6 Startseite der Migrationslösung

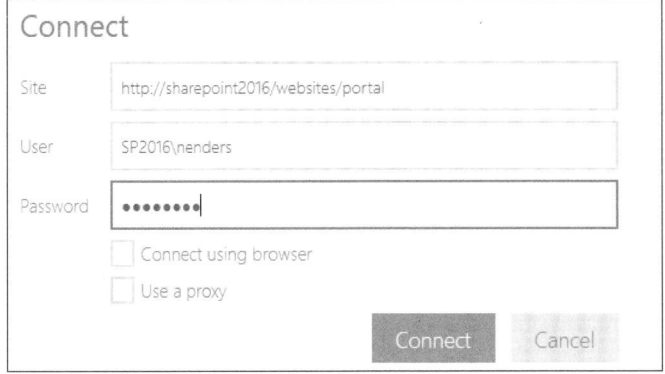

Abbildung 12.7 Verbindung mit einer Website herstellen

Wie aus Abbildung 12.8 ersichtlich, werden Ihnen alle Inhalte der Website oder Websitesammlung angezeigt. In einer hierarchischen Darstellung können Sie auf alle Inhalte und Einstellungen zugreifen und diese verändern. Außerdem können Sie direkt aus der Anwendung heraus die gewünschte Komponente im Browser aufrufen.

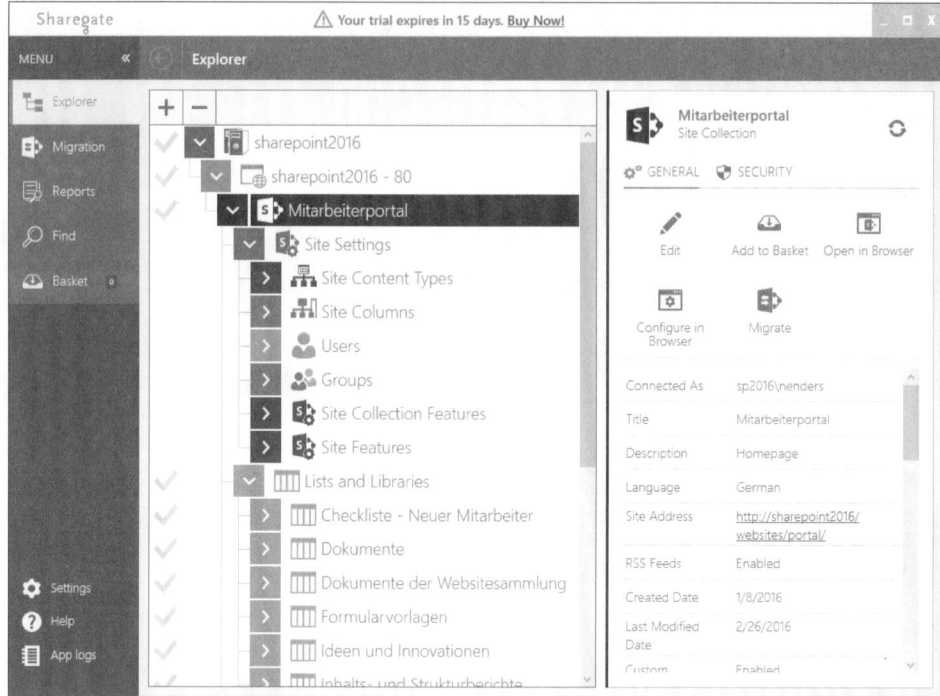

Abbildung 12.8 Zugriff auf die Inhalte der verbundenen Website

Sie fokussieren sich aber auf den Bereich der Migration und rufen daher nach einem Klick auf die Website rechts den Menüpunkt MIGRATE auf. Damit wechseln Sie auf den Reiter MIGRATION in der linken Navigation der Anwendung. Hier betätigen Sie die Schaltfläche LAUNCH MIGRATION, wodurch die Anwendung *Sharegate Migration* gestartet wird. In dieser Anwendung erscheint zunächst eine Meldung, die Sie mit einem Klick auf die Schaltfläche CLOSE verlassen. Sie befinden sich daraufhin auf der Übersichtsseite aus Abbildung 12.9.

Für die Migration stehen Ihnen folgende Funktionen zur Verfügung:

- das Kopieren von Websiteobjekten wie Listen oder Bibliotheken
- das Kopieren von Inhalten wie Dokumenten, Listenelementen, Ordnern oder Dokumentenmappen
- das Importieren von Dokumenten aus einer Dateiablage nach SharePoint
- das Exportieren von Dokumenten aus SharePoint in eine Dateiablage
- die Massenbearbeitung von Metadaten
- das Importieren von Dateien aus Google Drive nach SharePoint

Wir betrachten in unserem Beispiel die erste Option und rufen daher den Menüpunkt COPY SITE OBJECTS auf. Abbildung 12.10 zeigt Ihnen die drei Schritte, aus denen die Migration im Wesentlichen besteht.

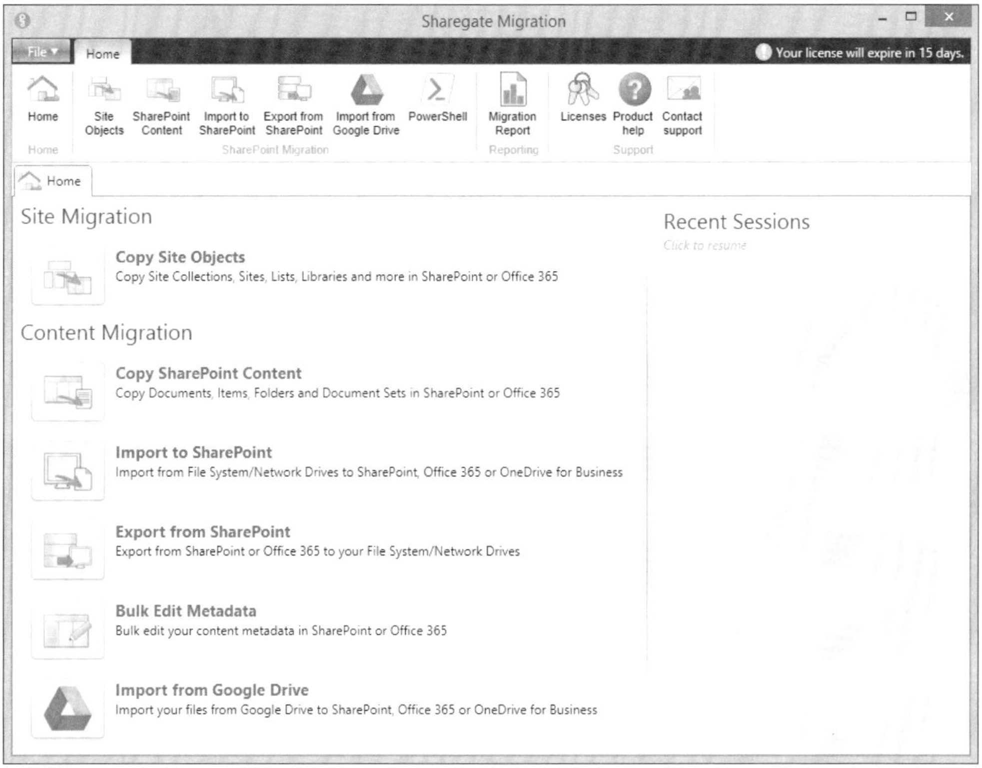

12.2 Drittanbietertools zur Unterstützung der Migration

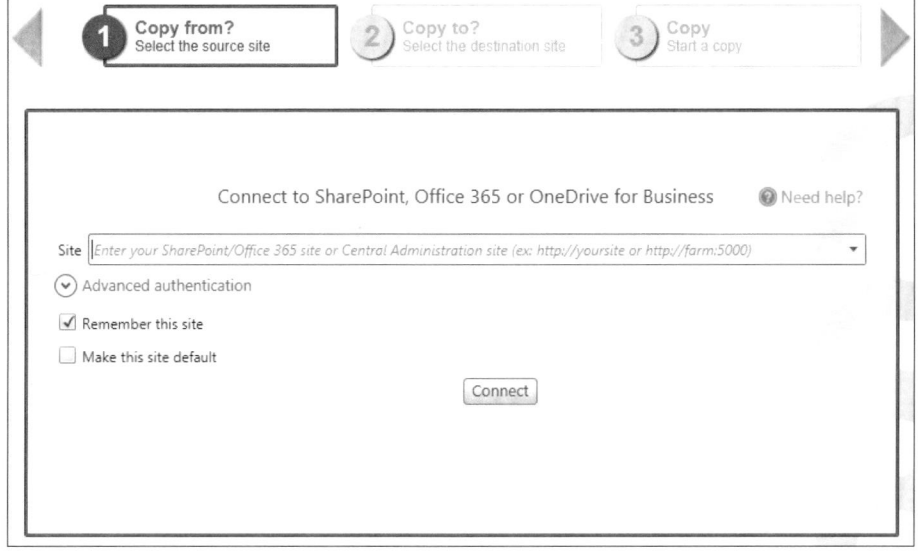

Abbildung 12.9 Startseite der Anwendung »Sharegate Migration«

Abbildung 12.10 Verbindung zu einer Website herstellen

Zunächst definieren Sie, was Sie kopieren möchten und wo es sich befindet. Dazu geben Sie als Erstes den Link auf eine Website an, in der eine Liste oder Bibliothek enthalten ist, die Sie in eine andere Website übertragen möchten.

Sollten Sie sich in SharePoint mit anderen Benutzerinformationen anmelden als an Ihrem Rechner, so erweitern Sie den Bereich ADVANCED AUTHENTICATION und geben dort die für den Zugriff benötigten Anmeldeinformationen ein.

Sobald Sie die Schaltfläche CONNECT betätigt haben, wird eine Verbindung zu der Website hergestellt. Sie erhalten anschließend eine Auflistung aller Unterwebsites, die zu dieser Website gehören, und können die gewünschte Quelle auswählen. Anschließend fahren Sie über die Schaltfläche NEXT fort.

Genauso verfahren Sie in Schritt 2, indem Sie sich mit der Website verbinden, der die Liste oder Bibliothek hinzugefügt werden soll. Sobald die Verbindung hergestellt wurde, sehen Sie in Schritt 3 die Ansicht aus Abbildung 12.11. Sie besteht im Wesentlichen aus drei Bereichen:

- **Links**: Kategorien von SharePoint-Komponenten
- **Mitte**: Komponenten der ausgewählten Kategorie in der Quelle
- **Rechts**: Komponenten der ausgewählten Kategorie im Ziel

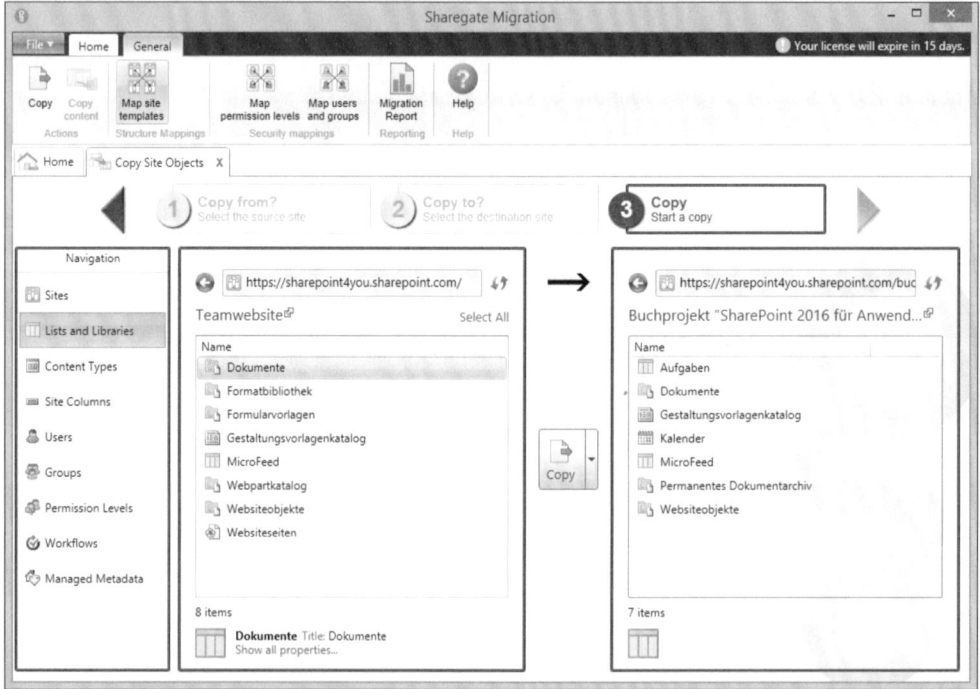

Abbildung 12.11 Zu kopierende Komponente auswählen

Wenn Sie in der Navigation links beispielsweise den Menüpunkt LISTS AND LIBRARIES auswählen, werden Ihnen in beiden Websites (Ziel und Quelle) die dort befindlichen Listen und Bibliotheken dargestellt. Wählen Sie in der Quelle eine Liste oder Bibliothek aus, die es im Ziel noch nicht gibt, und klicken Sie anschließend auf die Schaltfläche COPY zwischen Ziel und Quelle. Es erscheint daraufhin der Konfigurationsdialog aus Abbildung 12.12, in dem Sie unter anderem folgende Einstellungen vornehmen können:

- **List Content**: Übernehmen Sie die Elemente oder Dokumente der ausgewählten Liste oder Bibliothek. Dabei können Sie sogar die Anzahl an Versionen festlegen, die bei dem Kopiervorgang mitübertragen werden sollen.
- **Custom Permissions**: Falls für die Liste oder Bibliothek bzw. die darin enthaltenen Inhalte von der Website abweichende Berechtigungen erteilt wurden, können Sie diese Anpassungen übernehmen.
- **Workflows**: Sollten Sie für die Liste oder Bibliothek Workflows erstellt haben, so können Sie auch diese mit in die Zielumgebung übertragen.

Sie können somit eine Migration vornehmen, die individuell an Ihren Bedürfnissen ausgerichtet ist. Dabei lassen sich auch Produktversionen von SharePoint überspringen, weil es sich um eine einfache Inhaltsmigration handelt.

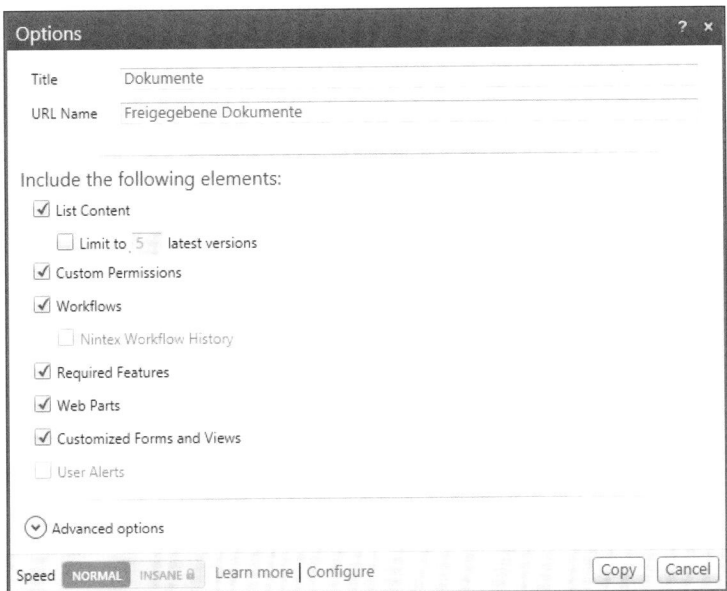

Abbildung 12.12 Einstellungen für den Kopiervorgang vornehmen

Sobald Sie den Kopiervorgang gestartet haben, blendet der Dialog aus Abbildung 12.13 auf, in dem Sie entscheiden können, ob der Kopiervorgang im Hintergrund durchgeführt werden soll oder ob bei jeder Warnung sowie bei jedem auftretenden Fehler eine direkte Benachrichtigung an Sie erfolgen soll, wodurch die Anwendung wieder in den Vordergrund rückt.

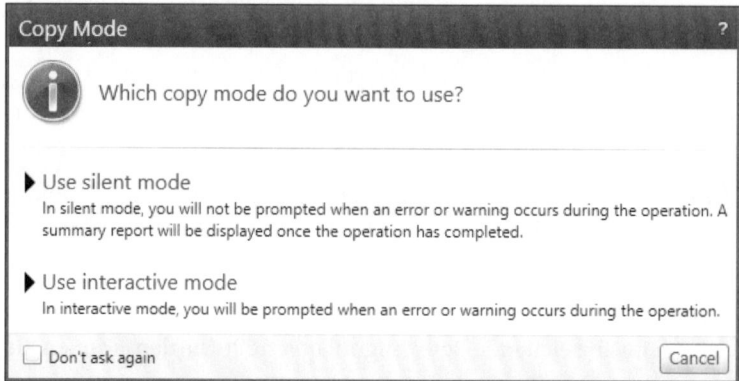

Abbildung 12.13 Modus für den Kopiervorgang festlegen

Sobald Sie sich für einen Modus entschieden haben, erscheint über dem Bereich mit der Zielwebsite die Fortschrittsanzeige aus Abbildung 12.14. Darüber können Sie verfolgen, wie viele Elemente bereits kopiert wurden, und über den Link SHOW DETAILS weitere Detailinformationen zu dem Kopiervorgang aufrufen. Dort können Sie auch die während des Vorgangs aufgetretenen Warnungen und Fehler einsehen.

Abbildung 12.14 Informationen während des Kopiervorgangs

Sobald der Kopiervorgang abgeschlossen ist, können Sie die Zielwebsite aufrufen und prüfen, ob die Liste oder Bibliothek mit ihren Inhalten korrekt übertragen wurde.

Weitere Migrationsoptionen

Wenn Sie die Registerkarte HOME aufrufen (siehe Abbildung 12.15), können Sie den Menüpunkt COPY SHAREPOINT CONTENT auswählen.

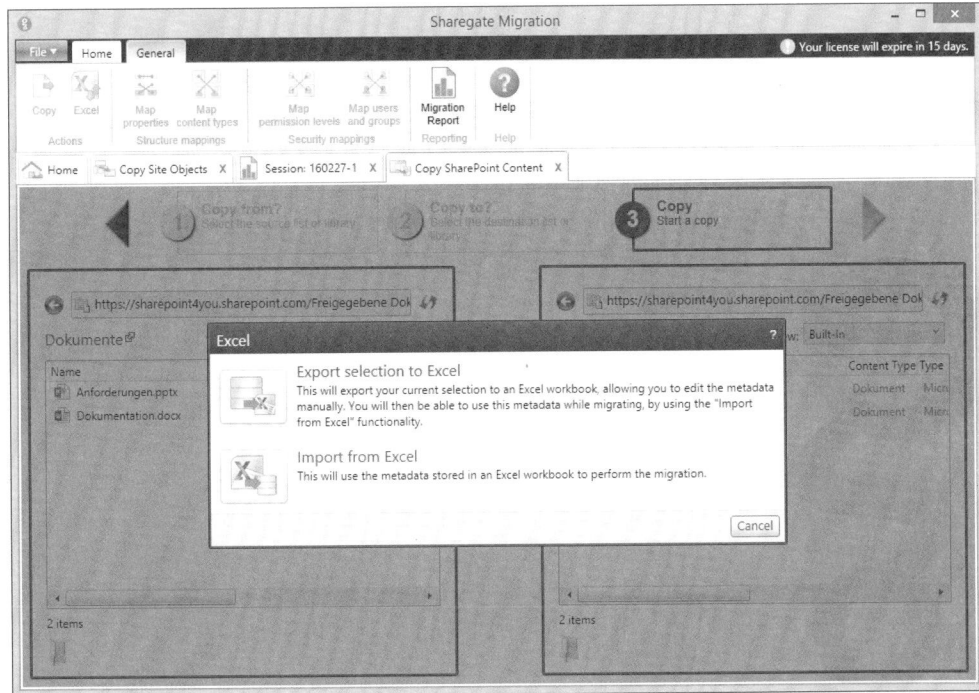

Abbildung 12.15 Migration von Inhalten einer Liste oder Bibliothek

Auch hier werden in Schritt 1 und 2 die Quelle und das Ziel ausgewählt, wobei Sie hier direkt eine Liste oder Bibliothek und nicht nur Websites auswählen. Folglich werden Ihnen in Schritt 3 nicht die Komponenten der jeweiligen Websites, sondern die Inhalte der jeweiligen Liste oder Bibliothek angezeigt. Neben der bereits bekannten Kopierfunktion steht Ihnen hier aber zusätzlich die Schaltfläche EXCEL zur Verfügung. Nach einem Klick darauf öffnet sich der Dialog aus Abbildung 12.15. Sie können entweder Inhalte aus einer Excel-Liste in das Ziel importieren oder die Inhalte aus der Quelle nach Excel exportieren. Sie könnten damit beispielsweise Inhalte der Fachabteilung mittels Excel vorbereiten lassen und anschließend über diese Anwendung in eine Liste importieren.

Eine erste Einschätzung

Über diese Migrationslösung haben Sie vielfältige Möglichkeiten, um die Inhalte Ihrer bisherigen Umgebung in eine völlig andere Struktur zu übertragen. Der Vorteil der beschriebenen Lösung besteht darin, dass die Anwendung von einem beliebigen Rechner aus gestartet werden kann. Selbst bei einem On-Premises-SharePoint-Server als Quelle müssen Sie keine Komponente auf dem SharePoint Server selbst installieren, um die Migration durchführen zu können.

12.2.2 Content Matrix

Eine alternative Migrationslösung ist die Anwendung *Content Matrix* von Metalogix. Die Lösung unterteilt sich in eine Farmlösung, die auf dem SharePoint Server selbst installiert werden kann, und in die Anwendung *Content Matrix Console*, die ähnlich wie die Lösung von Sharegate auf einem beliebigen Rechner ausgeführt werden kann.

Unter *www.metalogix.com/Products/Content-Matrix.aspx* können Sie sich für eine kostenlose Testversion registrieren und erhalten ebenfalls per E-Mail einen Produktschlüssel. Bei der Installation sollten Sie sich für die Option CONTENT MATRIX CONSOLES entscheiden und anschließend mindestens die Option SHAREPOINT EDITION auswählen. Danach folgen Sie den Anweisungen des Installationsassistenten. Sobald die Installation abgeschlossen ist, können Sie die Anwendung *Content Matrix Console – SharePoint Edition* aufrufen. Achten Sie darauf, dass Sie die Anwendung als Administrator starten, da andernfalls eine Fehlermeldung erscheinen könnte.

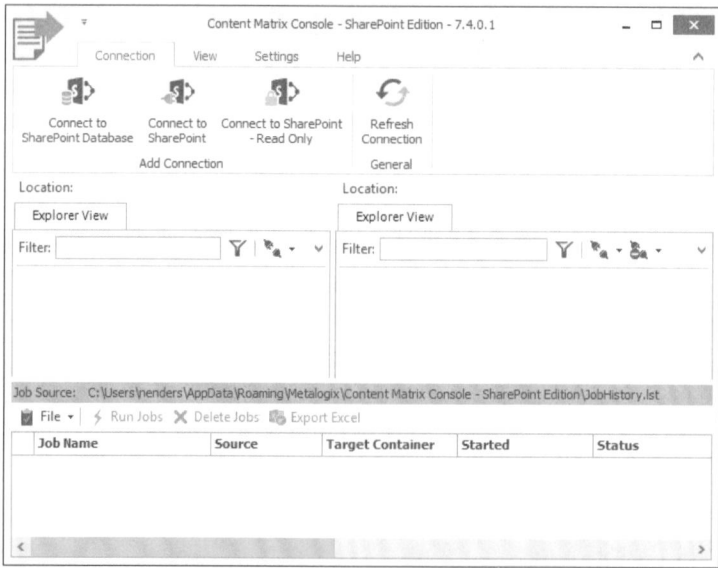

Abbildung 12.16 Startseite der Anwendung »Content Matrix Console – SharePoint Edition«

Abbildung 12.16 zeigt die Startseite der Anwendung. Über den Menüpunkt CONNECT TO SHAREPOINT können Sie eine Verbindung zu den beiden SharePoint-Websites (Ziel und Quelle) herstellen. Ihnen werden dabei in einer hierarchischen Darstellung sämtliche Listen und Bibliotheken sowie die Unterwebsites aufgelistet.

Die eigentliche Migration erfolgt im Fortgang über Befehle im Kontextmenü der Quelle bzw. des Ziels. Abbildung 12.17 zeigt die angebotenen Funktionen. Sie können Listen mit ihrem gesamten Inhalt kopieren oder auch nur die Inhalte in eine bereits im Ziel bestehende Liste übertragen. Die Bedienung ist allerdings im Vergleich zu der im vorherigen Abschnitt vorgestellten Lösung etwas umständlicher und erfordert mehr Übung.

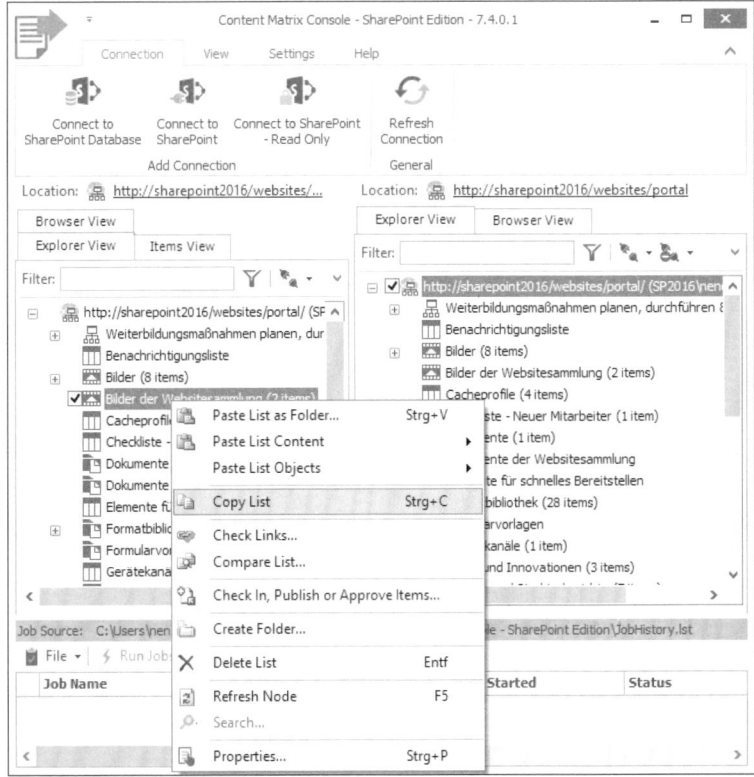

Abbildung 12.17 Funktionen für die Migration von Inhalten über die Content Matrix Console

12.2.3 Entscheidung für eine Migrationslösung

Ich möchte Sie bei der Wahl der Lösung zur Unterstützung Ihrer Migration nicht beeinflussen. Die beiden vorgestellten Tools sollen Ihnen nur ein Gefühl dafür vermitteln, welche Vielfalt an Möglichkeiten Ihnen zur Verfügung steht. Am Markt existieren viele weitere gute Lösungen, die potenziell für Ihre Anforderungen optimal sein können. Für die meisten Lösungen, ähnlich wie bei den beiden hier vorgestellten, ist eine Testversion erhältlich, sodass Sie die Funktionen evaluieren und das für Ihre Anforderungen geeignetste Tool ermitteln können.

Besonders interessant finde ich auch den Ansatz der beiden vorgestellten Tools, nach dem die eigentliche Migration der Inhalte gegebenenfalls sogar durch die einzelnen Fachbereiche durchgeführt werden könnte, wodurch wiederum der Administrator entlastet werden kann. In der Regel wissen Sie selbst am besten, welche Informationen Sie in Ihrer zukünftigen Umgebung weiterverwenden möchten.

Werfen Sie außerdem einen Blick auf das Migration-Tool von Microsoft unter *https://docs.microsoft.com/de-de/sharepointmigration/introducing-the-sharepoint-migration-tool.*

Fazit
Kommen Sie gut durch den Dschungel!

Ein guter Reiseführer ist ein wichtiger Bestandteil einer Reise, aber reisen müssen Sie schon selbst.

Sie haben auf unserer gemeinsamen Entdeckungsreise durch den Dschungel von Microsoft 365 Schritt für Schritt gelernt, wie Sie Ihr persönliches Collaboration-Portal realisieren können. Jeder Reiseführer kann Ihnen allerdings nur Tipps und eine grobe Richtung geben, wohin überall Sie gehen können. Genauso verhält es sich mit diesem Buch! Ich hoffe, ich konnte Ihnen viele wertvolle Tipps und Ideen vermitteln, was Sie aus einer Microsoft-365-Umgebung machen können: Welche Möglichkeiten stehen Ihnen zur Verfügung, und wo müssen Sie Grenzen beachten?

Es sei Ihnen allerdings gesagt, dass es sich bei dem vermittelten Wissen nur um die Spitze des Eisbergs handeln kann. Ein allumfassendes Werk zum Thema *Collaboration mit Microsoft 365* ist aufgrund der regelmäßigen Updates des Cloud-Angebots nahezu unmöglich und müsste außerdem viele Hunderte Seiten mehr umfassen – und würde dann immer noch offene Fragen hinterlassen.

Sie sollten mit diesem Buch zunächst die verschiedenen Collaboration-Tools aus Microsoft 365 hinsichtlich ihrer Funktionsweise sowie ihrer Stärken und Schwächen kennenlernen und dabei viele typische Einsatzszenarien und Lösungsansätze aus dem Arbeitsalltag betrachten. So können Sie Ihr eigenes Collaboration-Portal ganz nach Ihren individuellen Anforderungen realisieren und weiterentwickeln.

Sie sollten jetzt außerdem in der Lage sein, sich mithilfe des richtigen Vokabulars gezielt mit technischen Beratern sowie in Teilen mit Administratoren und Entwicklern auszutauschen, um von ihnen die gewünschte Unterstützung zu erhalten. So können Sie einem Administrator beispielsweise genau sagen, dass die Konfiguration für externe Nutzer in *Teams* noch nicht richtig eingestellt sein kann, oder aber Sie geben einem Entwickler den Auftrag, eine neue Funktionalität in Form eines SPFx-Webparts zu entwickeln. Sie können also Ihre Anforderungen adäquater ausdrücken, sodass Ihre Gesprächspartner Ihre Wünsche besser umsetzen können.

Ich hoffe, dass Sie einen guten Überblick über das für Einsteiger recht schwierige Thema *Microsoft 365* erhalten haben, und lade Sie dazu ein, den CONET-Technologie-Blog unter *www.conet-blog.de* zu besuchen, in dem ich regelmäßig über weitere Neuigkeiten im Bereich Microsoft 365 und SharePoint berichte. Falls Sie weiterführende Fragen haben sollten, die in diesem Buch nicht beantwortet wurden, so können Sie mir gerne eine E-Mail an folgende Adresse senden: *collaboration-m365@conet.de*

Index

A

Abwesenheitszeiten beantragen 293
Agile Methoden 54
   Kanban 57
   Scrum 55
AI Builder 95
Angebotserstellung 342
Anwendungsszenarien 82
Arbeitsräume 236
Arbeitsteams 67
Auditing 389
Audits 398
Aufbewahrungs- und Löschrichtlinien 27
Aufgaben-Board 55, 138
   konfigurieren 141
   nutzen 142
   persönliche Aufgaben 187
Aufgabenmanagement 54, 94, 186, 202
Aufkleber 115
Azure Functions 190
Azure Information Protection 415

B

Barcodescanner 315
Bedingte Formatierung 463
Bedrohungsmanagement 444
Besprechungen
   aufzeichnen 122
   planen 134
Besucherverwaltung 328
Betriebsrat einbinden 267
Bezeichnungen
   Informationsschutz definieren 419
   Richtlinien verwalten 424
   verwalten 415
Bildschirm teilen 122
Blog 50
Buckets 141

C

Change-Management 24, 60
Chat 51, 102, 112
Cloud vs. On-Premises 84
Cloud-Angebote 83
Cloud-Suchdienstanwendung 484
Collaboration 21, 34, 43
Collaboration-Portal 45
   Einführung 24, 66
   Unternehmensrichtlinien 74
   Videoportal 223
   Ziele definieren 91
Column Formatter 459
Common Data Service 366
Communities 205, 236
   gründen 207
   Übersicht 218
   Wissensmanagement 223
Compliance 22, 71, 163
   Aufbewahrungs- und Löschrichtlinien ... 436
   Bezeichnungen 415
   Bezeichnungsrichtlinien 424
   Data Loss Prevention 422, 429
   Einführung 73
   Inhaltsmarkierung 421
   Richtlinien 72
   Verschlüsselung 417
Content Matrix 500
CRM-System 162, 329
Customizing 449
   Integration in SharePoint 475

D

Data Loss Prevention → Compliance
Datenschutz 267, 440
Datenschutz-Grundverordnung → DSGVO
Datensicherheit 85
Delve 79, 268
   Boards für Dokumente 269
   persönliche Dokumente 271
   Suchfunktion 270, 390
Designanpassungen 449
Deutsche Cloud 89
Digitalisierung 22, 35
   Auswirkungen 42
   Bewerbungsprozess 40
   digitale Transformation 22
   Vergleich zu Collaboration 43
Dokumentbibliothek 167
Dokumentenmanagement 46, 75, 161
   Chat-Funktion 113

Dokumentenmanagement (Forts.)
   Dateiablage 117
   Dokumente teilen 276
   gemeinsame Bearbeitung 118
   Windows Explorer 489
Dokumentenmappen 164
Dokumentenvorlagen 164
Dokumente-Webpart 251
DSGVO 440
DSGVO-Toolbox 440
Dunbar-Zahl 67
Dynamics 365 .... 24, 81, 95, 287, 329
   anpassen 365
   CRM 332
   Kundenservice 350
   Mitarbeiterverwaltung 364
   Onboarding 363
   Operations 361
   Plug-Ins 368
   Portale 353, 363
   Power Apps 366
   Projektmanagement 359
   Rekrutierung 362
   Servicemanagement 356
   Social-Media-Dashboard 351

E

eDiscovery 398, 442
eDiscovery-Exporttool 413
Emojis 114
Ereignisse-Webpart 250
ERP-System 306
Erweiterungsmöglichkeiten 449
Europäische Cloud 88
Excelexporte 299
Exchange Online 94
Expertensuche 66
Externe Teammitglieder 109, 161
Externes Netzwerk aufbauen 93

F

Fallspeicher 400
   Abfrage erstellen 405
   Ergebnisse exportieren 411
   Quellen auswählen 402
Farbpalette 471
Forms 79, 235, 256
   Auswertungen 266
   Webpart 263

G

Gemeinsame Bearbeitung von
   Dokumenten 93
Genehmigungsprozesse 171
Geoinformationen 465
Geschäftsprozesse 65
GIFs 115
Governance 163, 389
Große Teams 67

H

Hero-Webpart 246
Hubwebsite 237
   einrichten 237
   Navigation einrichten 238
   Suchfunktion 396
   Websites zuordnen 243
Hybride Umgebung 86, 479
   einrichten 480
   Einsatzszenario 27
   Entscheidungshilfe 484
   Suchfunktion 483

I

Individuallösungen 287
Informationen ad hoc austauschen . 93
Informationsaustausch 46, 48
   formell vs. informell 49
   häufige Fehler 52
   Instrumente 50
   intern vs. extern 54
   Strukturierungsmöglichkeiten .. 123
Informationssicherheit 74
Inhaltstypen 164
Instant Messaging 51
Integration externer Tools 154

J

JIRA 78
JSON 191, 460

K

Kampagnen 347
Kanal
   Dokumente zuordnen 127
   privat 125

Kanban 57
    Aufgaben-Board 61
    Einführung 64
    Selbstorganisation 59
Klassifizierung 389, 415
Kollaborationsteams 67
Kommunikationsstrategie 70
Kommunikationswebsite 195, 241, 452
Kontinuierliche Verbesserung 63

L

Lagerverwaltung 306
Leads
    entwickeln 344
    verwalten 340
Lean-Management 62
LinkedIn Recruiter 362
Low-Code-Solution 287

M

Magical Seven 67
Managementprozesse 65
Megamenü 457
Mehrsprachige Teams 137
Microsoft 365 389
    Entscheidungshilfe 22
    Plan kaufen 90
    Tool-Auswahl 45
Migration 487
    Drittanbieterlösungen 491
Mitarbeiterfeedback 51, 255
Mobile Device Management 444
Mobilität 26, 103, 312
    Apps 371
    Sicherheitsaspekte 387, 444
Multifaktor-Authentifizierung 387, 444
Multiprojektmanagement 184

N

Net Promoter Score 260
Newsletter 50
No-Code-Solution 288

O

Office Groups 26, 100
Office UI Fabric 475
Offline-Funktion 271

OneDrive 24, 76, 95, 114, 235, 271, 275, 489
    Dokumente teilen 276
    mobile App 380
    persönliche Dateiablage 271
    Scan-Funktion 380
    Synchronisation 271
OneNote 95, 101
Organisationseinheiten 236
Outlook 181, 201
    mobile App 372

P

Personalauswahl 36
Persönliches Profil 267
Planner 78, 95, 101, 138
    Auswertungen 143
    mobileApp 377
Power Apps 80, 95, 287, 307
    Expression Language 288, 316
    in Dynamics 365 366
    Kurzüberblick 312
    mobile App 325, 386
    SharePoint-Formulare 468
    Umgebungen 468
    veröffentlichen 322
    wichtige Formeln 317
Power Automate 80, 95, 287
    Dateien verwalten 271
    Dokumente verschieben 490
    Genehmigungsprozesse 171
    in Website-Entwürfen 190
    mit Dynamics 365 365
    mit Power Apps 328
Power BI 146, 328
Power Platform 287
Power Virtual Agents 95
Präsentationen 278, 383
Predictive Intelligence 361
Private Cloud 90
Product Line Architecture (PLA) 90
Project 181, 184, 360
Project Online 95
Projektmanagement 177, 181
Projekträume 179, 236, 307
Projektteams 178
Prozesslösung 330
Prozessplattform 329
Prozessunterstützung 65, 80, 94
Pull-Prinzip 58

507

Q

QR-Code-Scanner 315
QuickEdit 488
Quicklinks 246
Quiz 255, 261

R

Rechenzentren 86

S

Säulen der Kommunikation 49
Schichtplanung 289
Schwarzes Brett 38, 50
Scrum 55
   Aufgaben-Board 55
   Product Backlog 56
   Rollen 55
Secure Score 444
Security & Compliance Center 95, 389
Sharegate 492
SharePoint 23, 77–78
   als On-Premises-Alternative zu Teams ... 155
   Arbeitsraumvorlagen 190
   Design auswählen 453
   Dokumentenmanagement 118
   Fußzeile anpassen 455
   Kopfzeile anpassen 454
   Kundenkommunikation 189
   Kurzüberblick 155
   mobile App 378
   Navigation konfigurieren 456
   Site-Design 469
   Spaltenformatierungen 458
   Suchindex in der Cloud 484
   Videos einbinden 229
SharePoint Client-side Solution
   Generator 472
SharePoint Framework (SPFx) 472
SharePoint Home 101, 156, 194, 390
SharePoint Online 95
SharePoint Patterns & Practices (PnP) 477
Sicherheit 389
Site Script 193
Site-Design 450
Skillmanagement 360
Skype for Business 159
Social Intranet 38, 50, 72, 235
   Einstiegspunkt 237, 246

Social Intranet (Forts.)
   Neuigkeiten 243
   Unterschied zu klassischem Intranet 254
Social Media 51
Spaltenformatierungen 450
St. Galler Management Modell 65
Staff Hub 297
STATIK-Workshop 64
Stream 79, 95, 205, 223
   Gruppen 225
   in Arbeitsraum einbinden 229
   Kanäle 226
   mobile App 384
   Offline-Funktion 385
   Personenerkennung 231
   Verbindung zu Yammer 229
   Videos teilen 229
   Videos verwalten 227
Suche 389
Sway 79, 95, 235, 278
   Präsentation gestalten 280
   teilen 284
   Vorlagen nutzen 279
   wiedergeben 283

T

Tagging 271
Talentpool 362
Teamgrößen 66
Teamkonstellationen 66
Teamräume
   externe Anwender 200
   in der Cloud 103
   On-Premises 156
   Website einrichten 194
Teams 22, 76, 94, 99, 103, 287
   aufrufen 103
   Befehle/Commands 148
   Besprechungen planen 134
   Bots nutzen 148
   Chat-Funktion 112
   Dateiablage 117
   Design ändern 450
   Desktop-App 104
   E-Mail-Kommunikation 129
   erweitern 148
   Erweiterungsmöglichkeiten 145
   individuelle Erweiterungen 155
   Integration einer Bibliothek 176
   Kanal erstellen 125

Teams (Forts.)
- *Kanäle* ... 123
- *Konnektoren* ... 154
- *mit bestehender SharePoint-Website verknüpfen* ... 203
- *Mitglieder verwalten* ... 109
- *mobile App* ... 372
- *Namenskonvention* ... 163
- *On-Premises-Alternative* ... 155
- *privat vs. öffentlich* ... 102
- *Registerkarten* ... 138, 145
- *Rollen* ... 109
- *Sofortbesprechung* ... 120
- *Team anlegen* ... 104
- *Team verlassen* ... 111
- *Telefonie* ... 358
- *Vorlagen* ... 179
- *Wiki* ... 124
- *Yammer einbinden* ... 216

Teamwebsite ... 101, 195, 452
Teamwork ... 25
- *Anforderungen* ... 28
- *Definition* ... 29
- *Maßnahmen* ... 33
- *Relevanz* ... 31
- *verteilte Teams* ... 70, 134
- *Voraussetzungen* ... 29
- *Vorteile* ... 32

Technische IDs für Listentypen ... 192
Terminplanung ... 182
Testumgebung ... 27
Ticketsystem ... 352
Tool-Auswahl ... 45
- *Bewertungskriterien* ... 93
- *Checkliste* ... 91
- *Einflussfaktoren* ... 66
- *Informationsaustausch* ... 50

U

Übersetzungsdienste ... 138
Umfragen ... 255
Unterlagen scannen ... 381
Unternehmenskultur ... 66, 73
Unternehmensnetzwerk ... 93, 206, 268
Unternehmensprozesse ... 287
- *Zusammenhang mit Collaboration* ... 66

Unternehmensrichtlinien ... 71

Unternehmensweite Informationen verbreiten ... 93
Unterstützung bei der Teamarbeit ... 93
Unterstützung des Supports ... 130
Unterstützungsprozesse ... 65
US-Cloud ... 86

V

Verhinderung von Datenverlust ... 429
Videokonferenzen ... 103
- *ad hoc starten* ... 120

W

Wasserzeichen verwenden ... 422
Website-Entwürfe ... 190
Wechselarbeitsplätze ... 329
Wiki ... 50, 124
Windows-PowerShell-Konsole ... 193, 237
Wissensmanagement ... 66, 79, 94, 223
Word Online ... 120
Work Breakdown Structure ... 360
Workflows ... 171

Y

Yammer ... 77, 94, 205
- *Auswertungen* ... 221
- *Compliance* ... 402
- *externe Gruppen* ... 209
- *Fragetypen* ... 258
- *Gruppe erstellen* ... 207
- *Gruppe konfigurieren* ... 217
- *Gruppenübersicht* ... 218
- *in Teams integrieren* ... 216
- *Interaktion mit SharePoint* ... 215
- *Mitarbeiter loben* ... 212
- *mobile App* ... 375
- *Quiz* ... 261
- *Suche* ... 219
- *Themen ankündigen* ... 214
- *Umfragen* ... 210

Z

Zentrale Informationsgeber ... 241
Zusammenarbeit ... 34
- *mit externen Anwendern* ... 188

509

Der umfassende Ratgeber zu Microsoft Office 2019

Microsoft Office bietet Ihnen zahlreiche Möglichkeiten, Dokumente, Tabellen und Präsentationen zu erstellen. Bei der Vielfalt der Funktionen können Sie schnell den Überblick verlieren. Robert Klaßens Office-Ratgeber hat Tausenden von Lesern gute Dienste geleistet: übersichtliches Layout mit vielen Screenshots, komplett in Farbe, Schrittanleitungen und informative Exkurse sowie Tipps, die Ihnen die Arbeit erleichtern. Dazu gibt es zahlreiche Praxisbeispiele zu allen Office-Anwendungen. Auch für Microsoft 365 geeignet.

1.098 Seiten, gebunden, in Farbe, 39,90 Euro, ISBN 978-3-8421-0531-7
www.rheinwerk-verlag.de/4754

Microsoft OneNote
Schritt für Schritt erklärt

Notizen begleiten uns auch im digitalen Alltag. Und OneNote ist das ideale Werkzeug, um digitale Notizen zu erstellen und von überall darauf zuzugreifen. Jürgen Wolf nutzt die OneNote-App als Organisationstool erster Wahl. Und weil der Einstieg nicht immer leicht ist, hat er diese Anleitung geschrieben. Sie erfahren, wie Sie Notizen erstellen, teilen und sinnvoll organisieren. Dabei lernen Sie zahlreiche Tricks, mit denen Ihnen die Organisation noch leichter gelingen wird. Mit vielen Praxisbeispielen aus dem digitalen Alltag.

302 Seiten, broschiert, in Farbe, 19,90 Euro, ISBN 978-3-8421-0680-2
www.rheinwerk-verlag.de/4919